TERRORISMO E JUSTIÇA PENAL
REFLEXÕES SOBRE A EFICIÊNCIA E O GARANTISMO

ANTONIO SCARANCE FERNANDES

MARCOS ZILLI

Coordenadores

TERRORISMO E JUSTIÇA PENAL
REFLEXÕES SOBRE A EFICIÊNCIA E O GARANTISMO

Belo Horizonte

2014

© 2014 Editora Fórum Ltda.

É proibida a reprodução total ou parcial desta obra, por qualquer meio eletrônico, inclusive por processos xerográficos, sem autorização expressa do Editor.

Conselho Editorial

Adilson Abreu Dallari
Alécia Paolucci Nogueira Bicalho
Alexandre Coutinho Pagliarini
André Ramos Tavares
Carlos Ayres Britto
Carlos Mário da Silva Velloso
Cármen Lúcia Antunes Rocha
Cesar Augusto Guimarães Pereira
Clovis Beznos
Cristiana Fortini
Dinorá Adelaide Musetti Grotti
Diogo de Figueiredo Moreira Neto
Egon Bockmann Moreira
Emerson Gabardo
Fabrício Motta
Fernando Rossi

Flávio Henrique Unes Pereira
Floriano de Azevedo Marques Neto
Gustavo Justino de Oliveira
Inês Virgínia Prado Soares
Jorge Ulisses Jacoby Fernandes
Juarez Freitas
Luciano Ferraz
Lúcio Delfino
Marcia Carla Pereira Ribeiro
Márcio Cammarosano
Marcos Ehrhardt Jr.
Maria Sylvia Zanella Di Pietro
Ney José de Freitas
Oswaldo Othon de Pontes Saraiva Filho
Paulo Modesto
Romeu Felipe Bacellar Filho
Sérgio Guerra

Luís Cláudio Rodrigues Ferreira
Presidente e Editor

Supervisão editorial: Marcelo Belico
Revisão: Cristhiane Maurício
Lucieni B. Santos
Bibliotecário: Ricardo Neto – CRB 2752 – 6ª Região
Capa e projeto gráfico: Walter Santos
Diagramação: Derval Braga

Av. Afonso Pena, 2770 – 16º andar – Funcionários – CEP 30130-007
Belo Horizonte – Minas Gerais – Tel.: (31) 2121.4900 / 2121.4949
www.editoraforum.com.br – editoraforum@editoraforum.com.br

T328	Terrorismo e justiça penal: reflexões sobre a eficiência e o garantismo / Coordenadores Antonio Scarance Fernandes ; Marcos Zilli. – Belo Horizonte : Fórum, 2014.
	432 p.
	ISBN 978-85-7700-844-5
	1. Direito penal. 2. Direitos humanos. 3. Direito processual penal. I. Fernandes, Antonio Scarance. II. Zilli, Marcos.
	CDD: 345
	CDU: 343.2

Informação bibliográfica deste livro, conforme a NBR 6023:2002 da Associação Brasileira de Normas Técnicas (ABNT):

FERNANDES, Antonio Scarance; ZILLI, Marcos (Coord.). *Terrorismo e justiça penal*: reflexões sobre a eficiência e o garantismo. Belo Horizonte: Fórum, 2014. 432 p. ISBN 978-85-7700-844-5.

Age de tal forma que trates a humanidade, na tua pessoa ou na pessoa de outrem, sempre como um fim e nunca apenas como um meio.

(Immanuel Kant)

AGRADECIMENTOS

O projeto acadêmico que ora se apresenta não teria sido concretizado não fossem o admirável comprometimento de todos os autores e a extrema dedicação de Elisa Maluf e Natália Verdi para a organização da obra. A todos, os nossos mais sinceros agradecimentos.

Antonio Scarance Fernandes
Marcos Zilli

SUMÁRIO

APRESENTAÇÃO
Antonio Scarance Fernandes, Marcos Zilli 17

INTRODUÇÃO
O TERRORISMO COMO CAUSA, O HORROR COMO
CONSEQUÊNCIA E A LIBERDADE COMO VÍTIMA
Marcos Zilli 21

PARTE I
TERRORISMO – REFLEXÕES INICIAIS

CAPÍTULO 1
INTOLERÂNCIA RELIGIOSA E TERRORISMO
Antonio Baptista Gonçalves 35
1   Introdução...35
2   O sistema protetivo de direitos humanos 35
3   Os direitos humanos – Evolução histórica...38
4   Os direitos humanos e a proteção às liberdades...39
5   Religião e (in)tolerância 40
6   A Igreja Católica fomenta a intolerância 43
7   A influência e a rivalidade entre Ocidente e Oriente – Dos Impérios
ao fundamentalismo religioso 47
7.1   Os conflitos pela Terra Prometida...57
8   Do fundamentalismo ao terrorismo..59
9   Terrorismo – O inimigo invisível...63
9.1   O cenário internacional e o terrorismo 65
9.2   Reação norte-americana ao terrorismo – A intolerância através
da guerra...66
10   Conclusão..68
      Referências 69

CAPÍTULO 2
11 DE SETEMBRO E O DISCURSO DO TERROR – UMA REFLEXÃO
Álvaro Okura de Almeida, Ariana Bazzano 73
1   Introdução...73
2   Significado e linguagem – Notas introdutórias...76
3   A desconstrução – A proposta de Jacques Derrida.......................................78

4	O significado de terrorismo por uma perspectiva discursiva	81
5	11 de setembro – O contexto do debate em torno do terror	86
6	Desestabilizando o "terror"	95
7	Conclusões	101
	Referências	101

CAPÍTULO 3
CRIATIVIDADE JUDICIAL NO TRIBUNAL ESPECIAL PARA O LÍBANO – EXISTE O CRIME DE TERRORISMO NO DIREITO INTERNACIONAL?

Kai Ambos 103

1	O direito aplicável ante o Tribunal Especial para o Líbano (TEL) e o papel do direito internacional	103
1.1	O direito penal libanês *in action* e seus limites	103
1.2	O rol do direito internacional – Diretamente aplicável ou, pelo menos, uma ajuda interpretativa?	105
1.3	A definição libanesa de terrorismo	109
1.3.1	Os elementos objetivos (*actus reus*)	109
1.3.2	Os elementos subjetivos (*mens rea*)	113
1.4	Conclusão intermediária	114
2	A questão substantiva – O terrorismo como crime de direito internacional?	114
2.1	O ponto de vista da Câmara – O terrorismo como crime de direito consuetudinário internacional	114
2.2	O ponto de vista mais convincente – O terrorismo como um crime, baseado em tratado, particularmente grave que se aproxima de um "autêntico" crime internacional	117
2.3	Perspectivas para o futuro – Os elementos de um crime internacional de terrorismo	123
2.3.1	Os elementos objetivos (*actus reus*)	123
2.3.2	Elementos subjetivos (*mens rea*)	126
2.3.2.1	Intenção geral e especial	126
2.3.2.2	Relevância do motivo político ou ideológico	127
	Conclusão	128
	Referências	129

PARTE II
O TERRORISMO E AS MEDIDAS DE ENFRENTAMENTO – UMA PERSPECTIVA COMPARADA

CAPÍTULO 4
TERRORISMO CONFORME O DIREITO NORTE-AMERICANO

Tiago Cintra Essado 135

1	Introdução	135
2	Breve histórico	136
3	Características da Lei Patriota	138

4	Da segurança nacional	140
5	Terrorismo – Definição legal	140
6	Interceptação das comunicações	141
6.1	Acesso a informações e outros elementos no âmbito da FISA	144
6.2	*Protect America Act*, de 2007	145
6.3	*FISA Amendments Act*, de 2008	145
7	Medidas de controle da lavagem de dinheiro e do financiamento de atividades terroristas	146
8	Detenção, processo e condenação dos combatentes inimigos	148
8.1	Caso *Hamdi v. Rumsfeld*	153
8.2	Caso *Rumsfeld v. Padilla*	154
8.3	Caso *Rasul v. Bush*	155
8.4	As Comissões Militares de revisão	155
8.5	*Detainee Treatment Act*, de 2005	156
8.6	Caso *Hamdan v. Rumsfeld*, de 29 de junho de 2006	157
9	A chegada de Obama	161
9.1	Morte de Bin Laden – O desfecho de uma década contra o terror	162
	Conclusão	163
	Referências	164

CAPÍTULO 5

O COMBATE AO TERRORISMO NO DIREITO INGLÊS – UMA VISÃO DE EQUILÍBRIO ENTRE A REPRESSÃO E OS DIREITOS FUNDAMENTAIS

Silvio César Arouck Gemaque		167
1	Introdução	167
2	Características gerais do terrorismo	168
3	Os direitos fundamentais e o combate ao terrorismo	170
4	Instrumentos especiais de combate ao terrorismo no direito inglês	173
5	O equilíbrio entre os direitos fundamentais e o combate ao terrorismo	177
	Conclusões	181
	Referências	182

CAPÍTULO 6

LOS DELITOS DE TERRORISMO EN DERECHO PENAL ESPAÑOL

Manuel Cancio Meliá		183
A	La regulación del CP 1995	183
	I Cuestiones generales	183
	II Delitos de terrorismo	190
B	La reforma de los delitos de terrorismo por LO 5/2010	213
	I Introducción: modificaciones	213
	II Organización o grupo terrorista	214
	III Colaboración	218
	IV Delito de propaganda	222
	V Conclusiones	223
	Referencias	225

CAPÍTULO 7
ESPECIALIDADES PROCESALES DEL DERECHO ESPAÑOL EN
MATERIA DE TERRORISMO
Juan Damián Moreno 227
    La lucha contra el terrorismo en el estado de derecho 227
2   El caso español. Marco constitucional de la legislación antiterrorista: estado de la cuestión 230
3   Especialidades procesales en materia de terrorismo 232
3.1   Introducción. Estrategias legales contra el terrorismo en España 232
3.2   Medidas atinentes a la organización judicial. La centralización de funciones instructoras y decisoras en un único órgano jurisdiccional: La Audiencia Nacional 234
3.3   Especialidades en el ámbito de la aplicación de las medidas cautelares. La suspensión de garantías durante la detención ("prisão provisória") y la prisión preventiva 235
3.4   Medios de investigación que suponen limitación de los derechos fundamentales. Los registros domiciliarios sin mandamiento judicial previo y la intervención prorrogada de las comunicaciones personales ("interceptação das comunicações telefónicas e electrónicas") 237
3.5   Otras medidas. La suspensión del ejercicio de funciones públicas y de cargos de representación política. El "agente encubierto". El control de la actividad financiera de las organizaciones terroristas 239
    Conclusión 240
    Referencias 241

CAPÍTULO 8
LA DISCIPLINA DEI FENOMENI TERRORISTICI IN ITALIA –
SPUNTI DI RIFLESSIONE TRA VECCHI STRUMENTI E NUOVI
CONFLITTI
Alessandro Gamberini, Emanuela Fronza 243
1   La prima fase: il terrorismo interno 243
2   La prima legge organica in materia di terrorismo: il D.L. n. 625 del 6 febbraio 1980 246
2.1   Le forme di specialitá processuale e premiale previste dal Decreto 247
3   Gli anni '80: il progressivo esaurirsi del fenomeno del terrorismo interno 248
4   Un bilancio su questa prima fase 250
5   La seconda fase: il terrorismo internazionale e gli attentati dell'11 settembre 2001 251
6   L'estensione della tutela agli Stati stranieri e alle organizzazioni internazionali: la riscrittura dell'art. 270 bis c.p 253
7   La definizione delle "condotte con finalità di terrorismo": l'art. 270 sexies c.p. 255
8   La giurisprudenza italiana in materia di terrorismo internazionale: analisi di alcuni profili problematici 260

8.1	La configurabilità dell'atto terroristico in tempo di guerra	260
9	L'art. 270 bis c.p. come reato di pericolo: i tentativi della giurisprudenza per una interpretazione costituzionalmente orientata	263
10	L'accertamento della finalità di terrorismo o di eversione dell'associazione: le scorciatoie probatorie elaborate dalla giurisprudenza	264
10.1	Le "black lists"	265
10.2	Il ricorso ad una interpretazione ampia di "fatto notorio" e alle consulenze storiche	267
11	Rilievi conclusivi	268
	Bibliografia	269

CAPÍTULO 9
ASPECTOS PENAIS DO TERRORISMO NA ALEMANHA – UMA BREVE INTRODUÇÃO

Davi de Paiva Costa Tangerino 273

1	Considerações introdutórias	273
2	O delito de terrorismo – Simbolismo e legalidade estrita	274
3	Terrorismo e homicídio qualificado (art. 211 do Código Penal)	276
4	Associações terroristas (arts. 129-A e 129-B do Código Penal)	279
4.1	O conceito de associação criminosa	280
4.2	Conceito de associação terrorista	280
4.3	O delito de formação de associação terrorista	281
4.4	O delito de participação como membro de associação terrorista	282
4.5	O delito de apoio a organizações terroristas	283
4.6	O delito de cooptação de membros e de apoiadores	284
4.7	O privilégio partidário como hipótese de exclusão de tipicidade	285
5	A Internet e o terrorismo – Alguns reflexos penais	286
6	Terrorismo e os crimes contra o Estado Democrático de Direito	288
	Conclusão	289
	Referências	290

CAPÍTULO 10
DERECHO PENAL Y TERRORISMO – DILEMAS DE LA LEGISLACIÓN PENAL ANTITERRORISTA EN COLOMBIA

Alejandro Aponte 291

	Presentación	291
1	1980: tipificación inicial del delito de terrorismo	293
2	El terrorismo y la criminalidad organizada: marcos generales e indiscriminados de persecución penal	294
3	La legislación antiterrorista: consolidación de un derecho penal de enemigo	295
4	La "justicia sin rostro" en Colombia: una experiencia límite en la lucha contra la violencia política y social	296
4.1	Justicia penal de emergencia y fracaso de la lucha penal contra el terrorismo	297

4.2	La legislación penal antiterrorista y la generación de violencia desde la ley civil	297
4.3	La desestructuración dogmática de las normas penales antiterroristas	298
5	*More of the same* y legislación antiterrorista: una historia interminable	301
5.1	El terrorismo como ámbito general e indiscriminado de imputación de toda clase conductas: una característica marcada en la década del 2000	303
5.2	Un fallido intento de eternizar la legislación antiterrorista: la reforma constitucional de 2003	304
6	La Ley de Justicia y Paz y el marco de justicia transicional: el juzgamiento de crímenes internacionales por fuera del terrorismo	307
	Referencias	311

PARTE III
O CONTRATERRORISMO E O DIREITO INTERNACIONAL DOS DIREITOS HUMANOS

CAPÍTULO 11
A CORTE EUROPEIA DE DIREITOS HUMANOS E O TERRORISMO PRATICADO EM TEMPOS DE EMERGÊNCIA – O DEVIDO PROCESSO PENAL ENTRE EFICIÊNCIA E GARANTISMO

Anamara Osório Silva, Vitor Bastos Maia		315
1	Introdução	315
2	O sistema regional europeu de proteção dos direitos humanos	318
2.1	A dinâmica do sistema europeu de proteção dos direitos humanos em face do preâmbulo da Convenção Europeia de Direitos Humanos	320
2.2	O artigo 15 da Convenção Europeia de Direitos Humanos e o controle judicial no sistema de proteção de direitos humanos	321
3	A jurisprudência da Corte Europeia de Direitos Humanos relativa ao terrorismo praticado em tempos de emergência	323
3.1	República da Irlanda e Reino Unido da Grã-Bretanha e da Irlanda no Norte	324
3.1.1	Caso Lawless *v.* Irlanda e caso Irlanda *v.* Reino Unido	328
3.1.2	Brogan e outros *v.* Reino Unido e Brannigan e McBride *v.* Reino Unido	334
3.2	República da Turquia	336
3.3	Caso A. e outros *v.* Reino Unido – O terrorismo internacional no contexto pós 11.09	343
4	O direito à liberdade do acusado terrorista no contexto do estado de emergência – Há um equilíbrio entre eficiência e garantismo?	349
	Conclusão	351
	Referências	352

PARTE IV
O TERRORISMO NA PERSPECTIVA DO DIREITO BRASILEIRO

CAPÍTULO 12
AS LIMITAÇÕES DO TRATAMENTO PENAL DADO AO
TERRORISMO PELO ORDENAMENTO JURÍDICO BRASILEIRO
Mariângela Gama de Magalhães Gomes..........357
1 Introdução..........357
2 O terrorismo na Constituição brasileira de 1988..........358
3 O terrorismo na legislação infraconstitucional brasileira..........361
3.1 Lei dos Crimes Hediondos..........361
3.2 O crime de terrorismo..........363
3.2.1 Histórico legislativo no Brasil..........363
3.2.2 Análise crítica do art. 20 da Lei nº 7.170/83 (Lei de Segurança Nacional)..........364
4 O ordenamento jurídico brasileiro frente à necessidade de combater o terrorismo – Parâmetros para a construção de um tipo penal..........376
Conclusões..........377
Referências..........378

CAPÍTULO 13
COOPERAÇÃO JURÍDICA INTERNACIONAL E TERRORISMO
Fábio Ramazzini Bechara..........381
1 Premissas..........381
1.1 Conceito de terrorismo..........381
1.2 Conceito de cooperação jurídica internacional e o seu respectivo fundamento..........382
1.3 Conclusão parcial..........384
2 Modelo de cooperação jurídica internacional das Nações Unidas para prevenção e repressão ao terrorismo..........384
2.1 Contexto..........384
2.2 Princípios básicos de cooperação jurídica internacional em matéria de terrorismo..........385
2.3 Conclusão parcial..........386
3 Modelo de cooperação adotado na União Europeia para o enfrentamento do terrorismo – Princípio do reconhecimento mútuo.....387
4 Cooperação jurídica internacional no Direito brasileiro e crime de terrorismo..........389
4.1 Introdução..........389
4.2 Terrorismo e dupla incriminação para fins de extradição e medidas coercitivas..........390
4.3 Terrorismo e crime organizado..........392
4.4 A motivação política no crime de terrorismo e o eventual obstáculo à cooperação jurídica internacional..........393
5 Cooperação jurídica entre Estados e organismos ou tribunais internacionais..........395

5.1 Resoluções do Conselho de Segurança nas Nações Unidas contra
a Líbia e a sua eficácia no Direito brasileiro 397
6 Extradição e captura no Estado estrangeiro 398
Conclusão 399
Referências 400

CAPÍTULO 14
TERRORISMO – EFICIÊNCIA E GARANTISMO

Antonio Scarance Fernandes 401
1 Aspectos introdutórios 401
1.1 O terrorismo global 401
1.2 Definição de terrorismo 402
1.3 A ilegitimidade do terrorismo 404
1.4 Atos terroristas 405
1.5 A tipificação do terrorismo na legislação brasileira 406
2 Caminho da repressão e a necessidade de equilíbrio 408
3 Os meios de prevenção, de investigação e de instrução 410
3.1 Os limites e as restrições no uso dos meios de prevenção,
de investigação e de instrução 410
3.2 Os meios preventivos. A lista de suspeitos 411
3.3 Mecanismos especiais de investigação e de instrução em casos
de terrorismo 413
3.4 Mecanismos de investigação e instrumentos processuais no Brasil 414
3.4.1 Ação controlada. Entrega vigiada. Vigilância similar 414
3.4.2 Infiltração policial 415
3.4.3 A colaboração de membros da organização 416
3.4.4 As interceptações e formas similares de obtenção de prova 416
4 Normas especiais sobre prova testemunhal 418
5 O terrorismo e a Lei nº 8072/90 418
6 Medidas de natureza econômica 419
Conclusões 420
Referências 422

SOBRE OS AUTORES 425

APRESENTAÇÃO

Um público comprometido com a leitura é crítico, rebelde, inquieto, pouco manipulável e não crê em lemas que alguns fazem passar por ideias.

(Mario Vargas Llosa)

Compatibilizar o postulado da razoabilidade do direito punitivo e os princípios vetores do justo processo em um contexto de crimes de extrema gravidade é questão que sempre provoca os mais acalorados debates. Afinal, este tipo de criminalidade suscita sentimentos de repúdio e de repugnância, além de gerar um maior anseio punitivo e um clamor por eficiência da máquina persecutória. Surge, então, uma questão fundamental. É possível obter-se maior eficiência na gestão do poder punitivo em um cenário de respeitabilidade dos direitos humanos e de garantias processuais?

Trata-se de questão que toca diretamente a linha de pesquisa que vem sendo conduzida pelo Prof. Antonio Scarance Fernandes no curso de Pós-Graduação da Faculdade de Direito da Universidade de São Paulo e que conta ainda com a participação dos Professores José Raul Gavião de Almeida, Maurício Zanóide de Moraes e Marcos Zilli. Ao longo dos últimos anos, os problemas emergentes da relação entre eficiência e garantismo no processo penal ocuparam o centro da atenção científica de todos. É neste contexto de constantes desafios acadêmicos que se insere a presente obra.

Com efeito, o terrorismo é um dos crimes que maior repúdio provoca na opinião pública. Especialmente no curso da década passada e, portanto, no florescer do novo século, os atentados terroristas assumiram proporções até então impensáveis e que foram reforçadas por uma cobertura midiática em tempo real. Desde então, o combate àquela criminalidade vem se caracterizando por uma clara regressão na cultura da preservação dos direitos humanos. As prisões por tempo indeterminado se multiplicaram sendo muitas delas desprovidas de qualquer acusação formal. O recurso à tortura foi retomado e, inclusive, justificado sob a alegada necessidade de preservação de interesses superiores. Tratamentos cruéis impostos a presos passaram a ser usuais. As execuções sumárias, por sua vez, são alvo de regozijo e de celebração.

Mais desconcertante do que a sucessão dos tristes exemplos de desapego aos valores da dignidade humana é a constatação de que tais práticas vêm sendo adotadas por países cuja história esteve, por muito tempo, alinhada à defesa dos valores da liberdade e da democracia.

Foram essas instigantes questões que levaram os coordenadores a materializar os debates acadêmicos vividos no curso de Pós-Graduação em uma obra coletiva que provocasse reflexões sobre matéria que é produto inequívoco de nosso tempo: o terrorismo e a justiça penal.

Na tentativa de estimular algumas reflexões, buscou-se agregar estudos sobre os principais movimentos legislativos no campo punitivo e que foram implementados por diferentes sistemas jurídicos, em especial aqueles diretamente tocados por atentados terroristas. Um estudo comparado, aliás, é sempre enriquecedor, mormente quando tomada a experiência de países que vêm enfrentando um drama que para nós é de todo estranho.

Mas, o estudo comparativo, por si só, seria insuficiente. Afinal, não é possível examinar determinados fenômenos sem que se empreenda uma análise mais abrangente e que envolva a compreensão do que lhe é essencial. Ou seja, não é possível estudar o terrorismo e suas implicações no campo do direito sob uma perspectiva puramente jurídica. Afinal, há diversas questões históricas, políticas e sociais que não podem ser simplesmente olvidadas. Houve, portanto, uma preocupação com uma abordagem multidisciplinar da matéria e que permitisse uma análise das implicações dos discursos que permeiam o combate ao terrorismo.

O trabalho não estaria completo caso não fosse analisada a perspectiva do direito internacional dos direitos humanos e, sobretudo, a jurisprudência da Corte Europeia. Como se sabe, os direitos humanos constituem um padrão ético universal que orienta a ação de todos os Estados, de modo que as medidas punitivas e persecutórias devem estar jungidas àquele paradigma. Mas, seria esta assertiva válida para um contexto de crise provocado por um atentado terrorista executado em larga escala? Como vêm sendo resolvidas as situações conflituosas decorrentes do embate entre o interesse punitivo e o resguardo das liberdades individuais no contexto do terrorismo?

A fim de atender sobreditas premissas, dividiu-se a obra em quatro partes fundamentais. Na primeira, são abordadas questões introdutórias e que perpassam pela problemática do fundamentalismo religioso e pela retórica da violência. Além disso, houve uma preocupação com um exame sobre o discurso da intolerância que envolve muitas das medidas de combate ao terrorismo. Encerrando esta primeira parte vem à tona a discussão sobre a qualificação ou não do terrorismo como um crime internacional.

Em um segundo momento, são apresentados ao leitor vários estudos em uma perspectiva comparada. A escolha dos sistemas não foi arbitrária. Na verdade, atendeu a uma lógica. Com efeito, optou-se pelo exame dos ordenamentos de países que foram diretamente atingidos pelo terrorismo ou mesmo aqueles que guardam um histórico de enfrentamento de tal criminalidade. Daí a análise das experiências dos E.U.A., do Reino Unido, da Espanha, da Itália e da Colômbia. Já a inserção da Alemanha é justificada em razão da constante preocupação que informa aquele sistema em preservar os postulados da proporcionalidade, tema este por demais sensível no âmbito da eficiência e do garantismo no processo penal.

Na sequência, e portanto em uma terceira parte, o espaço é aberto para a discussão dos valores da dignidade humana. Daí a importância do estudo sobre a jurisprudência da Corte Europeia de Direitos Humanos. São numerosos os casos em que aquele órgão foi chamado a decidir sobre eventual violação de direitos humanos no contexto de medidas punitivas e persecutórias adotadas no combate ao terrorismo.

Ao final, reservou-se o espaço para o enfrentamento do direito brasileiro e as diversas questões que ainda permanecem em aberto. Além de um estudo sobre a problemática que cerca a tipificação do crime de terrorismo no direito interno e de todas as questões que dali emanam, é apresentado um estudo sobre a cooperação penal internacional e os possíveis problemas enfrentados pelo Brasil nesta seara. Deixa-se para o final o ponto crucial da obra e que envolve a questão de fundo que motivou os coordenadores nesta empreitada, qual seja: o equilíbrio entre eficiência e garantismo no contexto do terrorismo.

É importante destacar não ter havido, por parte dos coordenadores, qualquer pretensão em esgotar a matéria e muito menos o desejo de fixar respostas absolutas sobre tão delicado dilema. O único e sincero objetivo foi o de estimular o debate científico, instigando o leitor à reflexão. Essa missão não teria sido viável não fosse a pronta adesão de vários professores e pesquisadores no Brasil e no exterior. Daí o indispensável e sincero agradecimento a Alejandro Aponte, Alessandro Gamberini, Alvaro Okura de Almeida, Anamara Osório Silva, Antonio Baptista Gonçalves, Ariana Bazzano, Davi Tangerino, Emanuela Fronza, Fabio Ramazzini Bechara, Juan Damián Moreno, Kai Ambos, Manuel Cancio Meliá, Mariangela Magalhães Gomes, Silvio César Arouck Gemaque, Tiago Cintra Essado e Vitor Bastos Maia. Também merecem referência Natalia Carolina Verdi e Elisa Maluf que muito auxílio prestaram na organização da obra.

Enfim, há a convicção de que o livro poderá servir de subsídio não só para os estudiosos e profissionais do direito, mas também para os pesquisadores das ciências afins, já que procura trazer à luz debate sobre tema de indiscutível atualidade. Convidamos, portanto, o leitor a desfrutar das próximas páginas.

Antonio Scarance Fernandes
Marcos Zilli

INTRODUÇÃO

O TERRORISMO COMO CAUSA, O HORROR COMO CONSEQUÊNCIA E A LIBERDADE COMO VÍTIMA

MARCOS ZILLI

Every nation, in every region, now has a decision to make.

Either you are with us, or you are with terrorists.

(George W. Bush)

É possível dimensionar o impacto provocado por certos acontecimentos tomando-se por base as referências vinculadas à nossa memória e que a eles ficam associadas. Todos guardam, por certo, a lembrança do que faziam ou mesmo onde se encontravam quando dos atentados que marcaram o dia 11 de setembro de 2001. Tratou-se, sem dúvida, de evento único. Para além dos efeitos imediatos, representados pelo sentimento de horror e de incredulidade, outros tantos se produziram ao longo dos anos, muitos dos quais ainda hoje se fazem sentir. O elevado grau de organização e de planejamento empregados naquela ação, a extrema ousadia demonstrada por seus atores, a fragilidade a que foi exposta a maior potência econômica e a cobertura midiática, em tempo real e em escala mundial, foram ingredientes que inserem aquela ação terrorista no plano dos acontecimentos únicos e singulares da história. São eventos que, por sua dimensão, escala e magnitude, provocam, para o bem ou para o mal, uma revisão de conceitos, de valores e de paradigmas.

Como se sabe, o terrorismo não é fenômeno novo, como também não é estranha a repulsa provocada por tais atos. No entanto, a escalada internacional e a repercussão midiática que as ações terroristas assumiram — aspectos evidentes no ataque de 11 de setembro — levaram aquele fenômeno para um patamar até então desconhecido e sobre o qual a comunidade internacional não alcançou ainda um consenso quanto ao tom ideal a informar as medidas de enfrentamento.

Com efeito, muitas das medidas adotadas por vários sistemas jurídicos foram alimentadas por um exacerbado sentimento de vingança, o que, por óbvio, comprometeu a efetividade dos resultados. De fato, ao longo da última década, testemunhamos um contínuo processo de esfacelamento do padrão ético universal da dignidade humana. E, paradoxalmente, emanaram justamente das sociedades mais representativas da defesa dos valores ligados à liberdade e à democracia os maiores exemplos de desconstrução dos princípios sobre os quais se erigiu a civilização moderna ocidental. São sinais inquietantes e que nos instigam a refletir sobre as soluções adequadas em situações extremas de violência, de medo, de horror e de pânico. Muitas indagações se abrem então. Como enfrentar o terrorismo em escala internacional? A eficiência na prevenção e no combate a este tipo de criminalidade supõe, necessariamente, a restrição dos direitos fundamentais? Ainda é possível falar-se em equilíbrio entre o poder punitivo e o regime de liberdades em um contexto decorrente de ataques terroristas em dimensão internacional? A universalidade dos direitos humanos torna-os absolutos ou é admissível falar-se em restrição destes? Qual deve ser o regime persecutório ideal para o fenômeno do terrorismo internacional?

A história do terrorismo relaciona-se — ainda que não exclusivamente — com os movimentos de libertação e de reação exercidos por grupos oprimidos.[1] As lutas pela emancipação, independência e autodeterminação de povos, as lutas contra o arbítrio, o autoritarismo e o totalitarismo envolvem, invariavelmente, enfrentamentos violentos. Nessa perspectiva, as ações violentas praticadas por aqueles que são perseguidos representam uma reação justificável ou, em outras palavras, o exercício de um natural direito de defesa frente à exploração e à dominação. Ou seja, a violência autoritária — e que, via de regra, é praticada por órgãos oficiais de repressão ou por grupos coordenados e controlados pelo Estado — poderia ser enfrentada de forma igualmente violenta. A violência é, em suma, respondida com mais violência.

Tais enfrentamentos violentos guardam, contudo, um aspecto que os particulariza, qual seja, a configuração de um destinatário certo e

---

[1] Para um estudo mais detido sobre a história e o terrorismo, ver: LARENS. Le terrorisme comme presonage historique. *In*: LARENS; DELMAS-MARTY. *Terrorismes*: Histoire et droit, p. 9-66.

identificado e que é justamente quem personifica a violência arbitrária. Dito de outra forma, as ações violentas exercidas pelos "oprimidos" estariam dirigidas contra os agentes do autoritarismo. Por essa perspectiva, seriam estes os verdadeiros responsáveis pela chamada "violência original". Esta, por sua vez, seria a única responsável pelo desencadeamento do processo de resistência. Ao grupo oprimido não restaria alternativa a não ser a prática de atos que assegurassem a sua própria sobrevivência. Trata-se, enfim, de uma clara retórica de justificação do uso da violência.

São evidentes as profundas críticas que podem ser lançadas aos fundamentos lógicos desta "espiral da violência" e, sobretudo, à sua efetividade. Afinal, longe de propiciar uma cultura de paz, ela agrava a dinâmica do enfrentamento, acentuando os sentimentos de vingança. Alimenta, ademais, o círculo vicioso do ódio, dificultando, por consequência, a superação do próprio conflito. Ocorre que tal fenômeno é permeado por uma carga ideológica e política em sua percepção, o que traz imensas dificuldades para se alcançar um consenso quanto à qualificação jurídica daqueles atos e, por consequência, sobre o tratamento e o enfrentamento que a eles devem ser aplicados. Em realidade, há um acentuado receio de que os chamados exercícios legítimos de resistência ao arbítrio e à opressão sejam alvo de criminalização e de persecução. É que a criminalização do exercício legítimo da defesa poderia servir de instrumento para acentuar a opressão e o domínio por parte dos grupos opressores. Não são outros os motivos que inviabilizam a obtenção de um consenso universal sobre a inserção do terrorismo no contexto de uma criminalidade internacional e, portanto, da própria ordem penal internacional.

De qualquer modo, não é este o tipo de ação violenta que constitui o foco de análise da obra. O terrorismo que aqui se discute é aquele que almeja, pela dinâmica da "violência-espetáculo", afirmar, propagar ou impor certos valores e concepções e, por via de consequência, buscar uma forma de expressão e de afirmação. Pressupõe uma violência que é desmedida nas formas eleitas para a execução e indiscriminada em seus alvos. São, pois, ações violentas orquestradas para provocarem altíssimo impacto. Afinal, pretendem os seus atores a disseminação, no universo atingido, do sentimento de fragilidade, de desproteção, de medo e de paranoia.

Para tanto, a ação deve ser reveladora de um alto poder de organização e de articulação. Supõe, portanto, o envolvimento de vários atores para além dos executores materiais. De fato, há aqueles que assumem a responsabilidade pelo planejamento e pela articulação da ação atuando, fundamentalmente, como líderes catalisadores de uma "causa". Desempenham eles papel fundamental na medida em que alimentam a retórica do recurso à violência, estimulando o mito da simbologia do heroísmo, o qual seria ilustrado pelo ato de renúncia à própria vida. A morte em prol de uma "causa" seria, portanto, redentora. Mas, para além dos líderes, há aqueles que financiam os atos. Afinal, a "violência espetáculo" é altamente custosa, de modo que recursos devem ser catalisados a fim de viabilizar a execução das ações. Por vezes, o financiamento é obtido mediante a prática de outras atividades ilícitas. Em outros casos, mediante a contribuição direta de governos. Daí a necessidade de um maior controle internacional das movimentações financeiras.

O alinhamento de governos ou de agentes públicos com o terrorismo internacional não é condição indispensável, embora a prática tenha revelado a eficiência de tal simbiose, sobretudo no acobertamento das ações de planejamento e de financiamento. Os grupos terroristas podem, eventualmente, se associar a governos, aproveitando-se, assim, do aparato estatal. Por outro lado, a dispersão das células terroristas é um elemento importante a caracterizar a nova feição do terrorismo. Ou seja, ainda que os agentes estejam vinculados a um grupo, via de regra, estão eles dispersos em várias localidades e, em muitos casos, totalmente integrados ao próprio grupo social que pretendem atingir, o que dificulta, demasiadamente, eficácia das ações preventivas.

Mas, diferentemente do que possa ser qualificado de resistência legítima, as ações terroristas que aqui são examinadas não estão dirigidas contra um grupo determinado de pessoas. Não se trata, portanto, de uma luta contra "o inimigo comum" ou de uma reação legítima contra os "agentes opressores" que personificam o arbítrio, o autoritarismo ou o totalitarismo. Com efeito, o foco preferencial dessas ações é o cidadão comum, ainda que possa ele ser inserido em um contexto social, cultural, étnico, político ou religioso específico. Aliás, para os agentes que se envolvem nessas ações terroristas, o sucesso da empreitada é medido pela quantidade de vítimas que possam ser agrupadas sob o rótulo de "inocentes". Quanto maior for o número de pessoas atingido nesse contexto, maior será o sentimento de medo, de insegurança e de paranoia provocados. É por isso que as ações devem se revelar espetaculares no circo de horrores que elas provocam. Por esta lógica, o impacto causado pelas ações fará nascer, de um lado, o sentimento de medo e de constante fragilidade e, de outro, contribuirá para a construção de uma imagem de força, de organização e de articulação do grupo terrorista. É sob esta perspectiva que se postam os atentados de 11 de setembro de 2001, bem como aqueles que se sucederam em Madrid e em Londres.

Não cabe aqui uma discussão sobre as causas para tais atrocidades. Tampouco há espaço para uma análise sobre o ódio que elas expressam e contra o que elas se dirigem. As premissas adotadas aqui são outras. A bem da verdade, o que se pretende é fixar um estudo sobre as reações empreendidas por sistemas jurídicos que, historicamente, sempre foram associados aos paradigmas da liberdade e da democracia. O estudo, como se verá, propicia conclusões que são, no mínimo, inquietantes. Afinal, na última década, as diversas reações jurídico-penais que foram implementadas em vários países frente à criminalidade terrorista são expressivas de uma ampla corrosão dos valores sobre os quais se erigiu, nos últimos séculos, o padrão ético repressivo ocidental.

De fato, a reação, que se fundou em um compreensível exacerbamento das emoções e em um indesejável sentimento de vingança, interpretou ação terrorista do dia 11 de setembro como um ato de agressão. Tal qualificação foi crucial para que se construísse um novo paradigma repressivo-punitivo e que alimentou vários sistemas ao longo da última década. Em realidade, a conclamação da chamada "guerra ao terror" foi o estopim para a corrosão de vários direitos e garantias fundamentais. Como aponta Mireille Delmas-Marty, mais do que simples slogan político ou mesmo de conclamação dos sentimentos de nacionalidade, de patriotismo e de união, a proclamada "guerra ao terror" expressou a opção por um regime jurídico de reação e de repressão militarizadas. O objetivo não era o de punir os agentes responsáveis, mas sim o de combater e exterminar o inimigo. São claros os efeitos nefastos que se produziram nos direitos penal e processual penal.[2]

Para Delmas-Marty, uma das consequências mais evidentes da escalada de desconstrução do sistema punitivo está no que denomina de "desjudicialização da persecução".[3] Cuida-se de um conjunto de medidas que implicam a transferência do exercício do poder punitivo para outros órgãos estranhos à máquina persecutória. De fato, as investigações, que antes eram conduzidas pelos órgãos policiais, passam a ser presididas pelos serviços secretos de inteligência, os quais estão diretamente subordinados ao comando do Poder Executivo. O processo criminal, por sua vez, deixa de ser conduzido pelos órgãos jurisdicionais comuns, passando para as mãos dos tribunais militares ou mesmo para câmaras militares especialmente constituídas para aquela finalidade. Há, portanto, um claro comprometimento do atributo da imparcialidade e da garantia do juiz natural.

É a mesma autora quem lembra ainda o comprometimento da individualidade daquele que passa a ser considerado como agente terrorista. Ou seja, a simples suspeita de envolvimento em atividades terroristas é suficiente para afastar a condição de potencial criminoso. Em seu lugar, prevalece a figura do "combatente inimigo". Este, por seu turno, não deve ser simplesmente punido, mas derrotado.[4] Logo, a noção de retribuição justa e proporcional frente ao mal praticado — princípio que alimenta a gênese do Direito Penal — cede espaço para o aniquilamento e para o

---

[2] DELMAS-MARTY. The paradigm of the war on crim: legitimating inhuman treatment?. *Journal of International Criminal justice*, p. 584-598.

[3] DELMAS-MARTY. The paradigm of the war on crim: legitimating inhuman treatment?. *Journal of International Criminal justice*, p. 586.

[4] É o que denomina de "de-individualizing the ofender".

extermínio do inimigo. Não interessa puni-lo de forma justa e adequada a fim de se extrair, das formalidades do processo punitivo, a condição da exemplaridade tão necessária para a propalada prevenção geral. Afinal, os inimigos de guerra devem ser combatidos e exterminados. O agente terrorista não é, portanto, um criminoso que possa ser punido ou que mereça ser recuperado. Em suma, o paradigma da "guerra ao terror" leva ao abandono da equação fundante do Direito Penal — crime/responsabilidade/punição[5] —, estabelecendo em seu lugar outra lógica e que é traduzida na articulação das ideias de agressão, guerra e de vitória.

Mas, mesmo em uma lógica de guerra, há certos parâmetros universais a respeitar e que estão consolidados pelo Direito Humanitário. Este conjunto de regras e de princípios indica o reconhecimento universal de que, mesmo em situações extremas de conflitos armados, há um irredutível humano a observar. Não foi, todavia, o que se verificou na implementação da "guerra ao terror". De fato, nos últimos dez anos, proliferaram-se as prisões desprovidas de qualquer acusação formal, o emprego da tortura como meio de obtenção de prova e as execuções sumárias. São sinais indicativos de um abandono do padrão ético universal.

O fato é que a abertura para a reação concretizada por alguns sistemas jurídicos foi possível em face da atuação de organismos internacionais que abriram o caminho para a adoção de medidas unilaterais pelos Estados. A articulação de uma resposta global e que fosse estruturada por princípios universais cedeu espaço para o unilateralismo. Como se sabe, logo após os ataques do dia 11 de setembro, o Conselho de Segurança da ONU fez aprovar duas importantes resoluções. A primeira, a nº 1368/2001,[6] reconheceu o direito inerente ao exercício da legítima defesa, individual ou coletiva, frente aos ataques terroristas, os quais, por sua vez, foram considerados atos atentatórios à paz e à segurança internacional.[7] Já a Resolução nº 1373/2001,[8] além de reforçar esses paradigmas, conclamou todas as nações a implementarem medidas de combate ao financiamento do terrorismo internacional.

---

[5]   "In sum, the paradigm of war leads to abandoning the dogmatic juridico-moral vision (crime, guilt, punishment) in favor of a pragmatic vision associating national security with social defence. Based on an imprecise concept of dangerousness, which is presumed by simple membership in a group labeled 'enemy', the goal is to neutralize, or even eliminate the criminal/deviant" (DELMAS-MARTY. The paradigm of the war on crim: legitimating inhuman treatment?. *Journal of International Criminal justice*, p. 588).

[6]   Aprovada na 4.370ª sessão de 12 de setembro de 2001.

[7]   A ambiguidade no emprego de algumas expressões permitiu que se reconhecesse o direito dos Estados Unidos de reagirem ao regime do Taliban e que, portanto, pudessem invadir o Afeganistão. Para um exame mais detido sobre a resposta dada pelas Nações Unidas aos ataques de 11 de setembro, ver: ROACH, Kent. *The 9/11 effect. Comparative couter-terrorism.* New York: Cambridge, 2011. p. 28-36.

[8]   Aprovada na 4.385ª sessão em 28 de novembro de 2001.

As sobreditas Resoluções refletem as preocupações, compreensíveis em face do drama propiciado pelo calor dos acontecimentos, de reforço dos mecanismos de repressão da criminalidade terrorista e de articulação da cooperação penal internacional. Ainda que nenhuma delas tenha autorizado o recurso à "guerra ao terror", também não reforçaram a importância de subordinação das medidas que viessem a ser adotadas aos paradigmas universais da dignidade humana e do justo processo. É certo que a observância de tais premissas é mais do que implícita em face da adesão ao sistema universal de proteção dos direitos humanos. No entanto, a unilateralidade permitiu que alguns sistemas adotassem o seu próprio parâmetro de enfrentamento e de repressão. Tome-se como exemplo a noção de legítima defesa, cujo núcleo central supõe o exercício de uma reação justa frente a uma agressão. Na propalada "guerra ao terror", aquele conceito foi ampliado para incluir a ideia de defesa preventiva e, assim, para justificar o exercício antecipado de defesa. Tal exegese, note-se, foi utilizada não só para fundamentar a invasão de países acusados de alinhamento com o terrorismo internacional, mas também para motivar a detenção de inúmeras pessoas como meras suspeitas de envolvimento na articulação de futuros ataques terroristas.

Todas estas questões fixam uma dúvida existencial sobre a cultura dos direitos humanos. Teríamos atingido uma situação limite em que o respeito intransigente ao valor da dignidade humana não se mostra aplicável, comportando dessa forma restrições? Sem qualquer pretensão de se estabelecer uma resposta definitiva sobre tão tormentosa questão, é possível extrair-se do exame das experiências históricas ponderações úteis para a construção de um paradigma punitivo e persecutório.

De fato, foi com o pensamento iluminista clássico que se fixou a cultura moderna de limitação do exercício do poder penal. A superação das formas arbitrárias do *Ancien Régime* levou ao reconhecimento e à consolidação do espaço das liberdades individuais as quais foram erigidas à condição de direitos fundamentais. Como anota Daniel Pastor, vem daí a configuração de princípios substantivos e formais que regulam o exercício da força punitiva pública e a estruturação de um método analítico do Direito Penal que almeja reduzir a arbitrariedade na persecução penal.[9] Esta cultura de imperatividade dos direitos humanos e de reconhecimento de um núcleo rígido da dignidade humana extrapolou o limite dos Estados nacionais

---

[9] "Han sido formulados así principios generales rectores, substantivos y formales, que regulan la fuerza punitiva pública y se ha generado un método de análisis - de todos los problemas que debe resolver el saber penal — que está gobernado pela idea de reducir todo lo que se pueda la inevitable arbitrariedad en el enjuiciamiento de las infracciones y en la aplicación de las sanciones" (PASTOR. *El poder punitivo internacional*: una aproximación jurídica crítica a los fundamentos del Estatuto de Roma, p. 20).

tendo sido reconhecida, no período pós-guerra, por diversos documentos internacionais. A superação das barreiras impostas pelo relativismo e a afirmação da universalidade dos direitos humanos permite falar-se, então, em um direito internacional dos direitos humanos. Dentre estes se postam diversas disposições relacionadas com o exercício do poder punitivo, muitas das quais estão reunidas sob o manto da cláusula do *fair trial*.

O fato é que ao se deparar com atrocidades e horrores em padrões até então inimagináveis, o homem do pós-guerra optou pelo caminho da respeitabilidade dos direitos humanos. Com efeito, mesmo diante da experiência macabra do genocídio, dos campos de concentração e do deslocamento forçado de pessoas, protagonizados pelos regimes totalitá- rios, a reação operada procurou fundar-se nas premissas de uma justiça retributiva, ao invés de recorrer ao caminho mais curto da execução do direito dos vitoriosos da guerra. É certo que as primeiras experiências dadas pelos Tribunais Militares de Nuremberg e de Tóquio ainda foram sensivelmente marcadas por uma visão calcada em uma justiça dos vi- toriosos. De qualquer modo, aqueles foram os primeiros passos dados e que levaram à sedimentação da estrada da ordem penal internacional até o seu ponto culminante e que foi dado com o estabelecimento do Tribunal Penal Internacional.

A principal constatação que emerge da análise que se faz do processo de construção da ordem penal internacional é a consagração do núcleo rígido da dignidade humana e de sua aplicabilidade, mesmo no caso ex- tremo dos crimes de maior gravidade internacional — genocídio, crimes de guerra, crime de agressão e crimes contra a humanidade. Ou seja, mesmo na hipótese de crimes que afetem a segurança e a paz mundial, o modelo persecutório não deixou de se guiar por um padrão ético. O regime punitivo é, sem dúvida, mais rigoroso até mesmo porque há uma estreita relação entre gravidade do fato e o grau de resposta punitiva. De qualquer modo, os mecanismos de concretização desta resposta obedecem a um padrão único. Realmente, na formatação do Estatuto de Roma não foi olvidado o respeito aos direitos e às garantias individuais em todas as fases da per- secução.[10] Ademais, na aplicação da normativa penal internacional, deve o intérprete guiar-se pelas normas internacionais dos direitos humanos o que é uma clara sinalização da supremacia dos valores construídos em torno da dignidade humana.[11]

---

[10] O art. 55 do Estatuto de Roma fixa vários direitos que devem ser respeitados no curso da inves- tigação criminal conduzida no plano internacional, dentre os quais o direito à não autoincrimi- nação, a proscrição do emprego de tortura e de tratamentos desumanos e cruéis, o direito ao silêncio, etc. Já os arts. 66 e 67 fixam o paradigma processual da presunção de inocência além de diversos direitos e garantias a serem observados no curso do processo penal.

[11] Conforme previsto pelo art. 21(3) do Estatuto de Roma: "A aplicação e interpretação do di- reito, nos termos do presente artigo, deverá ser compatível com os direitos humanos

A configuração do processo penal internacional é expressiva, portanto, do ideal de que os crimes internacionais exigem um padrão universal de exercício do poder punitivo, o qual possa ser compatível com o núcleo rígido da dignidade humana. Logo, a perspectiva de inserção do terrorismo internacional no âmbito da ordem penal internacional levaria à superação de um modelo pulverizado e unilateral de reações. Tal solução seria imperiosa, especialmente após o reconhecimento formal feito pela ONU de que o terrorismo internacional afeta os valores universais da paz e da segurança mundial.[12]

Contudo, não havia, ao tempo dos atentados — como ainda não há —, um padrão internacionalmente consagrado de enfrentamento do terrorismo internacional de modo que a unilateralidade e a pluralidade de reações permanecem sendo as alternativas possíveis. Mas, então, qual é o paradigma que deve ser seguido pelos Estados? Deve se adotar o padrão da "guerra ao terror"? A dimensão, o horror e a gravidade dos ataques de 11 de setembro justificavam o modelo que se implementou?

Em um estudo a respeito das respostas dadas pelas mais altas Cortes de alguns países que se envolveram naquele projeto, Michel Rosenfeld nos fornece subsídios de análise interessantes. No confronto entre segurança e liberdade, o autor destaca a possibilidade de configuração de três contextos: o de normalidade, o de *stress* e o de crise — que também é denominado de emergência.[13]

No primeiro, os conflitos, embora presentes, são resolvidos em um ambiente de razoável pacificação social. Não há comprometimento da ordem ou mesmo perigo de corrosão do equilíbrio do jogo de forças. O choque entre segurança e liberdade é, então, resolvido à luz dos parâmetros consensuais estabelecidos pelo grupo social e, portanto, em um ambiente de relativa normalidade. Já no contexto de crise, além do grave comprometimento da ordem, há o perigo de corrosão das instituições, com sérios riscos de perda da identidade comum. As Constituições de muitos dos Estados preveem mecanismos de enfrentamento desse estado de emergência o que implica redução, ainda que temporária, dos direitos e garantias individuais. Trata-se de uma situação profunda e grave na qual a sobrevivência do próprio grupo é posta em cheque, de modo que a necessidade

---

internacionalmente reconhecidos, sem discriminação alguma baseada em motivos tais como gênero, definido no parágrafo 3º do art. 7º, a idade, a raça, a cor, a religião, o credo, a opinião ou outra origem nacional, étnica ou social, a situação econômica, o nascimento ou outra condição".

[12] O próprio Preâmbulo do Estatuto de Roma busca apoio nos valores da paz e da segurança internacional para fundamentar um sistema punitivo frente às condutas ameaçadoras daqueles. É com base nessa perspectiva que Alicia Gil Gil extrai a noção de bem jurídico internacional. Para tanto, ver: *Derecho penal internacional* (p. 27-41).

[13] Judicial balancing in times of stress: comparing the American, British, and Israeli approaches to the war on terror. *Cardozo Law Review*, p. 2079-2151.

de superação se põe acima de outros valores. O contexto do *stress*, por sua vez, se coloca em uma situação intermediária. Não é possível falar-se em condição de normalidade e tampouco em crise ou emergência. Trata-se de um campo cuja linha divisória é difícil de ser precisada. Rosenfeld aponta a gravidade, a intensidade e a duração como critérios diferenciadores entre as situações de *stress* e de crise. Conforme os exemplos dados pelo mesmo autor, um ataque militar provocado por um Estado estrangeiro contra outro geraria a situação de crise. É grave, intensa e relativamente rápida. Já o sentimento de medo que se instalou nas semanas e nos meses que se seguiram após o ataque de 11 de setembro seria indicativo de um estado de *stress*, o qual seria diferente do cenário verificado no próprio dia do atentado ou mesmo no dia imediatamente seguinte.[14]

Ainda que os modelos sejam puramente teóricos, não deixam de guardar importância, já que fixam parâmetros úteis de análise e de ponderação. Em todos, há um choque entre segurança e liberdade e que são resolvidos pelo método do balanceamento. No contexto de normalidade, este choque é resolvido nas situações diárias de conflito e pelos canais democraticamente estabelecidos. Já na situação de crise, o cenário muda por completo. Além da restrição de considerável parcela dos direitos fundamentais, há a imperiosa necessidade de concentração do poder decisório das situações mais dramáticas. Nesse panorama, o grau de tensão é mais intenso na situação de *stress*. Não em razão do grau de descontrole, mas sim em face dos riscos nos exageros das medidas adotadas. Aqui os Estados devem adotar mecanismos que resguardem a segurança. Isto não implica, contudo, comprometimento do exercício das liberdades. Mas, ainda que algum comprometimento seja necessário, tal deve ser realizado no menor grau possível.

De qualquer modo, ainda que se admita a situação extremada, sempre restaria um núcleo indevassável de dignidade a respeitar. São valores sobre os quais não é possível qualquer tergiversação. De fato, mesmo em um contexto de guerra real, há valores a observar e que já foram afirmados pela consagração do Direito Humanitário. O mesmo se diga com relação ao emprego da tortura como método de interrogatório ou ainda com a

---

[14] "Times of stress differ from those of crisis primarily in terms of the severity, intensity, and duration of the respective threats involved. The line between the two may be difficult to draw, but a less severe, less intense, and more durable threat is likely to give rise to times of stress whereas a severe, intense, concentrated threat, of relatively shorter duration, is likely to provoke a crisis. For example, a foreign military invasion or a widespread domestic insurrection is likely to provoke a crisis. On the other hand, the aftermath of the terrorist attacks against New York city on September 11th 2001 — which involved threats, perceived threats, launching a 'war on terror' fought mainly in far away countries, arrest, and detention of potential terrorists, but no further terrorist attack on the United States as of the time of this writing — has produced times of stress rather than times of crisis" (ROSENFELD). Judicial balancing in times of stress: comparing the American, British, and Israeli approaches to the war on terror. *Cardozo Law Review*, p. 2085).

privação da liberdade, indefinida na causa e indeterminada na duração. Um olhar para o passado não tão distante aponta para os equívocos de algumas escolhas e as distorções que foram por elas provocadas. A violência ilustrada pelo terrorismo internacional é abominável e jamais poderá ser justificada. Ainda que ela provoque situações de *stress* ou mesmo de crise, a alternativa consagradora dos valores supremos da liberdade e da tolerância passa, necessariamente, pela realização da justiça. A impunidade é, sem dúvida, odiosa. Mas, a eficiência pretendida na persecução não pode levar à afirmação da cultura do extermínio e do aniquilamento. Não é esta a justiça pela qual se luta.

Referências

DELMAS-MARTY, Mireille. The paradigm of the war on crim: legitimating inhuman treatment?. *Journal of International Criminal justice*, 5, p. 584-598, 2007.

GIL GIL, Alicia. *Derecho penal internacional*. Madrid: Tecnos, 1999.

LARENS, Henry. Le terrorisme comme presonage historique. *In:* LARENS, Henry; DELMAS-MARTY, Mirreile. *Terrorismes*. Histoire et droit. Paris: CNRS, 2010. p. 9-66.

PASTOR, Daniel. *El poder punitivo internacional*: una aproximación jurídica crítica a los fundamentos del Estatuto de Roma. Barcelona: Atelier, 2006.

ROACH, Kent. *The 9/11 effect*: comparative counter-terrorism. New York: Cambridge, 2011.

ROSENFELD, Michel. Judicial balancing in times of stress: comparing the American, British, and Israeli approaches to the war on terror. *Cardozo Law Review*, v. 27, p. 2079-2151.

Informação bibliográfica deste texto, conforme a NBR 6023:2002 da Associação Brasileira de Normas Técnicas (ABNT):

ZILLI, Marcos. O terrorismo como causa, o horror como consequência e a liberdade como vítima. *In*: FERNANDES, Antonio Scarance; ZILLI, Marcos. (Coord.). *Terrorismo e justiça penal*: reflexões sobre a eficiência e o garantismo. Belo Horizonte: Fórum, 2014. p. 21-31. ISBN 978-85-7700-844-5.

PARTE I

TERRORISMO
REFLEXÕES INICIAIS

CAPÍTULO 1

INTOLERÂNCIA RELIGIOSA E TERRORISMO

ANTONIO BAPTISTA GONÇALVES

1 Introdução

A religião tem como missão fundamental promover a paz e a harmonia entre os povos. Porém, quando os líderes religiosos se preocuparam mais em incorporar a influência política e, assim, deter o poder, a missão da Igreja se perdeu.

O resultado foi a abertura para a prática da intolerância religiosa através das cruzadas e da Inquisição. A mudança somente foi possível com o desenvolvimento dos direitos humanos.

Contudo, o exemplo de ódio, violência e ânsia por poder perpetrados através dos séculos no mundo ocidental foram muito bem assimilados pelos líderes islâmicos.

E o resultado não poderia ser outro: o uso da religião para fins políticos com a disseminação do medo e da insegurança.

Agora, ao mundo contemporâneo cabe lidar com o espólio que a Igreja, em especial a Católica, perpetrou e ensinou aos islâmicos e que, passados séculos, hodiernamente se voltam contra seus "professores", em uma crise entre Oriente e Ocidente motivada por fins políticos, porém, com o escopo, ou melhor, o véu da religião, como elemento motivador dos fiéis.

2 O sistema protetivo de direitos humanos

Desde o final da Segunda Guerra Mundial, as Nações se preocuparam em desenvolver instrumentos que protegessem a vida humana, pois a quantidade de vidas que foram perdidas em virtude das Guerras de 1914 a 1918 (I Guerra Mundial)[1] e de 1939 a 1945 (II Guerra Mundial)[2] ultrapassou os 50 milhões.

Um número expressivo de vidas perdidas em um espólio sem sentido decorrente de disputas por poder, exercício de dominação, busca por territórios e expansão forçada.

Eric Hobsbawn afirmou:

> A Primeira Guerra Mundial reduziu a cacos o império dos Habsburgo e completou a desintegração do Império Otomano. Não fosse pela Revolução de Outubro, esse também teria sido o destino do império czar da Rússia, já muito enfraquecido, como foi o do império alemão, que perdeu tanto a Coroa quanto as colônias. A Segunda Guerra Mundial destruiu o potencial imperial da Alemanha, que alcançara breve realização com Adolf Hitler, e destruiu também os impérios coloniais da era imperial, grandes e pequenos: o britânico, francês, o japonês, o holandês, o português e o belga, assim como o que restava do espanhol.[3]

Não temos afronta maior contra a vida de um ser humano do que uma guerra. O que diriam as autoridades e os defensores dos direitos humanos por conta da ação humana pela qual mais de cinquenta milhões de vidas deixaram de existir?

Ademais, somente as mortes já seriam uma justificativa minimamente razoável para uma mudança de paradigma, porém a Segunda Guerra Mundial conteve requintes específicos de crueldade que afrontam a dignidade de qualquer ser humano.[4]

O holocausto produziu cenas terríveis protagonizadas em campos de concentração, em especial Auschwitz[5] e Bikernau, com esterilização em

---

[1] Calcula-se que morreram cerca de 9 milhões de civis e militares na I Guerra Mundial. A França teve 1,4 milhões de mortos, isto é, correspondente a 27% dos homens de 18 a 27 anos, ou 10% de sua população ativa masculina. A Alemanha teve 1,8 milhão de mortos, isto é, 9,8% de sua população ativa masculina; a Áustria-Hungria, 1 milhão, ou 9,5%, respectivamente; a Itália, 530 mil, ou 6,2%; a Inglaterra, 780 mil, ou 5,1%; a Rússia, 1,7 milhão, ou 4,5%; a Bélgica, 44 mil, ou 1,9%; os EUA, 114 mil, ou 0,2%; a Romênia contou com 600 mil mortos, a Sérvia, 400 mil, e a Turquia, 400 mil (GRANDE ENCICLOPÉDIA LAROUSSE CULTURAL, v. 12, p. 2859).

[2] As estimativas avaliam entre 40 a 52 milhões os mortos, entre os quais 7 milhões de deportados para a Alemanha, por motivos raciais e políticos. GRANDE ENCICLOPÉDIA LAROUSSE CULTURAL, v. 12, p. 2863.

[3] HOBSBAWN. *Globalização, democracia e terrorismo*, p. 78.

[4] Ao emergir da Segunda Guerra Mundial, após três lustros de massacres e atrocidades de toda a sorte, iniciados com o fortalecimento do totalitarismo estatal nos anos 30, a humanidade compreendeu, mais do que em qualquer outra época da História, o valor supremo da dignidade humana. O sofrimento como matriz da compreensão do mundo e dos homens, segundo a lição luminosa da sabedoria grega, veio aprofundar a afirmação histórica dos direitos humanos (COMPARATO. *A afirmação histórica dos direitos humanos*, p. 55).

[5] Hannah Arendt fornece o relato histórico acerca da funcionalidade de Auschwitz: "Lendo as atas do julgamento, deve-se ter sempre em mente que Auschwitz fora estabelecido para massacres *administrativos* que deviam ser executados segundo as regras e regulamentos mais

massa, experimentos em seres vivos, em corpos, mortes em câmaras de gás, perseguições e agressões que culminaram com mortes por conta de orientação sexual, raça e religião.

Sobre o tema, Christopher Morris declarou:

> Os crimes dos Estados modernos são impressionantes e apavorantes. O Estado moderno é terreno, se não o agente, de males extraordinários. Auschwitz e o Gulag – São crimes de Estado que não precisam ser recontados.[6]

De tal sorte que a banalização da vida humana, em especial, com a Segunda Guerra Mundial, fez com que as Nações criassem um elemento, um organismo transnacional que seria responsável por criar diretrizes de condutas positivas e protetivas a serem seguidas pelas nações signatárias. Nascia, em 26 de junho de 1945, em São Francisco, a Organização das Nações Unidas (ONU). Um órgão que iria representar os cinquenta e um países signatários e proteger os cidadãos, suas relações, liberdades, etc.

O foco, isto é, o objetivo central já fora estabelecido no Preâmbulo da Carta das Organizações Unidas.[7]

O marco fundamental dos direitos humanos, sem dúvida, é a Declaração Universal dos Direitos do Homem, cuja aprovação ocorreu em 10 de dezembro de 1948, na Assembleia Geral das Nações Unidas. Contudo, não podemos renegar o passado que impulsionou e motivou o surgimento dos direitos humanos que se concretizaram, de fato, pós Segunda Guerra Mundial.

---

rigorosos. Essas regras e regulamentos tinham sido estipulados pelos assassinos burocratas, e eles pareciam excluir — provavelmente tinham a intenção de excluir — toda iniciativa individual, quer para melhorar a situação, quer para piorá-la. O extermínio de milhões foi planejado para funcionar como uma máquina: os prisioneiros chegando de toda a Europa; as seleções na rampa, e as seleções subsequentes entre aqueles que tinham sido robustos na chegada; a divisão em categorias (todos os idosos, crianças e mães com filhos deviam ser gaseados imediatamente); os experimentos humanos; o sistema dos 'prisioneiros de confiança', os capôs e os comandos de prisioneiros que manejavam as instalações de extermínio e detinham posições privilegiadas. Tudo parecia previsto e assim previsível — dia após dia, mês após mês, ano após ano. E, ainda assim, o que resultou dos cálculos burocráticos foi o exato oposto da previsibilidade. Foi uma completa arbitrariedade" (ARENDT. *Responsabilidade e julgamento*, p. 319, 320).

[6] MORRIS. *Um ensaio sobre o Estado Moderno*, p. 33.

[7] Nós, os povos das Nações Unidas, estamos resolvidos a preservar as gerações vindouras do flagelo da guerra, que por duas vezes no espaço de nossa vida trouxe sofrimentos indizíveis a humanidade, e resolvidos a reafirmar a fé nos direitos fundamentais do homem, na dignidade e no valor do ser humano, na igualdade de direitos dos homens e das mulheres, assim como das nações grandes e pequenas, resolvidos também a estabelecer condições sob as quais a justiça e o respeito às obrigações decorrentes de tratados e de outras fontes de Direito Internacional possam ser mantidos e a promover o progresso social e melhores condições de vida dentro de uma liberdade mais ampla (DALLARI. *In*: VIEIRA (Coord.). *Direitos humanos, Estados de Direito e a construção da paz*, p. 42).

3 Os direitos humanos – Evolução histórica

A doutrina determina que a primeira geração de direitos humanos[8] tenha seu início com a Independência Americana[9] e a Revolução Francesa.[10] Contudo, é inegável a contribuição de alguns outros atos anteriores. Foi assim com a Magna Carta Inglesa em 1215, e, principalmente, com os atos impulsionados nos séculos XVI e XVII, por advento do movimento conhecido como Iluminismo, quando uma série de atos foi profícuo para o desenvolvimento dos direitos humanos fundamentais através do *Habeas Corpus Act*, de 1679, e do *Bill of Rights*, em 1689. No entanto é necessário compreender o contexto histórico para concordar com a doutrina.[11]

---

[8] Temos 3 gerações de direitos humanos. A primeira marca uma separação entre Estado e não Estado e é constituída pelas conquistas do pensamento liberal, com destaque para os direitos do indivíduo. Na segunda, do choque entre o liberalismo e pensamento socialista, nasceram os direitos coletivos, ou seja, créditos do indivíduo frente à coletividade: o direito ao trabalho, à saúde, à educação e todos os que possuem um caráter econômico-social e cultural. E, por fim, a terceira geração se refere aos direitos de grupos humanos, como o de autodeterminação dos povos, o direito à paz.

[9] As declarações de direitos norte-americanas, juntamente com a Declaração Francesa de 1789, representaram a emancipação histórica do indivíduo perante os grupos sociais aos quais ele sempre se submeteu: a família, o clã, o estamento, as organizações religiosas (COMPARATO. *A afirmação histórica dos direitos humanos*, p. 52).

[10] Compreender-se a Revolução Francesa como fundadora dos direitos civis impõe que não nos esqueçamos de que o século XVIII é conhecido como o século do Iluminismo e da Ilustração, por ser o século de Voltaire e Montesquieu, de Kant e Holbach, de Diderot e D'Alembert, de Goethe e Rousseau, de Mozart e Beethoven. Nele se deu, também, a tentativa de transformar as ciências da natureza em ciências da razão e da experimentação (ODALIA. A liberdade como meta coletiva. *In*: PINSKY; PINSKY (Org.). *História da cidadania*, p. 159).

Somado ao relato de Nilo Odalia, temos de considerar os séculos de opressão da Igreja Católica em decorrência da Inquisição, a dominação do clero e da nobreza sobre a esmagadora maioria da população francesa denominada de Terceiro Estado. No entanto, o Terceiro Estado, ao qual se situava a burguesia, era explorado e perdia riquezas e territórios para o clero, especialmente, e para a nobreza. Em toda essa conjuntura histórica, era de se esperar que a revolução fosse apenas uma questão de tempo. E ainda, com a influência dos ideais propostos pela abertura de Napoleão Bonaparte, o avanço em defesa das liberdades e a cisão com a tirania e com a submissão eram inevitáveis.

O marco dessa Revolução foi a consequência direta produzida ao longo do globo, pois, se não foi o embrião dos direitos fundamentais, foi, sem dúvida, a sua mola propulsora.

[11] Na verdade, Norberto Bobbio elucida a importância dos movimentos anteriores à Revolução Francesa e explica os motivos de não serem considerados como marcos para os direitos humanos: "A relação tradicional entre direitos dos governantes e obrigações dos súditos é invertida completamente. Até mesmo nas chamadas cartas de direitos que precederam as de 1776 na América e a de 1789 na França, desde a Magna Carta até o *Bill of Rights* de 1689, os direitos ou as liberdades não eram concedidos ou concertados, devendo parecer — mesmo que fossem resultado de um pacto entre súditos e soberano — como um ato unilateral deste último. O que equivale dizer que, sem a concessão do soberano, o súdito jamais teria tido qualquer direito. Não é diferente o que ocorrera no século XIX: quando surgem as monarquias constitucionais, afirma-se que as Constituições foram *octroyées* pelos soberanos. O fato de que essas Constituições fossem a consequência de um conflito entre rei e súditos, concluído com um pacto, não devia cancelar a imagem sacralizada do poder, para a qual o que os cidadãos obtêm é sempre o resultado de uma graciosa concessão do príncipe. As Declarações de Direito estavam

Afinal, se a concessão de um direito dependia de um soberano, então o direito não era universal e a disposição do homem, logo, ao ser atrelada à vontade de outrem, tornava-se restrita; realidade essa que somente se modificou com as Declarações Americana, de 1776, e Francesa, de 1789.

Todavia, a quebra de paradigma se iniciou com o Iluminismo, pois esse movimento foi o responsável por impulsionar novamente os ideários dos direitos humanos, que resultaram nos processos de conflitos na França e nos Estados Unidos, que culminaram com a Revolução Francesa e a independência norte-americana, respectivamente, e que determinaram o surgimento da primeira geração dos direitos humanos.[12]

Todos esses atos foram importantes para desenvolver o conceito de liberdade, fraternidade e igualdade entre todos os homens. Contudo, os conflitos e, especialmente, as mortes impulsionaram uma necessidade de buscar a valoração do próprio homem.

4 Os direitos humanos e a proteção às liberdades

Os direitos humanos e o seu sistema internacional de proteção capitaneado pela Organização das Nações Unidas desenvolveram diretrizes que tinham por escopo assegurar os três princípios fundamentais que passaram a reger o ser humano no pós Segunda Guerra Mundial: a igualdade, a liberdade e a fraternidade.

Para tanto, uma série de tratados, convenções e pactos[13] foram desenvolvidos, a fim de compromissar seus signatários a assegurar no âmbito interno e externo as liberdades entre os povos.

---

destinadas a inverter essa imagem. E, com efeito, pouco a pouco lograram invertê-la. Hoje, o próprio conceito de democracia é inseparável do conceito de direitos do homem" (BOBBIO. *A era dos direitos*, p. 114).

[12] Fábio Konder Comparato afirma: "O artigo I da Declaração que 'o bom povo da Virgínia' tornou pública, em 16 de junho de 1776, constitui o registro de nascimento dos direitos humanos na História" (COMPARATO. A afirmação histórica dos direitos humanos, p. 49).

[13] Declaração Francesa de Direitos do Homem, através do seu artigo 10; a Carta das Nações Unidas, de 26 de junho de 1945; o Preâmbulo da Declaração Universal dos Direitos do Homem, bem como o seu artigo 2º; a Convenção Europeia dos Direitos do Homem, firmada em Roma, em 04 de novembro de 1950, através dos artigos 14, 18 e 26; Declaração sobre a Prevenção e Punição do Crime de Genocídio; a Carta Encíclica Pacem in Terris, editada pelo Vaticano em 11 de abril de 1963. Na sequência, o Vaticano emitiu, em 1965, a Declaração Dignitatis Humanae; o artigo 4º da Convenção Relativa ao Estatuto dos Refugiados. No mesmo sentido, a proteção à prática religiosa em relação aos apátridas, conforme os artigos 3º e 4º da Convenção relativa aos Apátridas. Em 1965, um novo marco histórico com a criação da Convenção Internacional sobre a Eliminação de Todas as Formas de Discriminação Racial. Na mesma esteira temos o Pacto Internacional sobre Direitos Civis e Políticos, de 1966; ainda em 1966 tivemos o Pacto Internacional Sobre Direitos Econômicos, Sociais e Culturais e a questão da liberdade religiosa está presente no artigo 13. Em 1979, a Convenção sobre a Eliminação de Todas as Formas de Discriminação Contra as Mulheres. Em 1980, o então Papa João Paulo II emitiu uma mensagem aos países signatários do Ato final de Helsinque. E, em 1981, a ONU emitiu a mais importante declaração sobre o assunto religião:

Ademais, após ratificarem as convenções, tratados ou pactos, os Estados deveriam desenvolver em seu ordenamento jurídico instrumentos compatíveis com as premissas dos direitos humanos. Assim, os Estados criaram um sistema que privilegiava uma sociedade pluralista, aberta, que tem por objetivo assegurar a liberdade de pensamento, religião, crença, credo, expressão e consciência.

Então, nesse novo cenário, os Estados desenvolveram importantes mecanismos de combate contra a intolerância e a violência física, moral ou psicológica dela advinda.

No que tange à questão da intolerância, iremos nos ater exclusivamente à questão religiosa. Para tanto, vital será compreender a relação da religião com a tolerância e com a intolerância.

E se os direitos humanos são a resposta à intolerância, à violência e ao extremismo, importante é entender como e em qual importância a própria religião contribuiu para o surgimento dos movimentos políticos calcados em um fundamentalismo religioso.

5 Religião e (in)tolerância

O tema religião por si só já é espinhoso. Tente definir religião, ou melhor, pergunte a dez pessoas aleatoriamente o que vem a ser religião para cada uma delas e lhe asseguramos: haverá dez respostas diferentes.

A existência de uma complexidade acerca da definição da religião também gera controvérsias acerca de sua aceitação, pois, no cenário global, a religião é vista de forma muito diversa.

A Igreja, em uma busca pela consolidação de uma soberania e de um poder, teve como escopo buscar não apenas o seu espaço religioso, mas também exercer uma influência política, para, assim, ter a força sobre a coletividade.

Com isso, houve uma confusão de interesses; portanto, o objetivo religioso e a busca para levar a palavra divina se mesclaram a pretensões

---

a Declaração sobre a Eliminação de Todas as Formas de Intolerância e Discriminação Baseadas em Religião ou Crença. Em 1º de janeiro de 1988, o Papa João Paulo II emite uma mensagem por ocasião da celebração do XXI dia mundial da paz. Em 1989, a ONU edita a Convenção Sobre os Direitos da Criança, e sobre liberdade religiosa é importante destacar o artigo 14. Em 1992, tivemos a importante Declaração Sobre os Direitos das Pessoas Pertencentes a Minorias Nacionais ou Étnicas, Religiosas e Linguísticas. Em 1994, foi editado o Conselho da Liga dos Estados Árabes, isto é, a Carta Árabe de Direitos Humanos. Em 1993 um novo passo para a ratificação dos direitos humanos, com a Declaração e Programa de Ação de Viena através da Conferência Mundial sobre Direitos Humanos, realizada em Viena entre os dias 14 e 25 de junho; em 2005, a Declaração universal da laicidade no século XXI. E, recentemente, a União Europeia, em 30 de março de 2010, criou seu próprio regramento de direitos humanos através da Carta dos Direitos Fundamentais da União Europeia. A liberdade religiosa também foi mencionada no capítulo Liberdade de pensamento, de consciência e de religião, além de uma menção expressa ao respeito à diversidade religiosa no artigo 22.

terrenas e, principalmente, à ratificação de força que, em um segundo momento, converter-se-ia em acúmulo de riquezas.

A Igreja passou a se relacionar intrinsecamente com o Estado e o resultado foi uma confusão entre as partes, pois o Estado teve tanta influência da Igreja que as decisões passaram a ser subordinadas à vontade desta, independente da religião A, B ou C, pois foi assim com o Judaísmo, o Cristianismo e com o Islamismo.

Quando essa disputa por poder não aflige nenhuma das partes envolvidas, então se tem a paz e, por conseguinte, a tolerância religiosa.[14] No entanto, a Igreja, em sua busca por amealhar novos fiéis, nem sempre de forma amistosa, como no caso das cruzadas,[15] professou mais a intolerância do que os preceitos religiosos fundamentais.

A história nos mostra que a relação entre Estado e Igreja sempre foi próxima, em especial, com o advento do Cristianismo. Contudo, a influência da religião é muito maior do que a existência da própria Igreja, visto que no Egito antigo, bem como na Grécia, não se fazia uma nítida distinção entre o domínio religioso e o Estado em si.

---

[14] Particularmente não gostamos do termo tolerância religiosa, pois mais parece que a religião alheia não é respeitada, mas sim suportada, e esse não é o objetivo de um Estado laico e muito menos deve ser a atitude de seus membros.
Tolerância parece muito mais um sentimento de que a pessoa, não possuindo alternativa, irá respeitar o próximo, por enquanto; quase que uma manifestação latente de um sentimento de preconceito religioso e descontentamento que, a qualquer momento, poderá vir à tona.

[15] As cruzadas foram movimentos religiosos, políticos e militares, liderados pela Igreja Católica, apoiados e patrocinados pela nobreza europeia, com a finalidade de dominar a cidade de Jerusalém, considerada "santa" por judeus, cristãos e muçulmanos e lugar de peregrinações para estes povos. Quando Jerusalém foi tomada pelos turcos otomanos, no ano de 1071, por estes serem muçulmanos e intolerantes, proibiram aos cristãos as peregrinações aos lugares sagrados. Por essa razão e pela crise do feudalismo europeu, em 1095, o papa Urbano II conclamou a população a defender o Cristianismo contra os infiéis "árabes muçulmanos", afirmando ser esta a vontade de Deus (WOLOSZYN. *Terrorismo Global aspectos gerais e criminais*, p. 47, 48). Os métodos e a rotina dos membros das cruzadas na maioria das vezes eram cruéis e violentos e o que importava era o objetivo final; para que o leitor tenha uma ideia mais concreta, apresentaremos abaixo o relato acerca da primeira cruzada, que ocorreu muito antes da descoberta do Brasil, a fim de que, assim, possa ser desfeita a imagem romântica de que as cruzadas foram um movimento pacífico que tinha como condão apresentar a boa palavra da Igreja para os nativos. O relato acerca da primeira cruzada já mencionava os indícios dos saques e a grande religiosidade envolta nas missões: "Tendo entrado na cidade, nossos peregrinos perseguiam e massacravam os sarracenos até o templo de Salomão, onde estes estavam reunidos e onde travaram com os nossos o mais furioso combate durante todo o dia, a ponto de ficar banhado de seu sangue o templo inteiro. [...] Os cruzados correram logo por toda a cidade, apoderando-se rapidamente do ouro, da prata, dos cavalos, dos mulos e saqueando as casas. Depois, muitos contentes e chorando de alegria, os nossos foram adorar o Sepulcro de nosso Salvador Jesus e se desoneraram da dívida para com ele. Na manhã seguinte, os nossos escalaram o teto do templo, atacaram os sarracenos, homens e mulheres e, puxando a espada, decapitaram-nos. Alguns se lançaram do alto do templo. Vendo isso, Tancredo encheu-se de indignação. Então, os sacerdotes decidiram em conselho que todos dariam esmolas e fariam orações, para que Deus elegesse aquele que ele gostaria que reinasse sobre os outros e governasse a cidade" (DELUMEAU; MELCHIOR-BONNET. *De religiões e de homens*, p. 171).

Sobre o Cristianismo é necessário relacioná-lo com o Império Romano e, em especial, com o Imperador Constantino, pois o Cristianismo ainda claudicava[16] até a conversão de Constantino,[17] quando despontou poucas décadas depois.[18]

O Cristianismo teve papel decisivo para inserir a Igreja como protagonista nas relações de governança, como relata J. Vasconcelos:

> À medida que o Cristianismo avançava por toda parte do Império Romano, a Igreja Católica foi se organizando como uma poderosa força institucional, salientando-se uma poderosa classe sacerdotal. Com o vazio deixado pela queda do império, a Igreja enveredou por uma política de expansão e destruição das crenças nativas das regiões européias, para tanto usando da persuasão e da força.[19]

Segundo Tercio Sampaio Ferraz Junior,[20] após o declínio do Império Romano, a herança espiritual e política do poder político romano passou para a religião cristã.[21]

---

[16] Um dos acontecimentos decisivos da história ocidental e até mesmo da história mundial deu-se no ano de 312, no imenso Império Romano. A Igreja cristã tinha começado muito mal esse século IV de nossa era: de 303 a 311, sofrera uma das piores perseguições de sua história, milhares foram mortos. Em 311, um dos quatro coimperadores que repartiam entre si o governo do Império estava decidido a pôr fim àquele estado de coisas, reconhecendo amargamente em sua atitude de tolerância que perseguir não adiantava nada, pois muitos cristãos que tinham renegado sua fé para salvar a vida não tinham voltado ao paganismo. Assim (e esse, à época, foi um assunto de inquietação para um governante), criaram-se buracos no tecido religioso da sociedade (VEYNE. *Quando nosso mundo se tornou cristão*, p. 11).

[17] Ora, no ano seguinte, 312, deu-se um dos acontecimentos imprevisíveis: outro dos coimperadores, Constantino, o herói dessa grande história, converteu-se ao Cristianismo depois de um sonho ("sob este sinal vencerás"). Por essa época, considera-se que só cinco ou dez por cento da população do Império (70 milhões de habitantes, talvez) eram cristãos (VEYNE. *Quando nosso mundo se tornou cristão*, p. 11).

[18] Oitenta anos mais tarde, como se descobrirá depois, num outro campo de batalha e ao longo de um outro rio, o paganismo será proibido e acabará vencido, sem que tenha sido perseguido. Porque, ao longo de todo o século IV, a própria Igreja, deixando de ser perseguida como o tinha sido ao longo de três séculos, terá o apoio incondicional da maioria dos Césares, tornados cristãos; assim, no século VI, o Império estará quase todo povoado apenas de cristãos (VEYNE. *Quando nosso mundo se tornou cristão*, p. 12).

[19] REVISTA CONHECIMENTO PRÁTICO FILOSOFIA – FILOSOFIA E GUERRA, p. 18.

[20] FERRAZ JUNIOR. *Introdução ao estudo do direito*: técnica, decisão, dominação, p. 63-65.

[21] Paul Veyne relata a virada positiva para o Cristianismo com a própria ascensão de Constantino no Império Romano. "Em 324, a religião cristã assumia com um golpe único uma dimensão 'mundial' e Constantino estaria alçado à estatura histórica que dali em diante seria a sua: ele acabava de esmagar Licínio no Oriente, outro pretenso perseguidor, e assim restabelecia sob seu domínio a unidade do Império Romano, reunindo as duas metades sob o seu cetro cristão. O Cristianismo dispunha daí em diante desse imenso império que era o centro do mundo e que se considerava com a mesma extensão da civilização. Aquilo a que se chamará por longos séculos de Império Cristão, sim, a Cristandade acabava de nascer" (VEYNE. *Quando nosso mundo se tornou cristão*, p. 19).
Após a queda do Império Romano, toda a edificação cultural e religiosa estava à disposição plena do Cristianismo, afinal, o Império ruíra, porém, não o clero ou a religião. Assim, todo

O Cristianismo representou um período de grande prosperidade e influência da Igreja com o Estado. Relação esta que trouxe pontos positivos e, em concomitância, uma série de problemas a serem analisados.[22]

6 A Igreja Católica fomenta a intolerância

Importante salientar que a partir deste momento trataremos dos eventos advindos e decorrentes da influência da Igreja, em especial, no mundo ocidental. Não se aplicando, assim, os fatos a seguir na realidade do mundo árabe e dos seguidores da religião islâmica, ao menos neste momento.

A relação da religião com a liberdade religiosa, ou seja, a possibilidade de crer em um Deus e de poder cultuá-lo, é marcada por passagens que variam da tolerância à intolerância ao longo da História.

Outrossim, a própria Igreja Católica[23] contribuiu negativamente para o desenvolvimento da intolerância com a Inquisição.[24]

---

o arcabouço de conhecimento, riqueza, influência política, social e ideológica apenas permaneceu. O resultado foi uma mudança da geografia do planeta, mas não da influência religiosa sobre os novos atores. A Igreja Católica era a referência, e seus líderes tinham nítida influência de poder sobre os governantes.

A prosperidade do Cristianismo perdurou até o seu movimento mais audacioso: a Inquisição, pois o que deveria ter sido sua catequese maior foi, em verdade, o princípio de sua ruína e da chegada de um período sombrio em contraponto a toda a prosperidade de séculos de conquistas e expansões.

[22] "No cristianismo, as conversões tornaram-se um fenômeno de massa. Não sabemos o que levou a maioria dos cristãos e das cristãs a se converterem, nem o que vivenciaram, tampouco o que a conversão significou para eles mais tarde, simplesmente porque nada consta das fontes. Contudo, alguns eruditos entre os cristãos manifestaram-se a respeito de sua conversão, e seu relato — geralmente feito de modo bastante comedido — permite-nos observar determinado traço de sua mentalidade religiosa. [...] Será que essa mentalidade condicionava a intolerância e a disposição à violência? Segundo a rigorosa concepção da Igreja da Antiguidade, converter-se significava distanciar-se da maneira mais clara possível do ambiente religioso, social e cultural, relativizar seus valores e suas pretensões, questioná-lo ou rejeitá-lo. Mesmo quando esse procedimento se mostrava profundamente ambivalente — pois os cristãos não podiam simplesmente abandonar o tempo e a cultura em que haviam crescido e em que continuaram a viver e a pensar —, sua mentalidade era determinada, em primeiro lugar, pela delimitação religiosa" (FÜRST. Ética da paz e disposição à violência sobre a ambivalência do monoteísmo cristão em seus primórdios. In: FÜRST. Paz na Terra?: as religiões universais entre a renúncia e a disposição à violência, p. 97-98).

[23] Antes da Inquisição. Jacques Le Goff já aponta traços de intolerância por parte da Igreja cristã: "Dos séculos XI a cristandade torna-se uma 'sociedade de perseguição'. Beneficiada por um grande desenvolvimento demográfico, econômico, militar, político e cultural, ela quer defender suas conquistas contra aqueles que lhe parecem ameaçá-las; e passa a adotar os instrumentos da repressão e da agressão" (LE GOFF. As raízes medievais da intolerância. In: A intolerância, p. 39).

[24] "É preciso começar reconhecendo a amplitude do tema. De 1478 a meados do século XVIII, a Inquisição foi a mais poderosa instituição da Espanha e de suas colônias nas ilhas Canárias, na América Latina e nas Filipinas. A partir de 1536, no vizinho Portugal e nas colônias portuguesas na África, na Ásia e no Brasil, a Inquisição foi preeminente durante 250 anos.

De tal sorte que a intolerância religiosa, a violência e a destruição do patrimônio cultural e religioso de outras sociedades foram o marco desse movimento imposto pela Igreja Católica.[25]

Nessa esteira, a "justificativa"[26] para tamanha atrocidade foi a defesa da própria Igreja Católica ao perseguir os considerados hereges.[27] E o resultado seria a pureza da religião católica sem a influência negativa dos maus convertidos ou dos infiéis.[28]

A Inquisição foi um claro exemplo de proselitismo negativo com o uso da intolerância de forma indiscriminada e atroz.[29]

Isso quer dizer que foi uma força significativa em quatro continentes por mais de três séculos; estamos tratando de um período que se estende da unificação da Espanha sob Fernando e Isabel, no século XV, às guerras napoleônicas" (GREEN. *Inquisição o reinado do medo*, p. 30).

[25] A Inquisição atingiu o ápice da violência na Espanha, nos primeiros cinquenta anos após sua criação, em 1478, período em que, segundo estimativas, cerca de 50 mil pessoas foram julgadas e uma parcela significativa desse número foi queimada na fogueira na condição de relaxados. Em alguns anos, como em 1492, 2 mil pessoas podem ter sido "relaxadas" e outras 2 mil podem ter tido suas efígies queimadas. Aproximadamente setecentas pessoas foram mortas só em Sevilha, entre 1481 e 1488, e outras cinquenta em Cidade Real, entre 1483 e 1484. Cerca de 10% de toda a população de Toledo foi julgada pela Inquisição entre 1486 e 1499, e 3% foi "relaxada" em vida ou em efígie (GREEN. *Inquisição o reinado do medo*, p. 32-33).

[26] E as consequências da heresia? Blasfêmias, sacrilégios, agressões aos próprios fundamentos da Igreja, transgressão das decisões e leis sagradas, injustiças, calúnias e crueldade de que os católicos são vítimas. Por causa da heresia, a verdade católica se enfraquece e se apaga nos corações; os corpos e os bens materiais se acabam, surgem tumultos e insurreições, há perturbação da paz e da ordem pública (EYMERICH. *Manual dos inquisidores*, p. 32).

[27] A Inquisição foi criada na Espanha para detectar supostos maus cristãos entre os convertidos (GREEN. *Inquisição o reinado do medo*, p. 42).

[28] Para compreender o que foi historicamente a Inquisição, é preciso em primeiro lugar definir a heresia, uma vez que a Inquisição foi criada para combatê-la. "Heresia" significa "escolha". Por extensão, assim foi chamada, no Cristianismo, toda doutrina incompatível com a fé cristã, que pessoas e grupos "escolhiam" contra a aprovação da Igreja. É normal que uma comunidade, qualquer que seja, não conserve pessoas que nela entraram livremente e que depois se encontravam em grave desacordo com ela. Na Igreja, essa recusa foi chamada "excomunhão", isto é, exclusão da comunhão dos fiéis (DELUMEAU; MELCHIOR-BONNET. *De religiões e de homens*, p. 217).

[29] A dificuldade dos cristãos com a pluralidade religiosa era relevante não apenas do ponto de vista teológico e interno à Igreja, mas também do lado social e político. No final da Antiguidade, o mundo era em grande parte pluralista. No gigantesco Império Romano, que ia da latitude de clima temperado-frio das ilhas britânicas e do centro da Europa até as zonas subtropicais do Alto Egito, de Gibraltar e do Monte Atlas no Ocidente até o Tigre e o Eufrates no Oriente, viviam inúmeros povos com suas respectivas línguas, culturas e tradições, em conjunto ou paralelamente. A religiosidade dessas comunidades ecumênicas (no sentido antigo) era marcada por uma multiplicidade de usos e cultos que se interpenetravam e misturavam permanentemente num clima bastante favorável ao sincretismo. Essa situação religiosa e por si só variegada parece ter-se alterado profundamente nos primórdios do período imperial. Inserida na família, no clã, na tribo e na cidade, a religião, que é uma questão de uso e tradição, passou a ser uma questão de livre-arbítrio. Em termos mercantis, surgiu uma concorrência entre grupos religiosos, desconhecida nos primórdios da Antiguidade, e o novo comportamento que levava a conflitos, principalmente àqueles condicionados pela religião. O Cristianismo não chegou ao mundo como novo grupo religioso. Era uma oferta de sentido a mais no mercado das esperanças de salvação e promessas de cura. Contudo, do ponto de vista dos antigos, os cristãos agiam com seu ímpeto missionário e com enorme importância que, na falta de outras marcas de

E a difusão de sua força propiciou à Igreja Católica outras ambições que não as religiosas. A principal delas foi ratificar uma influência política sobre os Estados. E, assim, os líderes católicos perceberam que a busca pelo poder estava diretamente atrelada a uma demonstração de força, logo, um alinhar de interesses com o Estado seria vital para as novas pretensões eclesiásticas.

Sendo assim, tal como já tinha ocorrido no Império Romano a religião começa a influenciar, via Igreja, nos poderes decisórios dos mandatários. Com isso, não logrou muito tempo para a Igreja estar no centro das decisões políticas.

O período histórico foi determinante para a influência da Igreja.[30]

A Igreja se aproveitou do período em que exercia forte influência, inclusive sobre o Estado, para acumular riquezas, conquistar territórios e ampliar seu domínio.

O resultado direto foi o ganho de poder por parte da Igreja e, por conseguinte, amealhar não apenas novos fiéis para sua crença, como também, uma expansão territorial e o acúmulo de riquezas.

E, assim, a religião se distanciava de sua principal função: a religiosa. Agora as preocupações eram nitidamente políticas em uma clara busca por poder.

O domínio da Igreja apenas aumentava, bem como seu patrimônio e sua riqueza. Na Europa, particularmente na França,[31] tornou-se comum os governantes serem coroados pelo Papa em uma clara demonstração de que o líder supremo do Estado estava submisso à Igreja.[32]

---

identidade, eles atribuíam com inabitual agressividade à confissão religiosa (FÜRST. Ética da paz e disposição à violência sobre a ambivalência do monoteísmo cristão em seus primórdios. *In*: FÜRST. *Paz na Terra?*: as religiões universais entre a renúncia e a disposição à violência, p. 102-103).

[30] "A sociedade antiga era de índole religiosa. Do mesmo modo o Estado antigo e o Estado medieval, com suas crenças religiosas, o primeiro dominado pelo paganismo e o segundo pelo catolicismo. A Idade Média assistiu ao domínio pleno da Igreja Católica, inclusive atuando na esfera política, com a ideia da espada temporal e da espada espiritual, do poder sobre o mundo e sobre as almas. A religião católica teve predomínio intenso, impedindo a liberdade de crença e de culto, queimando nas fogueiras da Inquisição os hereges e os que discordavam de sua orientação. Basta lembrar o caso de Giordano Bruno, queimado em 1600, torturado lentamente na fogueira durante duas horas, por defender ideias que foram inclusive adotadas por Einstein. Inúmeras figuras pagaram com a morte as suas crenças, como um crime de lesa-religião. Guerras surgiram entre as nações e massacres entre as pessoas da mesma pátria, como na noite de São Bartolomeu, na França, em 1572, quando os católicos trucidaram inúmeros huguenotes (protestantes)" (FERREIRA. *Curso de direito constitucional*, p. 102).

[31] "Na antiga França, a lei distinguia três *ordens*: o clero, a nobreza e o Terceiro Estado. Suas proporções numéricas são imprecisas: dos 23 milhões de habitantes que o reino podia conter, sem dúvida não havia mais de 100 mil sacerdotes, monges e freiras, e de 400 mil nobres; todo o resto pertencia ao Terceiro Estado" (LEFEBVRE. *1789 o surgimento da Revolução Francesa*, p. 43).

[32] Ao longo de seus mais de trezentos anos de existência, naturalmente as estruturas da Inquisição evoluíra. Não devemos pensar que seu alcance administrativo tenha sido sempre universal e

Evidentemente, os governantes não se mostraram felizes com essa expansão, todavia, contrariar o povo seria ainda pior, portanto, o período de dominação da Igreja perdurou por muitos séculos, mas começou a declinar exatamente com a própria Inquisição.

O temor, as mortes sem sentido, a cultura que se perdeu devido à enormidade de livros que foram queimados abalaram a confiança cega do povo na Igreja.

A figura do salvador se transformou na do inquisidor, uma nítida ameaça. Com a queda da Inquisição, a própria Igreja começou a perder sua influência; foi, portanto, a oportunidade perfeita para os governantes reaverem seus territórios e aumentarem seus poderes.

Em decorrência, a burguesia era a mais afetada com a expansão territorial da Igreja. Logo, ao perderem terras e, em concomitância, o Estado não ter o poder decisório pleno, ambos os lados perceberam que o cerne do problema era o mesmo: a influência da Igreja nas relações de poder.

Assim, uma forma de se afastar a Igreja do poder era o mote fundamental a ser desenvolvido.

Foi a França, com o crescimento da burguesia, que determinou a mudança do poder. Os eventos que antecederam a Revolução Francesa e a chegada ao poder por Napoleão Bonaparte acabaram por cindir a relação política que outrora existia entre Igreja e Estado.[33]

Esse movimento iniciado na França, com Napoleão Bonaparte, culminou com a cisão definitiva entre Estado e Igreja, em 09 de setembro de 1905, quando a Terceira República promulgou a separação definitiva entre a Igreja e o Estado em forma de lei.

O período que ficou marcado pelo laicismo do Estado para com a Igreja somente teve seu fim com o final da Segunda Guerra Mundial e com o desenvolvimento dos direitos humanos.

---

todo-poderoso, e, como vimos, na Espanha o número de familiares diminuiu rapidamente no século XVII. No entanto, não há dúvidas de que, durante a maior parte de sua existência, a Inquisição atingiu quase todos os aspectos da vida da maior parte das pessoas. Por volta do século XVII, em Portugal, era considerada um Estado dentro do Estado e, indiscutivelmente, contava com a maior e mais poderosa burocracia do país (GREEN. *Inquisição o reinado do medo*, p. 277).

[33] Essa conjunção de fatores também foi igualmente importante para a derrocada da Inquisição, como relata Toby Green: "Assim, podemos resumir da seguinte maneira os inimigos e os amigos da Inquisição em 1789: os inimigos eram a liberdade, a igualdade e a interdependência; os amigos eram o *status quo* e a hierarquia. A instituição prosseguiu seriamente em suas tentativas de censura. A proibição de livros e a inspeção de bibliotecas tornaram-se sua função principal. Seus arquivos secretos cresciam com o grande número de casos documentados, à medida que cada vez mais livros eram publicados, promovendo o que ela considerava ideias ultrajantes. O grande número de livros proibidos naquela época assinala tanto o florescimento das edições quanto a incapacidade da Inquisição de conter seu fluxo. [...] Era impossível conter a libertinagem e o escárnio sobre a Inquisição e sobre tudo que ela prezava" (GREEN. *Inquisição o reinado do medo*, p. 369).

A mudança do paradigma, ocasionado pela Revolução Francesa e que culminou com o estabelecimento dos direitos humanos, afirmou como mote fundamental a questão da liberdade religiosa. E mais do que isso: para a sua concretude seria vital o estabelecimento da tolerância.

Com isso, não há que se falar em direitos humanos ou em defesa da liberdade religiosa sem o respeito à tolerância. Contudo, é mais fácil ficar no plano teórico do que no plano prático, pois, no mais das vezes, os próprios Estados que se dizem laicos e defendem a laicidade praticam intolerâncias contra as minorias religiosas.

A Santa Inquisição ensinou o que deve ser intolerância e como a violência e a manipulação política podem ser usadas a fim de manter um ideal forçosamente.[34]

7 A influência e a rivalidade entre Ocidente e Oriente – Dos Impérios ao fundamentalismo religioso

Após essa breve incursão histórica sobre a influência negativa da Igreja Católica em termos de fomento de violência, busca pelo poder, influência política, demonstração de força e dominação sob pena de extermínio, agora, veremos como esses atos inspiraram sobremaneira os líderes religiosos que acompanharam esse escrever sangrento da história ocidental: os islâmicos.

No mundo árabe as lições sobre a força complementar que a religião pode adquirir quando incorpora a influência política foram muito bem aprendidas com as incursões da Igreja Católica.

Assim, os países da parte oriental tiveram uma nítida influência da religião e muitos deles adotam uma religião de forma oficial, como o caso dos países em que o Islamismo exerce forte influência, e em Israel, ao qual o judaísmo é a religião oficial.

---

[34] A diferença religiosa não é aqui objeto de tolerância, mas de perseguição, pois ameaça não mais as crenças religiosas da maioria da população, mas seu próprio caminhar em direção ao esclarecimento (BIGNOTTO. Tolerância e diferença. *In*: NOVAES (Org.). *Civilização e barbárie*, p. 73).
Essa importante passagem de Newton Bignotto pode ser aplicada à exasperação da Inquisição, com a aniquilação da cultura, dos livros e do conhecimento de outros povos, então considerados hereges pela Igreja. Quando, em verdade, tais atos denotavam mais do que a intolerância que, por si só, já seria condenável, porém, igualmente tratava da forma atroz de manter uma reprimenda com o uso indiscriminado da força de que a religião cristã era a melhor de todas e que o simples contato com as demais ou com elementos alheios ao catolicismo já colocavam o indivíduo como passível de ser considerado um herege. Logo, tais atos representam o elevado temor da Igreja Católica em perder o seu domínio pelo uso da força e da violência, uma perda que se tornou inevitável, mais tarde, com a propagação da liberdade, da igualdade e da busca pela abertura e do fim do terror.
Os movimentos terroristas com fins políticos que usam do medo para atingir seus objetivos precípuos têm em sua inspiração muito dos negativos ensinamentos do período da Inquisição.

Contudo, não podemos perder de vista que, enquanto o lado ocidental convivia com o período expansionista a partir do século XV e, também, com a influência religiosa do Cristianismo e enfrentava sua dominação, em especial com a Inquisição, que perdurou três séculos e teve sua derrocada com a Revolução Francesa e o Iluminismo no século XVIII, o lado oriental igualmente enfrentava um período de expansão, porém motivado pela expansão dos Impérios regidos sob os mandamentos do Islamismo.[35]

O sucesso dos Impérios, em especial o Otomano,[36] sob a regência e nítida influência do Islamismo,[37] fez com que uma sociedade moderna fosse edificada e tivesse grande influência em seu tempo, como relata Karen Armstrong:

---

[35] Em 1492 o povo judeu foi uma das primeiras vítimas da nova ordem que lentamente surgia no Ocidente. A outra foram os muçulmanos da Espanha, que nesse ano momentoso perderam seu último baluarte na Europa. Mas o Islã não estava, absolutamente, falido. No século XVI ainda era a maior potência do planeta. Embora a dinastia Sung (960-1260) tivesse elevado a China a um nível de complexidade social e poderio muito superior ao do Islã e o Renascimento italiano tivesse iniciado uma florescência cultural que acabaria favorecendo a liderança do Ocidente, os muçulmanos conseguiam conter facilmente esses desafios e permaneciam num alto patamar político e econômico. Correspondiam a cerca de um terço da população do globo, mas estavam tão ampla e estrategicamente situados no Oriente Médio, na Ásia e na África que compunham um microcosmo da história mundial, exprimindo as preocupações da maioria das regiões civilizadas nos primórdios da modernidade. Essa época também foi empolgante e inspiradora para eles; no começo do século XVI surgiram três novos impérios islâmicos: o Otomano, na Ásia Menor, Anatólia, Iraque, Síria e norte da África; o Safávida, no Irã; e o Mongol, no subcontinente indiano. Cada um refletia uma faceta distinta da espiritualidade islâmica. O Império Mongol representava o racionalismo filosófico, tolerante e universalista conhecido como Falsafah; os xás Safávidas transformaram o xiismo, até então restrito a uma pequena elite, na religião de seu Estado; e os turcos otomanos, que se mantiveram fervorosamente fiéis ao islamismo sunita, criaram uma política baseada na *Shariah*, a lei sagrada dos muçulmanos. [...] O poderio e a beleza desses impérios e de sua cultura equivaliam a uma reafirmação dos valores islâmicos e a uma orgulhosa declaração de que a história muçulmana prosseguia (ARMSTRONG. *Em nome de Deus*: o fundamentalismo no judaísmo, no cristianismo e no islamismo, p. 51-52, 54).

[36] O Oriente Médio se divide hoje em três grandes zonas culturais: árabe, turca e persa. Embora essas compartilhassem (em graus diferenciados) a identidade muçulmana e a interação e influência mútua entre elas tivessem sido intensas, a evolução histórica criou também rupturas e inimizades inegáveis. O século XVI pode ser considerado como um "divisor de águas". Foi quando um novo império muçulmano turco, o Otomano, sucedeu o antigo califado, e saindo de sua base na Anatólia conquistou a maior parte do mundo árabe (DEMANT. *O mundo muçulmano*, p. 56).

[37] O espantoso sucesso dos otomanos no século XVI devia ser interpretado por seus súditos como a prova de que estavam se submetendo a esses princípios fundamentais. Por isso sua sociedade funcionava tão maravilhosamente. O destaque sem precedentes da *Shariah* na política otomana também devia ser enfocado no contexto do espírito conservador. Nessa época os muçulmanos não viam a lei divina como um cerceamento de sua liberdade, mas como uma realização ritual e cultural de um arquétipo mítico que os colocava em contato com o sagrado. A lei islâmica se desenvolveu gradativamente nos séculos seguinte à morte de Maomé. Foi um empreendimento criativo, pois o Alcorão continha poucas leis, e um século após a morte do Profeta, os muçulmanos governavam um vasto império, que se estendia do Himalaia aos Pirineus (ARMSTRONG. *Em nome de Deus*: o fundamentalismo no judaísmo, no cristianismo e no islamismo, p. 58-59).

O Estado otomano era o mais moderno do mundo do século XVI.[38] Extraordinariamente eficiente para a época, criara um novo estilo de burocracia e incentivava uma vibrante vida intelectual.

No entanto, no começo deste tópico dissemos da influência do lado ocidental no lado oriental, porém, como tal feito seria possível se havia a distância e as diferentes aspirações dos povos? A resposta nos é trazida, uma vez mais, por Karen Armstrong:

> Os otomanos estavam abertos a outras culturas. Admiravam a ciência da navegação ocidental, empolgavam-se com as descobertas dos exploradores e apressavam-se a adotar invenções militares do Ocidente, como as armas de fogo. [...] E nessa data não havia uma incompatibilidade real entre o Islã e o Ocidente. A Europa também estava imbuída do espírito conservador. Os humanistas do Renascimento procuravam renovar sua cultura com um retorno *ad fontes*. Vimos que uma ruptura total com a religião era virtualmente impossível para os mortais comuns. Apesar das novas invenções, os europeus orientaram-se pelo etos conservador até o século XVIII. Só quando a modernidade ocidental substituiu o estilo de vida mítico, voltado para o passado, por um racionalismo voltado para o futuro, alguns muçulmanos começaram a achar a Europa estranha.[39]

O encontro das culturas e a influência do Ocidente no Oriente ocorreram novamente, agora no século XVIII,[40] através de Napoleão Bonaparte[41] e do interesse dos europeus em controlar as riquezas do Oriente:[42]

---

[38] Os otomanos construíram um império duradouro — até mesmo seu processo de decadência, extraordinariamente longo, é prova disso. Foi também um império tolerante e, em função de sua identidade religiosa, bastante aberta a todos os sunitas, independente de sua língua ou nacionalidade (DEMANT. *O mundo muçulmano*, p. 56).

[39] ARMSTRONG. *Em nome de Deus*: o fundamentalismo no judaísmo, no cristianismo e no islamismo, p. 59-60.

[40] A transição do século XVII para o século XIX iria introduzir o mundo muçulmano no mais traumático estágio de sua história. A expedição egípcia de Napoleão Bonaparte, em 1798-1799, com a fácil vitória sobre os mamelucos na Batalha das Pirâmides, é tradicionalmente vista como o começo de um novo tipo de intromissão ocidental no mundo muçulmano. Cem anos mais tarde, na virada de século XX, a maior parte do mundo muçulmano estaria sob o controle europeu, direto ou indireto (DEMANT. *O mundo muçulmano*, p. 80).

[41] Karen Armstrong relata que o objetivo de Napoleão era estabelecer uma base em Suez para, a partir dali, assaltar os navios ingleses que seguiam para a Índia e, talvez, atacar o Império Otomano através da Síria. Em outras palavras, o Egito e a Palestina serviam de palco na guerra travada entre Inglaterra e França pelo domínio do mundo. Tratava-se de um jogo de poder entre europeus, mas Napoleão se apresentou aos egípcios como o portador do progresso e do conhecimento. Depois de derrotar a cavalaria dos mamelucos na Batalha das Pirâmides, em 21 de julho de 1798, expediu uma proclamação, em árabe, prometendo libertar o Egito do jugo estrangeiro. Durante séculos, os mamelucos da Circássia e da Geórgia exploraram os egípcios, mas agora essa tirania chegara ao fim. Ciente de que os ulemás representavam o povo, Napoleão lhes assegurou que não era um cruzado moderno e pediu-lhes que tranquilizassem quem pensava que ele estava ali para destruir a religião (ARMSTRONG. *Em nome de Deus*: o fundamentalismo no judaísmo, no cristianismo e no islamismo, p. 135).

[42] O Império Otomano foi o último grande poder muçulmano (mas não árabe) a unificar o Oriente Médio, além de parte da Europa. Viveu três séculos de expansão, seguidos de três séculos de estagnação e encolhimento, até seu desfecho final, após a Primeira Guerra Mundial. Além do

No Egito e no Irã os muçulmanos viveram uma experiência totalmente diversa do Ocidente modernizador. Quando invadiu o Egito, em 1798, Napoleão inaugurou uma nova fase nas relações Oriente e Ocidente.[43]

No entanto, essa relação Ocidente-Oriente nem sempre foi pautada pela troca de experiências e pela modernização, como relata Leonardo Boff:

> Do século VIII ao XII se deu a expansão do Islã, ocupando os lugares sagrados para os cristãos: a Terra Santa e os territórios evangelizados por São Paulo, a Ásia Menor e as igrejas pastoreadas por Santo Agostinho e São Cipriano no Norte da África chegando até a Espanha. Do século XII ao XIV houve a contraofensiva cristã através das Cruzadas, culminando com a expulsão dos muçulmanos da Espanha em 1492. Entre os séculos XV a XVI veio a resposta muçulmana com a conquista de Constantinopla (1453), a ocupação dos Bálcãs e a ameaça sobre a Europa, contida na Polônia. Nos séculos XIX e XX as potências ocidentais revidaram, dominando e colonizando os principais territórios islâmicos na África, Oriente Médio e Extremo Oriente, usando violência militar, exploração econômica e imposição cultural e religiosa.[44]

Se em termos militares as diferenças entre Ocidente e Oriente eram nítidas, pois cada lado buscava uma supremacia e uma dominação sobre o outro, o mesmo não poderia ser dito acerca da influência cultural, pois neste aspecto houve uma troca.[45] É possível se notar traços da cultura Oriental em cidades importantes da Europa como Espanha e França e, também, houve uma influência da cultura Ocidental no Oriente.[46]

---

islã e da força militar, sua emergência e decadência foram influenciadas por fatores econômicos distantes. Assim, a restauração de ligações comerciais imediatas entre a Europa e a China após a unificação pelos mongóis estimulou o apetite dos europeus pelas riquezas (e mercados) orientais. Ora, quem controlava o mundo muçulmano controlava, por consequência, o acesso ao Extremo Oriente (DEMANT. *O mundo muçulmano*, p. 59).

[43] Fase esta que mostrou ao Oriente o quão estava atrasada a sua sociedade ante as inspirações e modernidades no Ocidente. E nas décadas seguintes o Ocidente e, em especial, a Europa, seguiu como um modelo a ser perseguido, como um nítido avanço que deveria ser incorporado. Porém, as resistências a essa modernidade também começaram a surgir e a tomar corpo.

[44] BOFF. *Fundamentalismo, terrorismo, religião e paz*: desafio para o século XXI, p. 29.

[45] O domínio tecnológico-militar do Ocidente desmascarou a decadência interna dos impérios muçulmanos e logo estimulou reflexões a respeito. Pensadores emergiram para criticar a supremacia ocidental e, mais ainda, a impotência dos próprios muçulmanos para fazer frente à penetração europeia. Os vários "diagnósticos" e "terapias" propostas desde o final do século XIX iriam traçar as linhas matrizes do mundo muçulmano no século XX (DEMANT. *O mundo muçulmano*, p. 82).

[46] Desde o início, a recepção do Ocidente no Oriente Médio ficou marcada por uma profunda ambivalência. Por um lado, houve admiração pela tecnologia e pela indústria europeias, ferramentas eficientes para subjugar inimigos. Isso conduzia a um desejo de imitar a ciência e as técnicas do Ocidente. Por outro lado, o Ocidente despertou repugnância: o sucesso da cristandade parecia ameaçar a própria identidade muçulmana, condicionada pela vitória que Deus prometera aos fiéis. Afinal de contas, o Alcorão garantira o poder na terra aos muçulmanos e instruíra-lhes como alcançá-lo. O desprezo para com os cristãos fazia parte, desde há muito tempo, do repertório muçulmano. A ambivalência se encontra nos três tipos de respostas que se

Já no aspecto religioso, após tantos conflitos bélicos houve uma aproximação de ideias e uma união de pensamento contra um inimigo comum: a modernidade.

Tanto no Ocidente, com o laicismo contra a Igreja Católica no século XX, quanto no Oriente, com a influência da modernidade do Ocidente em sua cultura, os líderes religiosos se preocuparam com a posição da religião neste novo cenário que se desenhara, com a religião como coadjuvante e não mais como protagonista como outrora.

A esse processo em que a religião não era mais a protagonista, não exercia mais uma liderança política e, nitidamente, passou a ter o seu poder limitado ao campo espiritual, inclusive com a perda de fiéis, denomina-se secularização.[47]

Sobre o tema, Stefano Martelli declarou:

> Qual seria, se houvesse, o futuro da religião na época da secularização, foi o cerne do debate que se desenvolveu entre os anos 60 e 70. Para alguns, a crise da religião era irreversível: a secularização era uma consequência do processo de racionalização que havia transformado o Ocidente, assinalando o triunfo da racionalidade instrumental e, por isso, era um fenômeno que não podia ser detido, que comportava ao mesmo tempo a marginalização social da religião e a dessacralização, isto é, o eclipse ou, até mesmo, o desaparecimento do sagrado.[48]

---

desenvolveram com essa base: a ocidentalização liberal, o nacionalismo secular e o modernismo muçulmano (DEMANT. *O mundo muçulmano*, p. 82).

[47] Não adentraremos nas polêmicas que envolvem a definição de secularização e os comparativos com secularidade, portanto, apresentaremos uma breve definição acerca do tema. Secularização é o "processo pelo qual certos valores, pessoas, sociedades libertam-se de noções, de crenças, de instituições e de sinais religiosos que assumiam outrora sua existência, a fim de se constituírem em valores profanos, encontrando em sua autonomia o princípio de sua organização. [...] a secularização é um processo que afeta negativamente o sagrado e positivamente o profano" (COMBLIM. *Mitos e realidades da secularização*, p. 38). Na visão de Stefano Martelli, a secularização é um fenômeno *positivo* para quem considera que a religião se opõe à liberdade do homem, isto é, para os marxistas, para Freud e para alguns existencialistas, como Sartre. Para esses, secularização é sinônimo de *libertação*, enquanto a religião o é de *alienação*. A secularização é um fenômeno *negativo* para quem considera, ao contrário, que a religião constitui a salvação do homem. Essa valoração aconteceu na Alemanha, durante os anos 30 e 40, por obra de um grupo de teólogos protestantes (Heim, Scholz, Elert etc.), que responsabilizaram o secularismo de ter distorcido os valores cristãos e conduzido à monstruosidade dos regimes totalitários, prelúdio da catástrofe da guerra mundial. Nessa perspectiva, o termo é sinônimo de *descristianização*, de *paganização*, de *dessacralização* (MARTELLI. *A religião na sociedade pós-moderna*: entre secularização e dessecularização, p. 276).

[48] MARTELLI. *A religião na sociedade pós-moderna*: entre secularização e dessecularização, p. 271.

A secularização,[49] portanto, cindiu a dependência do homem para com o sagrado e com seus representantes.[50]

Assim, o processo em que a Igreja, no Ocidente, perde sua influência política foi o continuísmo do conceito de secularização, isto é, o laicismo.[51]

Diante do presente cenário, os religiosos mais radicais, denominados de ortodoxos, desenvolveram, em especial nos Estados Unidos, uma metodologia diferenciada de análise das Escrituras e de uma forma de reavivar o protestantismo naquele país, ainda mais, no combate contra a modernização e no retorno à religião.[52]

De acordo com a visão acima, Peter Demant mostra qual a saída encontrada pelo Cristianismo, em especial pela corrente protestante, para tentar reverter a secularização.

> Para os teólogos protestantes do século XIX, o desafio lançado pela crítica histórica (filológica e arqueológica) da Bíblia, os avanços da astronomia, a teoria da evolução de Darwin etc. — que pareciam abalar a veracidade

---

[49] "Una categoría sociológica y hermenéutica válida para explicar el fenómeno moderno de la emancipación de la sociedad, de los distintos campos del saber y del quehacer humano de toda tutela religiosa" (TAMAYO. *Fundamentalismos y diálogo entre religiones*, p. 16).

[50] Desde que Nietzsche proclamou a morte de Deus, o homem moderno sente um vazio no centro de sua cultura. Segundo o existencialista francês Jean-Paul Sartre (1905-80), o divino desapareceu da consciência humana, onde sempre estivera, deixando em seu lugar um buraco em forma de Deus. As extraordinárias conquistas do racionalismo científico tornaram a própria ideia de Deus inacreditável e impossível para muitos indivíduos ocidentalizados, pois estavam intimamente relacionadas com a supressão da velha consciência mítica. Sem um culto para evocar o sagrado, o símbolo de Deus se diluíra e perdera o significado. Entretanto, os modernos em geral não se queixavam. Sob numerosos aspectos o mundo melhorara muito, e eles estavam desenvolvendo novas espiritualidades secularistas, buscando na literatura, na arte, na sexualidade, na psicanálise, nas drogas ou no esporte um significado transcendente que desse valor a sua vida e os colocasse em contato com as correntes mais profundas da existência, até então reveladas pelas religiões confessionais. Em meados do século XX a maioria dos ocidentais achava que a religião nunca mais desempenharia um papel de destaque nos acontecimentos mundiais. Fora relegada à esfera privada, novamente com a aprovação de muitos secularistas que ocupavam posições de poder ou controlavam a mídia e o discurso público. Na cristandade ocidental a religião com frequência fora cruel e coerciva; as necessidades do Estado moderno exigiam tolerância da sociedade. Não havia como voltar à época das cruzadas ou da Inquisição. O secularismo chegara para ficar (ARMSTRONG. *Em nome de Deus*: o fundamentalismo no judaísmo, no cristianismo e no islamismo, p. 229-230).

[51] Laicismo pode ser traduzido como a completa ignorância da presença da Igreja e, pior, da própria religião, como um em um ato de censura; especialmente a França a partir da ruptura com a Igreja em 1905, instaurou a proibição de manifestação religiosa, atos de fé e, por que não dizer, da própria manifestação da Igreja. Sendo assim, podemos concluir que o laicismo é a supressão da religião da realidade estatal, a ponto de a mesma não ser considerada sequer como um elemento de fé, pertencente a todos os seres humanos, logo, presente na sociedade. A sociedade poderia cultuar seus deuses, exercer seus votos religiosos, desde que não turbassem a ordem social, ou seja, é o mesmo que dizer que a religião somente estava autorizada no interior dos lares das pessoas.

[52] Importante ressaltar que o contexto histórico norte-americano deve ser levado em conta e, devido à escassez espacial e ao desvio de foco, não iremos adentrar nessa análise pormenorizada. Para nós, o interessante, de acordo com nossa discussão e análise, é a atuação dos protestantes e sua relação no e para o desenvolvimento do fundamentalismo.

das Escrituras — foi resolvido numa leitura figurativa, não-literal ou simbólica. Se cada um dos seis dias da criação no livro da Gênese pudesse ser entendido como uma era paleontológica de dezenas ou centenas de milhões de anos, por exemplo, então seria possível salvar a narrativa bíblica. Mas o cristianismo modernista que se desenvolveu fundamentado nessa operação teológica, embora retivesse sua função de "cimento social" e continuasse a servir como base ética, carecia de inspiração espiritual. As Igrejas não conseguiram estancar o êxodo de fiéis e até a emergência de novas teologias — seja por meio da reinterpretação subjetiva e projetiva do Evangelho (como Karl Barth), seja por meio de uma tentativa de resgatar a revelação na rejeição abrangente da própria modernidade que gerara esta ciência "blasfema" e, portanto, necessariamente falsa: o fundamentalismo.[53]

Sobre a ascensão do Cristianismo em decorrência do protestantismo manifesta-se Jean Delumeau:

No século XIX, o Cristianismo perde posições nos velhos países cristãos em que se torna objeto de contestação e, às vezes, de rejeição. Mas, ao mesmo tempo, nasce na Europa católica e protestante, e na América do Norte, um número impressionante — sem precedente na história — de congregações, iniciativas, organizações religiosas, principalmente a serviço dos mais necessitados.[54]

Esse movimento de reconquista da religião e de combate à modernidade calcado na análise e interpretação literal das Escrituras Sagradas recebeu o nome de fundamentalismo e teve sua mais importante expansão nos Estados Unidos.[55]

---

[53] DEMANT. *O mundo muçulmano*, p. 85.
[54] DELUMEAU; MELCHIOR-BONNET. *De religiões e de homens*, p. 265.
[55] Nos Estados Unidos, os fundamentalistas protestantes acabariam contra-atacando a modernidade que os derrotara, mas no período em pauta se dedicavam à elaboração de uma contracultura defensiva. Depois do Caso Scopes, retiraram-se da arena pública, refugiando-se em suas igrejas e faculdades. Os cristãos liberais concluíram que a crise fundamentalista chegara ao fim. Ao término da II Guerra Mundial, os grupos fundamentalistas pareciam marginais e insignificantes, e as principais denominações atraíam a maioria dos fiéis. Na verdade, os fundamentalistas não estavam desaparecendo, e sim deitando raízes firmes no nível local. As grandes denominações ainda abrigavam numerosos conservadores, que haviam perdido a esperança de expulsar os liberais, mas continuavam acreditando nos "fundamentos" e se mantinham afastados da maioria. Os mais radicais criaram igrejas próprias; os pré-milenaristas, em especial, consideravam um dever sagrado isolar-se dos liberais ateus, enquanto aguardavam o Arrebatamento. Começaram a surgir organizações e cadeias de emissoras, concebidas e administradas por uma nova geração de evangelistas. Em 1930 havia nos Estados Unidos pelo menos cinquenta faculdades bíblicas fundamentalistas. Na época da Depressão, outras 26 somaram-se a elas, e o fundamentalista Wheaton College, em Illinois, era a faculdade de artes liberais mais florescente do país (ARMSTRONG. *Em nome de Deus*: o fundamentalismo no judaísmo, no cristianismo e no islamismo, p. 245).

Karen Armstrong,[56] acerca do Fundamentalismo, afirmou:[57]

Cabe-nos fazer uma breve pausa para examinar o termo "fundamentalismo". Os primeiros a utilizá-lo foram os protestantes americanos que, no início do século XX, passaram a denominar-se "fundamentalistas" para distinguir-se de protestantes mais "liberais", que, a seu ver, distorciam inteiramente a fé cristã. Eles queriam voltar às raízes e ressaltar o "fundamental" da tradição cristã que identificavam como a interpretação literal das Escrituras e a aceitação de certas doutrinas básicas. Desde então aplica-se a palavra "fundamentalismo" a movimentos formadores de outras religiões.[58]

Silas Guerriero mostra a forma fechada do grupo fundamentalista:

Partindo do amplo campo dos novos movimentos religiosos, percebemos, de um lado, a existência de grupos fechados e sectários. Esses movimentos tendem ao fundamentalismo, na medida em que baseiam suas doutrinas e suas práticas em uma verdade fundamental que foi revelada e que é garantida pelo grupo pelos seus líderes. Mais que uma postura fundamentalista, pois

---

[56] O nicho do fundamentalismo se encontra no protestantismo norte-americano, especialmente entre os *Pilgrims* que vieram da Holanda e da Inglaterra, expulsos em 1620 por exigirem reforma no Cristianismo, e acabaram sendo os pais da pátria norte-americana. No final do século XIX, ele ressurgiu de forma mais organizada quando um grupo de pastores de várias denominações publicou, entre 1890 e 1915, uma pequena coleção de 12 fascículos teológicos que formavam a série *Fundamentals: a testimony of the truth* (Os Fundamentos: um testemunho da verdade). Estes fascículos tratavam sobre pontos que, segundo os autores, seriam fundamentais para a fé cristã e eram explicitamente contra o liberalismo.
A sociedade norte-americana estava passando por aceleradas mudanças e a crescente urbanização trazia consigo o processo de secularização. Ou seja, as igrejas já não eram mais o principal fator de agregação nem no campo nem nas pequenas cidades. Os fiéis eram orientados pela autonomia da razão e do espírito democrático. As igrejas continuam importantes, mas assumem a esfera do privado.
Os *Fundamentals* apresentavam a proposta de um Cristianismo extremamente rigoroso, ortodoxo e dogmático, que servia como orientação aos fiéis diante da avalanche de secularização e modernização que invadia toda a sociedade norte-americana. Eles não iam contra a modernização tecnológica, mas combatiam o liberalismo, novo espírito que proclamava a liberdade de opinião, de religião e outras liberdades e que foi condenado duramente pelos papas a partir dos meados do século XIX. Para os fundamentalistas, tais movimentos punham em risco a segurança e a tranquilidade de espírito que a fé cristã sempre oferecera (BOFF. *Fundamentalismo, terrorismo, religião e paz*: desafio para o século XXI, p. 9-10).

[57] "Un fenómeno imparable recorre el mundo entero: el fundamentalismo. Dicho fenómeno consiste en la absolutización de una verdad, religión, cultura, etc., que se pretende imponer, incluso recurriendo a la fuerza, como la única y universalmente válida. Suele darse en sistemas rígidos de creencias de todo tipo. Así, se habla de fundamentalismo religioso, cuando una religión se considera la única verdadera; de fundamentalismo político, cuando se absolutiza un único modelo político con exclusión del resto: es la religión del Imperio con su correspondiente teología de la seguridad; de fundamentalismo económico, cuando se defiende la existencia de un único modelo de economía, en concreto el de mercado, con su correspondiente teología neoliberal; de fundamentalismo cultural, cuando se defiende la existencia de una cultura superior y de un pensamiento único, con su correspondiente teología etnocéntrista, etcétera" (TAMAYO. *Fundamentalismos y diálogo entre religiones*, p. 17).

[58] ARMSTRONG. *Em nome de Deus*: o fundamentalismo no judaísmo, no cristianismo e no islamismo, p. 10.

não se fundam, necessariamente, em um texto sagrado revelado, assumem posições que beiram a intolerância.[59]

E a forma encontrada para expandir a ideia fundamentalista de uma forma eficaz foi o uso dos meios de comunicação em massa,[60] como afirma Pedro Lima Vasconcellos:

> O instrumento para alcançar tais objetivos, algo que com o tempo se tornaria uma das marcas do fundamentalismo nos Estados Unidos, foi o uso maciço dos modernos meios de comunicação de massa.[61]

Os fundamentalistas, assim, usavam de um meio poderoso para se comunicar,[62] ampliar o poder da palavra e, portanto, amealhar novos fiéis à causa. Agora, a sobrevivência dos protestantes fundamentalistas significava a sobrevivência contra a modernidade.[63]

Em verdade o medo de que fossem massacrados pela modernidade[64] e, ainda mais, de que a religião cristã se adaptasse a ela em detrimento de cumprir com seus deveres perante o Criador fez com que seus adeptos transformassem o fundamentalismo em um movimento, ou melhor, uma religião marcada pela fúria e pelo ódio.[65]

---

[59] GUERRIERO. Intolerância e relativismo: o dinamismo das novas religiões no Brasil. *Revista Estudos de Religião*, p. 47.

[60] No mesmo sentido, Karen Armstrong explica: "Com o advento da televisão, na década de 1950, os jovens Billy Graham, Rex Humbard e Oral Roberts deram início a seu ministério como 'telenagelistas', substituindo os velhos pregadores itinerantes. Uma vasta rede de rádio e televisão, aparentemente invisível, unia os fundamentalistas de todo o país. Eles se sentiam forasteiros, empurrados para a periferia da sociedade, mas agora suas faculdades e emissoras lhes proporcionavam um refúgio num mundo hostil" (ARMSTRONG. *Em nome de Deus*: o fundamentalismo no judaísmo, no cristianismo e no islamismo, p. 245).

[61] VASCONCELLOS. *Fundamentalismos matrizes, presenças e inquietações*, p. 33.

[62] O fundamentalismo protestante ganhou relevância social nos Estados Unidos a partir dos anos 50 do século XX com as *Igrejas eletrônicas*. Pregadores nacionalmente famosos começaram a usar o rádio e a televisão em cadeia, de costa a costa, para suas pregações e campanhas conservadoras (BOFF. *Fundamentalismo, terrorismo, religião e paz*: desafio para o século XXI, p. 13).

[63] "Los fundamentalistas contraatacaron con virulencia en todos los campos en que el protestantismo liberal avanzaba. Intervinieron en los debates internos sobre cuestiones exegéticas, pero también en cuestiones morales como el aborto, la homosexualidad, la supresión de la oración en las escuelas, etc." (TAMAYO. *Fundamentalismos y diálogo entre religiones*, p. 77).

[64] "El fundamentalismo, en fin, adopta una actitud *hostil* frente a los fenómenos socio-culturales de la Modernidad que, a su juicio, socavan los fundamentos del sistema de creencias: la secularización, la teoría evolucionista, el progresismo, el diálogo con la cultura moderna y posmoderna, las opciones políticas revolucionarias de las personas y de los grupos creyentes, la emancipación de la mujer, los descubrimientos científicos, los avances en la genética, los descubrimientos científicos, los avances en la genética, los movimientos sociales, los métodos histórico-críticos, etc. Todos ellos son considerados enemigos de la religión y en esa medida son combatidos frontalmente" (TAMAYO. *Fundamentalismos y diálogo entre religiones*, p. 94).

[65] Os fundamentalistas responsabilizavam os liberais de todos os matizes, secularistas ou cristãos, pela situação marginal dos "verdadeiros" cristãos. No plano político começavam a alinhar-se com a direita. No século XIX os evangélicos repudiavam o patriotismo como idolatria. Agora defender o estilo de vida americano constituía um dever sagrado. [...] Em 1934 cerca de 600 mil pessoas assinavam o *Defender Magazine*, de Winrod, e 120 mil assinavam o *Christian Beacon*, de

Juan José Tamayo afirma:

> El término fundamentalista se aplica a personas creyentes de las distintas religiones, sobre todo a judíos ultra-ortodoxos, a musulmanes integristas y de cristianos tradicionalistas. El fenómeno fundamentalista suele darse — aunque no exclusivamente — en sistemas rígidos de creencias religiosas que se sustentan, a su vez, en textos revelados, definiciones dogmáticas y magisterios infalibles.[66]

Se no Ocidente o fundamentalismo ganhava corpo e espaço, no Oriente ainda não havia ocorrido o mesmo, pois os muçulmanos estavam mais preocupados em se modernizar, uma vez que o fim do Império Otomano ainda evidenciava um certo atraso em relação às modernidades do Ocidente.

Assim, Abdelwahab Meddeb aponta a aproximação do Oriente em relação à modernidade do Ocidente:

> O julgamento negativo da modernidade se resume a um sentimento antiocidental. O surgimento desse sentimento é perfeitamente datável: ele aflora com a criação da associação dos Irmãos Muçulmanos no Egito, no final da década de 1920; é surpreendente constatar que ele é contemporâneo ao niilismo europeu criticado por Leo Strauss, que tem exatamente o mesmo objeto de ódio. Tal sentimento é novo em terras islâmicas. A partir de meados do século XIX, as primeiras gerações de teólogos reformadores constataram que tinham perdido o fio da civilização; tentaram retomá-lo assimilando e imitando a civilização que viam florescer, ou seja, na margem em frente, na Europa. Agiam no sentido de articular as fontes do Islã com o modelo ocidental que os fascinava.[67]

O fato é que no mundo oriental não houve uma real equivalência com o fundamentalismo protestante, o que se pode afirmar é a revolta dos adeptos ao Islamismo mais radical para com a modernidade, tal qual os protestantes ortodoxos, porém, também, contra o próprio Ocidente, responsável pela vinda desta modernidade.

Nesse diapasão, um importante acontecimento iria agravar as relações entre Ocidente e Oriente e, ao mesmo tempo, iria desencadear fatos e acontecimentos que mudariam o cenário Islâmico: a Palestina.

McIntyre. McIntyre alcançava um público maior com o seu *Twentieth Ventury Christian Hour*, programa de rádio no qual condenava todos os cristãos contrários a sua teologia do ódio e todos os clérigos liberais, que aos olhos dos desinformados podiam parecer bondosos e cristãos, mas na verdade eram "ateus e comunistas, zombavam da Bíblia, desdenhavam a vida, xingavam, eram escravos do sexo e filhos dos monstros de olhos verdes" (ARMSTRONG. *Em nome de Deus*: o fundamentalismo no judaísmo, no cristianismo e no islamismo, p. 247).

[66] TAMAYO. *Fundamentalismos y diálogo entre religiones*, p. 74.

[67] MEDDEB. O Islã entre civilização e barbárie. *In*: NOVAES (Org.). *Civilização e barbárie*, p. 190.

7.1 Os conflitos pela Terra Prometida

A perda de Jerusalém gerou muito revolta por parte do mundo islâmico, por se tratar de um território sagrado também para os árabes e que foi seguidamente desrespeitado pelos cristãos, como se constatou através dos movimentos religiosos impingidos pela Igreja Católica e que tiveram a denominação de as cruzadas.[68]

Karen Armstrong relata que essa tensão entre judeus e muçulmanos teve um hiato de paz.

> Judeus e muçulmanos conviveram em Jerusalém durante séculos sem tensão; convencidos de que só o Messias poderia reconstruir seu Templo, arrasado pelos romanos em 70 d.C., os judeus não tinham nenhum plano em relação a essa área, que os muçulmanos chamam de Haram AL-Sharif (o Mais Nobre Santuário). Desde o século XVI o lugar santíssimo do judaísmo encontra-se logo abaixo da Cúpula do Rochedo: o Muro Ocidental, última relíquia do Templo construído pelo rei Herodes no século I d.C. O sultão otomano Solimão, o Magnífico (1494-1566), autorizou os judeus a transformar essa área em santuário oficial, e consta que seu arquiteto Sinan concebeu o oratório ali existente.[69]

Contudo, essa paz chegou ao fim. A perda de sua terra sagrada nunca foi bem aceita pelos islâmicos e as atitudes dos cristãos e dos judeus somente acentuaram o confronto,[70] como no conflito entre Israel e Líbano, como retrata Anne Willians:

---

[68] As cruzadas foram movimentos religiosos, políticos e militares, liderados pela Igreja Católica, apoiados e patrocinados pela nobreza europeia, com a finalidade de dominar a cidade de Jerusalém, considerada "santa" por judeus, cristãos e muçulmanos e lugar de peregrinações para estes povos. Quando Jerusalém foi tomada pelos turcos otomanos, no ano de 1071, por estes serem muçulmanos e intolerantes, proibiram aos cristãos as peregrinações aos lugares sagrados. Por essa razão e pela crise do feudalismo europeu, em 1095, o papa Urbano II conclamou a população a defender o Cristianismo contra os infiéis "árabes muçulmanos", afirmando ser esta a vontade de Deus (WOLOSZYN. *Terrorismo global aspectos gerais e criminais*, p. 47-48).

[69] ARMSTRONG. *Em nome de Deus*: o fundamentalismo no judaísmo, no cristianismo e no islamismo, p. 384.

[70] O conflito árabe-israelense pôs fim a esse período de harmonia entre muçulmanos e judeus na Cidade Santa, e desde a década de 1920 tem ocorrido no local sagrado. Durante a ocupação jordaniana de Jerusalém oriental e da Cidade Velha (1948-1967), os judeus não podiam visitar o Muro Ocidental, e velhas sinagogas do bairro judaico foram destruídas. O retorno dos judeus ao Muro Ocidental, em 1967, foi um dos momentos mais emocionantes da Guerra dos Seis Dias, um acontecimento profundamente espiritual até mesmo para israelenses seculares.
Quando anexou Jerusalém, depois da guerra, os israelenses prometeram que cristãos e muçulmanos teriam acesso a seus lugares sagrados. Os muçulmanos continuaram controlando o Haram AL-Sharif, embora essa política do governo desagradasse profundamente aos ultranacionalistas e aos sionistas religiosos mais radicais, que reivindicavam a devolução da área ao povo judeu. Contudo a posição judaica oficial não se alterou. O Templo só poderia ser reconstruído quando o Messias operasse a Redenção — uma norma que com o passar dos séculos adquiriria a força de um tabu (ARMSTRONG. *Em nome de Deus*: o fundamentalismo no judaísmo, no cristianismo e no islamismo, p. 384).

O conflito Israel-Líbano é uma pendência constante desde 1978, mas suas raízes são muito mais profundas. Em 1948, cinco nações árabes, incluindo o Líbano, decidiram invadir Israel na esperança de impedir a formação da nação judaica na terra que acreditavam pertencer aos árabes. Os árabes chamaram a terra que ocupavam de Palestina e seus habitantes de palestinos. Porém, devido às guerras constantes, milhares fugiram para os países vizinhos. Um exército de guerrilheiros palestino foi formado e, usando táticas terroristas, esse grupo passou a retaliar atacando Israel.[71]

Esse grupo fundou um movimento que ficou conhecido como Organização de Libertação da Palestina e teve em seu líder Yasser Arafat um dos mais fervorosos combatentes contra Israel.

Paralelamente ao movimento de Arafat, alguns grupos fundamentalistas islâmicos impõem o terror contra grupos menores no próprio mundo árabe, como forma de acentuar o radicalismo religioso e intensificar a retomada da Palestina.

Manuel da Silva acrescenta o dado relevante:

> Como factores importantes para o ressurgimento do radicalismo islâmico, alguns analistas islamistas moderados apontam a utilização, por parte de alguns governos muçulmanos, de métodos coercitivos contra os movimentos islamistas moderados, incluindo a perseguição histórica de alguns dos seus líderes tradicionais e por vezes a sua prisão e morte.[72]

O fundamentalismo religioso[73] passou a ser usado como uma verdadeira arma contra os inimigos sejam religiosos ou não dos movimentos denominados terroristas. A manipulação da fé é determinante para que esse novo modelo, baseado no terror,[74] tivesse sucesso em sua cruzada contra seus inimigos.[75]

---

[71] WILLIANS. *Ataques terroristas a face oculta da vulnerabilidade*, p. 388.

[72] SILVA. *Terrorismo e guerrilha das origens à Al-Qaeda*, p. 504.

[73] "La tolerancia no ha sido precisamente una virtud que haya caracterizado a las religiones ni en el comportamiento con sus fieles ni en su actitud ante la sociedad. La mayoría de las religiones han impuesto un pensamiento único y han perseguido, castigado y expulsado de su seno a los creyentes considerados disidentes y heterodoxos. En su relación con la sociedad han invadido espacios civiles que no eran de su competencia y han impuesto sus creencias, muchas veces por la fuerza; por lo mismo, el diálogo interreligioso ha brillado por su ausencia. Lo que no puede sorprender. Una de sus prácticas más extendidas ha sido la intolerancia, que hoy adopta la forma extrema de *fundamentalismo*, muy presente sobre todo en las religiones monoteístas" (TAMAYO. *Fundamentalismos y diálogo entre religiones*, p. 73).

[74] "Los atentados terroristas pueden ser comprendidos solamente por sus contenidos políticos" (TRENZ; ZAITCH. Terrorismo y control social: Doctrina Penal Teoría y Práctica en las Ciencias Penales. *Revista Trimestral*, p. 365).

[75] O auge das experiências nacionais secularistas ocorreu nos anos 50 e 60. Enquanto a Turquia seguiu seu próprio caminho, a impotência dos regimes árabes nacionalistas frente a Israel em 1967, a incapacidade coletiva da política interárabe em lidar com a guerra civil no Líbano, o desgaste dos recursos petrolíferos e a decadência da opção pan-arabista na guerra Irã-Iraque acabaram minando a legitimidade do modelo nacional desenvolvimentista-estadista. Desde

Agora, o fundamentalismo se mesclava ao fanatismo e produzia um efeito coletivo, uma massificação do sentimento religioso como forma de dominação.[76]

8 Do fundamentalismo ao terrorismo

A doutrina e a mídia, em especial associaram os movimentos terroristas ao fundamentalismo islâmico. Quando, em verdade, não temos sequer um fundamentalismo nos moldes do modelo norte-americano no mundo árabe.[77] O que se conhece como fundamentalismo, de fato, deve ser denominado de radicalismo ou extremismo islâmico e este, sim, tem uma relação intrínseca com o terrorismo.[78] [79]

Então, para os defensores deste fundamentalismo islâmico o fundamental, nos dizeres de Peter Demand:

---

essas derrotas consecutivas — morais tanto quanto políticas e militares — o mundo árabe se encontra numa crise que se aprofunda ano a ano. É na fenda dessa crise que surgiu o islamismo, ou seja, o fundamentalismo muçulmano (DEMANT. *O mundo muçulmano*, p. 200).

[76] "El fundamentalismo religioso ha desembocado con frecuencia en choques, enfrentamientos y guerras de religiones. La historia universal es la mejor prueba de ello. Incluso hay quienes consideran que la violencia se encuentra en el principio de las religiones y que éstas son fuente de aquélla. La violencia estaría ya presente en los mismos textos tenidos por revelados. Y así es de hecho. No pocos textos fundantes del judaísmo, el cristianismo y el islam presentan a un Dios violento y sanguinario, a quien se apela para vengarse de los enemigos, declararles la guerra y decretar castigos eternos contra ellos. Con estos ingredientes se construye la trama perversa de la violencia y lo sagrado, que da lugar a lo que el antropólogo René Girard llama acertadamente sacralización de la violencia o violencia de lo sagrado" (TAMAYO. *Fundamentalismos y diálogo entre religiones*, p. 91).

[77] "Given the diversity of movements 'fundamentalism' encompasses, any definition of fundamentalism is, not surprisingly, highly contested. The very use of the word gives rise to debate. 'Fundamentalism' literally refers to an early twentieth century American Protestant movement that called for religion based on a literal interpretation of the Bible. In the context of a history of Western colonialism and imperialism, the application of a specifically Western and Christian term to the Islamic world is rightly suspect. Indeed, there is no word for fundamentalism in Arabic: the closest word in Arabic, *usuli*, was coined specifically to approximate the English 'fundamentalism'" (EUBEN. *Enemy in the mirror islamic fundamentalism and the limits of modern rationalism*, p. 16-17).

[78] Se buscarmos a origem da expressão "terrorismo", vamos encontrá-la no latim: *terrere* (tremer) e *deterrere* (amedrontar). Assim, fazer tremer e amedrontar são as motivações que fundamentam as ações terroristas (BASSO. Reflexões sobre terrorismo e direitos humanos: práticas e perspectivas. *Revista da Faculdade de Direito*, p. 437).

[79] O termo "fundamentalismo muçulmano" é um neologismo impróprio, apesar de comum. O fundamentalismo, na verdade, refere-se a um movimento religioso que surgiu há um século dentro do protestantismo norte-americano. Hoje, no entanto, o termo é também usado para movimentos vagamente paralelos em outras religiões. Existem termos alternativos, mas não muito melhores. Autores franceses usam a palavra integrismo, mas isso apenas copia um fenômeno paralelo ao catolicismo. O termo islã político é aceitável, assim como revivalismo islâmico. Certos autores usam simplesmente "o islã radical" ou "radicalismo islâmico". Na literatura árabe se usa tanto *islamiyya*, ou seja, islamismo, quanto al-*usuliyya*, o equivalente a "fundamentalismo muçulmano". Certos estudiosos, tais como Nazih Ayubi e Olivier Roy, diferenciam essas designações (DEMANT. *O mundo muçulmano*, p. 194).

O islamismo é uma ideologia política antimoderna, antissecularista e antiocidental, cujo projeto é converter o indivíduo para que se torne um muçulmano religioso observante, é transformar a sociedade formalmente muçulmana em uma comunidade religiosa voltada ao serviço a Deus e estabelecer o reino de Deus em toda a Terra. A tendência fundamentalista é provavelmente a vertente predominante no islã atual. É, todavia, um fenômeno recente, cuja forma atual se desenvolveu só nas últimas décadas, em reação à modernização globalizante — no Oriente Médio em particular.[80]

O Mundo Árabe, no que tange à relação Estado e religião, possui um cenário bem diverso do Ocidente no período do pós-guerra, pois, enquanto o Ocidente se notabilizou por defender uma laicidade, isto é, Estados com um pluralismo religioso sem nenhum tipo de predileção ou favorecimento por esta ou aquela crença, o Mundo Árabe se preocupou em manter o mesmo modelo de antigamente do Ocidente, no qual a religião exercia forte influência no Estado.[81]

O resultado é que os líderes religiosos possuem, além da influência religiosa, um poder político. Com isso, a religião é usada para desenvolver e fomentar interesses políticos.

Então, para fomentar um crescimento da religião, o Islamismo utilizou outro conhecido instrumento das religiões monoteístas: o proselitismo.

O objetivo era claro: criar um movimento em massa para tornar o Islamismo o centro das relações sociais, culturais e políticas do Mundo Árabe.[82]

O movimento de massa geralmente surge quando a organização, ou melhor, a ordem estabelecida foi rompida ou não conta mais com a aceitação nacional. E a forma perfeita de proliferar a massificação do fundamentalismo islâmico radical era propalar que o capitalismo e os inimigos ocidentais estavam destruindo a cultura e a pureza religiosa do Islã.

Nesse sentido, Eric Hoffer diz:

> Quando depreciamos uma fé fanática ou um preconceito, não golpeamos a raiz do fanatismo. Simplesmente impedimo-lo de extravasar num certo ponto, com o provável resultado de que extravase em algum outro. Assim, denegrindo as crenças e lealdades existentes, o homem de palavras

---

[80] DEMANT. *O mundo muçulmano*, p.201.

[81] "Según una definición bastante extendida, el islam no distingue entre política y religión, estado y fe. Para los teóricos tradicionales, el corpus teórico islámico regula todos los aspectos de la vida del creyente, desde las normas políticas y sociales a las que debe hacer frente el individuo y la colectividad hasta la forma de observar los preceptos religiosos (la oración, la limosna, la peregrinación, el ayuno, etc.)" (GUTIÉRREZ DE TÉRAN. Islamismo, política y terrorismo desde la Constitución de la umma hasta la emergencia del Islam Radical. *Cuaderno del Instituto Vasco de Criminología*, p. 161).

[82] "Un buen creyente, pues, no se caracteriza tan solo, por cumplir con una serie de obligaciones digamos litúrgicas sino también por la aplicación de los principios que aportan al estado y la sociedad su marchamo de 'islamismos'" (GUTIÉRREZ DE TÉRAN. Islamismo, política y terrorismo desde la Constitución de la umma hasta la emergencia del Islam Radical. *Cuaderno del Instituto Vasco de Criminología*, p. 161).

militante cria involuntariamente nas massas desiludidas uma fome de fé, pois a maioria das pessoas não pode suportar a esterilidade e inutilidade de suas vidas a menos que alguma dedicação fervorosa, ou alguma busca apaixonada onde possam perder-se. Assim, apesar de si mesmo, o homem de palavras que reclama torna-se precursor de uma nova fé.[83]

Com a mão forte do Estado e a proliferação em massa do Islamismo por conta de uma ameaça que o Estado alardeia ser iminente, a população se une e forma um grupo sólido, do que resulta que, quanto maior a rigidez da propaganda e da proliferação, maior é a adesão e a propalação do fanatismo sem contestação.[84]

A solidariedade[85] e a união começam a surgir a partir do fundamentalismo radical e opressor, ocasionando um fanatismo cego e ideal para ser manipulado. O ideal de que a religião muçulmana deve ser protegida contra tudo e contra todos já se disseminou, agora, resta apenas direcionar essa fé para um alvo determinado.

E a solução encontrada foi a criação do *jihad*,[86] ou seja, uma guerra santa.[87] Por fim, somente faltava eleger um inimigo a ser combatido para a manutenção da soberania do grande ideal islâmico.

O mundo fundamentalista extremista, radical e composto por fanáticos religiosos precisavam combater um inimigo, aliás, o inimigo, e este, seria todo aquele que tivesse por objetivo destruir os ideais do Islamismo.

---

[83] HOFFER. *Fanatismo e movimentos de massa*, p. 133-134.

[84] "Os que cumprem as exigências rituais impostas por uma religião acreditam sinceramente nas doutrinas da comunidade religiosa, e os outros podem confiar nisso. Ao aumentar os níveis de confiança e adesão entre seus membros, os grupos religiosos minimizam os custosos mecanismos de controle, necessários quando é preciso enfrentar o problema dos aproveitadores que prejudicam a obtenção dos objetivos comuns. Assim, a vantagem adaptativa do comportamento ritual é sua capacidade de promover e manter a cooperação. [...] Conforme essa teoria do ritual como 'sinais dispendiosos', os grupos que impõem as maiores exigências obterão maiores níveis de devoção e adesão" (REVISTA GRANDES TEMAS MENTE E CÉREBRO – FÉ O LUGAR DA DIVINDADE NO CÉREBRO, p. 47).

[85] O senso de solidariedade dentro das fronteiras do islã é colocado acima de qualquer coisa entre os muçulmanos. Eles são uma família de crentes em Alá que valoriza a afinidade espiritual mais do que a liberdade individual (CANER; CANER. *O islã um olhar sobre a vida e a fé muçulmana*, p. 133).

[86] O *jihad* no plano coletivo (pequeno) significa o esforço dos muçulmanos na defesa da causa de Deus, que implica luta contínua pela restauração da crença na Unidade divina e estabelecimento de um sistema justo a nível social. O Islã assume como missão própria a luta contra a corrupção e a injustiça, não só nas fronteiras internas, mas por todo o mundo. Pretende construir a *ummah* universal, com base nos princípios islâmicos. O combate pela causa de Deus e a luta contra a injustiça inclui também a luta armada. Esta concepção está enraizada no Islã desde suas origens até o momento atual (BINGEMER (Org.). *Violência e religião cristianismo islamismo judaísmo três religiões em confronto e diálogo*, p. 211).

[87] O aspecto mais perturbador do islã para os não muçulmanos, e que os apologistas do islã tanto tentam disfarçar, é o princípio da *Jihad*. Literalmente, o termo pode ser traduzido como "guerra santa", e não por acaso. Embora muçulmanos ressaltem que existe uma *jihad* interna (ou "grande jihad"), que é a guerra contra os próprios pecados, nenhuma argumentação casuística pode disfarçar o fato de que a *jihad* externa (ou "pequena jihad") — a guerra contra apóstatas e infiéis — é um elemento essencial dessa fé. O conflito armado "em defesa do islã" sugere que a luta muçulmana deve ser sempre empreendida em "autodefesa". Ao contrário, o dever da *jihad* é um chamado bem claro à conquista mundial (HARRIS. *A morte da fé*: religião, terror e o futuro da razão, p. 127).

A resposta deveria ser firme como forma de demonstração de poder, e que meio melhor para isso do que o uso da violência?

José Roberto Bonome relaciona o fundamentalismo com o terrorismo:

> A única reação ao terrorismo de Estado é o terrorismo individual. Portanto, a ação terrorista está inserida num contexto social de fundamentalismos. Por fundamentalismo entende-se a visão de mundo específica que, pela ação mecânica de um lado e fatalista de outro, atua propiciando a concretização de um determinado reino tido como sagrado a seus adeptos.[88]

Fernando Amérigo explica:[89]

> Fundamentalismo que, como é bem conhecido, fomentou em alguns casos a formação de grupos terroristas. O impacto dos atentados realizados pela organização Al-Qaeda e a extensão de suas ações criminais, determinaram a criação de um terrorismo global, esta, sem dúvida, na mente de todos. Tudo isso provocou certa satanização do Islã, de forma que não é difícil encontrar discursos que qualificam esse credo religioso, como mais intolerante, mais integrista, incompatível com a democracia, etc.[90]

Com base nessa argumentação, algumas células terroristas se desenvolveram e usam da religião como meio de propalar o terror:[91] Hamas,[92] Hezbollah, Al Qaeda, Talibãs, Jihad, etc., são apenas algumas da muitas células que usam a sublimação da fé e o fundamentalismo religioso para impor seus ideais políticos.

---

[88] BONOME. *Fundamentalismo religioso e terrorismo político*, p. 86.

[89] AMÉRIGO. Libertad religiosa, laicidad del Estado e inmigración islámica. *Revista de Ciencias de las Religiones*, p. 51.

[90] Tradução livre de: "Fundamentalismo que, como es bien conocido, ha derivado en algunos casos en la formación de grupos terroristas. El impacto de los atentados perpetrados por la organización Al-Qaeda y la extensión de SUS acciones criminales, que han acuñado El término de terrorismo global, está sin duda en la mente de todos. Todo ello ha provocado una cierta satanización del Islam, de forma que no es extraño encontrar discursos que califican a este credo religioso, como más intolerante, más integrista, incompatible con la democracia, etc.".

[91] Não há dúvida de que entramos no século XXI. Este começou, inquestionavelmente, no dia 11 de setembro de 2001. E o fato de que tenhamos tanta certeza assim é que é mais assustador, pois os acontecimentos nos Estados Unidos nesse dia contêm algo de um indizível terror. A prova disso é a comoção que causaram no mundo inteiro, inclusive junto a tradicionais adversários dos Estados Unidos, como Rússia e Cuba. É triste que o século se inicie com uma tragédia. Também foi assim no século XX, que, segundo o historiador inglês Eric Hobsbawn, começou em 1914, com o início da Primeira Guerra Mundial, que marcou ao mesmo tempo o fim da *belle époque*. O século XX terminou, ao ver do mesmo historiador, em 1991, com o colapso da União Soviética. Outros poderiam ver na derrubada do Muro de Berlim esse marco. Seria mais otimista, do ponto de vista da liberdade humana (ROUANET. *Paz, justiça e tolerância no mundo contemporâneo*, p. 21).

[92] Haqamat al-Muqawamah al-Islamiyya, Movimento de Resistência Islâmica, criado para combater tanto a ocupação israelense quanto o movimento nacionalista palestino. Sua luta contra os secularistas visava a defender a alma muçulmana da nação e atraiu multidões de jovens, dos quais muitos provinham dos campos de refugiados e alguns pertenciam à classe média. Sua violência, mais uma vez, nasceu da opressão (ARMSTRONG. *Em nome de Deus*: o fundamentalismo no judaísmo, no cristianismo e no islamismo, p. 389).

O principal objetivo dos grupos fundamentalistas é reacender a sua soberania e desestabilizar o inimigo. Nada melhor para isso do que usar os meios de comunicação[93] para agregar e manipular as massas através da mensagem de medo aos inimigos.

9 Terrorismo – O inimigo invisível

A forma de melhor sucesso, na visão islâmica, é disseminando o terror de forma organizada, porém, sem um alvo de conhecimento público e reiterado; logo, o inimigo sempre ataca como elemento surpresa.[94] Assim, temos o terrorismo.[95]

André Glucksmann afirma:

> Terrorista é a agressão tramada contra civis, enquanto civis, indefesos e inevitavelmente tomados de surpresa. Se os sequestradores e os que massacram inocentes vestem uniformes ou não, empregam armas brancas ou não, isso não muda nada. Se defendem idéias sublimes, isso muda menos ainda. A única coisa é a intenção operacional declarada de eliminar não importa quem. Nos atentados suicidas, o recurso sistemático do carro-bomba, que mata ao acaso o maior número possível de passantes, define um estilo de enfrentamento específico.[96]

As ações costumam ser violentas,[97] de elevadas proporções e são feitas sem que ninguém consiga rastrear os autores e, no mais das vezes, sem conseguir antecipar ou rastrear a origem desses ataques.[98]

---

[93] "Il significato dell'atto terroristico è stato accresciuto progressivamente da fattori diversi ma correlati: primo, gli strumenti disponibili per la distruzione sono d'improvviso molto più letali e molto più pericolosi di una volta. Secondo, l'attenzione dei mezzi di comunicazione di massa che si concentra sul terrorismo è immediata, globale e di solito non contorllata" (KUPPERMAN. Le risposte al terrorismo. *In: Forme di Organización Criminalli e Terrorismo*: Trattato di Criminología, Medicina Criminologica e Psichiatria Forense, p. 285).

[94] "La capacidad de operación que se tiene por grupos terroristas, para 'golpear', se basa esencialmente en el medio de la sorpresa, del momento inesperado, y del cual está mão o debe estar recomendablemente rodeado de un sinnúmero de otros miembros indefensos de la sociedad (BRUCCET ANAYA. El terrorismo: ¿un delito político?. *Intercriminis – Revista de Ciências Penales*, p. 95).

[95] A palavra terrorismo foi cunhada no século XVIII durante e após a Revolução Francesa. O termo define a política jacobina, parte mais radical da burguesia revolucionária, na tentativa de expulsar do quadro político os seus adversários realistas e girondinos. A palavra "terror", desde essa época, une-se à ideia de "virtude". Os jacobinos seguem as proposições democráticas de Jean-Jacques Rousseau, cuja obsessão é retomar na vida moderna as "virtudes" dos antigos gregos e romanos. [...] O período terrorista, nos dias da Revolução ainda em marcha, uniu para sempre a ideia do pavor empregado contra os adversários "do povo" e a "virtude" dos carrascos (ROMANO. *O desafio do Islã e outros desafios*, p. 65-67).

[96] GLUCKSMANN. *O discurso do ódio*, p. 26.

[97] "El terrorismo demostró ser no solamente una agresión brutal, sin precedente ni conmiseración alguna, sino que además se convirtió en el representante único de la más despiadada atrocidad, se convirtió en el delito más despiadado de todos: un delito de lesa humanidad" (BRUCCET ANAYA. El terrorismo: ¿un delito político?. *Intercriminis – Revista de Ciências Penales*, p. 86).

[98] "El polimorfismo del terror se ve acentuado por la diversidad de procedimientos — por no hablar de especialidades — terroristas. Los *modus operandi* varían según las épocas, los lugares,

O terrorismo surge exatamente neste descontentamento, que pode ser representado por uma única pessoa, ou por um grupo,[99] como é o caso de entidades sabidamente reacionárias como o ETA. Algumas vezes as ações destes indivíduos se fazem tão presentes e fortes que ultrapassam os limites da democracia.[100]

Com a motivação religiosa, o terrorismo impingiu uma série de ataques ao Ocidente, como afirma Jaime Pinsky:[101]

> No decorrer dos anos 70, praticamente todos os países ocidentais tiveram de enfrentar episódios traumáticos vinculados a atos terroristas, ocorrências que invariavelmente causaram forte comoção na opinião pública mundial. Desde então, as sociedades ocidentais tiveram de conviver com o medo constante, causado pela perspectiva sempre presente de um ataque terrorista.[102]

---

los objetivos y, en una palabra, las culturas terroristas: atentados, secuestros de aviones, raptos, tomas de rehenes, operaciones de comandos, etc. Todas las formas de violencias físicas y morales se combinan, se acumulan para dar al terrorismo su aspecto desconcertante, inasequible, patente en sus formas más banales (asesinato, incendio, actos de tortura)" (OTTENHOF. ¿*Terrorismo o terrorismos?*: diálogo sobre un singular plural. Anuario de Derecho Penal y Ciências Penales. Ministerio de Justicia).

[99] "Ogni forma di violenza, non importa se commessa da un individuo, da un grupo organizzato o da agenti dello Stato, è comunque, in potenza, causa di terrore per la vittima designata e per chi ne resta colpito anche indirettamente. Eppure non tutte le attività criminose ritenute causa di terrore sono riconducibili al significato generale di terrorismo" (CRIMINALITÁ oraganizzata e terrorismo: per um strategia di interventi efficaci. *Rivista Fondata da Pietro Nuvolone*, p. 5).

[100] "Gli Stati Uniti, como purê tutte le altre nazioni occidentali, sono minacciati oggigiorno da uma forma relativamente nuova di violenza, un tipo di terrorismo a cui nazionali, le ideologie e le culture, e che è divenuto sempre più un modo per compiere attacchi strategici diretti verso e contro le più solide fondamenta delle società democratiche" (KUPPERMAN. Le risposte al terrorismo. *In: Forme di Organización Criminalli e Terrorismo*: Trattato di Criminología, Medicina Criminologica e Psichiatria Forense, p. 285).

[101] PINSKY; PINSKY (Org.). *Faces do fanatismo*, p. 228.

[102] Podemos relatar alguns casos recentes de terrorismo ao redor do Globo. Em 2004, uma série de bombas explodidas em trens metropolitanos matou mais de 200 pessoas e deixou quase 1.500 feridos em Madrid; no mesmo ano, na Rússia, um assalto a cerca de 1.200 inocentes aconteceu em Beslan em decorrência da invasão de um ginásio de uma escola por trinta terroristas, onde pais e alunos comemoravam o primeiro dia de aula do ano letivo russo. Em julho de 2005, uma série de bombas no sistema de transporte público de Londres; foram quatro explosões, três delas em trens do metrô e a última no interior de um ônibus. Detonados de forma coordenada no horário de maior movimento na área central da cidade ocasionaram mais de cinquenta mortes e 700 feridos. Em 2008, na Índia cerca de trinta terroristas se alocaram nos pontos mais movimentados pelo turismo naquele país e fizeram reféns e espalharam o terror com um saldo de 200 mortos e 400 feridos. Em março de 2010, mais de 38 pessoas morreram e outras 60 ficaram feridas em atentados perpetrados por duas mulheres-bomba em estações centrais do metrô de Moscou. E, em 22 de julho de 2011, na Noruega, houve um atentado terrorista de autoria de Anders Behring Breivik que resultou na morte de 77 pessoas naquele país.

9.1 O cenário internacional e o terrorismo

Os Estados têm perdido a batalha contra o terrorismo[103] reiteradamente por conta do sentimento de medo e pela insegurança propiciada pelos atentados, em especial após 11 de setembro de 2001, quando, então, a maior potência econômica do planeta teve seu símbolo maior, as torres gêmeas, destruídas.

O atentando teve sua autoria confirmada por Osama bin Laden, líder da célula terrorista Al-Qaeda. O curioso é que o cidadão em questão teve todo o seu treinamento militar e as táticas de defesa e infiltração desenvolvidos e ensinados pelos próprios Estados Unidos.

Segundo informações do próprio governo norte-americano, bin Laden fez parte do serviço secreto norte-americano e, com isso, teve acesso ao *modus operandi* e às técnicas de ação daquele país.

Após os ataques terroristas em 11 de setembro de 2001, a imagem inata de orgulho e prosperidade dos Estados Unidos ruiu. Com a destruição do maior símbolo daquele país, o "american way of life"[104] perdeu-se.

Toda a imagem de prosperidade e segurança norte-americana simplesmente ruiu com os atentados terroristas...[105]

E como se defender de um inimigo oculto? Como atacar o que não se pode ver?

---

[103] André Luís Woloszyn defende que os objetivos do terrorismo são: derrubada e ou substituição de um governo ou de um modelo; político-ideológico e religioso; obtenção de autonomia política para um grupo subnacional; alteração da política externa de um governo; defesa do meio ambiente e dos direitos dos animais; purificação da humanidade e confirmação de previsões apocalípticas; inconformismo com o processo de globalização, a exclusão social e a consequente desumanização da sociedade; instrumento de poder entre os grupos em conflito; e propaganda e marketing (WOLOSZYN. *Terrorismo global aspectos gerais e criminais*, p. 72).

[104] Antes de 11 de setembro de 2001 a cultura norte-americana era denominada de "american way of life", o que significa que o estilo de vida perfeito é o dos habitantes dos Estados Unidos. Afinal, é naquele país que se produz a maior quantidade de entretenimento numa escala mundial. Seja em esportes, televisão ou cinema.
Tal situação provocou uma falsa realidade nos indivíduos norte-americanos, qual seja, a de que a cultura americana é a melhor de todas e é um modelo a ser seguido pelos demais. O que produziu um sentimento deveras perigoso: soberba.
O norte-americano passou a se considerar melhor que muitas outras culturas, e por conta disso, ensejou alguns excessos que inicialmente não foram levados muito a sério, mas já denotavam certa violência da comunidade americana.
Esse comportamento ensejou um sentimento disseminado de revolta, pois, afinal, os Estados Unidos não podem tudo, existem limites.

[105] Os Estados Unidos, maior potência bélica e econômica do mundo, possuindo os mais sofisticados dispositivos de vigilância e controle, incluindo satélites artificiais, uma rede de radares e a mais moderna parafernália para detectar a aproximação de corpos estranhos ou indesejáveis e capaz de transmitir informações extremamente precisas e minuciosas, com espantosa velocidade, a todos os pontos da terra; essa terrível superpotência não era invulnerável como acreditavam os norte-americanos e quase todo o mundo, com exceção, evidentemente, dos terroristas, que provaram o contrário (DALLARI. Direito ou barbárie. *Revista do Advogado*, p. 8).

A própria resposta do então Presidente George W. Bush ao terrorismo também se fundou na religião, pois argumentos como cruzada contra o terror, erradicação do mal foram apenas algumas das expressões para propalar e insular a nação americana contra os muçulmanos no combate infrutífero contra o Afeganistão.

Nesse caso a pressão interna foi tão intensa que sobrepujou a soberania da própria nação. É, portanto, interessante como a política interna de um país pode influenciar decisivamente a política externa, pois, com o maior orgulho nacional norte-americano destruído, o medo foi disseminado e o colapso esteve à porta. O Estado americano precisava dar uma resposta não apenas aos terroristas, mas também aos demais Estados internacionais preocupados com o abalo de soberania, porém, algo deveria ser feito para recuperar a parte mais afetada dos atentados: o próprio povo norte-americano.

9.2 Reação norte-americana ao terrorismo – A intolerância através da guerra

No caso dos atentados de 11 de setembro de 2001, o líder assumido dos atentados foi um soldado altamente treinado pelo próprio governo americano, que ficou muito rico ao longo do tempo e decidiu se "vingar" da política adotada por aquele país.

Com isso, a pressão popular (conflito interno) foi tão intensa que praticamente obrigou o seu governo a tomar uma atitude. Os cidadãos americanos entenderam que ao destruírem um dos símbolos de sua cultura, a soberania dos Estados Unidos estaria ameaçada e que o conceito de superpotência se mostrava extremamente frágil.

Sentindo uma necessidade de transmitir alguma resposta à população americana, o Governo editou a carta da América.[106] A resposta do governo, como sempre acontece quando uma Nação está inferiorizada e acuada, envolve o belicismo; com os Estados Unidos não foi diferente.

---

[106] O objetivo era invocar o sentimento nacionalista dos norte-americanos como forma de ratificar e apoiar as ações que o governo iria implementar. Para construir a base de suas razões, os norte-americanos partiram do construto dos direitos humanos, incontestáveis a toda raça humana e que ficou conhecido como as cinco verdades fundamentais referentes a todas as pessoas, sem distinção:

1. Todos os seres humanos nascem livres e iguais em dignidade e direitos.
2. O objeto básico da sociedade é a pessoa humana, e o legítimo papel do governo é proteger e ajudar a fomentar as condições para a prosperidade humana.
3. Seres humanos desejam buscar na verdade somente o objetivo da vida e seus fins últimos.
4. Liberdade de consciência e liberdade religiosa são direitos invioláveis da pessoa humana.
5. Matar em nome de Deus é contrário à fé em Deus e é a maior traição da universalidade da fé religiosa. Lutamos para nos defender e para defender esses princípios universais.

Seu presidente declarou guerra: primeiro ao Afeganistão e depois ao Iraque, em uma cruzada deliberada e desenfreada que resultou não apenas na caça a um inimigo e na busca de armas de destruição em massa, mas sim, em algo muito maior, tática igualmente antiga utilizada em guerra, o resgate ao nacionalismo.

Sendo assim, não bastava aos Estados Unidos atacarem um inimigo oculto, a resposta a ser dada é que o inimigo era conhecido e que a todo-poderosa Nação americana iria triunfar, mas para isso era necessário que os próprios norte-americanos colaborassem com a segurança da Nação, já que qualquer pessoa poderia ser o inimigo.[107]

Hannah Arendt afirma:

> O terror, como execução da lei de um movimento cujo fim ulterior não é o bem-estar dos homens nem o interesse de um homem, mas a fabricação da humanidade, elimina os indivíduos pelo bem da espécie, sacrifica as "partes" em benefício do "todo".[108]

Nessa esteira, não bastava combater o terrorismo no âmbito externo através da guerra, também seria necessário fazer sacrifícios internamente para se garantir uma vez mais a soberania da Nação e, quiçá, do próprio Mundo.[109]

A resposta foi uma cruzada maciça e destrutiva atrás do terrorista conhecido como Osama bin Laden, a qual, durante todo o governo Bush, mostrou-se infrutífera, pois nem ele nem muito menos seu corpo fora encontrado.

E o não encontrar do terrorista impingiu uma contramedida concomitante ainda mais devastadora nos Estados Unidos: a Baia de Guantánamo.

Uma ilha que passou a ser usada fortemente como um instrumento de tortura com o claro interesse de extrair à força informações sobre os paradeiros dos terroristas.

Em Guantánamo, os direitos civis, humanos, políticos e sociais foram relativizados e, em muitos casos, simplesmente suprimidos. Uma

---

[107] O terrorismo transforma a terminologia do sistema legal liberal. A justiça se torna "o orgulho da mais poderosa nação". A sociedade se volta mais uma vez contra a comunidade, sem a necessidade de resolver por justiça ou razão, até mesmo para salvar as aparências. As comunidades não consideram a razão e a justiça somente valores. Usualmente discordam de direitos e demandas desde que seus membros façam seu trabalho contra seus inimigos. Isso porque separam o mundo entre inimigos e amigos (CHRISTOPOULOS. A apertada corda entre o terrorismo e os direitos humanos. *Revista Brasileira de Ciências Criminais*, p. 25).

[108] ARENDT. *Responsabilidade e julgamento*, p. 517.

[109] Terá sido necessário um choque, para que a metáfora de guerra, como liberada de toda pressão, viesse a ser um verdadeiro paradigma. Considerados como o equivalente de uma agressão armada, os atentados terroristas desencadearam, com efeito, nos Estados Unidos, sob o nome de "guerra contra o terrorismo" (DELMAS MARTY. O paradigma da guerra contra o crime: legitimar o inumano? *Revista do Ministério Público – PA*, p. 19).

demonstração de poder do governo norte-americano de que o terror seria combatido, nem que para isso fosse necessário reagir com o uso do próprio terror.

Em caminho paripasso, o belicismo e a supressão de direitos caminharam nos Estados Unidos em ritmo desenfreado, quase como que uma resposta a si mesmo para garantir a seus cidadãos que aquele país era novamente seguro.

O grande perigo dessas respostas bélicas é o poder que o governante toma para si e usa praticamente a mesma arma do inimigo: o terror; mas agora como forma de legitimar seus atos.

Com isso, um perigoso Estado de exceção pode se instaurar e transformar a democracia em totalitarismo, em inúmeros exemplos que somente causaram destruição à humanidade.[110]

10 Conclusão

Os direitos humanos e a reação contra o terror. A Organização das Nações Unidas tem participado ativamente na luta contra o terrorismo internacional criando uma série de instrumentos protetivos através de Convenções, Resoluções, etc., contudo, como vimos, a luta contra o terror deve tratar dos elementos que o fomentam e o fazem subsistir: a intolerância, a religião e o ódio.

Nesse contexto, as religiões tanto do Ocidente quanto do Oriente fomentaram sobremaneira a intolerância religiosa e este legado atingiu seu ápice com o confronto religioso através de um inimigo invisível.

De tal sorte que não seria possível abordar a temática do terrorismo sem, antes, tratar da relação de intolerância entre as religiões ocidentais e orientais. Especialmente os movimentos provocados em nome da religião, como as cruzadas e a Inquisição.

Os direitos humanos são um fenômeno relativamente recente e a busca pela igualdade, fraternidade e, especialmente, a liberdade (nesse sentido compreendida em termos de religião, expressão, consciência, opinião) ainda enfrentam resistência dos séculos de intolerância religiosa, de repressão de ideias. Os Estados em que a influência religiosa ainda

---

[110] A chegada do governo de Barack Hussein Obama trouxe a esperança do fim do conflito bélico e do cumprimento de uma das promessas de campanha do agora Presidente dos Estados Unidos: a desativação da Baia de Guantánamo.
O fato é que o primeiro governo do Presidente Obama está por chegar ao fim e Guantánamo segue inatingível e com aura de local intocável, pois, ao longo de seu governo o objetivo maior fora alcançado. Através dos métodos nada ortodoxos os agentes do serviço secreto norte-americano descobriram o paradeiro do inimigo até então invisível: Osama bin Laden.
Uma operação militar culminou com a morte de seu maior inimigo, com o uso de aeronaves que nem a maior parte da população sabia ou tinha conhecimento.

permeia as decisões políticas para a não adesão ao Direito Internacional e aos mecanismos de proteção ainda são muito fortes.

Assim, o aumento da insegurança mundial passa diretamente pela capacidade de a Organização das Nações Unidas e de seus Estados-Membros criarem sistemas repressores não para os Estados que não são signatários, mas sim para os terroristas destes países.

A tolerância é a grande vitória do pós-guerra e aos intolerantes a resposta não pode ser a guerra ou a violência, como o fez os Estados Unidos. Então, um sistema penal internacional voltado para a questão do terrorismo parece ser uma medida urgente; do contrário a cada novo atentado existirá o risco de um movimento bélico de caça ao terror. A herança maldita de um passado violento não pode pautar as relações internacionais. Os Estados lutaram para a defesa do humano através da defesa da dignidade da pessoa humana e de um sistema protetivo calcado na liberdade e na tolerância. Então, que essa construção baseie o desafio do século XXI: tipificar nacionalmente as condutas repressoras contra o terrorismo para promover a paz e a tolerância entre os povos.

Onze de setembro de 2001 mudou o mundo em relação à segurança, porém não mudou no sentido significativo de os governantes buscarem uma coalizão das liberdades. Ao contrário, estes desenvolveram instrumentos de segurança, de combate, de guerra, mas não de paz, comunhão e fraternidade.

De nada adianta ser laico no papel e, na prática, o próprio Estado praticar a intolerância ou fazer vista grossa à mesma. Um Estado não pode ser laico na medida da sua própria intolerância.

Quando os Estados, de fato, deixarem seus interesses de lado para a construção de mecanismo de proteção e combate contra o terrorismo, aí sim, teremos a eficácia da tolerância e da fortificação do que realmente significa ser humano.

Referências

AMÉRIGO, Fernando. Libertad religiosa, laicidad del Estado e inmigración islámica. *Revista de Ciencias de las Religiones*, Madrid, n. 21, 2007.

ARENDT, Hannah. *Origens do totalitarismo*. São Paulo: Companhia das Letras, 2009.

ARENDT, Hannah. *Responsabilidade e julgamento*. Trad. Rosaura Eichenberg. São Paulo: Companhia das Letras, 2004.

ARMSTRONG, Karen. *Em nome de Deus*: o fundamentalismo no judaísmo, no cristianismo e no islamismo. Trad. Hildegard Feist. São Paulo: Companhia das Letras, 2001.

BASSO, Maristela. Reflexões sobre terrorismo e direitos humanos: práticas e perspectivas. *Revista da Faculdade de Direito*, Universidade de São Paulo, v. 97, 2002.

BIGNOTTO, Newton. Tolerância e diferença. *In*: NOVAES, Adauto (Org.). *Civilização e barbárie*. São Paulo: Companhia das Letras, 2004.

BINGEMER, Maria Clara Lucchetti (Org.). *Violência e religião cristianismo islamismo judaísmo Três religiões em confronto e diálogo*. São Paulo: Loyola, 2001.

BOBBIO, Norberto. *A era dos direitos*. Rio de Janeiro: Elsevier, 2004.

BOFF, Leonardo. *Fundamentalismo, terrorismo, religião e paz: desafio para o século XXI*. Petrópolis: Vozes, 2009.

BONOME, José Roberto. *Fundamentalismo religioso e terrorismo político*. Goiânia: Ed. da UCG, Kelps, 2009.

BRUCCET ANAYA, Luis Alonso. El terrorismo: ¿un delito político?. *Intercriminis – Revista de Ciências Penales*, n. 3, segunda época.

CANER, Ergun Mehmet; CANER, Emir Fethi. Trad. Haroldo Jansen. *O islã um olhar sobre a vida e a fé muçulmana*. São Paulo: Vida, 2008.

CHRISTOPOULOS, Dimitris. A apertada corda entre o terrorismo e os direitos humanos. *Revista Brasileira de Ciências Criminais*, ano 11, n. 42, jan./mar. 2003. Revista Especial, 8º Seminário Internacional, 1º Fórum Latino-Americano de Política Criminal.

COMBLIM, José. *Mitos e realidades da secularização*. São Paulo: Herder, 1970.

COMPARATO, Fábio Konder. *A afirmação histórica dos direitos humanos*. 3. ed. São Paulo: Saraiva, 2003.

CRIMINALITÁ Oraganizzata e Terrorismo: per um strategia di interventi efficaci. *Rivista Fondata da Pietro Nuvolone*, ano 14, genn./apr. 1990.

DALLARI, Dalmo de Abreu. Direito ou barbárie. *Revista do Advogado*, ano 22, n. 67, ago. 2002.

DALLARI, Dalmo. *In*: VIEIRA, Oscar Vilhena (Coord.). *Direitos humanos, Estados de Direito e a construção da paz*. São Paulo: Quartier Latin, 2005.

DELUMEAU, Jean; MELCHIOR-BONNET, Sabine. *De religiões e de homens*. Trad. Nadyr de Salles Penteado. São Paulo: Ipiranga, 2000.

DEMANT, Peter. *O mundo muçulmano*. 2. ed. São Paulo: Contexto, 2008.

EUBEN, Roxanne L. *Enemy in the mirror islamic fundamentalism and the limits of modern rationalism*. New Jersey: Princeton University Press, 1999.

EYMERICH, Frei Nicolau. *Manual dos Inquisidores*. Trad. Maria José Lopes da Silva. Brasília: Editora Universidade de Brasília, 1993.

FERRAZ JUNIOR, Tercio Sampaio. *Introdução ao estudo do direito*: técnica, decisão, dominação. São Paulo: Atlas, 2003.

FERREIRA, Pinto. *Curso de direito constitucional*. 9. ed. São Paulo: Saraiva, 1998.

FÜRST, Alfons. Ética da paz e disposição à violência sobre a ambivalência do monoteísmo cristão em seus primórdios. *In*: FÜRST, Alfons. *Paz na Terra?*: as religiões universais entre a renúncia e a disposição à violência. São Paulo: Idéias & Letras, 2009.

GRANDE ENCICLOPÉDIA LAROUSSE CULTURAL. São Paulo: Nova Cultural, 1998. v. 12.

GREEN, Toby. *Inquisição o reinado do medo*. Trad. Cristina Cavalcanti. Rio de Janeiro: Objetiva, 2011.

GUERRIERO, Silas. Intolerância e relativismo: o dinamismo das novas religiões no Brasil. *Revista Estudos de Religião*, São Bernardo do Campo, v. 1, n. 1, 1985.

GUTIÉRREZ DE TÉRAN, Iñaki. Islamismo, política y terrorismo desde la Constitución de la umma hasta la emergencia del Islam Radical. *Cuaderno del Instituto Vasco de Criminología*, San Sebastián, n. 18, 2004.

HARRIS, Sam. *A morte da fé*: religião, terror e o futuro da razão. Trad. Cláudio Carina e Isa Mara Lando. São Paulo: Companhia das Letras, 2009.

HOBSBAWN, Eric. *Globalização, democracia e terrorismo*. Trad. José Viegas. São Paulo: Companhia das Letras, 2007.

HOFFER, Eric. *Fanatismo e movimentos de massa*. Rio de Janeiro: The New American Library, 1968.

KUPPERMAN, Robert H. Le risposte al terrorismo. *In*: *Forme di Organización Criminalli e Terrorismo*: Trattato di Criminología, Medicina Criminologica e Psichiatria Forense. Milano, 1988.

LE GOFF, Jacques. As raízes medievais da intolerância. *In*: *A intolerância*. Trad. Eloá Jacobina. Rio de Janeiro: Bertrand Brasil, 2000.

LEFEBVRE, Georges. *1789 o surgimento da Revolução Francesa*. Trad. Cláudia Schilling. 2. ed. São Paulo: Paz e Terra, 2011.

MARTELLI, Stefano. *A religião na sociedade pós-moderna*: entre secularização e dessecularização. Trad. Euclides Martins Balancin. São Paulo: Paulinas, 1995.

MARTY, Mireille Delmas. O paradigma da guerra contra o crime: legitimar o inumano?. *Revista do Ministério Público – PA*, Belém, ano 3, v. 1, dez. 2008.

MEDDEB, Abdelwahab. O Islã entre civilização e barbárie. Trad. Dorothée de Bruchard. *In*: NOVAES, Adauto (Org.). *Civilização e barbárie*. São Paulo: Companhia das Letras, 2004.

MORRIS, Christopher W. *Um ensaio sobre o Estado Moderno*. Trad. Sylmara Beletti. São Paulo: Landy, 2005.

ODALIA, Nilo. A liberdade como meta coletiva. *In*: PINSKY, Jaime; PINSKY, Carla Bassanezi (Org.). *História da cidadania*. 5. ed. São Paulo: Contexto, 2010.

OTTENHOF, Reynald. ¿Terrorismo o terrorismos?: diálogo sobre un singular plural. Anuario de Derecho Penal y Ciências Penales. *Ministerio de Justicia*, t. XLII, fascículo 3, set./dez. 1989.

PINSKY, Jaime & PINSKY, Carla Bassanezi (Org.). *Faces do fanatismo*. São Paulo: Contexto, 2004.

REVISTA CONHECIMENTO PRÁTICO FILOSOFIA – FILOSOFIA E GUERRA, São Paulo, n. 26.

REVISTA GRANDES TEMAS MENTE E CÉREBRO – FÉ O LUGAR DA DIVINDADE NO CÉREBRO, São Paulo, n. 1.

ROUANET, Luiz Paulo. *Paz, justiça e tolerância no mundo contemporâneo*. São Paulo: Loyola, 2010.

SILVA, Manuel da. *Terrorismo e guerrilha?*: das origens à Al-Qaeda. Lisboa: Sílabo, 2005.

TAMAYO, Juan José. *Fundamentalismos y diálogo entre religiones*. Madrid: Trotta, 2004.

TRENZ, Hans Jörg; ZAITCH, Damián. Terrorismo y control social: doctrina penal teoría y práctica en las ciencias penales. *Revista Trimestral*, Buenos Aires.

VASCONCELLOS, Pedro Lima. *Fundamentalismos matrizes, presenças e inquietações*. São Paulo: Paulinas, 2008.

VEYNE, Paul. *Quando nosso mundo se tornou cristão*. Trad. Marcos de Castro. Rio de Janeiro: Civilização Brasileira, 2010.

WILLIANS, Anne. *Ataques terroristas a face oculta da vulnerabilidade*. São Paulo: Larousse, 2010.

WOLOSZYN, André Luís. *Terrorismo global aspectos gerais e criminais*. Porto Alegre: Est Edições, 2009.

Informação bibliográfica deste texto, conforme a NBR 6023:2002 da Associação Brasileira de Normas Técnicas (ABNT):

GONÇALVES, Antonio Baptista. Intolerância religiosa e terrorismo. *In*: FERNANDES, Antonio Scarance; ZILLI, Marcos. (Coord.). *Terrorismo e justiça penal*: reflexões sobre a eficiência e o garantismo. Belo Horizonte: Fórum, 2014. p. 35-71. ISBN 978-85-7700-844-5.

CAPÍTULO 2

11 DE SETEMBRO E O DISCURSO DO TERROR
UMA REFLEXÃO

ÁLVARO OKURA DE ALMEIDA
ARIANA BAZZANO

1 Introdução

Desde setembro de 2001, muitos livros, conferências e debates proliferaram sobre o estudo do terrorismo e poucas esferas da vida social passaram imunes às consequências políticas dos efeitos difusos do terrorismo. Algumas eleições nacionais foram pautadas pelo tema como, por exemplo, nos Estados Unidos (2004), na Espanha (2004), na Austrália (2004) e na Inglaterra (2005). Três grandes guerras foram lançadas em resposta a conhecidos (ou supostos) atos terroristas: no Afeganistão (2001), no Iraque (2003) e no Líbano (2006). A retórica da "guerra ao terror" foi utilizada, mesmo que de forma indireta, nas intervenções dos Estados Unidos no Paquistão, na Somália e no Iêmen. Outros países também se utilizaram da "guerra ao terror" como justificativa das suas intervenções, como Israel nos ataques contra os palestinos e a Rússia ao intervir na Chechênia.

Organizações multilaterais[1] adotaram novos procedimentos para enfrentar a ameaça terrorista. Sob a direção das Nações Unidas (ONU), a maioria dos países ao redor do mundo adotou novas leis enquanto reforçava o aparato militar e policial para lidar com o terror. A ONU, por

---

[1] Alguns exemplos são: Organizações dos Estados Americanos (OEA), Associação das Nações do Sudeste Asiático (ASEAN), União Africana (UA), Organizações das Nações Unidas (ONU), União Europeia (UE), dentre outras.

exemplo, criou o Comitê de Contraterrorismo (*Counter-Terrorism Committee*) subordinado ao Conselho de Segurança, para monitorar os países nos seus "avanços" no combate ao terrorismo.

A cooperação em ações contraterroristas tem se tornado um critério cada vez mais importante para determinar ajuda internacional e assistência ao desenvolvimento em países mais pobres.[2] Atores privados, como as empresas privadas de segurança,[3] passaram a oferecer cada vez mais produtos e serviços destinados à população, às grandes corporações e aos governos com intuito de salvaguardá-los das possíveis mazelas provocadas por atentados terroristas. Medidas securitárias antiterroristas,[4] como a vigilância ostensiva, tornaram-se parcela integrante da vida cotidiana de populações das cidades grandes e médias. Além disso, o terrorismo se tornou um fenômeno cultural de grandes proporções. Virou tema de milhares de romances, livros, programas televisivos, filmes, quadrinhos, *websites* e objeto de especialização acadêmica. Mais ainda, o "tema do terrorismo" teve impactos significativos nas políticas de direitos humanos, nos temas da imigração, cultura, gênero, identidade; nas áreas acadêmicas da psicologia, relações internacionais, tecnologia da informação e muitos outros aspectos da vida social.

Sendo assim, o estudo contemporâneo do terrorismo toma lugar num contexto político, legal, cultural e acadêmico, no qual, literalmente, milhares de artigos e livros acadêmicos são publicados todos os anos, ao lado de todo o substrato cultural que brota de outras fontes já mencionadas. Ao mesmo tempo, é um contexto em que a pesquisa empírica focada no tema do terrorismo permanece, de certo modo, um tabu, com relativamente

---

[2] Após o 11 de setembro, os países financiadores de ajuda externa têm reorientado os seus programas em função da "guerra ao terror". A securitização da ajuda é notória em vários países doadores, incluindo os Estados Unidos, a União Europeia e Japão, que têm estabelecido laços formais entre a ajuda externa, as políticas de desenvolvimento e a segurança. Essa tendência tem consequências sérias para o desenvolvimento de muitos países pobres que dependem da ajuda externa. No caso dos Estados Unidos, os países com grandes populações muçulmanas e movimentos insurgentes se tornaram prioridade das políticas de ajuda bilateral. Depois do 11 de setembro, os Estados Unidos aumentaram substancialmente a sua ajuda externa para o Paquistão, Índia, Filipinas e Indonésia (TUJAN; GAUGHRAN; MOLLETT, 2004, p. 55-57).

[3] "As empresas privadas de segurança possuem um papel cada vez mais proeminente em quase todos os aspectos da política externa, como na promoção da democracia, na prestação da assistência humanitária, nas guerras, no combate ao terrorismo internacional e nas operações de reconstrução nacional" (BAZZANO, 2010, p. 67).

[4] O Contraterrorismo é o conjunto de práticas utilizadas por organizações estatais com o objetivo de neutralizar agentes terroristas em ação ou atenuar os efeitos dos atentados realizados por tais agressores. O contraterrorismo se diferencia do antiterrorismo, pois possui caráter reativo, enquanto o antiterrorismo tem viés preventivo. Após os atentados de 11 de Setembro, o governo dos EUA tem usado o termo contraterrorismo para abarcar práticas tanto de contraterrorismo quanto de antiterrorismo. Os governos europeus, contudo, têm mantido mais frequentemente a distinção original entre as duas terminologias (GLOSSÁRIO. *In*: TEIXEIRA; ZHEBIT *Neoterrorismo*: reflexões e glossário).

poucos se arriscando a entrevistar ou se relacionar com aqueles acusados de participar de "atividades terroristas". É uma conjuntura em que o fascínio que exerce o tema do terrorismo estimula o pânico e a ligação excessiva da reflexão com a violência bruta, negligenciando muitas vezes, o quadro histórico, social e político mais amplo em que a situação atual se coloca.

Assim, o *"terrorismo" tem se tornado um dos mais poderosos significantes no discurso contemporâneo*. É um termo que gera uma vasta atividade social, política e jurídica, carrega emoções poderosas e, junto com elas, uma grande gama de práticas sociais. De qualquer modo, um dos desafios mais intrigantes de todo esse processo é o abismo que permanece entre o significante "terrorismo" e os atos que são, na prática, denominados por esse termo. Quase todos os impactos descritos acima se referem à respostas/ reações aos atos de "terrorismo", mas ao mesmo tempo, é difícil obter clareza sobre o conteúdo que se pretende dar ao termo.[5]

No entanto, foi logo após os atentados de 11 de setembro que cada vez mais teóricos se uniram à tarefa de delimitá-lo enquanto *conceito*. Uma vez considerado, tanto pelas autoridades oficiais quanto pelos meios de comunicação de massa, atos de terrorismo, nos anos imediatamente posteriores àquele episódio, formaram-se, paulatinamente, uma disputa sobre o *significado* e o *alcance* do conceito de terror.

Muitos sociólogos, juristas, cientistas políticos e internacionalistas procuraram desenvolver uma concepção de terrorismo que se pretendia neutra, imparcial e objetiva — uma tipologia do terrorismo estritamente científica. Para eles, a melhor forma de resolver os possíveis futuros atos violentos passaria pela necessidade deste empreendimento. Segundo a perspectiva cientificista, é preciso entender o fenômeno para que se possa prevê-lo e antecipá-lo. Apesar das controvérsias, não têm sido poucas as tentativas de definir cientificamente[6] o conceito de terror. Em realidade, as disputas em torno do conceito não se mantiveram restritas ao debate acadêmico. Na Organização das Nações Unidas (ONU) e na Organização dos Estados Americanos (OEA), por exemplo, muitos foram os debates que tentaram estabelecer quais atos de violência poderiam ser denominados de terrorismo.[7]

---

[5] SHANANAN, 2010, p. 173.

[6] O exemplo mais marcante é o dossiê da revista norte-americana *Sociological Theory* denominado "Towards a scientific theory of terrorism", em que foram reunidos matemáticos, juristas, sociólogos e cientistas políticos. Na introdução do dossiê, a organizadora Roberta Senechal dela Roche identifica uma enorme dispersão entre os acadêmicos sobre os delineamentos do conceito de terrorismo e sobre suas causas que acarretaria, com isso, uma incapacidade crescente de criar os mecanismos adequados para a eliminação de um dos fenômenos mais destrutivos do início do novo século (p. 1-4).

[7] Ver, entre outros, o trabalho de Sarah Pellet, "A Ambigüidade da noção de terrorismo", sobre as disputas em torno das definições de terrorismo presentes no direito internacional desde o início do século XX, e a adoção de uma estratégia de criminalização do terrorismo na ONU,

Como visto acima, as manifestações contemporâneas de violência, comumente denominadas de ataques terroristas, marcaram a pauta de preocupações da agenda internacional, especialmente dos países mais ricos e das organizações internacionais, durante a primeira década do século XXI. Assim, vale a pena refletir sobre o que significa um evento ser nomeado de terrorismo e o que o diferencia de um ato violento? Será que realmente existe uma diferença substantiva entre ambas? O objetivo desse texto é apresentar uma discussão sobre o termo terror e discutir quais os significados da designação de fatos e pessoas como terroristas.

Este texto parte da hipótese de que a tentativa de definir o terrorismo e, consequentemente, aquele que é terrorista, de acordo com parâmetros neutros, objetivos e imparciais constitui uma estratégia potencialmente perigosa para os que pretendem contribuir para a redução das violências contemporâneas. Isso porque essa abordagem estritamente científica e acadêmica acaba por ignorar as consequências políticas que a adoção de um conceito político como "terrorismo" gera. Além disso, essa perspectiva não contempla, no nosso entender, uma discussão mais ampla sobre a produção de sentido e significado às ideias e conceitos correntes num certo discurso político. De fato, o que aqui nos interessa é destacar — com a ajuda de autores como Judith Butler e Jacques Derrida — como, ao longo dos últimos anos, os significantes terror/terrorismo/terrorista foram emoldurados no discurso público ocidental, sem que houvesse, com isso, a pretensão de se chegar a um consenso ou a um juízo final sobre o que afinal de contas significa terrorismo.

Nesse sentido, o texto aqui apresentará a seguinte estrutura: em primeiro lugar tentaremos dar uma breve introdução sobre a linguagem e os significados; em segundo, procuraremos explorar algumas das características da "desconstrução" proposta por Jacques Derrida para repensarmos conceitos e ideias fundamentais no campo da filosofia política; em terceiro, trataremos do tema mais específico acerca do conceito de terror.

2 Significado e linguagem – Notas introdutórias

O significado das palavras nunca é integralmente livre de interpretações, de outra forma, nunca seríamos capazes de nos comunicar com outros. Ao aprendermos uma língua, o processo de aprendizagem exige e invoca sentidos e significados das palavras que os outros falantes da língua compartilham. A linguagem torna o diálogo possível, mas somente sob a

---

no sentido de declará-lo um ilícito internacional, mas que até os atentados de 11 de setembro não lograram em determinar uma acepção precisa e que se limitava a uma técnica enumerativa (PELLET, 2003, p. 9-20).

condição de que a usemos apropriadamente, corroborando com os significados dados na linguagem e que sempre precedem nossa familiaridade com ela. Nesse sentido, não existe uma "linguagem privada".

A linguagem, neste sentido lato, é também uma fonte de valores sociais. Ao aprendermos palavras não só estamos aprendendo a designar coisas e objetos de maneira precisa, mas também estamos nomeando ideias, conceitos, categorias que não só descrevem, mas também "informam" sobre o designado. Quando apreendemos termos como "democracia", "terrorismo", "ditadura", "totalitarismo", não estamos apenas interiorizando formas puras e neutras de descrever um "estado de coisas", "fenômenos", ou "regimes políticos"; estamos também, de uma forma ou de outra, absorvendo alguns dos valores sociais/culturais presentes nestas definições. A nomeação das coisas não apenas descreve, mas também define.

Deste modo, a linguagem transmite valores e conhecimentos que constituem uma cultura. Nesse sentido, os significados existentes não estão sob nosso domínio, nosso comando individual. Ao reproduzir significados correntes, também reafirma-se conhecimentos (re)produzidos socialmente e reforça os valores que nos antecedem — ou seja, as normas criadas em gerações anteriores. Nesse sentido, os significados nos restringem, incutam sempre uma obediência mínima à disciplina inscrita neles. A linguagem, em razão disto, não pode ser de maneira alguma algo privado ou pessoal. Mas ao longo da história, os indivíduos podem alterar as convenções inscritas pela linguagem, e com isso alterá-la, com a condição de que os outros o sigam nessa direção. A linguagem, nesse sentido, constitui o limite sobre aquilo que é possível pensar. Afinal de contas, o que pode ser pensado?

Para o pós-estruturalismo, por exemplo, a língua e seus análogos simbólicos exercem as mais cruciais determinações em nossas relações sociais, em nossos processos intelectuais, e nosso entendimento sobre quem e sobre o que somos. Para estes escritores, a linguagem e as distinções do que fazemos por meio dela não são necessariamente dadas pelo mundo objetivo à nossa volta, mas são, ao invés disso, produtos dos sistemas simbólicos que aprendemos. Para os pós-estruturalistas, o ponto nodal é que somos, acima de tudo, animais capazes de produzir sentido. Animais produtores de significados, eis o que somos.

No entanto, é preciso fazer a questão crucial de como é produzido o sentido. Qual a origem dos sentidos e dos significados? Seriam as ideias as fontes dos sentidos? O significado, propôs Saussure, não dependeria da referência ao mundo, ou mesmo à ideia. Para ele, se as coisas ou conceitos nomeados pela língua já existissem antes da linguagem, as palavras teriam equivalentes exatos em todas as línguas, e a tradução seria extremamente simples. Mas, como é sabido por todos que dominam mais de um idioma, nada poderia ser menos verdadeiro. Palavras, tempos verbais, expressões, os gêneros, variam muito de uma língua para outra.

Tradicionalmente, as palavras foram pensadas como signos. Os signos representariam a presença de algo ausente e presente em algum outro lugar, sinais de alguma coisa. Ainda hoje é comum ouvirmos falar de um significado "por trás" das palavras, como se o sentido existisse em algum lugar do outro lado do discurso ou do texto. Para Saussure, as coisas deveriam ser compreendidas de outro modo. Para ele, o significado reside no signo e não em algum outro lugar. Saussure divide o signo em duas partes. De um lado, o significante, o som ou a aparência gráfica da palavra, frase, ou imagem em questão; por outro lado, o significado, o seu sentido. A distinção é puramente metodológica, porque na prática é difícil encontrar um significante que não tenha um significado correspondente. Mas, uma linguagem desconhecida por nós consiste apenas de significantes sem sentido, puras imagens e sons que não correspondem a nenhuma ideia precisa, ou ao menos, nenhuma ideia compartilhada.

Nenhum desse duplo aspecto do signo determina o outro: o significante não "expressa" o sentido, nem o significado "modela" o significante. A relação entre ambos é simplesmente arbitrária, não existe nenhuma relação necessária entre um determinado significante e um significado que conformam o signo. A compreensão do sentido se dá ao mesmo tempo da apreensão mediada do significante. Usar um termo apropriadamente depende do conhecimento do que ele significa.

3 A desconstrução – A proposta de Jacques Derrida

A obra de Jacques Derrida nos campos da ética e da política vem sendo marcada por um método, mais precisamente uma abordagem sobre o conhecimento, chamada de "desconstrução". Segundo Giovanna Borradori, a desconstrução procura desmontar qualquer discurso — científico, filosófico, ético, político — que se apresente como pura "construção". Uma vez que a filosofia trata de crenças, ideias e valores construídos dentro de um determinado esquema conceitual, esta abordagem pretende desmontar a maneira pela qual estes se mantêm unidos dentro de um determinado esquema. Isto não significa a destruição do discurso ou do conceito, mas sim a decomposição dos elementos da escrita para descobrir elementos que estão encobertos ou dissimulados. A ideia que talvez melhor indique aquilo que Derrida faz por meio da desconstrução é um tipo de "intervenção altamente individualizado que busca *desestabilizar* as propriedades estruturais de cada construção particular".[8]

Para Derrida, as construções filosóficos tradicionais, particularmente aquelas influenciadas pelo estruturalismo francês, parecem depender de

---

[8] BORRADORI, p. 148.

oposições diametrais e pares opostos irredutíveis: como eterno e finito, material e espiritual, transcendência e imanência, por exemplo. Para ele, esses pares colocam duas graves restrições. Em primeiro lugar, como resultado de sua rigidez, esses pares acabam por minimizar e até mesmo excluir tudo aquilo que não se encaixa perfeitamente ao modelo. Em segundo, esses pares acabam por definir uma ordem hierárquica entre os termos da relação.

> Por exemplo, a moldura platônica depois apropriada pelo pensamento cristão, verdade e bondade coincidem com o lado espiritual, universal, eterno e masculino da oposição, em detrimento do lado material, particular, temporal e feminino.[9]

Em primeiro lugar, a desconstrução identifica a construção conceitual de um dado campo teórico — seja na religião, na filosofia, ou na teoria política — que geralmente faz uso de pares irredutíveis. Depois, ela destaca o ordenamento hierárquico dos pares opostos. E, em terceiro, ela inverte a ordem demonstrando como os termos colocados na base da hierarquia poderiam justificadamente ser movidos ao topo. A inversão pretende demonstrar que o arranjo hierárquico reflete certas escolhas estratégicas e ideológicas, mais do que uma característica intrínseca, natural dos pares. O último passo, e o mais complexo, no processo de desconstrução consiste na introdução (criação) de um terceiro termo para cada par de opostos, o que desfigura a estrutura original, tornando-a irreconhecível. Assim sendo, a desconstrução procura, em seus dois primeiros momentos, descrever a estrutura binária para depois, por meio de seus dois últimos lances, deformá-la, reformá-la e quiçá, modificá-la. "Como o trabalho de desconstrução é tão minuciosamente adequado à especificidade do seu objeto, Derrida gosta de referir-se a ele como 'intervenção'".[10]

A desconstrução pretende colocar pressão sobre as construções filosóficas tradicionais retirando-lhes a aparência de homogeneidade e integridade, tornando suas imagens distorcidas e complicadas por uma série de jogos de perspectivas. Em última instância, elas são transformadas até se tornarem irreconhecíveis. Para Derrida, trata-se de pensar os limites da filosofia, desafiando radicalmente nossa maneira de pensar. A admissão de que a filosofia possa impor limites ao que pode ser pensado protege o pesquisador da confiança excessiva e da tentação pelo dogmatismo. A desconstrução procura colocar "um sentido sistemático de imperfeição, incompletude e dúvida".[11]

---

[9] *Idem*, p. 148.
[10] *Idem*, p. 149.
[11] *Idem*, p. 151.

Segundo Borradori, intervir nos limites de um conceito significa redefini-lo, assim como a rede de relações a qual está imerso. Para ela, a geografia pode nos servir de metáfora apropriada para compreender o papel desempenhado por limites e fronteiras na definição de um conceito em filosofia.

> Em geografia, uma entidade política ou física, como um deserto ou um oceano, é demarcada traçando-se fronteiras em redor dela. Uma fronteira é uma linha na qual uma coisa termina e outra começa. Como na geografia, o trabalho filosófico de clarificar o significado de conceitos, categorias e valores, bem como os campos teóricos da ética e da política, consiste em traçar fronteiras em redor deles.[12]

Para Derrida, pensar a questão da fronteira é absolutamente essencial porque o limite de um campo determinado tem a ver tanto com os processos de inclusão e identificação quanto com os processos de exclusão e sujeição. Para ele, a filosofia tradicional tende a enfatizar demasiadamente a hegemonia, a identidade, a "pureza" da clarificação dos conceitos e campos, suprimindo os aspectos dolorosos e que subjuga nesse mesmo processo.

> Na busca pela verdade definitiva e do conhecimento infalível, a tradição filosófica ocidental nega a instabilidade intrínseca a qualquer fronteira contingente. A supressão da contingência das fronteiras e a ambiguidade estrutural que pertence à sua dupla função trazem consigo uma substancial importância política.[13]

Para ele, assumir a filosofia tal como ela nos é apresentada pela tradição europeia nos inclina a aceitar predisposições normativas que estão presentes na sua organização conceitual. Por isso é preciso questionar todas as categorias, distinções, oposições e demarcações de uma área tão importante como a filosofia política. Para Derrida trata-se de uma urgência ética e política para melhor compreendermos aquilo a que estamos aderindo e nos tornarmos responsáveis por essa adesão.

No entanto, o trabalho de desconstrução não se encerra com a tentativa de compreender aquilo que a fronteira exclui, mas também de colocar em questão a maneira pela qual entendemos aquilo que a fronteira protege. Para Derrida, a maioria dos conceitos se apresenta como totalidade autorreferenciada; totalidades contidas em si mesmas. Segundo o autor, essa concepção de identidade faz com que as ideias apareçam como homogêneas, o que considera uma falha da metafísica tradicional. Para ele, traços daquilo que uma totalidade exclui estão sempre "silenciosamente contidos dentro dela".

---

[12] *Idem*, p. 154.
[13] *Idem*, p. 155.

De acordo com Derrida, pensar criticamente sobre a natureza dos limites e das fronteiras — em especial em relação aos conceitos jurídicos e políticos — transforma nossa maneira formatada de bem-pensar sobre a identidade como uma totalidade homogênea, natural, evidente e autoinclusiva. A desconstrução e a intervenção buscam os traços da contradição para dar voz àquilo que não se coaduna perfeitamente no sistema fechado de inclusões e exclusões. "As intervenções desconstrutivas destotalizam totalidades auto-inclusivas, colocando-as face a face com a sua diferenciação interna".[14]

4 O significado de terrorismo por uma perspectiva discursiva

O termo *terror* tem uma história longa e as tentativas de identificação de sua origem remetem aos mais diferentes períodos históricos. Jeffrey Record afirma que a definição de terrorismo é um "atoleiro semântico". Ele lembra que mesmo dentro do governo americano, diferentes departamentos e agências usam diferentes definições que refletem suas perspectivas profissionais sobre o assunto. Um estudo de 1998 contou 109 definições de terrorismo, que cobriam um total de 22 elementos diferenciais e mais tantas outras datações diferentes sobre o início do *terrorismo* enquanto prática.[15] O estudioso em terrorismo, Walter Laqueur, diz que frente a todas essas definições conclui que "a única característica geralmente aceita sobre o terrorismo é a que envolve violência e a ameaça do uso da violência".[16]

Na doutrina antiterror do governo Bush, o terrorismo é simplesmente definido como "a violência política premeditada contra inocentes". Para Record, essa definição ignora a questão de quem é inocente e por quais parâmetros a inocência é determinada.

O Departamento de Defesa oficialmente declara o terrorismo como "o uso calculado de violência por organismos não estatais para provocar o medo; procurando coagir ou intimidar governos e sociedades na perseguição de objetivos políticos, religiosos ou ideológicos".[17] Segundo Record, todas as doutrinas "antiterror" colocam ênfase similar no terrorismo como um fenômeno não estatal dirigido contra o Estado e a sociedade. De acordo com o autor, o problema dessas duas definições é que elas excluem o terrorismo de Estado, "que desde a Revolução Francesa tem causado muito mais vítimas — na casa das dezenas de milhões — do que o número causado por organizações não-estatais".[18]

---

[14] *Idem*, p. 158.
[15] RECORD, 2003, p. 6.
[16] LAQUEUR *apud* RECORD, 2003, p. 6.
[17] RECORD, 2003, p. 7.
[18] *Idem*, p. 7.

Richard Falk, em seu livro *The Great Terror War*, observa que o terrorismo, como palavra e conceito, se tornou associado no discurso israelense e norte-americano com formas não estatais de violência que eram tão "criminosas" que qualquer método de violência e retaliação contra ele era visto como aceitável — e, portanto não sujeito à crítica.

Para Record, é inútil simplesmente condenar o terrorismo. Tomar de antemão essa atitude é negar que o terrorismo pode ser uma "estratégia política racional". De acordo como autor, é muito fácil para os "politicamente satisfeitos e militarmente poderosos" pronunciar que todo terrorismo é "mal" independentemente das circunstâncias — uma vez que atinge "inocentes". Condenar todo o terrorismo como incondicionalmente mau, retira suas ações do contexto político e ignora sua atração para os grupos insatisfeitos que não possuem condições de concorrer militarmente com seus adversários.[19] Para ele, o terrorismo, assim como a guerrilha, é uma forma de guerra assimétrica.

Seguindo as ideias do analista americano Robert Pape, Danilo Zolo entende que a principal determinante da gênese do terrorismo suicida — do tipo praticado pela Al-Qaeda — não é o fundamentalismo religioso, e nem mesmo a pobreza ou o subdesenvolvimento. Para ele, na maioria dos casos, se trata de uma resposta organizada contra aquilo que se percebe como um estado de ocupação militar do próprio país.

> Por "ocupação militar" se deve entender não somente e nem tanto a conquista do território por parte de tropas inimigas, mas sim a presença que invasiva e a pressão ideológica de uma potência estrangeira que se propõe transformar radicalmente as estruturas sociais, econômicas e políticas do povo ocupado.[20]

Como destacam Hülsse e Spencer (2008), a maioria dos estudos sobre terrorismo começa com as perguntas cruciais: Quem é o terrorista? Quais são as suas causas? Como eles se organizam e financiam? Quais os seus objetivos e motivações? Grande parte das pesquisas tradicionais sobre o tema procura investigar a questão das estratégias, financiamento, motivações e estruturas das organizações terroristas, suas reivindicações e suas causas.

No que chamam de "estudos convencionais" sobre terrorismo, os autores afirmam que as pesquisas são conduzidas de uma maneira muito próxima à antropologia cultural do início do século XX. Tanto a antropologia quanto os estudos sobre o terrorismo procurariam saber mais sobre pessoas que parecem funcionar segundo uma lógica que escapa às mentes ocidentais, que são de difícil acesso e possivelmente até perigosas

---

[19] RECORD, 2003, p. 18.
[20] ZOLO, 2006, p. 153.

de pesquisar.[21] Isso resultaria, segundo os autores, em dois tipos de pesquisadores: o "pesquisador-aventureiro" (aquele vai ao campo e passa um tempo vivendo nele) e o "pesquisador de varanda" (se utiliza de fontes secundárias). Uma espécie de etnografia e uma etnologia do terror.

Como exemplos etnográficos, os autores citam as pesquisas de pessoas que entrevistaram e/ou se infiltraram nas organizações terroristas. Estas pesquisas apresentam informações interessantes sobre os grupos pesquisados, como a Al-Qaeda, mas possuem uma grande falha e uma grande diferença em relação à prática antropológica — já que esta última reflete constantemente sobre o papel do antropólogo e sua relação com a população pesquisada: as interpretações são apresentadas como verdades objetivas e como descrições miméticas sobre a Al-Qaeda e o que eles fazem. Na maior parte das vezes, essas pesquisas simplesmente ignoram o seu próprio papel de intérprete daquilo que pretende descrever. Mesmo os pesquisadores que têm acesso direto às chamadas "fontes primárias" necessitam interpretar os dados que por si só não dizem nada. Quando entrevistam membros da Al-Qaeda, não recebem informações objetivas, mas apenas interpretações específicas dos fenômenos em que estão interessados. Assim, eles não estão lidando com uma verdade objetiva, mas com construções discursivas dos membros dos grupos sobre eles mesmos.[22]

No entanto, seguem Hüssel e Spencer, o problema mais grave destas abordagens é a arbitrariedade com que se denomina e identifica um determinado grupo social ou político como terrorista e o elege como foco primordial do estudo. Nesses estudos, a questão da definição do terror (o seu conteúdo e significado) não aparece como problemática. Para eles, mesmo os chamados "estudos críticos" sobre terrorismo ainda pecam pela excessiva atenção a uma pretensa centralidade do ator: o terrorista ou o grupo terrorista. Numa perspectiva conservadora, os estudos sobre o terrorismo pretendem *explicar* o funcionamento destes grupos (seus métodos, organizações, financiamentos, recrutamentos, motivações); de uma perspectiva mais "crítica", os autores pretendem *entender/compreender* seus motivos.

Já numa perspectiva construtivista, o terrorismo é uma construção social, na verdade, um fato social produzido pelo discurso.[23] De acordo com Hülsse e Spencer, a maioria dos estudos sobre terrorismo, seja os mais convencionais ou os críticos, normalmente centram a sua pesquisa no terrorista como ator/agente central da investigação. Para eles, a pesquisa precisaria se focar nos discursos pelos quais o terrorista e os seus atos são constituídos. Por isso, os autores deslocam a questão das estratégias, financiamento, motivações e estruturas para como se constitui o discurso

---

[21] HÜLSSE; SPENCER, 2008, p. 572-573.

[22] *Idem*, p. 573.

[23] *Idem*, p. 571-572.

sobre o terrorista. E se o terrorismo é uma construção social, o terrorista poderia deixar ser a fonte primária para os estudiosos de terrorismo. O terrorista seria uma consequência do discurso, mais do que vice-versa.[24]

Assim, para os autores, a fonte principal de pesquisa sobre terrorismo deveria ser o discurso em que a construção social do terrorismo ocorre, isto é, o discurso que constituiu um determinado grupo de pessoas como terroristas. Eles citam o exemplo da Al-Qaeda, que após os atentados do 11/09 entraram para o discurso ocidental como terrorismo islâmico. O discurso construído sobre a Al-Qaeda não pode ser desconectado da organização em si, mas certamente, o discurso não pode ser considerado como uma verdade precisa a respeito da Al-Qaeda. O discurso está mediado pelas interpretações ocidentais. Hülsse e Spencer afirmam que esse processo é mais claro, se observarmos o contraterrorismo, já que essas políticas não são — e não podem ser — constituídas com base num conhecimento objetivo sobre Al-Qaeda, mas sim na compreensão do que foi produzido no discurso político, cientifico e midiático acerca da Al-Qaeda. Dessa forma, as políticas contraterroristas apenas poderiam ser compreendidas e explicadas se levarmos em conta o discurso em que se baseiam.[25]

Segundo Hülsse e Spencer, vários autores que fazem análise do discurso em relações internacionais se inspiram na obra de Michel Foucault, compartilhando uma noção de discurso que está "acima" do discurso livre e consciente dos participantes individuais. O discurso constitui os atores e delimita as estruturas daquilo que os indivíduos podem significativamente dizer ou fazer. Deste ponto de vista, os atores têm um arbítrio muito limitado.

Ao invés de serem capazes de usar as palavras para manipular intencionalmente os significados para os seus próprios propósitos, eles próprios são irremediavelmente ligados com redes de determinação e sentido que deixam pouco espaço para a individualidade. O que dizemos e o que fazemos é em grande medida, nesta perspectiva, determinado pelos sentidos anteriormente dados no discurso. Para esta abordagem, não faz muito sentido perguntar sobre a manipulação de sentido por atores particulares. Ao invés disso, o foco principal é o discurso e a rede de significados que limitam a possibilidade de interpretação e manipulação.

Vale dizer que a intenção desta abordagem é, em larga escala, evitar uma perspectiva perante a produção de sentido que vulgarize as determinações da linguagem na produção de significado. Hülsse e Spencer estão especialmente preocupados com uma "visão instrumental da linguagem e do discurso" em que se compreende a linguagem como "implantada

---

[24] *Idem*, p. 576.
[25] *Idem*, p. 576.

para manter o poder", enquanto o discurso "é projetado para alcançar um certo número de objetivos políticos" e, portanto, "tem um propósito político claro". O que se pretende evitar é o entendimento de que categorias como o terrorismo possam ser simplesmente manipuladas pelas elites políticas, estatais e econômicas pela simples vontade de seus agentes. Uma ideologia no sentido mais raso que pretenderia "inverter a realidade" para seus propósitos.

O resultado deste tipo de pesquisa pode ser bastante interessante, como no caso de Hülsse e Spencer. Estes acabam por desenvolver uma pesquisa que privilegia o estudo das metáforas utilizadas por um grande tabloide alemão na última década para descrever os chamados grupos terroristas, especialmente a Al-Qaeda. De acordo com a retórica clássica, uma metáfora nada mais é do que um substituto para um termo apropriado, servindo como um "adorno" para um discurso. Hoje, os linguistas concordam que a metáfora não pode ser reduzida a um substituto ornamental. Em vez disso, através do mapeamento de um domínio fonte (ou seja, o novo termo) para um domínio de destino (ou seja, o termo original), a metáfora coloca o domínio de destino em uma nova perspectiva. Ao projetar o conhecido para o desconhecido, as metáforas ajudam a criar a realidade que pretendem descrever, elas constituem o objeto que significam. Assim, as metáforas encarnam o princípio construtivista em sua própria lógica de funcionamento.[26]

No estudo em questão, a análise das metáforas contradiz a visão instrumental da linguagem e do discurso. Embora haja um raro momento criativo quando inventamos uma nova metáfora, na maioria das vezes, falamos e utilizamos metáforas que muitos outros já usaram. Todo discurso carrega consigo um determinado estoque de metáforas que são comumente usados quando se refere ao objeto do discurso. Para participar de um discurso, temos frequentemente que usar as metáforas associadas a ele. E fazemos isso de forma automática, pois esta é a maneira estabelecida de se relacionar com o tema. Consequentemente, a variação metafórica, na maioria dos discursos é baixa. Dessa forma, a análise de metáfora pode se limitar a interpretar as metáforas principais de um dado discurso. Nesse sentido, essas metáforas refletem e constituem as construções fundamentais do discurso. Portanto, para os autores, para saber como a Al-Qaeda foi vista/construída/representada no discurso alemão, por exemplo, a análise das principais metáforas sobre a Al-Qaeda forneceria uma boa imagem.[27]

Uma das impressões/tentações a que poderíamos ser levados ao aderir à análise centrada principalmente na linguagem é a de que o contexto

---

[26] *Idem*, p. 578-579.
[27] *Idem*, p. 579.

sociopolítico tenha uma importância diminuta na análise do significado do conceito de terror.

No entanto, este é o ponto que gostaríamos de tratar a seguir, consideramos que esses aspectos são cruciais na análise de qualquer tema político. Dessa forma, para ilustrarmos a relação específica entre o discurso sobre o terror contemporâneo e a situação política do presente, talvez seja importante, mesmo que de forma breve, tratarmos do 11 de setembro e do seu contexto histórico, político e social.

5 11 de setembro – O contexto do debate em torno do terror

A reflexão sobre o terrorismo na contemporaneidade deve, sem dúvida, levar em conta os atentados de 11 de setembro de 2001. Muito raros são os trabalhos publicados após essa data que não mencionem os acontecimentos daquele dia. Na verdade, as pesquisas que se debruçam sobre o terror que levem em conta esses atentados correm sérios riscos de não serem levadas a sério. Isso nos coloca de imediato frente a duas questões fundamentais: em primeiro lugar, por que este dia é tão significativo? Em segundo, qual o significado de chamar a ocorrência por uma data?

Para Derrida, a data de 11 de setembro é repetida incessantemente como se sua singularidade fosse tão absoluta que não seria possível qualquer tipo de generalização; "uma intuição sem conceito, uma espécie sem gênero".[28] Ao dizermos "11 de setembro", para Derrida, a linguagem não é utilizada na óbvia função referencial, mas a obrigamos a nomear aquilo que não pode ser nomeado porque está além da linguagem: o terror e o trauma.

Em Freud, o trauma é o efeito de uma experiência que não pode ser corretamente absorvida pelo mecanismo regular do sujeito, "uma experiência traumática acarreta terror porque ela designa um perigo não só imprevisível, mas que está além do controle do sujeito". A repetição incessante de qualquer fragmento da experiência traumática é uma reação comum ao trauma, como que se o sujeito pudesse dominá-lo retrospectivamente. Derrida sugere, da mesma maneira, que repetimos "11 de setembro" sem saber exatamente o que isso nomeia.

Mas a repetição incessante da data não é só fruto da experiência traumática individual e coletiva, ela é impulsionada também pelo que Derrida chama de "prodigiosa máquina tecno-socio-política", responsável, em última instância, pelo batismo original dos ataques terroristas como o "11 de setembro". Essa designação, impulsionada e mediada pelos grandes conglomerados de comunicação, consolidam a impressão de que um "acontecimento histórico maior" aconteceu. "Referir-se a um

---

[28] BORRADORI, p. 157.

acontecimento com uma data confere-lhe automaticamente uma estatura histórica: monumentaliza-o". Para Derrida, nomear os ataques daquele dia com uma data alivia o sentido de responsabilidade pelo fracasso em impedir que ocorressem, assim como a sensação de vulnerabilidade que o fracasso provoca. Para Derrida, é preciso pensar antes de tudo, como o "11 de setembro" deu a impressão de ter se constituído em um acontecimento histórico maior. Para compreender isto, ele indica que talvez seja necessário desconstruir a noção de impressão e de acontecimento.

Em Heiddeger, a noção de acontecimento indica algo que se oferece para ser experimentado, mas também algo que resiste a ser integralmente apropriado e compreendido. Um acontecimento expõe o sujeito a uma situação que lhe é impossível controlar, apropriar tudo aquilo que ocorre. A imprevisibilidade é uma característica intrínseca dos acontecimentos. Nesse sentido, se algo não pode ser previsto também não pode ser inteiramente explicado. Isso faz com que os acontecimentos sejam sempre singulares, irredutíveis uns aos outros. "Morte, perdão e poesia são, todos, acontecimentos no sentido forte: caem sobre nós inesperadamente".

No entanto, como bem lembra Derrida, o 11 de setembro não foi totalmente imprevisível — uma vez que já tinha sido alvo de ataques anteriores em 1993. Por outro lado, os filmes hollywoodianos já tinham antecipado em suas telas catástrofes terroristas muito parecidas com as que se verificaram em Nova Iorque em 2001. Simplesmente por essa razão, segue Derrida, o 11 de setembro não se encaixaria na definição de Heidegger de acontecimento. Para ele, mesmo se levarmos em conta a quantidade de mortos e a área destruída, o evento não parece um "acontecimento maior". No entanto, permanece a impressão de que aquilo foi, de fato, um acontecimento da maior importância. Por quê?

Para Derrida, a impressão que o 11 de setembro imprimiu sobre o público global não pode ser dissociada de todos os "afetos, interpretações e retórica que imediatamente a refletiram, comunicaram e "globalizaram", de tudo que e antes de mais nada a formou, produziu e tornou possível". Para ele, essa "impressão" é informada em dois sentidos da palavra: por um lado um sistema predominante de discurso lhe deu forma, e esta forma passa então por "uma máquina de informação organizada". Um aparato informacional que já é de saída político, técnico e econômico. Para Derrida, é bastante difícil distinguir entre o fato supostamente bruto, a "impressão" e a interpretação dada pelos meios informacionais. No entanto, é dever da filosofia política manter estas três esferas analíticas separadas como horizonte do pensamento possível sobre o evento. Para que um "evento maior" ganhe este estatuto não é necessária apenas a morte de milhares de pessoas, é preciso que seja sentido, transmitido, veiculado e acreditado como tal. Como afirma Butler, a perda de milhares de vidas em grandes tragédias humanas não tem a mesma repercussão sempre e em todos os lugares. O luto, a dor e o sofrimento não são emoções naturalmente sentidas frente à morte, mas socialmente construídas. Para ser um "fenômeno maior" é preciso que acreditemos nele como tal. "Crença, fenômeno de crédito e de acreditação".[29]

Segundo Derrida, já que o número de mortos e a quantidade de devastação não são capazes para explicar a impressão de um acontecimento maior em 11 de setembro, devemos buscar explicações qualitativas e não quantitativas para essa percepção. E talvez, um dos pontos mais fundamentais desta percepção como evento maior é que a maior potência do globo fora atingida em seu próprio território, com meios não convencionais. Para Derrida, o grande choque também esteve ligado ao fato de que os impulsos otimistas do "fim da guerra fria" e a consolidação de uma "nova ordem internacional" foram questionados quando o maior fiador (os Estados Unidos) — tanto econômica quanto militarmente — desta nova ordem demonstrava uma vulnerabilidade inesperada. Para ele, o que foi ameaçado com o 11 de setembro não foi só um grande número de "coisas" e vidas humanas, mas principalmente

> o sistema de interpretação, a axiomática, a lógica, a retórica, os conceitos e avaliações que deveriam nos levar a compreender e explicar algo como "11 de setembro". Estou falando aqui do discurso que vem a ser, de uma maneira hegemônica, persistente e avassaladora, acreditado no espaço público. O que é legitimado pelo sistema vigente (uma combinação de opinião pública, mídia, retórica dos políticos e suposta autoridade daqueles que falam ou são autorizados a falar no espaço público).

Para Derrida, esse "acontecimento" pede uma urgente resposta filosófica que coloque em questão, "no seu nível mais fundamental, as mais arraigadas pressuposições conceituais no discurso filosófico". Para ele, os conceitos pelos quais o fenômeno foi frequentemente descrito, nomeado e classificado (como guerra e terrorismo) são produtos de um "cochilo dogmático" do qual somente uma nova reflexão filosófica pode nos fazer despertar. Uma reflexão sobre a filosofia política e sua herança. "O discurso vigente, aquele da mídia e da retórica oficial, repousa prontamente demais sobre conceitos acatados como 'guerra' ou 'terrorismo'".

É extremamente importante, de acordo com Derrida, que mantenhamos a atenção no termo terrorismo. Isso porque, como ocorre com muitas outras noções jurídicas cruciais, o que permanece obscuro, dogmático e pré-crítico não impede as potências ocidentais de fazer uso dessas noções quando lhes parece politicamente oportuno. "Ao contrário, quanto mais confuso o conceito, mais ele se presta a uma apropriação oportunista".

---

[29] DERRIDA, p. 99.

Assim, a instabilidade semântica, a confusão na fronteira entre os conceitos (como guerra e terror) devem ser analisados não só como "desordem especulativa ou caos conceitual". É preciso reconhecer também aí estratégias e relações de força.

> O poder dominante é aquele que consegue impor e assim legitimar, na verdade até legalizar (pois se trata sempre de uma questão de lei), em um palco nacional ou mundial, a terminologia e a interpretação que mais lhe convém em uma determinada situação.

Para Derrida, é preciso uma refundação do jurídico-político, uma mutação ao mesmo tempo "semântica, léxica e retórica". Com base nos apontamentos de Derrida e tendo em mente a importância do contexto intelectual e político, tentaremos abordar alguns contornos delineados por Judith Butler sobre as dificuldades do debate intelectual crítico sobre o conceito de terrorismo e à ideia de uma "guerra ao terror" nos anos imediatamente posteriores aos atentados nos Estados Unidos.

Para Judith Butler, logo após os eventos de 11 de setembro de 2001, assistimos, principalmente nos Estados Unidos, um clima de histeria, de anti-intelectualismo e de militarismo, impulsionado e apoiado pela grande mídia e o governo de George W. Bush. Desde aquele dia fatídico, parte da intelectualidade norte-americana (e ocidental) e os veículos de comunicação se atribuíram a tarefa de "estruturar o sentimento público e a fidelidade do povo" para com as ações governamentais — comprometendo quase que integralmente sua relação crítica com os poderes colocados. Segue ela dizendo que até a ameaça de invasão do Iraque em 2003, nem as justificativas, nem as causas da "guerra ao terror" foram colocadas em questão no campo político, acadêmico e midiático. Pior que isso, nesse ínterim de 2001 a 2003, se levantaram várias objeções às discussões sobre as causas do terrorismo sob o argumento de que procurar as causas para o fenômeno poderia levar a uma série de "justificativas/desculpas" para os atos de terror. E qualquer tipo de "justificativa" para os atentados era algo impensável e moralmente condenado. Aqueles que ousassem "justificar" ou pelo menos tentassem explicar os atentados eram "massacrados" pela opinião pública e acadêmica (em sua maioria), sendo rotulados de simpatizantes do terrorismo e traidores da nação. Como se explicar fosse a mesma coisa que apoiar os atentados e os terroristas.

Segundo Butler, essas posições, que acabaram por censurar as posições críticas ao governo norte-americano, foram expostas exaustivamente por autores como Michael Walzer e por políticos como Donald Rumsfeld[30]

---

[30] Ex-Secretário de Estado.

e Dick Cheney[31] nas páginas de vários jornais americanos. Nestes escritos afirmava-se que teria chegado a hora de reafirmar não somente os valores americanos, mas valores absolutos e fundamentais. Posições intelectuais consideradas "relativistas" ou "pós-modernas" foram consideradas, ora cúmplices do terrorismo, ora constituindo uma defesa do mesmo. A verbalização de posições críticas à guerra ao terror (e ao próprio conceito de terrorismo) se tornou complicada não só porque a grande mídia não as publicaria, mas porque ao apresentá-las os indivíduos estariam sujeitos à censura e à histeria pública — *vide* Noam Chomsky. Para a autora, o binarismo — muito bem representado pela declaração do então presidente W. Bush de que na "guerra ao terror" "ou se está conosco ou está com os terroristas" — tomou conta do debate público e a defesa de posições que divergissem dos dois termos da oposição se tornou quase impossível. Mais do que isso, esse mesmo binarismo levou às antigas distinções entre Ocidente e Oriente e, numa metonímia sutil, nos levou às distinções entre civilização e barbárie.

A articulação da hegemonia sobre a interpretação dos fatos do 11 de setembro toma lugar, em parte, através da produção de um consenso sobre o que certos termos irão significar, como eles podem ser usados e que linhas de solidariedade implícitas são desenhadas por meio de seu uso. Os norte-americanos reservam o uso de "atos de terror" para eventos como o 11 de setembro, distinguindo estes atos de violência daqueles que podem ser justificados por meio de decisões governamentais de política externa ou declarações públicas de guerra. Por outro lado, esses atos foram construídos como "declarações de guerra" pela administração Bush, o que então possibilitou a resposta militar como ato justificado de legítima defesa.

Ao mesmo tempo, ainda permanecem grandes ambiguidades pelo uso do termo "terrorismo", que então é explorado pelos vários poderes em guerra com movimentos independentes de todos os tipos. O termo "terrorista", por exemplo, é usado por Israel para descrever os atos da resistência palestina, sem jamais recorrê-lo para descrever os seus próprios atos de violência contra esses povos. Do mesmo modo, o governo da Rússia passou a usá-lo para descrever rebeldes que lutam pela separação da Chechênia, assim como o governo colombiano passou a chamar de terroristas as quadrilhas de narcotraficantes localizadas dentro de suas fronteiras. Todos esses países, ao qualificarem suas lutas políticas como "contraterrorismo", gozam da mesma prerrogativa que parece legitimar a "guerra ao terror" dos norte-americanos, a legítima defesa de um Estado-Nação. Os Estados Unidos, ao fazerem uso do termo, se posicionam como a vítima inquestionável da violência, mesmo não havendo dúvidas que foi,

---

[31] Ex-Vice-Presidente dos Estados Unidos.

de fato, vítima de uma violência. Mas, segundo Butler, uma coisa é sofrer a violência, outra bem distinta é usar o fato para determinar um quadro, no qual a agressão sofrida autoriza uma retaliação sem limite contra alvos que podem ou não estar relacionados com a fonte da primeira agressão.

O ponto a que Butler pretende nos chamar a atenção é que o marco/quadro para compreender a violência emerge juntamente com a experiência traumática, e este marco/quadro (*frame*) opera descartando alguns tipos de questões e abordagens históricas, ao mesmo tempo em que funciona como justificação moral para a retaliação. Para a autora é essencial nos mantermos atentos a este quadro, uma vez que ele decide, um tanto arbitrariamente, "o que nós podemos ouvir", quais visões serão tidas como explicações e quais serão tomadas como isenções aos terroristas; se podemos perceber a diferença e se nos manteremos atreladas a elas.

Para Butler, existe também uma dimensão narrativa neste quadro explicativo. Nos Estados Unidos, a história começa, quase sempre, na primeira pessoa. As pessoas começam a contar a história dizendo o que estavam fazendo no dia e no momento dos ataques. É a data e a experiência súbita e terrível da violência de grande escala que inicia e impulsiona a narrativa. Para a autora, se alguém tenta começar a história antes de 11 de setembro, restam poucas opções narrativas disponíveis. Nenhuma história anterior ao ocorrido parece importar frente à história que irá se desenrolar dali por diante. Nenhum outro ponto de vista, além daquele próprio americano, parece adequado para descrever os fatos. Quando a história do "11 de setembro" começa antes do impacto do primeiro avião, geralmente procura-se abordar a história pessoal dos principais envolvidos no planejamento e na execução dos ataques às torres gêmeas; sua história familiar, sua ligação com o islã, seus traços psicológicos e etc. Por que Bin Laden nos odeia tanto? Por que tinha rompido os laços com parte de sua família? Todas estas narrativas parecem fazer sentido porque sugerem existir uma patologia no indivíduo em questão. Para Butler, essas narrativas parecem ser possíveis e interessantes, em parte porque restitui a responsabilidade em termos de sujeito (*agency*), algo que podemos facilmente compreender, algo que está de acordo com nossas ideias sobre responsabilidade individual. Para Butler, isolar os indivíduos envolvidos nos absolve da necessidade de procurar explicações mais abrangentes e historicamente mais acuradas sobre os eventos. Portanto, o marco interpretativo do 11 de setembro carrega seus próprios termos e o seu próprio ponto de vista.

Nas histórias da "guerra ao terror", aquilo que é constantemente revivido e relembrado são os ataques às torres gêmeas, as imagens, os nomes de seus mortos, órfãos e feridos. Por outro lado, os atos de violência praticados pelos americanos e pela coalizão dos dispostos não recebem cobertura gráfica, visual da mídia e seus atos permanecem como atos justificados em nome da legítima defesa, mas por uma causa ainda mais nobre, a erradicação do terrorismo. Quando as imagens de corpos de crianças ou mulheres inocentes no Afeganistão são expostas aos olhos da população americana, o grande debate se resume a saber porque as tropas não conseguiram operar com perfeição seus ataques "cirúrgicos", poupando a vida daqueles que não estavam diretamente envolvidos nos ataques. Mas, para além disso, todos os danos são considerados "colaterais", e o propósito e a justiça da guerra quase nunca são abordados.

Segundo Butler, os americanos não tomam os sinais das vidas destruídas como algo pelos quais sejam responsáveis, ou como sinais de que o governo dos Estados Unidos possa estar cometendo atrocidades em outros lugares. "Nossos próprios atos jamais são considerados terroristas". Para Butler, nenhuma outra história é capaz de demover a compreensão que os norte-americanos fazem daqueles ataques e da reação que se seguiu. Nesses discursos, não existe nenhuma pré-história relevante ao 11 de setembro, visto que começar a contar a história de uma forma diferente; ou seja, de se perguntar como foi possível que estes atos ocorressem, já é uma forma de complicar a questão da responsabilidade que, sem dúvida, leva ao medo da vacilação moral. Para manter a acusação de que estes atos são imperdoáveis, absolutamente maléficos, para manter a estrutura afetiva em que os americanos estão por um lado vitimizados e, por outro, engajados na "nobre" luta de erradicação do terrorismo, eles têm que começar a história com a experiência da violência que sofreram.

Para a autora, esta perspectiva egocêntrica também é compartilhada pelo governo norte-americano no relacionamento com as outras nações do globo. A coalizão dos dispostos — nome dado à aliança que atacaria o Afeganistão pelo presidente Bush — representaria bem este tipo de atitude. A resposta do governo de Bush não foi entrar em coalizões internacionais onde se compreendia que os americanos trabalhariam em rotas institucionalmente estabelecidas para atingir um consenso sobre as formas de atuação na resposta à violência sofrida e como diminuir a enorme vulnerabilidade inaugurada em 11 de setembro. Eles relegaram às Nações Unidas a um corpo deliberativo de importância secundária, e insistiram no unilateralismo americano. Os americanos insistiram na ideia de reafirmação de sua liderança e hegemonia.

Para Butler, a saída política mais adequada para os Estados Unidos frente aos ataques passaria, necessariamente, pelo descentramento da perspectiva e a incorporação de novas narrativas que permitissem aos Estados Unidos se visualizarem como atores globais e considerarem que as formas de vida dos norte-americanos está profundamente implicada com a vida de milhões de pessoas ao redor do mundo. Para ela, o isolamento, o fechamento das fronteiras, a elevação das barreiras de proteção e o unilateralismo não os permitem apreender o vinculo inescapável entre a vida de todos os humanos em tempos de globalização — principalmente do potencial violento que oferece o exército americano à grande parcela da população mundial.

Para Butler, ao descentrarmos as explicações do 11 de setembro, podemos ajudar os americanos a refletir sobre como o mundo veio a se tornar tão violento contemporaneamente e à forçá-los a se engajar numa outra ordem de responsabilidades. Mas, ao contrário de permanecerem abertos a outras formas narrativas, os americanos tendem a rejeitar todas as outras formas de explicação, sob a justificativa de que qualquer outra explicação seria dotar os terroristas de algum grau de racionalidade, como se explicar os eventos nos tornassem simpáticos para com o agressor, como se compreender os eventos criasse um quadro que os inocentasse da culpa.

Neste sentido, os americanos se abstêm de pensar nas consequências maléficas que suas ações, frutos de suas convicções morais, poderiam ter num futuro próximo, tanto para as suas vidas quanto, e principalmente, para os demais indivíduos. As opções estratégicas adotadas de acordo com uma visão estreita sobre como lidar com as vulnerabilidades do presente podem apresentar resultados ainda mais nefastos. Por exemplo, a "nobre" obrigação de livrar o mundo do terrorismo se tornou, na prática, uma invasão violenta contra um dos maiores países na região do Oriente Médio — que conta ainda com uma aliança com o Paquistão e outros países sabidamente violadores dos direitos de seus próprios cidadãos. Não estariam os Estados Unidos, pergunta Butler, fomentando as condições para que violências futuras sejam dirigidas aos americanos e não estariam ainda contribuindo para a imposição de mais arbitrariedades?

Segundo Butler, parte do problema político nos Estados Unidos foi que tanto republicanos conservadores quanto a esquerda liberal apoiaram os esforços de guerra e alimentaram teoricamente a *rationale* que não permitia que as violências cometidas pelo governo dos Estados Unidos fossem rotuladas de terroristas. Não foram só os conservadores que não queriam ouvir sobre as "causas" do terror. A chamada esquerda-liberal da "guerra justa" deixou claro que não gostaria de ouvir *"excuseniks"*. Esse "rótulo" sugeriria, segundo Butler, "que qualquer um tentasse compreender como o mapa global chegou a esta conjuntura perguntando como, em parte, os Estados Unidos contribuíram para o desenho deste mapa violento, são eles mesmos, pelo estilo de sua investigação, e pelo tipo de suas questões, cúmplices do inimigo".[32] Mas, segundo Butler, o que precisa ser dito em defesa dos autores destes estudos é que pesquisar como certos acontecimentos políticos e sociais vieram a ocorrer, tal como os atos terroristas de dez anos atrás em Nova Iorque, e mesmo identificar uma série de causas, não é o mesmo que localizar as fontes de responsabilidade por essas ações.

---

[32] BUTLER, 2009, p. 27.

Nem mesmo de paralisar nossa capacidade de fazer julgamentos éticos sobre o certo e o errado.

Para Butler, não há dúvidas de que grande parte de analistas da esquerda mundial disseram simplesmente que os Estados Unidos apenas tinham recebido aquilo que mereciam, há tempos. E que eram diretamente responsáveis pela violência do 11 de setembro. O "efeito perverso" desta denúncia é que ela é simplesmente outra forma de reafirmar a supremacia e onipresença dos Estados Unidos na conformação do mapa político do mundo. Tais formas de denúncia podem se transformar, em casos extremos, numa paranoia da onipresença do poder americano — a que tudo conforma e a todos comanda. O sujeito principal da história. No entanto, é preciso não ocultar as ligações da CIA com o Talebã na luta nos anos 1980, a influência dos Estados Unidos sobre a política externa de Israel e o conflito no Afeganistão no contexto da Guerra Fria. Embora não sejam explicações causais sobre a responsabilidade dos ataques de 11 de setembro, fazem parte do quadro explicativo mais amplo. Esses fatos não se traduzem imediatamente na certeza de que o governo dos Estados Unidos executou os ataques à sua própria população, mas a conexão sugere que poderia ter havido outro curso de ação, em que as probabilidades seriam reduzidas. Daí que se percebe a força de teorias conspiratórias que baseiam seus argumentos num quadro explicativo mais amplo.

O que geralmente é dito nestas versões é que os Estados Unidos são os culpados diretos, isso quer dizer, efetivamente, os autores destes eventos, o único responsável pelos atos de violência do 11 de setembro. Esse tipo de argumentação é inaceitável para o público e para a mídia, em geral, porque parece culpar a vítima pela tragédia que abalou sua vida. Para que os críticos da "guerra ao terror" possam gozar de algum respaldo diante do público norte-americano é preciso adotar um ponto de vista que não os culpabilize diretamente pela violência sofrida e esclarecer quais são os pontos de conexão, de possível intervenção política, que altere os rumos de um mundo violento em que os americanos têm, indubitavelmente, um papel crucial.

Segundo a autora, se acreditarmos que pensar a formação da atual conjuntura violenta é inocentar aqueles que cometem atos de violência, devemos, então, paralisar nosso pensamento em nome de uma moralidade questionável. Para Butler, é preciso aceitar a responsabilidade moral coletiva de compreender historicamente como chegamos a este estado de coisas. É preciso compreender a história e imaginar respostas que possam ir além do ciclo de revanche e violência que se alimenta pela procura dos culpados.

De acordo com Butler, é preciso pensar em condições e não em causas do terrorismo. Isso porque não é possível estabelecer com precisão uma explicação causal para atos de terror. Cada um deles está ligado a uma história e uma conjuntura, e, portanto, sujeito a um grande número de variáveis.

6 Desestabilizando o "terror"

Para tentar contemplar alguns dos aspectos da necessária "desconstrução" sugerida por Derrida em relação ao termo terrorismo, talvez nos seja útil visualizar a análise que Judith Butler (2010) faz do livro de Talal Asad, *On Suicide Bombing*, lançado pela Columbia University em 2007. Segundo ela, o autor do livro, ao oferecer uma leitura desafiadora dos esquemas tradicionais sobre os atentados suicidas, pode nos oferecer um bom indicativo de como contribuir criticamente com a teoria normativa.[33] Ainda que concordemos que nem Butler nem Asad sigam os passos da intervenção/desconstrução sugeridos por Derrida, podemos entender esta abordagem como um caminho possível no sentido da "desestabilização" dos conteúdos normativos, das escolhas valorativas e estratégicas contidas nas análises tradicionais sobre o terror em geral e sobre os atentados suicidas em particular; um momento sem dúvida importante, no sentido da crítica e de uma possível futura "desconstrução".

Neste livro, Asad introduz o texto deixando bem claro que não pretende distinguir entre os tipos de violência justificáveis daqueles que não o são. Para ele, o ponto mais importante é compreender as razões pelas quais as pessoas são levadas a cometer um atentado suicida. Para Butler, Asad parece oferecer um ponto de vista que entra em conflito direto com aqueles que defendem a necessidade de se manter um juízo moral ainda quando, precisamente quando, ignoram as práticas culturais daqueles que praticam aqueles atos. Asad argumenta a favor de compreender as razões, antes de julgar (se preciso for). Para Butler, é desta maneira, desestabilizando e reelaborando certas concepções do que é a normatividade, que Asad acaba por fornecer uma contribuição diferente à teoria normativa.[34]

Em seu livro, Asad deixa claro que pretende oferecer uma compreensão de como o "terrorismo suicida" tal como está construído e elaborado pelo que chama de "discurso público ocidental". O autor deixa claro que não aprova a opção pelo atentado suicida como estratégia política legítima, mas seu objetivo é explorar outro campo de questões. Apesar de o autor afirmar categoricamente que não pretende oferecer um argumento, a favor ou contra aos atentados suicidas e que se limita a oferecer uma compreensão do fenômeno — algo que é explicitamente condenado ou ignorado pelo grande público ocidental. Judith Butler entende que estamos de frente com uma obra que possui uma postura normativa mais forte — uma exploração da normatividade mais consequencial — do que a que seu autor admite inicialmente.[35]

---

[33] BUTLER, 2010, p. 208-209.

[34] *Idem*, p. 209.

[35] *Idem*, p. 209.

Para Butler, Asad não pretende oferecer uma resposta à questão sobre se os atentados suicidas são uma forma justificada de violência. Tampouco se detém nos argumentos normativos contrários a este tipo de prática. Para ela, o autor se apoia em argumentos na forma do "pró e contra", com o intuito de mudar o marco em que pensamos este tipo de acontecimento ou, mais precisamente, para entender como tais fenômenos são enlaçados por certos marcos morais e culturais e instrumentalizados, a fim de fortalecer o controle sobre nosso pensamento.[36]

Um dos objetivos explícitos do livro de Asad é explorar os argumentos que pretendem distinguir o terror proporcionado pela guerra moderna, do terror provocado pelos atentados suicidas. Para Asad, a maioria dos teóricos se esforça para reivindicar a superioridade moral da guerra conduzida por Estados e para descrever os atos terroristas como unicamente maus. O argumento de Asad é que a diferença entre ambos é unicamente de escala e que, segundo este critério, a destruição de vidas civis conduzida por Estados e o transtorno da vida cotidiana produzida por eles é muito maior do que aquela que poderia ser conduzida por qualquer terrorista suicida.[37]

Outro ponto em que Asad se distancia da questão da justificação da violência a fim de abrir a possibilidade de outro tipo de asserção avaliadora é sua resenha sobre a postura de Michael Walzer em relação à questão das guerras justas e injustas. Para Walzer, as guerras em defesa da comunidade são justificáveis quando esta comunidade está ameaçada de ser eliminada ou quando está sujeita a uma transformação forçada de seu modo de vida. Em seu livro mais famoso, *Guerra justas e injustas*, Walzer também descreve as razões pelas quais os Estados estariam autorizados a entrar em uma guerra e explora uma série de argumentos justificadores para praticar a violência. Na sua enumeração de possíveis justificativas, faz afirmações sobre o que poderia ser uma violência justificada, circunscrevendo de antemão o âmbito em que faz sentido discutir qualquer tipo de justificação. O argumento de Walzer não é que existem formas justificadas de violência e outras não (embora isto também faça parte do debate), mas que o verdadeiro debate deve limitar-se a discutir as formas de violência legítima que podem ser praticadas pelos Estados. Ou seja, o caso das guerras justas praticadas pelos Estados em casos de legítima defesa da comunidade. Para Walzer, parece haver outras formas de violência que não merecem ser discutidas e que para justificá-las não se espera que se apresente nenhum tipo de razão.

O que Walzer denomina terrorismo parece ser uma dessas formas de violência e, nesse sentido, nos desestimula a procurar qualquer tipo

---

[36] *Idem*, p. 210.

[37] *Idem*, p. 211.

de razão ou justificativa para tal fenômeno. Um sintoma dessa posição de Walzer pode ser encontrada em suas declarações sobre aqueles intelectuais que procuraram entender ou compreender as razões dos atentados suicidas em Nova Iorque, acusando estes de "excuseniks".[38]

Segundo Butler (2010), o rótulo de "terrorista" pode ser aplicado de diferentes maneiras e arbitrariamente a grupos insurgentes e contrainsurgentes, à violência praticada por Estados ou grupos independentes, a grupos que exigem formas de governo mais democráticas, a grupos radicais, às ações norte-americanas no Oriente Médio e mesmo aos críticos das ações dos Estados Unidos. Dado esta elasticidade semântica, parece extremamente necessário, segundo Butler, nos determos um pouco para tentar esclarecer qual significado preciso se pretende transmitir quando este termo é utilizado. Sem conhecer exatamente do que estamos falando, como podemos entender "os fortes juízos normativos que normalmente acompanham o termo terrorismo?".[39]

Para Walzer, a violência terrorista está fora dos parâmetros tanto da violência justificável quanto da injustificável. Para distinguir entre essas duas formas, devemos considerar se as formas de violência em questão se conformam com as exigências normativas que Walzer expôs anteriormente; contudo a chamada "violência terrorista", tal como ela é concebida por Walzer, cai fora do âmbito deste debate. Segundo Butler, como o esquema de Walzer se nega a considerar as razões apresentadas para certos tipos de violência, especialmente quando são consideradas essencialmente más e irracionais. A forma de violência que seu esquema deixa de lado da reflexão e do debate é tida como inerentemente não racional e não discutível. Mas, argumenta Butler, para quem este tipo de reflexão e restrição é correto? Não seria esta restrição normativa do vocabulário a condição para a adoção de uma postura acrítica do próprio Walzer em relação à violência terrorista?[40]

Para Asad, as considerações de Walzer acerca do terrorismo são fruto de sua definição do termo e pode-se facilmente demonstrar que esta definição é abrangente o suficiente para abarcar outros tipos de violência que, em princípio, não são consideradas "terroristas" pelo autor de *Guerras justas e injustas*. Walzer escreve que o mal do terrorismo consiste "não só na matança de pessoas inocentes, mas também na introdução do medo na vida cotidiana, na violação dos objetivos privados, na insegurança nos espaços públicos, na interminável coerção da prevenção".[41] Para Asad, não existe nenhuma razão para pensar que essas consequências não se seguem também nas guerras fomentadas pelos Estados. Para ele, a definição

---

[38] Ver o texto de Walzer (2001, p. 16-17).
[39] BUTLER, 2010, p. 212-213.
[40] *Idem*, p. 213.
[41] *Idem*, p. 213-214.

adotada por Walzer de terrorismo efetua uma distinção normativa forte entre esses dois tipos de violência (estatal e não estatal) que carece de uma justificação coerente. Ao definir o terrorismo como exclusivamente mau, Walzer delimita de antemão os meios de justificação de seu uso. A definição circunscreve os meios de justificação. Então, o que realmente distingue a violência terrorista da violência estatal?

Se o assassinato estatal está justificado pela necessidade militar, então qualquer assassinato conduzido pela máquina estatal estará justificada por esta norma, incluindo a morte de inocentes, a introdução do medo na vida cotidiana, a violação dos objetivos privados, a introdução da insegurança nos espaços públicos e a aplicação de medidas preventivas altamente coercitivas[42] — ou seja, a violência estatal incorre nos mesmos fatos que definem o terrorismo.

Segundo Butler, quando Asad deixa de lado a questão de saber se uma forma de violência pode ou não ser justificada, não é porque sente uma simpatia especial por aquele tipo de violência, mas sim porque está interessado em nos mostrar como o âmbito da justificação está circunscrito preventivamente pela definição da forma de violência em questão. Dito de outra forma:

> pensamos nas definições como algo puramente heurístico que precede a matéria do julgamento. Definimos o fenômeno a fim de saber do que estamos falando e logo o submetemos a julgamento. Convencionalmente, a primeira tarefa é descritiva, a segunda é normativa. Mas, se a definição mesma do fenômeno implica em uma descrição deste como "mal", então o juízo se incorpora a definição (na realidade, estamos julgando antes de saber), em cujo caso a distinção entre o descritivo e o normativo se torna confusa.[43]

Além do mais, segue a autora, temos que nos perguntar se a definição é correta, posto que pode perfeitamente consistir em uma elaboração conceitual do fenômeno que tem lugar sem nenhuma referência descritiva. Assim, pode ser que a definição tenha sido substituída pela descrição, e que ambas sejam de fato meros juízos, em cujo caso, o juízo e o normativo impedem de antemão e por completo, o descritivo: "julgamos um mundo que nos negamos a conhecer, e nosso juízo se converte em um meio para conhecer esse mundo".[44]

Para a autora, não se trata de insistir em uma definição neutra do fenômeno, mas sim de considerar como um fenômeno tal qual o "terrorismo" acaba se definindo de uma maneira vaga e deliberadamente abrangente. Mas, de todo modo, e mais importante, é que se tivermos

---

[42] *Idem*, p. 214.

[43] *Idem*, p. 215.

[44] *Idem*, p. 215.

em conta as diferentes formas de violência que surgem dentro da vida contemporânea, como podemos modificar nossas distinções normativas e como poderíamos comparar e contrastar essas formas de violência? Se estas formas não forem tão distintas como Walzer faz parecer que são, como podemos adotar novos critérios e novas formas de julgamento? Que vocabulário ou série de vocabulários teria de estar disponíveis para que possamos aderir a estes outros juízos?[45]

Segundo Butler, se sempre pressupormos que para começar a violência justificada será empreendida por certos tipos de Estados (geralmente os que se supõem encarnar os princípios das democracias liberais) ou certos tipos de comunidades (geralmente as em que a vida cultural e material da população já está valorizada e representada pelas democracias liberais), então já teremos incorporado certas democracias políticas na definição do que poderíamos qualificar de violência justificada. Em outras palavras, já teremos feito suposições fortes sobre os tipos de populações cujas vidas e modos de vida merecem ser defendidas por meios militares. Mas, se abrirmos essa definição a uma análise crítica, então teremos que nos perguntar como é que nossa concepção de violência, tanto na forma justificada como na sua forma intolerável, se acha incorporada a certos juízos sobre como deveria ser a cultura, como se deve entender a comunidade, como se forma o Estado e quem poderia se passar por um sujeito passível de reconhecimento. Neste sentido, podemos ver como alguns dos termos pelos quais se descreve os conflitos globais contemporâneos nos predispõem a certos tipos de respostas morais e conclusões normativas. Para Butler, disto não se infere que deveríamos abrir mão de qualquer tipo de análise e julgamento dos conflitos globais, mas que nossas conclusões deveriam se basear em um campo de descrição e compreensão que tenha um caráter comparativo e crítico.[46]

Para a autora, a obra de Talil Asad coloca algumas questões interessantes quando questiona a maneira como podemos definir o "terror" sem que nos deixemos levar pelo "discurso público ocidental" complacente com a violência cometida em nome do combate ao terror. Para ela, o autor faz um belo trabalho quando causa certa inquietude e toma distância de noções pré-fabricadas sobre o terrorismo, mas, o mais interessante do trabalho do autor é que sua obra provoca uma reflexão comparativa sobre as formas de violência contemporânea. Mediante a adoção da ideia de "escala", o autor tenta ilustrar como as formas de violência estatal podem exceder a violência cometida por atos terroristas. Assim, uma parte do projeto crítico de Asad é fazer disponível esta "escala" de violência para que não

---

[45] *Idem*, p. 215-216.
[46] *Idem*, p. 217.

adotemos de antemão o princípio de que somente, e em quaisquer condições, a violência estatal é justificada. Se análise de Asad nos mostra que a violência estatal pode produzir, e de fato produz, todas as consequências nefastas que Walzer atribui ao terrorismo — e se, entendemos que estas consequências são sempre más e injustas —, então deveremos concluir que qualquer condenação à violência deve se estender logicamente às formas de violência estatal que produzam estas mesmas consequências.[47]

O argumento de Asad é apresentado com o objetivo de revelar a hipocrisia e a contradição nos termos inerentes a posturas como a de Michael Walzer. Mas, para Butler, a força da obra de Asad deriva de sua força retórica de uma oposição política às formas de violência — produzidas tanto por organizações estatais como não estatais — que se introduzem na vida cotidiana e esfacelam as estruturas, produzem níveis inaceitáveis de medo e uma coerção inexorável. Somente opondo-se firmemente a estas formas de violência podemos chegar a entender a importância normativa da obra de Asad. Para Butler, não se trata meramente de criar novas formas de descrição ou compreensão do fenômeno do terrorismo, ao mesmo tempo em que esquivamos do juízo moral. Ao contrário, ao "desvendar os modos em que as disposições normativas se convertem em reivindicações estipulativas que circunscrevem o âmbito da "compreensão", Asad nos fornece as ferramentas necessárias para desenvolver uma crítica desta limitação de índole provinciana, oferecendo, por sua vez, um novo marco mediante o qual podemos fazer juízos comparativos que nos levem a conclusão que não há motivos para supor que a violência justificada é uma prerrogativa exclusiva do Estado enquanto a violência ilegítima é exercida somente por Estados ilegítimos e por movimentos insurgentes".[48] Segundo a autora, ao nos referirmos à violência perpetrada por uma "insurgência" já é invocar uma marco, ainda que este por si não esclareça se a violência está justificada ou não. As "insurgências" podem ser consideradas legítimas ou não pelas potências, podem ser "terroristas" ou "freedom fighters" de acordo com as circunstâncias — *vide* o caso da Nicarágua e do Afeganistão. Mas, segundo Butler, isso não significa que o cinismo é a única opção, mas que é um chamado para considerar melhor acerca das condições e dos termos segundo os quais se dão certas inversões de discursos, com o objetivo de fazer juízos melhores.[49]

---

[47] *Idem*, p. 217-218.

[48] *Idem*, p. 219.

[49] *Idem*, p. 219.

7 Conclusões

Este texto apresentou, de forma introdutória, uma reflexão sobre o termo terror. Com base numa literatura — Butler, Derrida, Hülsse e Spencer — que estuda o papel e a importância da linguagem para a construção das relações sociais, políticas e jurídicas, argumentou-se que a tentativa de definir o terrorismo e, consequentemente, aquele que é terrorista, de acordo com parâmetros neutros, objetivos e imparciais constitui uma estratégia potencialmente perigosa para aqueles que pretendem contribuir para a redução das violências contemporâneas.

Na primeira seção deste texto, foram apresentados alguns pontos do estudo de linguagem, especialmente sobre signos, significados e significantes. Esse arcabouço teórico nos serviu para fundamentar que a construção de um determinado conceito e o seu significado não estão isentos de interpretações e do contexto histórico, social e cultural das sociedades, ou melhor, dos falantes de uma determinada língua.

Na seção seguinte, apresentou-se brevemente algumas características da proposta teórica de Jacques Derrida, conhecida como *Desconstrução*; proposta esta que procura "sacudir" as hierarquias, pretensões normativas, interesses e estratégias de qualquer tipo de discurso (filosófico, ético, científico, político) que tenha a pretensão de apresentar-se como uma totalidade homogênea, coerente ou que carregue qualquer intenção de "verdade universal".

Dessa forma, nos inspirando no método e nas observações de Derrida, sem a pretensão de fazer uma desconstrução, procuramos, pelo menos, provocar uma desestabilização do conceito de terror. Para isso, procuramos demonstrar como tal desestabilização seria possível na obra de Talil Asad e os interessantes *insights* que Judith Butler nos oferece sobre sua obra e a necessidade de repensarmos o léxico político utilizado para descrever/julgar/analisar as violências contemporâneas.

Referências

ALMEIDA, Álvaro Okura. *Sobre os Estados Unidos e o 11 de setembro*. Trabalho de Conclusão da Graduação em Ciências Sociais. Universidade Estadual de Londrina, Londrina, 2007.

BAZZANO, Ariana. A guerra terceirizada: as empresas privadas de segurança e a "Guerra ao Terror". *Carta Internacional – USP*, v. 5, p. 64-77, 2010.

BELSEY, Catherine. *Poststructuralism*: a very short introduction. New York: Oxford University Press, 2002.

BORRADORI, Giovana. *Filosofia em tempos de terror*: diálogos com Habermas e Derrida. Rio de Janeiro: Jorge Zahar, 2004.

BUTLER, Judith. *Marcos de Guerra*: las vidas lloradas. Madrid: Paidós, 2010.

BUTLER, Judith. *Vida precária*: el poder del duelo y la violencia. Buenos Aires: Paidós, 2009.

DELA ROCHE, Roberta Senechal. Towards a scientific theory of terrorismo. *Sociological Theory*. v. 22, issue 1, Mar., p. 1-4, 2004.

FALK, Richard. *The Great Terror War*. [S.l.]: Interlink Books, 2002.

GLOSSÁRIO. *In*: TEIXEIRA, F. C.; ZHEBIT, A. *Neoterrorismo*: reflexões e glossário. [S.l.]: Ed. Gramma, 2009.

HÜLSSE, Rainer; SPENCER, Alexander. The Metaphor of Terror: terrorism studies and the constructivist turn. *Security Dialogue*, v. 39, 6, p. 571-592, 2008.

PELLET, Sarah. A ambigüidade da noção de terrorismo. *In*: BRANT, Leonardo (Coord.). *Terrorismo e direito*: os impactos do terrorismo na comunidade internacional e no Brasil. Rio de Janeiro: Forense, 2003.

RECORD, Jeffrey. *Bounding the Global War on Terrorism*. [s.l.]: Strategic Studies Institute, Dec. 2003. Disponível em: <http://www.strategicstudiesinstitute.army.mil/pubs/display.cfm?PubID=207>. Acesso em: 17 jan. 2012.

SHANANAN, Thimothy. Betraying a Certain Corruption of Mind: How (and How Not) to Define 'Terrorism'. *Critical Studies on Terrorism*, v. 3, issue 2, p. 173-190, Aug. 2010.

TUJAN, Antonio; GAUGHRAN, Audrey; MOLLETT, Howard. Development and the "global war on terror". *Race & Class*, v. 46, 1, p. 53-74, 2004.

WALLERSTEIN, Immanuel. Os Estados Unidos e o mundo: as torres gêmeas como metáfora. *Estudos Avançados*, v. 16, n. 46, p. 19-36, 2002.

WALZER, Michael. Excusing Terror. *The American Prospect*, v. 12, issue 18, Oct. 22, 2001.

ZOLO, Danilo. Las razones del terrorismo. *In*: ZOLO, Danilo. *La justicia de los vencedores*: de Nuremberg a Bagdad. Madrid: Trotta, 2007.

Informação bibliográfica deste texto, conforme a NBR 6023:2002 da Associação Brasileira de Normas Técnicas (ABNT):

ALMEIDA, Álvaro Okura de; BAZZANO, Ariana. 11 de setembro e o discurso do terror: uma reflexão. *In*: FERNANDES, Antonio Scarance; ZILLI, Marcos. (Coord.). *Terrorismo e justiça penal*: reflexões sobre a eficiência e o garantismo. Belo Horizonte: Fórum, 2014. p. 73-102. ISBN 978-85-7700-844-5.

CAPÍTULO 3

CRIATIVIDADE JUDICIAL NO TRIBUNAL ESPECIAL PARA O LÍBANO

EXISTE O CRIME DE TERRORISMO NO DIREITO INTERNACIONAL?[1]

KAI AMBOS

1 O direito aplicável ante o Tribunal Especial para o Líbano (TEL) e o papel do direito internacional

1.1 O direito penal libanês *in action* e seus limites

Ainda que o Tribunal Especial para o Líbano (TEL) possa ser caracterizado como um tribunal internacional ou misto, devido ao seu estabelecimento pela Resolução nº 1.757 do Conselho de Segurança e a sua composição internacional,[2] é bastante diferente de outros tribunais internacionais e mistos na medida em que sua competência material e o direito aplicável "permanecem sendo de caráter nacional".[3] O art. 2º do Estatuto do Tribunal

---

[1] Tradução do original "Judicial Creativity at the Special Tribunal for Lebanon: Is there a Crime of Terrorism under Internacional Law?" (2011) 24 *Leiden Journal of International Law* (LJIL) 655-675, por Eneas Romero de Vasconcelos (Brasil), Promotor de Justiça (CE) e doutorando (Göttingen), revisado com base na tradução para o espanhol "Creatividad judicial en el Tribunal Especial para el Líbano: ¿es el terrorismo un crimen internacional?" do Prof. Dr. Ezequiel Malarino (Buenos Aires).

[2] BASSIOUNI. Mixed Models of International Criminal Justice. *International Criminal Law*, p. 189.

[3] *Report of the Secretary-General on the establishment of a special tribunal for Lebanon*, S/2006/893, 15 nov. 2006, §7. Veja-se também: *ibidem*, p. 189; JURDI. The Subject-Matter Jurisdiction of the Special Tribunal for Lebanon, p. 1126; MILANOVIC. An Odd Couple, Domestic Crimes and International Responsibility in the Special Tribunal for Lebanon, p. 1140.

prevê claramente que apenas "as disposições do Código Penal libanês relativas à persecução e à punição dos atos de terrorismo" são aplicáveis. Assim, "o Código Penal libanês é o direito aplicável",[4] exceto para certas penas que foram consideradas demasiadamente cruéis para serem incluídas em um Estatuto de um tribunal apoiado pelas Nações Unidas (por exemplo, a pena de morte e o trabalho forçado). O projeto omitiu deliberadamente a inclusão de crimes internacionais, como os crimes contra a humanidade,[5] assim como qualquer referência à Convenção Árabe contra o Terrorismo.[6] As feições internacionais do Tribunal, em termos normativos, limitam-se aos altos "*standards* de justiça" e aos "mais altos *standards* de processo penal internacional".[7]

Neste contexto, há somente duas questões em relação ao direito aplicável. A primeira pergunta, o que "disposições do Código Penal libanês" exatamente significa? A segunda, existe ainda algum modo em que o direito internacional possa influenciar o direito libanês aplicável? Em relação à primeira questão, há duas possíveis respostas: ou esta formulação somente se refere ao direito positivo, escrito (*law in the books*), ou ao direito libanês tal qual é interpretado pela jurisprudência libanesa e possivelmente pela doutrina (*law in action*). Intuitivamente, pode-se pensar que a segunda opção seja a correta, já que, em todo sistema jurídico, seja de *common law* ou de outra origem, o "direito" nunca está limitado somente ao direito positivo, escrito. Até mesmo nos sistemas muito positivistas, nos quais o juiz não é muito mais do que a "bouche de la loi", famosa expressão criada por Montesquieu em sua luta contra a arbitrariedade judicial,[8] os juízes aplicam e interpretam o direito. Assim, a questão não é direito positivo puro ou interpretado, senão direito mais ou menos interpretado pela jurisprudência (*interpretation by case law*) em todos os sistemas e, adicionalmente, pela doutrina em alguns dos mais desenvolvidos sistemas de *civil law*.[9] Portanto, o recurso ao direito penal libanês refere-se a *law in action* (com a exceção, já mencionada, das penas que estão excluídas). A Câmara de Apelação possui a mesma opinião, sustentando que o Tribunal deveria aplicar geralmente o direito nacional tal como é entendido pelos tribunais

---

[4] *Report of the Secretary-General, ibidem,* §22.

[5] *Ibidem,* §§23 *et seq.*

[6] JURDI. Nota 8 *supra,* p. 1128.

[7] *Report of the Secretary-General,* nota 8 *supra,* §7.

[8] MONTESQUIEU. *L'esprit des Lois* (1748, reimpr. 1961), livre XI chap. 6 ("la bouche qui pronnonce les paroles de la loi; des êtres inanimés qui n'en peuvent modérer ni la force ni la rigueur"). Veja-se também VILE. *Constitutionalism and the Separation of Powers* (1967), 88 *et seq.*; MÖLLERS. *Die drei Gewalten* (2008), 20 *et seq.*

[9] Sobre as fontes do direito, especialmente sobre a autoridade da doutrina como uma "terceira fonte residual", veja-se recentemente G. Fletcher (Court, Old Dogmatik. *Journal of International Criminal Justice – JICJ,* p. 746, 750).

libaneses.[10] A Câmara não limita, porém, esta interpretação à jurisprudência nacional passada, senão pretende ir mais além e "identificar os princípios que expressam o estado da arte da jurisprudência libanesa".[11]

Deve-se fazer, contudo, uma advertência que nos leva à segunda questão.

Um tribunal internacional ou misto somente pode aplicar o direito que seja compatível com o direito internacional. O TEL deve respeitar os "altos *standards* de justiça" mencionados no informe do Secretário-Geral.[12] Com efeito, o direito internacional, inclusive os princípios gerais de direito, podem operar como um corretivo do direito nacional "injusto" ou "não razoável" (*unreasonable*). Para um tribunal internacional, inclusive para o TEL, isto significa, como foi corretamente sustentado pela Câmara de Apelação, que não se deve seguir a interpretação que os tribunais nacionais fazem do direito doméstico se tal interpretação é "não razoável" (*unreasonable*), resulta em uma "manifesta injustiça", ou é inconsistente com os princípios e regras do direito internacional vinculantes para as respectivas jurisdições nacionais.[13]

1.2 O rol do direito internacional – Diretamente aplicável ou, pelo menos, uma ajuda interpretativa?

A Câmara, porém, não limita a função do direito internacional a corrigir o direito nacional "não razoável" (*unreasonable*) ou "manifestamente injusto". Ao invés, parece dar ao direito internacional um papel autônomo em relação à interpretação do Estatuto.[14] Ao rejeitar o argumento do Ministério Público de que não há necessidade de aplicar o direito internacional, dado que não há uma lacuna no direito aplicável (libanês),[15] a Câmara sustentou que as normas jurídicas estão sempre abertas à interpretação uma vez que as palavras possuem vários significados diferentes, especialmente se há muitos deles,[16] e, também, porque o contexto (interno e externo) das normas deve ser levado em consideração.[17] Portanto, segundo a Câmara, o processo de construção de uma disposição jurídica deve incluir o seu contexto desde o início e não deve, ao invés, realizar-se em

---

[10] *Decision*, nota 6 *supra*, §35.

[11] *Ibidem*.

[12] Nota 12 *supra*.

[13] *Decision*, nota 6 *supra*, §39, com várias referências nas notas 58-60.

[14] *Ibidem*, §17 *et seq.*

[15] *Defence submission*, nota 4 *supra*, §§86-89, 125; *Prosecution submission*, nota 4 *supra*, §13 *et seq.* (15); concordantemente *Ambos Brief*, nota 5 *supra*, §3.

[16] *Decision*, nota 6 *supra*, §19.

[17] *Ibidem*, §§19 a 21.

duas etapas, determinando primeiro se há uma lacuna e, em seguida, caso haja uma, procurar supri-la através da interpretação.[18] Neste sentido, o princípio da interpretação teleológica, ou, mais concretamente, o princípio da efetividade, superou a infame regra *in dubio mitius*,[19] em deferência à soberania estatal.[20] Este último princípio vem sendo, progressivamente, deixado de lado em favor de valores universais e interesses baseados nos direitos humanos promovidos por organizações internacionais e pela "comunidade mundial".[21]

Esta posição da Câmara pode ser contestada com base em vários fundamentos. Primeiro, esta concepção do processo de interpretação jurídica é questionável. Embora seja certo que muitas palavras tenham vários significados diferentes quando são consideradas isoladamente, apenas há alguns poucos significados plausíveis a partir do momento em que elas sejam combinadas com outras palavras para formar uma frase. O processo de leitura de disposições jurídicas que não se realize palavra por palavra, senão como frases e como partes de um estatuto inteiro — isto é, considerando o "contexto interno" — pode conduzir efetivamente a um significado relativamente claro, tornando supérfluo o recurso a um contexto adicional (externo).[22] Assim, é bastante óbvio que a "descrição 'não clara' é o *resultado* mais que a *ocasião* de [...] [um] método de interpretação de textos jurídicos",[23] isto não exclui a possibilidade de que este mesmo processo de interpretação possa conduzir a uma disposição suficientemente "clara" e, portanto, à ausência de uma lacuna. Com efeito, o Ministério Público não argumentou com a regra *in claris non fit interpretatio*, como insinuou a Câmara,[24] mas apenas concluiu com fundamento e depois de interpretar o art. 314 do CPL, que esta disposição não contém uma lacuna. Segundo, não está claro como a soberania estatal do Líbano pode ser deixada de lado em nosso contexto. Ainda que se possa argumentar em favor de uma sobreposição gradual da soberania estatal pelo indivíduo, devido à crescente importância deste no direito internacional, especialmente expressada pelo "enfoque orientado nos direitos humanos" do direito penal internacional

---

[18] *Ibidem*, §§19 e 37.

[19] Literalmente, "em caso de dúvida, menos", *i. e.*, deve ser escolhida a interpretação menos intrusiva, mais favorável (à soberania estatal) (Cf. OPPENHEIM. *International Law*: A Treaties., 561; recentemente, LAROUER. In the Name of Sovereignty? The Battle over *In Dubio Mitius* Inside and Outside the Courts, *Cornell Law School Inter-University Graduate Student Conference Papers*, p. 1 *et seq.*).

[20] *Decision*, nota 6 *supra*, §§29-30; contrário à *Defence submission*, nota 4 *supra*, §§40-41.

[21] Veja-se também *Decision*, nota 6 *supra*, §29.

[22] LARENZ K. *Methodenlehre der Rechtswissenschaften* (1979), p. 307 *et seq.*; F. Müller y R. Christensen, *Juristische Methodik* (2004), número marginal (nm.) 480.

[23] R. Dworkin, *Law's Empire* (1998), 352 (ênfase no original); citado na *Decision*, nota 6 *supra*, §19 e a nota de rodapé 31.

[24] *Decisão*, nota 6 *supra*, §19.

KAI AMBOS

e do direito internacional humanitário,[25] não vislumbro de que modo isto poderia ser interpretado em detrimento da soberania do Líbano explicitamente exigida na Resolução nº 1757.[26] Afinal, a referência em nosso contexto ao direito internacional como instrumento de interpretação do direito nacional libanês não é uma questão de direitos humanos ou de qualquer outro valor individual — em oposição aos valores coletivos —, mas apenas diz respeito à questão do correto direito aplicável por um tribunal internacional misto.

Apesar destas considerações mais abstratas, que para muitos observadores são, certamente, mais apropriadas em um ambiente acadêmico do que em uma decisão judicial, a Câmara sustenta, para o problema concreto em discussão, que as claras palavras do art. 2º do Estatuto do TEL não foram afetadas pelo contexto e, por consequência, não permitem outra opção a não ser a aplicação do direito libanês em relação ao terrorismo.[27] Embora o direito libanês não tenha uma disposição, de origem constitucional ou de outro tipo, que preveja a aplicação doméstica do direito internacional consuetudinário,[28] os tribunais libaneses o aplicam usualmente, ainda que não em matéria penal.[29] Em relação ao *status* do direito internacional *vis-à-vis* com o direito libanês, a Câmara considera que possuem ao menos o mesmo status que o direito nacional ordinário, com a consequência de que em caso de contradição entre o direito internacional e o nacional são aplicáveis os princípios gerais, tais como *lex posterior derogat priori* e *lex specialis derogat generali*.[30] Estas considerações mais favoráveis (*friendly*) ao direito internacional não se baseiam tanto no *hard law* libanês, senão na interpretação jurisprudencial e no direito internacional público, especialmente em matéria de direitos humanos. Elas sugerem que um tribunal local tem, pelo menos, o poder de interpretar o direito nacional recorrendo ao direito consuetudinário, caso uma regra correspondente exista. Ainda assim, mesmo que — *arguendo* — isto fosse admitido, não ajudaria muito na interpretação dos delitos penais, especialmente de terrorismo. Em primeiro lugar, não existe, até onde tenho conhecimento, regra do direito libanês — enquanto sistema de *civil law* fundado na tradição romano-germânica —

---

[25] Cf. TPIY, *Prosecutor v. Tadić, Decision on the Defence Motion for Interlocutory Appeal on Jurisdiction*, Case No. IT-94-1,02 de outubro de 1995, §97; veja-se também IPSEN K. *Völkerrecht* (2004), §2, nm. 66 *et seq.*, p. 40.

[26] "*Reiterando* seu chamado pelo respeito estrito à soberania [...] do Líbano" (preâmbulo, §3). Veja-se também WIERDA; NASSAR; MAALOUF. Early Reflections on Local Perceptions, Legitimacy and Legacy of the Special Tribunal for Lebanon, p. 1066.

[27] *Decisão*, nota 6 *supra*, §§43 e 44.

[28] *Ibidem*, §§115 e 119.

[29] *Ibidem*, §§114 e 117.

[30] *Ibidem*, §122.

que permita a aplicação do direito internacional consuetudinário em relação aos delitos penais; tal regra seria necessária, contudo, para evitar uma violação do princípio *nullum crimen*. Pela mesma razão, a Câmara de Apelação admite que o direito internacional consuetudinário "não pode ser aplicado em matéria penal se não existir uma previsão na legislação nacional que incorpore regras internacionais como disposições penais libanesas".[31] Segundo, ainda que os tribunais estivessem autorizados a aplicar o direito internacional consuetudinário em matéria penal, isto não seria possível, como corretamente reconheceu a Câmara, no caso do TEL, dado que o art. 2º do Estatuto refere-se somente a uma disposição do Código Penal libanês (art. 314), não se referindo a qualquer outra fonte, especialmente não ao direito internacional consuetudinário.[32]

Ausente a possibilidade de uma aplicação direta do direito internacional consuetudinário, o TEL apenas pode argumentar, e, de fato, argumenta, que o direito internacional pode servir como um auxílio para interpretar as disposições pertinentes do direito penal libanês.[33] Para a Câmara, isto está justificado pelo fato de que os respectivos eventos libaneses em questão tenham sido considerados como "ameaças à paz e à segurança internacionais" pelo Conselho de Segurança. Ademais, eles foram levados ao TEL como atos de terrorismo transnacional em relação aos quais somente o direito internacional oferece *standards* apropriados e, que, adicionalmente, são vinculantes para o Líbano.[34] Novamente, esta é uma linha de argumentação questionável. O fato de que o Conselho de Segurança tenha qualificado os atos em questão como "ameaças à paz e à segurança internacionais" tinha, em primeiro lugar, como função exclusivamente fundamentar a criação do TEL de acordo com o capítulo VII da Carta da ONU, mas isso não levou o Conselho a incluir crimes de direito internacional (quais?) em seu Estatuto. Ao contrário, como já esclarecemos acima, a referência aos crimes internacionais foi explicitamente omitida. De modo similar, o argumento da alegada natureza transnacional dos atos (terroristas) não torna, sem mais demora, o direito internacional aplicável, nem mesmo como meio de interpretação. Os atos foram cometidos no território do Líbano; portanto, o Líbano tem a competência territorial sobre eles e o direito (penal) aplicável é o libanês. Isto é assim neste caso como em todos os outros casos de delitos de terrorismo aparentemente transnacionais cometidos sob uma jurisdição nacional. O fato de que um ato terrorista possa ameaçar a paz e a segurança internacionais não muda o direito nacional aplicável. De fato, cabe ao Estado territorial decidir, em cumprimento às suas regras

---

[31] *Ibidem*, §114.

[32] *Ibidem*, §123.

[33] *Ibidem*, §§124 *et seq.*

[34] *Ibidem*, §124.

domésticas, se são aplicáveis seus delitos nacionais sobre terrorismo (caso existam) ou se recorrerão ao direito internacional. Isto somente poderia ser de outro modo se o Conselho de Segurança o houvesse dito expressamente. Mas neste caso não o fez, nem o poderia, realmente, ter feito, na medida em que não há um acordo internacional sobre a definição de "terrorismo". Regressaremos a este ponto logo depois de analisar a definição libanesa (aplicável) de terrorismo.

1.3 A definição libanesa de terrorismo

1.3.1 Os elementos objetivos (*actus reus*)

A parte objetiva do delito de terrorismo do art. 314 do CPL consiste em dois componentes, a saber: (i) a comissão de "qualquer ato" e (ii) a aplicação de "meios propensos a criar um perigo público, tais como artefatos explosivos, materiais inflamáveis, produtos tóxicos ou corrosivos ou agentes infecciosos ou microbianos". Na prática libanesa, o primeiro requisito tem sido interpretado amplamente,[35] abarcando *qualquer ato* independentemente de sua natureza criminal.[36] Em contraste, os componentes dos meios têm sido interpretados restritivamente, exigindo-se ou um dos meios enumerados ou outros meios capazes de criar um perigo público (*danger commun*), nomeadamente uma ameaça incontrolável a um número incerto de terceiras pessoas (neutras).[37] Assim, enquanto uma granada de mão se constituiria em um meio enumerado (artefato explosivo), uma metralhadora não seria e não se constituiria, tampouco, em outro meio, dado que não é *per se* incontrolável.[38] Por outro lado, usar um avião como arma (incontrolável) e o conduzir até a colisão com um arranha-céu poderia ser considerado como emprego de outro meio (similar) dentro do significado da disposição.

A Câmara não concorda com esta interpretação restritiva do requisito dos meios e sugere, com base na sua interpretação a partir do direito internacional do direito aplicável,[39] um entendimento mais amplo de perigo público.[40] Em sua visão, basta que as pessoas não tidas diretamente como um alvo estejam no mesmo local que o alvo direto do ataque terrorista e,

---

[35] Na versão original em árabe: *faa'el o afaa'al* (todo ato); Cf. JURDI, nota 8 *supra*, p. 1130.

[36] Cf. *Decision*, nota 6 *supra*, §145; Jurdi, nota 8 *supra*, p. 1130.

[37] Cf. *Decision*, *ibidem*, §§51 a 54, citando muitas decisões nacionais.

[38] CONSELHO DE JUSTIÇA, As*sassination of Sheikh Nizar Al-Halabi, Decision n° 01/1997*, 17 jan. 1997 (uso de rifles *kalashnikov*); citado de acordo com *Decision*, nota 6 *supra*, §52, e a nota de rodapé n° 71.

[39] *Decision*, *ibidem*, §129.

[40] *Ibidem*, §§125 a 129.

portanto, estejam expostas as consequências adversas do ataque.[41] Indo mais além, a Câmara considera suficiente que um ataque terrorista implique em certas consequências indiretas que conduzam a um perigo público, como, por exemplo, se, em consequência do homicídio de um líder político seus seguidores se entreguem à violência.[42]

A opinião da Câmara pode ser questionada por vários motivos. Em primeiro lugar, conduz a uma ilimitada expansão do delito. Dada a estrutura do art. 314 do CPL e a interpretação ampla do requisito do ato, a restrição ao, de outro modo demasiado amplo, *actus reus* somente poderia ser alcançada através do requisito dos meios.[43] Ainda que a enumeração dos meios não seja exaustiva (assim como), compartilham uma característica comum e esta decorre do fato de que, uma vez que sejam empregados ou ativados, não possam ser controlados. Todos os meios são, quanto aos seus efeitos, incontroláveis *per se*. Seu uso implica em riscos incontroláveis para um número indeterminado de pessoas e de objetos. Com efeito, esta é a justificativa para qualificar os respectivos atos, no nível objetivo, como "terroristas" e aos seus autores como "terroristas". No final, "terrorismo" significa disseminar terror e medo em grande escala à população.[44]

Para a interpretação dos meios adicionais não enumerados, isto implica que devam ser comparáveis aos meios enumerados, a saber: eles também devem causar riscos incontroláveis. Caso se rompa o nexo entre os meios enumerados e os adicionais, como de fato foi sugerido pela Câmara, os últimos não poderão ser mais definidos razoavelmente. Em última análise, a interpretação "liberal" do requisito dos meios viola o elemento *lex certa*, do princípio da legalidade (*nullum crimen sine lege*).[45] É certo que o art. 314 tem um problema de certeza "inato", porque a enumeração dos meios não é exaustiva. Contudo, uma vez que a jurisprudência nacional tenha esclarecido o significado de uma fórmula aberta como "assim como", este significado passa a formar parte e a ser uma parcela do direito penal nacional e, portanto, é compatível com a exigência de *lex certa*, pelo menos no sentido de uma certeza relativa (*Bestimmbarkeit*).[46] É, porém, uma

---

[41] *Ibidem*, §§126.

[42] *Ibidem*, §127.

[43] Isto também foi reconhecido pela Câmara, *ibidem*, §55.

[44] "Terrorismo" deriva da palavra latina "terror", que significa "grande medo". O termo foi usado pela primeira vez em inglês no sentido de "uso sistemático de terror como política" em 1798, seguindo o termo francês "terrorismo", usado no sentido de "intimidação a um governo durante o Reino do Terror" em 1795 (HARPER. *Online Etymology Dictionary*).

[45] Sobre a *lex certa* e os outros três elementos do *nullum crimen* (*lex praevia, lex stricta, lex scripta*), veja-se K. Ambos, *Nulla poena sine lege* in International Criminal Law. *Sentencing and Sanctioning in Supranational Criminal Law*, p. 21.

[46] Cf. *Kokkinaskis v. Greece*, (1994) 17 EHRR 397, §40. Da abundante literatura, veja-se: V. Krey, *Studien zum Gesetzesvorbehalt im Strafrecht: Eine Einführung in die Problematik des Analogieverbots* (1977), 113 *et seq.*; A. Ashworth, *Principles of Criminal Law* (2009), 64; C. Roxin, *Strafrecht*.

questão completamente diferente se um tribunal internacional reinterpreta um elemento de um delito, explicitamente indo além da prática nacional há muito tempo já reconhecida. Nesta situação, dificilmente pode-se esperar que os cidadãos do Estado respectivo possam seguir esta nova interpretação; muito provavelmente, não teriam sequer conhecimento de sua existência. Ademais, seria uma interpretação *ex post facto* em relação aos crimes já cometidos e também estariam, deste modo, em conflito com a regra da *lex praevia*.

A própria Câmara reconheceu que sua interpretação amplia a definição do delito e, por conseguinte, conflita com o princípio da legalidade.[47] Ainda assim, isso não resulta na existência de uma violação deste princípio, porque, em essência, considera que este princípio somente requer previsibilidade e que este *standard* estará integralmente atendido se existir uma certa interpretação judicial estabelecida, inclusive por uma corte internacional.[48] Portanto, em termos concretos, pode-se esperar que qualquer cidadão libanês preveja "que *qualquer* ato destinado a disseminar terror seria punível" como terrorismo "independentemente do tipo de instrumentos usados, desde que, enquanto tais, os instrumentos sejam propensos a causar um perigo público".[49] A flexibilidade em relação aos "instrumentos" decorre, segundo a Câmara, de instrumentos internacionais vinculantes para o Líbano, os quais não restringem os meios empregados, especialmente a Convenção Árabe contra o Terrorismo.[50] Ademais, o fato de que o Líbano tenha ratificado todas as convenções da ONU sobre terrorismo parece permitir, na visão da Câmara, que se realize certas analogias em relação à conduta punível. Assim:

> um indivíduo [...] que saiba que efetuar disparos contra passageiros a bordo de uma aeronave com o fim de sequestrar o avião é um ato terrorista proibido, pode *seguramente* [sic!] esperar que conclua que a *mesma* conduta com a *mesma* intenção de disseminar o terror também seja considerada como terrorismo em *outras* circunstâncias.[51]

Fica claro, a partir deste breve resumo, que a Câmara assume, de fato, uma posição muito flexível a respeito do princípio da legalidade. Entretanto, o recurso ao direito (penal) internacional, que converteu a regra eminentemente formal da legalidade em um mero princípio[52]

Allgemeiner Teil, v. I (2006), §5, nm. 28.

[47] *Decision*, nota 6 *supra*, §130.

[48] *Ibidem*, §§135 *et seq.*

[49] *Ibidem*, §138.

[50] *Ibidem*, §139-140.

[51] *Ibidem*, §141 (grifos nossos).

[52] Quanto à distinção entre princípios e regras, sigo aqui a R. Alexy, *Theorie der Grundrechte* (1986),

de justiça[53] e que, na melhor das hipóteses, exige "acessibilidade" e "previsibilidade" da punibilidade,[54] permitindo explicitamente "o desenvolvimento progressivo do direito penal através da criação judicial do direito"[55], não é particularmente útil em nosso contexto. Em primeiro lugar, pressupõe que o direito aplicável, a saber, o direito libanês, adota a mesma flexibilidade em relação ao princípio da legalidade. Já sustentei no meu *Amicus Curiae* que isto não é assim, dado que o sistema jurídico libanês, enquanto sistema de *civil law*, não admite, em princípio, a "internacionalização" dos delitos nacionais.[56] Ademais, em um sistema jurídico semelhante, o *nullum crimen* é entendido estritamente e, por conseguinte, somente permite uma interpretação *ex post facto* ou uma analogia *in bonam partem*, isto é, restringindo a definição do delito em favor do acusado.[57] Isto também é aplicável para uma interpretação baseada no

---

p. 71 *et seq.* (tradução para o espanhol de Carlos Bernal Pulido, *Teoría de los derechos fundamentales*, segunda edição (2007), 63 *et seq.*), segundo o qual os princípios e as regras são dois tipos de normas que oferecem razões quanto ao que deveria ocorrer, mas que diferem em um sentido qualitativo: os princípios exigem que algo deva ser realizado na maior medida possível; eles são "mandatos de otimização" (*Optimierungsgebote*) que somente podem ser satisfeitos em uma certa medida, dependendo o seu cumprimento efetivo das possibilidades jurídicas e fáticas. As regras podem ser cumpridas ou não; elas contêm determinações (*Festsetzungen*) dentro do que é fático e juridicamente possível.

[53] Veja-se AMBOS. *Internationales Strafrecht* (2011), §5, nm. 6, com referências adicionais.

[54] TEDH, *Achour v. França*, sentença de 10 de novembro de 2004 (Application nº 67335/01), §33. Veja-se também AMBOS, nota 50 *supra*, p. 22, com referências adicionais sobre a jurisprudência do Tribunal Europeu de Direitos Humanos nas notas de rodapé 37 e 38.

[55] TEDH, *S.W. v. Grã-Bretanha* e *C.R. v. Grã-Bretanha*, sentenças de 22 de novembro de 1995 (Ser. A. Nos. 335-B y 335-C), §36. Veja-se também *Decision*, nota 6 supra, §135, citando TPIY, *Vasiljevic* sentença de juízo, 29 de novembro de 2002, §196.

[56] *Ambos Brief*, nota 5 *supra*, §3, com referência à *Defence submission*, nota 4 *supra*, §60 *et seq.* (71).

[57] A exceção *in bonam partem* é geralmente reconhecida pelas jurisdições de *civil law*; vejam-se, como obras representativas, para a França: F. Debove, F. Falletti, e T. Janville, *Précis de droit pénal et de procédure pénale* (2010), p. 74-75; para a Alemanha: Roxin, nota 51 *supra*, §5, nm. 44 (analogia *in bonam partem*), 50 (costume *in bonam partem*), 62 *et seq.* (retroatividade *in bonam partem*); para a Espanha: S. Mir Puig, *Derecho penal: parte general* (2010), 116; J. P. Montiel, *Analogía favorable al reo: fundamentos y límites de la analogía in bonam partem en el derecho penal* (2009), 321 *et seq.* (sobre o reconhecimento de causas supralegais de justificação com base na analogía *in bonam partem*, que se baseia no direito consuetudinário ou nos princípios gerais). A exceção também foi reconhecida em importantes codificações; veja-se, por exemplo, o art. 112-1 do CP francês (retroactivité *in mitius*), o §2(3) do StGB alemão e o art. 2(2) do CP espanhol. Na Itália, a maioria da doutrina admite a analogia *in bonam partem* com base no art. 25(2) da Constituição e do art. 14 das disposições preliminares ao *Codice Civile*, que se refere ao direito penal; veja-se F. Palazzo, *Corso di diritto penale: parte generale* (2006), p. 142 *et seq.*, com ulteriores referências sobre o rico debate doutrinário. A respeito do Líbano, veja-se o art. 3 do CPL: "Toda lei que modifique a definição de um delito *em uma matéria que beneficie o acusado será aplicável* aos fatos cometidos antes de sua entrada em vigor, a menos que tenha sido emitida uma sentença irrevogável" (destaquei). Sobre o direito libanês, veja-se também *Defence submission*, nota 4 *supra*, §74: "fundamentação no direito consuetudinário com a finalidade de interpretar os requisitos (por exemplo, diminuir a exigência do elemento subjetivo aplicável)".

direito internacional.[58] Ainda que alguém siga —*arguendo* — a posição internacionalista da Câmara, não é, de modo algum, claro se, por exemplo, o Tribunal Europeu de Direitos Humanos concordaria com a Câmara em relação à previsibilidade na sua reinterpretação do requisito dos meios do art. 314 do CPL. No final, não estamos tratando aqui da punibilidade de um crime internacional nuclear no sentido dos arts. 15(2) PIDCP e 7(2) CEDH, mas da correta interpretação de um único elemento (objetivo) de um mero crime baseado em um tratado (sobre esta distinção, veja-se a subseção 2.2.). Assim, o ponto central da questão em relação à previsibilidade é se realmente pode-se esperar de um cidadão que tenha consciência de uma possível interpretação internacional mais ampla de um elemento de um delito nacional particular e, adicionalmente, da aplicabilidade direta desta interpretação na ordem jurídica nacional. De fato, a própria Câmara não parece estar completamente segura sobre o que pode ser esperado e o que não pode em relação ao direito penal nacional "internacionalizado". Em um mesmo parágrafo,[59] ela sustenta, por um lado, que "a criminalização internacional sozinha não é suficiente para a punição nos ordenamentos jurídicos domésticos", mas, por outro lado, que se "espera e exige dos indivíduos que saibam que certa conduta está criminalizada no direito internacional", embora isto não seja aparentemente suficiente para a punição, tendo em vista que apenas será aplicável "a partir do momento em que a mesma conduta seja, pelo menos, criminalizada pela ordem jurídica nacional".

1.3.2 Os elementos subjetivos (*mens rea*)

O art. 314 do CPL exige a intenção "de causar um estado de terror", a saber, causar um impacto considerável de medo e insegurança na população em geral ou em um grupo significativo dela.[60] Este é um elemento

---

[58] O argumento é baseado na assunção de que o direito penal libanês é derivado do, e ainda é bastante próximo ao, direito penal francês (veja-se também *Defence submission*, nota *supra* 4, §73). Ainda que o direito francês não contenha uma regra particular ou procedimento para "importar" o direito internacional consuetudinário na ordem jurídica interna, o Conselho Constitucional (*Conseil Constitutionnel*) examina a compatibilidade do direito nacional com o direito internacional consuetudinário e, por tanto, reconhece a precedência (*de facto*) do último (Cf. Conseil Constitutionnel, decisões nº 75-59 de 30 de dezembro de 1975; nº 82-139 de 11 de fevereiro de 1982; nº 85-197 de 23 de agosto de 1985; nº 92-308 de 09 de abril de 1992; resumidamente <http://www.conseil-constitutionnel.fr/conseil-constitutionnel/root/bank/pdf/conseil-constitutionnel-17499.pdf>, nº 9). Portanto, pode sustentar-se, com segurança, que também na ordem jurídica libanesa, caso não exista uma disposição constitucional ou de outro tipo que se oponha, aceitaria esta precedência e ,por conseguinte, também admitiria uma reforma *in bonam partem* de seu direito penal baseada no direito internacional (consuetudinário).

[59] *Decision*, nota 6 *supra*, §133.

[60] Veja-se também *Prosecution submission*, nota 4 *supra*, §29: intenção "de ter um impacto considerável sobre a população ou em um grupo importante dela".

subjetivo especial, mais exatamente, uma "intenção especial geral", como aqui denominarei, como termo oposto à "intenção especial especial" dirigida a certos objetivos políticos. Regressaremos a esta distinção quando analisarmos um possível crime internacional de terrorismo (veja-se a seção 2). Como a Câmara não entrou em controvérsia sobre este elemento, é suficiente dizer que os tribunais libaneses propuseram certos fatos para determinar mais precisamente esta intenção.[61]

Quanto ao elemento subjetivo geral (*mens rea* geral) em relação aos elementos objetivos do delito, deve-se recordar, em primeiro lugar, que os atos requeridos não necessitam ser por si mesmos criminosos, isto é, para o elemento subjetivo geral é suficiente que os atos (neutros) respectivos sejam praticados pelo autor conscientemente e voluntariamente.[62] Claramente, se um ato constitui um delito, como um homicídio, o autor deve atuar com o elemento subjetivo requerido para este delito. Quanto ao requisito dos meios, o autor deve estar consciente de suas características, particularmente que eles sejam "propensos a criar um perigo público".

1.4 Conclusão intermediária

De acordo com o direito libanês, o terrorismo é a comissão de *qualquer* ato através de meios que sejam *per se* propensos a criar um perigo público com a intenção de causar um impacto considerável de terror sobre a população ou uma parte significativa dela. Esta definição não é "não razoável" (*unreasonable*), não resulta em uma injustiça evidente, nem é inconsistente com os princípios do direito internacional. Portanto, não há razão para que o tribunal se aparte dela. O art. 314 do CPL pode e deve ser aplicado tal como é entendido na prática libanesa.

2 A questão substantiva – O terrorismo como crime de direito internacional?

2.1 O ponto de vista da Câmara – O terrorismo como crime de direito consuetudinário internacional

Para a Câmara, vários tratados, resoluções da ONU e a prática

---

[61] De acordo com o *Prosecution submission*, nota 4 *supra*, §30, estes fatores são: "o *status* social ou religioso do alvo principal; a comissão do ataque à luz do dia em uma rua repleta de gente; os homicídios colaterais de transeuntes inocentes (*bystanders*); o uso de explosivos; e a destruição de edifícios residenciais e comerciais".

[62] Cf. também o art. 210 do CPL: "Ninguém será sentenciado a uma pena a menos que tenha cometido o ato conscientemente e voluntariamente". Os *standards* diferentes do elemento subjetivo estão definidos nos arts. 188, 190, 191 do CPL.

judicial e legislativa dos Estados[63] indicam que houve a emergência de uma regra consuetudinária de direito internacional sobre o crime de terrorismo.[64] Há uma "prática consolidada em relação à punição dos atos de terrorismo" e "esta prática é prova de uma crença dos Estados de que a punição do terrorismo responde a uma necessidade social (*opinio necessitatis*) e, por esta razão, tornou-se obrigatória por uma regra que o exige (*opinio juris*)".[65] A regra existente impõe três obrigações aos atores estatais e não estatais e confere um direito aos Estados: (i) a obrigação de se abster de praticar atos de terrorismo; (ii) a obrigação de prevenir e reprimir o terrorismo, particularmente de fazer a persecução e julgar os seus supostos autores; e (iii) o direito de fazer a persecução e reprimir o crime de terrorismo cometido em seu território por nacionais e estrangeiros, e a obrigação correlata de terceiros estados de se abster de fazer objeção à persecução e à repressão contra os seus nacionais.[66] Quanto à definição de "terrorismo", a regra prevê três elementos: (i) a comissão ou ameaça de um ato criminoso, (ii) a intenção de disseminar o medo entre a população ou compelir uma autoridade nacional ou internacional a tomar alguma medida ou se abster de tomá-la, e (iii) um elemento transnacional como parte do ato.[67] Com esta definição, a Câmara rechaçou o ponto de vista até agora dominante na literatura acadêmica,[68] inclusive do autor deste trabalho,[69] de que não há uma definição universalmente consensual sobre "terrorismo".

Embora seja difícil discordar da Câmara quanto à regra consuetudinária que proíbe o terrorismo e as consequentes obrigações dos Estados na sua prevenção e repressão (o direito à persecução existe, de todo forma, sobre a base do princípio da territorialidade e a Câmara restringiu-se ao não impor obrigações mais amplas aos Estados, tal qual a obrigação de cooperar na luta contra o terrorismo),[70] é uma questão diferente inferir, sem mais, desta proibição à existência de um crime internacional de terrorismo. De fato, a própria Câmara reconhece que uma proibição consuetudinária não

---

[63] *Decision*, nota 6 *supra*, §§88 e 89 (instrumentos internacionais e multilaterais), 92 (resoluções do Conselho de Segurança, também §110), 93 a 97 (legislação nacional), 99 a 100 (jurisprudência nacional).

[64] *Ibidem*, §§85 e 102.

[65] *Ibidem*, §102.

[66] *Ibidem*, §102

[67] *Ibidem*, §§85 e 111.

[68] Para referências veja-se *ibidem*, §83, e a nota de rodapé 127. Veja-se também E. Wilmshurst, em R. Cryer *et al.* (eds.), *An Introduction to International Criminal Law and Procedure* (2010), 342 *et seq.*; E. David, *Éléments de Droit Pénal International et Européen* (2000), 1100-1101. Cf. A. Cassese, *International Criminal Law* (2008), 162 *et seq.* (177).

[69] *Ambos Brief*, nota 5 *supra*, §7.

[70] A Câmara considera que esta obrigação não é ainda parte da regra, mas "plausivelmente está em nascimento" (*Decision*, nota 6 *supra*, §102 *in fine*).

se converte automaticamente em um crime internacional.[71] Recorrendo à fundamental decisão sobre jurisdição da Câmara de Apelações do TPIY em *Tadić*,[72] a Câmara sustentou que a "responsabilidade penal individual a nível internacional" pressupõe a "responsabilidade penal individual" do autor.[73] Isto ou bem se aproxima de uma *petitio principii*, na medida em que equipara o que há de ser provado (responsabilidade penal individual") com a efetiva conclusão (responsabilidade penal individual a nível internacional),[74] ou então o argumento não tem sentido, porque a pressuposição a ser provada e a conclusão não podem ser iguais. Portanto, o que a Câmara parece querer dizer, em verdade, ou deveria ter dito, é que os critérios de *Tadić*, propostos para equiparar as violações ao direito internacional humanitário em conflitos armados internacionais e em conflitos armados não internacionais, criminalizando os últimos,[75] deveria ser aplicada com vistas a verificar se a proibição do terrorismo, de fato, converteu-se em um crime internacional. Infelizmente, a Câmara não segue este caminho metodologicamente mais razoável, senão salta diretamente aos critérios para determinar a existência de tal criminalização: a intenção de criminalizar a infração à regra deve ser provada através de declarações de funcionários governamentais e através do castigo de tais violações por cortes nacionais.[76] A Câmara pretende demonstrar isto em um parágrafo (*sic*!),[77] apontando para a extensa criminalização doméstica do terrorismo, o que, de maneira similar aos casos de crimes de guerra, constitui a base para a (subsequente) internacionalização do delito. Para a Câmara, esta tendência foi, realmente, "fortalecida pela aprovação de robustas resoluções da Assembleia Geral e do Conselho de Segurança da ONU condenando o terrorismo, e a conclusão de uma grande quantidade de tratados internacionais".[78] A Câmara enfatiza, em particular, o fato de que o Conselho de Segurança tenha caracterizado o terrorismo, ao contrário

---

[71] *Ibidem*, §103.

[72] TPIY, *Tadić, Jurisdictional Decision, supra* nota 30, *in casu* §§94 *et seq.*

[73] *Decision, supra* nota 6, §103.

[74] O argumento se aproxima mas não chega a constituir-se uma *petitio principii* (raciocínio circular), porque não assume como verdadeiro o que deve ser provado (veja-se sobre esta falácia R. J. Aldisert, *Logic for Lawyers: A Guide to Clear Legal Thinking* (1997), 27, 208; J. Joerden, *Logik im Recht* (2005), 334-335).

[75] A Câmara de Apelação em *Tadić*, nota 30 *supra*, §94, propõe quatro critérios para a criminalização de violações ao direito internacional humanitário em conflitos armados não internacionais: (i) a violação deve constituir uma infração a uma regra de direito internacional humanitário; (ii) a regra deve ter natureza consuetudinária ou, se pertencer ao direito convencional, devem ser cumpridas as condições requeridas; (iii) a violação deve ser "grave", *i. e.*, deve constituir uma infração a uma regra que proteja valores importantes, e a infração deve ocasionar graves consequências à vítima; (iv) a violação da regra deve implicar, segundo o direito internacional consuetudinário ou convencional, na responsabilidade penal individual da pessoa que a infringe.

[76] *Decision*, nota 6 *supra*, §103, referindo-se a *Tadić*, nota 30 *supra*, §§128-137, na nota de rodapé 203.

[77] *Ibidem*, §104.

[78] *Ibidem*.

de outros delitos transnacionais (*e.g.*, lavagem de dinheiro e tráfico de drogas), como uma "ameaça à paz e à segurança".[79] Este tratamento especial do terrorismo e sua "gravidade percebida", conclui a Câmara, "confirma" que "é um crime internacional classificado como tal pelo direito internacional, incluído o direito internacional consuetudinário, e, portanto, supõe a responsabilidade penal dos indivíduos".[80] Consequentemente, a regra consuetudinária identificada pela Câmara tem não apenas uma dimensão coletiva (dirigida a Estados e entidades similares a Estados) como também uma individual, impondo aos indivíduos a "obrigação estrita" de abstenção da realização de atos de terrorismo, juntamente com o direito correlato de cada Estado de "fazer cumprir tais obrigações a nível nacional".[81] A única limitação da regra destacada consiste, segundo a Câmara, na sua aplicação em tempos de paz, dado que sua extensão a conflitos armados encontra-se ainda *in statu nascendi.*[82]

2.2 O ponto de vista mais convincente – O terrorismo como um crime, baseado em tratado, particularmente grave que se aproxima de um "autêntico" crime internacional

O direito penal internacional (DPI) atual distingue entre meros crimes baseados em tratados e crimes internacionais/supranacionais "autênticos" ou nucleares.[83] Exemplos dos últimos são principalmente os crimes dos arts. 5º a 8º do Estatuto do TPI,[84] enquanto que os crimes baseados em tratados são essencialmente crimes transnacionais, objeto

---

[79] *Ibidem*; também §110.

[80] *Ibidem.*

[81] *Ibidem*, §105.

[82] *Ibidem*, §§107 *et seq.* (109).

[83] Cf. KRESS. "International Criminal Law. *The Max Planck Encyclopedia of Public International Law*, nm. 6 *et seq.* (direito penal internacional transnacional e supranacional *stricto sensu*); Cryer y Wilmshurst, nota 88 supra, p. 4-5 (crimes transnacionais e internacionais); GAETA. International Criminalization of Prohibited Conduct. *The Oxford Companion to International Criminal Justice*, p. 69 (crimes internacionais em sentido próprio e crimes com base em tratados); LUBAN. Fairness to Rightness: Jurisdiction, Legality, and the Legitimacy of International Criminal Law. *The Philosophy of International Law*, p. 572 (direito penal internacional puro e direito penal transnacional com base em tratados); MILANOVIĆ. Is the Rome Statute Binding on Individuals? (And Why We Should Care). *Journal of International Criminal Justice*, p. 28 e a nota de rodapé 7. Veja-se também AMBOS. Nota 58 *supra*, §7, nm. 117-275.

[84] Veja-se AMBOS, *ibidem*, §5, nm. 3, §7, nm. 117; WERLE. *Principles of International Criminal Law*, p. 29; KRESS. *Ibidem*, nm. 15; CRYER Y WILMSHURST. *Ibidem*, p. 4; GAETA, *ibidem*, p. 66 *et seq.*; CASSESE, nota 73 *supra*, p. 12, estende esta lista à tortura e a "algumas formas extremas de terrorismo internacional". KOLB. *Droit international penal*, p. 68-69, reconhece, além dos crimes nucleares de competência da CPI, "crimes internacionais" em razão de sua "natureza intrínseca", distinguindo entre crimes públicos (estatais) e privados (ordinários); embora não proporcione critérios para a delimitação dos crimes transnacionais.

das denominadas "convenções para a supressão", tais quais a Convenção contra a Tortura da ONU,[85] a Convenção Internacional sobre a Supressão de Atentados Terroristas com Bombas,[86] ou as convenções internacionais sobre drogas da ONU.[87] A diferença jurídica essencial entre estes tipos de crimes é que os crimes baseados em tratados somente podem fazer-se cumprir pelos Estados a nível nacional — de fato, estas "convenções para a supressão" somente possibilitam isso: a criminalização e a repressão destes crimes a nível nacional pelos Estados parte competentes[88] — enquanto que os crimes internacionais autênticos criam a própria responsabilidade penal individual (*i.e.* elas são vinculantes para os indivíduos)[89] com o direito correlato para fazer cumprir essas obrigações por instituições supranacionais (como o TPI) ou por Estados, independentemente de sua criminalização a nível nacional[90] e dos vínculos de jurisdição tradicionais (substituindo os critérios de territorialidade, e nacionalidade e o princípio da proteção pela jurisdição universal *stricto sensu*).[91] Às vezes, a diferença

---

[85] Convenção contra a Tortura e Outras Formas de Tratamento ou Penas Cruéis, Desumanas ou Degradantes, GA Res. nº 39/46 de 10 de dezembro de 1984, 1465 UNTS 85 (Convenção contra a Tortura).

[86] Convenção Internacional sobre a Supressão de Atentados Terroristas com Bombas, UN Doc. A/RES/52/164 (1997), 2149 UNTS 256 (Convenção contra Ataques Terroristas com Bombas).

[87] Convenção Única sobre Entorpecentes, de 30 de março de 1961, 250 UNTS 151 (Convenção Única); Convenção das Nações Unidas contra o Tráfico Ilícito de Entorpecentes e Substâncias Psicotrópicas, de 20 de dezembro de 1988, 1582 UNTS 95 (Convenção de Viena sobre Entorpecentes).

[88] Vejam-se, *e.g.*, os arts. 2(1) e 4 da Convenção contra a Tortura, nota 90 *supra*: "Todo Estado Parte tomará medidas legislativas, administrativas, judiciais ou de outra natureza eficazes para impedir os atos de tortura em todo território que sob a sua jurisdição"; "garantirá que todos os atos de tortura constituam delitos conforme a sua legislação penal"; "castigará esses delitos". Na mesma linha, o art. 4 da Convenção contra Ataques Terroristas com Bombas, nota 91 *supra*: "Cada Estado Parte adotará as medidas que sejam necessárias para: (a) Tipificar, com observância de sua legislação interna [...]; (b) Sancionar esses delitos com penas adequadas"; os arts. 2 e 3 da Convenção de Viena sobre Entorpecentes, *ibidem*: "as Partes adotarão as medidas necessárias, compreendidas as medidas legislativa e administrativa, em conformidade com as disposições fundamentais de seus respectivos ordenamentos jurídicos internos"; "adotará as medidas que sejam necessárias para tipificar como delitos penais em seu direito interno". Veja-se também WILMSHURST, nota 73 *supra*, p. 335-336; GAETA, nota 88 *supra*, p. 63.

[89] Cf. WERLE, nota 89 *supra*, p. 29; KRESS, nota 88 *supra*, nm. 10; CRYER Y WILMSHURST, nota 88 *supra*, p. 8 (com referência à fundamental citação da sentença de TMI de Nuremberg).

[90] Veja-se WERLE, *ibidem*, p. 29; KRESS, *ibidem*, nm. 10; GAETA, nota 88 *supra*, p. 65, 69-70.

[91] CASSESE, nota 73 *supra*, p. 11-12; GAETA, *ibidem*, p. 72. Se a jurisdição universal em um sentido puro ou absoluto (em oposição a uma jurisdição universal subsidiária e relativa) haverá de ser sempre aplicável, isto deve ser assim em relação aos autênticos crimes internacionais; veja-se, *e.g.*, o §1 do Código Penal Internacional alemão; para o fundamento teórico, veja-se AMBOS. Nota 58 *supra*, §3, nm. 94; AMBOS. Prosecuting Guantánamo in Europe: Can and Shall the Masterminds of the Torture Memos' Be Held Criminally Responsible on the Basis of Universal Jurisdiction?, (2009) 42 Case WRJIL 405, p. 443 *et seq.*, ambos com ulteriores referências. A jurisdição universal absoluta, ainda que teoricamente razoável, é, porém, a exceção; normalmente, a "jurisdição universal" está limitada de vários modos, tal como o requisito da presença; para uma visão geral, com base na investigação a nível mundial de seis volumes, H. Kreicker, (Völkerstrafrecht im Ländervergleich, (2006) 7 *Nationale Strafverfolgung völkerrechtlicher Verbrechen* 191).

está claramente expressa no direito. Compare-se, por exemplo, o art. 1º da Convenção contra o Genocídio (crime de direito internacional) com o art. 4(1) da Convenção contra a Tortura da ONU ("Todo Estado parte [...] delitos conforme a sua legislação penal").[92] Ainda assim, nem mesmo tais claras disposições resolvem a questão completamente, dado que sempre pode argumentar-se, como de fato faz a Câmara, que um crime originalmente baseado em um tratado converteu-se em um crime internacional autêntico por meio do direito consuetudinário internacional. Assim, por exemplo, o fato de que a proibição da tortura haja alcançado atualmente inclusive o *status* de *jus cogens*[93] e, por consequência, deva ser tratada da mesma maneira que a proibição do *jus cogens* do genocídio,[94] pode apoiar a posição, recentemente manifestada pelo Instituto de Direito Internacional,[95] de que a tortura de mero crime transnacional se converteu em um autêntico crime internacional. De maneira similar, poderíamos mencionar algumas "convenções para a supressão" que ecoam, ainda que somente no preâmbulo, a preocupação internacional em relação aos "seus" crimes,[96] e/ou

---

[92] Para o texto completo, veja-se a nota 93 *supra*.

[93] TPIY, *Prosecutor v. Furunzija*, sentença de 10 de dezembro de 1998, Case nº IT-95-17/1-T, §§153-157.

[94] CIJ, *Case Concerning the Application of the Convention on the Prevention and Punishment of the Crime of Genocide (Bosnia and Herzegovina v. Serbia and Montenegro)*, sentença de 26 de fevereiro de 2007, §161, com mais referências.

[95] Veja-se o art. I da Resolução de 2009 do Instituto de Direito Internacional sobre Imunidade e Crimes Internacionais de acordo com a qual a tortura pertence, junto ao genocídio, aos crimes contra a humanidade e aos crimes de guerra, aos "graves crimes de direito internacional" (citada em A. Bellal, "The 2009 Resolution of the Institute of International Law on Immunity and International Crimes", (2011) 9 JICJ 227, p. 233); concordantemente CASSESE, nota 73 *supra*, p. 12; cf. GAETA, nota 88 *supra*, p. 68-69.

[96] Na Convenção Internacional para a Supressão dos Atos de Terrorismo Nuclear, UN Doc. A/RES/59/290 (2005), 2445 UNTS 89 (Convenção contra o Terrorismo Nuclear), os atos são considerados uma ameaça "à paz e a segurança internacionais". Em algumas convenções, são considerados como um "motivo de profunda preocupação para toda a comunidade internacional" (Convenção para a Supressão de Atos Ilegais contra a Segurança da Navegação Marítima, UN Doc. A/RES/584 (1988), 1678 UNTS 201) (Convenção sobre a Segurança Marítima); (Convenção Internacional para a Supressão do Financiamento do Terrorismo, UN Doc. A/RES/54/109 (1999), 39 ILM 270) (Convenção sobre Financiamento do Terrorismo) ou um assunto que "preocupa gravemente (à comunidade internacional)" [Convenção para a Repressão do Apoderamento Ilícito de Aeronaves, 16 de dezembro de 1970, 860 UNTS 106 (Convenção contra o Apoderamento Ilícito de Aeronaves); Convenção para a Repressão de Atos Ilícitos contra a Segurança da Aviação Civil, 23 de setembro de 1971, 974 UNTS 178 (Convenção sobre a Segurança da Aviação Civil)]; Protocolo para a Repressão de Atos Ilícitos de Violência nos Aeroportos que Prestem Serviço à Aviação Civil Internacional, complementar à Convenção para a Repressão de Atos Ilícitos contra a Segurança da Aviação Civil, 23 de setembro de 1971, 1589 UNTS 474 (Protocolo sobre Aeroportos); Convenção sobre a prevenção e o castigo de delitos contra pessoas internacionalmente protegidas, inclusive os agentes diplomáticos, 14 de dezembro de 1973, 1035 UNTS 168 (Convenção sobre Agentes Diplomáticos); Convenção sobre a Proteção Física dos Materiais Nucleares, 26 de outubro de 1979, 1456 UNTS 125 (Convenção sobre Materiais Nucleares); Convenção Internacional contra a Tomada de Reféns, de 17 de

conferem prioridade à obrigação de *judicare* (perseguir) sobre a de *dedere* (extraditar),[97] seguindo o denominado modelo de Haia do Convênio sobre Apoderamento Ilícito de Aeronaves[98] e, assim, expressa o reconhecimento a um genuíno interesse universal na persecução dos delitos em questão.[99] O problema aqui, como em todo enfoque de direito consuetudinário internacional — como foi evidenciado pela Câmara —, é que raramente produz resultados não ambíguos. Por esta razão deveria insistir-se em uma abordagem mais cuidadosa e, em todo caso, mais segura de exigir uma clara declaração do direito, tal como o art. I da Convenção contra o Genocídio. Certamente, tal declaração não substitui o desenvolvimento de critérios substantivos em relação à "internacionalização"[100] —voltaremos a este ponto no momento oportuno—, mas elimina a ambiguidade sobre a vontade dos Estados de internacionalizar, de todo modo, um crime.[101] O que deveria ser exigido, no mínimo, antes de iniciar a discussão sobre a possível internacionalização de um crime, seria uma clara declaração de *soft law*, tal como uma resolução da Assembleia Geral ou uma declaração autorizadora da Corte Internacional de Justiça neste sentido. De outro modo, a alegada internacionalização de uma conduta criminosa proibida, como a declaração "unilateral" de um tribunal internacional, terá pouco efeito; podendo, inclusive, converter-se em uma vitória de Pirro, se os Estados a objetarem persistentemente e não a fizerem cumprir.

É surpreendente que a literatura sobre DPI, à parte de algumas notáveis exceções,[102] quase não discuta de maneira sistemática os critérios que determinam se um delito se converteu em um crime de direito internacional. Com efeito, a própria Câmara de Apelações constrói seu argumento sobre uma combinação muito confusa de referências à decisão sobre

---

dezembro de 1979, 1316 UNTS 206 (Convenção contra a Tomada de Reféns). Todas as convenções podem ser encontradas em <http://www.un.org/terrorism/instruments.shtml>.

[97] Cf. o art. 5(2) da Convenção contra a Tomada de Reféns, *Ibidem*; art. 6(4) da Convenção sobre Segurança Marítima, *ibidem*; art. 7(4) da Convenção sobre Financiamento do Terrorismo, *ibidem*; art. 9(4) da Convenção contra o Terrorismo Nuclear, *ibidem*; art. 6(4) da Convenção contra Ataques Terroristas com Bombas, nota 91 *supra*.

[98] Convenção contra o Apoderamento Ilícito de Aeronaves, nota 101 *supra*, art. 7 (persecução pelo Estado que detém o infrator, *forum deprehensionis*, em caso em que o extradite, independentemente de uma anterior solicitação e denegação de extradição pelo Estado competente).

[99] Cf. KRESS, nota 88 *supra*, nm. 8.

[100] Neste sentido, crítico de um enfoque baseado puramente em um tratado, GAETA. Nota 88 *supra*, p. 70.

[101] Veja-se também KRESS, nota 88 *supra*, nm. 8: "verdadeiro exame [...] sobre a concordância dos Estados à internacionalização de uma regra de direito penal e através dela criam um crime de direito internacional".

[102] Cf. CASSESE. Nota 73 *supra*, p. 11-12 (quatro requisitos); WERLE. Nota 89 *supra*, p. 29 (três requisitos); demasiadamente amplo M. Ch. Bassiouni, *Introduction to International Criminal Law* (2003), p. 114-115 (ignorando a responsabilidade penal). Veja-se também, implicitamente, WILMSHURST, nota 88 *supra*, p. 4 *et seq*.

jurisdição no caso *Tadić* (ainda que não quanto aos critérios substantivos desenvolvidos nessa decisão) e declarações que expressam a gravidade do terrorismo, contidas especialmente nas resoluções do Conselho de Segurança, sem, no entanto, apresentar e discutir de maneira sistemática os possíveis critérios para uma internacionalização.[103] Isto é ainda mais surpreendente na medida em que o próprio presidente do tribunal é uma das notáveis exceções acima mencionadas, havendo proposto muitos critérios em seu destacado manual sobre DPI.[104] Seja como for, levando em conta as considerações precedentes, especialmente os critérios de *Tadić*,[105] para que se possa falar em um crime de direito internacional devem ser cumpridos três critérios:

a) a proibição respectiva (norma primária) deve ser parte do direito internacional[106];

b) uma violação a esta proibição deve ser particularmente grave, a saber, deve afetar valores universais importantes[107]; e

c) a violação deve implicar na responsabilidade penal individual[108] por si mesma, a saber, independentemente de uma criminalização no direito penal nacional.[109]

Se aplicarmos estes três critérios ao terrorismo, o primeiro e o segundo estarão claramente satisfeitos — de fato, a Câmara usa os mesmos critérios[110] e demonstra convincentemente que o terrorismo é um ataque contra valores universais[111] —, o terceiro, porém, que é certamente o mais crucial, merece uma análise mais profunda. A própria Câmara reconhece que a internacionalização de um delito nacional requer "que os Estados e organizações intergovernamentais, através de seus atos e pronunciamentos, aprovem esta atitude, expressando claramente a visão de que a comunidade mundial considera o delito em questão como constitutiva de

---

[103] Notas 82 *et seq. supra* e o texto principal em relação com essas notas.

[104] CASSESE, nota 73 *supra*, p. 11-12.

[105] Nota 80 *supra*.

[106] WERLE, nota 89 *supra*, p. 29; CASSESE, nota 73 *supra*, em II (centrando-se no direito internacional consuetudinário).

[107] Cf. CASSESE, nota 73 *supra*, p. 11, requisitos nºs 2 e 3; BASSIOUNI. Nota 107 *supra*, p. 114-115 (especialmente, paz e segurança); WERLE, *ibidem*, p. 31-32; KRESS, nota 88 *supra*, nm. 10 e 11; WILMSHURST, nota supra 88, p. 6-7; WILMSHURST, nota 73 *supra*, p. 335; GAETA, nota 88 *supra*, p. 66.

[108] Veja-se *Decision*, §103; WERLE, nota 89 *supra*, p. 29, KRESS, nota 88 *supra*, nm. 10; CRYER y WILMSHURST, nota 88 *supra*, p. 8; e o texto principal relativo a essas notas.

[109] WERLE. Nota 89 *supra*, p. 29, KRESS. Nota 88 *supra*, nm. 10; GAETA. nota 88 *supra*, p. 65, 69-70; e o texto principal relativo a essas notas.

[110] Cf. CASSESE, nota 73 *supra*, p. 11, requisitos nº 2 e 3; *Decision*, nota 6 *supra*, §91: "não necessita ser considerado pela comunidade mundial como um ataque a valores universais [...] ou a valores considerados de importância fundamental nessa comunidade".

[111] Veja-se já nota 68 *supra* e o texto principal, com outras referências.

um crime internacional".[112] Em outras palavras, é exigida uma declaração clara quanto à criminalização internacional do delito em questão. Isto se aproxima do ponto de vista acima manifestado[113] de que a criminalização internacional deva ser claramente declarada pelo direito. Uma declaração tão clara, contudo, não existe. De fato, o fato de que o terrorismo não integre os crimes nucleares do Estatuto do TPI e que até agora não tenha sido possível adotar uma convenção *integral* sobre o terrorismo[114] prova, muito melhor, o contrário, a saber, que o terrorismo não é (ainda) reconhecido como um crime internacional por si mesmo.[115] A própria Câmara faz referência à circunstância de que o terrorismo faça-se cumprir (indiretamente) "a nível nacional"[116] e assim confirma o ponto de vista geral de que este delito é somente parte das "convenções para a supressão", que estabelecem obrigações de implementação para os Estados. Isto, por sua vez, demonstra que, de fato, não existe um crime internacional de terrorismo independentemente do direito penal nacional (ou, em realidade, da circunstância de que seja feito cumprir a nível nacional). Ademais, o argumento da Câmara em favor de um tratamento especial do terrorismo em comparação com outros crimes transnacionais[117] somente demonstra que o terrorismo é um delito transnacional "especial", que pode estar mais próximo de um autêntico crime internacional do que os delitos transnacionais "comuns". Este *status* especial do terrorismo é confirmado, de fato, pelo resultado de nosso "exame do crime internacional" em três níveis. O fato de que o terrorismo cumpra os primeiros dois critérios, embora não o terceiro, mostra que se situa entre um delito transnacional ordinário baseado em um tratado e um crime internacional em sentido estrito; pode-se dizer que está no caminho para alcançar o nível supremo de um autêntico crime internacional.

Existe, ainda, outra questão de princípio que a Câmara não enfrenta. Uma vez que os delitos de terrorismo são cometidos tipicamente por atores não estatais (por exemplo, indivíduos particulares), sua criminalização

---

[112] *Decision*, nota 6 *supra*, §91.

[113] A nota 96 *supra* e o texto principal.

[114] *Report of the Ah Hoc Committee Established by General Resolution 51/210*, A/58/37 (2003); *Decision*, nota 6 *supra*, §88, e a nota de rodapé 138.

[115] Este também é o ponto de vista dominante na literatura; veja-se WERLE. Nota 89 *supra*, p. 30 WILMSHURST, nota 88 *supra*, p. 4-5; Wilmshurst, nota 73 *supra*, p. 338. O Instituto de Direito Internacional, nota 100 *supra*, tampouco inclui o terrorismo em sua lista (ainda que esta não seja exaustiva) de "graves crimes de direito internacional". Cf. CASSESE, nota 73 *supra*, p. 12, 162 *et seq.*, que sustenta que "algumas formas extremas de terrorismo" sejam crimes internacionais (p. 12) e que o terrorismo é "um crime internacional discreto cometido em *tempo de paz*" (p. 177, grifos do original). Deixa a questão aberta GAETA, nota 88 *supra*, p. 69, o qual, por um lado, inclui o terrorismo entre os crimes que não são internacionais, e, por outro, observa "uma tendência clara" rumo à criminalização supranacional em tempo de paz.

[116] Nota 105 *supra* e o texto principal.

[117] Nota 84 *supra* e o texto principal.

internacional importaria em uma mudança qualitativa da criminalização internacional dos "crimes de Estado" até agora existente para a de crimes de indivíduos particulares. Isto não é *per se* um argumento decisivo em desfavor da referida criminalização, mas importaria em um "terceiro passo geracional" conduzindo o direito penal internacional "para a área dos conflitos transnacionais entre Estados e organizações privadas destrutivas".[118] As consequências de tal passo merecem uma consideração cuidadosa.

2.3 Perspectivas para o futuro – Os elementos de um crime internacional de terrorismo

Os elementos de um emergente crime internacional de terrorismo podem ser inferidos de várias definições de fontes nacionais e internacionais através de uma comparação sistemática. Neste sentido, a descrição geral da Câmara de várias fontes de direito nacional e internacional[119] é uma útil contribuição ao debate internacional sobre a definição de terrorismo.

2.3.1 Os elementos objetivos (*actus reus*)

As convenções regionais pertinentes,[120] as resoluções da Assembleia Geral da ONU (desde 1994),[121] a Resolução nº 1566/2004 do Conselho de Segurança,[122] a Convenção sobre o Financiamento do Terrorismo,[123] e o projeto de uma Convenção Integral sobre o Terrorismo[124] preveem a comissão de um ato criminoso que cause dano à vida, à integridade ou à

---

[118] Veja-se KRESS, nota 88 *supra*, nm. 37, o qual vê o DPI de primeira geração "inseparavelmente vinculado à existência de uma guerra" (nm. 23) e considera que a segunda geração de DPI nasce com a criminalização de violações graves em um conflito armado não internacional (nm. 25) na decisão sobre jurisdição no caso *Tadić* (nota 30 *supra*) e se completa com a codificação do crime de agressão (nm. 37).

[119] *Decision*, nota 6 *supra*, §§83 *et seq*. Veja-se também *Ambos Brief*, nota 5 *supra*, §§6 *et seq*. (referido na decisão da Câmara no §84).

[120] *Decision, ibidem*, §88, e a nota de rodapé 135.

[121] *Ibidem*, §88, e a nota de rodapé 136.

[122] *Ibidem*, §88, e a nota de rodapé 137. As resoluções posteriores não proporcionam definições precisas, mas apenas declaram que o terrorismo constitui uma das ameças mais graves para a paz e a segurança internacionais [*e.g.* Res. S/RES/1617 (2005)]. Às vezes, um ataque particular, tal como o ocorrido em 07 de julho de 2005 em Londres, é qualificado como "terrorista" [Res. S/RES/1611 (2005)].

[123] Convenção sobre o Financiamento do Terrorismo, nota 101 *supra*, art. 2(1) (que se refere aos atos delitivos das outras convenções sobre o terrorismo (letra "a") e a "[q]ualquer outro ato destinado a causar a morte ou lesões graves" (letra "b"); mencionada na *Decisão*, nota 6 *supra*, §88 e a nota de rodapé 139.

[124] *Decision, ibidem*, §88, e a nota de rodapé 138. Sobre isto veja-se também DAVID. nota 73 *supra*, p. 1125 *et seq*.

propriedade,[125] inclusive a ameaça concreta[126] ou uma tentativa de cometer tal ato,[127] como o único elemento objetivo do delito.[128] O requisito do ato também faz parte do direito nacional examinado pela Câmara.[129] Pode-se, seguramente, assumir que a maioria dos direitos nacionais abarca atos preparatórios seja por intermédio de disposições gerais sobre a tentativa ou através da inclusão de atos preparatórios na definição do delito.[130]

Várias convenções especializadas da ONU vão além do requisito do ato geral e criminalizam atos específicos de terrorismo,[131] tais quais a tomada de reféns,[132] o sequestro de aeronaves,[133] atos violentos a bordo de aeronaves,[134] e ataques contra representantes diplomáticos.[135] Ademais, estas convenções exigem um *elemento transnacional*, isto é, que estejam envolvidos pelo menos dois países em termos de território e de autores/vítimas;[136]

---

[125] O primeiro parágrafo do artigo respectivo do Projeto de Convenção, nota 119 *supra*, estabelece: "Toda pessoa comete um delito no sentido desta Convenção se, por qualquer meio, *ilicitamente* e intencionalmente causa (a) a morte ou uma lesão corporal grave a qualquer pessoa; ou (b) um dano grave à propriedade pública ou privada" (destaque acrescentado). Veja-se também o art. 2(1)(b) da Convenção sobre Financiamento do Terrorismo citado nota 128 *supra*.

[126] O segundo parágrafo do artigo respectivo do Projeto de Convenção, nota 119 *supra*, fala de uma "ameaça grave e plausível" de cometer tal ato.

[127] O art. 2(2) da Convenção contra Ataques Terroristas com Bombas, nota 101 *supra*, o art. 2(3) da Convenção sobre Financiamento do Terrorismo, nota 101 *supra*, o art. 1(a) da Convenção contra o Apoderamento Ilícito de Aeronaves, nota 101 *supra*, o art. 2(1)(d) da Convenção sobre Agentes Diplomáticos, nota 101 *supra*, o art. 1(2) da Convenção contra a Tomada de Reféns, nota 101 *supra*, o art. 7(1)(f) da Convenção sobre Materiais Nucleares, nota 101 *supra*, e o art. 3(2) da Convenção sobre Segurança Marítima, nota 101 *supra*, criminalizam a tentativa de cometer os atos respectivos.

[128] *Decision*, nota 6 *supra*, §88.

[129] *Ibidem*, §§91 *et seq*. (97).

[130] Também os sistemas nacionais preveem a punibilidade geral da tentativa de delitos graves (crimes, *felony*, *Verbrechen*) e qualificam o terrorismo como um delito grave (*e.g.*, §§12(1), 23(1), 129a do *Strafgesetzbuch* alemão (StGB); arts. 121-4, 421-1 do *Code Pénal* francês (CP); arts. 15, 571 *et seq*. do *Código Penal* espanhol; arts. 29, 30, 205 do Código Penal da Rússia) ou sancionam diretamente atos terroristas tentados (*e.g.*, capítulo C-46 (2) delito de terrorismo (d) do Código Penal do Canadá; §2332(b) do Código Penal dos Estados Unidos (USC, USA); capítulo 11 parte 1 da Lei sobre Terrorismo da Grã-Bretanha).

[131] Veja-se *Decision*, nota 6 *supra*, §89, e as notas140 *et seq*.

[132] Convenção contra a Tomada de Reféns, nota 101 *supra*, art. 1: "Toda pessoa que prender [...] deliver ou ameaçar matar, ferir ou continuar a deter outra pessoa".

[133] Convenção contra o Apoderamento Ilícito de Aeronaves, nota 101 *supra*, art. 1(a): "ilicitamente [...] se apodera ou exerce controle de referida aeronave".

[134] Convenção sobre a Segurança da Aviação Civil, nota 101 *supra*, art. 1(1): "pratica um ato de violência contra uma pessoa a bordo de uma aeronave em vôo"; "destrói uma aeronave em serviço".

[135] Convenção sobre Agentes Diplomáticos, nota 101 *supra*, art. 2(1): "assassinato, sequestro, ou outro tipo de atentado contra a pessoa"; "atentado violento contra as dependências oficiais".

[136] Veja-se, *e.g.*, o art. 3º da Convenção contra Ataques Terroristas com Bombas, nota 91 *supra*: "[E]sta Convenção não será aplicável quando o delito for cometido num Estado, o delinquente presumido e as vítimas forem nacionais desse Estado". Veja-se também *Decision*, nota 6 *supra*, §§89-90; BASSIOUNI. Nota *supra* 107, p. 115; WILMSHURST, nota 73 *supra*, p. 344; CASSESE, nota 73 *supra*, p. 165.

entretanto, este elemento não faz parte da definição do delito, senão é, muito mais, uma regra de jurisdição que limita a aplicação da convenção respectiva a delitos de terrorismo com dimensões transnacionais.[137] A Câmara chega ao mesmo resultado ao estabelecer que este elemento "não contribui (*sic*) a definição de terrorismo",[138] mas a sua fundamentação não é clara.[139] Ademais, pode-se indagar como este elemento pode fazer parte da regra consuetudinária sugerida pela Câmara[140] se não faz parte da definição do delito, mas, ao mesmo tempo, esta regra pretende estabelecer os elementos atuais (vigentes) desta definição.[141]

A exigência da Câmara de um elemento *objetivo* adicional do requisito do ato exigido, fundada em sua análise da legislação nacional, qual seja, que deva existir "uma ameaça à estabilidade da sociedade ou do Estado",[142] de fato, não encontra apoio nesta análise. Aqui, a Câmara parece confundir os aspectos objetivo e subjetivo do delito — de fato, ela não distingue claramente entre estes dois aspectos em sua apresentação —, tendo em vista que o que qualifica como objetivo é de fato subjetivo, pois toda referência ao efeito desestabilizador do ato terrorista está normalmente vinculado à intenção (especial) do autor (ver ponto 2.3.2.1).[143] O único elemento objetivo possível do requisito do ato que deriva de algumas, ainda que não muitas, legislações nacionais,[144] se refere aos dispositivos dos meios específicos (por exemplo, explosivos, produtos tóxicos; veja-se o art. 314 do CPL citado no ponto 1.3.1) utilizados ao realizar o ato.

---

[137] Veja-se o art. 3 da Convenção contra Ataques Terroristas com Bombas, nota 91 *supra*: "[E]sta Convenção não será aplicável". Dito elemento transnacional é um pré-requisito da competência supranacional; veja-se a competência mais ampla da União Europeia (Parlamento Europeu e Conselho) para "estabelecer regras mínimas sobre a definição de delitos e sanções em áreas de crimes particularmente graves com *dimensão transnacional*", art. 83 do Tratado de Funcionamento da União Europeia, Boletim Oficial da União Europeia C 83/47 de 30 de março de 2010 (grifos nossos).

[138] *Decision*, nota 6 *supra*, §89 *in fine*.

[139] A Câmara expressa que este elemento transnacional contribui para o "caráter [...] *internacional* antes que *nacional*" do delito (grifos no original); portanto, ela não é clara sobre a natureza jurisdicional do elemento explicado no texto.

[140] Nota 72 *supra* e o texto principal.

[141] De maneira ainda mais explícita, *Decision*, nota 6 *supra*, §111: "O crime de terrorismo no direito internacional também requer também que (ii) o ato terrorista seja transnacional".

[142] *Ibidem*, §97.

[143] Cf. Conselho da União Europeia, Decisão Marco sobre a Luta contra o Terrorismo, 13 de junho de 2002, (2002/475/JHA), art. 1: "Todos os Estados membros adotarão as medidas necessárias para que se considerem delitos de terrorismo os atos intencionais [...] quando seu autor os cometa com o *fim* de: [...] desestabilizar gravemente ou destruir as estruturas fundamentais políticas, constitucionais, econômicas ou social de um país ou de uma organização internacional" (grifos nossos). Vários Estados, *e.g.*, Áustria (§278c *StGB*), Bélgica (art. 137(1) *CP*), Alemanha (§129a(2) *StGB*), os Países Baixos (arts. 83 *et seq. Wetboek van Strafrecht*) e a Dinamarca (§114(1) Código Penal) têm adotado esta definição quase literalmente.

[144] Cf. *Decision*, nota 6 *supra*, §95.

Em suma, as fontes pertinentes somente indicam a existência de um elemento objetivo de um possível crime internacional de terrorismo, a saber, a comissão, incluindo uma ameaça concreta de um ato criminoso; este ato deve ser de natureza grave.[145] Ainda que o requisito do ato corresponda ao primeiro elemento da regra consuetudinária da Câmara,[146] sua generalidade põe em evidência o problema da própria regra: as fontes disponíveis permitem, na melhor hipótese, inferir, no sentido de um mínimo denominador comum de direito internacional consuetudinário, um elemento objetivo tão geral que dificilmente pode conformar-se ao requisito da *lex certa* do princípio da legalidade.[147] Enquanto que nos sistemas jurídicos nacionais a definição de um ato criminoso pode ser encontrada nas leis, nos códigos penais, ou, excepcionalmente, deriva de crimes previstos pelo *common law* profundamente assentados, e, portanto, um ato criminoso é o que o direito nacional diz que é, o direito internacional não prevê tais atos criminosos. A qualificação do ato como grave pode mitigar a questão, mas não resolve o problema.

2.3.2 Elementos subjetivos (*mens rea*)

2.3.2.1 Intenção geral e especial

De acordo com a Câmara, as fontes disponíveis indicam um duplo elemento subjetivo: por um lado, o autor deve atuar com uma intenção geral a respeito do ato criminoso em questão, como, por exemplo, um homicídio ou lesões, ou a tomada de reféns. Por outro lado, é requerida uma intenção especial de disseminar o medo ou de coagir uma autoridade.[148]

A respeito da intenção geral, surge o problema acima mencionado: se um crime internacional de terrorismo somente se refere a um ato criminoso, sem especificar este ato, como no direito nacional, por meio de definições concretas do delito, falta o objeto de referência da intenção. Quanto à intenção especial, já demonstrei no meu *Amicus Curiae*[149] que as fontes pertinentes geralmente preveem uma intenção especial "geral" (normal), tal como está contida no art. 314 do CPL ("intenção de causar um estado de terror").[150] Diferentemente, uma intenção especial "especial", que

---

[145] Concordantemente e dando ênfase na gravidade do ato, Wilmshurst, nota 73 *supra*, p. 344-345; demasiado amplo para qualquer ato criminoso previsto pelo direito nacional, CASSESE. Nota 73 *supra*, p. 165-166, 177.

[146] Nota 72 *supra* e o texto principal.

[147] Criticamente também DAVID. Nota 73 *supra*, p. 1100-1101.

[148] *Decisão*, nota 6 *supra*, §85, 111; concordantemente CASSESE. Nota 73 *supra*, 166 *et seq.* (168, 177).

[149] *Ambos Brief*, nota 5 *supra*, §6 *et seq.* (19).

[150] Concordantemente WILMSHURST, nota 73 *supra*, p. 347 (mencionando "disseminar o terror" como intenção especial geral).

vá mais além da intenção especial "geral", a saber, a intenção especial de um particular propósito político ou ideológico, tal como "o propósito de coagir um Estado ou uma organização internacional a fazer ou se abster de fazer algo",[151] apenas está previsto, se é que o está, em alguns dos instrumentos relevantes. Assim, a primeira parte da definição de intenção especial da Câmara (disseminar medo entre a população), que se refere à intenção especial "geral", tem uma base sólida no direito internacional consuetudinário, enquanto que a segunda parte (coagir uma autoridade), que se refere à intenção especial "especial", é prevista, na melhor das hipóteses, como um elemento alternativo.

2.3.2.2 Relevância do motivo político ou ideológico

Segundo a Câmara, fundamentando-se em algumas fontes seletivas,[152] a intenção especial "derivaria, frequentemente, de um propósito político ou ideológico subjacente".[153] Certamente, a Câmara não se refere aqui à intenção "especial" discutida há pouco, mas de um possível "propósito político ou ideológico subjacente", qual seja, o motivo ou a motivação do autor. Embora o motivo possa existir em alguns casos (em que o terrorista efetivamente persegue certos objetivos políticos), e não em outros (nos quais o terrorista somente persegue os objetivos de um criminoso comum sob a aparência de uma suposta agenda política), a questão crucial em relação aos elementos do delito de terrorismo é se essa motivação pode pertencer à definição do delito. A Câmara parece pensar assim, uma vez que linhas depois diz que "resta ver se um dia [o requisito do propósito em questão] emergirá como um *elemento adicional* do crime internacional de terrorismo".[154] Além do fato, reconhecido pela própria Câmara alguns parágrafos antes,[155] de que uma quantidade avassaladora de fontes indique precisamente o contrário, a saber, que os motivos não deveriam desempenhar nenhum papel no delito,[156] a Câmara parece aqui ignorar — em suas considerações — a diferença entre intenção e motivo no direito penal. Procurei explicar esta diferença no meu *Amicus Curiae*,[157] sustentando essencialmente que o possível motivo, a saber, a

---

[151] CASSESE. The Multifaceted Criminal Notion of Terrorism in International Law, (2006) 4 JICJ 933, p. 957.

[152] *Decisão*, nota 6 *supra*, §106,e as notas 204-207.

[153] *Ibidem*, §106.

[154] *Ibidem*, §106 *in fine* (ênfase no original). Veja-se também CASSESE. Nota 73 *supra*, p. 165 (política ou ideologicamente motivado).

[155] *Ibidem*, §98.

[156] Cf. *Ambos Brief*, nota 5 *supra*, §20 *et seq.*; concordantemente WILMSHURST, nota 73 *supra*, p. 347.

[157] *Ambos Brief, ibidem*, §§4-5, com outras referências (aqui omitidas) nas notas de pé correspondentes.

razão pela qual um autor pratica determinado ato, é irrelevante para a sua intenção (tese da irrelevância);[158] um motivo somente pode ser levado em consideração na etapa da determinação concreta da pena como um fator atenuante ou agravante. Excepcionalmente, porém, um legislador pode fazer com que certos motivos façam parte do elemento subjetivo de um delito, particularmente de uma intenção especial.[159] Talvez a Câmara tivesse isto em mente ao confundir intenção e motivo, fazendo com que o último formasse parte da definição do delito. Devido à expertise e aos escritos de seu presidente,[160] é difícil crer que a Câmara ignorasse estas importantes diferenças conceituais, mas, em todo caso, a falta de clareza nesta parte da decisão certamente gera confusão.

Conclusão

Ainda que a Câmara de Apelações do TEL vá demasiadamente longe ao defender a existência de um crime internacional de terrorismo, ela teve, de fato, uma contribuição importante para o surgimento de tal crime e de sua definição. Certamente, neste momento é possível considerar o terrorismo, quanto muito, como um crime transnacional baseado em um tratado particularmente grave — provavelmente comparável à tortura — e que está em vias de se converter em um autêntico crime internacional. Ademais, formas extremas de terrorismo podem constituir-se em crimes de guerra ou em crimes contra a humanidade e assim serem puníveis segundo o direito internacional.[161] Ainda que os elementos do terrorismo sugeridos pela Câmara tenham, *grosso modo*, uma sólida base no direito internacional consuetudinário, sua imprecisão (especialmente do elemento objetivo do um ato criminoso) prova a falta de consenso da comunidade internacional quanto aos detalhes da definição de um crime internacional de terrorismo.

---

[158] A tese da irrelevância não é afetada pelo debate doutrinário sobre um possível motivo para excluir a responsabilidade do *"délinquant par conviction"* (*Gewissenstäter*); veja-se *Ambos Brief, ibidem*, §5.

[159] Veja-se, *e. g.*, a Decisão Marco do Conselho, nota 148 *supra*, art. 1: "quando seu autor os cometa com o fim de: ... (iii) desestabilizar gravemente ou destruir as estruturas fundamentais políticas, constitucionais, econômicas ou sociais de um país ou de uma organização internacional".

[160] CASSESE, nota 73 *supra*, p. 167 *et seq.*, claramente reconhece a distinção entre intenção e motivo, a irrelevância do último (p. 168) e a dificuldade de provar o motivo (p. 169); Ainda assim, pensa que o motivo deveria ser um elemento do delito (também na p. 177), embora "por si mesmo [este] possa não ser suficiente para a classificação de um ato criminoso como terrorista".

[161] Cf. AMBOS, nota 58 *supra*, §7, nm. 275, com ulteriores referências; veja-se também WILMSHURST, nota 73 *supra*, p. 349 *et seq.*; CASSESE, *ibidem*, p. 171 *et seq.* (177); criticamente KRESS, nota 88 *supra*, nm. 37.

Referências

ALDISERT, Ruggero J. *Logic for lawyers*: a guide to clear legal thinking. 3rd ed. South Bend: National Institute for Trial Advocacy, 1997.

ALEXY, Robert. *Theorie der Grundrechte*. Berlin: Suhrkamp taschenbuch wissenschaft, 1986.

AMBOS, Kai. "Prosecuting Guantánamo in Europe: Can and Shall the Masterminds of the 'Torture Memos' Be Held Criminally Responsible on the Basis of Universal Jurisdiction?". *Case Western Reserve Journal of International Law*, v. 42, issues 1 and 2, p. 405-448, 2009.

AMBOS, Kai. *Internationales Strafrecht*: Strafanwendungsrecht: Völkerstrafrecht: Europäisches Strafrecht. 3. Aufl. München: Verlag C. H. Beck, 2011.

AMBOS, Kai. Judicial Creativity at the Special Tribunal for Lebanon: Is there a Crime of Terrorism under Internacional Law?. *Leiden Journal of International Law (LJIL)*, v. 24, issue 3, p. 655-675, Sept. 2011.

AMBOS, Kai. Nullapoena sine lege in International Criminal Law. *Sentencing and Sanctioning in Supranational Criminal Law, Antwerpenet at*, Intersentia, p. 17-35, 2006. R. Haveman; O. Olusanya editors.

ASHWORTH, Andrew. *Principles of Criminal Law*. Oxford: Oxford Univ. Press, 2009.

BASSIOUNI, M. *Cherif*: introduction to international criminal law. Ardsley: Transnat. Publ., 2003.

BASSIOUNI, M. Mixed Models of International Criminal Justice. *International Criminal Law*, v. 3, International Enforcement, 2008. Bassiouni M. editors, 3rd ed., Martinus Nijhof Publisher.

BELLAL, A. The 2009 Resolution of the Institute of International Law on Immunity and International Crimes. *Journal of International Criminal Justice – JICJ*, v. 9, issue 1, p. 227-241, 2011.

CASSESE, Antonio. *International Criminal Law*. Oxford: Oxford Univ. Press, 2008.

CASSESE, Antonio. The Multifaceted Criminal Notion of Terrorism in International Law. *Journal of International Criminal Justice – JICJ*, v. 4, issue 5, p. 933-958, 2006.

DAVID, E. *Éléments de Droit Pénal International et Européen (2000)*: Eléments de droit pénal international et européen. Bruxelles: Bruylant, 2009.

DEBOVE, Frédéric; FALLETTI, François; JANVILLE, Thomas. *Précis de droit pénal et de procédure pénale*. 3e éd. Paris: Presses Univ. de France, 2010.

DWORKIN, Ronald. *Law's Empire*. Oxford: Hart Publishing, 1998.

FLETCHER, G. New Court, Old Dogmatik. *Journal of International Criminal Justice – JICJ*, v. 9, issue 1, p. 179-190, 2011.

FLETCHER, G. Truth in Codification. *University of California Davis Law Rev*, v. 31, issue 3, p. 745-763, 1998.

GAETA, P. International Criminalization of Prohibited Conduct. *In*: CASSESE, A. (Ed.). *The Oxford Companion to International Criminal Justice*. Oxford: Oxford Univ. Press, 2009.

HARPER, D. *Online Etymology Dictionary*. Disponível em: <http://www.etymonline.com>.

IPSEN, Kult. *Völkerrecht*. 5. Aufl. München: Beck, 2004.

JOERDEN, Jan C. *Logik im Recht*: Grundlagen und Anwendungsbeispiele. Berlin: Springer, 2005.

JURDI, N. The Subject-Matter Jurisdiction of the Special Tribunal for Lebanon. *Journal of International Criminal Justice – JICJ*,v. 5, issue 5, p. 1125-1138, 2007.

KIRSCH, S.; OEHMICHEN, A. Judges gone astray: The fabrication of terrorism as an internatonal crime by the Special Tribunal for Lebanon. *Durham Law Review*, 1, 2011. Disponível em: <http://durhamlawreview.co.uk>.

KOLB, Robert. *Droit international penal*. Bruxelles: Précis, Helbing &Lichtenhahn, 2008.

KREICKER, H. Völkerstrafrecht im Ländervergleich. *In*: ESER, Albin *et al. Nationale Strafverfolgung völkerrechtlicher Verbrechen*. Berlin: Duncker & Humblot, 2006. Band 7.

KRESS, C. International Criminal Law. *The Max Planck Encyclopedia of Public International Law*, 2008. R. Wolfrum (Ed.). Disponível em: <http://www.mpepil.com>.

KREY, V. *Studien zum Gesetzesvorbehalt im Strafrecht*: Eine Einführung in die Problematik des Analogieverbots. Berlin: Duncker & Humblot, 1977.

LARENZ, K. *Methodenlehre der Rechtswissenschaften*. 4. Aufl. Berlin: Springer, 1979.

LAROUER, J. In the Name of Sovereignty?: The Battle over In DubioMitius Inside and Outside the Courts. *Cornell Law School Inter-University Graduate Student Conference Papers*, 2009. Disponível em: <http://scholarship.law.cornell.edu/lps_clacp/22>.

LUBAN, D. Fairness to Rightness: Jurisdiction, Legality, and the Legitimacy of International Criminal Law. *In*: BESSON, S.; TASIOULAS; J. (Ed.). *The Philosophy of International Law*. New York: Oxford University Press, 2010. p. 569-588.

MILANOVIĆ, M. An Odd Couple, Domestic Crimes and International Responsibility in the Special Tribunal for Lebanon. *Journal of International Criminal Justice*, v. 5, issue 5, p. 1139-1152, 2007.

MILANOVIĆ, M. Is the Rome Statute Binding on Individuals? (And Why We Should Care). *Journal of International Criminal Justice*, v. 9, Issue 1, 2011, p. 25-52.

MIRPUIG, S. *Derecho penal*: parte general. 8. ed. 3. reimpr. Barcelona: Reppertor, 2010.

MÖLLERS, C. *Die drei Gewalten*. Weilerswist: Velbrück Wiss, 2008.

MONTESQUIEU, Charles Louis de. *L'esprit des Lois*. reimpr. Paris: Garnier, 1961.

MONTIEL, J. P. *Analogía favorable al reo*: fundamentos y límites de la analogía in bonam partem en el derecho penal. Madrid: La Ley, 2009.

MÜLLER, F.; CHRISTENSEN, R. *Juristische methodik*. 9. neu bearb. und stark erw. Auflage. Berlin: Duncker&Humblot, 2004.

OPPENHEIM, L. *International Law*: A Treaties. London: Longmans, Green, 1905. v. 1.

PALAZZO, F. *Corso di diritto penale*: parte generale. 2. ed. Torino: Giappichelli Ed., 2006.

ROXIN, Klaus. *Strafrecht, Allgemeiner Teil, Band I, Grundlagen Der Aufbau der Verbrechenslehre*. 4. Aufl. München: C. H. Beck, 2006.

SAUL, B. Legislating from a radical The Hague: the UN Special Tribunal for Lebanon invents an international crime of transnational terrorism. *Leiden Journal of International Law*, v. 24, issue 3, p. 677-700, Sept. 2011.

VILE, M. J. C. *Constitutionalism and the Separation of Powers*. Oxford: Clarendon Pr., 1967.

WERLE, G. *Principles of International Criminal Law*. The Hague: T.M.C. Asser Press, 2009.

WIERDA, M.; NASSAR, H.; MAALOUF, L. Early Reflections on Local Perceptions, Legitimacy and Legacy of the Special Tribunal for Lebanon. *Journal of International Criminal Law*, v. 5, issue 5, p. 1065-1081, 2007.

WILMSHURST, E. *In*: CRYER, R. *et al*. (Ed.). *An Introduction to International Criminal Law and Procedure*. 2nd ed. Cambridge: Cambridge Univ. Press, 2010.

Jurisprudência

CIJ, Case Concerning the Application of the Convention on the Prevention and Punishment of the Crime of Genocide (Bosnia and Herzegovina v. Serbia and Montenegro), sentença de 26 de fevereiro de 2007.

CONSEIL CONSTITUTIONNEL, decisões nº 75-59 de 30 de dezembro de 1975; nº 82-139 de 11 de fevereiro de 1982; nº 85-197 de 23 de agosto de 1985; nº 92-308 de 9 de abril de 1992. n. 9. Kokkinaskis v. Greece, (1994) 17 EHRR 397. Disponível em: <http://www.conseil-constitutionnel.fr/conseil-constitutionnel/root/bank/pdf/conseil-constitutionnel-17499.pdf>.

TEDH, Achour v. França, sentença de 10 de novembro de 2004 (Application nº 67.335/01), §33.

TEDH, S.W. v. Grã-Bretanha e C.R. v. Grã-Bretanha, sentenças de 22 de novembro de 1995 (Ser. A. Nos. 335-B y 335-C).

TEL, Le Juge de la Mise en État, Ordonnance relative aux questions préjudicielles adressées aux juges de la Chambre d'Appel conformément à l'Article 68, paragraphe g) du Règlement de Procédure et de Preuve, 21 de janeiro de 2011 (STL-11-01/I).

TPIY, Prosecutor v. Tadić, Decision on the Defence Motion for Interlocutory Appeal on Jurisdiction, Case nº IT-94-1, 2 de outubro de 1995.

TPIY, Tadić, Jurisdictional Decision.

TPIY, Prosecutor v. Furunzija, sentença de 10 de dezembro de 1998, Case nº IT-95-17/1-T.

Documentos

Amicus Curiae brief apresentada pelo Escritório de Investigações sobre Crimes de Guerra (War Crimes Research Office) da American University, The Practise of Cumulative Charging Before International Criminal Bodies, STL-11-01/I/AC/R176bis (11 February 2011), disponível em: <www. stl-tsl.org/x/file/TheRegistry/Library/CaseFiles/Registry/20110211_STL-11-01_R176bis_F0008_ Amicus_Curiae_Brief_Cumulative_Charging_Filed_EN.pdf>.

Amicus Curiae brief on the question of the applicable terrorism offence in the proceedings before the Special Tribunal for Lebanon, with a particular focus on a 'special' special intent and/ or a special motive as additional subjective requirements, STL-11-01/I/AC/R176bis (11 February 2011), (Ambos Brief) Disponível em: <http://www.stl-tsl.org/x/file/TheRegistry/Library/CaseFiles/ Registry/20110211_STL-11-01_R176bis_F0009_Amicus_Curiae_Ambos_Filed_EN.pdf>.

CONSELHO DE JUSTIÇA. Assassination of Sheikh Nizar Al-Halabi, Decision nº 01/1997, de 17 de janeiro de 1997.

Defence Office's submission pursuant to Rule 176 bis (31 January 2011). Disponível em: <www. stl-tsl.org/x/file/TheRegistry/Library/CaseFiles/Defence/20110131_STL-11-01_R176bis_F0004_DO_ Submissions_R176bis.pdf>.

Interlocutory Decision on the Applicable Law: Terrorism, Conspiracy, Homicide, Perpetration, Cumulative Charging, STL-11-01/I/AC/R176bis, 16 February 2011 (Decision).

Report of the Secretary-General on the establishment of a special tribunal for Lebanon, S/2006/893, 15 de novembro de 2006.

Prosecutor's Brief filed pursuant to the president's order of 21 January 2011. Responding to the questions submitted by the pre-trial judge (Rule 176 bis) (31 January 2011). Disponível em: <www. stl-tsl.org/x/file/TheRegistry/Library/CaseFiles/Prosecution/20110131_STL-11-01_R176bis_F0003_ OTP_Brief_EN.pdf>.

Report of the Ah Hoc Committee Established by General Resolution n. 51/210, A/58/37 (2003);

Informação bibliográfica deste texto, conforme a NBR 6023:2002 da Associação Brasileira de Normas Técnicas (ABNT):

AMBOS, Kai. Criatividade judicial no Tribunal Especial para o Líbano: existe o crime de terrorismo no direito internacional?. *In*: FERNANDES, Antonio Scarance; ZILLI, Marcos. (Coord.). *Terrorismo e justiça penal*: reflexões sobre a eficiência e o garantismo. Belo Horizonte: Fórum, 2013. p. 103-131. ISBN 978-85-7700-844-5.

PARTE II

O TERRORISMO E AS MEDIDAS DE ENFRENTAMENTO
UMA PERSPECTIVA COMPARADA

CAPÍTULO 4

TERRORISMO CONFORME O DIREITO NORTE-AMERICANO

TIAGO CINTRA ESSADO

1 Introdução

Todo estudo que se pretenda fazer em relação ao terrorismo, conforme o Direito norte-americano, revela-se árduo e difícil, diante do emaranhado de leis que cuidam deste assunto. Muitas vezes determinada situação fática também configura importante ponto de partida para definir o enfoque da abordagem. Nesse sentido, o 11 de setembro de 2001, com todas as suas circunstâncias e peculiaridades, constitui-se marco histórico para a presente análise.

A *USA Patriot Act*, de 2001, ou simplesmente Lei Patriota, foi a resposta imediata dos Estados Unidos para lidar com o problema do terrorismo, advindo com os ataques ao *Word Trade Center*. O contexto sociojurídico em que referida lei surgiu, suas principais características e alguns pontos essenciais por ela tratados serão abordados, com o fim de se tentar evidenciar, sem a pretensão de esgotar o assunto, qual foi o caráter da resposta jurídica adotada pelos Estados Unidos para fazer frente à realidade que o atingiu concretamente.

Dois aspectos foram priorizados, quais sejam, o modo como o Direito norte-americano lidou com o direito à privacidade, especialmente no que tange às interceptações de comunicações, de maneira a exercer atividade de inteligência preventiva e repressiva eficiente e eficaz, assim como enfrentou as técnicas refinadas de lavagem de dinheiro, como meio de se ocultar a origem ilícita dos bens, direitos e valores, que, abusando da deficiência legislativa e ausência de controle, permitem a reintrodução de tal patrimônio com o fim de financiar o terrorismo.

Além disto, o trabalho concentra atenção no tratamento processual dispensado pela nova ordem introduzida pela Lei Patriota para lidar com os *combatentes inimigos*. Quais os requisitos suficientes para, a despeito da necessidade do cometimento de crime, por meio de conduta assim definida mediante processo legislativo adequado, ser possível a detenção, processamento e julgamento dos indivíduos qualificados como *combatentes inimigos*, com base apenas e tão somente em ato administrativo.

2 Breve histórico

O tratamento dispensado pelos Estados Unidos ao terrorismo pode ser dividido em dois períodos: antes e depois de 11 de setembro de 2001. Nesta ocasião, mais de 2.700 pessoas morreram em razão dos ataques ao *World Trade Center*, em Nova York, outras 189 no ataque ao Pentágono e 45 na Pensilvânia.[1] O cotidiano dos estadunidenses mudou por completo, diante de uma concreta violência à vida e dignidade de praticamente toda a nação. A partir desse período, inicia-se guerra contra o terror,[2] o que implicou mudanças significativas no âmbito do Direito Penal e Processual Penal dos Estados Unidos.[3]

Dois dias após os atentados de 11 de setembro de 2001, o então presidente Bush decretou, em caráter retroativo, estado de emergência nacional, com fundamento no *National Emergencies Act*.[4] A *Declaration of National*

---

[1] Cf. GÓMEZ CORONA. Estados Unidos: política antiterrorista, derechos fundamentales y división de poderes, p. 57.

[2] Mireille Delmas-Marty difere crime de guerra de "guerra do crime". Esclarece que este "é, em primeiro lugar, um *slogan político*, uma propaganda ideológica que concerne a um certo 'populismo penal', essa 'metamorfose de uma inquietude democrática' que anunciaria o advento do 'tempo das vítimas'. Focado em crimes que impressionam a opinião pública (droga, crime organizado, corrupção, terrorismo), o *slogan*, muitas vezes acompanhado de palavras de compaixão sobre as vítimas e de discursos enérgicos sobre os criminosos e a tolerância zero, é utilizado como uma metáfora destinada a tornar popular um endurecimento da repressão. [...] Considerados como o equivalente de uma agressão armada, os atentados terroristas desencadearam, com efeito, nos Estados Unidos, sob o nome de 'guerra contra o terrorismo', a implantação de um paradigma inteiramente novo: novo vocabulário (inimigos combatentes ilegais), novas instituições (nem as jurisdições ordinárias, nem as jurisdições militares, mas comissões administrativas militares), novo sistema de valores (após o escândalo da prisão de Abu Ghraib, o *Military Commissions Act*, de outubro de 2006, mais restritivo do que o *War Crimes Act*, limita a proibição de tortura aos casos mais graves e confere autoridade ao presidente dos Estados Unidos para interpretar o sentido das convenções de Genebra)" (Cf. *O paradigma da guerra contra o crime*: legitimar o inumano?, p. 17-18).

[3] Afirma Luis P. Salas que o Direito Penal foi uma das áreas que sofreu maior impacto em razão dos atos terroristas de 11 de setembro de 2001. A Lei Patriota, por sua vez, consubstanciou a essência das alterações no âmbito do Direito Penal e processo penal, revelando o estado de guerra que se postou o país (Cf. La Ley patriótica USA. *In*: GÓMEZ COLOMER; CUSSAC. *Terrorismo y proceso penal acusatorio*, p. 256).

[4] Cf. VERVAELE. La legislación antiterrorista en Estados Unidos: inter arma silent leges. *Revista de Derecho y Proceso Penal*, p. 115.

Emergency by reason of certain terrorist attacks foi prevista para durar um ano, porém foi prorrogada em 12 de setembro de 2002, 20 de setembro de 2003, 10 de setembro de 2004 e 08 de setembro de 2005.[5] De início, os ataques não foram classificados como delitos, apenas como atos de guerra[6] provenientes de agressores estrangeiros, deixando, desse modo, transparecer qual seria a primeira posição americana sobre a questão.[7]

Em 18 de setembro de 2001, aprovou-se a autorização para uso da força militar, conferindo poderes extraordinários ao presidente, porquanto chefe das Forças Armadas. Em síntese, ficou autorizado o uso da força necessária e apropriada contra as nações, organizações ou pessoas que planejaram, organizaram, cometeram ou favoreceram os ataques terroristas de 11 de setembro, incluindo o auxílio ao refúgio a tais organizações ou pessoas.[8]

Em 24 de setembro de 2001, adotou-se a Ordem Executiva sobre o financiamento terrorista, por meio da qual se bloquearam bens de 27 indivíduos e organizações terroristas vinculadas à Al Qaeda.[9]

A Lei Patriota[10] é a rubrica para sintetizar a principal ideia contida no referido ato normativo: *Uniting and Strengthening America by Providing Appropriate Tools Required to Intercept and Obstruct Terrorism.*[11]

O projeto de lei deu entrada no Congresso americano em 24 de outubro de 2001, sendo aprovado pelo Senado no dia seguinte e promulgado pelo presidente em 26 de outubro de 2001.[12]

Em 13 de novembro de 2001, o presidente Bush expede Ordem Presidencial, com o fim de estabelecer tribunais militares de exceção para julgar cidadãos estrangeiros, suspeitos de participar de atividades terroristas ou colocar em perigo a segurança nacional.[13]

---

[5]   Cf. GÓMEZ CORONA. Estados Unidos: política antiterrorista, derechos fundamentales y división de poderes, p. 58.

[6]   Afirma Luis P. Salas que a reação do governo norte-americano foi imediata e muito semelhante a uma declaração de guerra, merecendo a comparação, por parte de alguns, da declaração do presidente Bush perante o Congresso com a de Franklin Roosevelt após o ataque de Pearl Harbor (Cf. La Ley patriótica USA. *In*: GÓMEZ COLOMER; CUSSAC. *Terrorismo y proceso penal acusatorio*, p. 257).

[7]   Cf. VERVAELE. La legislación antiterrorista en Estados Unidos: inter arma silent leges, p. 115.

[8]   S.J. Resolution 23 (*Authorization for Use of Military Force*), cf. GÓMEZ CORONA. Estados Unidos: política antiterrorista, derechos fundamentales y división de poderes, p. 58.

[9]   Cf. GÓMEZ CORONA. Estados Unidos: política antiterrorista, derechos fundamentales y división de poderes, p. 58.

[10]   Para consulta à íntegra da Lei Patriota: <http://epic.org/privacy/terrorism/hr3162.html>.

[11]   Tradução livre de: "Unir e fortalecer a América por meio de instrumentos apropriados para interceptar e obstruir o terrorismo". Essa expressão foi inserida logo no início da Lei Patriota, como título-síntese desse ato normativo.

[12]   Para uma análise mais detida sobre as origens do projeto de lei, cf. Irene Maria Portela (O combate ao branqueamento e capitais e o financiamento do terrorismo à luz do "USA Patriot Act 2001, p. 256-257).

[13]   GÓMEZ CORONA. Estados Unidos: política antiterrorista, derechos fundamentales y división de poderes, p. 58.

Diante da complexidade do tema, o estudo centrará esforços no delineamento dado pelo Direito norte-americano, tanto na perspectiva do Direito Penal e Processual Penal, a partir do advento da Lei Patriota e o conteúdo por ela posto.

A aprovação da Lei Patriota deu-se de modo rápido, uma vez que em caráter de urgência, sem maiores discussões. É verdade que uma ampla maioria do Congresso a considerava contrária aos direitos civis, colocando em dúvida sua própria constitucionalidade. Afirma Vervaele que "a proposta foi negociada pelo Governo e um grupo heterogêneo de membros do Congresso em três semanas".[14] O principal argumento para gerar uma aprovação imediata e incondicional foi a alegação de iminência de novos ataques, anunciados pelo FBI, em 11 de outubro.[15] Percebe-se, nesse sentido, que o uso do terror como argumento para aprovar a lei, tal qual ela foi projetada, acabou por surtir efeito. É possível presumir o sentimento de pânico de toda a nação norte-americana.

3 Características da Lei Patriota

Cumpre registrar que a Lei Patriota é uma lei extensa e complexa, conferindo poderes executivos a estruturas operativas de controle e a serviços de inteligência.[16]

É composta de dez Títulos, e seu conteúdo acabou por modificar quinze leis federais, entre elas *Wiretap Statute, Computer Fraud and Abuse Act, Foreign Intelligence Surveillance Act* (FISA), *Pen Register and Trap and Trace Statute, Immigration and Nationality Act, Money Laundering Act, Bank Secrecy Act.* Cuida-se, pois, de uma lei que trata de diversas outras, o que acaba por gerar análises pontuais. Destaca Vervaele que a complexidade deste ato normativo é o que impede de ser realizado um trabalho detalhado e que analise de forma completa e exaustiva a lei.[17]

De fato, trata-se de ato normativo muito extenso, sendo que os dez Títulos dividem-se em 1016 seções, o que corresponde aos artigos das leis brasileiras.[18]

A fim de se conhecer a estrutura e conteúdo genérico da Lei Patriota, vale a pena reproduzir o índice:

Título I – Reforço da segurança interna dos Estados Unidos contra
o terrorismo;

---

[14] Cf. VERVAELE. La legislación antiterrorista en Estados Unidos: inter arma silent leges, p. 116.

[15] Cf. VERVAELE. La legislación antiterrorista en Estados Unidos: inter arma silent leges, p. 116.

[16] Cf. VERVAELE. La legislación antiterrorista en Estados Unidos: inter arma silent leges, p. 115.

[17] Cf. VERVAELE. La legislación antiterrorista en Estados Unidos: inter arma silent leges, p. 120.

[18] Sobre o tema, cf. Irene Maria Portela (O combate ao branqueamento e capitais e o financiamento do terrorismo à luz do "USA Patriot Act 2001, p. 261).

Título II – Aumento dos procedimentos das vigilâncias;
Título III – Lei contra o branqueamento internacional de capitais e o financiamento do terrorismo de 2001;
Título IV – Proteção das fronteiras e do aumento das medidas de segurança na emigração;
Título V – Remoção dos obstáculos nas investigações de terrorismo;
Título VI – Providências para as vítimas do terrorismo, para agentes de segurança pública e para as suas famílias;
Título VII – Do aumento da partilha de informações sobre infraestruturas de risco;
Título VIII – Do endurecimento das leis criminais contra o terrorismo;
Título IX – Do aperfeiçoamento dos serviços de inteligência;
Título X – Miscelânea.

Da análise da estrutura deduz-se que o governo e legislador dos Estados Unidos, para reforçar a segurança nacional, visaram ao recrudescimento do sistema de vigilância, atentaram-se para o financiamento do terrorismo, buscaram flexibilizar as investigações que lhe são afetas, reforçaram os serviços de inteligência, tornaram mais severo o sistema de Direito Penal e dispensaram atenção para com as vítimas do terrorismo, agentes de segurança pública e suas famílias.

Pode-se afirmar, ainda, que a Lei Patriota atua em quatro frentes:

(i) aumenta os poderes do Executivo para rastrear e interceptar comunicações, tanto no âmbito do Direito Processual Penal, como no tocante a serviços de inteligência;

(ii) reforça as normas contra a lavagem de dinheiro;

(iii) aumenta o rigor das leis de imigração;

(iv) cria novos delitos federais, aumentando a pena de vários deles.[19]

Contudo, a estrutura também permite concluir que a Lei Patriota afigura-se prolixa e com pouco rigor lógico e sistemático entre os assuntos disciplinados. Para se ter ideia disso, a definição legal de terrorismo vai ser tratada apenas no Título VIII (Endurecimento das leis criminais contra o terrorismo), quando, a rigor, deveria introduzir o diploma legal, porquanto nuclear e imprescindível para o adequado encaminhamento do assunto.[20]

O vetor principal da Lei Patriota é a segurança nacional, com introdução de mudanças em praticamente todos os diplomas legais atinentes a domínios estratégicos da segurança nacional e também internacional, no que diz respeito à proteção das fronteiras.[21]

---

[19] Cf. GÓMEZ CORONA. Estados Unidos: política antiterrorista, derechos fundamentales y división de poderes, p. 59-60.

[20] Cf. PORTELA. O combate ao branqueamento e capitais e o financiamento do terrorismo à luz do "USA Patriot Act 2001", p. 263.

[21] Cf. PORTELA. O combate ao branqueamento e capitais e o financiamento do terrorismo à luz do "USA Patriot Act 2001", p. 257.

A Lei Patriota amplia os poderes do FBI (*Federal Bureau of Investigation*) para, em síntese, promover interceptações eletrônicas e via cabo, como também prender suspeitos de terrorismo.

4 Da segurança nacional

As seções 101 e 103 da Lei Patriota cuidaram de estabelecer linhas de financiamento secreto ao Departamento de Justiça e ao FBI no enfrentamento do terrorismo. Com isso, foi possível proceder ao pagamento de recompensas a informantes e ex-informantes, bem como possibilitar detenções levadas a efeito no exterior, de pessoas suspeitas de terrorismo. Também foi criada no seio do *Secret Service* uma unidade especial voltada à prevenção e elucidação de *ciberterrorismo*.

5 Terrorismo – Definição legal

A Lei Patriota trouxe mudanças substanciais quanto à definição de terrorismo. De modo inédito, introduziu o conceito de terrorismo nacional ou interno (seção 802). Em síntese, terrorismo nacional significa atividade que: (i) implica atos perigosos para a vida humana, que violem o Direito Penal dos Estados Unidos ou de qualquer Estado; (ii) tem como finalidade intimidar ou coagir a população civil, influir sobre a política do governo mediante intimidação ou coerção, incidir sobre a atividade do governo por meio de destruição em massa, homicídios e sequestros; (iii) é realizada, sobretudo, dentro da jurisdição territorial dos Estados Unidos.

Ainda, foram introduzidas outras condutas, consideradas atos terroristas, tais como ataques terroristas e outros atos violentos contra sistemas de transportes de massa, como, por exemplo, incêndios dolosos, introdução de produtos químicos ou biológicos com o fim de atingir danosamente os passageiros, colocando em risco a vida humana (seção 801).

Outra modalidade criminosa foi a de dar proteção a terroristas, seja com direta consciência desta condição ou com fundadas razões de nela acreditar. A inovação promovida pela seção 803 caracterizou-se por ter um alcance bastante amplo, como abrigar terroristas envolvidos em ofensas decorrentes de destruição de aeronaves, armas biológicas e químicas, armas para destruição em massa, violência contra navegação marítima, além de outras.

O auxílio material a terrorista também foi elevado à condição de delito autônomo (seção 805). Assim, aquele que fornecer apoio material ou recurso, ou auxiliar na ocultação da natureza, localização, propriedade de material ou recurso usado para prática de atos terroristas também incidirá em conduta criminosa, com pena de até 15 anos ou, se resultar morte, com possibilidade de pena superior a este limite ou mesmo prisão perpétua.[22]

A seção 806 cuidou de tratar dos bens de organizações terroristas, modificando a seção 981 do USC (Código dos Estados Unidos), referente à perda civil (*civil forfeiture*) para os Estados Unidos de propriedade, pessoal ou real, de bens envolvidos em prática de atos terroristas.

A seção 808, por sua vez, tratou da definição de terrorismo como crime federal, para atos que transcendem a fronteira nacional, modificando a seção 2332B do USC.

6 Interceptação das comunicações

Ponto interessante que recebeu tratamento diferenciado com o advento da Lei Patriota reside nas normas que regulam a interceptação das comunicações.[23]

Até os anos 70, o controle judicial dos poderes de investigação ocupava frequente espaço na jurisprudência dos Estados Unidos, especialmente em relação a possíveis afrontas à Quarta Emenda (cláusula de autorização judicial). Referida emenda dispõe que a autorização pode ser obtida somente a partir de elementos probatórios suficientes para manter a acusação.[24]

No decorrer da década de 70, foi se construindo nos Estados Unidos o entendimento jurisprudencial segundo o qual a autorização judicial para fins de interceptação telefônica somente seria obrigatória quando envolvesse nacionais e desde que inexistente qualquer nexo com outros países. Isso, de fato, consolidou-se com o advento da FISA (*Foreign Intelligence Surveillance Act*, de 1978),[25] que veio a permitir o uso de interceptação sem autorização quando o alvo fosse governos estrangeiros ou seus agentes. Caso o investigado fosse cidadão norte-americano ou residente nos Estados Unidos, a interceptação telefônica dependeria de autorização do tribunal secreto da FISA.[26] De qualquer modo, o advento da FISA veio normatizar o

---

[22] Cf. Tit. 18, seção 2339A, *United States Code* (*USC*).

[23] Para estudo aprofundado sobre o tema, cf. GÓMEZ CORONA. Estados Unidos: política antiterrorista, derechos fundamentales y división de poderes, 2010.

[24] Cf. VERVAELE. La legislación antiterrorista en Estados Unidos: inter arma silent leges, p. 120. Vervaele menciona dois casos, envolvendo decisões da Suprema Corte Americana: o caso *Katz contra Estados Unidos*, quando se estabeleceu que a autorização judicial era, como regra geral, necessária para proceder à interceptação telefônica, salvo em hipóteses passíveis de afetar a defesa nacional (389 US 347, 1967), e o caso *Berger contra New York*, ocasião em que se dispôs que a decisão que autorizasse a interceptação deveria ser suficientemente concreta, especialmente quanto ao objeto e duração (388 US 41, 1967).

[25] Para melhor conhecimento sobre a FISA, cf. <http://en.wikipedia.org/wiki/Foreign_Intelligence_Surveillance_Act>. Acesso em: 16 jan. 2012.

[26] Cf. VERVAELE. La legislación antiterrorista en Estados Unidos: inter arma silent leges, p. 121.

entendimento jurisprudencial, exigindo ordem judicial para interceptação telefônica nos casos referidos.

Com efeito, antes da Lei Patriota, dois atos normativos regulamentavam a matéria de interceptação telefônica. A *Wiretap Act* e a FISA, esta sobre as atividades de inteligência norte-americana.[27]

Em regra, conforme o Direito Processual Penal norte-americano ordinário, para a ocorrência da interceptação do conteúdo de comunicações por cabo, o governo necessitava pedir autorização judicial, fundada na existência de uma causa provável.[28]

Em relação às atividades de inteligência, a FISA estabelecia um tribunal especial a fim de rever os pedidos de vigilância eletrônica. Haveria de estar presente a causa provável de que o objetivo seria um governo estrangeiro ou agente de um governo estrangeiro.[29] Segundo Vervaele, a ordem de interceptação deve especificar quem é o destinatário e os lugares onde ocorrerá a vigilância. Os juízes da FISA decidem a partir de provas secretas, com limitada margem de discricionariedade.[30]

Assim, se a finalidade fosse interceptar comunicações de um governo estrangeiro, o pedido deveria conter os seguintes requisitos: (i) a informação pretendida teria que ser de inteligência estrangeira; (ii) o propósito da interceptação era acessar esta informação; (iii) o fim a ser alcançado não poderia ser obtido por meios tradicionais de investigação.[31]

Percebe-se, dessa forma, a distinção de tratamento. Quando se refere à interceptação envolvendo fins processuais, o respeito ao devido processo legal é maior. No entanto, para fins de inteligência, o *standard* probatório era bem reduzido. Em síntese, maior garantismo em relação ao tratamento ordinário, e menor conforme as regras da FISA. Assim consistia o marco legal que regulava as interceptações e também se aplicava ao terrorismo até o advento da Lei Patriota.[32]

Interceptações fundadas na FISA e que culminavam, acidentalmente, com a obtenção de elementos informativos aptos a processar outros suspeitos, que não eram investigados inicialmente, poderiam ser usadas,

---

[27] Cf. GÓMEZ CORONA. Estados Unidos: política antiterrorista, derechos fundamentales y división de poderes, p. 60.

[28] Cf. GÓMEZ CORONA. Estados Unidos: política antiterrorista, derechos fundamentales y división de poderes, p. 60.

[29] Cf. GÓMEZ CORONA. Estados Unidos: política antiterrorista, derechos fundamentales y división de poderes, p. 60.

[30] Cf. VERVAELE. La legislación antiterrorista en Estados Unidos: inter arma silent leges, p. 123.

[31] Cf. GÓMEZ CORONA. Estados Unidos: política antiterrorista, derechos fundamentales y división de poderes, p. 60.

[32] Cf. GÓMEZ CORONA. Estados Unidos: política antiterrorista, derechos fundamentales y división de poderes, p. 61.

conforme decisões dos tribunais, desde que a vigilância tivesse como origem questão atinente à segurança nacional.[33]

Com a Lei Patriota, fica estabelecido que os elementos informativos obtidos em investigações baseadas na FISA podem ser utilizados para fins processuais, em relação a terceiros, desde que a investigação fosse dirigida a assuntos ligados à segurança nacional.[34] Conclui-se, mais uma vez, que a Lei Patriota veio normatizar questão que vinha sendo resolvida no âmbito da jurisprudência norte-americana, acabando por adotar o entendimento predominante.

Antes da Lei Patriota era possível, no âmbito do Direito Processual Penal, proceder à interceptação de mais de uma linha, a partir de uma única ordem judicial, para os casos em que o investigado se utilizava de várias linhas, o que se denomina de *roving wiretaps*. Tal medida, contudo, não era possível em investigações fundadas na FISA. Com a Lei Patriota, isso se amplia para todas as hipóteses, vale dizer, em interceptações decorrentes tanto do Direito Processual Penal, quanto da FISA, desde que o governo evidencie que isso se faz necessário.[35] Afirma Vervaele que, na prática, o *roving wiretaps* foi usado sem muita atenção para seus requisitos específicos.[36]

O recurso de ter acesso a todos os dados de uma comunicação telefônica, exceto seu conteúdo, também fica mais flexível a partir da Lei Patriota, que passa a exigir apenas a demonstração de que a informação pretendida é relevante para investigação sobre terrorismo ou inteligência.[37]

Com a Lei Patriota, os dados registrados, vale dizer, armazenados em *e-mails*, por exemplo, dispensam ordem judicial para a interceptação, assim como nos casos de interceptação de suspeitos de cometimento de abusos informáticos (seção 217). A seção 218, por sua vez, ampliou os poderes do governo para interceptar comunicações com fundamento na FISA, alargando as hipóteses em que seria possível recorrer a esta lei, a fim de escapar dos tradicionais *standards* de investigação penal, conforme o Direito Processual Penal, que eram mais rigorosos.[38]

---

[33] Cf. GÓMEZ CORONA. Estados Unidos: política antiterrorista, derechos fundamentales y división de poderes, p. 61.

[34] Cf. *USA Patriot Act*, §218, 115, Stat. 272, 291 (2001). Sobre o tema cf. Cf. GÓMEZ CORONA. Estados Unidos: política antiterrorista, derechos fundamentales y división de poderes, p. 61-62.

[35] Cf. GÓMEZ CORONA. Estados Unidos: política antiterrorista, derechos fundamentales y división de poderes, p. 62.

[36] Cf. VERVAELE. La legislación antiterrorista en Estados Unidos: inter arma silent leges, p. 122.

[37] Cf. GÓMEZ CORONA. Estados Unidos: política antiterrorista, derechos fundamentales y división de poderes, p. 62.

[38] Cf. GÓMEZ CORONA. Estados Unidos: política antiterrorista, derechos fundamentales y división de poderes, p. 65.

O requisito para o governo obter a ordem consiste na demonstração da existência de uma causa provável de que o agente é de um país estrangeiro, dispensando qualquer referência ao seu suposto envolvimento em práticas criminosas. E este é um dos pontos polêmicos no tratamento diferenciado dado, conforme a Lei Patriota, para o enfrentamento do terrorismo, em contraposição ao tradicional regramento do Direito Processual Penal.[39]

Percebe-se uma nítida possibilidade de se permitir praticamente interceptação ampla e irrestrita, desde que se comprove a condição de estrangeiro.

6.1 Acesso a informações e outros elementos no âmbito da FISA

A seção 215 da Lei Patriota dá ao governo o direito de acessar arquivos e documentos em poder de instituições educacionais, financeiras, provedores de serviços de telecomunicações, o que pode ocorrer a partir de pedido do Executivo para o tribunal criado pela FISA.[40] O pedido apresenta formalidade bem simples, exigindo apenas uma declaração no sentido de que o acesso poderá permitir a obtenção de informação relevante para uma investigação contra o terrorismo internacional ou mesmo atividades de inteligência.[41]

Cumpre registrar que as entidades eventualmente acionadas e incumbidas de fornecer as informações requisitadas devem guardar o dever de sigilo em relação à pessoa afetada, não sendo passível o ato sequer de discussão judicial.[42]

Evidente que a medida foi fonte de discussões, especialmente em relação a sua constitucionalidade. Ficou nítido o intuito de se aferir alguns hábitos dos indivíduos, como, por exemplo, obras consultadas em bibliotecas, *sites* acessados, práticas religiosas, como meio de se evidenciar eventual perfil terrorista.[43]

A seção 505 cuidou de modificar a *Eletronic Communications Privacy Act*, de 1986, atribuindo maiores poderes ao Executivo no âmbito da intervenção das comunicações e de acesso a dados de caráter pessoal.

---

[39] Cf. GÓMEZ CORONA. Estados Unidos: política antiterrorista, derechos fundamentales y división de poderes, p. 66.

[40] Cf. GÓMEZ CORONA. Estados Unidos: política antiterrorista, derechos fundamentales y división de poderes, p. 63.

[41] Cf. GÓMEZ CORONA. Estados Unidos: política antiterrorista, derechos fundamentales y división de poderes, p. 63.

[42] Cf. GÓMEZ CORONA. Estados Unidos: política antiterrorista, derechos fundamentales y división de poderes, p. 63.

[43] Cf. GÓMEZ CORONA. Estados Unidos: política antiterrorista, derechos fundamentales y división de poderes, p. 64.

Desta vez não se faz necessária qualquer providência judicial, bastando um comando administrativo, denominado *Nacional Security Letter*, o que dá ao governo a possibilidade de obter dados de empresas provedoras de serviços de telecomunicações, sob a justificativa de buscar informação relevante para investigação sobre terrorismo.[44] Evidente que, em razão da ausência da necessidade de ordem judicial prévia, esta norma foi muito mais utilizada que aquela prevista na seção 215.

6.2 *Protect America Act*, de 2007

É certo que as autoridades estadunidenses foram além das mudanças introduzidas pela Lei Patriota, conquanto algumas destas tornaram-se até mesmo definitivas. Fato é que, em 05 de agosto de 2007, foi aprovada a *Protect America Act*, que modificou a FISA, com o fim de proporcionar novos elementos para permitir o acesso a informações sobre atividades terroristas. Em síntese, a referida lei, que expirou em fevereiro de 2008, substitui a necessidade de autorização para interceptar comunicações por um sistema de controle interno, seguido de notificação, no prazo de 72 horas, ao tribunal instaurado pela FISA, sempre que a vigilância se dirija a uma pessoa determinada, havendo fundadas razões de se encontrar fora dos Estados Unidos.[45]

Assim, eliminou-se o requisito da prévia ordem judicial para interceptar qualquer comunicação produzida com o estrangeiro, estando ou não os intervenientes fora dos Estados Unidos. Após o prazo de duração desta norma, a FISA retomou a vigência e eficácia, com as modificações então já promovidas por meio da Lei Patriota.[46]

6.3 FISA *Amendments Act*, de 2008

Em 10 de julho de 2008, foi aprovada a FISA *Amendments Act*, que acabou por tornar permanente boa parte das alterações levadas a cabo pela *Protect America Act*. Desta vez, a exigência de prévia autorização judicial é retomada, para os casos de interceptação de comunicações de estadunidenses no estrangeiro. No entanto, quando o fim é interceptar comunicações oriundas do exterior para destinatário que se encontra nos Estados Unidos, a autorização judicial não se faz necessária.[47]

---

[44] Cf. GÓMEZ CORONA. Estados Unidos: política antiterrorista, derechos fundamentales y división de poderes, p. 64.
[45] Cf. GÓMEZ CORONA. Estados Unidos: política antiterrorista, derechos fundamentales y división de poderes, p. 67.
[46] Cf. GÓMEZ CORONA. Estados Unidos: política antiterrorista, derechos fundamentales y división de poderes, p. 68.
[47] Cf. GÓMEZ CORONA. Estados Unidos: política antiterrorista, derechos fundamentales y división de poderes, p. 68.

7 Medidas de controle da lavagem de dinheiro e do financiamento de atividades terroristas

Outro ponto relevante na Lei Patriota consiste no enfrentamento da lavagem de dinheiro e financiamento de atividades terroristas, o que foi objeto do Título III da Lei Patriota.

Uma das consequências do atentado de 11 de setembro de 2001 foi a necessidade de se monitorar e investigar a conduta voltada para o financiamento do terrorismo. Com efeito, os ataques somente foram possíveis por conta da facilidade de se usar o sistema financeiro dos Estados Unidos para o recebimento de fundos do estrangeiro e para realizar as respectivas transferências.[48]

A dificuldade inicial para se investigar estas transações foi evidente, e, em boa parte, fruto da anacrônica legislação até então vigente. Além do déficit legislativo, restou comprovada a falta de cooperação internacional, até mesmo dentro das mesmas agências norte-americanas, sobretudo em razão do tratamento dispensado em torno do sigilo bancário.[49]

Nesse sentido, a primeira providência adotada pelos Estados Unidos, com o fim de identificar bens usados para práticas terroristas e monitorar transações suspeitas, foi a de alterar o marco legal, o que também foi feito por meio da Lei Patriota, que, neste ponto, cuidou de eliminar ou ao menos reduzir o sigilo bancário, a partir do momento em que exista suspeita da existência de lavagem de dinheiro, com finalidade terrorista.[50]

Com o advento da Lei Patriota, as atribuições da unidade de repressão à de dinheiro nos Estados Unidos, o denominado FinCEN,[51] foram ampliadas (seção 361). Pode-se dizer que todos os sistemas de transações financeiras, tais como operações de câmbio, internet, sistemas informais como o *hawala* ou *hundi*,[52] intercâmbios de objetos preciosos, foram regulados posteriormente.[53]

---

[48] Para uma específica análise sobre o financiamento ao terrorismo, cf. SALAS CALERO. Financiación del terrorismo, blanqueo de capitales y secreto bancario: un análisis crítico, p. 301-343.

[49] Cf. SALAS CALERO. Financiación del terrorismo, blanqueo de capitales y secreto bancario: un análisis crítico, p. 309.

[50] Cf. SALAS CALERO. Financiación del terrorismo, blanqueo de capitales y secreto bancario: un análisis crítico, p. 311.

[51] Para melhor conhecer sobre o FinCEN, Financial Crimes Enforcement Network, Departamento do Tesouro Americano. Disponível em: <http://www.fincen.gov/>. Acesso em: 10 jan. 2012.

[52] *Hawala* ou *hundi* consiste no sistema bancário mais antigo praticado na sociedade, baseado em transferências financeiras por meio de relações familiares ou outros vínculos fundados na confiança. Transfere-se o dinheiro sem movimentá-lo, não existindo qualquer registro físico ou contábil e que vem sendo utilizado com frequência pelas redes terroristas. Para melhor conhecimento, cf. <http://www7.rio.rj.gov.br/cgm/comunicacao/publicacoes/prestandocontas/?49/7>. Acesso em: 18 jan. 2012.

[53] Cf. VERVAELE. La legislación antiterrorista en Estados Unidos: inter arma silent leges, p. 126.

Em abril de 2002, o Departamento do Tesouro emitiu regulamentos para a aplicação da nova legislação,[54] envolvendo, sobretudo, operações de seguradoras, fundos de investimentos, bolsa de valores, agências de câmbio, empresas e bancos emissores de cartões de crédito e entidades que se dedicam a transferir fundos. Em síntese, as regras exigiram atenção destas entidades para o estabelecimento de políticas para o combate e prevenção à lavagem de dinheiro.[55]

A Lei Patriota também cuidou de definir o que consiste *instituição financeira*, incluindo neste conceito bancos, sucursais ou agente de bancos ou entidades que vendem ações da bolsa, seguradoras, empresas de turismo, joalherias, vendedoras de veículos, embarcações e aeronaves, cassinos e agentes envolvidos em transações imobiliárias.[56]

A alteração legislativa permitiu ao Departamento do Tesouro congelar contas de bancos estrangeiros nos Estados Unidos, sem que o banco possa questionar a decisão, bem como ter acesso às provas contra si (seção 311).[57] Também foi possível congelar bens durante o curso de uma investigação com o fim de evitar a fuga de capitais. Assim, pode o presidente, em casos de atos terroristas ou durante o estado de guerra, ordenar o confisco de bens de qualquer pessoa ou instituição estrangeira que possa ter participado de atos hostis contra os Estados Unidos.[58] Ainda, tornou-se possível o Executivo sequestrar bens de organizações terroristas, ou que sejam produto de terrorismo, ou que possam ser usados para facilitar atos terroristas (seção 806).

Diversas alterações legislativas tiveram como fim aperfeiçoar o sistema de enfrentamento ao financiamento do terrorismo, dentre elas, aumento das penas pecuniárias, com possibilidade de se atingir o dobro de uma transação financeira, com o máximo de um milhão de dólares. A competência em matéria penal foi ampliada para incluir o delito cometido, no todo ou em parte, nos Estados Unidos; quando os bens decorrentes de atividades ilícitas se encontrarem nos Estados Unidos; ou possuir conta

---

[54] Cf. STEVENSON; WANE. More Regulations to Thwart Money Laundering are Imposed. *The New York Times*.

[55] Cf. STEVENSON; WANE. More Regulations to Thwart Money Laundering are Imposed. *The New York Times*.

[56] Cf. SALAS CALERO. Financiación del terrorismo, blanqueo de capitales y secreto bancario: un análisis crítico, p. 312.

[57] Afirma Luis Salas Calero que, em 2005, o Departamento do Tesouro acusou o Banco Delta Ásia de Macau, de manter relações ilícitas relacionadas com o crime organizado na Coreia do Norte, especialmente tráfico de drogas e falsificação de moedas. Cerca de 25 milhões de dólares da Coreia do Norte foram congelados, no Banco Delta. O banco veio a quebrar e a Coreia do Norte, por sua vez, suspendeu as relações com os Estados Unidos sobre seu programa nuclear como represália (Cf. SALAS CALERO. Financiación del terrorismo, blanqueo de capitales y secreto bancario: un análisis crítico, p. 314).

[58] Cf. SALAS CALERO. Financiación del terrorismo, blanqueo de capitales y secreto bancario: un análisis crítico, p. 315.

bancária nos Estados Unidos, seja a estrutura financeira da própria organização criminosa ou de seus agentes (seção 317).[59]

Também foi estabelecida a vedação geral, direcionada a bancos nacionais e estrangeiros, de realizar transações com fundos decorrentes de atividades ilícitas (seção 318). A lavagem de dinheiro passou, ainda, a contemplar o capital fruto de atos violentos, de corrupção, contrabando e todos que permitem a extradição.[60] Em síntese, todas as operações ocorridas nos Estados Unidos, por meio de recursos ilegais, passaram a ser consideradas lavagem de dinheiro.

8 Detenção, processo e condenação dos combatentes inimigos

Tão logo ocorreram os ataques de 11 de setembro, os Estados Unidos, por meio de uma Ordem Militar (*Military Order – Detention, Treatment, and Trial of Certain Non-Citizens in the War Against Terrorism*)[61] emanada do presidente, em 13 de novembro de 2001, cuidaram de estabelecer tribunais militares de exceção com o fim de julgar os denominados *combatentes inimigos*, capturados no marco da guerra contra o terrorismo.[62]

Percebe-se que este regime foi adotado por via administrativa, sem a intervenção legislativa do Congresso, em razão da autorização dada em 18 de setembro, que conferiu ao presidente Bush a possibilidade de uso das Forças Armadas.[63]

O âmbito de definição da referida Ordem Militar foi bastante abrangente, sujeitando-se a ela quem o Presidente assim declarar, necessitando-se apenas da existência de razões para acreditar que o indivíduo:

(i) é ou foi membro da Al Qaeda;

(ii) participou, ajudou, induziu ou conspirou para cometer atos de terrorismo internacional ou atos de preparação que causaram, ameaçaram de causar ou intentam causar efeitos perversos aos Estados Unidos, seus cidadãos, segurança nacional e política exterior ou econômica;

(iii) tenha ocultado uma ou mais pessoas referidas nos itens anteriores.[64] Também se sujeitará à norma o indivíduo que assim interessar aos Estados Unidos.

---

[59] Cf. VERVAELE. La legislación antiterrorista en Estados Unidos: inter arma silent leges, p. 126.

[60] Cf. VERVAELE. La legislación antiterrorista en Estados Unidos: inter arma silent leges, p. 126.

[61] Para conhecimento e análise da Ordem Militar, cf. <http://www.law.cornell.edu/background/warpower/fr1665.pdf>. Acesso em: 12 jan. 2012.

[62] Cf. GÓMEZ CORONA. Estados Unidos: política antiterrorista, derechos fundamentales y división de poderes, p. 69.

[63] Cf. GÓMEZ CORONA. Estados Unidos: política antiterrorista, derechos fundamentales y división de poderes, p. 69.

[64] Cf. Seção 2 da *Military Order – Detention, Treatment, and Trial of Certain Non-Citizens in the War Against Terrorism*.

Cumpre registrar que o destinatário da norma e que, portanto, está sujeito à Ordem Militar, dentro do âmbito acima definido, é o cidadão não estadunidense.[65] Este foi um ato importante no contexto dos Estados Unidos para declarar a guerra contra o terror. Não restou expressamente vinculado neste ato normativo a expressão *combatente inimigo*, o que somente veio a acontecer em 2005.[66] Contudo, esta categoria, desde 2001, passou a ser assim configurada com o claro intuito de afastar as garantias do Direito Internacional Humanitário aos prisioneiros de guerra.[67]

A estratégia adotada pelos Estados Unidos foi a de manter sob detenção indivíduos suspeitos de serem terroristas, na condição de *combatentes inimigos*, conforme os critérios acima referidos e segundo pura discricionariedade administrativa, sem acusação, processo e julgamento em relação a qualquer crime que seja, com o fim de se afastar tais sujeitos da categoria de prisioneiros de guerra, o que ensejaria a aplicação dos direitos e garantias do Direito Internacional, inclusive das Convenções de Genebra.[68]

A crítica que se faz a este método reside, num primeiro momento, à ausência de qualquer espécie de procedimento legislativo adequado, ainda que em tramitação de urgência, para a veiculação de ato normativo com tamanha afronta aos padrões do Direito Internacional Humanitário. Num segundo aspecto, a apreensão do indivíduo se faz sob a violação de condições mínimas de um devido processo legal, eis que serão submetidos a um julgamento por tribunais militares de exceção.[69]

Constata-se que tudo se resume na declaração administrativa do indivíduo como sujeito à Ordem Militar. A partir daí não se fala em defesa. A concentração de poder é, dessa maneira, absoluta nas mãos do Executivo.[70]

---

[65] A rubrica da ordem já deixa claro tal intento: *Military Order – Detention, Treatment, and Trial of Certain Non-Citizens in the War Against Terrorism*. Além disso, a seção 2, *Definition and Policy*, expressamente esclarece o destinatário da norma: "Section 2. Definition and Policy. (a) The term 'individual subject to this order' shall mean any individual who is not a United States citizen with respect to whom I determine from time to time in writing that [...]" (Disponível em: <http://www.law.cornell.edu/background/warpower/fr1665.pdf>).

[66] Cf. Detainee Treatment Act 2005. <http://jurist.law.pitt.edu/gazette/2005/12/detainee-treatment-act-of-2005-white.php>. Acesso em: 12 jan. 2012.

[67] Cf. GÓMEZ CORONA. Estados Unidos: política antiterrista, derechos fundamentales y división de poderes, p. 69.

[68] Cf. DWORKIN. Lo que la corte verdaderamente dijo. Cumpre destacar que as Convenções de Genebra são a base legal do Direito Internacional Humanitário, com o fim de se tentar dar uma resposta fundada no direito, conforme exigências humanitárias, e a partir da comunidade internacional, para os conflitos armados que surgem no decorrer dos tempos. Busca-se definir o tratamento a ser dispensado aos prisioneiros de guerra, estabelecendo a obrigatoriedade de respeito e tratamento com dignidade para com tais sujeitos. É vedada a tortura, seja sob a perspectiva física e psicológica, assim como o Estado detentor do preso fica obrigado a observar condições sanitárias, seja no âmbito de higiene e de alimentação, bem como o respeito à religião dos presos.

[69] Cf. GÓMEZ CORONA. Estados Unidos: política antiterrista, derechos fundamentales y división de poderes, p. 70.

[70] Cf. GÓMEZ CORONA. Estados Unidos: política antiterrista, derechos fundamentales y división de poderes, p. 70.

A detenção pode ser realizada tanto no território dos Estados Unidos, como fora dele. No entanto, a remessa dos detidos à base naval de Guantánamo tem o evidente caráter de subtraí-los da jurisdição dos tribunais estadunidenses, o que reforça o nítido regime de exceção imposto. Não estando o detido sob a jurisdição dos Estados Unidos, conforme critério territorial, a Justiça estadunidense torna-se incompetente, pois, para se manifestar sobre eventuais questionamentos decorrentes das detenções, processamentos e julgamentos aludidos.[71]

Desse modo, foi a Ordem Militar que permitiu à administração Bush a condição suficiente para deter, de modo secreto e indefinido, centenas de pessoas na Baía de Guantánamo, em Cuba, que chegou a contar com cerca de 700 detidos, provenientes de 44 países.[72]

A atuação em Guantánamo somente se tornou possível em razão de um Acordo, de 1903, entre os Estados Unidos e Cuba, conferindo àquele a jurisdição e controle sobre a Baía de Guantánamo. Em razão desse acordo, os Estados Unidos ali possuem uma Base Naval, local onde se encontra a prisão (Campo Delta). Tal fato, agregado ao precedente de *Johnson v. Eisentrager*,[73] permitiu ao governo dos Estados Unidos formar o raciocínio segundo o qual os fatos ocorridos em Guantánamo estavam imunes à jurisdição dos tribunais estadunidenses.

A elaboração das normas procedimentais que irão reger as Comissões Militares fica a cargo do Secretário de Defesa, por delegação da Ordem Militar.[74] O *standard* probatório que irá nortear o procedimento é inferior ao do processo penal ordinário, eis que se contenta com a admissão de provas que "tenham valor probatório para uma pessoa razoável".[75]

E a Ordem Militar deixa expressamente vedada a aplicação de princípios e normas em matéria probatória, vigentes nos processos penais ordinários, conforme os tribunais estadunidenses.[76]

---

[71] Cf. GÓMEZ CORONA. Estados Unidos: política antiterrorista, derechos fundamentales y división de poderes, p. 70.

[72] Cf. GÓMEZ CORONA. Estados Unidos: política antiterrorista, derechos fundamentales y división de poderes, p. 72.

[73] Neste caso a Suprema Corte, em 1950, afirmou que cidadãos alemães capturados na China, durante a Segunda Guerra Mundial, considerados culpados por crimes de guerra por uma Comissão Militar estadunidense, em Nanking, e presos na Alemanha, não gozavam do direito de apresentar *habeas corpus* perante os tribunais estadunidenses, em razão do critério territorial de competência (Cf. GÓMEZ CORONA. Estados Unidos: política antiterrorista, derechos fundamentales y división de poderes, p. 73).

[74] Cf. *Military Commission Order* nº 1, veiculada em 21 de março de 2002, pelo Secretário de Defesa Donald H. Rumsfeld, com o fim de estabelecer o procedimento para o processamento e julgamento por parte das Comissões Militares de cidadãos não estadunidenses, na guerra contra o terrorismo. Para conhecimento de todo o ato normativo: <http://www.defense.gov/news/Mar2002/d20020321ord.pdf>. Acesso em: 16 jan. 2012.

[75] Cf. Seção 4-c-3, *Military Order...*: "[...] admission of such evidence as would, in the opinion of the presiding officer of the military commission [...] have probative value to a reasonable person".

[76] Cf. Seção 1-f, *Military Order – Detention, Treatment, and Trial of Certain Non-Citizens in the War Against Terrorism*: "Given the danger to the safety of the United States and the nature of

Quanto à defesa do detido e processado, nomeia-se um advogado militar. Pode o acusado valer-se de um defensor civil, porém este estará sujeito a várias limitações, entre elas, a obrigação de abandonar o tribunal toda vez que eventual informação considerada secreta for deduzida.[77]

A comissão militar, responsável pelo processamento e julgamento do detido, pode impor qualquer pena, conforme o direito aplicável, incluindo prisão perpétua e pena de morte.[78]

O critério de julgamento será conforme a posição de dois terços dos membros da comissão presente no momento da votação, devendo a maioria estar presente neste momento.[79]

Quanto à possibilidade de revisão das decisões fundadas na Ordem Militar, o ato normativo que a configurou é claro ao vedar ao indivíduo o direito ao recurso, seja perante qualquer tribunal dos Estados Unidos, qualquer tribunal situado em outro país ou mesmo tribunal internacional.[80]

Cumpre registrar, no entanto, que a conformação inicialmente disposta na Ordem Militar (*Military Order – Detention, Treatment, and Trial of Certain Non-Citizens in the War Against Terrorism*),[81] de 13 de novembro de 2001, em razão das manifestações ocorridas, especialmente de juristas,[82] após sua vigência, foi mitigada por meio do ato administrativo que teve a incumbência de regulamentá-la, qual seja, a *Military Commission Order nº 1*, veiculado pelo Secretário de Defesa.[83]

Segundo o referido ato administrativo, o procedimento passa, em síntese, a ter as seguintes características:

International terrorism, and to the extent provided by and under this order, I find consistent with Section 836 of Title 10, United States Code, that is not practicable to apply in military commissions under this order the principles of law and the rules of evidence generally recognized in the trial of criminal cases in the United States district courts".

[77] Cf. GÓMEZ CORONA. Estados Unidos: política antiterrorista, derechos fundamentales y división de poderes, p. 71.

[78] Cf. Seção 4-a, *Military Order – Detention, Treatment, and Trial of Certain Non-Citizens in the War Against Terrorism*: "Any individual subject to this order shall, when tried, be tried by military commission for any and all offenses triable by military commission that such individual is alleged to have committed, and may be punished in accordance with the penalties provided under applicable law, including life imprisonment or death".

[79] Cf. Seção 4-c-6, *Military Order...*: "[...] conviction only upon the concurrence of two-thirds of the members of the commission present at the time of the vote, a majority being present".

[80] Cf. Seção 7-b-2, *Military Order...*: "[...] the individual shall not be privileged to seek any remedy or maintain any proceeding, directly ou indirectly, or to have any such remedy or proceeding sought on the individual's behalf, in (i) any court of the United States, or any State thereof, (ii) any court of any foreing nation, or (iii) any international tribunal".

[81] Para conhecimento e análise da Ordem Militar, cf. <http://www.law.cornell.edu/background/warpower/fr1665.pdf>.

[82] Cf. SALAS, Luis P. La Ley patriótica USA, p. 265.

[83] Cf. *Military Commission Order* nº 1, de 21 de março de 2002, cujo fim, conforme já esclarecido, foi o de estabelecer o procedimento para o processamento e julgamento por parte das Comissões Militares de cidadãos não estadunidenses, na guerra contra o terrorismo. Para conhecimento de todo o ato normativo: <http://www.defense.gov/news/Mar2002/d20020321ord.pdf>.

(i)   cada comissão terá no mínimo três e no máximo sete membros;

(ii)   todo acusado terá direito a um defensor militar e, se preferir, poderá nomear um defensor civil, que deverá ser submetido a prévia investigação e ter restrições quanto a documentos e atos considerados secretos;

(iii) será privilegiada a presunção de inocência até prova em contrário;

(iv)   o nível probatório para fins de condenação passa para além da dúvida do razoável;

(v)   a acusação deve apresentar todas as provas disponíveis, tanto as favoráveis à acusação, como as eventualmente exculpatórias;

(vi)   o acusado terá o direito ao silêncio, sem qualquer prejuízo dele decorrente;

(vii) as testemunhas estão sujeitas ao *cross-examination*;

(viii) o acusado terá direito de presença durante o procedimento e julgamento;

(ix)   a sentença está sujeita à revisão, por um tribunal militar de apelação, nomeado pelo Secretário da Defesa, ficando a decisão final nas mãos do Presidente ou de pessoa por ele designada.

De fato, a *Military Commission Order nº 1* alterou, em certa medida, as condições inicialmente previstas na Ordem Militar (*Military Order – Detention, Treatment, and Trial of Certain Non-Citizens in the War Against Terrorism*).

Contudo, percebe-se que ambos os atos administrativos, que disciplinam o processamento dos *estrangeiros* detidos, centralizam-se, durante todo o procedimento, incluindo o de sua edição, nas mãos do Poder Executivo dos Estados Unidos, normatizando, inclusive, uma absoluta ausência de direito recursal.

Nesse sentido, verifica-se o descompasso de tal procedimento com as regras do justo processo, sintetizadas no *due process of law*. A pretensão dos Estados Unidos, por meio do Poder Executivo, de impossibilitar qualquer interferência de tribunal internacional revela o ponto a que se chega a guerra contra o terror. Se de um lado as ações terroristas refletem o que há de mais irracional presente no ser humano, a ousadia do governo dos Estados Unidos em declarar, de modo claro e inequívoco, o poder exclusivo sobre os atos e decisões em relação aos indivíduos detidos sob os fundamentos da Ordem Militar também representa a absoluta falta de bom senso e equilíbrio quando, sob um enfoque ou outro, o que está em jogo é o terror e o espaço de guerra declarada sob o qual ele se situa.[84]

---

[84] Para uma análise detalhada e profunda sobre a necessidade de se evoluir o Direito Internacional Humanitário frente às situações vinculadas à guerra contra o terrorismo, discutindo especialmente sobre o estatuto jurídico dos detidos em Guantánamo, vale a pena conferir o trabalho

Não obstante a aludida pretensão do Executivo, fato é que o Poder Judiciário foi instado a se manifestar em relação a fatos decorrentes da aplicação da Ordem Militar. Os três primeiros julgamentos proferidos pela Suprema Corte dos Estados Unidos tendo como objeto a Ordem Militar deram-se em 28 de junho de 2004, nos casos *Hamdi v. Rumsfeld, Rumsfeld v. Padilla* e *Rasul v. Bush.*[85]

8.1 Caso *Hamdi v. Rumsfeld*

O caso em apreço resume-se na captura de Hamdi, cidadão norte-americano, no Afeganistão, em 2001, e removido para Guantánamo, em 2002. Inicialmente, ao tomarem conhecimento de que não se tratava de estrangeiro, Hamdi foi encaminhado para uma prisão militar de Virgínia e, em seguida, para uma prisão na Carolina do Sul, sob a alegação de que seria um combatente inimigo, o que justificaria o isolamento total.[86]

Em junho de 2002, seu pai apresenta perante o Exército um *habeas corpus*, que foi negado por pertencer a uma unidade militar, tendo sido capturado no conflito do Afeganistão, de posse de um fuzil. A partir disso, seu pai solicita ao governo a apresentação das provas ou que liberem seu filho. Um tribunal federal do distrito de Virgínia julga insuficiente a resposta militar e determina ao Exército a apresentação das provas, conforme num processo penal ordinário. Em razão de recursos, o caso chega à Suprema Corte dos Estados Unidos, que se depara sobre dois pontos controversos: a detenção, sob a condição de combatente inimigo, pode se dar indefinidamente, à margem de qualquer processo; é cabível o uso de *habeas corpus* nesses casos.[87]

Em síntese, a Suprema Corte considerou ilegal a detenção de Hamdi durante cerca de dois anos, sob o fundamento de que a condição de combatente inimigo somente poderia ser declarada por um tribunal, ocorrendo violação ao devido processo legal, contrariando a Quinta Emenda (ninguém será privado da liberdade sem o devido processo legal).

No entanto, os fundamentos consolidados nos votos da decisão revelaram o posicionamento da Suprema Corte ante os fatos em geral. Primeiro, destacou-se a necessidade de se buscar o equilíbrio entre os

---

de Ruth Abril (De Guantánamo a Bagdag. Estatuto jurídico y trato a los detenidos en la lucha contra el terrorismo).

[85] Cf. GÓMEZ CORONA. Estados Unidos: política antiterrorista, derechos fundamentales y división de poderes, p. 72.

[86] Cf. GÓMEZ CORONA. Estados Unidos: política antiterrorista, derechos fundamentales y división de poderes, p. 75.

[87] Cf. GÓMEZ CORONA. Estados Unidos: política antiterrorista, derechos fundamentales y división de poderes, p. 76.

interesses daquele que foi classificado como combatente inimigo e o perigo de se deixar livre um combatente inimigo que pode reagir, a qualquer momento, contra os Estados Unidos, insinuando-se, desse modo, o caráter preventivo da detenção. Segundo, a Suprema Corte considera razoável que o julgamento em relação à condição ou não de combatente inimigo seja de competência de tribunais neutros, podendo ser de natureza militar, e não de tribunais ordinários. Terceiro, fica consignado entendimento segundo o qual seria possível adotar-se a inversão do ônus da prova, cabendo ao combatente inimigo demonstrar que não se encontra sob esta categoria.

Nesse sentido, a Suprema Corte acaba por mitigar o princípio da presunção da inocência. Em relação ao caso concreto, contudo, conforme já destacado, a decisão foi no sentido de que faltou respeito às condições mínimas do devido processo legal, eis que Hamdi não era um prisioneiro de guerra, porém um civil, o que exigia tempo mínimo para sua detenção.[88]

8.2 Caso *Rumsfeld v. Padilla*

Assim como Hamdi, Padilla também se trata de cidadão norte-americano. Foi detido no aeroporto de Chicago e removido para Nova Iorque. O governo o declara como combatente inimigo, transferindo-o para uma prisão militar em Carolina do Sul, permanecendo incomunicável por mais de dois anos, até o final de 2003, sem sequer assistência jurídica.[89]

Foi apresentado ao Tribunal Federal de Nova Iorque um pedido de *habeas corpus*, tendo como impetrado o secretário de Estado Donald Rumsfeld. Embora o tribunal tenha negado provimento sob a assertiva de que a condição de combatente inimigo não poderia ser questionada judicialmente, o Tribunal de Apelação entendeu que o governo não tinha o direito de deter Padilla sem acusação formal. Após recurso, o caso chegou à Suprema Corte.[90]

A Suprema Corte ateve-se, nessa ocasião, muito mais em questões procedimentais do que no tocante ao próprio mérito da demanda. Primeiro, destacou a ilegitimidade passiva, esclarecendo que deveria ser demandado o comandante da base naval responsável pelo local de detenção de Padilla, no momento da impetração do *habeas corpus*. Segundo, o juízo competente para o caso seria o do local da detenção e não o Tribunal Federal de Nova Iorque.[91]

---

[88] Cf. GÓMEZ CORONA. Estados Unidos: política antiterrorista, derechos fundamentales y división de poderes, p. 77.

[89] Cf. GÓMEZ CORONA. Estados Unidos: política antiterrorista, derechos fundamentales y división de poderes, p. 78.

[90] Cf. GÓMEZ CORONA. Estados Unidos: política antiterrorista, derechos fundamentales y división de poderes, p. 78.

[91] Cf. GÓMEZ CORONA. Estados Unidos: política antiterrorista, derechos fundamentales y división de poderes, p. 78.

Conquanto importante os pontos levantados na referida decisão, o mérito não foi enfrentado, como, por exemplo, a legalidade da detenção e posterior encaminhamento de um cidadão estadunidense para Guantánamo. Por outro lado, do modo como decidido, afirmou a Suprema Corte a possibilidade de questionamento judicial das detenções administrativas.

8.3 Caso *Rasul v. Bush*

Dois cidadãos australianos e doze kuwatianos, detidos em Guantánamo, apresentam petições de *habeas corpus* perante o Tribunal Federal do distrito de Columbia, solicitando o fim da prisão, assim como também acesso a advogado e sujeição a outros interrogatórios. A defesa do governo foi fundada no precedente *Johnson v. Eisentrager*, o qual nega competência aos tribunais norte-americanos aos estrangeiros detidos fora do território dos Estados Unidos, reforçando a estratégia desde o início pensada.

A Suprema Corte rechaça a aplicação do precedente e discute se o direito de *habeas corpus* é válido num território sobre o qual os Estados Unidos detêm a plena jurisdição e controle, porém não a soberania, como no caso de Guantánamo. Caminha o raciocínio para a possibilidade de os tribunais dos distritos federais analisarem pleitos de *habeas corpus* nos casos sob a respectiva jurisdição, entendendo, dessa maneira, não onde está ocorrendo a detenção, porém onde se situam os agentes responsáveis pela detenção. Assim, concluem que os detidos na base de Guantánamo sujeitam-se às leis federais norte-americanas e, consequentemente, à competência territorial dos Estados Unidos.[92]

Com isso, a Suprema Corte elimina, por vez, a estratégia do governo Bush de afastar o pronunciamento judicial em relação às detenções de Guantánamo, o que, por óbvio, acabou gerando uma reação do Executivo.

8.4 As Comissões Militares de revisão

Em razão das decisões da Suprema Corte, tanto no caso Hamdi como no Rasul, o Departamento de Defesa implementa um procedimento para revisão da condição de combatente inimigo, por meio da criação de Comissões Militares de revisão, pretendendo, com isso, evitar um questionamento em massa perante os tribunais norte-americanos, pela via do *habeas corpus*.[93]

---

[92] Cf. GÓMEZ CORONA. Estados Unidos: política antiterrorista, derechos fundamentales y división de poderes, p. 79-80.

[93] Cf. BLOCHER, J. Combatant Status Review Tribunals: flawed answers to the wrong question. *The Yale Law Journal*, 116, issue 3, 2003 *apud* GÓMEZ CORONA. Estados Unidos: política antiterrorista, derechos fundamentales y división de poderes, p. 80.

Esse procedimento de revisão foi estabelecido por meio do Memorando Wolfowitz, de 07 de julho de 2004 (*Order Establishing Combatant Status Review Tribunal*),[94] que foi complementado por outro de 29 de julho de 2004.[95]

Primeiramente, define-se a categoria de combatente inimigo ilegal como a pessoa que tomou parte ou apoiou as forças do Talibã ou da Al Qaeda ou associadas que praticaram atos hostis aos Estados Unidos e seus aliados. Assim, compreende-se que a partir de agora, ao contrário da Ordem Militar de 13 de novembro de 2001, o cidadão norte-americano também pode ser considerado combatente inimigo ilegal.

As Comissões são formadas por três membros, três oficiais neutros do exército dos Estados Unidos, que analisaram eventual oposição à condição de combatente inimigo. Para fins de assessoria jurídica, o Departamento de Defesa oferece um representante do detido, que fica privado de nomear um advogado de sua confiança. Se necessário, o procedimento abrange a nomeação de intérprete. A Comissão também verificará se é o caso ou não de ouvir testemunhas indicadas pelo detido e quanto ao *standard* probatório não se sujeita às regras ordinárias, podendo considerar, para fins de manutenção da condição de combatente inimigo, qualquer informação que pareça relevante ou mesmo fazendo uso do *hearsay evidence*.[96]

8.5 *Detainee Treatment Act*, de 2005

Com o advento da *Detainee Treatment Act*, de 2005, a realidade das Comissões, introduzidas pelo Memorando Wolfowitz, adquiriram nível legal, estabelecendo-se *standards* uniformes para o interrogatório de pessoas detidas pelo Departamento de Defesa. Estava evidente que o procedimento dispensado aos detidos violava, por completo, condições mínimas do devido processo legal, por exemplo, direito à prova, contraditório e ampla defesa.

Quanto às Comissões de revisão, o objetivo era verificar se a condição de combatente inimigo havia observado os *standards* e procedimentos previstos pelo secretário de Defesa e se estavam em conformidade com a Constituição. O *Detainee Treatment Act* prevê um procedimento de revisão anual, com o fim de aferir se o risco para a segurança nacional dos Estados

---

[94] Cf.: <http://www.defense.gov/news/Jul2004/d20040707review.pdf>.

[95] Cf. <http://www.defense.gov/news/Jul2004/d20040730comb.pdf>.

[96] *The Tribunal is not bound by the rules of evidence such as would apply in a court of Law. Instead, the Tribunal shall be free to consider any information it deems relevant and helpful to a resolution of the issue before it. At the discretion of the Tribunal, for example, it may consider hearsay evidence, taking into account the reliability of such evidence in the circumstances. The Tribunal does not have the authority to desclassify or change the classification of any national security information it reviews.* (Order Establishing Combatant Status Review Tribunal, g-9. Disponível em: <http://www.defense.gov/news/Jul2004/d20040707review.pdf>. Acesso em: 18 jan. 2012).

Unidos ou aliados ainda persiste. A decisão final cabe a um civil designado pelo presidente e confirmado pelo Senado.[97]

A norma, de outro lado, estabelece que nenhum tribunal estadunidense terá competência para analisar pedidos de *habeas corpus* dos detidos em Guantánamo, nem para empreender nenhuma ação contra sua detenção se está ali detido ou se a situação foi confirmada pelo Tribunal de Apelação do Distrito de Columbia, que passa a ter jurisdição exclusiva para determinar a validade de toda decisão de qualquer tribunal de revisão se determinado estrangeiro é ou não combatente inimigo.[98]

A bem da verdade, as alterações ocorridas não acolhem, na íntegra, o entendimento esposado pela Suprema Corte, no sentido de permitir a via do *habeas corpus* para todos os detidos, criando-se apenas um novo procedimento para evitar o maciço questionamento junto àquele tribunal.

Cumpre registrar que por ocasião da primeira revisão das situações dos detidos em Guantánamo, em fevereiro de 2006, de 463 detidos e analisados, 14 foram colocados em liberdade, 120 transferidos a custódia de seus países de origem e 329 permaneceram ali detidos.[99]

8.6 Caso *Hamdan v. Rumsfeld*, de 29 de junho de 2006[100]

Hamdan é um cidadão do Iêmen, detido em novembro de 2001, no conflito com o Afeganistão, e enviado, em junho de 2002, para Guantánamo. Sustenta Hamdan que se encontra sob a proteção das Convenções de Genebra e, logo, deve ser julgado por um tribunal militar e não por tribunal de exceção. O governo Bush, por sua vez, nega a aplicação das normas invocadas, afirmando que elas não se dirigem aos membros da Al Qaeda.

A defesa dos Estados Unidos afirma que no Afeganistão existem dois conflitos distintos e que, por conseguinte, recebem normas diversas. Admite que o conflito que enfrenta o governo talibã é de natureza internacional e que a ele aplicar-se-iam as Convenções de Genebra. No entanto, no tocante aos membros da Al Qaeda, afirma que não se aplicam as Convenções, pois esta entidade não é um Estado, não fazendo parte das Convenções, portanto.

---

[97] Cf. GÓMEZ CORONA. Estados Unidos: política antiterrorista, derechos fundamentales y división de poderes, p. 83.

[98] Cf. GÓMEZ CORONA. Estados Unidos: política antiterrorista, derechos fundamentales y división de poderes, p. 83.

[99] Cf. GÓMEZ CORONA. Estados Unidos: política antiterrorista, derechos fundamentales y división de poderes, p. 83.

[100] Para estudo detalhado sobre este caso, com enfoque principal sobre o marco jurídico aplicável aos membros da Al Qaeda capturados no Afeganistão e enviados para Guantánamo e também sobre a legalidade das Comissões militares para processar e julgar os ali detidos (BOLLO AROCENA. Hamdan v. Rumsfeld. Comentário a la sentencia dictada por el Tribunal Supremo de Estados Unidos el 29 de junio de 2006).

Todavia, a Suprema Corte considera aplicáveis as Convenções de Genebra aos detidos em Guantánamo, concluindo que o art. 3º da Convenção III, da Convenção de Genebra, relativa ao tratamento aos prisioneiros de guerra, de 1949, é o *standard* mínimo aplicável a qualquer conflito armado, internacional ou interno.[101]

A Suprema Corte também enfrenta a questão da legalidade das Comissões Militares instituídas pelo governo Bush, com fundamento na autorização para o uso das Forças Armadas, de 18 de setembro de 2001, estabelecendo a imprescindibilidade da intervenção do legislativo neste ponto.[102]

Como consequência desta decisão, o Congresso aprova e o presidente sanciona, em 17 de outubro de 2006, a *Military Commissions Act*,[103] desta vez com nível legal.[104] A ideia, sem dúvida alguma, foi dar aparência de cumprimento ao Direito Internacional Humanitário. O problema é que a intervenção legislativa não foi suficiente para alterar a essência do disposto na Ordem Militar, de 13 de novembro de 2001. A lei acaba por aprovar a existência da categoria de *combatente inimigo ilegal*, como figura distinta dos prisioneiros de guerra. Nesse sentido, mantém-se a categoria que escapa da incidência das Convenções de Genebra.

Mediante esta norma, considera-se, pois, *combatente inimigo ilegal*:
(i) os que tomaram parte ativa nas hostilidades ou apoiaram ações hostis contra os Estados Unidos ou seus aliados;
(ii) os membros de determinados grupos (Al Qaeda, talibãs e outros afins);
(iii) os que assim foram qualificados por tribunais criados para este fim.[105]

Evidente que a terceira hipótese, que constitui norma de encerramento, permite deixar nas mãos do Executivo a tarefa de indicar quem bem entender e sob qualquer fundamento como *combatente inimigo ilegal*.

---

[101] O art. 3º da Convenção III, da Convenção de Genebra Relativa ao Tratamento aos Prisioneiros de Guerra, de 12 de agosto de 1949, disciplina o comportamento das Altas Partes Contratantes para os casos de conflito armado que não apresente um caráter internacional e que ocorra no território de uma destas Partes, proíbe para as pessoas colocadas fora do combate, incluindo os detidos, ofensas contra a vida, integridade física, tortura, condenações e execuções sem prévio julgamento realizado por um tribunal regularmente constituído, que ofereça todas as garantias judiciais reconhecidas como indispensáveis pelos povos civilizados (Disponível em: <http://www.gddc.pt/direitos-humanos/textos-internacionais-dh/tidhuniversais/dih-conv-III-12-08-1949.html>).

[102] Cf. GÓMEZ CORONA. Estados Unidos: política antiterrorista, derechos fundamentales y división de poderes, p. 85.

[103] Cf. a norma na íntegra, disponível em: <http://www.loc.gov/rr/frd/Military_Law/pdf/PL-109-366.pdf>.

[104] Para uma estudo sobre esta norma, cf. Costas Trascasas (La nueva ley estadounidense de Comisiones Militares: elementos para un análisis crítico desde la perspectiva del Derecho Internacional).

[105] Cf. Military Commissions Act, de 2006, seção 948-a.

Ao lado da criação da figura do *combatente inimigo ilegal*, a *Military Commissions Act*, de 2006, introduz a categoria do *combatente inimigo legal*, com texto muito próximo à definição de prisioneiros de guerra dada pelo art. 4º da Convenção III, da Convenção de Genebra, de 1949, já mencionada. Tal fato reforça a estratégia de aproximar, na letra da lei, a norma norte-americana ao Direito Internacional Humanitário, o que, contudo, não retira a ampla discricionariedade administrativa para considerar qualquer um como *combatente inimigo ilegal*.[106]

A norma mantém os Tribunais de Revisão do Estatuto de Combatente, instaurado pelo Departamento de Defesa e definidos pelo *Detainee Treatment Act*, cujo fim praticamente é confirmar ou não a condição de *combatente inimigo ilegal*.

Mais uma vez mantém-se a distinção de tratamento jurídico entre o cidadão estadunidense e o estrangeiro, o que se caracteriza em toda legislação de enfrentamento ao terrorismo após o 11 de setembro, ficando isto bem evidenciado no que diz respeito às normas sobre imigração.[107]

A norma também faz subsistir as Comissões para o processo e julgamento dos combatentes inimigos, com regras e procedimentos estabelecidos pelo Secretário de Defesa, que poderá consultar o *Attorney General*.[108]

Pela primeira vez, dispõe-se sobre as condutas consideradas como crimes, que se sujeitam à competência das Comissões Militares, por meio de um rol bastante amplo,[109] dentre elas matar pessoas protegidas, atacar civis, emprego de venenos e outras armas similares, usar como escudo pessoa protegida, usar como escudo propriedades protegidas, tortura, mutilação ou desfiguração, terrorismo,[110] apoio ao terrorismo etc.

---

[106] Cf. GÓMEZ CORONA. Estados Unidos: política antiterrorista, derechos fundamentales y división de poderes, p. 88.

[107] Em 19 de janeiro de 2012, o presidente Barack Obama, certamente motivado pelo crescente número de brasileiros que adentram nos Estados Unidos para fins turísticos, noticiou a redução das exigências para obtenção de vistos em relação a eles, por meio de um projeto piloto de dois anos. Cf. <http://www.noticiasbr.com.br/barack-obama-garante-que-processo-para-retirada-de-vistos-no-brasil-sera-agilizado-38442.html>. Acesso em: 20 jan. 2012.

[108] Cf. Military Commissions Act, de 2006, seção 949-a, Rules. Este artigo estabelece as regras e procedimentos sobre as provas.

[109] Para conhecimento de todo o rol, cf. seção 950v, Crimes triable by military commissions.

[110] Vale a pena conferir as hipóteses fáticas para o crime de terrorismo: "Terrorism – Any person subject to this chapter who intentionally kills or inflicts great bodily harm on one or more protected persons, or intentionally engages in an act that evinces a wanton disregard for human life, in a manner calculated to influence or affect the conduct of government or civilian population by intimidation or coercion, or to retaliate against government conduct, shall be punished, if death results to one or more of the victims, by death or such other punishment as a military commission under this chapter may direct, and, if death does not result to any of the victims, by such punishment, other than death, as a military commission under this chapter may direct". Tradução livre: Sujeita-se a este capítulo qualquer pessoa que, intencionalmente, matar ou infligir danos corporais graves em uma ou mais pessoas protegidas, ou, intencionalmente, praticar um ato que evidencie indiferença arbitrária com a vida humana, para, de forma calculada, influenciar

Para os delitos disciplinados na norma ficou estabelecida a imprescritibilidade.[111]

As Comissões serão presididas por um juiz militar e compostas por cinco membros, salvo se o acusado estiver sujeito à pena de morte, o que eleva para no mínimo doze o número de membros.[112] Em relação à publicidade do procedimento, o juiz presidente poderá restringi-la, no todo ou em parte, se julgar necessário para a confidencialidade da informação, com o fim de preservar a segurança nacional, os serviços de inteligência e os instrumentos, métodos e atividades dirigidas a garantir a aplicação da lei e segurança das pessoas.[113]

No que diz respeito à participação da defesa, a lei estabelece, como regra, a indicação de um advogado militar.[114] Todavia, pode ser indicado um advogado civil com várias restrições, como, por exemplo, possuir nacionalidade estadunidense, ter sido previamente admitido para ter acesso a informações secretas, ter estabelecido um acordo escrito pelo qual se comprometa a guardar confidencialidade e cumprir com as normas e instruções da defesa e, em alguns casos, não ter acesso a dados e provas por motivos de segurança nacional.[115] Neste último caso, denota-se praticamente a ausência de defesa, diante de tantos impedimentos.

Quanto à produção probatória, a nova norma soa aparentemente mais garantista, contudo a defesa ainda permanece algo inatingível. Ao advogado será concedida a oportunidade de obter testemunhas e outras provas, inclusive, se necessário, podendo se valer da possibilidade de presença da testemunha mediante condução coercitiva.[116]

As provas obtidas mediante tortura são vedadas, enquanto que as obtidas mediante coação podem ser utilizadas desde que provada a realização da declaração.[117] Também, para os casos de autoincriminação, o conteúdo revelado pode ser admitido.[118] A lei estabelece diferenças valorativas em relação ao momento do ato probatório, se antes ou depois da vigência da *Detainee Treatment Act*, de 2005, em 30 de dezembro de 2005.

---

ou afetar a conduta do governo ou da população civil mediante intimidação ou coerção, ou retaliação contra a conduta do governo, podendo ser punida, se resultar morte a uma ou mais vítimas, por morte ou outra punição definida pela comissão militar, e se não resultar morte a qualquer das vítimas, por outra pena diferente da morte, definida pela comissão militar.

[111] Cf. Seção 950v, "b": "Offenses – The following offenses shall be triable by military commission under this chapter at any time without limitation [...]".

[112] Cf. Seção 949m, "c".

[113] Cf. Seção 949d.

[114] Cf. Seção 949c, "b", 2.

[115] Cf. Seção 949c, "b", 3.

[116] Cf. Seção 949j, "a" e "b".

[117] Cf. Seção 948r, "b".

[118] Cf. Seção 949, 2, "c".

As obtidas antes podem ser admitidas se o juiz considerar que o resultado das medidas frutos de coação resultem confiáveis e com valor probatório.[119] Após a vigência, além destes requisitos, faz-se necessário que a prova não seja produzida mediante atos cruéis, desumanos ou degradantes.[120]

Verifica-se, à evidência, certo avanço no procedimento referente aos *combatentes inimigos*, no entanto nada justifica a diferença de valoração em relação ao momento da produção do ato, o que reforça a opção pelo entendimento de prática da tortura e outros tratamentos degradantes dentro de uma perspectiva legítima.

Por fim, cumpre destacar importante decisão da Suprema Corte norte-americana, quando da análise e julgamento do caso *Boumediene v. Bush*, concluindo, de uma vez por todas, pela admissibilidade do uso do *habeas corpus* para os detidos em Guantánamo perante os tribunais estadunidenses, como direito fundamental por excelência.[121]

9 A chegada de Obama

Em janeiro de 2009, inicia-se a denominada *Era Obama* na administração norte-americana e, desde o início, adviéram manifestações do presidente sobre a situação dos detidos em Guantánamo. Após dois dias de sua posse, em 22 de janeiro de 2009, Barack Obama expede *Ordem Executiva*, visando à disposição e revisão da situação dos indivíduos detidos na base naval da Baía de Guantánamo.[122] Muda-se o tom do discurso, sinalizando para o fechamento deste centro de detenção, o que, evidentemente, tem reflexos diplomáticos, porém se mostra difícil na prática. Referido ato administrativo revela que cerca de 800 pessoas foram ali detidas e em torno de 500 removidas para seus países de destino ou terceiros.[123] Ainda, reconheceu-se expressamente o direito constitucional ao uso do *habeas corpus* perante os tribunais norte-americanos.[124] Determina-se a imediata revisão da situação de todos os detidos, com o fim de se aferir quem deve ser submetido ao procedimento perante os tribunais ordinários e aqueles que devem ser processados perante as Comissões Militares.[125]

---

[119] Cf. Seção 948r, "c".

[120] Cf. Seção 948r, "d".

[121] Cf. GÓMEZ CORONA. Estados Unidos: política antiterrorista, derechos fundamentales y división de poderes, p. 93.

[122] Para conhecimento, na íntegra, deste ato administrativo, Executive Order: Review and disposition of individuals detained at the Guantánamo Bay Naval and closure of detention facilitie.

[123] Cf. Executive Order: Review and disposition of individuals detained at the Guantánamo Bay Naval and closure of detention facilities. Seção 2, "a".

[124] Cf. Seção 2, "c".

[125] Cf. Seção 2, "f" e "g".

9.1 Morte de Bin Laden – O desfecho de uma década contra o terror

Se o tratamento dispensado ao terrorismo pelos Estados Unidos pode-se dividir em antes e depois do 11 de setembro de 2001, também é possível afirmar que outro ponto paradigmático nesta história reside no dia 1º de maio de 2011, ocasião em que os Estados Unidos, por meio de suas tropas especiais (*Navy Seals*), invadiram o esconderijo onde se achava Bin Laden, em Abbottabad, no Paquistão, matando-o.

A discussão sobre o intuito da ação dos Estados Unidos, se com finalidade de capturar o líder da Al Qaeda ou matá-lo, é envolvida em muita controvérsia. Contudo, se uma imagem fala mais do que mil palavras, tornou-se bastante significativa a expressão de pavor da secretária de Estado Hillary Clinton, ao lado do presidente Barack Obama e outros agentes do governo estadunidense, muito provavelmente presenciando cenas referentes à morte de Bin Laden.[126]

Se o mundo presenciou em tempo real e com um misto de descrédito e susto os atentados ao *World Trade Center*, em Nova York, o mesmo ocorreu com membros do governo dos Estados Unidos, após uma década, ao constatarem que a busca a Bin Laden havia chegado ao seu final.

Sobre esse fato fica o questionamento: qual a diferença na atitude humana quando o assunto é terrorismo, entre as partes que se digladiam em torno de tal contenda? Ciente de que este não é o espaço para tal divagação, mas consciente de que é permitido sempre indagar e não se conformar com as aparências, não se afigura exagero supor que a mesma força que lidera homens para destruir um edifício rodeado de indivíduos também guia o desmedido propósito de ceifar vidas humanas, sejam elas de pessoas tidas por terroristas ou não, líderes ou subalternos.

Dentro dessa análise e consciente da tensão vivenciada pelo Direito Penal e Processual Penal em relação ao fato *terrorismo*, uma conclusão afigura-se inevitável para a tentativa de melhor encaminhar o problema sob a perspectiva jurídica: somente o direito poderá ofertar a melhor resposta e

---

[126] Sobre a morte de Bin Laden, Kai Ambos pondera sobre a condição de ser humano também de um terrorista e os direitos que lhe decorrem: "Os terroristas, também Osama Bin Laden, são seres humanos. Como tais, eles são detentores de direitos humanos. Entre esses, encontram-se também o direito à vida, a um tratamento humano e a um processo penal justo. Os direitos humanos fundamentais vigem também em um estado de exceção. Somente de forma excepcionalíssima, o direito à vida em tempos de paz é suspenso parcialmente, mais especificamente, em casos de legítima defesa. Se é certo que Bin Laden estava desarmado e foi assassinado intencionalmente, não teria aplicabilidade a legítima defesa, pois ela requer uma agressão injusta atual às forças especiais de intervenção. Teoricamente, ainda seria possível uma hipótese de erro sobre a situação de legítima defesa. Mas, com isso, objetivamente, o homicídio continuaria sendo um ilícito. Portanto — diferentemente do que referiu o presidente norte-americano — ele não teria servido à justiça, mas sim a prejudicou" (Cf. *Os terroristas também têm direitos*: Bin Laden não deveria ter sido executado: nem mesmo em um conflito armado. *Boletim IBCCRIM*, p. 2).

conforme toda a evolução permeada por esta ciência até os dias atuais. Não se imagina solução jurídica emanada do Estado, enquanto ente legalmente constituído, com atribuições definidas em lei, e que visa ao bem comum, em descompasso com a evolução do próprio direito.

Reações fundadas na violência, independentemente da natureza e modo da ação causal, poderão implicar a nivelação das condutas do agressor e de quem se julga vítima, eis que ambas irracionais e absolutamente contrárias à ordem posta, que almeja a paz e fraternidade entre os homens.[127]

É certo que a ação dos Estados Unidos que resultou na morte de Bin Laden acabou também por alavancar a popularidade do presidente Barack Obama, que, sob a assertiva de que a *justiça foi feita*, fez repercutir o sentimento que estava, consciente ou inconscientemente, arraigado no seio de toda uma nação.

O problema é que atitudes desse jaez acabam por reforçar o círculo de violência com dimensão internacional, colocando, infelizmente, o destino de milhares de cidadãos em risco e na condição de vítimas em potencial. Sabe-se lá quando, onde e de que maneira...

Conclusão

Negar a existência do terrorismo, como atitude irracional, fundada em percepção ideológica extrema e radical, acreditando-se inclusive numa ação missionária e beatificada, por meio de ações violentas e que colocam em risco milhares de pessoas, é ignorar a realidade da sociedade contemporânea.

O problema reside em ponderar adequadamente, e conforme conquistas históricas do direito, especialmente do Direito Internacional Humanitário, mecanismos preventivos e repressivos para conter esse fenômeno mundial.[128]

A análise do tratamento dispensado pelos Estados Unidos, especialmente após o 11 de setembro, revela que adoção de medidas preventivas e de

---

[127] Sobre o tema, cf. a opinião de Kai Ambos: "A superioridade política e moral de uma sociedade livre e democrática consiste, justamente, em tratar seus inimigos como pessoas com direitos mínimos e não se colocar no mesmo nível deles. Por isso, não se leva a cabo uma 'guerra' contra terroristas, mas sim, procura-se combatê-los com os meios do Direito Penal do Estado de Direito. Somente assim, presta-se um serviço à justiça e se cria a base para a superação do injusto terrorista" (*Os terroristas também têm direitos*: Bin Laden não deveria ter sido executado: nem mesmo em um conflito armado, p. 2).

[128] Mireille Delmas-Marty afirma, sobre isso, que não se trata mais de "combater o terrorismo 'por todos os meios', mas também de ressaltar que as medidas tomadas devem ser conforme com o Direito Internacional, em particular com o direito internacional dos direitos humanos" (Cf. O paradigma da guerra contra o crime: legitimar o inumano?, p. 30).

índole processual, tais como interceptações das comunicações e mecanismos de enfrentamento à lavagem de dinheiro e ao financiamento do terrorismo com *standards* probatórios inferiores aos exigidos para o processo penal ordinário, são mais aceitáveis do que o choque provocado em relação a atos com requintes de crueldade física e psicológica, sem qualquer parâmetro mínimo conforme o *processo penal justo*.

Evidente que sempre se espera atitude ética e racional do Estado no trato com os problemas humanos, o que não significa ignorar que momentos de emergência trazem consigo o risco de ações equivocadas. O que não se pode concordar é com o abandono completo do elementar princípio do Estado de Direito — fundado na legalidade e dignidade da pessoa humana, com repartição de poderes entre as três funções estatais — e o arrastamento temporal, indefinidamente, de tal situação.

Uma década não foi suficiente para permitir aos Estados Unidos liquidar, de uma vez por todas, com a situação reinante em Guantánamo. De outro lado, levou-se o mesmo tempo para pôr fim a um homem símbolo do ataque de 11 de setembro, de um modo misterioso e secreto, o que por si só conflita com o direito, especialmente quando diante de situações extremadas a transparência torna-se regra para que a ação possa ser bem justificada e livre de qualquer suspeita.

Se o objetivo sempre foi capturar Bin Laden, o tempo decorrido demonstra a fragilidade estatal diante do terrorismo. Ao lado disso, inúmeras pessoas, cerca de 800, foram detidas e submetidas praticamente a um simulacro de processo, com ausência de defesa técnica e os direitos que lhe decorrem, conforme os padrões mínimos conquistados pela civilização.

A dificuldade e lentidão em se admitir, seja pela Suprema Corte norte-americana, seja pelo próprio Executivo, o uso do *habeas corpus* como direito fundamental destinado a qualquer pessoa para salvaguarda do direito de ir e vir permite concluir que determinadas conquistas tornam-se absolutas, mesmo em momentos de crise e de tensão fática e jurídica, sendo impossível bani-las do sistema. Enfim, o desafio consiste em saber delimitar, por parte de qualquer Estado, o espaço jurídico intocável e intransponível, custe o que custar.

Referências

ABRIL, Ruth. De Guantánamo a Bagdag: estatuto jurídico y trato a los detenidos en la lucha contra el terrorismo. *Revista Electrónica de Estúdios Internacionales*, 9, 2005. Disponível em: <http://www.reei.org/index.php/revista/num9/articulos/guantanamo-bagdad-estatuto-juridico-trato-detenidos-lucha-contra-terrorismo>. Acesso em: 13 jan. 2012.

AMBOS, Kai. *Os terroristas também têm direitos*: Bin Laden não deveria ter sido executado: nem mesmo em um conflito armado. *Boletim IBCCRIM*, São Paulo, ano 19, n. 223, p. 02, jun. 2011.

BARACK Obama garante que processo para retirada de vistos no Brasil será agilizado. *Notícias.br*. Disponível em: <http://www.noticiasbr.com.br/barack-obama-garante-que-processo-para-retirada-de-vistos-no-brasil-sera-agilizado-38442.html>. Acesso em: 20 jan. 2012.

BLOCHER, J. Combatant Status Review Tribunals: flawed answers to the wrong question. *The Yale Law Journal*, 116, issue 3, 2003. <http://www.defense.gov/news/Jul2004/d20040707review.pdf>. Acesso em: 18 jan. 2012.

BOLLO AROCENA, Dolores. Hamdan v. Rumsfeld. Comentário a la sentencia dictada por el Tribunal Supremo de Estados Unidos el 29 de junio de 2006. *Revista Electrónica de Estúdios Internacionales*, 12, 2006.

COSTAS TRASCASAS, Milena. La nueva ley estadounidense de Comisiones Militares: elementos para un análisis crítico desde la perspectiva del Derecho Internacional. Dispojnível em: <http://www.reei.org/index.php/revista/num14/articulos/nueva-ley-estadounidense-comisiones-militares-elementos-para-analisis-critico-desde-perspectiva-derecho-internacional>.

DELMAS-MARTY, Mireille O paradigma da guerra contra o crime: legitimar o inumano?. Trad. Maria da Graça Ferreira Leal. Fábia de Melo-Fournier. *Revista do Ministério Público – PA*, ano 3, v. 1, p. 17-18, dez. 2008.

DETAINEE Treatment Act 2005. Disponível em: <http://jurist.law.pitt.edu/gazette/2005/12/detainee-treatment-act-of-2005-white.php>. Acesso em: 12 jan. 2012.

DWORKIN, Ronald. Lo que la corte verdaderamente dijo. Disponível em: <http://www.cdh.uchile.cl/Libros/18ensayos/Dworkin_LoQueLaCorteDijo.pdf>. Acesso em: 13 jan. 2012.

EXECUTIVE Order: Review and disposition of individuals detained at the Guantánamo Bay Naval and closure of detention facilities. Disponível em. <http://www.whitehouse.gov/the-press-office/closure-guantanamo-detention-facilities>. Acesso em: 20 jan. 2012.

EXECUTIVE Order: Review and disposition of individuals detained at the Guantánamo Bay Naval and closure of detention facilities. Seção 2, "a", seção 2, "c", "e", seção 2, "f" e "g".

FINANCIAL CRIMES ENFORCEMENT NETWORK – FinCEN. Departamento do Tesouro Americano. Disponível em: <http://www.fincen.gov/>. Acesso em: 10 jan. 2012.

FISA. Disponível em: <http://en.wikipedia.org/wiki/Foreign_Intelligence_Surveillance_Act>. Acesso em: 16 jan. 2012.

GABINETE DE DOCUMENTAÇÃO E DIREITO COMPARADO. Convenção III, Convenção de Genebra Relativa ao Tratamento dos Prisioneiros de Guerra de 12 de Agosto de 1949. Disponível em: <http://www.gddc.pt/direitos-humanos/textos-internacionais-dh/tidhuniversais/dih-conv-III-12-08-1949.html>. Acesso em: 18 jan. 2012.

GÓMEZ CORONA, Esperanza. Estados Unidos: política antiterrorista, derechos fundamentales y división de poderes. *In: Terrorismo, democracia y seguridad, en perspectiva constitucional*. Madrid: Marcial Pons, 2010.

HAWALA, sistema secular de movimentação financeira. *Controladoria Geral do Município do Rio de Janeiro*, ano 10, n. 49, jan./fev. 2003. Disponível em: <http://www7.rio.rj.gov.br/cgm/comunicacao/publicacoes/prestandocontas/?49/7>. Acesso em: 18 jan. 2012.

LEI Patriota. Disponível em: <http://epic.org/privacy/terrorism/hr3162.html>. Acesso em: 12 dez. 2011.

MILITARY COMMISSION ORDER. n. 1. Disponível em: <http://www.defense.gov/news/Mar2002/d20020321ord.pdf>. Acesso em: 16 jan. 2012.

MILITARY COMMISSIONS ACT 2006. Seção 948-a. Disponível em: <http://www.loc.gov/rr/frd/Military_Law/pdf/PL-109-366.pdf>. Acesso em: 18 jan. 2012.

MILITARY COMMISSIONS ACT 2006. Seção 949-a. Rules. Este artigo estabelece as regras e procedimentos sobre as provas. Disponível em: <http://www.loc.gov/rr/frd/Military_Law/pdf/PL-109-366.pdf>. Acesso em: 18 jan. 2012.

MILITARY COMMISSIONS ACT OF 2006. Disponível em: <http://www.loc.gov/rr/frd/Military_Law/pdf/PL-109-366.pdf>. Acesso em: 18 jan. 2012.

MILITARY ORDER. Detention, Treatment, and Trial of Certain Non-Citizens in the War Against Terrorism. Disponível em: <http://www.law.cornell.edu/background/warpower/fr1665.pdf>. Acesso em: 12 jan. 2012.

ORDEM Militar. Disponível em: <http://www.law.cornell.edu/background/warpower/fr1665.pdf>. Acesso em: 12 jan. 2012.

PORTELA, Irene Maria. O combate ao branqueamento e capitais e o financiamento do terrorismo à luz do "USA Patriot Act 2001". *In: Lavagem de dinheiro e injusto penal*: análise dogmática e doutrina comparada luso-brasileira. Curitiba: Juruá, 2009.

REVISTA ELECTRÓCNICA DE ESTÚDIOS INTERNACIONALES, 14, 2007. Disponível em: <http://www.reei.org/index.php/revista/num14/articulos/nueva-ley-estadounidense- comisiones-militares-elementos-para-analisis-critico-desde-perspectiva-derecho-internacional>. Acesso em: 18 jan. 2012.

SALAS CALERO, Luis. Financiación del terrorismo, blanqueo de capitales y secreto bancario: un análisis crítico. *In*: CUSSAC, José Luis Gonzáles *et al.* (Dir.). *Financiación del terrorismo, blanqueo de capitales y secreto bancario*: un análisis crítico. Tirant lo Blanch. 2010. p. 301-343. (Monografías, n. 666).

SALAS, Luis P. La Ley patriótica USA. *In*: GÓMEZ COLOMER, Juan-Luis; CUSSAC, José-Luis. *Terrorismo y proceso penal acusatorio*. Valencia: Tirant lo Blanch, 2006.

STEVENSON, Richard W.; WANE. Leslie. More Regulations to Thwart Money Laundering are Imposed. *The New York Times*, 23 de abril de 2002. Disponível em: <http://www.nytimes.com/2002/04/24/business/24laun.html>. Acesso em: 17 jan. 2012.

THE SECRETARY OF THE NAVY. Memorandum for distribution. 29 July 2004 <http://www.defense.gov/news/Jul2004/d20040730comb.pdf>. Acesso em: 18 jan. 2012.

VERVAELE, J. A. E. La legislación antiterrorista en Estados Unidos: inter arma silent leges. *Revista de Derecho y Proceso Penal*, Thomson Aranzadi, 14, p. 115, 2005.

Informação bibliográfica deste texto, conforme a NBR 6023:2002 da Associação Brasileira de Normas Técnicas (ABNT):

ESSADO, Tiago Cintra. Terrorismo conforme o direito norte-americano. *In*: FERNANDES, Antonio Scarance; ZILLI, Marcos. (Coord.). *Terrorismo e justiça penal*: reflexões sobre a eficiência e o garantismo. Belo Horizonte: Fórum, 2014. p. 135-166. ISBN 978-85-7700-844-5.

CAPÍTULO 5

O COMBATE AO TERRORISMO NO DIREITO INGLÊS

UMA VISÃO DE EQUILÍBRIO ENTRE A REPRESSÃO E OS DIREITOS FUNDAMENTAIS

SILVIO CÉSAR AROUCK GEMAQUE

1 Introdução

A necessidade de combater de maneira mais eficaz o fenômeno do terrorismo, necessidade esta que cresceu sobremaneira após os atentados de 11 de setembro, tem atualizado o debate sobre o necessário equilíbrio que se deve buscar entre os valores da "segurança", de um lado, e "os direitos fundamentais", de outro.

O que se observa, após as medidas repressivas que foram tomadas por diversos países na prevenção e repressão ao terrorismo, é que, em diversas situações, os direitos fundamentais dos suspeitos ou acusados não têm sido observados adequadamente.

O que se pretende com o presente estudo é examinar algumas dessas situações, em um plano predominantemente teórico, buscando analisar os aspectos fáticos que envolvem a necessidade de combate ao terrorismo, reconhecida por todos os povos civilizados, com a observância de direitos fundamentais que ao longo da história recente da humanidade têm sido proclamados por Declarações Universais e disciplinados em Tratados, Convenções e em direitos individuais pelos mais diversos países.

Nosso escopo então será a análise da legislação inglesa de combate ao terrorismo.

Como paradigma sobre o necessário equilíbrio entre a repressão ao terrorismo e os direitos e garantias individuais, deve-se levar em consideração o amplo estudo sobre ponderação entre princípios constitucionais e proporcionalidade, desenvolvido predominantemente por Robert Alexy.

A teoria dos direitos fundamentais do mencionado autor oferece uma análise atual, bem como instrumentos importantes para a análise do tema.

Por outro lado, faz-se necessário também atentar aos aspectos fáticos mais importantes do fenômeno do terrorismo e de suas nuances, bem como o impacto no seio social, questionando-se se seu combate vale a supressão de direitos básicos fundamentais.

A importância do estudo do tema é indiscutível, bem como sua atualidade, na medida em que a ciência jurídica deve estar atenta aos fenômenos que surgem e que pretensamente tendem a suprimir conquistas jurídicas já consolidadas há algum tempo. Tais conquistas estariam defasadas ou não? Estariam desatualizadas, carecendo de uma releitura? Haveria uma relativização de direitos, face ao combate ao terrorismo ou não? Tais indagações são exemplos do que se pretende discutir no presente trabalho.

2 Características gerais do terrorismo

É importante o estudo do terrorismo, principalmente após os atentados de 11 de setembro de 2001, que atingiram os EUA, tendo em vista principalmente as características desse tipo de delito, que é planejado e executado de maneira difusa.

É consenso atualmente que os instrumentos normais para a prevenção e repressão de crimes não servem para o combate ao terrorismo, fazendo-se necessária a utilização de instrumentos extraordinários para o seu efetivo combate. Assim, novas técnicas devem ser aplicadas para o seu combate, mas isto será visto mais adiante neste estudo. Por ora, pretende-se analisar as características gerais do fenômeno.

Como já dizia Mao Tse Tung: "mate um e aterrorize mil".[1]

Várias definições são dadas ao terrorismo, sendo certo que não há um consenso internacional acerca de uma definição que abarque todas as características do fenômeno. Essa falta de consenso deve-se principalmente ao fato de que muitos Estados ainda veem na definição do terrorismo eventual impedimento para políticas internas de combate contra inimigos, como acontece com a questão palestina, por exemplo.

Interessante a esse respeito é a definição da Inglaterra no *Terrorism Act 2006* (art. 1º). Segundo essa definição, existem algumas características

---

[1] Citado por MEDHURST, Paul. *United Nations*: Global terrorism (Curso). Now York, United Nations Institute for Training and Reserch: UNITAR/Programme of Correspondence Instruction in Peacekeeing Operations. Poci, 2002. p. 142 *apud* CRETELLA NETO. *Terrorismo internacional*, p. 13.

inerentes aos atos terroristas: a) são irracionais para a sociedade que os sofre; b) trata-se de recursos extremados; c) são erráticos, aleatórios, imprevisíveis: não seguem padrão cronológico ou metodológico; d) são estatisticamente pouco significativos em número de mortos e feridos (se comparados a acidentes de trânsito, por exemplo), mas causam grande comoção popular; e) são dotados de ampla ressonância na mídia, que exibe exaustivamente os atos (quando filmados por alguém), as vítimas e/ou os locais dos atentados.[2]

O Brasil definiu o que são atos de terrorismo, mas também não chegou a definir o terrorismo propriamente dito. A Lei nº 10.744, de 09 de outubro de 2003, "dispõe sobre a assunção de responsabilidades civis perante terceiros no caso de atentados terroristas, atos de guerra ou eventos correlatos, contra aeronaves de matrícula brasileira operadas por empresas brasileiras de transporte aéreo público excluídas as empresas de táxi aéreo". No art. 1º, §4º: "entende-se por ato terrorista qualquer ato de uma ou mais pessoas, sendo ou não agentes de um poder soberano, com fins políticos ou terroristas, seja a perda ou dano dele resultante acidental ou intencional".

Conforme visto, esta é a fórmula habitual escolhida pelos países, ao não definirem o que é terrorismo, mas sim atos de terrorismo.

Interessante a definição oferecida por José Cretella Neto:

> Terrorismo internacional é a atividade ilegal e intencional que consiste no emprego de violência física e/ou psicológica e sistemática, generalizada ou não, desenvolvida por grupos ou por indivíduos, apoiados ou não por Estados, consistindo na prática de atos de destruição de propriedades e/ou de pessoas, ou de ameaçar constantemente usá-los, em uma seqüência imprevisível de ataques, dirigidos a grupos de indivíduos aleatoriamente escolhidos, perpetrados em território de Estados, cujos governos foram selecionados como inimigos da causa a que se dedicam os autores, causando indizível sensação de insegurança aos habitantes da sociedade contra a qual são feitas as ameaças ou cometidos os atentados.[3]

José Cretella Neto vê um excesso, muitas vezes, no combate ao terrorismo por parte de Estados, principalmente quando se referem ao respeito aos direitos fundamentais dos suspeitos, acusados, sem contar da população em geral:

> As reações dos Estados atacados ou ameaçados por esses grupos é, quase sempre, desproporcional aos danos reais sofridos: visando à satisfação das exigências da opinião pública e da mídia, mobilizam-se forças policiais, militares e de inteligência , que tendem a perpetrar ações inaceitáveis pela

---

[2] CRETELLA NETO. *Terrorismo internacional*, p. 24.

[3] *Idem*, p. 36.

comunidade internacional, pois implicam em violações ou cerceamento de diversas das liberdades mais caras às sociedades pluralistas, tão penosamente conquistadas pelas principais democracias do Mundo e, possivelmente, mais vulneráveis a ataques: liberdade de imprensa, liberdade de associação, proteção à intimidade e à vida privada, violação de sigilo bancário e de correspondência, vedação ou limitação à prática de certos cultos, ofensa a Direitos Humanos, limitação do devido processo legal e outras.[4]

Um exemplo nítido desta reação desproporcional aos atos terroristas é o exemplo da resposta dada pelo governo russo aos ataques terroristas praticados naquele país, em um teatro e em uma escola, em que centenas de civis inocentes foram brutalmente assassinados, alguns em circunstâncias até hoje nebulosas.[5]

Com isso já se vê, portanto, a importância de se estudar o terrorismo e o equilíbrio que deve haver entre seu combate e o respeito aos direitos fundamentais.

3 Os direitos fundamentais e o combate ao terrorismo

Entende-se por direitos fundamentais os que sejam inerentes à condição humana, em seus aspectos mais importantes, como, por exemplo, a vida, a liberdade, a propriedade etc., e que se encontrem previstos em textos internacionais na grande maioria dos países do mundo. A partir do momento em que são aceitos como direito interno dos países, são definidos como direitos e garantias individuais.

No âmbito de proteção dos direitos fundamentais há um acentuado conteúdo ético de proteção aos seres humanos, pois indiscutivelmente os direitos mais elementares do homem têm sido violados ao longo da história. É por isso que o óbvio deve ser dito e formalizado em textos escritos de proteção, pois, apesar de parecer um truísmo a catalogação de direitos fundamentais do homem, é o único meio para assegurar um estágio maior de proteção.

Os direitos fundamentais são parâmetros construídos ao longo dos séculos pela humanidade, principalmente a partir da Revolução Francesa e acentuadamente após as grandes guerras mundiais do século XX, refletindo uma evolução ética da humanidade rumo a um estágio de maior respeito entre os homens. Esses direitos podem ser vistos como um processo, uma gradação, pois não surgem todos de uma só vez, nem tampouco são os

---

[4] *Idem*, p. 37.

[5] RUIZ LOYOLA. Armas de destrucción masiva: Perspectivas de desarme después de los atentados del 11 de septiembre: Desarróllo, Seguridad y Terrorismo: A cinco años del 09/11. *Revista de Análisis Económico y Social*, p. 800-802.

mesmos em todas as partes do mundo. Daí a dificuldade de catalogar um rol de direitos que sirva a todos os povos, bem como de assegurar o efetivo cumprimento *urbis et orbis*.

Ao contrário de algumas teorias, como a de Friedrich Muller, que vê também na realidade social um determinante da norma,[6] o que pode criar grande flexibilidade em sua aplicação e proteção, é mais garantidor da proteção dos direitos fundamentais um sistema que assegure a aplicação e determine a norma a partir de um sistema de direito positivo.

É claro que não se pode afastar completamente a realidade social subjacente, até porque o direito é uma ciência eminentemente prática e relacionada à Sociologia, tal como a Gramática, por exemplo, relaciona-se à Linguística e as regras de Higiene com a Biologia.[7] Entretanto, os fatores sociais não podem ser de modo a limitar a eficácia dos direitos fundamentais, até porque é a própria realidade social nefasta que faz necessária a catalogação de direitos humanos como direitos fundamentais, daí parecer um truísmo isso, pois seria lógico que os homens se respeitassem, não obstante, não é isso o que se observa costumeiramente.

Consoante Robert Alexy, os direitos fundamentais têm a natureza de princípios e são mandamentos de otimização,[8] o que implica uma eficácia vinculante ao sistema como um todo, servindo como normas-moldura, garantindo-se sua aplicação pelo princípio da proporcionalidade, em sua configuração, a partir da adequação, necessidade e proporcionalidade em sentido estrito. Assim é que: "Quanto maior for o grau de não satisfação ou de afetação de um princípio, tanto maior terá que ser a importância da satisfação do outro".[9]

A questão, portanto, de aplicação dos direitos fundamentais, quando admitidos no plano interno dos países, é muito mais de eficácia e de sopesamento de valores do que propriamente de positivação, tendo em vista geralmente a grande normatização existente. Todavia, no plano internacional, a situação é diferente, pois ainda há um acentuado vácuo normativo, tendo em vista a variedade ética e cultural existente no mundo.

Alguns direitos fundamentais restaram plenamente definidos por diferentes diplomas internacionais, principalmente nos países ocidentais, quanto à necessidade de proteção de valores indisponíveis e inalienáveis do homem, como a vida, a liberdade, a propriedade, o mínimo existencial etc.

Assim é que a Carta Universal de Direitos do Homem, primeiramente, depois o Pacto Internacional de Direitos do Homem, as Convenções

---

[6] ALEXY. *Teoria dos direitos fundamentais*, p. 77.

[7] MATTOSO CÂMARA. *Estrutura da língua portuguesa.*

[8] *Idem*, p. 575.

[9] *Idem*, p. 593.

Europeias e Americana de Direitos do Homem etc. estabeleceram paradigmas importantes para a proteção dos direitos fundamentais. Os dois primeiros diplomas em um plano universal de aplicação e os dois últimos em planos regionais, como o são o âmbito europeu e americano de proteção.

Nos âmbitos regionais, inclusive, já se atingiu um nível considerável de proteção dos direitos fundamentais, como se verifica do trabalho de efetividade desenvolvido pelas Cortes Europeia e Americana de Direitos do Homem.

Paradigmático é o teor do texto da Convenção Europeia de Direitos Fundamentais, cuja aplicação fica a cargo do Tribunal Europeu de Direitos Humanos (TEDH), e que tem obtido forte aplicação, normativa e interpretativa, no direito interno dos diferentes países europeus, sendo primordialmente aplicável o art. 5º do mencionado diploma:

> Artigo 5.
>
> 1. Toda pessoa tem direito à liberdade e à segurança. Ninguém pode ser privado da sua liberdade, salvo nos casos a seguir e conforme o procedimento estabelecido por Lei:
>
> a) Se foi condenado regularmente em virtude de uma sentença prolatada por tribunal competente.
>
> b) Se foi detido preventivamente ou internado, conforme estabelece a lei, por desobediência a uma ordem judicial ou para assegurar o cumprimento de uma obrigação estabelecida por lei.
>
> c) Se foi detido preventivamente ou internado, de acordo com a lei, para fins de comparecimento ante uma autoridade judicial competente, quando existam indícios evidentes de que se tenha cometido uma infração ou quando se considere necessário para impedir que venha a cometer uma infração ou que vá se evadir depois de cometer uma infração.
>
> d) Se se tratar de internação de menor, em virtude de ordem legal, com o fim de vigiar sua educação ou de detenção, conforme o direito, para fazê-lo comparecer perante a autoridade competente.
>
> e) Se se tratar de internação, conforme a lei, de uma pessoal suscetível de propagar uma doença contagiosa, de um alienado, de um alcoólatra, de um toxicômano ou de um vagabundo.
>
> f) Se se tratar de detenção preventiva ou da internação, conforme a lei, de uma pessoa para impedir que esta entre ilegalmente em um território ou quando contra a mesma esteja em curso um procedimento de expulsão ou extradição.
>
> 2. Toda pessoa detida preventivamente deve ser informada, no mais curto prazo, e em língua que compreenda, os motivos de sua detenção e de qualquer acusação formulada contra ela.
>
> 3. Toda pessoa detida preventivamente ou internada nas condições previstas no parágrafo 1, (c), do presente artigo, deverá ser conduzida sem demora à presença de um juiz ou de outra autoridade habilitada por Lei a exercer os poderes judiciais, e terá direito a ser julgada em um prazo razoável ou

a ser colocada em liberdade durante o trâmite do procedimento. A colocação em liberdade pode ser condicionada a uma garantia que assegure o comparecimento do interessado ao juízo.

4. Toda pessoa privada de sua liberdade mediante detenção preventiva ou internação terá direito a apresentar um recurso perante um órgão judicial, a fim de que este se pronuncie, em breve prazo, sobre a legalidade de sua privação de liberdade e ordene sua colocação em liberdade se a prisão for ilegal.

5. Toda pessoa vítima de uma detenção preventiva ou de uma internação em condições contrárias às disposições deste artigo terá direito a uma reparação.

Historicamente, é após a Segunda Guerra Mundial e as mazelas verificadas que se acentuou a preocupação pela definição de um rol de direitos humanos aplicáveis a todos os países ou pelo menos a um grande número. Sem dúvida, trata-se de um processo que já vinha se desenvolvendo antes, mas foi a partir deste evento histórico que se acentuou.

Para alguns, segundo André de Carvalho Ramos, os direitos humanos passam a ser inclusive "jus cogens":

> Consolidou-se o reconhecimento dos direitos fundamentais do ser humano como parte do "jus cogens" internacional. Destarte, os direitos humanos constituem o núcleo essencial de normas que compõe o ordenamento jurídico internacional contemporâneo e, conseqüentemente, a norma de direitos humanos é norma hierarquicamente superior no ordenamento jurídico internacional, quer seja pelo critério material (conteúdo) ou pelo critério formal (norma de jus cogens).[10]

No plano da repressão aos atos de terrorismo, que é o objeto específico de nosso estudo neste trabalho, a aplicação dos direitos fundamentais ocorre diretamente, tendo em vista que a repressão a esses atos dá-se por intermédio do direito penal e processual penal dos diferentes países, disciplinas essas que já refletiam e refletem diretamente os influxos dos direitos fundamentais, eis que diretamente relacionadas à proteção da vida e da liberdade individual.

4 Instrumentos especiais de combate ao terrorismo no direito inglês

Tendo em vista as características do crime de terrorismo, os Estados utilizam-se de instrumentos graves para o seu combate. Assim, podem ser utilizadas as ações controladas, a infiltração policial, a colaboração

---

[10] RAMOS. *Direitos humanos na integração econômica*: análise comparativa da proteção dos direitos humanos e conflitos jurisdicionais na União Europeia e Mercosul, p. 464.

processual, a inversão do ônus da prova da ilicitude de bens obtidos por organizações criminosas etc.

Na Inglaterra, após os atentados de Londres em 2005, criou-se o *Terrorism Act 2006* que estabeleceu regras também mais rígidas no combate ao terrorismo, punindo-se inclusive manifestações que possam ser entendidas como defesa ao terrorismo.[11] A Câmara dos Lordes, ao analisar a legislação e sua adequação com a legislação comparada, apontou algumas recomendações, como se verifica do relatório de Lorde *Carlile*, do qual se destacam as conclusões mais importantes: (i) a discricionariedade investida nas autoridades em usar ou não os poderes especiais de investigação é um real e significativo elemento de proteção contra os abusos de direitos e (ii) o exercício de poderes especiais de investigação requer cuidados especiais por parte daqueles que detêm a discricionariedade de usá-los.[12]

O *Anti-Terrorism, Crime and Security Act 2001*, editado após 11 de setembro de 2001, permitiu a prisão, por tempo indeterminado, de estrangeiros classificados como suspeitos de serem terroristas internacionais, independentemente de julgamento ou acusação, ainda que não se possa deportá-los; no entanto, a Câmara dos Lordes declarou que esta disposição é incompatível com a Convenção Europeia de Direitos Humanos por ser discriminatória, não observar a proporcionalidade exigida na derrogação de direitos e, assim, ferir o direito de liberdade.[13]

Desde antes, contudo, dos atentados que se seguiram ao 11 de setembro,[14] a Inglaterra já possuía grande experiência no combate ao terrorismo, pois enfrentou os atentados terroristas causados pelo IRA

---

[11] PEREIRA; HOHN JUNIOR. O combate ao crime organizado e ao terrorismo na Inglaterra. *In*: SCARANCE FERNANDES; ALMEIDA; MORAES (Coord.). *Crime organizado*: aspectos processuais, p. 215.

[12] *Idem*, p. 216.

[13] PEREIRA; HOHN JUNIOR. O combate ao crime organizado e ao terrorismo na Inglaterra. *In*: SCARANCE FERNANDES; ALMEIDA; MORAES (Coord.). *Crime organizado*: aspectos processuais, p. 224.

[14] Nos Estados Unidos, o atentado de 11 de setembro de 2001 foi um verdadeiro divisor de águas em matéria de combate ao terrorismo, tendo em vista o efetivo agravamento das medidas repressoras ao terrorismo, de questionável constitucionalidade, inclusive. Após o atentado, os EUA aprovaram o *USA Patriot Act* que inovou em vários aspectos em matéria de combate ao terrorismo. Inúmeras são as medidas tomadas a partir desta lei, indicadas pelos autores, mas podem ser destacadas algumas que são mais sérias no que tange ao necessário equilíbrio entre a eficiência no combate ao terrorismo e o respeito aos direitos individuais. Uma primeira situação admitida é a possibilidade de detenção de chamados "combatentes inimigos" e que podem ser presos por tempo indeterminado, em lugares secretos e mediante processos também secretos. Uma outra medida extrema vinha sendo a utilização de técnicas de interrogatório ofensivas à dignidade humana dos presos, inclusive a tortura, consoante se verificou na prisão de Guantánamo. Uma última situação que se destaca é a possibilidade de o Presidente da República ter poderes especiais para determinar invasão de nações estrangeiras para combater o terrorismo. Referidas medidas estão longe de corresponder ao modelo ideal de defesa dos direitos fundamentais, dentre eles: a dignidade humana, a impossibilidade do uso da tortura, o direito de não incriminação, o devido processo legal etc., previstos em Cartas e Tratados Internacionais.

(Provisional Irish Republican Army).[15] A partir desse atentados, criou-se uma concepção de "supressão" de direitos e garantias individuais dos criminosos envolvidos em ações terroristas, medidas essas diferentes daquelas aplicadas aos criminosos comuns.

Por diversas vezes, inclusive, o Reino Unido foi condenado pela Corte Europeia de Direitos Humanos por violações a esses direitos no que se refere ao combate ao terrorismo na Irlanda do Norte.[16]

Vários instrumentos foram utilizados no combate ao terrorismo, sempre com essa tônica de diminuição dos direitos fundamentais e de tornar perene seu gradual solapamento.

Podem ser indicados, resumidamente, alguns instrumentos neste sentido: o "diplock", o "internment" e o "supergrass".

As Cortes *Diplock*, isto é, destituídas do tradicional poder dos jurados de decidirem definitivamente a questão submetida a julgamento, fato este que sempre foi uma tradição do direito anglo-saxão, foram um desses instrumentos de concentração de poder que se instaurou no Reino Unido:

> Como apontam Jackson & Doran, as chamadas cortes Diplock foram instituídas dentro de uma série de outras medidas, em 1973, com o fito de lidar de forma mais efetiva com o crescimento da violência política, acrescente-se uma vez mais, um dos argumentos mais freqüentes na adoção de medidas emergenciais.[17]

Com efeito, o processo penal inglês foi adquirindo paulatinamente uma feição muito mais inquisitorial, ao contrário de uma faceta eminentemente acusatória, que sempre fora a sua tônica:

> Na experiência emergencial inglesa, a operação Diplock teve o condão de afastar a acusatoriedade do sistema e introduzir valores marcadamente inquisitivos sem, entretanto, formalmente destituir a instituição "jury". Não que se reconheça na literatura jurídica inglesa que a acusatoriedade exista apenas no júri, mas como apontam Jackson & Doran, parece que a presença do júri constituiria uma barreira para a adoção do modelo inquisitivo, desde que um grupo de doze pessoas leigas, tomadas ao acaso do meio social, são inaptas, ou ao menos parecem ser, para a edificação de uma corte inquisitiva.[18]

No "internment" consubstancia-se a regra de se possibilitar a detenção de pessoas suspeitas, sem ordem judicial ou mesmo qualquer outra atividade investigativa específica, por prazos longos, excepcionais dos

---

[15] GUELKE. The Northern Ireland Peace Process and the War against Terrorism: Conflicting Conceptions?. *Government and Opposition*, p. 272-291.

[16] *Ibidem*, p. 282.

[17] CHOUKR. *Processo penal de emergência*, p. 107.

[18] *Ibidem*, p. 109.

normalmente admitidos pela legislação ordinária, que não passava de 36 (trinta e seis) horas, nos moldes da legislação inglesa.[19]

Muitos excessos cometidos nas detenções investigativas dessa natureza foram levadas à Corte Europeia de Direitos Humanos, que censurou a prática, mas o governo inglês derrogou suas obrigações perante a Corte, argumentando situação de "emergência pública".[20]

Ficou patente o desrespeito da legislação antiterror inglesa, desde os tempos do combate ao IRA e que, mais tarde, serviu também para justificar as práticas de "tortura" praticadas no Iraque, mas semanticamente modificadas pelo governo como técnicas de tratamento desumano e degradante, mas não tortura, para afastar eventual caráter de crime internacional na conduta. Cinco eram as técnicas utilizadas: os prisioneiros eram privados de dormir, quando acordados tinham seus olhos vendados, eram privados de comer, forçados a ficar em pé diante de um muro com os pés estendidos por um longo período e submetidos a um barulho constante e intenso, conhecido como "white noise".[21]

Já o "Supergrass" é para a realidade jurídica inglesa o que o "pentito" foi para o direito italiano, basicamente como a figura do colaborador judicial ou delator:

> Tais colaboradores foram peças fundamentais em boa parte do desenvolvimento dos processos emergenciais, ressalvando-se, no entanto, que seus exclusivos depoimentos não serviam de base condenatória, havendo a necessidade de outras provas a corroborar a condenação, assim como eram os "arrependidos", enquanto meio de prova, valorados pela credibilidade de seus depoimentos e pelo concreto envolvimento nas atividades que se estava tentando coibir. A contrapartida da colaboração era o fornecimento de imunidades, sendo que o executivo inglês "ha hecho constante uso em Irlanda del Norte de su amplia discreción para conceder inmunidades", dentro de um amplo espectro de discricionariedade daquele poder, inclusive para autores de homicídios. No mais, as mesmas críticas de fundo moral, ético e até religioso enfrentadas por tal mecanismo em outras legislações foram também encontradas no direito em pauta.[22]

O que se verificou no Reino Unido é que as medidas aplicadas não tiveram comprovação sociológica de terem sido eficientes no combate ao terrorismo,[23] além do que a busca por um necessário equilíbrio entre as medidas restritivas tomadas pelas agências administrativas, respaldadas pela legislação antiterror e o contexto garantista no nível interno e internacional:

---

[19] *Ibidem*, p. 105.

[20] *Ibidem*, p. 106.

[21] GUELKE, *op. cit.*, p. 279.

[22] CHOUKR, *op. cit.*, p. 107.

[23] *Ibidem*, p. 112.

Ainda que se queira dar algum valor isolado às previsões emergenciais, deve ser pensada sua possível (embora duvidosamente provável) compatibilização com o quadro garantidor existente nos planos interno e internacionais. Para essa tarefa, Bonner aponta alguns elementos indispensáveis, a saber: a) deve ser explicitado de forma clara e geral porque em determinado caso em particular as normas gerais de repressão não são eficazes, devendo ser empregado algum tipo de mecanismo emergencial; b) as medidas de emergência não podem ir além do estritamente necessário. A derrogação dos parâmetros de normalidade deve ser mínima; c) deve haver uma supervisão democrática das medidas, com abundante atuação parlamentar e d) a introdução de qualquer medida deve vir acompanhada de instrumentos que proíbam seus eventuais abusos.[24]

Acrescentaria que um ponto a ser destacado quando se fala na necessidade de definir um campo preciso para a aplicação de medidas restritivas e da busca no necessário equilíbrio entre estas e o garantismo: o fato de que as mesmas devem ser temporárias, não podendo se perenizar no tempo, sendo que a legislação e sua fiscalização pela sociedade e instituições devem ser claras e rígidas neste sentido.

Vê-se, portanto, que o buscado equilíbrio entre a eficiência no combate ao terrorismo e o respeito aos direitos fundamentais não é tarefa simples, a julgar pelas inúmeras controvérsias que surgem nos países diretamente afetados por ações terroristas, algumas das quais foram explanadas acima.

É forçoso, assim, concluir que a análise da questão sob crivo do necessário equilíbrio entre eficiência e direitos fundamentais no combate ao terrorismo é a única maneira de se resguardar adequadamente o direito a um "justo processo" por quem esteja respondendo a uma acusação de terrorismo.

Não é possível que séculos de conquistas efetivas no plano do respeito aos direitos fundamentais sejam esquecidos ou simplesmente desrespeitados explicitamente, sob a justificativa de combate ao terrorismo.

5 O equilíbrio entre os direitos fundamentais e o combate ao terrorismo

Conforme visto, instrumentos duros podem ser aplicados no combate ao terrorismo, assim, faz-se necessário analisar em que medida pode haver a interferência nos direitos fundamentais dos envolvidos.

É importante definir como paradigma, no direito processual penal, o prisma do equilíbrio entre a eficiência e o garantismo como norte a ser buscado pelos intérpretes da lei processual penal.

---

[24] *Ibidem*, p. 113.

Neste sentido, já tivemos oportunidade de dizer:

> Com efeito, o processo penal não se justifica apenas para a realização da persecução penal, já que diante da conexidade entre o direito penal e o processo penal, aquele não se aplica sem este, mas também como meio de salvaguardar as liberdades dos cidadãos em geral, inclusive dos acusados ou investigados, assegurando um equilíbrio entre a necessidade de defesa social e o garantismo. Daí que apenas um processo penal que se legitime pela correção e verdade de suas decisões está em harmonia com os paradigmas do garantismo.[25]

Com efeito, é por intermédio do garantismo que o sistema repressivo se legitima e se afasta da pura barbárie:

> Se num primeiro de nossos três significados a palavra "garantismo" designa um modelo de ordenamento dotado de meios de invalidação de cada exercício de poder em contraste com normas superiores postas para tutela de direitos fundamentais, e no segundo designa uma teoria jurídica que permite a crítica e a perda de legitimação desde o interior das normas vigentes inválidas, no terceiro significado designa uma doutrina filosófico-política que permite a crítica e a perda da legitimação desde o exterior das instituições jurídicas positivas, baseadas na rígida separação entre direito e moral, ou entre a validade e justiça, ou entre ponto de vista jurídico ou interno e ponto de vista ético-político ou externo ao ordenamento.[26]

Assim, é preciso encontrar um ponto de equilíbrio entre eficiência no combate ao terrorismo e o respeito aos direitos fundamentais, porque não é possível admitir a existência de um sistema jurídico paralelo destinado a punir tipos especiais de crimes.

Existe uma verdadeira cultura da emergência, como observa Fauzi Hassan Choukr, que invade o direito penal e o direito processual penal, por intermédio da qual se justificam as mais variadas violações aos direitos e garantias individuais.[27]

Assim, novos instrumentos mais rígidos do ponto de vista dos direitos e garantias individuais são buscados e o processo penal passa a ser utilizado como um dos instrumentos, talvez o mais importante, para o fortalecimento deste discurso mais repressor.[28]

Esse fenômeno é acompanhado por reformas apressadas nas legislações penais, sem a necessária reflexão por parte da sociedade; o sistema é distorcido, não se atingindo o objetivo final, nem se garantindo os direitos individuais.

---

[25] GEMAQUE. *A necessária influência do processo penal internacional no processo penal brasileiro*, p. 52.

[26] FERRAJOLI. *Direito e razão*, p. 105.

[27] CHOUKR. *Processo penal de emergência*, p. 4.

[28] CHOUKR. *Processo penal de emergência*, p. 8.

Na realidade, o que a falácia do discurso do direito penal de emergência ou do direito penal do inimigo coloca é a conclusão — já antes esboçada —, segundo a qual, como observa Ada Pelegrini Grinover, não há eficiência sem garantismo.

Todavia, são necessários instrumentos para assegurar esse equilíbrio entre eficiência e garantismo e, no plano propriamente dito de nosso estudo, instrumentos para buscar o equilíbrio entre a necessária repressão ao terrorismo e o respeito aos direitos fundamentais.

Neste sentido, são fundamentais os ensinamentos de Robert Alexy, quando menciona que os princípios constitucionais são mandados de otimização e que da confluência entre princípios com finalidades diferentes, surge determinada regra jurídica, que convive no sistema com as demais regras jurídicas em que não haja necessidade de compatibilização.[29] Só será admitida a restrição aos direitos fundamentais, se o interesse público ou social cristalizado na norma interventora ou restritiva de direitos justificar em um grau de importância para a coletividade muito superior e sem opções se comparado com o direito que se pretenda violar.

O princípio da proporcionalidade é instrumento importante para a realização desse sopesamento de interesses, funcionando para limitar as restrições, eis que só se admite, segundo a teoria, uma restrição aos direitos fundamentais, quando houver necessidade, adequação e a presença do princípio da proporcionalidade em sentido estrito, que significa exatamente que a importância de satisfação do princípio contrário justifica a afetação do princípio a ser restringido.[30]

Alexy exemplifica a situação pelo contraponto entre a liberdade de expressão artística e a necessidade de limitação de tráfego de pessoas para fins de assegurar a boa fluidez do trânsito, na situação em que determinado artista desejasse executar a pintura de um quadro em um cruzamento de duas vias extremamente movimentadas. Diz o autor que, neste caso, seria possível limitar o direito de liberdade de expressão do interessado, apesar de a Constituição alemã prevê-lo como direito fundamental, tendo em vista o interesse público pela boa fluidez do trânsito e a própria segurança do interessado. Diferente seria a solução se o cruzamento estivesse inutilizado por algum motivo, sem a presença de veículos no local. Neste caso, não haveria razão para restringir o direito fundamental. Estaria assegurado o direito com base em três conclusões: (i) a arte é livre; (ii) estão proibidas as intervenções do Estado em atividades que pertencem ao âmbito artístico e (iii) estão proibidas as intervenções do Estado em atividades que pertencem

---

[29] ALEXY. *Teoria dos direitos fundamentais*, passim.

[30] ALEXY. *Teoria de los derechos fundamentales*: el derecho e justicia, p. 529.

ao âmbito artístico quando não são necessárias para o cumprimento dos princípios constitucionais contrapostos, que podem se referir a direitos fundamentais de terceiros ou a bens coletivos, e que devido às circunstâncias do caso, têm precedência face ao princípio da liberdade artística.[31]

Outro exemplo oferecido pelo autor é a situação já julgada pelo Tribunal Constitucional alemão de um ex-presidiário que pretendia ficar imune à curiosidade da imprensa, que estaria na iminência de proceder a uma reportagem sobre seu retorno à liberdade, tendo em vista seu direito a tentar uma reinserção social plena, sem a curiosidade malsã do público a prejudicar esse direito. O Tribunal Constitucional entendeu que, neste caso, o direito de liberdade de expressão e de informação de todos deveria ser restringido, à vista do direito fundamental contraposto de reinserção social plena, não se justificando mais, eis que cumprida a pena, o interesse social de tornar público o fato.[32]

Pode-se dizer, portanto, que, em princípio, a lei constitucional não oferece respostas unívocas aos mais variados problemas, dependendo, pois, da interpretação. A rigor, tem-se o mesmo fenômeno que ocorre no âmbito da Linguística, a partir dos estudos de Saussure, em que sempre há um significante e um significado, aquele cunhado no signo linguístico, isto é, uma forma e um conteúdo.[33] No campo jurídico, cabe ao jurista interpretar a lei constitucional, segundo os princípios acima delineados, retirando daí a interpretação jurídica resultante daqueles significantes.

A interpretação deve sempre ter em mente um parâmetro substancial, não meramente formal e distanciado da realidade, sempre analisar o fenômeno sob o prisma sociológico, tal como deve fazer o gramático, procurando estudar a língua sob um prisma linguístico, não meramente formal, por exemplo.

O Reino Unido tem sofrido bastante com a escolada terrorista, conforme visto, desde o IRA até os recentes atentados ao metrô londrino e ônibus, ocorridos após 11 de setembro. Entretanto, ainda não conseguiu o país equilibrar o combate ao terrorismo com a o respeito às liberdades e garantias individuais, tendo inclusive recentemente tido mais uma resposta negativa da Corte Europeia de Direitos do Homem, em que restou impedida a possibilidade determinada pela mais alta Corte inglesa, de extradição de um cidadão jordaniano, supostamente envolvido em atividades terroristas, uma vez que entendeu a Corte que a extradição não garantia plenamente os direitos individuais do acusado em seu país de origem, na medida em que as provas de acusação estariam baseadas em

---

[31] *Idem*, p. 115.
[32] ALEXY. *Teoria de los derechos fundamentales*: el derecho e justicia, *passim*.
[33] SAUSSURE. *Curso de lingüística geral, passim*.

depoimentos obtidos por tortura.[34] Imediatamente, ocorreu uma reação política do gabinete inglês contra a decisão da Corte, por suposta violação da soberania do país, propugnando-se ainda, perante a Comissão Europeia, por uma diminuição dos poderes daquela.

Espera-se, portanto, que o Reino Unido caminhe rumo à necessária compatibilização entre a repressão ao terrorismo e o respeito aos direitos fundamentais.

O caminho de equilíbrio depende da análise de cada caso concreto, observando-se, contudo, os paradigmas da proporcionalidade.

É muito perigoso o argumento utilizado, segundo o qual o combate ao terrorismo admitiria toda a sorte de práticas restritivas a direitos e garantias individuais, sendo que, quando se fala em direitos individuais, não se está apenas a referir aos direitos dos acusados por práticas terroristas, mas também de eventuais vítimas ou reféns dessas práticas e que podem ser também alvo indireto das autoridades repressoras.

Conclusões

Os recentes ataques terroristas praticados nos Estados Unidos e em alguns outros países, principalmente após 11 de setembro de 2001, revelam a necessidade de novos estudos jurídicos acerca do necessário equilíbrio entre o combate ao terrorismo e o respeito aos direitos individuais. Isso porque, não poucas vezes, consoante se observou neste trabalho, ocorre o desrespeito a direitos fundamentais na repressão aos atos terroristas, consoante dados obtidos do direito inglês.

Em um plano internacional, é de se destacar que existe alguma legislação a definir direitos fundamentais, entretanto, diante de problemas políticos que impedem uma adequada sistematização e eficácia mundial dos direitos, ainda há muita fluidez neste âmbito para se garantir o respeito aos direitos fundamentais no que se refere ao combate ao terrorismo.

O equilíbrio entre repressão ao terrorismo e direitos fundamentais deve basicamente ocorrer a partir dos estudos da proporcionalidade e da teoria oferecida por Robert Alexy dos direitos fundamentais, em que se prega uma análise de fundo sobre quais os interesses colidentes a serem observados em termos de sopesamento, admitindo-se a restrição aos direitos fundamentais apenas quando estiverem presentes os requisitos da adequação, necessidade e da proporcionalidade em sentido estrito.

Forçoso concluir que, diante dos dados apresentados quanto à realidade inglesa pelo menos, o que se tem observado é que não tem ocorrido um adequado equilíbrio entre direitos fundamentais e repressão ao terrorismo.

---

[34] CASE OF OTHMAN (ABU QATADA) v. THE UNITED KINGDOM, (Application n. 8.139/2009), JUDGMENT SRASBOURG, 17.01.2012.

O que se tem visto, desde os eventos do IRA, é a crescente transformação do processo penal britânico em um processo eminentemente inquisitório, bem como a criação de instrumentos emergenciais, que deveriam ser temporários, mas que passam a ser perenes. Em suma, nada de novo em matéria de eficácia no combate ao terrorismo tem ocorrido, senão a velha lógica da repressão máxima, ainda que ao custo de solapar direitos e garantias individuais.

Referências

ALEXY, Robert. *Teoria de los derechos fundamentales*: el derecho e justicia. Madrid, 2008.

ALEXY, Robert. *Teoria dos direitos fundamentais*. 2. ed. São Paulo: Malheiros, 2011.

BECHARA, Fábio Ramazzini; MANZANO, Luiz Fernando de Moraes. Crime organizado e terrorismo nos Estados Unidos da América. *In*: SCARANCE FERNANDES, Antonio; ALMEIDA, José Raul Avião de; MORAES, Vinicius Zanoide de (Coord.). *Crime organizado*: aspectos processuais. São Paulo: Revista dos Tribunais, 2009.

CRETELLA NETO, José. *Terrorismo internacional*. São Paulo: Millennium, 2008.

CHOUKR, F. Hassan. *Processo penal de emergência*. Rio de Janeiro: Lumen Juris, 2002.

FERRAJOLI, Luigi . *Direito e razão*. São Paulo: Revista dos Tribunais, 2002.

GEMAQUE, Silvio César Arouck. *A necessária influência do processo penal internacional no processo penal brasileiro*. Brasília, 2011. (Série Monografias do Centro de Estudos Judiciários (CEJ) do Conselho da Justiça Federal, n. 12).

GUELKE, Adrian. The Northern Ireland Peace Process and the War against Terrorism: Conflicting Conceptions?. *Government and Opposition*, v. 42, n. 3, p. 272-291, 2007.

MATTOSO CÂMARA, Joaquim. *Estrutura da língua portuguesa*. São Paulo: Vozes, 2010.

PEREIRA, Fábio Franco; HOHN JUNIOR, Ivo Anselmo. O combate ao crime organizado e ao terrorismo na Inglaterra. *In*: SCARANCE FERNANDES, Antonio; ALMEIDA, José Raul Avião de; MORAES, Vinicius Zanoide de (Coord.). *Crime organizado*: aspectos processuais. São Paulo: Revista dos Tribunais, 2009.

RAMOS, A. Carvalho. *Direitos humanos na integração econômica*: análise comparativa da proteção dos direitos humanos e conflitos jurisdicionais na União Europeia e Mercosul. Rio de Janeiro: Renovar, 2008.

RUIZ LOYOLA, Benjamin. Armas de destrucción masiva: Perspectivas de desarme después de los atentados del 11 de septiembre: Desarrôllo, Seguridad y Terrorismo: A cinco años del 09/11. *Revista de Análisis Económico y Social*, México, v. 56, n. 9, set. 2006.

SAUSSURE, Ferdinand. *Curso de lingüística geral*. São Paulo: Ed. Cultrix, [s.d].

SCARANCE FERNANDES, Antonio; ALMEIDA, José Raul Avião de; MORAES, Vinicius Zanoide de (Coord.). *Crime organizado*: aspectos processuais. São Paulo: Revista dos Tribunais, 2009.

Informação bibliográfica deste texto, conforme a NBR 6023:2002 da Associação Brasileira de Normas Técnicas (ABNT):

GEMAQUE, Silvio César Arouck. O combate ao terrorismo no direito inglês: uma visão de equilíbrio entre a repressão e os direitos fundamentais. *In*: FERNANDES, Antonio Scarance; ZILLI, Marcos. (Coord.). *Terrorismo e justiça penal*: reflexões sobre a eficiência e o garantismo. Belo Horizonte: Fórum, 2014. p. 167-182. ISBN 978-85-7700-844-5.

CAPÍTULO 6

LOS DELITOS DE TERRORISMO EN DERECHO PENAL ESPAÑOL

MANUEL CANCIO MELIÁ

Los delitos de terrorismo ocupan en el ordenamiento español una posición especial, pues han experimentado unos niveles de aplicación —debido a la actuación de la organización terrorista ETA a lo largo de las últimas décadas— desconocidos en otros países occidentales. En lo que sigue, primero se expone muy sintéticamente, y centrándose en la aplicación de los preceptos, el cuerpo básico de la regulación española, surgida en lo fundamental en el Código penal de 1995 (*infra* A.); a continuación se presenta muy brevemente la reforma más reciente, entrada en vigor en diciembre del año 2010 (*infra* B.).

A La regulación del CP 1995[1]

I Cuestiones generales

1 Sistema de incriminación

En el Código penal español los delitos de terrorismo son —con excepción de las infracciones de pertenencia a (arts. 515 ss.) y de colaboración con (arts. 575 y 576, vid. *infra*) organización terrorista— delitos comunes agravados. Por ello, la definición del *concepto* general *de terrorismo* adquiere una relevancia central en la interpretación de las figuras individuales. El terrorismo es violencia simbólica en la que el significado específico de la

---

[1] Cfr. respecto de lo que sigue, exhaustivamente, CANCIO MELIÁ, *Los delitos de terrorismo*: estructura típica e injusto, 2010.

expresión de sentido colectiva deriva de la existencia de una *organización* que realiza *acciones violentas de especial gravedad,* y ello con un significado *político,* que implica el cuestionamiento del *procedimiento* de representación política diseñado por el ordenamiento jurídico, y, en sus coordenadas básicas, en la Constitución.

2 Concepto de terrorismo

La noción de terrorismo del ordenamiento español viene constituida por tres elementos a destilar de los arts. 571 y 572: *terroristas* son las *organizaciones* (scil. bandas, organizaciones o grupos) *armadas* que, utilizando medios de *intimidación masiva,* tienen como *finalidad colectiva* la de *subvertir el orden constitucional o alterar gravemente la paz pública.* Este concepto de terrorismo debe integrarse en la interpretación de las distintas infracciones como una especie de Parte General del sector.

a) *Organización*

El primer componente delineado por el Código penal como elemento constitutivo de la noción de terrorismo es la existencia de una estructura en el colectivo que permita hablar de una *organización:* banda armada u organización o grupo terrorista. Es la existencia de un colectivo como realidad diferenciada la que hace posible los delitos de organización en su significado de injusto. Sólo un colectivo con suficiente densidad puede afectar al monopolio de violencia del Estado, como rasgo unificatorio de todas las formas de asociación ilícita. Este requisito gana aún más fuerza en las organizaciones terroristas, cuyo programa de actuación tiene un significado inmediatamente político e implica la comisión masiva de delitos muy graves.

El concepto operativo de "*organización*" es un *concepto funcional.* Esto significa que el contenido de la estructura que da lugar a la organización terrorista depende, fundamentalmente, de su idoneidad para la realización de las infracciones que caracterizan a la especie (cualificada) de asociación ilícita que constituyen las organizaciones terroristas. Desde esta perspectiva, la determinación de lo que "son" organizaciones terroristas está marcada por lo que "hacen". Para la realización de la actividad terrorista, la primera necesidad es una especial densidad de la estructura interna, en la permanencia de una organización autónoma que está por encima de sus miembros individuales. En la doctrina científica y jurisprudencial se han elaborado diversos elementos para una concreción del concepto de organización. Cabe condensarlos en cuatro características: vinculación de los intervinientes, régimen de pertenencia, permanencia de la organización, estructura interna.

La mención legal del "grupo" sólo hace referencia a las dimensiones del colectivo; es una forma de *organización.* Más problemas presenta el significado de la referencia legal a la "*banda armada*". Se trata de decidir si la regulación utiliza un concepto unitario o, por el contrario, conoce distintas formas de organización en este ámbito típico. En este sentido, en una primera interpretación literal genera alguna dificultad este concepto de "banda armada" frente al de "organización o grupo terrorista". En efecto, la regulación en los arts. 571 y 572, así como la de los arts. 515.2 y 516, parece contraponer la "banda [meramente] armada" a la "organización [también armada, y además] *terrorista*", como ha sido señalado por diversas voces en la doctrina. ¿Contempla, entonces, el Derecho penal español dentro de los arts. 571 y ss., por ejemplo, una organización armada de asaltantes de transportes blindados? La cuestión debe ser contestada negativamente. Sólo la lectura conjunta de los arts. 571 y 572 y de las infracciones que les siguen hace posible un entendimiento cabal de la regulación. De esa lectura conjunta no deriva en ningún sentido un tratamiento específico para la banda armada frente a las otras menciones típicas. Al contrario: la relación "banda armada, organización o grupo terrorista" es utilizada para designar una sola realidad típica, como reconoce la mayoría de la doctrina.

b) Medios de actuación terroristas

El segundo de los elementos de la noción general de terrorismo en la regulación española está en los medios específicos de actuación de las organizaciones terroristas. La palabra *terrorismo* implica en el lenguaje común sobre todo una determinada forma de uso de la violencia. Así, en el diccionario de la RAE las dos acepciones recogidas dan prioridad a este elemento: "dominación por el terror; sucesión de actos violentos ejecutados para infundir terror". También el concepto jurídico de terrorismo incluye la referencia al procedimiento empleado en el uso de las infracciones individuales por la organización terrorista. Como afirma el TC, "característico de la actividad terrorista resulta el propósito, o en todo caso el efecto, de difundir una situación de alarma o de inseguridad social, como consecuencia del carácter sistemático, reiterado, y muy frecuentemente indiscriminado, de esta actividad delictiva" (STC 199/1987, FJ 4). Este modo de actuar es también elemento del *concepto típico de terrorismo*: cabe denominar a este elemento la "mecánica instrumental" del terrorismo. El terrorismo es, esencialmente, una estrategia de comunicación. Uno de los elementos de esta estrategia instrumental es la utilización masiva de la violencia para simular una capacidad de desafiar en términos militares al Estado y, con ello, provocar determinadas reacciones en la población y en los órganos del Estado. Para alcanzar este objetivo, se trata de producir una *intimidación masiva*.

La cuestión de los medios específicos de actuación está en la base de uno de los problemas aplicativos más importantes de la noción de terrorismo: ¿qué tratamiento merecen organizaciones próximas a una organización terrorista? En el caso español, este interrogante se plantea en relación con la estrategia de la organización terrorista ETA de escenificar todo un "movimiento nacional" que arrope su actividad en términos políticos y sociológicos: a través de colectivos de presos o de familiares de presos, organizaciones juveniles, organizaciones de fomento del euskera, etc. El problema se plantea tanto en el ámbito de la definición de lo *terrorista* de una asociación ilícita, en una determinada interpretación del delito de colaboración con banda armada y en el ámbito del llamado delito de *terrorismo individual* (cfr. *infra* en el texto). En todos estos ámbitos, la raíz de los problemas de definición de las diversas figuras es la misma: se trata de deslindar actividades terroristas de las que no lo son.

Respecto de la organización Jarrai/Haika/Segi —las sucesivas denominaciones de las juventudes del "campo" independentista partidario de ETA, dedicadas a orquestar desórdenes públicos graves—, la AN (SAN 27/2005 (secc. 4ª) 20.6.2005) califica ese complejo como organización ilícita "común". Esta sentencia ha sido casada por el TS (STS 50/2007 (19.1.2007), quien declara a esos grupos organización terrorista. Para llegar a la calificación de la organización como mera asociación ilícita, la AN utiliza como argumento esencial la aseveración de que aunque ésta tenga una finalidad coincidente con la de la organización terrorista ETA, ambas no deben confundirse, ya que las respectivas actuaciones ilícitas son distintas, y además en el caso de Jarrai y sus sucesoras, "[...] nunca se enmarcaban en la utilización de armas en los términos recogidos por la [...] jurisprudencia [...]". En este sentido, se trataría de una organización "periférica" a otra actividad ilícita de carácter armado y complementaria de ésta. La mayoría de la sala segunda del TS, en cambio, hace una lectura mucho más flexible del marco típico: para la definición es decisiva "[...] la *finalidad* perseguida, lo que configurará la acción como *terrorista* [...] el concepto *terrorismo, organización o grupo* terrorista, *no siempre se identifica con el de banda armada*, como hace la sentencia recurrida, sino que es la naturaleza de la *acción* cometida, la *finalidad* perseguida con esta actuación, la que determina el carácter terrorista o no de la misma". En la sentencia del TS se subraya la unidad de *fines* de todo el "entramado", en los votos particulares a esta resolución y en la sentencia de instancia de la AN se destaca la separación funcional entre ambas *organizaciones*. Una consideración integrada de los elementos de la definición de terrorismo en el ordenamiento español muestra que la posición correcta en este punto es la expresada en la resolución de la AN: si, por un lado, puede concurrir —de hecho, concurre— la *organización* requerida para estimar que estamos ante un colectivo típico terrorista, por otro, *no* concurre una violencia típica.

c) *Proyección estratégica*

El tercero de los elementos del concepto jurídico-penal de terrorismo es la *proyección estratégica* con la que las organizaciones terroristas llevan a cabo su actividad. Dicho de otro modo, este tercer elemento del concepto de terrorismo está en los fines que persigue. Los fines típicos constituyen un programa colectivo de actuación, el sentido propio del sistema de injusto que es la organización terrorista: son la proyección estratégica del colectivo, más allá de los medios tácticos utilizados para su consecución. Este programa de actuación se condensa en la fórmula "subvertir el orden constitucional o alterar gravemente la paz pública".

Así, el Derecho penal español actualmente en vigor es especialmente explícito en cuanto a la incorporación de elementos de carácter político a la definición de los delitos de terrorismo: los define por su "finalidad política" (STS 17.6.2002). La definición de los objetivos que convierten en terrorista una actividad delictiva deriva de lo dispuesto en los arts. 571 y 572: en el art. 571 se mencionan "las bandas armadas, organizaciones o grupos *cuya finalidad sea la de subvertir el orden constitucional o alterar gravemente la paz pública*". El art. 572 dice que "bandas armadas, organizaciones o grupos *terroristas*" son los "descritos en el artículo anterior". En consecuencia, son terroristas las organizaciones que persigan subvertir el orden constitucional o alterar gravemente la paz pública.

La primera alternativa es la *subversión del orden constitucional*. Subvertir un orden significa cambiarlo por su base, y, en este sentido, destruirlo: el diccionario de la RAE contiene las acepciones "transtornar, revolver, destruir". En el sistema jurídico de un Estado democrático no puede ser ilícito el proyecto de cambiar radicalmente —de base— el orden constitucional. En este sentido suele afirmarse que son los medios del terrorismo los que lo convierten en delito, no sus fines. La constitución de una organización que pretende hacer política mediante la violencia, a través de una concreta forma, especialmente grave, de violencia, es la que explica el injusto adicional de los delitos de terrorismo. En este sentido, como ha señalado el TC, "[...] el terrorismo [...] implica [...] un peligro [...] para el propio orden democrático" (STC 199/1987). La combinación de los dos factores típicos anteriores, por un lado, la organización y su especial peligrosidad, y, por otro, la utilización del terror como estrategia de comunicación, sumado al tercer factor, la dirección política, definen el concepto jurídico-penal de terrorismo.

La descripción del Código penal español no se agota en la referencia a la subversión, sino que también aparece como objeto del programa colectivo de la organización la alteración grave de la paz pública. En una primera aproximación literal, la contraposición en términos alternativos de las nociones de *subversión del orden constitucional* y la de la *alteración grave del orden público*, podría inducir a pensar que la mención típica a la *alteración grave de la paz pública* se refiere, sencillamente, a una expresión de mero orden público sin relevancia política. Sin embargo, esta orientación del entendimiento de la noción de "orden público" —bien como tranquilidad objetiva, bien como ausencia de alarma social, de inseguridad de la población— no puede resultar satisfactoria: es tautológica y no alcanza por ello a definir el injusto de estas infracciones. Además, una consideración sistemática de las infracciones de terrorismo en la regulación positiva muestra en atención a lo hasta ahora expuesto que esta "alteración de la paz pública" es tal en el ámbito del terrorismo, como indican los medios específicos utilizados, que tiene significación política, distinta de la de la *subversión*, pero también política. Esta segunda vertiente de la proyección estratégica es de aplicación al campo de la violencia ejercida desde los propios aparatos del Estado, es decir, lo que cabe definir como "terrorismo desde el Estado". La actual formulación de las finalidades típicas colectivas de la organización permite *de lege lata* incluir en el alcance típico estas actividades delictivas sin ninguna dificultad.

3 Bien jurídico

La definición del injusto antes propuesta muestra, en lo relativo al bien jurídico de las infracciones de terrorismo, que aquí la noción de *orden público* es utilizada en un sentido por el legislador que desborda, con mucho, el alcance de este bien jurídico en las demás infracciones del título XXII. El análisis de la definición de terrorismo que ofrece el Código penal confirma que el injusto de los delitos de terrorismo, en cuanto delitos de organización, consiste en la arrogación política de un ámbito de organización genuinamente estatal. En este sentido, hubiera sido, en el plano *de lege ferenda*, quizás más adecuado ubicar estas infracciones entre las que se dirigen *contra la Constitución*. En efecto, aquí son objeto de ataque las *bases* mismas del sistema jurídico-político, de modo que cabe decir —atendiendo, por ejemplo, a las figuras incriminadas en el tít. XXI— que incluso se trata de ataques a cuestiones previas a la ordenación jurídico-política concreta, de modo que incluso atentarían contra lo que podría denominarse el *núcleo duro* del sistema jurídico y político.

4 Reglas comunes: incriminación de actos preparatorios, pena de inhabilitación específica, medidas premiales y reincidencia internacional (arts. 579 y 580 CP)

a) En atención a su especial gravedad, el legislador establece respecto de los delitos de terrorismo algunas reglas específicas: incrimina los actos preparatorios, establece una pena especial de inhabilitación, abre la posibilidad de medidas premiales y establece la llamada reincidencia internacional en la materia. En lo que se refiere a la primera cuestión, más allá de que parece lógico que éste sea uno de los supuestos de incriminación expresa de los actos preparatorios (vid. arts. 17 y 18 CP), cabe subrayar que la delimitación de conductas ejecutivas y actos preparatorios adquiere especial dificultad cuando se trata de definir los actos preparatorios respecto de infracciones cuyas conductas típicas constituyen, en muchos casos, materialmente supuestos de preparación de futuros delitos. Se presenta, en este sentido, un problema de delimitación de la conducta de pertenencia típica respecto de los actos preparatorios incriminados en el art. 579 CP: ¿cuándo debe calificarse la conducta como comportamiento de pertenencia, cuándo como conspiración de un determinado delito instrumental? Parece claro que en un sistema como el español, la conspiración requiere de una concreción de los planes hacia un hecho concreto: por un lado estaría la contribución a la estructura general del colectivo, a sus planes generales (pertenencia), por otro, un proyecto delictivo concreto (conspiración):

No puede inferirse que existiera una conspiración para atentar contra un objetivo concreto en España. El delito de conspiración para delinquir requiere que la conspiración sea sobre un objetivo cierto, y que la misma contemple acciones concretas a perpetrar. El genérico tratamiento de la fijación de objetivos sobre los que verificar inconcretos y futuros actos terroristas, constituye actividad que se absorbe en el delito de integración en banda terrorista, y, la misma, pasa a constituir indicio sobre la integración en organización terrorista conforme luego se dirá, siendo punible sólo como acto preparatorio independiente la conspiración efectiva en la que se detallase la acción a seguir, el objetivo concreto contra el que atentar, y en la que se cuenta con planos, información de colaboradores relativa a horarios, personas, vías de entrada y de salida en el pretendido objetivo Etc, esto es, con una serie de elementos objetivables que diferencien la efectiva conspiración con serio propósito de atentar, de la mera maquinación" (SAN 6/2007 (secc. 1ª) 7.2.2007).

b) La pena específica de inhabilitación que incorpora la regulación actualmente vigente en el art. 579.2 CP persigue con toda claridad excluir del ámbito de lo público —y, especialmente, del de la representación política— a antiguos miembros de organizaciones terroristas, perpetuando así su condición de penados más allá de la extinción de las ya muy severas penas de prisión.

c) En lo que se refiere a la actual redacción respecto de las medidas premiales previstas en el art. 579.2 CP, hay que indicar que, en lo que se alcanza a ver, no han tenido aún aplicación alguna.

d) La regla de la *reincidencia internacional,* es decir, de la toma en consideración de las condenas dictadas por tribunales extranjeros a efectos de reincidencia, deriva de la relevancia internacional de los delitos de terrorismo. Puede generar dificultades cuando se trate de sentencias dictadas en Estados que no presenten un sistema jurídico-público ni un concepto de terrorismo compatibles con el orden público español en cuanto Estado democrático de Derecho.

II Delitos de terrorismo

1 Delitos instrumentales agravados (arts. 571-574 CP)

a) *Introducción*

Estas infracciones reúnen aquellos comportamientos que son más *típicamente terroristas* (arts. 571, 572 y 573 CP) en lo que se refiere al modo de comisión junto con una cláusula residual contenida en el art. 574. En lo que se refiere a los primeros, como es lógico, los medios específicos de actuación de las organizaciones terroristas, esto es, mecanismos de comisión de intimidación masiva haciendo uso de armas, conducen de modo preferente a la realización de las infracciones instrumentales de los arts. 571, 572 y 573. Es éste el ámbito, además, en el que, como es claro, se aprecia con mayor claridad la intensidad de las infracciones terroristas en términos de lesividad de bienes jurídicos individuales: así, en el año 2006, había nada menos que 235 supuestos de diligencias previas por delitos terroristas contra las personas (*Memoria de la Fiscalía General del Estado 2006*, Estado B).

El vínculo que existe entre el sujeto que actúa debe ser directo, y puede ser de muy diferente intensidad: los delitos comunes se convierten en infracciones terroristas cuando el sujeto actúa "perteneciendo, actuando al servicio o colaborando" con la organización terrorista. Se aprehenden con esta *fórmula de conexión* desde la actuación *desde fuera* del colaborador hasta la del miembro de la asociación ilícita-organización terrorista.

En lo que se refiere a la *relación existente entre los artículos 571 y 572*, debe tenerse en cuenta que la regla concursal prevista en el primero de ellos, según la cual la pena prevista se entenderá "sin perjuicio de la pena que les corresponda si se produjera lesión para la vida, integridad física o salud de las personas", no puede referirse, según entiende la doctrina, al art. 572 (ya que de lo contrario se incurriría en una doble valoración del elemento de actuar en colaboración con las organizaciones en cuestión) sino a los correspondientes preceptos comunes. Por lo tanto, existirá un concurso de leyes entre el concurso real configurado entre el art. 571 y el correspondiente delito común, por un lado, y la aplicación del delito agravado del art. 572, por otro, a resolver conforme a la regla de alternatividad establecida en el art. 8.4ª.

b) Tipicidad

En el caso de la formulación del *tipo* del art. 572, la utilización del verbo "causar" puede dar la impresión de que se trata de un delito cualificado por el resultado, que debería corregirse exigiendo al menos imprudencia respecto del resultado. Sin embargo, esta conclusión no es obligada, sino, al contrario, sistemáticamente inconveniente. En primer lugar, parece claro que las penas no son compatibles con una comisión no dolosa. Por otro lado, en la formulación de entrada se utiliza el término "atentar", indicativo de la concurrencia de dolo. Y finalmente, en el número segundo del art. 572 se hace referencia a dos infracciones de lesiones de carácter doloso, las tipificadas en los arts. 149 y 150 CP, recurriendo también al término "causar".

En el caso del art. 573 hay que señalar que el legislador ha equiparado con demasiada ligereza toda una serie de conductas que en los correspondientes delitos se encuentran penadas de modo diverso en atención al diferente desvalor que les corresponde. Esta opción del legislador no resulta adecuada, como parece claro: si la agravación de las infracciones comunes tiene justificación por la superior peligrosidad y especial significado de los actos que el CP define como terroristas, deberá sumarse a los distintos escalones punitivos en las definiciones típicas comunes.

c) La cláusula general (art. 574 CP)

1 Naturaleza y fórmula de conexión

Este precepto contiene una figura residual, en sentido del art. 8.2ª CP, que convierte en idónea cualquier infracción criminal para su integración típica en el contexto de actuación de una organización terrorista: se trata, por lo tanto, de una tipificación abierta, destinada a operar como *cláusula de cierre* omnicomprensiva. Y ese destino se cumple: además de la extraordinaria extensión cualitativa —como se verá por el catálogo de infracciones aprehendidas que sigue en el texto— que se aprecia en la aplicación judicial de la figura, cabe destacar el hecho de que en virtud del precepto comentado se ha iniciado el mayor número de diligencias previas en materia de terrorismo a lo largo del año 2006, cifra que asciende a 240 procedimientos (*M FGE* 2006 Estado B).

En este sentido, este delito es el máximo exponente de la técnica de *agravación genérica* a través de la fórmula de conexión definitoria del carácter terrorista de una infracción (vid. *supra*). La técnica elegida obliga a someter a un escrutinio especialmente exigente a los supuestos de hecho y a las infracciones en cuestión en cuanto a la concurrencia de los elementos que caracterizan a la conexión típica con una organización terrorista; este análisis debe conducir, en última instancia, a convertir lo que es una cláusula general en una fórmula de conexión con *determinados* delitos (aparte de los delitos patrimoniales, tipificados como forma específica de colaboración en el art. 575): los que puedan ser (y sean en el caso concreto) realmente terroristas. No todas las infracciones pueden ser cometidas realmente en el sentido de la fórmula de conexión en vinculación con la organización terrorista.

2 Infracciones

En cuanto al *catálogo de* las *infracciones* que han entrado en aplicación de la cláusula del art. 574 en el ámbito terrorista, se encuentran figuras tan distantes entre sí como un delito contra la Corona en la modalidad de conspiración para matar al Rey (arts. 485.1, 488, 17.1; SAN 22/1999 (secc. 2ª) 18.5.1999), de atentado contra agentes de la Autoridad (arts. 550, 551.1º; SAN 39/2000 (secc. 1ª) 18.7.2000), de daños en propiedad ajena (art. 263; STS 1079/2000 (19.7.2000), de daños y tenencia de aparatos inflamables no autorizada por las leyes (arts. 263, 264 y 568; la SAN 8/2001 (secc. 4ª) 26.3.2001 descarta la aplicación del art. 574 a esta pareja de infracciones únicamente por ausencia de prueba de la conexión con la organización terrorista), de daños (colocación de un artefacto explosivo; art. 263; STS 1767/2001 (8.10.2001), de tenencia ilícita de armas de fuego (arts. 564.1.1º, 564.2.1º; SAN 60/2002 (secc. 2ª) 12.12.2002), de robo con violencia e intimidación y falsificación de placas de matrícula (arts. 242, 244 y 390, 392, 26); SAN 10/2003 (secc. 3ª) 17.3.2003; también STS 510/2005 (22.4.2005); , robo continuado (de vehículos), falsificación de documento oficial (DNI y placas de matrículas) y tenencia ilícita de armas (arts. 237, 240, 244.1, 74; 74, 390.1, 390.2, 392; 564.1, 564.2; SAN 12/2003 (secc. 4ª) 1.4.2003; vid. también STS 532/2003 (19.5.2003); falsificación de documento oficial en STS 918/2004 (16.7.2004); SAN 54/2005 (secc. 4ª) 26.12.2005; documento público en SAN 6/2007 (secc. 1ª) 7.2.2007 (pasaportes, permiso de residencia, licencia de conducir ciclomotores, cartilla de la Seguridad Social).

3 *Valoración*

La agravación —de hecho, este término sigue siendo utilizado así con frecuencia en la jurisprudencia, como si siguiera tratándose de una mera cláusula de agravación, también formalmente— es tan genérica, se coloca como una capa sobre cualquier infracción, que hasta se encuentran en las resoluciones en cuestión errores técnico-jurídicos tan de bulto como el de dejar de aplicar alguno de los preceptos específicos de terrorismo por recurrir al comodín del art. 574 (así, el TS (STS 1180/2003, 18.7.2003) se ha visto obligado a recordar a la AN que las detenciones ilegales están previstas como infracción de terrorismo en el art. 572.1.3º, de modo que no procede aplicar a esta constelación el precepto que ahora se comenta).

De lege ferenda parece claro que tal cláusula residual sobra por dos razones: por un lado, es un relicto de *no normalización* que reproduce el mismo esquema de la antigua cláusula agravatoria del anterior art. 57 bis a) CP TR 1973. Por otro lado, porque no es materialmente necesaria la existencia de una cláusula general: para los delitos que realmente importan, que realmente son idóneos para integrarse en la actividad de la organización terrorista, podría haberse realizado una tipificación cerrada paralela a la de los arts. 571, 572 y 573, especificando las infracciones cometidas en el contexto de la organización terrorista y no cargando a la jurisprudencia con la tarea de seleccionar los delitos susceptibles de entrar en el ámbito de los delitos de terrorismo a través de la puerta de la fórmula de conexión.

2 Delitos de colaboración (arts. 575 y 576 CP)

a) *Colaboración mediante atentados contra el patrimonio* (art. 575 CP)

La mera existencia de esta infracción es incoherente con el conjunto de la regulación de las conductas de colaboración con la organización terrorista (vid. *infra* en el texto).

No queda claro, en primer lugar, por qué razón en este ámbito se ha apartado el legislador de la línea seguida en los anteriores preceptos, en los que establece como elemento de conexión que el sujeto actúe *"pertenenciendo, actuando al servicio o colaborando"* (vid. *supra*) con las organizaciones en cuestión. Aquí, por el contrario, basta con que el sujeto tenga el fin de "allegar fondos" a éstas —conducta que cabría integrar en el concepto de "actuar al servicio"—, o, también, que tenga el "propósito de favorecer sus finalidades". La redacción de esta infracción, definida exclusivamente en clave subjetiva ("con el fin", "con el propósito"), y *sin* el elemento de vínculo material que ofrece la definición de la fórmula de conexión general, revela con especial claridad una impronta de Derecho penal de autor.

En segundo lugar, resulta del todo desafortunada la referencia a que la pena agravada respecto de la que corresponde a la infracción común en cuestión será impuesta "sin perjuicio" de la pena que proceda por el acto de colaboración. En este caso, la fórmula —que en el nuevo Código se ha convertido casi en una especie de reflejo condicionado del legislador— no parece en absoluto aceptable, ya que parece claro que se tratará siempre de actos materiales de colaboración, de modo que carece de sentido penar dos veces la misma conducta.

Finalmente, como consecuencia de estos errores en la configuración del tipo, no resulta nada clara la *relación concursal* a establecer entre esta infracción y la cláusula residual del *art. 574 CP*. No ayuda, en primer lugar, la diferencia de pena: ya al margen de la desafortunada cláusula de "sin perjuicio" respecto de la colaboración genérica, existe un significativo incremento de la pena: las conductas recogidas en el art. 574 CP como infracciones terroristas ven incrementada la pena, estableciéndose el marco penal agravado en la mitad superior que corresponda a la infracción de referencia. En el caso del art. 575 CP, sin embargo, se establece la pena superior en grado como marco penal: los delitos patrimoniales cometidos en el contexto terrorista, por lo tanto, merecen mayor pena que otras infracciones aprehendidas por la cláusula del art. 574 CP, cosa que parece difícil de justificar. En segundo lugar, el art. 575 CP no utiliza la fórmula de conexión habitual en las infracciones instrumentales, como antes se ha expuesto, de modo que el alcance de una ("perteneciendo, actuan al servicio o colaborando") no coincide con otra ("con el fin de allegar fondos a las bandas armadas [...], o con el propósito de favorecer sus finalidades"), también de modo injustificado. El TS no puede ocultar su desconcierto ante la nebulosa relación entre una y otra infracción: así, en un caso en el que se juzgaba a un miembros de lo GRAPO por realizar un robo de armas y dinero (en un ataque armado a un furgón blindado), el Tribunal —frente a la alegación de la defensa de que la conducta de los acusados, condenados en instancia por aplicación del art. 574 CP, debería haberse incardinado en el art. 575 CP, por lo que procedería la absolución por la figura agravada y condena por robo común— afirma: "Ciertamente, esa conducta incardina [sic] en el artículo 574 del Código Penal que castiga al que al servicio de un grupo terrorista y con fines terroristas, como sucede en el caso que examinamos, cometa cualquier otra infracción distinta de las señaladas en los artículos precedentes, y eso igualmente sucede en este supuesto. También es cierto que en el artículo 575 del mismo texto legal se castiga la conducta de quien con el fin de allegar fondos a las bandas armadas, organizaciones o grupos terroristas o con el propósito de favorecer sus finalidades, atentaren [sic] contra el patrimonio, conducta que aparece castigada con mayor pena que la prevista en el artículo anterior, en cuanto permite imponer la pena superior en grado a la que correspondiese al delito cometido, cuando el artículo 574 únicamente permite imponer la pena en su mitad superior. Este artículo 575 requiere *otros elementos objetivos del tipo que las acusaciones no han debido considerar concurrentes y se han decantado por el artículo 574*, en el que se subsume, por los antes expuesto y con menor pena, la conducta [...]" (STS 421/2005 (4.4.2005); sin cursiva en el original). El mismo TS, sin embargo, ha condenado poco después a otra activista de los GRAPO, por un robo con intimidación en un banco, por el delito del art. 575 CP (STS 128/2006 (15.2.2006).

b) *Colaboración genérica* (art. 576 CP)

1 *Introducción*

La máxima expresión de la exacerbación de la respuesta jurídico-penal a las conductas relacionadas con el terrorismo se alcanza al convertir en infracción lo que no lo sería sin esta conexión con una organización terrorista, es decir, estableciendo un delito específicamente terrorista (que no supone un delito común agravado). De modo paralelo, pero cualitativamente más intenso, a lo que sucede con la mera integración en una organización terrorista, se quiere colocar, en una perspectiva de prevención, un cordón de aislamiento en torno a la estructura terrorista. Si en la pertenencia a ésta se trata de un acto de adhesión materializado a la organización, en las infracciones de colaboración, se trata de algo *menos*: de la aportación de algún elemento funcional para el funcionamiento de la estructura terrorista. Esta menor entidad del compromiso, por así decirlo, se compensa por la exigencia de algo *más*, de una contribución concreta. Se trata, por tanto, de conductas de participación a las que la Ley eleva al rango de la autoría. El objetivo del legislador "es la reducción máxima de toda forma de apoyo posible a una banda armada o terrorista" (STS 2.2.1993); "es un delito autónomo que supone un *adelantamiento de las barreras de protección por razones de política criminal* [...] por ello es un delito de mera actividad y de riesgo abstracto [...]" (SAN 83/2005 (secc. 1ª) 14.12.2005, sin cursiva en el original).

Esta extensión del ámbito de incriminación se integra en la sistemática de las infracciones comentadas por el especial potencial de permanencia y de peligrosidad que supone la existencia de una organización: se trata de un colectivo "institucionalizado" que no depende tanto de las personas concretas como de las estructuras de la organización, y que puede recibir apoyos fraccionados en régimen de reparto de tareas en —tomadas aisladamente— pequeñas cuotas que, sumadas en el centro de coordinación que es la estructura organizada, alcanzan a mantener la actividad de la organización.

2 *Tipo objetivo*
a) *Aportación material*

A la hora de interpretar el alcance del *tipo objetivo de la infracción, se trata de que el sujeto activo realice una aportación que, por pequeña que sea tomada en sí misma, "permita el mantenimiento de la banda armada"* (STS 2.2.1993), es decir, la ulterior comisión de infracciones de terrorismo. Es especialmente significativa la doctrina jurisprudencial sintetizada *en esta línea, aún en relación con el art. 174 bis a) CP TR 1973, en la STS 2.2.1987,* según la cual la infracción contiene tres elementos típicos, además del de constituir una tipificación autónoma de actos de participación o pre-participación*:*

> Las demás notas características de este delito hacen referencia: a) a la acción, constituida por cualesquiera actos que favorezcan la comisión de delitos tipificados como de terrorismo, en tanto sean actos de colaboración eficaces para tal favorecimiento sin alcanzar el rango de participación: b) respecto a la antijuridicidad, la conducta colaboradora ha de estar conectada a una organización terrorista castigada como tal, de modo que es esa intrínseca ilegalidad del grupo favorecido la que se comunica al colaborador, a semejanza de lo que ocurre con la doctrina de la participación; c), desde el ángulo de la culpabilidad, que concurra el dolo que implica, como ha señalado la jurisprudencia, "tener conciencia del favorecimiento y de la finalidad perseguida por el mismo.

La esencia misma de esta infracción, por lo tanto, está en la existencia de una *conexión* con la organización misma, para evitar que esta infracción se convierta en un expediente para supuestos en los que la intervención de un sujeto en una acción delictiva terrorista concreta tropiece con dificultades de prueba; se trata de probar el acto de apoyo a la organización como tal. *El legislador* del CP 1995 *se ha ocupado de especificar* de modo más claro que en la regulación anterior —*a modo de catálogo abierto*— *en el art. 576.2 de qué actos se puede tratar: vigilancia de posibles objetivos de los delitos de la organización, la cesión de elementos materiales, el traslado de miembros de la organización, etc. Todas éstas son conductas en las que* —*en la línea de interpretación de la jurisprudencia* antes referida— *un sujeto, sin ser miembro de la organización, entra en contacto con ella para prestarle apoyo material; el legislador cierra además* en la nueva redacción *ese catálogo abierto mediante una cláusula de acuerdo con la cual debe tratarse en los demás posibles supuestos de conductas "equivalentes" a los supuestos expresamente mencionados* (circunstancia especialmente destacada por la STC 136/1999, FJ 25). *Ese es, entonces, el sentido de la mención "colaboración con las actividades" de una organización terrorista: ayudar materialmente a la organización* (vid. *infra* en el texto). Sin embargo, esta comprensión de las presentes infracciones, que constituyen el puesto de avanzada jurídico-penal más alejado de la comisión de efectivas infracciones materialmente *terroristas* con ataques a bienes jurídicos individuales, no es (ya) pacífica y está siendo sometida a un proceso en el que existe el riesgo de que se pierda toda posibilidad de definir el alcance típico de esta infracción (vid. *infra*).

La *definición objetiva* del *comportamiento típico* incriminado en delito de colaboración es el referente básico para aprehender el estrato de un *segundo círculo* de personas del "entorno" de una organización terrorista: las que no se encuentran tan implicadas en la actividad, que no llegan a integrarse en la estructura, pero que sí están dispuestos a dar el paso a colaborar, lejos del "apoyo moral" o la "propaganda", *materialmente* con las actividades terroristas. En este sentido, tiene cierta justificación la extendida afirmación de que se trata de acciones *funcionalmente* terroristas, por contraposición a las *materialmente* terroristas. La aplicación de la infracción está en los niveles más altos de los que corresponden a los distintos delitos en materia de terrorismo: a lo largo del año 2006, se iniciaron más de 200 diligencias previas (vid. *M FGE* 2006, Estado B).

La colaboración que aquí se incrimina puede denominarse simple o genérica, ya que, a diferencia de las infracciones anteriores, no está vinculada a una actividad delictiva concreta, sino consiste en el apoyo genérico a la organización terrorista; si el apoyo material se concreta en una determinada conducta delictiva, como dispone en la regulación introducida en 1995 el segundo inciso del tercer párrafo del art. 576.2, la colaboración cede ante la coautoría o la complicidad. Por otra parte, sólo resulta aplicable respecto de sujetos que no sean miembros de la organización en cuestión (arts. 515 y 516; vid. *infra* y, por ejemplo, STS 27.6.1994; SAN (secc. 1ª) 22.6.1998). En palabras del TS,

> El delito de colaboración con banda armada tipifica y sanciona aquellos actos de cooperación genérica [...] que sin estar causalmente conectados con la producción de un resultado concreto, por tratarse de una figura delictiva de simple actividad, se dirijan al favorecimiento de las previsibles acciones del grupo". (STS 27.6.1994; es éste un pasaje que se repite textualmente en muchas resoluciones; vid. sólo SAN (secc. 1ª) 22.6.1998)

b) *Comportamientos incriminados*

El catálogo de conductas enumeradas en el tipo es el elemento que dota de contenido material a la infracción y resulta extraordinariamente amplia en comparación con otros ordenamientos de nuestro entorno. Comprende, en última instancia, cualquier forma de contacto con y aportación material a la organización.

A modo de ejemplo puede hacerse referencia a la asistencia a *prácticas de entrenamiento* que últimamente ha adquirido relevancia en la discusión pública en relación con la existencia de campos de adiestramiento (primero en Afganistán, luego en Pakistán) por los que habrían pasado muchos de los autores de infracciones terroristas recientes de orientación religiosa islámica: se trata de una conducta que sólo en un sentido muy laxo puede entenderse como de apoyo a la organización. Ya de las meras dimensiones de la descripción de las conductas incriminadas en el precepto comentado, así como —a pesar de lo anterior— la presencia de la cláusula de cierre, indica que el rasgo distintivo de la infracción es la indefinición; una formulación en la que "padecen, sin duda, los principios de legalidad y de seguridad jurídica", como dice el TS (STS 8.3.1995), un "tipo abierto" (STS 20.1.1989; 13.7.1987; 20.11.1984). Otras muchas resoluciones, en cambio, niegan expresamente que haya problema alguno con el mandato de determinación: "La apertura relativa del tipo penal que se examina no atenta a la "lex certa" configuradora del principio de legalidad". (SAN [secc. 4ª] 21.5.2004). La cuestión se planteó desde el principio de la vida de la infracción en el ordenamiento penal; así, en el recurso de inconstitucionalidad planteado por el Parlamento Vasco frente a la LO 9/1984, se afirma (STC 199/1987, I.8.) que esta Ley utilizó "una técnica de tipificación delictiva que da lugar a un inmenso ámbito de aplicación de la misma" y que "así ocurre en particular con la consagración del tipo penal de "delitos de colaboración en actividades terroristas o rebeldes" establecido en el art. 9 de la Ley Orgánica 9/1984. Acciones que podrían ser calificadas de constitutivas de encubrimiento, complicidad, inducción o cooperación necesaria, son configuradas como un delito penal autónomo, extendiendo así su ámbito de aplicación de forma extraordinaria y utilizando términos imprecisos que facilitan una aplicación expansiva de la Ley". También la STC 136/1999 ve "amplitud e indeterminación de los términos" de la descripción típica (FJ 26).

c) *Riesgo concreto*

El segundo párrafo del número segundo contiene una regla para los supuestos en los que se genere una situación de riesgo concreto, y una referencia a la posibilidad de incriminar la conducta como autoría o participación en caso de que ese riesgo conduzca efectivamente a la realización de una infracción; esta previsión específica, como es natural, no significa que deban establecerse aquí requisitos distintos para los títulos de imputación que las que rigen en general (vid. un supuesto en el que una actividad de colaboración (recabar información acerca de horarios, vehículos utilizados, etc., de la víctima de ETA) se concreta en una verdadera cooperación necesaria respecto del asesinato concreto realizado con posterioridad por ETA en STS 1215/2006 (4.12.2006) (en el caso enjuiciado, ETA conocía la identidad y la vivienda de la víctima, pero recabó la información sobre los hábitos de vida a través del colaborador-cooperador necesario).

d) *Delimitación frente a la conducta de pertenencia*

Un paso necesario para concretar el alcance típico-objetivo de la conducta de colaboración es la *delimitación frente a la conducta de pertenencia a la organización*. La pertenencia como infracción criminal deriva directamente de las dimensiones de injusto de los delitos de organización. La colaboración, en cambio, supone una extensión *hacia fuera* de esas dimensiones de injusto.

Desde esta perspectiva —la única posible para comprender el juego entre delito de pertenencia y delito de colaboración—, sin embargo, la relación que la Ley prevee para las *amenazas de pena* dirigidas respecto de ambas infracciones no puede resultar satisfactoria: si bien se mantiene una superior gravedad para la pertenencia (art. 516.2: pena de prisión de seis a doce años) frente a la colaboración (art. 576: pena de prisión de cinco a diez años), dado el amplio solapamiento de pena para ambas conductas y el elevado límite mínimo previsto para la colaboración suponen una muy deficiente traslación de la diferencia categorial, de mayor gravedad de la pertenencia, que en términos de injusto existe entre las dos modalidades de comportamiento.

La diferenciación entre estas dos figuras, por lo tanto, debe partir de una sólida definición de la conducta de pertenencia: "En principio puede afirmarse que la pertenencia, supone por sí misma una prestación de algún tipo de servicio para los fines de la banda, ya en el campo ideológico, económico, logístico, de aprovisionamiento o de ejecución de objetivos de mayor intensidad que las conductas de colaboración previstas en el art. 576 del CP que define comportamientos propios de complicidad, por lo tanto de *naturaleza periférica* en el marco de la actividad de las bandas terroristas, y que constituyen un auxilio o preparación de otro comportamiento [...]" (STS 1346/2001 (28.6.2001). Desde este punto de vista, el delito de colaboración es "*residual*" (STS 785/2003 (29.5.2003) respecto del de pertenencia. En este sentido, el umbral máximo de los comportamientos de colaboración viene delimitado por la conducta de integración en la organización. El punto de partida para la distinción entre los dos tipos está en la diferenciación de la configuración objetiva de la conducta. En términos abstractos, el compromiso del *miembro* con la organización lo convierte en un elemento funcional intercambiable de la misma: puede ser trasladado de función y de ubicación, el integrante *es* carne de la organización y participa de modo especialmente intenso, como autor, del injusto colectivo que expresa la organización típica. El colaborador, en cambio, interviene con aportaciones puntuales a la actividad de la organización, partiendo normalmente de un contexto social claramente diferenciado: no interviene *en* ella, sino *para* ella (en sentido similar cabe interpretar la afirmación de la SAN 282/2001 (secc. 4ª) 20.10.2001 de que "[...] el delito de integración [es] ontológicamente una forma más o menos activa de 'estar' y [...] el delito de colaboración [...] una forma de 'hacer' eficaz excluyente de la mera adhesión o apoyo pasivo"), de modo que es el verdadero nexo de unión operativo entre la estructura de la organización terrorista y su medio social, pero al mismo tiempo marca el límite de la organización, está fuera de ella por definición. Para distinguir lo uno de lo otro, por lo tanto, parece claro que hay que atender a distintas *actividades objetivas* del colaborador frente a la del miembro. Si la conducta de pertenencia se define en términos funcionales (las actividades en relación con la organización son de aquellas que, en importancia y en extensión temporal de su ejecución, esta organización suele reservar para sus miembros), también aquí debe producirse esta aproximación: la colaboración es una conducta de apoyo material que la organización terrorista en cuestión suele "deslocalizar" fuera de las estructuras operativas. Esta perspectiva es asumida también con frecuencia en la jurisprudencia: "La diferenciación entre la pertenencia y la colaboración [...] no puede radicar en el criterio subjetivo de las personas sino en elementos objetivos, como la estabilidad y la interacción en las conductas relacionadas con la banda [...]" (SAN 34/2000 (secc. 1ª) 22.6.2000); el miembro realiza, en comparación con el colaborador, "cometidos y acciones que sólo cabe entender encargados a quienes tienen el grado de compromiso y vinculación con la organización propio de quien está integrado en ella por tener su confianza plena" (SAN 37/2004 (secc. 4ª) 16.10.2004.

e) *Riesgo permitido*

En el otro umbral relevante de la infracción, es decir, en la definición de cuáles son los elementos mínimos de la infracción (determinación del *riesgo permitido* en relación con la necesaria *conducta de apoyo material*), los contenidos del acto de colaboración, se ve que la formulación inicial del tipo del art. 576.1 no es de mucha ayuda para el intérprete: se afirma que lleva a cabo la conducta típica todo aquel que "lleve a cabo, recabe o facilite, cualquier acto [...]". Precisamente ante una redacción típica tan vaporosa, la cuestión esencial en la interpretación de la infracción está en la necesidad que la conducta sea realmente idónea para servir de apoyo *material* a la organización. Esto, es decir, que se trate de una aportación material relevante, no implica que necesariamente haya sido efectiva, exitosa realmente *ex post*: "La jurisprudencia exige que el acto de colaboración sea al menos en potencia, eficaz, positivo y útil para las acciones de la organización terrorista" (STS 16.2.1999); " [...] es una potencialidad, una posibilidad, una eventualidad de daño para el bien jurídico específico" (SAN [secc. 4ª] 20.10.2000); así, una persona que reúne información respecto de personas que podrían llegar a integrar la organización terrorista (es decir, que, conociendo el medio social, realiza una preselección para la estructura de reclutamiento de la organización), realiza el comportamiento típico de la infracción de colaboración con independencia de si las "candidaturas" acaban en efectivas incorporaciones a la organización (STS 800/2006 (13.7.2006).

En este sentido, afirmaba el TS, por ejemplo, que "[...] el alquiler de un garaje para guardar una embarcación cuya compra no ha alcanzado todavía carácter delictivo, no constituye un aporte que permita el mantenimiento de la banda armada. Asimismo no ofrece dudas que acompañar a una persona que recabó la colaboración con un acto preparatorio de un plan tampoco importa favorecimiento alguno de las actividades de la organización ilegal, pues nada aporta a las condiciones de su existencia. Dicho de otra manera, la banda armada no ha visto mejoradas sus posibilidades de existencia a través de actos como los realizados por la procesada" (STS 2.2.1993).

Se diseña así —en términos de imputación objetiva— un *nivel de riesgo permitido*, un umbral de relevancia objetiva de la conducta: en particular, a través del diseño de los contornos de una prohibición de regreso (o: un catálogo de "acciones neutrales") específicamente concebida para un ámbito en el que la existencia del colectivo como realidad emergente modifica necesariamente los límites generales (es decir: desarrollados para infracciones individuales como las lesiones y el homicidio) de aparición de una conducta socialmente perturbadora, es decir, objetivamente relevante desde la perspectiva del principio del hecho. Este requisito, conviene repetirlo, es —además— voluntad expresa del legislador, en el CP 1995, al identificar la cláusula de apertura con el adjetivo de "equivalente". De lo que se trata, entonces, es que la conducta típica sea en todo caso "algo más que la mera afinidad ideológica" (STS 26.5.1992); no se incrimina 'un mero proyecto político'": esto es lo que significa la fórmula de que "[...] lo que se persigue no es propiamente la colaboración en sí misma considerada, *sino los actos por los que la colaboración se manifiesta*" (SAN (secc. 4ª) 21.5.2004; SAN (secc. 4ª) 20.10.2000).

La colaboración, por otra parte, se refiere a la organización, y no sólo a las actividades específicamente *armadas* de la organización, como es lógico y deriva del enunciado de modalidades típicas de colaboración: La colaboración típica "no se limita a los supuestos exclusivos de colaboración en las actividades armadas, es decir, en actuaciones dirigidas a atentar violentamente contra personas y contra bienes, ya que en este ámbito de la colaboración directa en los atentados violentos el referido tipo solamente cumple una función alternativa respecto de la sanción de los hechos como coautoría o complicidad en los concretos delitos cometidos, asesinatos, estragos, secuestros, mientras que donde el tipo despliega su más intensa funcionalidad es en los demás supuestos de colaboraciones genéricas" (STS 16.2.1999); vid. también, por ejemplo, STS 580/2005 (6.5.2005).

Una ordenación del *material de casos* puede ser la siguiente: 1. contribución a la *estructura* de la organización, sea esta en el *plano material* (como transportar miembros de la organización, por ejemplo: vid., entre otras muchas, STS 14.11.2000), de *organización* (por ejemplo, estableciendo contacto con posibles miembros o colaboradores de la organización (SAN 83/2005 [secc. 1ª] 14.12.2005) o de *información* ("[...] se integran en el delito todos los supuestos de facilitación de informaciones que coadyuven a las actividades de la Organización armada, tanto si proporcionan directamente datos sobre víctimas seleccionadas previamente por la Organización para un eventual atentado, como si se limitan a facilitar información genérica sobre víctimas posibles, no contempladas todavía en la planificación de la Organización para un atentado previsto pero que, por sus características personales o profesionales [miembros de las fuerzas de seguridad, por ejemplo] constituyen eventuales objetivos, e incluso si dicha información constituye una aportación eficaz al funcionamiento de la banda (facilita la comunicación entre los comandos o de éstos con la cúpula de la Organización, favorece la obtención de medios económicos, transportes, entrenamiento, reclutamiento, etc.), en cuestiones distintas a las acciones armadas, propiamente dichas" (STS 16.2.1999); en esta línea, por ejemplo, es una información relevante la dirección del domicilio de concejales que pueden constituirse en objetivos de un asesinato (STS 580/2005 [6.5.2005]), o de agentes de policía (STS 786/2003 [29.5.2003]), al igual que la identificación de las matrículas de los vehículos de éstos (vid., por ejemplo, entre otras muchas, SAN 83/2005 [secc. 1ª] 14.12.2005; 17/2004 [secc. 2ª] 3.6.2004; 41/2003 [secc. 3ª] 23.12.2003; STS 16.2.1999); 2. procurar *medios de actuación*, tanto *materiales* (por ejemplo, la sustracción de un vehículo que es entregado a la organización; entre otras muchas, vid. SAN 43/2003 (secc. 3ª) 11.12.2003) como de *tecnología*; 3. disponer elementos o conductas de *protección* de la organización *frente a la persecución criminal* (es decir, de sus miembros; así, por ejemplo, últimamente: ocultando a un miembro huído en su vivienda, vid. por ejemplo, STS 797/2005 (21.6.2005); STS 532/2003 (19.5.2003); SAN 16/2003 (secc. 2ª) 11.3.2003; SAN (secc. 2ª) 17.3.1998; ocultando un vehículo, SAN 40/2000 (secc. 1ª) 18.7.2000; suministrando documentación falsa a sus miembros, SAN 51/2001 (secc. 1ª) 12.11.2001; recabando fondos —mediante colectas— para que los miembros de la organización puedan abandonar el país (SAN 36/2005 [secc. 3ª] 26.9.2005); ayudando a un miembro huído de la organización a cruzar la frontera (STS 14.5.1999); poner a disposición de la organización un lugar de acogida, aunque no se utilice (STS 801/2000 [16.5.2000]); actuar de "lanzadera" para un comando, circulando por delante del vehículo con los miembros del comando —respecto del cual no se conoce cuál es su plan de acción- con la finalidad de avisar, mediante un teléfono móvil, a sus miembros de la existencia de algún control policial, para que puedan evitarlo (STS 572/2007 (18.6.2007). En todos estos casos, se produce una verdadera *aportación material a la organización que integra el alcance típico.* Frente a este tipo de conductas calificadas de colaboración, la jurisprudencia ha ido construyendo un catálogo paralelo de comportamientos de contacto con miembros de la organización que no pueden llegar a ser calificados de colaboración: "[...] no se ha apreciado la existencia de colaboración en la realización de los siguientes actos: (1) El mero conocimiento o trato con personas integradas en el grupo armado (S 29/1984, sección 2ª). (2) La realización de actos de asistencia ejecutados en cumplimiento de un deber profesional (S. 65/1985, sección 1ª). (3) Visitar a un militante huido, facilitándole comida y alimentos (S 43/1985, sección 2ª). (4) Corroborar las informaciones que ya poseía la organización (S 13/1986, sección 3ª)". (AAN (secc. 4ª) 8.2.2001). En este sentido, el TS ha estimado, por ejemplo, que el hecho de que el vicepresidente del Gobierno de la Generalitat de Cataluña se reuniera con miembros de ETA no es constitutivo de una conducta de colaboración (AATS 8.9.2004 y 2.11.2005).

3 *Tipo subjetivo*

Por otro lado, en el marco del *tipo subjetivo*, según la jurisprudencia de TS y AN es necesario que la conducta objetiva antes referida se vea acompañada de la correspondiente intención de colaborar con la organización: " [...] como han señalado reiteradas Sentencias de esta Sala [entre las que podemos citar las de 17 marzo y 21 diciembre 1983, 8 abril 1985, 23 junio 1986 y 2 febrero 1987], no basta con la idoneidad y potencial eficacia de los actos de favorecimiento de las actividades y fines de la banda armada, es necesario también, con arreglo a un exigible respeto al principio de culpabilidad, que exista una específica y preeminente intención de ayudar, contribuir o beneficiar las actividades o fines de la banda terrorista"

(STS 27.6.1994). En este contexto, que el móvil para la realización de la conducta sea la amistad o una relación familiar, etc., no excluye la referida intención (cfr., por ejemplo, STS 8.3.1995; 21.7.1993; 24.5.1993). En alguna ocasión, por el contrario, el TS ha considerado que no quedaba suficientemente acreditada la referida intención de colaborar en un supuesto en el que concurría en el sujeto —se trataba de una mediación en el pago de una extorsión realizada por ETA— evidentemente el interés en ayudar al extorsionado (STS 27.6.1994). Sin embargo, más adecuado que negar la concurrencia del lado subjetivo de la infracción parece que hubiera sido acudir al estado de necesidad.

4 *Evolución de la jurisprudencia*

La situación en la interpretación de la conducta típica —resultado de un proceso de asentamiento de los criterios de interpretación una vez que la legislación optó, acertadamente, por separar la tipificación de pertenencia y colaboración—, sin embargo, ha comenzado a modificarse en los últimos años, tendiendo a la incorporación de *conductas de apoyo ideológico*; se percibe en la jurisprudencia más reciente un desdibujamiento de los límites de la definición típica de la conducta. Esta cuestión en las infracciones de colaboración se encuentra relacionada, a modo de vasos comunicantes, con la definición de las conductas de pertenencia a la organización: si existe una definición amplia en este último ámbito, la colaboración no soportará la presión ampliatoria (así la línea iniciada en la STS 29.11.1997 (caso Mesa Nacional de HB), en la que se descarta la existencia de un supuesto de pertenencia a organización terrorista, pero se afirma la concurrencia de un delito de colaboración con banda armada; vid. *infra*) y quedará reducida a la inoperancia; a la inversa, esta presión hacia la ampliación puede manifestarse en una lectura más extensa de la figura delictiva de la colaboración con la organización terrorista. Esto, como es lógico, dificulta especialmente la delimitación de los ámbitos típicos respectivos de pertenencia a la organización y colaboración con ella. Pero también supone un proceso de extensión del ámbito de criminalización que con la anterior situación de interpretación jurisprudencial quedaban fuera del alcance del tipo. Este desarrollo no es, en primera línea, consecuencia de una modificación introducida por el legislador, *sino responde* ante todo *a una praxis jurisdiccional incipiente que hace uso* —aunque no siempre— *de una expresión desafortunada del legislador* de 1995 *en la redacción del delito de colaboración con banda armada, organización o grupo terrorista*, al incluir ahora literalmente también la colaboración con los "fines" de la organización. Desde la perspectiva del diseño de las infracciones de colaboración, queda claro que esta ampliación dinamita desde dentro toda su estructura: *si el sujeto activo —no siendo miembro de la organización, como es presupuesto de este tipo— no colabora con la organización, sino sólo con las finalidades, en primer lugar, hay que preguntarse cómo es posible prestar esa ayuda a entes abstractos como unas "finalidades". En segundo lugar, hay que preguntarse cómo es posible considerar tal colaboración "equivalente" —como exige el art. 576.2— a actos concretos de apoyo material como la puesta a disposición de un vehículo o de información a la organización. Parece claro, en conclusión, que las conductas que puedan estar implicadas no quedan cubiertas por las características especiales de la "organización", y se mueven, en realidad, en otro plano muy distinto al de la colaboración con la organización, entrando en el ámbito de conductas que se pueden denominar de "respaldo político".* No hace falta insistir en que ante lo difuso de esta noción de "apoyo en las ideas", lo difícil de interpretar cuáles pueden ser los *fines últimos* de una organización terrorista y lo extendido de planteamientos políticos —en el caso de ETA— que mantienen puntos de contacto con lo que parecen ser los objetivos de la organización terrorista, tal interpretación puede servir para criminalizar prácticamente cualquier manifestación de opiniones políticas. En este sentido, en contraste con posiciones jurisprudenciales anteriores, comienzan a incluirse en el catálogo de conductas de colaboración nuevos supuestos que antes no habrían satisfecho el criterio de que se trate de actos de apoyo material directo a la organización: así, por ejemplo, también integra el concepto de colaboración típica la conducta de "[...] desarrollar actividades que favorezcan los fines que persigue la organización terrorista, como repartir propaganda política de la organización" (AAN (secc. 4ª) 8.2.2001). Una vez dado el salto de considerar suficiente la colaboración con los fines, en el plano objetivo general, todo tipo de conductas más o menos en las proximidades de la estrategia de una organización terrorista pueden llegar a integrar la conducta típica (de modo que, por ejemplo, puede llegar a juicio —si bien en este caso, la AN absolvió rotundamente—, con todo lo que eso implica en el plano procesal, una conducta tan evidentemente alejada de la organización como la de los miembros de una asociación de vecinos que llevaba a cabo, a plena luz del día, una campaña contra la presencia de la Guardia Civil en una determinada zona de Navarra; vid. SAN 32/2003 (secc. 2ª) 27.6.2004): dependiendo del manejo de la prueba, unos mismos hechos pueden estar saltando de la calificación de delito de colaboración a la de *terrorismo individual* del art. 577 (vid. *infra* en el texto).

En suma, la *inferencia racional* de la coincidencia en los fines con la organización acaba convirtiéndose en una inversión de la carga de la prueba, como muestra la siguiente argumentación del TS con toda claridad:

> [...] de acuerdo con la propia declaración del recurrente, se estaría ante un típico caso de identificación con unos difusos y acríticamente aceptados fines políticos, a cuya consecución se realizan típicos actos de sabotajes en total sintonía con las directrices de la banda ETA, que obviamente actúa desde la clandestinidad por lo que nada tiene de especial la ausencia de documentación acreditativa de una obediencia, ya que la "cultura de la destrucción de

pruebas", es una nota característica de su actividad, no obstante, la sintonía y comunión de actividad e ideas con ETA está claramente proclamado por la naturaleza de los hechos analizados, totalmente enmascarados en la estrategia de la banda armada difundida a través de notas o en sus boletines. Es este un dato que surge del análisis, incluso superficial, de la realidad vasca. Al respecto no cabe ambigüedad o ignorancia. [STS 786/2003 (29.5.2003)]

Por otra parte, en los supuestos en los que sí existe algún contacto con la organización, ya no puede discutirse de ningún modo un umbral mínimo de relevancia, de *riesgo permitido*, de los actos en cuestión para ser idóneos para servir de apoyo material a la organización: la palabra "equivalente" (y con ella, todas las enseñanzas de la teoría de la imputación objetiva) desaparece del lenguaje hermenéutico de la infracción. En este sentido, resulta significativo el contraste que se ha producido respecto de las posiciones anteriores del TS. Si —como se ha expuesto antes— en 1993 alquilar un garaje o acompañar en un reconocimiento a un miembro de la organización no podían ser actos típicos de colaboración, ya que "la banda armada no ha visto mejoradas sus posibilidades de existencia" (STS 2.2.1993), diez años más tarde, guardar unas herramientas comunes lo es sin duda alguna: "[...] desde el primer momento queda fijado el ámbito de la colaboración en la custodia de herramientas u otros objetos, como único acto aislado que materializa y agota tal colaboración y que se patentiza en la ocupación de la larga relación de efectos ninguno de los cuales por sí mismo, constituye ilícito penal, y por lo demás no existe el menor rastro de que Iratxe haya tenido otra u otras intervenciones y el propio "factum" es expresivo al respecto, por el contrario la ayuda externa voluntariamente prestada se ha limitado a ocultar tales efectos, no existe dato ni corroboración que permita extender tal ocultación a armas o explosivos lo que pudiera tener lógicas consecuencias que hubiera podido acreditar una integración en banda con independencia de la responsabilidad por tal tenencia delictiva en sí misma [...]. [...] es claro que la acción enjuiciada merece la calificación de colaboración con banda armada del art. 576 del Código Penal y no de integración [...]" (STS 785/2003 (29.5.2003). Al final de esta carrera extensiva, entregar a miembros de la organización un mapa común acaba también siendo una conducta "equivalente" —hay que repetirlo— a suministrar explosivos a la banda, construir un depósito secreto o identificar a la futura víctima de un asesinato (SAN 19/2003 (secc. 4ª) 21.5.2003). En esta nueva interpretación de la infracción, mantener relaciones de proximidad inespecíficas con personas identificadas como miembros de una organización terrorista puede suponer una condena por colaboración con organización terrorista, y se considera claro que quien *financia* el viaje para asistir a un campo de entrenamiento constituye una colaboración con el colaborador que entra en el ámbito típico (vid. SAN 36/2005 (secc. 3ª) 26.9.2005 (en el caso referido a la ramificación española de la preparación de los atentados del 11.9.2001); en todo caso, en varios supuestos en los que en esta resolución se afirmó la existencia de infracciones de colaboración, el TS casó la sentencia, afirmando que no cabe deducir la relación típica del mero conocimiento de dos sujetos, evidenciado, por ejemplo, por encuentros personales o llamadas telefónicas (STS 556/2006 (31.5.2006); más crítico aún en este ámbito con la extensión del delito de colaboración el voto particular de *Giménez García* a esta última resolución).

También en el plano jurídico-constitucional hay (más que) serias dudas acerca de la constitucionalidad de una extensión de la tipicidad hacia lo arbitrario por omnicomprensivo: en su sentencia 136/1999, referida al caso *mesa nacional de HB*, el TC comienza por hacer una encendida defensa de la legitimidad de la incriminación de una infracción de colaboración, que descansa en los argumentos peligrosistas propios de los modelos de la anticipación: "el terrorismo constituye una manifestación delictiva de especial gravedad, que pretende instaurar el terror en la sociedad y alterar el orden constitucional democrático, por lo que ha de admitirse que cualquier acto de apoyo al mismo comporta una lesión, al menos potencial, para bienes jurídicos individuales y colectivos de enorme entidad, a cuya defensa se dirige el tipo analizado. No puede negarse en abstracto la posibilidad de que el Estado limite mediante el establecimiento de sanciones penales el ejercicio de los derechos fundamentales para garantizar bienes tan relevantes como la vida, la seguridad de las personas o la paz social que son puestos en peligro por la actividad terrorista. Así lo admite el art. 10.2 del C.E.D.H. y así lo reconoce el Tribunal Europeo de Derechos Humanos en numerosas resoluciones [...]. Tampoco cabe dudar de la idoneidad de la sanción prevista. Se trata de una medida que, con toda seguridad, puede contribuir a evitar la realización de actos de colaboración con una organización terrorista y cooperar así a la consecución de los fines inmediatos de la norma" (FJ 27). Sin embargo, el alcance dado en la interpretación judicial de la infracción le genera una opinión diversa: "Más problemas suscita, sin embargo, el juicio de necesidad de la medida y, sobre todo, de proporcionalidad en sentido estricto de la pena mínima que este precepto obliga a imponer [...]. Nuestra decisión ha de ser diferente en relación con el juicio estricto de proporcionalidad, que es el que compara la gravedad del delito que se trata de impedir —y, en general, los efectos benéficos que genera la norma desde la perspectiva de los valores constitucionales— y la gravedad de la pena que se impone —y, en general, los efectos negativos que genera la norma desde la perspectiva de los valores constitucionales—. La norma que se ha aplicado a los recurrentes no guarda, por su severidad en sí y por el efecto que la misma comporta para el ejercicio de las libertades de expresión y de información, una razonable relación con el desvalor que entrañan las conductas sancionadas" (FJ 27, 29).

3 Delitos de "terrorismo individual" (art. 577 CP)

a) *Introducción*

Esta infracción, denominada de "terrorismo individual" y sin antecedente en el ordenamiento español hasta su introducción en el CP de 1995, en el plano *de lege ferenda* desde un principio genera una grave tensión sistemática con lo que de acuerdo con la doctrina dominante constituye una de las bases fundamentales del carácter especial de las infracciones en materia de terrorismo: la organización. En este sentido, lo cierto es que un análisis sistemático revela que el terrorismo que provoca la reacción específica del Derecho penal es aquel que, por ser realizado en una organización, es especialmente peligroso y expresa una determinada significación política. También la STC 199/1987 parece partir de esta perspectiva: "El terrorismo característico de nuestro tiempo, como violencia social o política organizada, lejos de limitar su proyección a unas eventuales actuaciones individuales susceptibles de ser configuradas como 'terroristas', se manifiesta ante todo como una actividad propia de organizaciones o de grupos, de 'bandas' [...]" (FJ 4). En suma, parece muy difícil de entender, ya a primera vista, cómo una persona que no actúa en conexión con una organización terrorista, es decir, un sujeto aislado, va a poder "subvertir el orden constitucional o alterar gravemente la paz pública".

b) *Fenomenología*

En todo caso, ya desde un principio la situación real de aplicación del precepto aconseja distinguir en este contexto *dos fenómenos* distintos y con distinta relevancia empírica: por un lado, está la figura del autor (verdaderamente) *aislado* en serie de hechos delictivos gravísimos (*terroristas*), con o sin pretensiones "políticas" en sentido estricto. Por otro, el sujeto que actúa a título de *adhesión* a un proyecto terrorista realmente existente, pero sin que exista (o pueda probarse) un vínculo típico entre sus actos y la organización terrorista correspondiente en sentido estricto. En lo que se alcanza a ver, todos los supuestos enjuiciados —en un número no despreciable: en el año 2006, se iniciaron casi cincuenta diligencias previas por esta infracción (*M FGE* 2006, Estado B)— pertenecen al segundo grupo; el fenómeno del terrorista individual en sentido estricto (esto es, en el sentido de aislado) no ha llegado a España.

La figura del autor aislado, como parece claro, presenta una problemática completamente distinta a la del segundo grupo de "terroristas individuales". Así, aunque existen casos de "terrorismo" (verdaderamente) individual *redentor* (con pretensiones subjetivamente "políticas"), parece claro que difícilmente podrá hablarse, ya en el plano típico, de la concurrencia de la *proyección estratégica* que la regulación constituye en punto de referencia: un autor aislado no puede, materialmente, pretender subvertir el orden constitucional o alterar gravemente la paz pública en el sentido de las presentes infracciones. Es decir, su terrorismo tiene la *pretensión*, propia de la utilización de los medios específicamente terroristas, de hacer política, pero fracasa en tal propósito por la ausencia del elemento esencialmente colectivo de toda política. De lo contrario, se corre el riesgo de colocar en la línea de salida de la inflación del término a cualquier autor reincidente de delitos graves. En este sentido, la pérdida de esta visión restrictiva incluso podría conducir a la calificación de "terrorista" de cualquier asesino en serie.

Menos sencilla parece la cuestión respecto del segundo grupo de autores que pueden entrar en consideración, que no carecen de cierto referente colectivo, ya que se adhieren de algún modo simbólicamente a una organización terrorista realmente existente o se integran en una organización no terrorista próxima a la que sí lo es. Como es sabido, tales supuestos han tenido presencia muy destacada en España en lo que se ha denominado *kale borroka*, la realización de violentos disturbios callejeros muy coordinados por parte de jóvenes pertenecientes en la mayoría de las ocasiones a organizaciones políticas cercanas en objetivos e ideario a ETA. Recuérdese que una primera aproximación posterior a la aprobación del CP 1995 —vacilante e incoherente, como se verá inmediatamente— al fenómeno en clave de equiparación a las actividades típicas terroristas fue la ampliación de determinados aspectos del delito de amenazas *terroristas* del art. 170 mediante la LO 2/1998. Aquí aún no se da aún el paso de modificar la definición de alguna infracción terrorista en sentido estricto, como se hizo más adelante en la LO 7/2000 reformando el precepto comentado, pero sí se habla —en la Exposición de motivos— de que la "violencia callejera" constituye una "nueva forma de terrorismo". En este sentido, puede concurrir la existencia, incluso, de cierta organización, o de una organización en sentido estricto, como ha existido en el caso español en determinadas organizaciones juveniles pertenecientes al *campo* favorable a la actividad de ETA. Entonces, sí es cierto que se ha prescindido del "elemento estructural" de las infracciones de terrorismo, pero no de la existencia de organización —en el precepto comentado, no existe un requisito típico de no pertenecer a una organización, sino de no ser miembro de una organización *terrorista*—, sino de que el elemento que desaparece es el requisito que se trate de una organización *terrorista*. Obviamente, esta función del precepto desaparecerá si se consolida un entendimiento de aquellas organizaciones que recientemente ha sido asumido por el TS: si las organizaciones del "entorno" de ETA son terroristas, ya no es necesario el *desvío* que materialmente constituye el art. 577. En este sentido, *Martínez Arrieta* —en su voto particular a la STS 50/2007 (19.1.2007), que declara organización terrorista a las juventudes del complejo próximo a ETA, Jarrai/Haika/Segi— advierte de que de este modo —a través de la tesis "todo ETA" en materia de organización—, se está vaciando de contenido al art. 577: "La sentencia de la mayoría aplica el concepto de banda armada, configura una nueva banda, sin apoyarlo en criterios distintos de los resultados violentos con finalidad terrorista, elemento que ya figura en la tipicidad del art. 577 del Código penal. Consecuencia de lo anterior es la inaplicación, en la práctica, del art. 577 del Código penal como venía siendo aplicado hasta ahora".

Con lo dicho ya se ve la problemática esencial de la infracción: no hay —es un presupuesto de la Ley— conexión con una estructura que pueda conducir a los actos típicos a alcanzar la peligrosidad que caracteriza los medios específicos de lo que la regulación define como *terrorismo*; en este sentido, sólo en un sentido impropio puede hablarse aquí de un delito de terrorismo, pues, en síntesis, ¿cómo va a haber actos *terroristas* sin *organización (terrorista)*?

c) *Ampliación del alcance típico*

Si a lo acabado de exponer se añade el hecho de que la LO 7/2000 ha sumado a esas *finalidades típicas* la de *"contribuir a esos fines atemorizando a los habitantes de una población o a los miembros de un colectivo social, político o profesional"* —para combatir el "terrorismo urbano", término coloquial utilizado, entonces ya expresamente, por la Exposición de Motivos de la Ley—, resulta difícil sustraerse a la impresión de que el legislador persigue no tanto aprehender en este tipo una forma de verdadero terrorismo como castigar una mera actitud subjetiva o evitar determinados problemas de prueba en relación con la conexión de los autores con la organización, y, sobre todo, sustraer el conocimiento de estos hechos a la competencia de los tribunales ordinarios en sentido estricto, para pasarla a la jurisdicción de la Audiencia Nacional.

4 Delitos de exaltación o justificación y de menosprecio a las víctimas (art. 578 CP)

a) *Introducción*

Es tan cercana en el tiempo la aparente solución final del problema histórico de la apología en el CP 1995, optando por la eliminación de su tipificación más allá de los actos preparatorios, *que* resulta sorprendente la introducción de la presente figura en la LO 7/2000. *Cabe decir que se había alcanzado cierto consenso —materializado, como es sabido, por el legislador en la redacción dada al art. 18.1, párrafo 2º CP— respecto de que la mera expresión de ideas favorables al delito cometido o a su autor no podía constituir infracción criminal.* En todo caso, el *legislador de la LO 7/2000* tipificó conjuntamente *dos conductas —la de "enaltecimiento o justificación" y la de determinados actos de vejación grave de las víctimas de las infracciones* de terrorismo— *que* son muy diversas.

b) *Exaltación o justificación*

Un problema previo a la definición del alcance típico que se plantea en este ámbito se da cuando las opiniones posiblemente típicas se vierten en el parlamento, de modo que surge la cuestión del alcance de la *inviolabilidad parlamentaria*:

Esta cuestión se planteó en relación con las manifestaciones en el Parlamento vasco de un diputado: "La solución a la militarización del País Vasco es el derecho de autodeterminación [...]" "Saben perfectamente [...] que la lucha armada de ETA no responde a la voluntad de imponer ideas [...]", "La lucha armada de ETA responde a la defensa de los derechos legítimos que tiene el pueblo vasco". En los fundamentos de derecho de la sentencia correspondiente del TSJ (STSJ País Vasco 5.9.2003) se dice que para que un parlamentario se beneficie del privilegio de inviolabilidad hacen falta dos condiciones: que la intervención goce de causalidad eficiente bastante para cooperar a formar la voluntad de la Cámara y que constituyan verdaderas opiniones. En este caso, por la tenacidad, el énfasis etc., se debía entender que "su actuación ofrece los rasgos de una reivindicación o consigna que, como propuesta y advertencia dirigidas a la sociedad, se aleja conceptualmente de la estricta opinión parlamentaria y penetra en el terreno apologético de las conclusiones emitidas al término de sus intervenciones" y que por tanto no se puede amparar en la inviolabilidad parlamentaria. Y se dice que "su intervención encaja en la figura del art. 578 CP", ya que por un medio de expresión pública "encomia los resultados de las acciones terroristas y destaca, por vía sugestiva o de consejo, lo imprescindible de que aquélla prosiga para desmilitarizar la situación del País Vasco y encontrar salida al conflicto [...]" Esta sentencia es casada; afirma el TS (STS 21.12.2004): "[...] entendemos que, aún en este caso, los límites que frenen la ilegalidad deben provenir del Parlamento mismo (retirar la palabra, sanciones, etc.) y en última instancia recibir el veredicto difuso de aprobación o desaprobación que los ciudadanos pueden expresar en las urnas [...]. La jurisdicción queda excluida frente a las opiniones emitidas por un parlamentario y por tanto ni siquiera se puede entrar a examinar el contenido de esas opiniones al objeto de discernir si merecen o no la tutela de ese privilegio".

En cuanto al entendimiento de las conductas típicas, "enaltecer" significa "ensalzar o engrandecer", "alabar o elogiar"; la palabra "justificar" habla en Derecho por sí sola. En este sentido, el TS ha afirmado que "Son elementos de esta figura delictiva los siguientes: 1º. La existencia de unas acciones o palabras por las que se enaltece o justifica. Enaltecer equivale a ensalzar o hacer elogios, alabar las cualidades o méritos de alguien o de algo. Aparece emparentado, pero tiene un significado más amplio, con el concepto de apología del párrafo II del artículo 18.1 CP. Justificar quiere aquí decir que se hace aparecer como acciones lícitas y legítimas aquello que sólo es un comportamiento criminal. 2º. El objeto de tal ensalzamiento o justificación puede ser alguno de estos dos: a) Cualquiera de las conductas definidas como delitos de terrorismo de los arts. 571 a 577. b) Cualquiera de las personas que hayan participado en la ejecución de tales comportamientos. Interesa decir aquí que no es necesario identificar a una o a varias de tales personas. Puede cometerse también ensalzando a un colectivo de autores o copartícipes en esta clase de actos delictivos. 3º. Tal acción de enaltecer o justificar ha de realizarse por cualquier medio de expresión pública o difusión [...]" (STS 149/2007 (26.2.2007); STS 539/2008 (23.9.2008).

En todo caso, cabe constatar en la *historia de aplicación* del precepto que se plantean supuestos, relacionados con formas de expresión artística, en los que los hechos son difícilmente compatibles con los verbos "enaltecer" o "justificar" los hechos de terrorismo o a los ejecutores de los mismos: Así, el TS se ha visto obligado a someter a análisis jurídico-penal en este contexto, mediante una peculiar labor de exégesis, las letras de diversas piezas musicales, debiendo en ocasiones hacer un verdadero juicio de intenciones de los intérpretes (cfr. las resoluciones absolutorias en ATS 23.9.2003 (*Malas Pulgas*); SAN 62/2006 (secc. 1ª) 21.11.2006, absolución confirmada en STS 656/2007 (17.7.2007) (*Soziedad Alkohólika*). En las situaciones a las que ha sido aplicado hasta el momento el precepto, destaca que en la mayoría de las ocasiones se trata de actos de reafirmación "interna", de rituales de cohesión del segmento social identificado con la legitimidad de ETA, y no tanto de actos en los que exista una "salida", una manifestación fuera de su propio "campo": así, en una resolución se afirma (AAP Guipúzcoa 61/2004 (secc. 3ª) 23.3.2004) que los lemas objeto de las pintadas "Jo ta iraultzak geroa eraiki borroka da bidea, jo ta ke [...] ta segui aurrera, jo ta ke", firmadas por la organización SEGI, "no integran un supuesto de los contemplados en el 578 CP, pues la afirmación de que la lucha es el camino y la alusión a la recolución no se pueden reputar como exaltación de actividades de terrorismo, ni de apoyo o solidaridad con actos concretos de grupos terroristas". Otras resoluciones analizan un caso (STSJ País Vasco (secc. 1ª) 31.3.2004; SAN 10/2007 (secc. 4ª) 23.3.2007) en el que la formulación de manifestaciones más concretas facilitan la afirmación de la concurrencia de un delito de enaltecimiento. También el hecho de ser orador en un acto de homenaje a un miembro de la organización terrorista ETA acarreó una condena para la misma persona por el delito del art. 578 CP: "la conducta desarrollada por el acusado Arnaldo, dirigente de la ilegalizada Batasuna, se caracterizó por la colocación efectiva de un clavel rojo junto a la fotografía del referido "[...]", dirigiéndose a un numeroso grupo de personas allí reunidas [...] [refiriéndose a José Miguel Beñarán Ordeñana *Argala*] ensalzó su figura y alabó su atinada forma de actuación en defensa de la autodeterminación [...], afirmando que [...] hoy se cumplen 25 años de su lucha, señalando que ya entonces predijo que no se lograría la paz mientras las fuerzas abertzales no se unieran para negociar con Madrid el encaje de Euskadi en el Estado, concluyendo con manifestaciones del siguiente tenor: "Teníamos razón" y "ahora se plantea la misma oferta", asegurando que "ETA apoyaría la formación de una candidatura electoral entre fuerzas abertzales, porque permitiría pasar página de la guerra y abrir la libertad para Euskadi" y enfáticamente dirigió "múltiples agradecimientos a los etarras que han dado la vida por Euskal Herria, con llamamientos a la lucha armada" [...] expresiones que, supone cuanto menos señal de aprobación, entusiasmo o admiración a la figura del dirigente terrorista, sin excluir la eufemísticamente denominada "lucha armada", a favor de la autodeterminación del País Vasco, presentándose como la defensa de los derechos legítimos del Pueblo Vasco, y contextualizando ésta en el marco de un "conflicto político" todo lo cual desborda los límites del concepto de opinión. Efectivamente, no constituyen aquellas meras "opiniones" más o menos acertadas sobre realidades históricas vertidas en un "acto político o electoral" como pretende la defensa, ni el ejercicio del derecho fundamental a la libertad de expresión (artículo 20.1 a) de la CE), el cual pese a su posición preferente, no está exento de límites que condicionan su ejercicio en aras a preservar otros derechos y bienes constitucionales, sino de manifestaciones que expresan la absoluta identificación ideológica del acusado con la organización criminal ETA, sus objetivos, sus actividades y su método de actuación, máxime cuando las mismas han de ser valoradas teniendo muy presente que su autor, el acusado, es precisamente el líder de la ilegalizada formación radical vasca Batasuna" (ATSJ País Vasco (secc. 1ª) 27.1.2005; SAN 31/2006 (secc. 3ª) 27.4.2006, confirmada en STS 585/2007 (20.6.2007). Otros hechos que entran en consideración respecto de esta infracción son, por ejemplo, nombrar hijo predilecto y hacer actos en honor (poner bandera a media asta y crespón negro en señal de duelo) de un integrante de ETA o portar una pancarta con el emblema de ETA en un partido de fútbol (así en las SAN (secc. 1ª) 12.11.2007; STS 539/2008 (23.9.2008). También aquí hay que mencionar la sorprendente discusión que ha generado la posibilidad de cometer la infracción en *comisión por omisión*: en diversas resoluciones de juzgados de instrucción de la AN se había considerado que el hecho de *no cambiar* el nombre de una calle (plaza, monumento, etc.) dedicada desde hace tiempo a un terrorista por parte de un responsable político, hasta que en recientes resoluciones del pleno de la AN se ha recordado que el art. 11 CP sólo es de aplicación a delitos que "consistan en la producción de un resultado", por lo que la aplicación de la infracción del art. 578 CP es sencillamente imposible (AAN (pleno) 9.7.2008 y 14.7.2008: "[...] el delito del artículo 578 CP contiene una norma prohibitiva, por lo que sólo se puede cometer el delito mediante un comportamiento activo, excluyéndose como forma comisiva tanto la omisión propia como impropia. Es un delito de mera actividad, carente de resultado material. [...] en todo caso, la intervención de terceros con posterioridad a la ejecución de la acción típica sólo integrará el tipo objetivo de delito y justificará la incoación de un procedimiento penal en la medida en que realice otra vez, de forma plena, la conducta típica, sin que integre el delito del artículo 578 CP la apología de la apología").

En todo caso, parece claro que la vertiente "simbólica" dominante en el discurso consiste aquí en proclamar un mero tabú a la expresión de determinadas opiniones, como si de este modo desaparecieran de las cabezas de quienes piensan de ese modo. No es una infracción de terrorismo, como se ha visto, y, además, no es conveniente su tipificación. Estas consideraciones son previas a un juicio de constitucionalidad. En este contexto, cobra especial relevancia el reciente pronunciamiento del TC en su STC 235/2007 respecto del delito de negación o justificación del genocidio; como parece claro, la proximidad de la conducta incriminada en ambos preceptos hace que la posición del Tribunal sobre esta infracción marcará su visión del delito del art. 578 CP. Puede pensarse, a la vista de la argumentación del TC, que la conducta que aquí interesa superaría el juicio de constitucionalidad manteniéndose la misma línea de doctrina.

c) *Menosprecio a las víctimas*

Frente a todos los interrogantes que plantea la conducta de enaltecimiento/justificación, la alternativa de comportamiento descrita como "actos que entrañen descrédito, menosprecio o humillación de las víctimas de los delitos terroristas o de sus familiares" presenta una justificación material mucho más clara. En efecto, según se alcanza a ver, parece que ha habido en el contexto de los delitos cometidos por ETA casos en los que determinados sujetos —superando todo tipo de límites— han llegado a acosar de diversas maneras (pintadas, llamadas, etc.) a víctimas o familiares de víctimas de delitos terroristas, incurriendo en una conducta que puede ser perfectamente constitutiva de una infracción criminal por su contenido de gravísima injuria (teniendo en cuenta, además, la eliminación, en el CP 1995, del delito de calumnia o injuria contra difuntos del art. 466 CP TR 1973). Sin embargo, parece claro que a menos que este tipo de conductas se incorporen a los esquemas de actuación de una organización terrorista, cuando no sean realizadas por personas vinculadas a una organización, no son materialmente infracciones de terrorismo.

B La reforma de los delitos de terrorismo por LO 5/2010

I Introducción: modificaciones

La amplia reforma que introduce la Ley Orgánica 5/2010 en el ordenamiento penal español afecta también a los delitos de terrorismo, y ello en tres ámbitos: por un lado, se produce una *reubicación* de algunas de las infracciones —debida a la nueva configuración de los delitos de organización comunes, eliminando el tratamiento de la organización terrorista de los delitos de asociación ilícita (recogida en los antiguos arts. 515.2 y 516)—, pasando el art. 571 a recoger las conductas de pertenencia a una organización terrorista (siendo este precepto el contenido de una nueva sección primera, quedando los delitos instrumentales [arts. 572 y ss.] en la sección segunda), mientras que el art. 572 incluye ahora, además de los delitos terroristas contra las personas que ya antes se tipificaban en él, también los que estaban incluidos en el antiguo art. 571 (estragos e incendios).

Este cambio de ubicación de algunos tipos se ve acompañado, por otro lado, de algunas *modificaciones puntuales* en la regulación:

a) se modifica la descripción de las conductas de pertenencia a la organización terrorista (art. 571.1 y 2);

b) se introduce una definición expresa de organización y grupo terrorista (bajo remisión al nuevo régimen general de los delitos de organización), eliminando la noción de "banda armada" (art. 571.3);

c) se amplía el concepto de la colaboración con organización terrorista, identificando como nuevas conducta típicas las de "captación, adoctrinamiento, adiestramiento o formación" (art. 576.3);

d) se define un nuevo delito de financiación del terrorismo, incluyendo tanto conductas dolosas como imprudentes, y estableciendo la posibilidad de penar a personas jurídicas (art. 576 bis);

e) se tipifica una nueva figura de propaganda, consistente en la difusión pública de "mensajes y consignas dirigidos a provocar, alentar o favorecer" la comisión de delitos terroristas (art. 579.1 II).

Finalmente, en tercer lugar, se introduce para los delitos de terrorismo (art. 579.3) la nueva consecuencia jurídica de la *libertad vigilada* (art. 106).[2] Por otra parte, también se han establecido algunos supuestos de imprescriptibilidad para estas infracciones.

II Organización o grupo terrorista

a) Cambio de ubicación

La profunda reordenación de los delitos de organización que la presente reforma lleva a cabo afecta también, como no podía ser de otro modo —el terrorismo es la forma más grave de delincuencia organizada[3]— a las infracciones en materia de terrorismo. Una de las consecuencias de

---

[2] Sobre la aplicación de esta nueva figura a los delitos de terrorismo —en relación con el AP 2008— cfr. el completo análisis crítico de SANTANA VEGA, EPCr XXIX (2009), p. 447 y ss., 474 y ss.

[3] Vid., por ejemplo, también en este sentido Muñoz Conde, *PE*18, p. 921 y s.; SÁNCHEZ GARCÍA DE PAZ, en: GÓMEZ TOMILLO, *ComCP*, p. 1936 y ss.

esa reordenación es que ahora termina la separación que existía entre el delito de pertenencia a organización terrorista (que se regulaba en la secc. 1ª [delitos cometidos con ocasión del ejercicio de los derechos fundamentales y de las libertades públicas garantizados por la Constitución] del cap. IV [delitos relativos al ejercicio de los derechos fundamentales y libertades públicas], dentro de los delitos de asociación ilícita, arts. 515.2 y 516) y las demás infracciones de terrorismo (recogidas en la antigua secc. 2ª [delitos de terrorismo] del antiguo cap. V [tenencia, tráfico y depósito de armas, municiones o explosivos y delitos de terrorismo] del tít. XXII [delitos contra el orden público]): ahora, ambos segmentos de la regulación se encuentran reunidos en el nuevo cap. VII (organizaciones y grupos terroristas y delitos de terrorismo) del título dedicado a los delitos contra el orden público, aunque en dos secciones separadas.

La nueva ubicación no resulta adecuada. Por un lado, porque se se ha desaprovechado la oportunidad de la reforma para colocar en el lugar que corresponde a los delitos de terrorismo (y a todos los delitos de organización): entre los delitos contra la Constitución.[4] Por otro lado, la inclusión de la pertenencia a organización terrorista entre los delitos de terrorismo supone una involución frente a la situación anterior. El hecho de convertir en una infracción criminal la mera integración en un colectivo —es decir, los delitos de organización— supone una reacción excepcional frente a determinadas organizaciones, organizaciones que presentan un injusto específico. En consecuencia, parece conveniente regular conjuntamente todas las formas de delitos de organización; de hecho, la inclusión de la organización terrorista en el delito general de asociación ilícita en el CP 1995 fue saludada como muestra de "normalización" por la doctrina.[5] En efecto, no parece que sea conveniente desgajar la pertenencia a una organización terrorista de la disciplina general de la integración en una organización criminal. Si el miembro de una organización criminal que trafica con drogas es aprehendido por la regulación general de la organización criminal, pero en el caso del terrorismo, la regulación se ubica en otro lugar, —lo que el legislador subraya es lo especial del terrorismo en el plano simbólico— un mensaje inconveniente para un ordenamiento que asume el carácter de delito común del acto terrorista.

b) Conductas de pertenencia (art. 576.1 y 2)

La descripción de los niveles directivos —pertenencia cualificada— se simplifica y se enriquece con las conductas de constituir u organizar, además de promover y dirigir.

---

[4] Vid. la argumentación en CANCIO MELIÁ, *Los delitos de terrorismo*, p. 77 y ss., 80 y ss.; cfr. aquí *infra* en el texto.

[5] Cfr. CANCIO MELIÁ, *Los delitos de terrorismo*, p. 194 y ss.

La conducta de mera pertenencia[6] se describe ahora con más detalle que en la regulación antecesora, en el art. 516.2 CP, que sólo se refería al "integrante" sin más. Sin embargo, la formulación utilizada puede dar la impresión —aún más que la regulación anterior— de que se puede "formar parte" sin "participar activamente" en una organización terrorista (al contraponer a los que participen activamente frente a los que formen parte). Esta regulación desconoce la realidad de las organizaciones terroristas, en la que no hay nada parecido a una "militancia pasiva".

La nueva descripción puede contribuir —intensificando ciertas tendencias en este sentido en la jurisprudencia de los últimos años[7]— a llevar al delito de pertenencia, castigado con penas severísimas, a una especie de delito de adhesión, de identificación con el ideario, y resulta por ello rechazable,[8] ahora igual que antes.

c) *Concepto de organización o grupo* (art. 571.3)

Respecto de la definición de la organización o grupo terrorista cabe destacar dos cuestiones: por un lado, la eliminación del término "banda armada"; por otro, la remisión a las definiciones generales de "organización" y "grupo" en los delitos de organización comunes. Estas modificaciones afectan al llamado elemento estructural de la noción de organización terrorista, sin alterar el concepto típico en lo que se refiere al programa colectivo de la organización o a la definición del elemento instrumental del terrorismo.

aa) El término "*banda armada*" (presente junto con la organización y el grupo terrorista en la regulación del CP 1995), de larga tradición en la legislación especial antiterrorista española, resultaba potencialmente perturbador, al abrir la puerta a la consideración de que también una "banda armada" dedicada a la delincuencia común pudiera ingresar en el concepto típico (recuérdese, por ejemplo, que en el caso de Santiago Corella *El Nani*,[9] la detención policial que dio lugar a la desaparición se hizo al amparo de la legislación especial —que comprendía también las "bandas armadas"— de la LO 11/1980), es decir, podía desdibujar los contornos típicos del concepto de terrorismo. En este sentido, su eliminación resulta positiva.[10]

---

[6] Vid. el análisis de ese comportamiento típico en CANCIO MELIÁ, LH Mir Puig, 2010, p. 987 y ss.; IDEM, FS Puppe, 2011, p. 1449 y ss.

[7] CANCIO MELIÁ, *Los delitos de terrorismo*, p. 212 y ss.

[8] LLOBET ANGLÍ (*Memento Reforma*, 2010, n.m. 6039) considera inconstitucional esta interpretación.

[9] STS 25.6.1990.

[10] Vid. también la DA 1ª LO 5/2010, que extiende la eliminación —aspecto olvidado en el AP— a los preceptos no afectados por la reforma.

Sin embargo, lo cierto es que ese riesgo de indefinición había sido ya conjurado por la jurisprudencia, constitucional y ordinaria,[11] que había establecido una interpretación estricta de la noción de "banda armada", incluyéndola dentro del concepto de organización terrorista.

bb) Permanece inalterada, como se ha dicho, la descripción típica del *programa* de la organización terrorista (subversión del orden constitucional o alteración grave de la paz pública; tampoco queda afectado el elemento —no escrito— del terrorismo instrumental [producción de intimidación masiva mediante delitos graves contra las personas]),[12] pero se modifica profundamente la caracterización de la organización terrorista en sí misma, es decir, su definición estructural: aunque la regulación anterior incluía ya, junto con la banda armada, a la organización y al grupo terrorista, no ofrecía ningún elemento para definir esas tres alternativas, sino se limitaba a enunciarlas. De hecho, parece que la nueva regulación de los delitos de organización comunes, que distingue entre un tipo de organización delictiva en sentido estricto (la "organización criminal", art. 570 bis) y esa especie de tipo de recogida u organización delictiva de menor cuantía que es el "grupo criminal" del art. 570 ter, de algún modo se inspira —junto con figuras próximas, pero no de necesaria inclusión en las normas internacionales— en la regulación existente en el CP 1995 para las infracciones de terrorismo que antes se ha sometido a análisis.

Al margen de lo inadecuado y vaporoso de la distinción entre estas dos figuras, si se pretende que ese nuevo modelo sea una adaptación de la descripción típica en materia de terrorismo, se ignora la jurisprudencia del TS al definir los conceptos de organización y grupo terrorista (que no la "respuesta penal" de la que habla el legislador),[13] ya que siempre se ha identificado en ella ambas menciones, subrayando que tratándose de un mismo concepto (caracterizado, además de por un programa político terrorista, por la presencia de las notas de permanencia, división de tareas y estructura funcional), la inclusión del "grupo" sólo debía servir para poner en claro que las dimensiones numéricas de la organización no resultaban decisivas para su calificación.[14] Además, cuando el legislador alude —buscando de modo ostentoso sintonía con lugares comunes propios de cierta

---

[11] Cfr. STC 199/1987; STS 2/1998 (29.7.1998); vid. también STS 1127/2002 (17.7.2002); 1541/2004 (30.12.2004); 556/2006 (31.5.2006); en detalle, CANCIO MELIÁ, *Los delitos de terrorismo*, p. 162 y ss., con ulteriores referencias.

[12] CANCIO MELIÁ, *Los delitos de terrorismo*, p. 154 y ss., 167 y ss., 176 y ss.; *idem*, LH Gimbernat Ordeig t. II, 2008, p. 1879 y ss., con ulteriores referencias.

[13] Preámbulo, XXIX, párrafo segundo.

[14] CANCIO MELIÁ, *Los delitos de terrorismo*, p. 157, p. 158 y ss., 161.

opinión publicada—, para justificar su ocurrencia, a las peculiaridades de "determinados grupos o células terroristas de relativamente reciente desarrollo en el plano internacional",[15] desconoce que no ha habido dificultades en la aprehensión típica de estos grupos —como muestra un somero repaso de la jurisprudencia[16]— el comando en el que por necesidades operativas siempre se integran los autores de delitos terroristas —también en las nuevas formas de organización, aunque mantengan conexiones superficiales, *en red*, con la organización matriz— cumple perfectamente con los requisitos del concepto de organización, y de hecho, hay ya cierto número de condenas en España por pertenencia a este tipo de células. No era necesario diluir el concepto unitario de organización terrorista.[17]

Por lo tanto, la diferenciación entre organización y grupo que ahora ordena el art. 571.3, aplicando la nueva definición general, es un curioso *boomerang* que golpea no sólo, como antes se ha visto, a la definición de los colectivos de criminalidad organizada común, sino también a la regulación de las infracciones de terrorismo: derivado de una comprensión errónea de lo que la doble mención ha significado en los delitos de terrorismo, además de una lectura interesada y expansionista de las normas internacionales y de la UE, una vez exportada a los delitos de organización comunes, retorna al terrorismo para desordenar y confundir una noción que estaba perfectamente establecida en la jurisprudencia en lo que se refiere a los elementos estructurales del concepto de organización.

III Colaboración

En cuanto a los comportamientos de colaboración con una organización terrorista, la reforma incorpora dos nuevas incriminaciones: por un lado, se ha introducido en el art. 576 un nuevo número tercero, que tipifica —con las mismas penas que las alternativas de comportamiento previstas en los dos primeros números— los comportamientos de captación, adoctrinamiento, adiestramiento o formación, cuando éstos estén dirigidos a la incorporación de otros a una organización terrorista, o a la comisión de algún delito de terrorismo. Por otro lado, se resucita el art. 576 bis (que incluyó fugazmente un delito de desobediencia por financiación de grupos políticos ilegales o disueltos, hasta su derogación mediante LO 2/2005) para incorporar comportamientos de provisión o recolección de fondos destinados a actividades terroristas.

---

[15] Preámbulo, XXIX, párrafo tercero.

[16] Vid., por ejemplo, SAN 36/2005 (secc. 3ª) 26.9.2005; 6/2007 (secc. 1ª) 7.2.2007).

[17] CANCIO MELIÁ, *Los delitos de terrorismo*, p. 161.

a) Captación, adoctrinamiento, adiestramiento o formación (art. 576.3)

La nueva regulación pretende cerrar los contornos típicos del delito de colaboración en cuanto a lo que podría denominarse *agitación, propaganda, proselitismo y formación* de las organizaciones terroristas, orientada tanto a la incorporación de nuevos miembros como, en general, a la comisión de delitos terroristas.

Esta adición resulta innecesaria, redundante y perturbadora. En primer lugar, la tipificación es innecesaria por razones de hecho: las conductas de captación, adiestramiento y formación de sujetos para su integración en una organización terrorista son conductas típicas de los *miembros* de la propia organización, como es lógico —no es común que una organización terrorista encargue esta actividad a personas que no son de su máxima confianza, es decir, que la integran—, y, por lo tanto, se encuentran ya perfectamente abarcadas, por este lado, por el delito de pertenencia a organización terrorista. En segundo lugar, si en alguna ocasión pudiera haber un *outsourcing* de esa actividad a personas que no son miembros de la organización, todas las modalidades de comportamiento se hallaban ya tipificadas en cuanto conductas de colaboración, desde el principio, en los números primero y segundo del art. 576.[18] Como muestra una lectura superficial del texto del art. 576.2, que contiene la mención expresa "la organización de prácticas de entrenamiento o la asistencia a ellas", junto con una cláusula general que incluye "cualquier otra forma equivalente de cooperación, ayuda o mediación", es claro que la tipificación de este nuevo número es completamente innecesaria: resulta evidente que si la organización de un entrenamiento, o incluso la participación en éste, es colaboración, tanto más lo será la captación de miembros, el adiestramiento o la formación.[19] En tercer lugar, la nueva regulación resulta muy perturbadora por su cuarta vertiente de comportamiento. La conducta identificada como "adoctrinamiento" abre la vía a que se incriminen aquí meras manifestaciones de opinión. ¿Cómo definir el adoctrinamiento, distinguiéndolo de la libre expresión de ideas? ¿Cómo diferenciarlo de las conductas de "justificación" de los delitos terroristas o de sus autores, amenazadas con pena muy inferior en el art. 578? ¿Qué significa que el adoctrinamiento está "dirigido" a la comisión de delitos de terrorismo (recuérdese: sin que sea constitutivo de proposición o provocación, ya incriminadas en el art. 579.1 I)[20]? Los problemas de interpretación y

---

[18] Así también García Albero, en: Quintero Olivares (ed.), *La reforma*, 2010, p. 376; LLOBET ANGLÍ, *Memento Reforma*, n.m. 6106.

[19] Vid., por ejemplo, STS 800/2006 (13.7.2006); 16.2.1999; AAN (secc. 4ª) 8.2.2001; cfr. CANCIO MELIÁ, en: CUERDA RIEZU/JIMÉNEZ GARCÍA (dir.), *Nuevos desafíos del Derecho penal internacional*, 2009, p. 76 y ss.; idem, *Los delitos de terrorismo*, p. 229 y ss., 248 y ss., con ulteriores referencias.

[20] Así también LLOBET ANGLÍ, *Memento Reforma*, n.m. 6110 y ss.

concursales no tienen fin. El principio de legalidad —en su expresión en el mandato de determinación— se vulnera gravemente.[21]

Finalmente, debe constatarse que el legislador no se ajusta a la realidad cuando se refiere[22] a la Decisión Marco de la UE 2008/919/JAI para explicar la nueva tipificación:[23] la DM no menciona en ningún momento el "adoctrinamiento" —sólo se refiere a la "provocación a la comisión de un delito terrorista" (además de a la captación y el adiestramiento, ya incluidos, como se acaba de indicar, en el art. 576.1)—, y, en cambio, sí establece (considerando 14) que "la expresión pública de opiniones radicales, polémicas o controvertidas sobre cuestiones políticas sensibles, incluido el terrorismo, queda fuera del ámbito de la presente Decisión marco, y, en especial, de la definición de la provocación a la comisión de delitos de terrorismo". ¿Qué tiene esto que ver con el "adoctrinamiento" de la reforma española? En este sentido, los misteriosos —por no explicitados— "problemas de encaje legal"[24] a los que alude el legislador en esta materia o no existen (ya estaban aprehendidas las conductas relevantes en el antiguo art. 576) o son problemas de encaje con un Estado de Derecho.[25] La UE no es responsable de este exceso, sólo sirve —una vez más— de superficial pretexto.

b) Financiación (art. 576 bis)

La reforma presenta una segunda novedad en materia de colaboración: la tipificación de comportamientos relacionados con la financiación de las organizaciones terroristas. En el número primero del art. 576 bis se incrimina la provisión o recolección de fondos; en el número segundo, una conducta imprudente en relación con la financiación dolosa, y se establece la responsabilidad de las personas jurídicas en el tercero.

En la *modalidad dolosa*, el comportamiento —realizado "por cualquier medio, directa o indirectamente"— consiste en proveer o recolectar fondos para la comisión de delitos terroristas, o para una organización terrorista. Como aclara el propio texto, basta con que la conducta se realice "con la intención de que se utilicen, o a sabiendas de que serán utilizados", es decir, que no es necesario que se produzca un efectivo allegamiento de los fondos. El delito pasa, entonces, a girar en torno de los elementos subjetivos "con la intención" y "a sabiendas", con todas las dificultades probatorias

---

[21] En esta línea también Muñoz Conde, *PE18*, p. 929 y s.; VIVES ANTÓN/CARBONELL MATEU/ MIRA BENAVENT, en: VIVES ANTÓN *et al.*, *PE3*, p. 792 y ss.

[22] Preámbulo, XXIX, párrafo cuarto.

[23] Así también GARCÍA ALBERO, *La reforma*, p. 374 y ss.

[24] Preámbulo, XXIX, párrafo cuarto.

[25] Nótese que, de nuevo, se ignora ostensiblemente la doctrina sentada en la STC 136/1999, en la que se declaró inconstitucional, por desproporcionada, la inclusión en el delito de colaboración con organización terrorista de comportamientos muy diversos en un mismo marco penal; vid. LLOBET ANGLÍ, *Memento Reforma*, n.m. 6115.

que ello conlleva. Esta definición de la conducta reproduce sin más —en una importación directa sin reconversión o adaptación— la definición contenida en el art. 2 del Convenio para la represión de la financiación del terrorismo de 9.12.1999 (entrada en vigor 9.5.2002).

En todo caso, también aquí estamos ante una tipificación completamente innecesaria y redundante.[26] Las conductas de apoyo económico efectivo incluidas en el nuevo texto están ya contempladas como forma de colaboración con organización terrorista en el art. 576 —o en el preexistente e igualmente redundante[27] art. 575[28]—, de modo que no tiene sentido su nueva tipificación.

Cuando se trata del mero acto de recolectar "con la intención de que se utilicen", pero sin entrar en contacto efectivo con la organización, la tipificación supone castigar sólo la intención, y, además, con la *misma pena* que a quien averigua los datos personales de un sujeto, o quien provee armas o fondos, es decir, quien realiza las conductas más graves de colaboración del art. 576.1: de nuevo, el legislador ignora por completo la STC 136/1999 (caso mesa nacional Herri Batasuna), que advertía acerca de la inconstitucionalidad de una tipificación sin límite e indiscriminada. La confusión hoy existente entre el art. 576 y el 575 (que subsiste), que ha dado lugar a que casos exactamente iguales reciban penas dispares, se verá incrementada por esta nueva figura completamente innecesaria. El legislador estaba advertido: ya el informe del Consejo General del Poder Judicial sobre el AP de 2007 (de 2.2.2009) indicaba que, en todo caso, la sede para este precepto era una cláusula aclaratoria en el art. 576.2, so pena de generar "absurdos problemas concursales".[29]

La *modalidad imprudente* se refiere a la Ley 10/2010, de 28 de abril, de prevención del blanqueo de capitales y de la financiación del terrorismo, que a su vez responde a la Directiva 2005/60/CE del Parlamento Europeo y del Consejo, de 26 de octubre de 2005, relativa a la prevención de la utilización del sistema financiero para el blanqueo de capitales y para la financiación del terrorismo. Con independencia de la valoración de este mecanismo legal, parece claro que esta infracción no debería haber sido incluida entre los delitos de terrorismo: —el injusto de esta infracción es el del blanqueo de capitales— ubicación elegida, por ejemplo, por el legislador alemán. En todo caso, no se trata de un delito de terrorismo, ya que carece de los elementos esenciales de estas infracciones, que son necesariamente dolosas.

---

[26] Así también MUÑOZ CONDE, *PE*18, p. 930.
[27] Vid. en detalle CANCIO MELIÁ, *Los delitos de terrorismo*, p. 256 y ss.
[28] Así también GARCÍA ALBERO, *La reforma*, p. 377.
[29] Vid. también LLOBET ANGLÍ, *Memento Reforma*, n.m. 6139.

IV Delito de propaganda

Finalmente, la reforma incorpora en el segundo párrafo del art. 579.1 un nuevo tipo residual que cabe calificar de *delito de propaganda*, ya que las conductas típicas aprehendidas son las de distribuir o difundir —por cualquier medio— "mensajes o consignas" dirigidos a provocar, alentar o favorecer" delitos terroristas, "[...] generando o incrementando el riesgo de su efectiva comisión". Se trata, entonces, de una infracción de peligro: los mensajes o las consignas deben estar directamente vinculados con el riesgo de comisión.

La nueva redacción debe ser calificada como tipificación profundamente errada y claramente inconstitucional, que generará importantes dificultades de aplicación. El legislador continúa aquí con una deriva que conduce a la criminalización de la adhesión ideológica.[30]

En cuanto a lo primero, aunque la referencia a la génesis del riesgo es una especie de guiño la STC 235/2007 (en la que el TC declaró constitucional el delito de justificación de un genocidio —e inconstitucional la incriminación de la mera negación— si ésta se entendía como incitación indirecta a cometer los hechos), además de una pequeña importación parcial de la DM 2008/919/JAI, lo cierto es que en su conjunto, no parece que este texto pueda considerarse conforme a la Constitución. En el presente caso, se trata lisa y llanamente de la tipificación de la adhesión ideológica, es decir, algo que incluso es menos que la apología o la justificación[31] (también el Consejo de Estado señaló en su informe al AP que la figura necesitaba una restricción).[32] Si se suman la presente infracción, la nueva modalidad de "adoctrinamiento" en el art. 576.3, el delito de amenazas terroristas del art. 170.2 y el actual delito de enaltecimiento del art. 578,[33] se obtiene en el plano del derecho sustantivo una extensión de la tipificación de delitos terroristas hasta la mera manifestación de opinión,[34] y en el procesal, una preocupante batería de posibilidades de intervención del aparato de persecución penal abierta por los delitos de manifestación. Parece claro que se ha cruzado el umbral de lo que la Constitución de un Estado de Derecho permite.[35] También debe subrayarse, finalmente, que el

---

[30] CANCIO MELIÁ, *Los delitos de terrorismo*, p. 248 y ss., con ulteriores referencias.

[31] En palabras de VIVES ANTÓN/CARBONELL MATEU/MIRA BENAVENT, *PE3*, p. 795, se castigan "actos preparatorios de actos preparatorios".

[32] García Albero, *La reforma*, p. 377, denomina a la figura "provocación impropia".

[33] Vid. los esfuerzos de delimitación de LLOBET ANGLÍ, *Memento Reforma*, n.m. 6177 y ss.

[34] Vid. también la enmienda nº 217 en el Senado (Grupo Parlamentario Entesa Catalana de Progrés): "mera adhesión ideológica", "delito de opinión que excede claramente del castigo de actos preparatorios".

[35] Así también MUÑOZ CONDE, *PE18*, p. 935.

legislador falta a la verdad, de nuevo, cuando invoca[36] la Decisión Marco de la UE 2008/919/JAI como justificación de la introducción de esta figura.[37] La DM sólo demanda la inclusión de la "provocación a la comisión de un delito de terrorismo", entendida como difusión de mensajes *destinados a inducir a la comisión* de delitos terroristas, un comportamiento que ya estaba tipificado en el CP y que es distinto del que ahora ha incluido la reforma: una cosa es inducir, y otra alentar o favorecer.

En cuanto a lo segundo, mediante una tipificación vaporosa —lesiva del principio de legalidad[38]—, se abre la puerta, también aquí, a interminables confusiones concursales e interpretativas y, potencialmente, a efectos contraproducentes en la práctica: ¿"alienta" la "perpretación" de delitos terroristas gritar "gora ETA militarra"? ¿O no era una conducta de exaltación del art. 578? ¿O quizás una provocación del art. 579.1 I? ¿O puede pensarse que implica "reclamar públicamente la comisión de acciones violentas" por parte de la organización terrorista, conducta prevista en el art. 170.2? ¿"Provoca" en el sentido de la presente disposición la comisión de esas infracciones gritar "gora Euskal Herria askatuta"? ¿Y "favorece" el terrorismo llevar una camiseta con la imagen de Osama Bin Laden? ¿Del Che Guevara? ¿De Onésimo Redondo? ¿De Espartaco?

¿Es parte de una política criminal racional detener y procesar por un delito de terrorismo a los sujetos que incurran en este tipo de manifestaciones? El legislador alemán —que fue muy lejos en este terreno en los años setenta y ochenta del siglo pasado— suprimió la incriminación de las conductas de propaganda en el año 2001, limitándola a los supuestos en los que son integrantes de la organización quienes utilizan la conducta para captar miembros. Que el legislador hable aquí —con un lenguaje impropio, pero muy revelador— de "caldo de cultivo"[39] advierte acerca de las posibilidades de criminalizar a todo tipo de simpatizantes o supuestos simpatizantes, un fenómeno de acción-reacción[40] que no por conocido deja de ser promovido mediante esta nueva tipificación.

V Conclusiones

1. Una primera consideración la merece la *ubicación sistemática* de los delitos de organización en su conjunto. Estas infracciones —y los delitos de terrorismo, de modo especial— se caracterizan porque

---

[36] Preámbulo, XXIX, párrafo cuarto.

[37] Así también GARCÍA ALBERO, *La reforma*, p. 377; PORTILLA CONTRERAS, *La Reforma*, p. 381.

[38] En este sentido también la enmienda nº 5 en el Senado (Sampol i Mas PSM-EN).

[39] Preámbulo, XXIX, párrafo cuarto.

[40] Vid. sólo CANCIO MELIÁ, *Los delitos de terrorismo*, p. 62 y ss., 72 y ss., 77, con ulteriores referencias.

ponen en cuestión el monopolio de la violencia del Estado,[41] y mediante las infracciones de terrorismo, como el propio Código señala, se pretende, además, "subvertir el orden constitucional".[42] Por ello, el lugar sistemático que corresponde a los delitos de organización en la Parte Especial es el de los delitos contra la Constitución.[43]

2. Visto lo anterior, la valoración de la reforma en materia de delitos de terrorismo resulta sencilla: se la puede caracterizar sintéticamente como justo lo contrario de la "profunda reordenación y clarificación del tratamiento penal" que el legislador reivindica para su trabajo respecto de estas infracciones.[44] Como deriva de lo expuesto en las páginas anteriores, el legislador —sin mejorar ninguno de los múltiples defectos que presentaban estas infracciones ya antes—, desordena (una regulación ya hecha sin mucho criterio, y reformada con menos aún) y confunde (un elenco de normas que ya tenía muchas zonas oscuras). Con una factura técnica lamentable, los contenidos de la reforma en este ámbito basculan entre lo innecesario y redundante y lo claramente inconstitucional. La regulación antiterrorista más extensa y severa de Europa sufre un nuevo deterioro, creando nuevos problemas a los órganos judiciales llamados a aplicar las normas creadas con tanta ligereza:

En primer lugar, la reforma desdibuja, como se acaba de decir, el concepto de organización terrorista —hasta banalizarlo— al introducir el régimen general de diferenciación entre organizaciones y grupos criminales, y erosiona la definición típica de la conducta de pertenencia. En segundo lugar, se produce —con una técnica redundante y defectuosa— una extensión insoportable de los confines de la colaboración con una organización terrorista y de los actos preparatorios. Todo ello, invocando como un mantra la DM 2008/919/JAI para justificar reformas que nada tienen que ver con lo que esa norma establece.[45]

---

[41] CANCIO MELIÁ, FS Jakobs, 2007, p. 27 y ss., 48 y ss.; idem, RGDP 8 (2007), p. 22 y ss., 40 y ss.; logra una sintética y clara descripción de las diversas opciones de fundamentación SÁNCHEZ GARCÍA DE PAZ, en GÓMEZ TOMILLO, *ComCP*, p. 1922 y ss.

[42] O, en palabras del Preámbulo de la LO 5/2010: estas infracciones atentan "directamente contra la base de la democracia" (XVII, párrafo cuarto), respecto de los delitos de organización comunes, o, respecto de los delitos de terrorismo, suponen "la mayor amenaza para el Estado de Derecho" (XXIX, párrafo tercero).

[43] Así ya CANCIO MELIÁ, en: RODRÍGUEZ MOURULLO/JORGE BARREIRO, *ComCP*, 1997, p. 1272 y s., 1285, 1385; SÁNCHEZ GARCÍA DE PAZ, en GÓMEZ TOMILLO, *ComCP*, p. 1923, con ulteriores referencias.

[44] Preámbulo (XXIX, primera frase).

[45] A título de ejemplo cabe mencionar que la transposición de la DM en Alemania (un país con un Derecho penal antiterrorista que cabe calificar de severo), operada mediante la introducción en

La conclusión que se impone es que en este ámbito, el único objetivo de los agentes políticos que la han impulsado era la reforma por la reforma, o, más exactamente, la reforma por el hecho de poder comunicar que se había ampliado "algo" en materia de terrorismo.

Referencias

Antes de la reforma de la LO 5/2010:

Cancio Meliá, Manuel, en Gonzalo Rodríguez Mourullo (dir.)/Agustín Jorge Barreiro, *Comentarios al Código penal*, 1997; idem, "Zum Unrecht der kriminellen Vereinigung: Gefahr und Bedeutung", en: Michael Pawlik/Rainer Zaczyk *et al.* (ed.), *Festschrift für Günther Jakobs zum 70. Geburtstag am 26. Juli 2007*, 2007, p. 27 y ss.; "El injusto de los delitos de organización: peligro y significado", RGDP 8 (2007); idem, "Sentido y límites de los delitos de terrorismo", en: Carlos García Valdés *et al.* (ed.), *Estudios Penales en homenaje a Enrique Gimbernat*, t. II, 2008, p. 1879 y ss.; idem, "Terrorismo y Derecho penal: sueño de la prevención, pesadilla del Estado de Derecho", en: Manuel Cancio Meliá/Laura Pozuelo Pérez (coord.), *Política criminal en vanguardia. Inmigración clandestina, terrorismo, criminalidad organizada*, 2008, p. 307 y ss.; "Terrorism and Criminal Law: the Dream of Prevention, the Nightmare of the Rule of Law", NCLR 14 (2011), p. 108 y ss.; idem, "Internationalisierung der Kriminalpolitik: Überlegungen zum strafrechtlichen Kampf gegen den Terrorismus", en: Sieber *et al.* (ed.), *Strafrecht und Wirtschaftsstrafrecht – Dogmatik, Rechtsvergleich, Rechtstatsachen – Festschrift für Klaus Tiedemann zum 70. Geburtstag*, 2008, p. 1489 y ss.; "Internacionalización del Derecho penal y de la política criminal: algunas reflexiones sobre la *lucha jurídico-penal contra el terrorismo*", en: Jorge de Figueiredo Días (org.), *Boletim da Faculdade de Direito da Universidade de Coimbra, Studia Iuridica 94, Internacionalizaçao do Direito no novo século*, 2009, p. 203 y ss.; idem, "Los límites de una regulación maximalista: el delito de colaboración con organización terrorista en el Código penal español", en: Antonio Cuerda Riezu/Francisco Jiménez García (dir.), *Nuevos desafíos del Derecho penal internacional. Terrorismo, crímenes internacionales y derechos fundamentales*, 2009, p. 76 y ss.; idem, *Los delitos de terrorismo: estructura típica e injusto*, 2010; idem, "Vorverlagerung ohne Ende und Organisationsdelikte", en: Roland Hefendehl (ed.), *Grenzenlose Vorverlagerung des Strafrechts*, 2010, p. 47 y ss.; idem, "El delito de pertenencia a una organización terrorista en el Código penal español", en: Diego-Manuel Luzón Peña (ed.), *Derecho penal del Estado social y democrático de Derecho. Libro Homenaje a Santiago Mir Puig por su investidura como Doctor honoris causa en la Universidad de Alcalá*, 2010, p. 987 y ss.; idem "Die Mitgliedschaft in einer terroristischen Organisation im spanischen Strafrecht", en: Hans-Ullrich Paeffgen *et al.* (ed.), *Strafrechtswissenschaft als Analyse und Konstruktion. Festschrift für Ingeborg Puppe zum 70. Geburtstag*, 2011, p. 1449 y ss.; Cherif Bassiouni, M. (ed.), *La cooperazione internazionale per la prevenzione e la repressione della criminalità organizzata e del terrorismo*, 2005; Gazeas, Nikolaos/Grosse-Wilde, Thomas/Kießling, Alexandra. "Die neuen Tatbestände im Staatsschutzrecht – Versuch einer ersten Auslegung der §§89a, 89b und 91 StGB", NStZ 2009, p. 593 y ss.; Gómez Martín, Víctor. "Notas para un concepto funcional de terrorismo", en Diego-Manuel Luzón Peña (dir.), *Derecho penal del Estado social y democrático de Derecho. Libro homenaje a Santiago Mir Puig*, 2010, p. 1011 y ss.; Llobet Anglí, Mariona, *Derecho penal del terrorismo. Límites de su punición en el Estado democrático*, 2010; Rudolphi, Hans-Joachim, "Notwendigkeit und Grenzen einer Vorverlagerung des Strafrechtsschutzes im Kampf gegen den Terrorismus", en: ZRP 1979, p. 214 y ss.; Terradillos Basoco, Juan, *Terrorismo y Derecho. Comentario a las LL.OO. 3 y 4/1988,*

2009 de los nuevos §§89a, 89b y 91 StGB —que ha generado en la doctrina de ese país una reacción muy crítica: así, por ejemplo, habla el autor de la monografía de referencia en la materia de que la reforma supone la "bienvenida a Absurdistán", ZÖLLER, GA 11/2010, p. 607 y ss., con ulteriores referencias— supone aprehender conductas que ya se consideraban incluidas en España en los arts. 576 o 579 (vid. también sobre la reforma en aquel país GAZEAS/GROSSE-WILDE/KIEßLING, NSTZ 2009, p. 593 y ss.). El Derecho de la UE como coartada, pero con ignorancia provinciana del Derecho comparado.

de reforma del Código Penal y de la Ley de Enjuiciamiento Criminal, 1988; Zöller, Mark. "Willkommen in Absurdistan: Neue Straftatbestände zur Bekämpfung des Terrorismus", GA 11/2010, p. 607 y ss.

Después de la reforma de la LO 5/2010:

Cancio Meliá, Manuel. "Delitos de terrorismo", en: F. Javier García Álvarez/José Luis González Cussac (dir.), *Comentarios a la reforma penal de 2010*, 2010, p. 521 y ss.; idem, "Delitos de terrorismo", en Fernando Molina Fernández (coord.), *Memento Práctico Penal 2011*, 2010; García Albero, Ramón. "La reforma de los delitos de terrorismo, arts. 572, 573, 574, 575, 576, 576 bis, 577, 578, 579 CP", en Gonzalo Quintero Olivares (dir.), *La reforma penal de 2010: análisis y comentarios*, 2010, p. 369 y ss.; Llobet Anglí, Mariona, "Delitos de terrorismo", en Iñigo Ortiz de Urbina Gimeno (coord.), *Memento Experto Reforma Penal 2010*, 2010; Muñoz Conde, Francisco, *Derecho penal. Parte Especial*, 18ª ed., 2010; Portilla Contreras, Guillermo, "La reforma de los actos preparatorios y favorecimiento de delitos de terrorismo, art. 579 CP", en: Gonzalo Quintero Olivares (dir.), *La reforma penal de 2010: análisis y comentarios*, 2010, p. 379 y ss.; Sánchez García de Paz, Isabel. en Gómez Tomillo (dir.), *Comentarios al Código penal*, 2010; Santana Vega, Dulce María. "La pena de libertad vigilada en delitos de terrorismo", en: EPCr XXIX (2009), p. 447 y ss.; Vives Antón, Tomás S./Carbonell Mateu, Juan Carlos/Mira Benavent, Javier, "Terrorismo", en: Tomás S. Vives Antón *et al.*, *Derecho penal. Parte Especial*, 3ª ed., 2010.

Informação bibliográfica deste texto, conforme a NBR 6023:2002 da Associação Brasileira de Normas Técnicas (ABNT):

CANCIO MELIÁ, Manuel. Los delitos de terrorismo en derecho penal español. *In*: FERNANDES, Antonio Scarance; ZILLI, Marcos. (Coord.). *Terrorismo e justiça penal*: reflexões sobre a eficiência e o garantismo. Belo Horizonte: Fórum, 2014. p. 183-226. ISBN 978-85-7700-844-5.

CAPÍTULO 7

ESPECIALIDADES PROCESALES DEL DERECHO ESPAÑOL EN MATERIA DE TERRORISMO

JUAN DAMIÁN MORENO

La lucha contra el terrorismo en el estado de derecho

La lucha contra el terrorismo y la delincuencia organizada se ha caracterizado por ser un combate muy desigual ya que los gobiernos se ven en la necesidad de garantizar la seguridad y, al tiempo, hacer respetar las reglas que rigen las sociedades democráticas por la defensa de los derechos humanos y las libertades públicas. Esta circunstancia condiciona enormemente la acción gubernamental en materia de prevención y represión de los actos terroristas ya que la respuesta frente delito supone en definitiva utilizar los instrumentos democráticos que el Estado de Derecho tiene a su alcance y evitar convertir la lucha antiterrorista como una suerte de guerra en la que cualquier medio sirve para el cumplimiento de esta finalidad.

En este sentido, no cabe duda de que el debate en torno a esta cuestión sigue abierto y se plantea irremediablemente cada vez que la ofensiva terrorista se recrudece hasta hacerse prácticamente insoportable, momento en que la opinión pública suele aprovechar para reclamar la adopción de medidas más contundentes y en muchos casos contrarias a las reglas del juego democrático y cuando es más fácil ceder ante la presión ciudadana que suele aprovechar también para exigir que se abandonen los criterios de legalidad para, a espaldas del Derecho, satisfacer los inevitables deseos de venganza que surgen tras un atentado terrorista.[1]

---

[1] Esto es precisamente es lo que ha sucedido a raíz de los atentados que tuvieron lugar en Nueva York el 11 de septiembre de 2001, en Madrid el 11 de marzo de 2004 o en Londres el 07 de julio de 2005.

En este contexto no es nada casual asociar la legislación antiterrorista con el denominado "derecho penal de enemigos" que forma parte de las aportaciones elaboradas por el penalista alemán Günther Jakobs[2] y que poco a poco están empezando a hacer fortuna en un importante sector de la ciencia del derecho penal de nuestro país. Estrechamente ligado a los movimientos expansionistas o punitivistas de esta rama jurídica, el derecho penal del enemigo se caracteriza por considerar la existencia de ciertos individuos a quienes, por su perseverante peligrosidad, hay que aplicarles un régimen jurídico de carácter excepcional.[3] Este régimen, que entre otras cosas supone poner en entredicho los principios sobre los que se ha asentado el derecho penal, consiste básicamente en impulsar reformas tendentes a lograr un endurecimiento de la legislación penal y, en el ámbito procesal, por una restricción mucho más intensa de las garantías constitucionales.[4]

Por esa razón, es sustancialmente en el ámbito de los delitos de terrorismo donde esta construcción ha encontrado un terreno bastante abonado, aunque sin duda también podría tener cabida en otro tipo de delitos, como los perpetrados por narcotraficantes o, en general, los cometidos por cualquier tipo de delincuencia organizada. Esta concepción viene además respaldada por un significativo cambio en la política criminal de ciertos gobiernos en los que la prevención general se está convirtiendo en el centro de gravedad de la estrategia de sus responsables políticos. En este sentido, la actitud de los EEUU, adoptada en respuesta a los atentados del 11 de septiembre de 2001, no ha hecho sino contribuir a que muchos países se animaran a seguir el ejemplo norteamericano.[5]

En todo caso, el recurso a las soluciones penales de carácter excepcional es un instrumento que forma parte de la estrategia adoptada por los gobiernos democráticos para hacer frente a las agresiones que ponen en riesgo los principios básicos de una determinada colectividad, reacción que suele venir justificada apelando a un cualificado y persistente estado de necesidad.[6] En este aspecto, llama la atención cómo partidos políticos defensores de las libertades cívicas, hayan empezado, también en nuestro

---

[2] JAKOBS/CANCIO MELIA, *Derecho penal del enemigo*, Madrid, 2006, p. 62. En contra por ejemplo MUNOZ CONDE, *¿Hacia un derecho penal del enemigo?*, "El País" (15 de enero de 2003).

[3] Vid. más ampliamente nuestro trabajo: *¿Un derecho procesal de enemigos?*, en "Derecho Penal del Enemigo" [Dir.: Manuel Cancio Meliá/Gómez-Jara Díez], Madrid, 2006, v. I, p. 457 (también en *El derecho y su garantía jurisdiccional* [Estudios y comentarios de derecho procesal], Madrid, 2009).

[4] Sobre este aspecto son muy interesantes las reflexiones de la profesora Barona Vilar, en su trabajo sobre *Seguridad, celeridad y justicia penal*, Valencia, 2004, p. 23.

[5] KAI AMBOS, *El derecho penal frente a amenazas extremas*, en "Cuadernos Luis Jiménez de Asúa", Madrid, 2007, p. 15, reconoce que estos atentados han cambiado el paradigma en lo que se refiere a la lucha antiterrorista y alerta de los riegos que entrañan medidas que afecten los derechos fundamentales, mostrándose absolutamente contrario con la existencia de un *derecho penal de enemigos* (p. 62 y 129).

[6] AGAMBEN, *Estado de excepción* (*Homo sacer* II, 1), Valencia, 2004, p. 40.

país, a darse cuenta de lo rentable que a veces resulta políticamente exhibir una actitud de firmeza ante los delitos que generan mayor irritación en la opinión pública.[7]

Aun así, dado que ningún país es absolutamente inmune ante una degradación colectiva de sus principios morales, es preciso que los ordenamientos jurídicos democráticos dispongan de mecanismos que corrijan las desviaciones que se puedan producir en esta dirección. Se ha llegado a cuestionar si las soluciones de emergencia pueden ser concebidas como actuaciones jurídicas o, por el contrario constituyen un fenómeno esencialmente político y, por lo tanto, extrajurídico, hasta el punto de conformar, "espacios vacíos" en los que el derecho no tiene acceso, esto es, zonas en la que todas las determinaciones jurídicas estarían desactivadas.[8]

Una solución intermedia ha sido defendida por Michael Ignatieff quien considera que el recurso a medidas de emergencia para combatir el terrorismo constituye un "mal menor", aceptable siempre que se respete la dignidad de las personas. La polémica conclusión a la que llega este autor es que la democracia, estando comprometida tanto con la seguridad de la mayoría como con los derechos del individuo, y aun asumiendo que ese "mal menor" pudiera convertirse en un mal mayor y poner en peligro el régimen de libertades, sin embargo admite que ese riesgo se puede neutralizar. Para ello defiende la necesidad de que los países dispongan de controles verdaderamente democráticos como sería, por ejemplo, el "test de la revisión contradictoria abierta" que permita a los ciudadanos a través de sus representantes parlamentarios o, en su caso, los tribunales de justicia efectuar un control sobre la legislación que da cobertura a tales medidas.[9]

Eso no quiere decir otra cosa que tan importante es afrontar con decisión los fenómenos excepcionales como no olvidar que lo que se concibió como excepcional siga siendo considerado de esta misma manera; debe tenerse en cuenta que un desmedido afán en el favorecimiento de medidas para hacer frente a situaciones de emergencia podría poner en peligro la integridad de todo el sistema de garantías. Los debates que se han sucedido en Inglaterra durante la propuesta de aprobación de la Ley de Prevención del Terrorismo de 2005 ("Prevention of Terrorism Act"),

---

[7] Así, por ejemplo, *Lionel Jospin*, tras los atentados del 11-S, aprobó un conjunto de medidas dirigidas a conceder a la policía unos poderes excepcionales lo que provocó la protesta de los responsables de la Liga de los Derechos del Hombre. El gobierno de *Tony Blair*, después de la aprobación de la *Antiterrorism, Crime and Security Act* de 2001, presentó a finales del año 2004 un proyecto de ley que permitía la detención indefinida de los sospechosos de pertenecer a organizaciones terroristas, la cual ha sido también muy contestada por amplios sectores de la sociedad inglesa.

[8] AGAMBEN, *Estado de excepción*, cit., p. 38.

[9] IGNATIEFF, en *Democracia y terrorismo*, en "Claves", nº 150, p. 7. Más ampliamente en *El mal menor*, Madrid, 2005, p. 14.

al objeto permitir que la policía pudiera arrestar domiciliariamente y por tiempo indefinido a los sospechosos de terrorismo que no pueden ser enjuiciados por falta de pruebas, constituye una muestra de los recelos que la sociedad civil plantea ante este tipo de normas.

2 El caso español. Marco constitucional de la legislación antiterrorista: estado de la cuestión

En España, mucho antes incluso del advenimiento de la democracia, el azote del terrorismo ha estado fundamentalmente asociado al fenómeno independentista vasco.[10]

Por lo tanto, en ese sentido ha tenido un ámbito regional aunque sus acciones se han desarrollado en todo el territorio nacional pues su propósito era el de tratar de doblegar al Estado y alterar el orden constitucional a fin de lograr este objetivo por medio de la lucha armada; la acción terrorista se cebado principalmente en militares, policías, políticos, jueces, empresarios y periodistas aunque su acción criminal no ha conocido límites y se ha extendido a todo el país, sembrando el terror entre la población civil mediante ataques indiscriminados con artefactos explosivos que durante años han ido causando cientos de víctimas e innumerables daños materiales.[11]

Era lógico que con estos antecedentes nuestro país contara con una normativa específica para combatirlo. Las medidas adoptadas se han llevado a cabo en función de sus especiales características; de ahí que a fin de evitar la necesaria declaración del estado de excepción o de sitio, que son las situaciones que normalmente contemplan las países democráticos para proceder a la suspensión de los derechos fundamentales (art. 116 CE),[12] la Constitución Española de 1978 incorporó una serie de reglas que amparaban la legislación de excepción como respuesta específica a la acción del terrorismo que existía al tiempo de su promulgación. En particular,

---

[10] El historial delictivo de la banda terrorista de ETA comenzó durante la dictadura franquista y ha continuado durante la transición a la democracia llegando hasta nuestros días; hasta el momento 829 personas han perdido la vida a manos de los terroristas. Afortunadamente, gracias a la unidad de los demócratas, a la aplicación de la legislación antiterrorista, a la colaboración internacional y al cerco policial al que se ha sometido a la organización terrorista ETA, al parecer se ha logrado finalmente poner fin a la violencia. El 20 de octubre de 2011 la organización terrorista difundía un comunicado en el que anunciaba el "cese definitivo de su actividad armada".

[11] En este sentido, a fin de compensar el suficiente sufrido por las víctimas, se ha aprobado la *Ley 29/2011, de 22 de septiembre, de reconocimiento y protección integral a las víctimas del terrorismo* que tiene por objeto el reconocimiento de las víctimas y el establecimiento de un marco de indemnizaciones, ayudas, prestaciones, garantías y condecoraciones con la finalidad de reconocer y atenuar, en la medida de lo posible, las consecuencias de la acción terrorista en las víctimas y en sus familias o en las personas que hayan sufrido daños como consecuencia de la acción terrorista.

[12] SERRANO ALBERCA, *Comentarios a la Constitución* [Dir. Fernando Garrido Falla], Madrid, 1980, p. 607.

el art. 55.2 de nuestra Constitución prevé la posibilidad de que a través de una ley de mayoría reforzada o cualificada ("Ley Orgánica") puedan ser suspendidos para personas determinadas los derechos fundamentales para facilitar las "investigaciones correspondientes a las actuaciones de bandas armadas o elementos terroristas". En este sentido, probablemente toda esta construcción guarde relación con la noción del abuso del derecho, especialmente en lo que se refiere al *abuso de los derechos fundamentales* y que permite decretar su suspensión en el caso de con su ejercicio lo que se persiga sea perjudicar o dañar a la colectividad.[13]

Así pues, nuestro país ha sido uno de los pioneros en establecer ese tipo de mecanismos que a la postre sirven para verificar el buen uso que las autoridades hacen de los poderes de excepción.[14] La normativa que tuviera que dar cobertura jurídica a estas medidas habría de cumplir varios requisitos; de ahí que la propia norma condicione esta posibilidad a que la ley "determine la forma y los casos en los que, de forma individual y con la necesaria intervención judicial y el adecuado control parlamentario", puedan ser suspendidos estos derechos, añadiendo como especial medida de prevención que "la utilización injustificada o abusiva de las facultades reconocidas en dicha ley orgánica producirá responsabilidad penal, como violación de los derechos y libertades reconocidos por las leyes".

Aunque el ámbito material sobre el que pueden recaer las medidas limitativas de derechos que pueden adoptarse durante la investigación policial que precede a la instrucción ("inquérito policial") afecta a la duración del plazo máximo de detención policial, al derecho a la inviolabilidad del domicilio (registros domiciliarios) y la inviolabilidad de las comunicaciones postales, telegráficas y telefónicas (intervención de comunicaciones personales), conviene aclarar en todo caso que ello no impide la restricción de otras garantías procesales que no revistan el carácter de derecho fundamental, que podrían eventualmente ser objeto de una regulación especial ante supuestos de delincuencia organizada o en investigaciones contra elementos pertenecientes a organizaciones terroristas.

No es el momento ahora de analizar todo el conjunto de disposiciones que desde la restauración democrática se fueron dictando al amparo de esta normativa, pero sí resulta conveniente subrayar al menos que el contenido de las normas dictadas en desarrollo del art. 55 de la Constitución en este

---

[13] Vid. el excelente estudio de ROVIRA VIÑAS quien considera acertadamente que el hecho de que nuestra Constitución contemple supuestos específicos de suspensión o de limitación en su ejercicio es porque implícitamente admite y reconoce el abuso de los derechos fundamentales [ROVIRA VIÑAS, *El abuso de los derechos fundamentales*, Barcelona, 1983, p. 215].

[14] LAMARCA PÉREZ, *Tratamiento jurídico del terrorismo*, Madrid, 1985, p. 360, ha criticado la solución constitucional, señalando que carece de precedentes en nuestro derecho constitucional e, incluso, en el ámbito del derecho comparado.

particular aspecto ha acabado incorporándose a la legislación ordinaria, lo que ha dificultado enormemente que el Parlamento pudiese efectuar los controles periódicos que constitucionalmente le corresponden.[15] Por eso la doctrina, ha criticado de forma muy severa esta situación, advirtiendo de los riesgos que acarrea "diluir" esta normativa excepcional en la legislación ordinaria.[16] No obstante, en la redacción de las nuevas normas influyó la decisión del Tribunal Constitucional de 16 de diciembre de 1987 al resolver los recursos interpuestos frente a la legislación promulgada en 1984,[17] lo que sirvió para que el legislador suavizase el alcance de las medidas previstas en la normativa hasta entonces vigentes, sin que en modo alguno las tachas fueran tan relevantes como para anular la totalidad de la legislación antiterrorista vigente en este momento (STC 71/1994).[18]

3 Especialidades procesales en materia de terrorismo

3.1 Introducción. Estrategias legales contra el terrorismo en España

La estrategia legal contra el terrorismo, aparte la derivada de la colaboración internacional y de los instrumentos de cooperación policial que le sustentan, se ha abordado en España desde varios frentes, especialmente en ámbito penal y penitenciario. En primera lugar, otorgando una sustantividad propia a los delitos de terrorismo. Como se ha analizado en otros lugares de esta obra, el Código Penal de nuestro país ha incluido entre su articulado una normativa específica que contempla, bajo del denominador común de delitos de terrorismo, tipos penales que persiguen la comisión de actos terroristas y la colaboración con quienes los lleva a cabo.[19]

---

[15] REQUEJO RODRÍGUEZ utiliza la expresión "desfundamentalizar" cuando describe el fenómeno al que nos estamos refiriendo, en *La suspensión individual de derechos fundamentales*, en "La defensa del Estado", Valencia, 2004, p. 277.

[16] ALMAGRO NOSETE, *Derecho Procesal* [Proceso Penal], t. II, Valencia, 1990, p. 611. En el ámbito penal este fenómeno ha sido denunciado por CANCIO MELIÁ, *Los delitos de terrorismo. Estructura típica e injusto*, Madrid, 2011, quien advierte de los peligros de esta situación y critica esta política que ha llegado a contaminar la legislación penal en otros aspectos, identificando esta regulación como una manifestación típica del derecho penal del enemigo.

[17] HINOJOSA SEGOVIA (Con De la Oliva Santos, Aragoneses Martínez, Muerza Esparza y Tomé García), *Derecho procesal penal*, Madrid, 2004, p. 774.

[18] CRUZ VILLALÓN consideró que todo ello ha podido obedecer a cierto cansancio del legislador a prorrogar periódicamente, como era su obligación, la vigencia de la legislación antiterrorista y luego al fastidio de tener que hacer el seguimiento exigido por la Constitución, por lo que no es de extrañar que en 1994 la fórmula elegida por el legislador fuera cuestionada por la ausencia del preceptivo control parlamentario que aquella norma impone (CRUZ VILLALÓN, *Normalidad y excepción*, en "Revista Española de Derecho Constitucional", Madrid, nº 71, 2004, p. 195).

[19] CAMPO MORENO, *Represión penal del terrorismo: una visión jurisprudencial*, Valencia, 1997, p. 21.

Así mismo, durante el año 2003 se promulgó una nueva legislación para que los terroristas condenados por delitos violentos no pudieran gozar de los beneficios penitenciarios si no mediaba arrepentimiento o reparación del daño causado, elevando el límite máximo de cumplimiento de las penas de treinta a cuarenta años para estos casos (*Ley Orgánica 7/2003, de 30 de junio, de medidas de reforma para el cumplimiento íntegro y efectivo de las penas*).[20]

Así mismo, el Código Penal decidió premiar con una reducción de la pena (en uno o dos grados a la señalada por la ley para el delito de que se trate) a quien abandonara voluntariamente sus actividades delictivas y se presentara a las autoridades confesando los hechos en que había participado, y además colaborara activamente con la policía para impedir la producción del delito o coadyuvara eficazmente a la obtención de pruebas decisivas para la identificación o captura de otros responsables o para impedir la actuación o el desarrollo de organizaciones o grupos terroristas a los que haya pertenecido o con los que haya colaborado (art. 579 CP).

En el orden político, dado que los grupos terroristas contaban con estructuras con las que concurrir a las elecciones con el fin de acceder a cargos públicos de carácter electivo, también se ha tratado de afrontar este tipo de maniobras con medidas específicas. La *Ley 6/2002, de 27 de junio, de Partidos Políticos*, incluyó un proceso jurisdiccional de ilegalización de aquellas formaciones políticas que "de forma reiterada y grave su actividad vulnere los principios democráticos o persiga deteriorar o destruir el régimen de libertades o imposibilitar o eliminar el sistema democrático".

Con igual propósito, la *Ley Orgánica 1/2000, de 10 de marzo, para la garantía de la democracia en Ayuntamientos y seguridad de sus concejales*, incluyó medidas de similar naturaleza. En particular, para garantizar la confidencialidad en la persecución de los delitos de coacciones que sufren las víctimas de la amenaza terrorista, la ley permite a los jueces adoptar, al inicio de las primeras diligencias, las medidas necesarias para evitar que los datos de carácter personal que figuren en los distintos registros públicos que afecten a las víctimas de tales delitos no puedan servir como información para la comisión de delitos contra dichas personas.

---

[20] Especialmente controvertida fue la decisión del Tribunal Supremo adoptada en la sentencia de 28 de febrero de 2006 de apartarse de sus propios precedentes para negar al terrorista Henri Parot Navarro la posibilidad de acumular las condenas impuestas al objeto de beneficiarse la norma del anterior Código penal que preveía la refundición de condenas con un límite máximo de cumplimiento (30 años), imponiendo por lo tanto un cumplimiento sucesivo de todas ellas (coloquialmente conocida como doctrina "Parot").

3.2 Medidas atinentes a la organización judicial. La centralización de funciones instructoras y decisoras en un único órgano jurisdiccional: La Audiencia Nacional

Ya sabemos que para consolidar el éxito de una determinada política criminal es preciso disponer de medios adecuados para que la finalidad pretendida quede perfectamente asegurada para lo cual se suele recurrir a *instrumentos procesales que tiendan a facilitar la consecución de los elementos incriminatorios que permitan una eficaz represión de estas conductas.*[21] Así pues, es en el ámbito del proceso penal donde se concentra el mayor número de restricciones con el fin de dotar a la investigación de medios para poder encausar a los sospechosos de cometer actos terroristas.[22]

En virtud de lo establecido en la Ley Orgánica 4/1988, de 25 de mayo, el conocimiento de los delitos cometidos por personas integradas en bandas armadas o relacionadas con elementos terroristas se atribuye a la Audiencia Nacional. La Audiencia Nacional tiene su sede en la capital del Estado (Madrid) y extiende su jurisdicción a todo el territorio nacional. A su servicio existen varios Juzgados de Instrucción ("Juzgados Centrales de Instrucción"). Así mismo, la Audiencia Nacional dispone de un Juzgado Central de Menores y de varios Juzgados Centrales de Vigilancia Penitenciaria. Los Juzgados Centrales de Instrucción tienen encomendada, al igual que sucede en los supuestos ordinarios, la investigación de las causas por delito cuyo enjuiciamiento corresponda posteriormente a la Audiencia Nacional.[23]

El debate en torno a la atribución del conocimiento de los delitos de terrorismo se ha centrado en su compatibilidad con la garantía constitucional del juez natural o, como se expresa nuestra Constitución, del "juez ordinario predeterminado por la ley" (art. 24 CE). La idea que subyace con esta atribución es alejar el enjuiciamiento del foco del conflicto y amparar a los jueces en su independencia frente a las presiones que puedan sufrir a raíz del enjuiciamiento de este tipo de causas. A ello se une la conveniencia

---

[21] GRANADOS PÉREZ, *Instrumentos procesales en la lucha contra el crimen organizado. Agente encubierto. Entrega vigilada. El Arrepentido. Protección de testigos. Posición de la jurisprudencia*, en "La criminalidad organizada. Aspectos sustantivos, procesales y orgánicos", Cuadernos de Derecho Judicial, II, Madrid, 2001, p. 75. Vid. también, DALIA, *Un nuovo modello processuale per la criminalità organizzata*, en "Verso la riscoperta di un modello processuale", Milán, 2003, p. 109.

[22] Como nos ha recordado Enrique BACIGALUPO, el *derecho penal del enemigo* se caracteriza no sólo por una creciente ampliación de derecho penal material sino también por una disminución de las garantías procesales [BACIGALUPO, *Jurisdicción penal nacional y violaciones masivas de derechos humanos cometidas en el extranjero*, en "Justicia penal y derechos fundamentales", Madrid, 2002, cit., p. 67].

[23] A los Juzgados Centrales de Instrucción se les atribuye además la competencia para tramitar los expedientes de ejecución de las órdenes europeas de detención y entrega, las peticiones de extradición pasiva, así como las solicitudes de información entre los servicios de seguridad de los Estados miembros de la Unión Europea cuando requieran autorización judicial.

de concentrar las investigaciones en órganos centralizados debido a la complejidad de estos delitos,[24] cometidos por organizaciones dotadas de un gran aparato logístico, ramificaciones en el extranjero y apoyo entre determinados sectores de la sociedad civil.

Aunque con muchas reservas, la postura de la Corte Constitucional en este aspecto ha sido la de considerar legítima dicha atribución. A juicio de nuestro Tribunal Constitucional, el legislador puede perfectamente llevar a cabo este tipo de actuaciones siempre que ello no suponga atribuir el conocimiento de este tipo delitos a un tribunal que no sea de los que forman parte de la jurisdicción ordinaria. En concreto, para justificar la legitimidad constitucional de la Audiencia Nacional, el Tribunal Constitucional ha señalado que existen supuestos, que por su relación con su naturaleza o con la materia sobre la que versan o por la amplitud del ámbito territorial en que se producen y por su trascendencia para el conjunto de la sociedad, pueden hacer llevar razonablemente al legislador a que la instrucción y el enjuiciamiento de los mismos pueda llevarse a cabo por un órgano judicial centralizado (STC 56/1990).

A la vista de ello se advierte que lo que el Tribunal Constitucional ha tratado de hacer es ponderar los diversos derechos fundamentales en conflicto y estimar cuál de ellos merece mayor protección. La centralización de funciones se extiende incluso al procedimiento de "habeas corpus", que como sabemos constituye una garantía para el control judicial de las detenciones presuntamente arbitrarias o ilegales llevadas a cabo por la policía. La *Ley Orgánica 6/1984, de 25 de mayo, reguladora del procedimiento de "habeas corpus"* atribuye el conocimiento de estas solicitudes al Juzgado Central de Instrucción de la Audiencia Nacional si la detención se lleva a cabo por delito de terrorismo.

3.3 Especialidades en el ámbito de la aplicación de las medidas cautelares. La suspensión de garantías durante la detención ("prisão provisória") y la prisión preventiva

La ley parte de la base de que en el proceso penal, las medidas cautelares no sólo sirven para asegurar el cumplimiento de la pena impuesta sino para garantizar el derecho a imponerla.[25] Por eso, algunos autores,

---

[24] Sobre el abandono en este tipo de delitos de la concepción naturalista de delito, puede consultarse el interesante trabajo de ORLANDI, *Inchieste preparatorie nei procedimenti di criminalità organizzata: una riedizione dell'inquisitio generalis*, en "Rivista italiana di Diritto e Procedura Penale", 1996, p. 568.

[25] DAMIÁN MORENO, *La prisión provisional en el marco del sistema de la tutela cautelar penal*, en "Régimen jurídico de la prisión provisional", Madrid, 2004, p. 91-111 (también en *El derecho y su garantía jurisdiccional* [Estudios y comentarios de derecho procesal], Madrid, 2009).

en sintonía con lo que se acaba de decir, distinguen entre una "función de cautela final", cuyo objeto sería precisamente asegurar el cumplimiento de la condena, y una "función de cautela instrumental o procesal", que iría básicamente dirigida tanto a asegurar la presencia del inculpado como a la conservación del material probatorio.[26]

Conforme a nuestro sistema legal, toda persona detenida por la policía debe ser puesta en libertad (con o sin cargos) o a disposición del juez dentro de las 72 horas siguientes a la detención (art. 17.2 CE). No obstante, en desarrollo de la normativa constitucional a la que hemos aludido, tratándose de delitos de terrorismo, el art. 520 *bis* de nuestro Código de Proceso Penal [*Ley de Enjuiciamiento Criminal* (en adelante, LECRIM)], faculta a la policía a prolongar el plazo de la detención "hasta un límite máximo de otras 48 horas, siempre que, solicitada tal prórroga mediante comunicación motivada dentro de las primeras 48 horas desde la detención, sea autorizada por el juez en las 24 horas siguientes". En todo caso, a fin de salvaguardar el debido control judicial, la ley exige que tanto la autorización como la denegación de la prórroga se adopten mediante orden judicial motivada.

Este mismo criterio se sigue con el "periodo de incomunicación" que puede acordarse durante la detención o la prisión preventiva (cautelar) si se entiende que puede poner en peligro el éxito de la investigación.[27] Por lo tanto, la ley permite a la policía solicitar del juez que decrete su incomunicación, el cual deberá pronunciarse sobre la misma, en resolución motivada, en el plazo brevísimo (24 horas). Una vez que se solicita la incomunicación, el detenido queda en todo caso incomunicado sin perjuicio del derecho de defensa que le asiste aunque sujeto a limitaciones derivadas de la situación de incomunicación. Durante periodo el juez podrá en todo momento requerir información y conocer, personalmente (o mediante delegación en el juez del lugar donde se encuentre el detenido), la situación de éste. Mientras el detenido se encuentre incomunicado no podrá disfrutar de los derechos que asisten a cualquier otro ciudadano: estará privado del derecho a designar un abogado de su confianza y no podrá comunicarse con él tras las diligencias en que haya intervenido ni informar a ninguna otra persona el hecho de la detención ni el lugar de custodia (art. 527 LECRIM).

---

[26] MORENO CATENA, *En torno a la prisión provisional. Análisis de la Ley de 22 de abril de 1980*, en "Revista de Derecho Procesal (Iberoamericana y filipina)", 1981, nº 4, p. 645.

[27] El Tribunal Constitucional ha señalado que constituye un fin constitucional legítimo de la prisión preventiva en el caso de que exista un peligro fundado y concreto de que el sospechoso pueda ocultar, alterar o destruir fuentes de prueba relevantes para el enjuiciamiento (art. 503 LECRIM). Sin embargo, puso muchos reparos en su día a la posibilidad de que la incomunicación pudiera ser acordada por la policía al margen del necesario control judicial (STC 199/1987). Vid. ALMAGRO NOSETE, *Derecho Procesal* [Proceso Penal], cit., p. 617.

El juez que esté conociendo de la causa podrá acordar excepcionalmente la detención o prisión incomunicadas para evitar que se sustraigan a la acción de la justicia los sospechosos supuestamente implicados en los hechos investigados, que éstas puedan actuar contra bienes jurídicos de la víctima, que se oculten, alteren o destruyan pruebas relacionadas con su comisión, o que se cometan nuevos hechos delictivos. La incomunicación durará el tiempo estrictamente necesario para practicar con urgencia diligencias tendentes a evitar tales hechos.

La incomunicación no podrá extenderse más allá de cinco días, salvo que la prisión se acuerde por alguno de los delitos de terrorismo u otros delitos cometidos concertadamente y de forma organizada por dos o más personas. En estos casos, la incomunicación podrá prorrogarse por otro plazo no superior a cinco días. No obstante, en estos mismos casos, el juez o tribunal que conozca de la causa podrá mandar que vuelva a quedar incomunicado, aun después de haber sido puesto en comunicación, siempre que el desenvolvimiento ulterior de la investigación o de la causa ofreciese méritos para ello. Esta segunda incomunicación no excederá en ningún caso de tres días. La resolución en que se acuerde la incomunicación o, en su caso, su prórroga deberá expresar los motivos por los que haya sido adoptada la medida (art. 509 LECRIM).

3.4 Medios de investigación que suponen limitación de los derechos fundamentales. Los registros domiciliarios sin mandamiento judicial previo y la intervención prorrogada de las comunicaciones personales ("interceptação das comunicações telefónicas e electrónicas")

Como hemos visto, el art. 55 de la Constitución permite que a través de una ley pueda suspender la vigencia de varios derechos fundamentales. Entre ellos, se encuentran los mencionados en el art. 18.2 (*inviolabilidad de domicilio*) y 18.3 (*secreto de las comunicaciones*), entendiendo que tales derechos únicamente pueden ser limitados mediante resolución judicial. La Constitución Española garantiza la inviolabilidad del domicilio de modo que "ninguna entrada o registro podrá hacerse en él sin consentimiento del titular o resolución judicial, salvo en los casos de flagrante delito" (art. 18.2 CE).

Sin embargo, en relación con los delitos de terrorismo, la ley exonera a la policía en casos de excepcional o urgente necesidad de la obligación de solicitar autorización judicial cuando se encuentre persiguiendo a un sospechoso para entrar en el lugar o domicilio donde se ocultase o refugiase, cualquiera que sea, así como practicar el registro que, con ocasión de ella, se efectúe en dichos lugares y a la ocupación de los efectos e instrumentos que en ellos se hallasen y que pudieran guardar relación con el delito perseguido; del registro efectuado se dará cuenta inmediata al juez, con indicación de las causas que lo motivaron y de los resultados obtenidos en el mismo, con especial referencia a las detenciones que, en su caso, se hubieran practicado (art. 553 LECRIM).

Lo mismo sucede respecto de la intervención de las comunicaciones personales (telefónicas, postales, etc.). La Constitución Española "garantiza el secreto de las comunicaciones y, en especial, de las postales, telegráficas y telefónicas, salvo resolución judicial" (art. 18.3 CE). Los jueces están facultados para acordar la detención de la correspondencia privada, postal y telegráfica que el inculpado remita o reciba y su apertura y examen, si hubiere indicios de obtener por estos medios el descubrimiento o la comprobación de algún hecho o circunstancia importante de la causa. Asimismo, podrá acordar la intervención de las comunicaciones telefónicas del mismo si hubiere indicios de obtener, por estos medios, el descubrimiento o la comprobación de algún hecho o circunstancia importante de la causa.

Pero también, podrá acordar por un plazo de hasta tres meses, prorrogable por iguales períodos, la observación de las comunicaciones postales, telegráficas o telefónicas de las personas sobre las que existan indicios de responsabilidad criminal, así como de las comunicaciones de las que se sirvan para la realización de sus fines delictivos. No obstante, en caso de urgencia, cuando las investigaciones se realicen para la averiguación de delitos relacionados con la actuación de bandas armadas o elementos terroristas o rebeldes, la medida prevista anteriormente podrá ordenarla el Ministro del Interior o, en su defecto, el Director de la Seguridad del Estado, comunicándolo inmediatamente por escrito motivado al juez quien revocará o confirmará tal resolución en un plazo máximo de setenta y dos horas desde que fue ordenada la observación (art. 579 LECRIM). Así mismo, la legislación penitenciaria (*Ley Orgánica 1/1979, de 26 de septiembre, General Penitenciaria*), permite en los supuestos de terrorismo la intervención de las comunicaciones, incluidas las telefónicas, entre el preso y su abogado defensor o con el abogado expresamente llamado en relación con asuntos penales y con los procuradores que lo representen siempre que medie mandato judicial (art. 51 LGP).[28]

---

[28] Por la especial incidencia que tiene esta medida en relación con el ejercicio del derecho a la defensa, el Tribunal Constitucional español [SSTC 183/1994 y 197/1994], sin plantearse siquiera la constitucionalidad de esta previsión legal, sorprendentemente se ha limitado a señalar simplemente que esta medida ha de considerarse excepcional y debe ser ordenada justificando su necesidad y la proporcionalidad de la intervención.

3.5 Otras medidas. La suspensión del ejercicio de funciones públicas y de cargos de representación política. El "agente encubierto". El control de la actividad financiera de las organizaciones terroristas

Por último, al objeto de impedir que los terroristas traten de ampararse en la inmunidad que les suele proporcionar el ejercicio de determinadas funciones de carácter representativo, la ley dispone que el auto de procesamiento en este tipo de delitos lleve aparejada la suspensión automática de los cargos públicos que en su caso estuviera ostentando el encausado (art. 384 *bis* LECRIM).[29]

En otro orden de consideraciones, mucho más llamativas son las previsiones que la Ley Orgánica 5/1999, de 13 de enero, ha introducido en la Ley de Enjuiciamiento Criminal dictadas para el "perfeccionamiento de la acción investigadora relacionada con el tráfico ilegal de drogas y otras actividades graves". Entre estas medidas se encuentra la infiltración en las organizaciones criminales a través del llamado "agente encubierto" (282 *bis* LECRIM)[30] cuya actividad está justificada no sólo para prevenir o desbaratar acciones criminales sino lograr la condena de los responsables.[31] Así pues, cuando se trate de investigaciones que afecten a actividades propias de la delincuencia organizada, entre las cuales se encuentra los delitos de terrorismo previstos en los <u>artículos 572 a 578 del Código Penal</u>, el juez de instrucción competente (o el Ministerio Fiscal dando cuenta inmediata al Juez), podrán autorizar a funcionarios de la policía judicial, mediante resolución fundada y teniendo en cuenta su necesidad a los fines de la investigación, a actuar bajo identidad supuesta y a adquirir y transportar los objetos, efectos e instrumentos del delito y diferir la incautación de los mismos.[32] Sin embargo, cuando las actuaciones de investigación puedan

---

[29] Como se puede apreciar, esta medida está estrechamente asociada al fenómeno en que se desenvuelve el terrorismo en nuestro país, ligado como hemos dicho al movimiento independentista vasco. Tampoco la doctrina ha mostrado demasiado entusiasmo por esta medida: MORENO CANTENA, *Derecho Procesal* [Proceso Penal], cit., p. 627.

[30] Un desarrollo exhaustivo de la materia puede encontrarse en el estudio de GASCÓN INCHAUSTI, *Infiltración policial y "agente encubierto"*, Granada, 2001, p. 277, GOMEZ DE LIAÑO FONSECA-HERRERO, *Criminalidad organizada y medios extraordinarios de investigación*, Madrid, 2004, p. 125 y ZAFRA ESPINOSA DE LOS MONTEROS, *El policía infiltrado*, Valencia, 2010.

[31] MORENO CATENA, *Derecho procesal penal*, Valencia, 2011, p. 259.

[32] La identidad supuesta la otorga el Gobierno por un plazo determinado (seis meses prorrogables por períodos de igual duración), quedando los agentes legítimamente habilitados para actuar en todo lo relacionado con la investigación concreta y a participar en el tráfico jurídico y social bajo tal identidad. La resolución deberá ser reservada y conservarse fuera de las actuaciones con la debida seguridad; deberá consignar el nombre verdadero del agente y la identidad con la que actuará en el caso concreto. Existe la obligación de que la información que vaya obteniendo el agente encubierto sea puesta a la mayor brevedad posible en conocimiento de quien autorizó la investigación. Asimismo, dicha información deberá aportarse al proceso en su integridad y

afectar a los derechos fundamentales, el agente encubierto deberá solicitar del órgano judicial competente las autorizaciones que, al respecto, establezca la <u>Constitución</u> y la ley, así como cumplir las demás previsiones legales aplicables.[33]

Por último, hemos de mencionar que la *Ley 10/2010, de 28 de abril, de prevención del blanqueo de capitales y de la financiación del terrorismo*, que transpone la Directiva 2005/60/CE del Parlamento Europeo y del Consejo, de 26 de octubre de 2005 (Tercera Directiva), prevé no sólo la posibilidad de congelar o bloquear de fondos potencialmente vinculados al terrorismo sino que regula de forma unitaria los aspectos preventivos tanto del blanqueo de capitales como de la financiación del terrorismo. El bloqueo, como decisión operativa, se atribuye al Gobierno (Ministerio del Interior) aunque mantiene la competencia de la llamada Comisión de Vigilancia de Actividades de Financiación del Terrorismo para acordar la congelación de fondos cuando existan motivos que lo justifiquen. Se entiende por financiación del terrorismo el suministro, el depósito, la distribución o la recogida de fondos o bienes, por cualquier medio, de forma directa o indirecta, con la intención de utilizarlos o con el conocimiento de que serán utilizados para la comisión de cualquiera de los delitos de terrorismo tipificados como tal en el Código Penal. Así mismo, con ocasión de la investigación de estos delitos, la ley autoriza a los jueces de instrucción, al Ministerio Fiscal y, previa autorización judicial o del Ministerio Fiscal, policía obtener información de los datos declarados por las entidades financieras en el llamado *Fichero de Titularidades Financieras*.

Conclusión

El derecho procesal es un instrumento que tiene por objeto la aplicación imparcial de la ley y, por lo tanto, los jueces en un Estado de Derecho no deben aparecer como el último eslabón de la maquinaria represiva del gobierno, y aunque forman parte del entramado administrativo del Estado han de estar sin embargo también al servicio de la justicia. En el

---

se valorará en conciencia por el órgano judicial competente. El agente encubierto está exento de responsabilidad criminal por aquellas actuaciones que sean consecuencia necesaria del desarrollo de la investigación y siempre que guarden la debida proporcionalidad con la finalidad de la misma y no constituyan una provocación al delito. Los funcionarios de la policía que hayan actuado en una investigación con identidad supuesta podrán mantener dicha identidad cuando testifiquen en el proceso que pudiera derivarse de los hechos en que hubieran intervenido, siéndole también de aplicación lo previsto en la legislación sobre "testigos protegidos" (*Ley Orgánica 19/1994, de 23 de diciembre, de Protección a Testigos y Peritos en Causas Criminales*).

[33] Sobre la naturaleza procesal de los informes emitidos por los servicios de inteligencia, vid. CASTILLEJO MANZANARES, *La prueba pericial de inteligencia*, Diario "La Ley", nº 7756, 16-XII-2011.

ejercicio de sus funciones se deben a unos principios que han respetar por encima de todo. Entre ellos se encuentra el más importante: el que impone a todos los miembros del poder judicial el deber de hacer valer el derecho a un proceso justo, lo que implica, a su vez, la obligación de velar por las garantías procesales de los acusados.

Nada cabe oponer a que el legislador adopte una determinada política ante determinados delitos pero resulta inaceptable que los responsables políticos aprovechen situaciones excepcionales para dar una vuelta de tuerca al régimen de libertades y esperar que los jueces colaboren en esta estrategia.[34] En modo alguno la protección de determinados bienes jurídicos tendría qué afectar al instrumento que las sociedades bien ordenadas disponen para el enjuiciamiento de las conductas individuales, el cual tiene que mantenerse ajeno al conflicto que origina la violación de la ley. La normalidad procesal y su compromiso con la defensa de las libertades es lo que en el fondo caracteriza al Estado de Derecho. No en vano, la lealtad institucional exige que sean los poderes públicos los primeros en respetar los principios y valores que inspiraron los movimientos surgidos en defensa de las garantías constitucionales.

Referencias

AGAMBEN, *Estado de excepción* (*Homo sacer* II, 1), Valencia, 2004.

ALBERCA, Serrano. *Comentarios a la Constitución*. Dir.: Fernando Garrido Falla. Madrid, 1980.

AMBOS, Kai. *El derecho penal frente a amenazas extremas*, en Cuadernos *Luis Jiménez de Asúa*. Madrid, 2007.

BACIGALUPO, Henrique. *Jurisdicción penal nacional y violaciones masivas de derechos humanos cometidas en el extranjero*, en Justicia penal y derechos fundamentales. Madrid, 2002.

CAMPO MORENO, *Represión penal del terrorismo: una visión jurisprudencial*, Valencia, 1997, p .21.

CANCIO, Manuel e DÍEZ, Gómez- Jara. *¿Un derecho procesal de enemigos?*, en Derecho Penal del Enemigo. Madrid, 2006, Vol. I, p. 457.

CANCIO, Manuel. *El derecho y su garantía jurisdiccional* [Estudios y comentarios de derecho procesal]. Madrid, 2009.

CATENA, Moreno. *En torno a la prisión provisional. Análisis de la Ley de 22 de abril de 1980*, en Revista de Derecho Procesal, n.º 04 (Iberoamericana y filipina). 1981.

---

[34] En algunos casos se ha detectado una propensión algo acusada a no valorar adecuadamente la racionalidad de la denominada "inferencia probatoria", que como se sabe, permite fundar las resoluciones de condena en base a deducciones de carácter indiciario y cierta relajación en el cumplimiento del deber de motivar las sentencias esta situación ocasiona. En este sentido, por ejemplo también, con ocasión del enjuiciamiento de un delito de terrorismo el Tribunal Supremo español sostuvo que las declaraciones autoinculpatorias prestadas ante la policía, aunque luego no fueran ratificadas en el juicio oral, "*pueden ser objeto de valoración por el tribunal previa su incorporación al juicio oral en alguna de las formas admitidas por la jurisprudencia*". Puede consultarse el acuerdo y todos sus antecedentes en GRANADOS PÉREZ, *Acuerdos del Pleno de la Sala Penal del Tribunal Supremo para unificación de la jurisprudencia*, Valencia, 2009, p. 55.

CATENA, Moreno. *Derecho procesal penal*. Valencia, 2011.

CONDE, Munoz;, *¿Hacia un derecho penal del enemigo?*, El País. (15 de enero de 2003).

DALIA. *Un nuovo modello processuale per la criminalità organizzata*, en Verso la riscoperta di un modello processuale. Milán, 2003.

HERRERO, Gomez de Liaño Ffonseca, *Criminalidad organizada y medios extraordinarios de investigación*. Madrid, 2004.

IGNATIEFF. *Democracia y terrorismo*, en *El mal menor*. Madrid, 2005.

INCHAUSTI, Gascón. *Infiltración policial y agente encubierto*. Granada, 2001.

JAKOBS. Cancio Melia, *Derecho penal del enemigo*. Madrid, 2006.

LAMARCA PÉREZ, *Tratamiento jurídico del terrorismo*. Madrid, 1985.

Manzanares, Castillejo. *La prueba pericial de inteligencia*. Diario La Ley, nº 7756, 16-XII-2011.

MELIÁ, Cancio. *Los delitos de terrorismo. Estructura típica e injusto*. Madrid, 2011.

MONTEROS, Zafra Espinosa de Los. *El policía infiltrado*. Valencia, 2010.

MORENO, Damián. *El derecho y su garantía jurisdiccional*. Estudios y comentarios de derecho procesal, Madrid, 2009.

MORENO, Damián. *La prisión provisional en el marco del sistema de la tutela cautelar penal*, en Régimen jurídico de la prisión provisional. Madrid, 2004.

NOSETE, Almagro. *Derecho Procesal* [Proceso Penal], Tomo II. Valencia, 1990.

ORLANDI. *Inchieste preparatorie nei procedimenti di criminalità organizzata: una riedizione dell'inquisitio generalis*, en Rivista italiana di Diritto e Procedura Penale, 1996.

PÉREZ, Granados. *Acuerdos del Pleno de la Sala Penal del Tribunal Supremo para unificación de la jurisprudencia*. Valencia, 2009.

PÉREZ, Granados. *Instrumentos procesales en la lucha contra el crimen organizado. Agente encubierto. Entrega vigilada. El Arrepentido. Protección de testigos. Posición de la jurisprudencia*, en La criminalidad organizada. Aspectos sustantivos, procesales y orgánicos, Cuadernos de Derecho Judicial, II. Madrid, 2001.

RODRÍGUEZ, Requejo. *La suspensión individual de derechos fundamentales*, en "La defensa del Estado". Valencia, 2004.

SEGOVIA, Hinojosa (Con De la Oliva Santos, Aragoneses Martínez, Muerza Esparza y Tomé García). *Derecho procesal penal*. Madrid, 2004.

VILAR, Barona. *Seguridad, celeridad y justicia penal*. Valencia, 2004.

VILLALÓN, Cruz. *Normalidad y excepción*, en Revista Española de Derecho Constitucional. Madrid, 2004.

VIÑÁS, ROVIRA. *El abuso de los derechos fundamentales*. Barcelona, 1983.

Informação bibliográfica deste texto, conforme a NBR 6023:2002 da Associação Brasileira de Normas Técnicas (ABNT):

DAMIÁN MORENO, Juan. Especialidades procesales del derecho español en materia de terrorismo. In: FERNANDES, Antonio Scarance; ZILLI, Marcos. (Coord.). *Terrorismo e justiça penal*: reflexões sobre a eficiência e o garantismo. Belo Horizonte: Fórum, 2014. p. 227-242. ISBN 978-85-7700-844-5.

CAPÍTULO 8

LA DISCIPLINA DEI FENOMENI TERRORISTICI IN ITALIA

SPUNTI DI RIFLESSIONE TRA VECCHI STRUMENTI E NUOVI CONFLITTI

ALESSANDRO GAMBERINI
EMANUELA FRONZA*

1 La prima fase: il terrorismo interno

Tra la fine degli anni '60 e tutti gli anni '70 l'Italia viene percorsa da gravi fenomeni di violenza politica. Ai movimenti di contestazione che muovono gli studenti nel 1967/ 68, come in tutto il mondo occidentale, fanno da contrappunto una serie di attentati dinamitardi (ai treni e nelle piazze), con stragi e devastazioni ispirate da logiche golpiste e neofasciste. Una vera e propria strategia quest'ultima, frutto anche di complicità interne a organi dello Stato, in parte sostenuta da persone affiliate alle organizzazioni clandestine di ispirazione anticomunista che si erano formate fin dal primo dopoguerra, nella contrapposizione Est/Ovest.

I fenomeni di violenza politica in quel contesto temporale vengono fronteggiati — riguardo all'utilizzazione degli strumenti penalitici — con l'uso delle ordinarie, ma numerose fattispecie fortemente repressive già presenti nel codice penale, promulgato nel 1930 in piena epoca fascista, cui si affiancano i reati del testo, coevo, delle leggi di Pubblica sicurezza.

---

* Si desidera ringraziare il Dott. Claudio Preziuso per gli spunti forniti.

Si tratta di numerose fattispecie associative di carattere politico (art. 270 c.p.: associazione sovversiva, art. 306 c.p.: banda armata, art. 305 c.p.: cospirazione politica mediante associazione) e di numerose fattispecie a consumazione anticipata (reati di istigazione e di attentato) e reati di opinione (art 414 c.p.: apologia di delitto, art. 290 c.p.: vilipendio delle istituzioni e art. 272 c.p.: propaganda sovversiva).[1]

Tali normative vengono ulteriormente inasprite da una normativa di "ordine pubblico" (la Legge cd. *Reale* del 22 maggio 1975 n. 152),[2] che valorizza particolarmente le misure di prevenzione, reintroduce il fermo preventivo di polizia, crea meccanismi processuali volti a ostacolare l'esercizio dell'azione penale nei confronti di esponenti delle forze di polizia: istituti questi ultimi che, in ragione delle polemiche sociali e politiche molto dure che accompagnano la loro introduzione, vengono poi modificati e in taluni casi abrogati e comunque finiscono peraltro per non trovare in seguito particolare applicazione.

Dalla seconda metà degli anni '70 in l'Italia non solo si realizza una forte crescita dei fenomeni di conflitto politico e sociale violento, ma assumono un ruolo significativo organizzazioni clandestine di ispirazione marxista rivoluzionaria, che avevano già fatto sporadicamente parlare di sé.[3]

Tali gruppi si inseriscono sui conflitti e ne aumentano e ne deviano il significato, dando luogo ascontri a fuoco durante manifestazioni pubbliche, compiendo irruzioni armate in sedi di associazioni, partiti e sindacati, rivendicando rapine e sequestri, compiendo ferimenti e omicidi politici mirati nei confronti di pretesi nemici "di classe", imprenditori, magistrati, giornalisti, docenti di diritto del lavoro, operai che si oppongono alla penetrazione in fabbrica del credo rivoluzionario, fino ad avvocati che accettano la difesa d'ufficio dei rivoluzionari, in contrasto con la pretesa autodifesa degli imputati.

---

[1] Cfr. E. Gallo, *Delitti aggravati dall'evento e delitti di attentato*, Giur. it.,1990, parte IV p. 409; E. Gallo, Il principio di idoneità' nel delitto di pubblica istigazione, Dir. pen. e processo, 1996, parte I p. 1514; C. Pavarani, *Delitti di associazione politica*, in A. Cadoppi- S. Canestrari- A. Manna-M. Papa, *Trattato di diritto penale, parte speciale- v. I*, Utet, Torino, 2008, 119 ss., anche per ulteriori richiami; A. Barazzetta, Artt. 414-421, in Dolcini-Marinucci (a cura di), Codice penale commentato, II, Ipsoa, 2011, 4156 s.

[2] AA.VV., Libro bianco sulla legge Reale, a cura del Centro di iniziativa Luca Rossi, Milano, 1990.

[3] Cfr., da un punto di vista storico, G. Galli, *Piombo rosso. La storia completa della lotta armata in Italia dal 1970 a oggi* , Baldini Castoldi Dalai Editore, 2004; ID., *Il partito armato. Gli anni di piombo in Italia, 1968-1986*, Milano, Kaos Edizioni, 1993; G. De Luna, *Le ragioni di un decennio. 1969-1979. Militanza, violenza, sconfitta, memoria*, Feltrinelli, Milano, 2011; A. Ventura, *Per una storia del terrorismo italiano*, Donzelli, Roma, 2010; G. Panvini, *Ordine nero, guerriglia rossa*, Einaudi, Torino, 2009; per una cronaca, interessante, dei fatti cfr. L. Manconi, *Terroristi italiani*, Rizzoli, Milano, 2008; G. Pansa, *L'utopia armata*, Sperling & Kupfer, 2006; si vedano altresì gli atti della Commissione parlamentare d'inchiesta sul terrorismo in Italia e sulle cause della mancata individuazione dei responsabili delle stragi, cd. Commissione Stragi, presieduta da Giovanni Pellegrino.

Da un punto di vista storico l'acme di questa fase di *terrorismo interno* si ha nel marzo del 1978 col sequestro da parte delle "Brigate rosse" dell'onorevole Aldo Moro, uno dei principali esponenti del partito della Democrazia Cristiana, partito politico che aveva retto fino a quel momento (e lo sarà fino al 1994) le sorti del governo del Paese: un sequestro volto a costringere lo Stato a liberare detenuti appartenenti all'organizzazione che ne era l'autrice, costringere il deputato a svelare quanto egli sapeva rispetto ai segreti di Stato e a dimostrare la "geometrica potenza" (così si poteva leggere nei commenti della vicenda) del gruppo rivoluzionario.[4]

Il sequestro si conclude dopo alcuni mesi con l'omicidio dell'onorevole Moro.

Fu proprio durante quel sequestro che per la prima volta appare nell'ordinamento giuridico italiano la categoria del "terrorismo": in particolare viene promulgata, con un decreto legge emanato il 2 marzo del 1978, una norma *ad hoc* inserita nel codice penale all'art. 289 *bis*, il "sequestro di persona a scopo di terrorismo". Non si dà però conto del significato giuridico del termine utilizzato, fruendo del consolidato significato denotativo della categoria alla luce degli accadimenti (nessuno dubita che le "brigate rosse", o altre organizzazioni similari, siano organizzazioni terroristiche), mentre in realtà rimane più incerto il significato connotativo.

Si discute in dottrina su come distinguere terrorismo e violenza: il terrorismo sarebbe una violenza sproporzionata atta a incutere panico o comunque una forte intimidazione nell'esercizio libero delle attività civili e istituzionali; si mette l'accento in particolare sul carattere democratico dell'ordinamento italiano, che rende da un lato del tutto estraneo al tessuto della dialettica politica chi mira a cambiarne l'assetto ricorrendo a metodi rivoluzionari armati e violenti, e dall'altro del tutto sproporzionati metodi siffatti rispetto a qualsiasi istanza di cambiamento.

Su un altro versante nessuno dubita del carattere terroristico di azioni che comportino l'uccisione indiscriminata di persone o di vittime innocenti.

La categoria nell'ambito di questa prima fattispecie è comunque strettamente connessa alla finalità politica dei protagonisti. Risponde del reato di cui all'art. 289 *bis* c.p. chi sequestri una persona, ponendo in sinallagma con la sua liberazione un obbiettivo eversivo del fisiologico funzionamento delle istituzioni democratiche.

---

[4]   Sul caso Moro cfr. L. Sciascia, *L'affaire Moro*, Adelphi, Torino, 1994; S. Flamigni, *Il covo di Stato, via gradoli 96 e il delitto Moro*, Milano Kaos Edizioni, 1999; G. Bianconi, *Eseguendo la sentenza. Roma, 1978. Dietro le quinte del sequestro Moro*, Einaudi, Torino, 2007; A. Moro (a cura di M. Gotor), *Lettere dalla prigionia*, Einaudi, Torino, 2008; M. Gotor, *Il memoriale della prigionia*, Einaudi, Torino, 2011.

2 La prima legge organica in materia di terrorismo: il D.L. n. 625 del 6 febbraio 1980

E' con il D.L. n. 625 del 15 dicembre 1979 (convertito nella Legge del 6 febbraio 1980) che viene emanata la prima legge organica in materia di terrorismo.[5]

Viene introdotta una nuova fattispecie associativa, all'art. 270 *bis* c.p. (*"Associazioni con finalità di terrorismo e di eversione dell'ordine democratico"*),[6] che affianca le altre fattispecie associative presenti nel codice, creando problemi di tassatività sistemica: negli anni successivi sarà quest'ultima la fattispecie che monopolizzerà l'attenzione della giurisdizione penale, in nome di una rinnovata legittimazione democratica rispetto alla preesistente norma codicistica, che puniva l'"associazione sovversiva", ma anche in virtù delle sue pene draconiane.

Accanto a tali fattispecie vengono previste delle misure di controllo dei flussi finanziari per verificare eventuali fonti di finanziamento dei fenomeni, imponendo regole di trasparenza agli operatori bancari.

Il *"terrorismo"* come categoria è così inteso dal legislatore come intrecciato al carattere politico dei suoi obbiettivi: la fattispecie di associazione eversiva non lo nomina neppure tra gli elementi costitutivi e lo lascia confinato alla rubrica del reato.

La finalità eversiva è invece delineata rispetto al carattere democratico dell'ordinamento costituzionale italiano. Viene introdotta all'art. 280 c.p. la nuova fattispecie di "attentato alla vita e all'incolumità per finalità di terrorismo o di eversione" con un quadro sanzionatorio editale molto inasprito rispetto alle corrispondenti fattispecie tentate.

Al contempo viene introdotta un'aggravante generale, a effetto speciale sulla sanzione, resa di obbligatoria applicazione senza possibilità di bilanciamento: l'aver agito con "la finalità di terrorismo o di eversione dell'ordine democratico", applicabile così a qualsiasi reato commesso da terroristi nel contesto della loro attività politica.

Nel 1982 una norma di interpretazione autentica (art. 11 l. 29 maggio 1982 n. 304) stabilirà che all'espressione "eversione dell'ordine democratico" corrisponde per ogni effetto giuridico l'espressione "eversione dell'ordine costituzionale": comprendendo così il complesso di principi e istituti nei quali si esprime la forma democratica dello Stato secondo la Costituzione.

---

[5] Su tale provvedimento cfr. C. Albanello, *Misure urgenti per la tutela dell'ordine democratico e della sicurezza pubblica*, in Giurisprudenza di merito, Milano 1981, I, p. 276 ss.; e i commenti al provvedimento di G. A. De Francesco, in Legislazione Penale, 1981, p. 36 ss.

[6] Sui delitti contro la personalitá dello Stato si veda G. Lattanzi, E. Lupo, *Codice penale. Rassegna di giurisprudenza e di dottrina. v. VI I delitti contro la personalità dello Stato Libro II Artt. 243- 313*, a cura di E. Aprile, G. Ariolli, F. Nuzzo, Milano, Giuffré, 2010; A. Cadoppi, S. Canestrari, A. Manna, M. Papa, (dir.), *Trattato di diritto penale- Parte speciale*, v. 1, Utet, Torino, 2008.

Nell'aggravante citata la finalità terroristica appare letteralmente disgiunta da quella eversiva : la giurisprudenza di legittimità della Suprema Corte distinguerà così, fino alle modifiche legislative del 2001 (v. *infra*), la finalità di terrorismo da quella di eversione, specificando che la prima finalità mira a incutere terrore nella collettività con azioni criminose indiscriminate dirette cioè non contro singole persone, ma contro quello che esse rappresentano per incutere terrore e scuotere la fiducia nell'ordinamento costituzionale, mentre la seconda attiene al sovvertimento dell'ordine costituzionale ed è volta a disarticolare l'assetto pluralistico e democratico dell'ordinamento. Rimanendo tuttavia l'espressione intesa pressoché esclusivamente come un'endiadi nella quale terrorismo ed eversione procedono congiunti rispetto ai fenomeni storici sui quali si svolgono i paradigmi applicativi.

2.1 Le forme di specialitá processuale e premiale previste dal Decreto

Alle modifiche sostanziali sopra sinteticamente descritte corrispondono le prime forme di specialità processuale: regime custodiale carcerario obbligatorio, divieto di concessione di libertà provvisoria, allargamento dei poteri di polizia giudiziaria alla ricerca delle prove.

Vengono previste anche all'art. 4 e 5 della medesima Legge del 6 febbraio 1980 forme di premialità per coloro che si dissociano collaborando alla cattura dei concorrenti, con importanti sconti di pena.

Un nuovo modello compensativo diverso rispetto alle risalenti discipline del "recesso attivo" e della "desistenza volontaria" che caratterizzano la disciplina della premialità nell'istituto del tentativo di delitto nell'ordinamento italiano all'art. 56 del codice penale.

La nuova forma premiale fa perno infatti prevalentemente sulla collaborazione processuale al fine di favorire la cattura dei complici e non su un'attività volta a prosciugare il significato dell'azione lesiva sul piano oggettivo.

Una premialità che si segnala dunque per una soggettivizzazione dell'istituto, creando per i nuovi "pentiti" — questa la locuzione entrata ormai nel lessico comune - una forma di "soave inquisizione",[7] che può garantire loro un percorso del tutto alleggerito anche in fase esecutiva, con pene detentive del tutto prosciugate. L'istituto avrà, fin dalla sua introduzione, una larghissima applicazione e produrrà risultati molto significativi per sgominare le organizzazioni terroristiche, ma producendo guasti sui

---

[7] Così T. Padovani, *La soave inquisizione. Osservazioni e rilievi a proposito delle nuove ipotesi di ravvedimento*, Rivista italiana di diritto e procedura penale, 1981, 529 ss.

meccanismi di accertamento delle responsabilità penali e più in generale sulla cultura degli operatori giudiziari e sul comune sentire in materia di proporzionalità della pena.

Una premialità che troverà nel 1982 (L. 29 maggio 1982 n. 304) la sua sistemazione organica, delineando un itinerario normativo che si concluderà nel 1987 (L. 18 febbraio 1987 n. 34), con l'introduzione di fattispecie attenuative della responsabilità anche rispetto alle forme puramente dissociative, fondate sulla confessione piena delle proprie responsabilità senza alcun contributo processuale sulla responsabilità dei concorrenti.

Nel frattempo anche il regime penitenziario viene caratterizzandosi per la sua "specialità", in termini di rigore e di isolamento, prima con un forte irrigidimento della possibilità di accesso al carcere per familiari ed avvocati, fino all'istituzione anche formale di un regime derogatorio, con l'introduzione nel 1986 (L. 10 ottobre 1986 n. 663) dell'art. 41 *bis* del codice penitenziario che istituisce il sistema delle "carceri di massima sicurezza".

3 Gli anni `80: il progressivo esaurirsi del fenomeno del terrorismo interno

Alla fine degli anni '80, complice decisivo anche il venir meno progressivo della guerra fredda con il disfacimento del blocco sovietico, il fenomeno del terrorismo interno può dirsi esaurito, pur sopravvivendo negli anni successivi alcuni epigoni che continueranno in forma del tutto sporadica, e ormai sganciata da qualsiasi tessuto socio politico, a far sentire la loro voce di morte (l'omicidio del prof. Massimo D'Antona, consulente del Ministero del lavoro, è del 20 maggio 1999, mentre quello del prof. Marco Biagi docente di diritto del lavoro presso l'Università di Modena e Reggio Emilia è del 19 marzo 2002, entrambi rivendicati dalle Brigate rosse).

Nel frattempo il nuovo assetto normativo, in particolare la specialità processuale e quella esecutiva e il corrispondente sistema premiale, farà da modello anche rispetto alla nuova disciplina penale del fenomeno mafioso (si introducono nel 1982: la fattispecie di associazione di stampo mafioso all'art. 416 *bis* c.p., norma speciale rispetto all'associazione per delinquere, un'aggravante generale disegnata sulla finalità mafiosa e, oltre a queste nuove figure di reato, delle decisive misure di prevenzione patrimoniale).

Si crea così un sistema penale della "criminalità organizzata" che vedrà successivamente muovere in parallelo la sua evoluzione normativa, ricomprendendo sia fenomeni di terrorismo e eversione dell'ordine democratico sia forme di criminalità mafiosa o para mafiosa.

Una vera e propria duplicazione dell'ordinamento penale che da quel momento evidenzierà una strategia differenziata contro il crimine, dando luogo per tale tipologia di reati a percorsi paralleli sul piano sostanziale, processuale e dell'esecuzione.

Nel contesto storico sopra succintamente delineato, l'utilizzazione — già sottolineata — di fattispecie di attentato, di istigazione e soprattutto associative ha dato luogo a un preoccupante deficit di determinatezza attraverso la formazione giudiziale delle fattispecie, con specialità del regime probatorio capace di allargarsi in cerchi concentrici fino a ogni forma di contiguità, sostegno o connivenza.

L'anticipazione della punibilità tende a selezionare tipologie di autori, specie con riguardo ai delitti politici, sicchè il processo penale appare volto all'esclusione degli irriducibili e alla riduzione del fenomeno criminoso più che a risolvere il dilemma della responsabilità individuale, con una forte erosione del significato e della rilevanza del fatto.

Occorre però segnalare che fin dalla seconda metà degli anni '80 la giurisprudenza di legittimità e la Corte Costituzionale hanno posto un argine rispetto a quelle che apparivano violazioni palesi del profilo costituzionale dell'illecito penale (nell'ordinamento italiano si appunta oltre che sul principio di legalità e tassatività, art. 25 Cost, sul principio di personalità della responsabilità penale, art. 27 Cost, inteso quest'ultimo come necessità che l'agente risponda solo dei fatti colpevoli causalmente riconducibili con certezza alla sua condotta).

É stato abbandonato così l'orientamento che prevedeva un'automatica attribuzione dei delitti scopo a coloro che rivestivano un ruolo significativo nell'ambito dell'associazione, richiedendosi al contrario la prova di una diretta partecipazione al fatto addebitato anche per i capi o comunque per coloro che rivestono un ruolo gerarchicamente sovraordinato.

Nei delitti di attentato è stata ribadita l'esigenza di qualche forma di materialità e offensività della condotta, non potendosi risolvere l'applicazione della fattispecie nell'accertamento della sola direzione dell'atto, mentre per la rilevanza penale dell'apologia di delitto si è richiesto il requisito della pregnanza di pericolosità dell'istigazione.

Anche per i delitti associativi la Suprema Corte ha ribadito in più occasioni la necessità che l'accertamento probatorio non muova da una dimensione meramente ideologica, ma consideri la consistenza organizzativa e l'idoneità degli strumenti messi in campo dal gruppo rispetto agli scopi.

In questo quadro la giurisprudenza della Suprema Corte ha più volte negato — fino all'introduzione delle modifiche alla fattispecie risalente all'autunno del 2001, di cui faremo commento — che la fattispecie di associazione eversiva potesse essere strumento penalistico applicabile a fenomeni diversi e ulteriori rispetto a quelli che interni. In tal senso la lettera della legge (che all'eversione dell'ordinamento democratico/costituzionale fa riferimento) non lasciava spazio alcuno ad un applicazione a fenomeni conflittuali avente una dimensione internazionale o interessanti Paesi diversi dall'Italia: "se la finalità di eversione e terrorismo che connota il programma di atti violenti non riguarda l'ordinamento costituzionale italiano si è fuori dal bene giuridico protetto dalla norma di cui all'art. 270 *bis* c.p".[8]

Inoltre, l'emergere ormai consolidato di un istituto di origine giurisprudenziale, volto a riconoscere la possibilità di un concorso eventuale nel delitto associativo a prescindere da una forma di partecipazione (il cd "concorso esterno"), testimonia come tali fattispecie mantengano un potenziale fortemente espansivo attraverso percorsi scarsamente determinati e determinabili. Vengono puniti a titolo associativo anche soggetti che non sono partecipi, ma solo contigui al fenomeno, per i quali non occorre dimostrare il loro inserimento nel sodalizio, potendosi limitare l'accertamento alla valenza agevolatoria della loro condotta. L'accertamento della responsabilità rimanda così, alla sola tipicità causale del concorso di persone: ricostruzione di cui è sempre difficile determinare i criteri, ma nel caso, stante il carattere di fattispecie a consumazione anticipata del delitto associativo, che funge da evento della relazione eziologica, il percorso appare ancor più arduo.

L'istituto, nato rispetto al delitto di associazione di stampo mafioso, è oggi ritenuto espressamente applicabile dalla Suprema Corte anche alle organizzazioni terroristiche ed eversive.

4 Un bilancio su questa prima fase

Se è consentito fare un bilancio di quella stagione (che può essere racchiusa nel ventennio 1970 - 1990) è possibile dire che, nonostante la radicalità del conflitto, la sua violenza in talune situazioni e i proclami antagonisti che hanno caratterizzato la comunicazione politica, la giurisdizione non è uscita dai binari che consentono di riconoscerla come tale nell'ambito di uno Stato di diritto: le situazioni di emergenza democratica non hanno prodotto né uno stato di eccezione normativo con la sospensione delle principali garanzie né uno stato di stravolgimento applicativo, con una fuga sistematica rispetto ai criteri legali di attribuzione delle responsabilità personali.

Tutto muta radicalmente con i tragici attacchi alle due torri di New York dell'11 settembre 2001 che portano all'attenzione un fenomeno terroristico sovranazionale, che pur esistente da alcuni anni in molte parti del mondo, era stato sottovalutato rispetto ai suoi diretti effetti negli Usa e nei Paesi dell'Unione europea.

E' a partire da quella data, infatti, che si manifesta un significativo mutamento del quadro normativo nella materia attraverso gli strumenti della legislazione d'urgenza: ci riferiamo ai numerosi Decreto Legge che

---

[8] Così la Suprema Corte, Sezione VI, 1 marzo 1996.

incidono nel tessuto legale che descrive la materia (Decreto Legge 28 settembre 2001 n. 353, Decreto Legge 12 ottobre 2001 n. 369, fino al Decreto Legge del 27 luglio 2005 n. 144, tutti convertiti in legge, v. *infra*). Verranno così effettuate alcune immediate modifiche sostanziali (v. *infra*) a cui corrisponderanno anche significativi interventi processuali.

Occorre dire che, a differenza del passato, la nuova legislazione reca i segni di decisioni prese nelle sedi internazionali ed europee, ma il modello disciplinare non muta i connotati già esistenti.

5 La seconda fase: il terrorismo internazionale e gli attentati dell'11 settembre 2001

Gli attentati dell'11 settembre 2001 negli Stati Uniti impongono, come detto, ai diversi legislatori di confrontarsi con le nuove fenomenologie del terrorismo.[9] Tale momento costituisce pertanto anche per i Paesi europei, un momento di cesura dalla quale si dipartono nuovi modelli normativi volti al contrasto del fenomeno.

Improvvisamente l'ombra del reato terroristico si proietta sulla scena planetaria uscendo dagli angusti orizzonti nazionali. Il terrorismo analizzato fino a questo punto affondava le sue radici nei conflitti ideologici del Novecento ed era destinato a spegnersi con la fine del "secolo breve". Le ragioni culturali e ideologiche che animano l'attuale fenomeno, invece, hanno una dimensione ben più vasta, irriducibili alle categorie già sperimentate e di ben più complesso accertamento.

L'evolversi del fenomeno propone una diretta contaminazione tra guerra e diritto penale nella quale diviene opaca la stessa condizione di giuridicità sulla quale poggiano i diritti e le garanzie della persona nell'ambito di una penalità modellata su principi liberali e democratici.

Come evidenziato, nell'esperienza italiana la repressione penale aveva messo già in conto l'ingresso della pena come sostituto della resa dell'accusato e della collaborazione con l'accusatore. Nel nuovo scenario anche la moderna guerra — che spesso appare denominata e, in taluni casi, mascherata come intervento umanitario — si connota come una sorta di operazione di polizia, preceduta da indagini che giustifichino l'uso della violenza.

La contaminazione di categorie che si realizza rischia di produrre effetti devastanti sugli istituti del diritto penale e del processo, se si pensa come la nozione di guerra preventiva possa irradiarsi nel campo delle

---

[9]   Il terrorismo é osservatorio privilegiato delle profonde mutazioni dell'ordine formale moderno (che sa distinguere la politica istituzionalizzata dal diritto normativizzato) tanto da rendere difficile la conseguente distinzione categoriale fra nemico e criminale, perché in età globale è saltata la moderna e cruciale distinzione spaziale fra esterno e interno, cosí C. Galli, *Spazi politici. L'età moderna e l'età globale*, Bologna, Il Mulino, 2001.

politiche di sicurezza degli Stati, finendo per privilegiare al diritto penale del fatto la scelta di mettere in condizione di non nuocere quelli che vengono individuati come i nemici dichiarati della società: a loro sarebbe dunque riservato un *Feindstrafrecht* contrapposto all'ordinario *Bürgerstrafrecht*.[10]

Pur in un quadro di risposte eterogenee da parte dei singoli Stati nazionali, alcune opzioni comuni qualificano il nuovo apparato normativo antiterrorismo, in particolare alcune limitazioni e deroghe alle libertà fondamentali dell'individuo (a titolo di esempio: l'incremento dei termini della custodia cautelare e l'uso generalizzato delle intercettazioni telefoniche, la creazione di un diritto speciale per lo straniero, con forme di detenzione amministrativa, l'allargarsi delle ipotesi associative perseguite e più in generale l'introduzione di nuove fattispecie a punibilità anticipata).

Un diritto penale speciale per contrastare il terrorismo non è fenomeno storicamente nuovo e si colloca anche nella più ampia sfera della tradizionale repressione del reato politico;[11] tuttavia è certo che dopo gli attentati del 2001 si apre una nuova fase non solo sul piano storico e politico, ma anche sul piano giuridico e per l'esercizio concreto della giurisdizione penale.

L'ordinamento italiano si adegua alle linee politico-criminali e normative emerse in seno alle Nazioni Unite e all'Unione europea: vengono adottati una serie di provvedimenti in materia, che arricchiscono la normativa antiterrorismo sia sul piano sostanziale, sia su quello processuale.[12] Questi ultimi si innestano su un *corpus* di disposizioni già ampio, comprendente le previsioni emanate nella stagione della violenza politica di matrice interna (v. *supra*).

Non é possibile descrivere in poche righe in modo esaustivo la disciplina entrata in vigore dopo il 2001, ci limiteremo ai profili di diritto sostanziale (anche se, come si vedrà, faremo menzione anche di alcuni aspetti processuali) e alle diverse figure incriminatrici che possono essere utilizzate per punire gli atti di terrorismo e la loro preparazione.

I tragici attentati di New York mostrarono il vuoto di tutela provocato dall'assenza — anche nel nostro ordinamento — di strumenti normativi adeguati rispetto a fenomeni di terrorismo non riconducibili all'eversione nazionale. In realtà, tale carenza era già emersa sul piano applicativo, e non meramente teorico, a metà degli anni novanta in alcune

---

[10] Così Gamberini A., Orlandi R, *Delitto politico e diritto penale del nemico. Considerazioni introduttive*, in AA.VV. *Delitto politico e diritto penale del nemico*, Bologna, Monduzzi, 2007, p. 9 ss.

[11] Cfr. per tutti L. Ferrajoli, *Delitto politico, ragion di Stato e Stato di diritto*, in AA.VV., *Il delitto politico dalla fine dell'Ottocento ai giorni nostri*, Sapere 2000, Roma, 1984, p. 123-153.

[12] Dopo gli attentati di New York e Washington seguirono diverse leggi di ratifica da parte dell'Italia delle Convenzioni internazionali e, in particolare, di quella per la soppressione del finanziamento del terrorismo (New York, 9 dicembre 1999) e per la repressione degli attentati terroristici dinamitardi (New York, 15 dicembre 1997).

vicende giudiziarie riguardanti cellule sparse e organizzazioni criminali a carattere transazionale.

I limiti applicativi della norma citata erano visibili soprattutto in quei casi in cui si contestava il delitto di associazione terroristico-eversiva a strutture che svolgevano funzioni di supporto logistico (raccolta di fondi, procacciamento di armi e documenti falsi, arruolamento di combattenti, ecc.) ad attività poste in essere da gruppi armati operanti in Stati esteri con l'obiettivo ultimo di eversione degli ordinamenti di tali Paesi anche attraverso atti violenti e terroristici.[13]

Dinanzi all'inadeguatezza testuale dell'art. 270-*bis* c.p. a colpire cospirazioni a vocazione internazionalistica e religiosa, la giurisprudenza di legittimità aveva assunto una posizione di chiusura molto decisa. La Suprema Corte, infatti, scludeva l'applicabilità del vecchio art. 270-*bis* c.p. (che contemplava la finalità di eversione dell'ordine democratico, e non anche quella di terrorismo)[14] alle ipotesi in cui lo scopo eversivo, che doveva connotare il sodalizio criminoso secondo il dettato normativo, avesse ad oggetto uno Stato straniero.[15] Veniva così svelata una lacuna nel sistema di tutela penale che dopo gli avvenimenti dell'11 settembre andava urgentemente coperta.

6 L'estensione della tutela agli Stati stranieri e alle organizzazioni internazionali: la riscrittura dell'art. 270 *bis* c.p

Con la Legge 438 del 15 dicembre 2001 recante "Disposizioni urgenti per contrastare il terrorismo internazionale", oltre a prevedere un regime processuale speciale per i reati connotati da finalità eversive e di terrorismo,[16] vengono introdotte alcune modifiche molto rilevanti sul piano sostanziale al fine di rendere perseguibili quelle attività delittuose associate di stampo terroristico anche quando intendono sviluppare la propria attività al di fuori del nostro Paese.

---

[13] Si pensi, ad esempio, ai processi riguardanti l'attività di supporto al Fronte islamico di salvezza o al Gruppo Islamico Armato organizzazioni aventi come scopo il rovesciamento del governo algerino.

[14] La rilevanza penale della finalità di terrorismo veniva ricavata prima della riforma sia dalla dottrina che dalla giurisprudenza attraverso la contestazione dell'aggravante prevista dall'art. 1 della legge 15/1980 (v. *supra*). Quest'ultima, tuttavia, prendeva in considerazione esclusivamente fenomeni nazionali. Persisteva dunque la problematica della perseguibilità delle associazioni operanti sul territorio italiano, ma con una finalità di terrorismo internazionale.

[15] Per alcuni esempi di questo orientamento cfr. C. Preziuso, C., *Profili problematici del delitto di associazione con finalità di terrorismo anche internazionale o di eversione dell'ordine democratico*, Tesi di dottorato in diritto e processo penale, XXI ciclo, Bologna, p. 18.

[16] Si tratta di interventi processuali volti ad ampliare gli strumenti di indagine (estensione della possibilità di disporre intercettazioni e una nuova disciplina dell'agente provocatore, analogamente alla disciplina esistente nella materia degli stupefacenti) e al loro coordinamento e centralizzazione, con la previsione di un Pubblico Ministero distrettuale antiterrorismo.

Il delitto associativo di cui all'art. 270 *bis* c.p. mantiene il *nomen iuris di* "Associazione con finalità di terrorismo e di eversione dell'ordine democratico",[17] ma include espressamente la finalità di terrorismo nel corpo della norma e stabilisce che *"la finalità di terrorismo ai fini della legge penale ricorra anche quando gli atti di violenza sono diretti contro uno Stato estero, un istituzione o un organismo internazionale"*.

Con l'aggiunta del terzo comma, dunque, viene coniata la nuova categoria del "terrorismo internazionale", togliendo ogni spazio a quegli orientamenti che escludevano fino a quel momento l'applicazione di tale norma ad associazioni che ponessero in essere atti terroristici senza una finalità eversiva dell'ordinamento costituzionale italiano.[18] Attraverso l'intervento riformatore non solo si estende la punibilità agli atti terroristici contro Stati stranieri o organizzazioni internazionali (a prescindere dalle motivazioni politiche a sostegno), ma sembra cristallizzarsi altresì, sul piano interpretativo, la distinzione concettuale tra l'eversione e il terrorismo, collocando ragionevolmente i fenomeni perseguiti sul piano internazionale esclusivamente all'interno di quest'ultima categoria, come finalità disgiunta rispetto a quella dell'eversione. Rimanevano tuttavia intatti i quesiti in ordine al significato della categoria, ancora senza una definizione normativa e sganciata a quel punto dai fenomeni di terrorismo interno, che avevano creato alcune certezze della categoria in àmbito giurisprudenziale, sotto il profilo denotativo.

---

[17] Per la formulazione originaria cfr. *supra*: l'art. 270-*bis* c.p. incriminava unicamente le associazioni che agivano con una finalitá di eversione e la tutela era circoscritta ad una dimensione esclusivamente nazionale. Il nuovo art. 270 *bis* così dispone: "1. Chiunque promuove, costituisce, organizza, dirige o finanzia associazioni che si propongono il compimento di atti di violenza con finalità di terrorismo o di eversione dell'ordine democratico è punito con la reclusione da sette a quindici anni. 2. Chiunque partecipa a tali associazioni è punito con la reclusione da cinque a dieci anni. 3. Ai fini della legge penale, la finalità di terrorismo ricorre anche quando gli atti di violenza sono rivolti contro uno Stato estero, un'istituzione e un organismo internazionale. Nei confronti del condannato è sempre obbligatoria la confisca delle cose che servirono o furono destinate a commettere il reato e delle cose che ne sono il prezzo, il prodotto, il profitto o che ne costituiscono l'impiego". Su tale disposizione oltre ai codici commentati giá citati cfr. A. Valsecchi, *Il problema della definizione di terrorismo*, in Rivista italiana di diritto e procedura penale 2004, p. 1146 e ss.; Id., *Misure urgenti per il contrasto del terrorismo internazionale. Brevi osservazioni di diritto penale sostanziale*, in Diritto penale e processo, 2005, fasc. 10, p. 1222 ss.; F. Viganó, *Terrorismo di matrice islamico-fondamentalistica e art. 270 c.p. nella recente esperienza giurisprudenziale*, in Cassazione penale, 2007, fasc. 10, p. 3953 ss.; G Salvini, *L'associazione finalizzata al terrorismo internazionale: problemi di definizione e prova della finalità terroristica*, in Cassazione penale, 2006, fasc. 10, p. 3366 ss.; A. Gamberini, *Gli strumenti penali di contrasto al terrorismo internazionale: alcuni interrogativi sulla tecnica e sull'oggetto di tutela della nuova fattispecie di cui all'art. 270-bis c.p.*, in Critica del Diritto, 2004, p. 69; A. Gamberini, C. Preziuso, *La capacità espansiva della definizione di terrorismo, fra violenza in tempo di guerra ed atti eversivi*, in Il Foro Italiano, 2008, fasc. 1, II, 44 ss.

[18] Il bene giuridico protetto dal novellato art. 270-*bis* c.p. va individuato nella sicurezza delle persone, cfr. A. Gamberini, *Gli strumenti penali di contrasto al terrorismo internazionale: alcuni interrogativi sulla tecnica esull'oggetto di tutela della nuova fattispecie di cui all'art. 270-bis c.p.*, cit.

Ci si interroga allora sul significato da conferire al termine "terrorismo" in ambito internazionale e su come operare una distinzione con i conflitti violenti che connotano le lotte di liberazione nazionale nei confronti di regimi dispotici e oppressivi dei diritti elementari della persona. La norma appare congegnata per reprimere una modalità del conflitto a prescindere dalla finalità dell'agente e dunque il riferimento sembra essere ad una tutela che valga a impedire un'inaccettabile utilizzazione strumentale della persona umana per scopi politici, sia che se ne esponga a pericolo indiscriminatamente la vita o l'incolumità, sia che la si utilizzi come merce di scambio nella presa d'ostaggi. A tale proposito la norma prende a prezioso riferimento quelle Convenzioni internazionali che avevano già individuato sul piano internazionale alcune condotte punibili (si pensi ad esempio a quelle piú risalenti sui dirottamenti aerei), rimanendo peraltro il rapporto tra violenza e terrorismo con un quoziente di indeterminatezza, soprattutto rispetto al ruolo delle vittime e al quesito sulla loro "innocenza".

Occorrerà aspettare il 2005 perché il nuovo art. 270 sexies c.p. fornisca, per la prima volta, una definizione giuridica della categoria, nella quale, come vedremo (v. *infra*), con una inversione concettuale, prevede che la finalità eversiva sia assorbita in quella terroristica[19] delineando così tra terrorismo ed eversione un rapporto da genere a specie e ponendo peraltro molti quesiti rispetto al nuovo assetto di tutela.

7 La definizione delle "condotte con finalità di terrorismo": l'art. 270 sexies c.p.

Il legislatore italiano, con il decreto legge 144 del 27 luglio 2005, convertito nella legge 155 del 31 luglio 2005 (la cosiddetta legge *Pisanu*),[20] ancora una volta subito dopo i gravissimi attentati terroristici — precisamente quelli londinesi del 7 luglio 2005 — intervenne nuovamente sulla materia.

Tale provvedimento interviene su un tessuto normativo già assai articolato e complesso, che non vede il codice penale come unico protagonista, ma che, in linea con i processi di internazionalizzazione del diritto e della giustizia penale, corrisponde a un modello ordinamentale policentrico.

Tale novella introduce tre nuove disposizioni.

Innanzitutto, in linea con la visione universalistica della legge penale

---

[19] L'art. 15 del d.l. 144/2005 recante "Misure urgenti per il contrasto del terrorismo internazionale" novella il codice penale, introducendo una definizione delle condotte con finalità di terrorismo (art. 270-sexies c.p.).

[20] Cfr. A. Valsecchi, *Brevi osservazioni di diritto penale sostanziale*, in *Dir. pen.proc.*, 2010, 1222 ss. e Filippi, *Le disposizioni processuali*, ivi, p. 1212 ss.

sottesa a tale intervento legislativo, vengono previste due nuove fattispecie di reato, l'"arruolamento con finalità di terrorismo anche internazionale" (art. 270-quater c.p.) e l'"addestramento ad attività con finalità di terrorismo anche internazionale" (art. 270-quinquies c.p.)[21] e una nuova specifica causa di espulsione amministrativa per esigenze di prevenzione del terrorismo interno ed internazionale, di competenza del ministro dell'Interno. In secondo luogo, ed é questo l'elemento che a noi più interessa, viene introdotta, per la prima volta nel nostro sistema penale, una definizione organica di "condotte con finalità di terrorismo" (art. 270-sexies c.p.).[22]

Tale norma costituisce il fulcro di questo ulteriore intervento antiterrorismo. La definizione di terrorismo viene mutuata, quasi senza alcun cambiamento dalla Decisione Quadro del Consiglio dell'Unione Europea sulla lotta contro il terrorismo, che, in una logica di armonizzazione, fornisce una *comune definizione* di terrorismo per tutti gli Stati membri.[23]

---

[21] Su tali figure criminose cfr., anche per ulteriori richiami, A. Valsecchi, *Misure urgenti per il contrasto del terrorismo internazionale. Brevi osservazioni di diritto penale sostanziale*, cit.; Id., *sub Artt. 270 quater, 270 quinquies, 270 sexies*, in E. Dolcini, G. Marinucci (a cura di), *Codice penale commentato*, II ed., Milano, 2006.

[22] Coerente con lo scopo di armonizzazione, che la caratterizza, questa previsione contiene una clausola espressa di rinvio alle definizioni degli strumenti internazionali vincolanti per l'Italia. Secondo l'art. 270-sexies c.p. "Sono considerate con finalità di terrorismo le condotte che, per la loro natura o contesto, possono arrecare grave danno ad un paese o ad un'organizzazione internazionale e sono compiute allo scopo di intimidire la popolazione o costringere i poteri pubblici o un'organizzazione internazionale a compiere o astenersi dal compiere un qualsiasi atto o destabilizzare o distruggere le strutture politiche fondamentali, costituzionali, economiche e sociali di un paese o di un'organizzazione internazionale, nonché le altre condotte definite come terroristiche o commesse con finalità di terrorismo da convenzioni o altre norme di diritto internazionale vincolanti per l'Italia". Sull'art. 270-sexies c.p. cfr. E. Aprile, *270 sexies c.p.*, in G. Lattanzi, E. Lupo, *Codice penale. Rassegna di giurisprudenza e di dottrina*, cit., p. 254; il commento in A. Cadoppi, S. Canestrari, A. Manna, M. Papa, (dir.), *Trattato di diritto penale – Parte speciale*, cit.; A. Valsecchi, *La definizione di terrorismo dopo l'introduzione del nuovo art. 270-sexies c.p.*, in Rivista italiana di diritto e procedura penale, 2006, p. 1103 ss.; per un giudizio positivo su questa disposizione tra gli altri cfr. A. Centonze, *Criminalità organizzata e reati transnazionali*, Giuffré, Milano, 2008, p. 90; sulla necessitá di una interpretazione omogenea delle norme antiterrorismo cfr. G. Frigo, *Per uscire dall'impasse del codice penale il soccorso della decisione quadro europea*, in GDir, 2005, 6, 88.

[23] Sulla Decisione Quadro contro il terrorismo del 13 giugno 2002 (n. 2002/475/GAI) cfr., anche per ulteriori richiami, A. Valsecchi, *Il problema della definizione del terrorismo*, cit.. p. 1143; Reitano, *Le misure di contrasto al terrorismo internazionale tra Unione europea e normativa italiana di adattamento*, in Indice penale, 2004, p. 1173 ss. Critici su tale disposizione G. Flora, *Profili penali del terrorismo internazionale: tra delirio di onnipotenza e sindrome di autocastrazione*, Rivista italiana di diritto e procedura penale, 2008, 62; M. Mantovani, *Le condotte con finalità di terrorismo in Contrasto al terrorismo interno e internazionale*, Kostoris- R. Orlandi (dir.), Giappichelli, Torino, 2006, 28. Cfr. altresì M. Mantovani, *Brevi note in materia di terrorismo internazionale, in Giur. merito*, 2005, 1373-75, che osserva come la vaghezza della definizione non permette di perseguire lo scopo di armonizzazione in modo adeguato. Rispetto al panorama sovranazionale va evidenziato che anche la Convenzione internazionale per la repressione del finanziamento del terrorismo, ratificata dall'Italia con la legge 14 gennaio 2003, n. 7, contiene una definizione generale di atto terroristico, a differenza delle fonti internazionali adottate in precedenza in questo settore [art. 2 lett a) e b)].

L'art. 2 della Decisione Quadro impone, infatti, agli Stati membri di tipizzare come reati terroristici una serie di condotte specificamente indicate (quali, ad esempio, gli attentati alla vita di una persona che possono causarne il decesso o gli attentati gravi all'integrità fisica di una persona), quando, per la loro natura o contesto, possano arrecare grave danno a un paese o a un'organizzazione internazionale e quando siano commesse al fine di "intimidire gravemente la popolazione" o di "costringere indebitamente i poteri pubblici o un'organizzazione internazionale a compiere o astenersi dal compiere un qualsiasi atto", o, infine, "destabilizzare gravemente o distruggere le strutture politiche fondamentali, costituzionali, economiche o sociali di un paese o un'organizzazione internazionale".

Tale strumento di derivazione comunitaria, rilevante, in realtá, nel nostro ordinamento per ricostruire la finalità di terrorismo[24] già prima dell'introduzione a livello interno di una definizione di terrorismo, viene ora ripreso dal nuovo art. 270-sexies c.p. quasi letteralmente.[25] In questa disposizione non viene riprodotto, infatti, l'inciso sulla delimitazione concettuale della categoria descritta rispetto alle forze armate, contenuto nel Preambolo della Decisione Quadro, col risultato di creare equivoçi applicativi rispetto alle condotte punibili.[26]

La seconda parte dell'art. 270-sexies c.p. elenca poi una serie di comportamenti rispetto ai quali la finalità di terrorismo è tipizzata, trattandosi di condotte già descritte come terroristiche in Convenzioni internazionali, come il collocamento di una bomba o il dirottamento di un aereo. Secondo tale previsione normativa se l'atto sarà riconducibile ad una di queste definizioni, non occorrerà nessuna altra prova in relazione alle finalità che le animava. Queste condotte si aggiungono a quelle nella prima parte della disposizione, come si desume dal termine "inoltre". Se la finalità terroristica di un atto viene provata in base alla prima parte dell'articolo, la seconda parte di quest'ultimo non entra neppure in considerazione.[27]

Tali comportamenti devono dunque sul piano oggettivo avere la potenzialità di arrecare un *grave danno* ad un Paese o ad un'organizzazione

---

[24] C. Sotis, *Il diritto senza codice. Uno studio sul sistema europeo vigente*, Giuffré, Milano, 2007, p. 99 ss.; Manes, V., *L'incidenza delle "decisioni-quadro" sull'interpretazione in materia penale: profili di diritto sostanziale*, in Cassazione Penale, 2006, fasc. 3, p. 1150.

[25] Gli strumenti normativi europei si fondano e presuppongono un certo grado di indeterminatezza che puó variare a seconda del margine nazionale di apprezzamento riconosciuto dal singolo provvedimento alle autoritá nazionali. Sulla esigenza di precisare il contenuto delle norme punitive di matrice europea si scontrano due esigenze: la tassatività/precisione della norma penale e il concetto stesso di armonizzazione (perchè non diventi uniformizzazione). Gli Stati membri dovrebbero in ogni caso non solo incorporare la norma europea a livello interno, ma garantire il rispetto della legalità penale, anche perché quest'ultima é considerata principio generale anche del diritto comunitario.

[26] Cfr. Barberini, R., *Terrorismo e forze armate: si è consolidato un equivoco [Nota a sentenza] Sez. fer., 18/08/09(dep. 4/09/09), n. 34180*, Cassazione penale - 2010/10, 3416.

[27] Barberini, R., *Terrorismo e forze armate*, cit.

internazionale, e, sul piano soggettivo, presentare un *triplice dolo specifico* alternativo, consistente nella volontà di: a) intimidire la popolazione, o b) costringere i poteri pubblici o un'organizzazione internazionale a compiere od omettere un determinato atto, o c) destabilizzare o distruggere le strutture politiche fondamentali, costituzionali, economiche e sociali di un Paese o di un'organizzazione internazionale.

In forza della clausola di chiusura ("le altre condotte definite terroristiche o commesse con finalità di terrorismo da convenzioni o da altre norme di diritto internazionale vincolanti per l'Italia"), devono inoltre considerarsi terroristiche quelle definite tali da disposizioni sovranazionali vincolanti per il nostro Paese. Queste ultime, dunque, fondamentali già prima dell'introduzione di questa norma definitoria, assumono un ruolo decisivo nella fase di interpretazione ed applicazione della norma, che deve essere letta alla luce della lettera e dello scopo della normativa internazionale che ne ha ispirato l'introduzione nel nostro ordinamento, nonché dell'insieme degli strumenti normativi vincolanti per l'Italia.[28]

Nel quadro appena tratteggiato, l'introduzione di una definizione di terrorismo costituisce indubbiamente, oltre all'assimilazione della finalità eversiva in quella terroristica, la novità più rilevante per l'ordinamento italiano e su di essa vale la pena soffermarsi brevemente.

La definizione, per come viene configurata, non risolve infatti completamente il problema del difetto di determinatezza delle fattispecie scaturente dagli incerti confini che il concetto di terrorismo[29] continua a mantenere, soprattutto quando sulla finalità terroristica si concentra tutto il disvalore della condotta (è il caso del delitto associativo, da noi esaminato).

Da un lato, infatti, il riferimento alla "gravità" del danno sembra escludere una portata applicativa generalizzata, delineando sul piano oggettivo una soglia di rilevanza degli atti che pone un limite ad applicazioni meramente fondate su tipologie di autore.

Va inoltre segnalato che la definizione europea di terrorismo presenta alcuni tratti specifici, in quanto non si allinea completamente con gli altri strumenti internazionali. A differenza, infatti, delle definizioni di terrorismo contenute nelle Convenzioni Internazionali come, ad esempio, in quella delle Nazioni Unite contro il finanziamento del terrorismo del 1999. Come detto l'attuale definizione dell'art. 270-sexies c.p. è stata letteralmente mutuata dalla Decisione Quadro, che prevede, accanto al doppio dolo

---

[28] Cfr. F. Viganò, *Terrorismo di matrice islamico-fondamentalistica e art. 270 bis c.p. nella recente esperienza giurisprudenziale*, in *Cass. pen.*, 2007, p. 3961. Nella giurisprudenza cfr., ad esempio, Corte di Assise d'Appello di Milano, 28 novembre 2005, in *Rivista italiana di diritto e procedura penale*, 2006, p. 1097 ss.; Cass. pen., sez. I, , sez. I, 11 ottobre 2006, n. 1072, in *Cass. pen.*, 2007, p. 1462 ss.

[29] Parla di questa definizione come parzialmente in bianco e [...] insoddisfacente sotto il profilo della determinatezza Massimo Donini, *Il diritto penale di fronte al "nemico"*, in Cassazione penale, 2006, 735 ss.

specifico, previsto anche in altre fonti (v. *infra*), una terza finalità, letteralmente disgiunta, quella di *"destabilizzazione"* degli ordinamenti dei Paesi.

L'Italia, dunque avvalendosi del margine di autonomia riconosciuto agli Stati[30] ed intrinseco ad uno strumento di armonizzazione quale appunto una Decisione quadro, ha optato per estendere la tutela, ma anche e sopratutto, per ricopiarne la soluzione. Tale scelta può produrre esiti problematici perché, in base al combinato disposto dell'art. 270-sexies c.p. e dell'art. 270-*bis*, terzo comma c.p., possono essere puniti atti che non sarebbero così qualificabili in base alla normativa internazionale.

Un'associazione volta a sovvertire l'ordinamento di un qualsiasi Paese attraverso un'attività suscettibile di creare gravi danni alle strutture istituzionali dello stesso e a organizzare attentati contro gli esponenti del regime potrebbe essere ricompresa nell'area repressiva del nuovo testo, anche se quell'ordinamento è dittatoriale, oppressivo e nega elementari diritti ai suoi cittadini. Un esito paradossale che, tra l'altro, contraddice apertamente la condotta tenuta dagli Stati europei nelle crisi che hanno recentemente (2011) investito i Paesi del nord Africa e in particolare la Libia.

Se ne desume la necessità di superare, con uno sforzo ermeneutico che richiami la *ratio* della fattispecie e la sua coerenza sistematica, il dato letterale é di considerare la finalità di destabilizzazione come legata indissolubilmente alle altre finalità indicate. Sul punto la giurisprudenza non ha avuto ancora l'occasione di intervenire.

Tali considerazioni suggeriscono di accennare ad un ulteriore profilo riguardante — più in generale — l'esigenza di contestualizzazione — al momento della trasposizione a livello interno- di una norma, per sua natura imprecisa, contenuta in una Decisione quadro.[31] Affermare tale esigenza anche nel settore oggetto di indagine è, a nostro avviso, necessario, anche se poi risulta difficile indicare in che direzione dovrebbe andare questa contestualizzazione, vista la nota storia legislativa del reato in esame e la parziale difformità sul punto tra il diritto dell'Unione Europea e il diritto internazionale pattizio.

---

[30] Mireille Delmas Marty individua nel margine nazionale di apprezzamento il meccanismo per conciliare l'universalismo dei diritti umani con il relativismo delle singole tradizioni giuridiche nazionali, cfr. M. Delmas Marty, *Le relatif et l'universel, Les forces imaginantes du droit*, Seuil Paris, 2004, 406-408.

[31] Pare utile richiamare la sentenza della Corte di Giustizia sul mandato di arresto europeo: in tale pronuncia per salvare la lista positiva dalla censura di violazione di legalità i giudici fecero leva sull'affinamento che deve avvenire in sede di attuazione nazionale. Per i riferimenti giurisprudenziali e per un'analisi di questa giurisprudenza cfr. C. Sotis, *Il diritto senza codice*, cit., 197-203. L'esigenza di contestualizzazione puó dipendere anche da ragioni di un singolo paese (ad esempio l'esigenza di rispettare un principio molto importante a livello nazionale, ma non riconosciuto o non riconosciuto così importante a livello dell'unione Europea, come quello di offensività). In proposito e sulla sentenza *Omega*, fondamentale sul punto, ancora C. Sotis, *Il diritto senza codice*, cit., 18-27.

8 La giurisprudenza italiana in materia di terrorismo internazionale: analisi di alcuni profili problematici

Dopo questo breve *excursus* sulle modifiche legislative più rilevanti intervenute dopo il 2001 nell'ambito della normativa italiana di contrasto al terrorismo internazionale pare utile esaminare alcuni profili problematici che emergono dalla ricognizione della giurisprudenza italiana in materia. Non potendo qui analizzarli tutti, ci limiteremo a menzionare tre questioni, esemplificative delle difficoltà con cui devono confrontarsi i giudici: la configurabilità degli atti di terrorismo nel corso di un conflitto armato; i criteri elaborati a livello giudiziario per garantire una dimensione di concreta offensività alle fattispecie, volte ad arginare i rischi di punire condotte non lesive, infine, segnaleremo il ricorso alcune ad (allarmanti) tendenze giurisprudenziali in materia di accertamento probatorio.

8.1 La configurabilità dell'atto terroristico in tempo di guerra

Tra le difficoltà con cui hanno dovuto confrontarsi i giudici italiani nel perseguire atti di terrorismo internazionale merita di essere esaminata, seppur brevemente, quella riguardante la configurabilità della finalità terroristica durante un conflitto armato.

Molti sono gli aspetti problematici riguardanti il terrorismo in tempo di guerra.[32] Il conflitto bellico, a prescindere dall'essere a carattere interno o internazionale, restringe l'applicabilità del reato di terrorismo, poiché la violenza nei confronti delle persone e delle cose che contribuiscono all'azione militare appartengono alla fisiologia della guerra.[33]

In un contesto dunque differente in cui muta anche l'area del comportamento penalmente rilevante risulta di grande rilevanza la distinzione tra atti terroristici e guerriglia armata, messa in atto da movimenti di liberazione nazionale in un contesto di lotta per l'autodeterminazione, ma anche il contrasto nei confronti di una forza occupante il territorio del Paese da parte di forze resistenti militari o civili.

Su tale ultima questione la giurisprudenza italiana ha pronunciato alcune decisioni significative su cui vale la pena soffermarsi brevemente.

In primo luogo, va menzionata la vicenda giudiziaria, nota a livello internazionale, che si é aperta con una sentenza dell'Ufficio del Giudice

---

[32] Si vedano anche per ulteriori richiami bibliografici Barberini R., *Terrorismo e forze armate*, cit.; Della Morte G., *Sulla giurisprudenza italiana in tema di terrorismo internazionale*, in Rivista di diritto internazionale, 2009, fasc. 2, p. 443.

[33] In tali casi, inoltre, il giudice deve muoversi in un reticolo di fonti ancor piú complesso, composto da norme interne, europee ed internazionali, con particolare attenzione al diritto internazionale umanitario. Come noto, infatti, il nucleo del diritto umanitario é costituito dalle quattro Convenzioni di Ginevra del 1949 e dai due Protocolli addizionali del 1977.

per le Indagini Preliminari (la dott.ssa Forleo) del Tribunale di Milano,[34] confermata in Appello[35] e di cui la Corte di Cassazione ha poi disposto l'annullamento.

Nel caso di specie i giudici dovevano verificare se, ai sensi dell'art. 270-*bis* c.p., poteva essere qualificata come reato di terrorismo l'attività di associazioni internazionali di carattere paramilitare, rispetto alle quali alcune cellule indagate in Italia svolgevano un ruolo di supporto logistico, attraverso il reclutamento di combattenti, la raccolta di fondi e il reperimento di documenti falsi da inviare in Iraq mentre era in corso l'attacco da parte delle forze statunitensi del 2003.

Il ragionamento dei Giudici di legittimità si differenzia da quello seguito sia in primo che in secondo grado, che avevano optato per una nozione restrittiva di atto terroristico durante un conflitto armato escludendo il reato nel caso indicato. All'orientamento della Cassazione si é successivamente uniformata la sezione della Corte d'Assise d'Appello di Milano alla quale era stato disposto il rinvio, dopo l'annullamento delle precedenti sentenze.[36] Un orientamento che ha creato un indirizzo consolidato, seguito da altre sentenze anche di legittimità,[37] che si sono successivamente confrontate con la medesima questione.

La Cassazione, nella decisione citata, assumendo come testi di riferimento due fonti internazionali, fondamentali nell'apparato normativo antiterrorismo — la Convenzione internazionale di New York contro il finanziamento del terrorismo del 1999 e la Decisione quadro del

---

[34] Cfr. la sentenza dell'Ufficio Gip del Tribunale di Milano del 24 gennaio/21 aprile 2005, in Il Foro italiano, 2005, II, 219 ss.; per un commento cfr. Mantovani, M., *Brevi note in materia di terrorismo internazionale*, cit., p. 1374 ss. Il reato contestato era l'associazione con finalità di terrorismo anche internazionale, commesso a Milano fino al 2003. Gli imputati secondo l'accusa stavano preparando azioni terroristiche da attuarsi in Iraq nel quadro dell'intervento armato occidentale. I fatti erano precedenti all'introduzione dell'art. 270-*sexies*. Il giudice di Milano con giudizio abbreviato ha assolto gli imputati dall'accusa di partecipazione ad un'associazione con finalita di terrorismo internazionale ritenendo non provato che la cellula cui appartenevano avesse obiettivi diversi da quelli di guerriglia, attività che in un contesto bellico non potrebbe essere considerata terroristica a meno che non abbia come obiettivo la popolazione civile. L'interpretazione secondo il giudice era avallata dalla Convenzione ONU del '99 e dalla Decisione quadro UE. Cfr. Barberini, R., *Terrorismo e forze armate, cit.*, 3416. Tale pronuncia oltre che per la distinzione tra guerriglia e terrorismo risulta dunque assai interessante per l'ulteriore problematica riguardante la qualifica delle azioni suicide compiute contro dei contingenti militari stranieri.

[35] Cfr. la sentenza della Corte d'Assise d'Appello di Milano del 24 novembre 2005/15 febbraio 2006.

[36] Cfr. la sentenza della Corte di Cassazione, I sez., 11 ottobre 2006/17 gennaio 2007, n. 1072; e, infine, la sentenza della Corte di Assise d'Appello di Milano del 5 novembre 2007, in Rivista di diritto internazionale privato e processuale, 2008, fasc. 3, 775 ss., che ha condannato gli imputati per il delitto di cui all'art. 270-*bis* c.p.. Le difese avevano impugnato tale esito, ma la Suprema Corte ha dichiarato inammissibili tutti e tre i ricorsi, cosí rendendo definitive le condanne. Cass. Pen., 11 giugno 2008, n. 31389, pubblicata in Cassazione penale, 2009, fasc. 6, p. 2370 ss.

[37] Si veda, ad esempio, Cassazione penale, 18/08/2009, n. 34180, sez. Feriali, con nota di commento di Barberini, R., cit.

2002[38] — cerca di tracciare i confini tra attività di terrorismo e guerriglia. I Giudici innanzi tutto affermano la compatibilità dell'attività terroristica con il conflitto armato (e dunque l'applicabilità della normativa anche ai contesti bellici). In secondo luogo, individuano come elemento discriminante la qualità della vittima dell'attacco: solo se si tratta di un civile o di una persona che non é parte attiva nel conflitto potrà configurarsi il reato di terrorismo, ammettendo che possa rilevare anche un attacco ai militari, se per la natura, mezzi e contesto risulta produttivo di gravi danni anche alla popolazione civile.[39]

La decisione supera l'esistenza nell'introduzione alla decisione quadro europea (2002/475/Gai) di un "considerando", che espressamente esclude dalla nozione di terrorismo "l'attività delle forze armate in tempi di conflitto armato", mutuando una valutazione più ampia della nozione di terrorismo dalla Convenzione del 1999 sul finanziamento del terrorismo. Un richiamo reso possibile dal fatto che la definizione più volte richiamata dell'art. 270-sexies c.p. fa espresso rinvio anche alle Convenzioni internazionali alle quali lo Stato Italiano abbia aderito.

---

[38] Il ricorso a fonti internazionali per interpretare requisiti le fattispecie di terrorismo é frequente da parte dei giudici italiani, si veda: Corte di Assise, Milano 9 maggio 2005 (pres. ed est. Cerqua), imp. Bouyahia Hammadi e a., cit., p. 821; Corte di Assise di Milano, 1 febbraio 2007, R. e a., *Corriere di merito*, 2007, p. 630 ss.; Cass. pen., Sezione V, 18 luglio 2008, n. 75; Cass. Pen., Sezione I, 11 ottobre 2006, cit.. Cfr. F. Viganó, *Il giudice penale e l'interpretazione conforme alle norme sopranazionali*, in P. Corso — E. Zanetti (dir.), *Studi in onore di Mario Pisani*, La Tribuna, 2010, p. 617; Barberini, R., *Terrorismo e forze armate*, cit., 3416; G. Salvini, *L'associazione finalizzata al terrorismo internazionale: problemi di definizione e prova della finalità terroristica*, cit., p. 3375 ss.; L. Cerqua, *La nozione di "condotte con finalità di terrorismo" secondo le fonti internazionali e la normativa interna*, in De Maglie C. - Seminara S. (dir.), *Terrorismo internazionale e diritto penale*, Cedam, Padova, 2007, p. 94 ss.

[39] *"Il riferimento alle situazioni di conflitto armato — presente nella convenzione del 1999 e, per contro, assente nella Decisione Quadro — rivela la duplicità della disciplina delle condotte terroristiche e la necessità di differenziarne il regime giuridico in relazione all'identità dei soggetti attivi e delle vittime, nel senso che deve applicarsi la normativa del diritto internazionale umanitario ovvero quella comune a seconda che i fatti siano compiuti da soggetti muniti della qualità di "combattenti" e siano destinati contro civili o contro persone non impegnate attivamente nelle ostilità. Ne segue che, mutando tali requisiti soggettivi, gli atti di terrorismo risultano inquadrabili nella categoria dei crimini di guerra ovvero in quella dei crimini contro l'umanità".* Cass. Pen., I sez., 11 ottobre 2006, n. 1072, cit.. I giudici, pertanto, pur menzionando anche la Decisione Quadro (in quanto contenente un elenco assai dettagliato di reati che gli Stati si impegnano a considerare come terroristici), assumono tuttavia come fonte principale per il proprio ragionamento la Convenzione internazionale contro il finanziamento del terrorismo; per alcuni spunti critici su un utilizzo generale di tale testo settoriale per estendere la punibilità Kolb R., *The Exercise of criminal jurisdiction over international terrorists*, in A. Bianchi (ed.), *Enforcing international law norms against terrorism*, Hart Publishing, 2004, 233 ss. Secondo tale sentenza, dunque, devono considerarsi atti a finalità terroristica, alla luce degli strumenti internazionali, non solo gli atti di violenza che hanno i civili come obiettivo diretto o esclusivo, ma anche quelli in grado di recare danni a civili.

9 L'art. 270 *bis* c.p. come reato di pericolo: i tentativi della giurisprudenza per una interpretazione costituzionalmente orientata

Una ulteriore tematica trattata dalla giurisprudenza italiana concerne l'individuazione di una soglia sulla quale misurare l'anticipazione della punibilità nel delitto di associazione eversiva e terroristica, figura criminosa la cui punibilità ha ad oggetto attivitá preparatorie in ragione della necessità di perseguire comportamenti prodromici l'esecuzione degli atti violenti.

La figura delittuosa prevista dall'art. 270-*bis* c.p. contempla, infatti, una condotta associativa con la previsione di un doppio dolo specifico, la finalità mediata di terrorismo o di eversione e il fine immediato del compimento di atti di violenza, indirizzati contro persone o cose, che fungono da mezzo rispetto all'obiettivo. La fattispecie risulta dunque fortemente sbilanciata in favore di elementi di natura prettamente soggettiva in una materia di per sé costituzionalmente protetta dall'art. 18 Cost. che garantisce la libertà di associazione, in particolare di quella avente fini politici.

Dinanzi all'arretramento della soglia di punibilità, sia la dottrina, sia la giurisprudenza (con un orientamento consolidato) hanno cercato di individuare dei validi criteri per permettere una verifica concreta degli elementi di pericolosità degli atti di volta in volta posti in essere.

E' stato così ribadito che una lettura costituzionalmente orientata, che assicuri nel contempo maggiore aderenza al principio di offensività,[40] deve condurre a "un'interpretazione rigorosa dell'accertamento degli elementi costitutivi del reato, che potrà impedire sconfinamenti in ambiti costituzionalmente tutelati, attraendo nell'area dell'illecito penale condotte ed azioni espressive di eversione o di contestazione dell'ordine democratico non collegate a metodi violenti".[41]

In linea con una esigenza di lesività in concreto delle condotte associative in esame, la giurisprudenza ha considerato come requisito necessario, ai fini dell'integrazione di questo reato, l'esistenza di un *serio, concreto* ed *attuale* programma criminoso dell'associazione, che vada oltre la mera condivisione ideologica,[42] dovendo essere il riflesso oggettivo del dolo specifico immediato costituito dall'obiettivo di commissione di atti violenti.[43]

---

[40] Tale principio basico dovrebbe costituire la struttura portante della concezione costituzionalmente orientata del reato.

[41] Cosí la Corte di Cassazione, Sezione VI, 8 maggio 2009, n. 25863/2009.

[42] Sulle condotte irrilevanti a sèguito di tale approccio cfr. F. Viganó, *Terrorismo di matrice islamico-fondamentalistica e art. 270-bis c.p. nella recente esperienza giurisprudenziale*, cit., p. 3969.

[43] Cfr., ad esempio, la sentenza della Corte cost., n. 15 del 1 febbraio 1982 o, nella stessa direzione, le decisioni della Corte di Cassazione. Tra le sentenze post 2001 cfr. Cass. Pen., Sezione I, 11 ottobre 2006, n. 1072, cit.; Cass. Pen., Sezione I, 10 luglio 2007, n. 34989.

L'idoneità in concreto esclude pertanto dall'area dei comportamenti punibili quelle organizzazioni che, per scarsità di mezzi o assoluta sproporzione di intenti, non siano in grado di raggiungere gli obiettivi terroristici o eversivi pur ideologicamente declamati.

Come affermato dalla Cassazione, pur non richiedendosi la realizzazione dei reati oggetto del programma criminoso (violento a scopo terroristico o eversivo) in nome dell'autonomia del reato associativo, occorre l'esistenza — e ovviamente la relativa completa dimostrazione probatoria — sia di un programma, concreto e attuale, di atti di violenza a fini terrorismo o di eversione dell'ordine democratico, sia di un'associazione che abbia una struttura organizzativa, per quanto elementare, dotata del carattere di stabilità e permanenza e che presenti un grado di effettività tale da rendere possibile l'attuazione di tale programma.

La valutazione legale di pericolosità viene correlata all'esistenza di una struttura organizzativa idonea al compimento di una serie indeterminata di reati per la cui realizzazione l'associazione si è costituita.[44]

Una ricostruzione, dunque, che sfugge ad una nozione astratta di pericolo presunto e richiama la necessità che il proposito di commissione degli atti di violenza richiamati dal dolo specifico della fattispecie sia connotato da concretezza e attualità.[45] La barriera del requisito della offensività deve essere valutata in maniera rigorosa dal giudice (tramite l'accertamento del carattere stabile dell'organizzazione e l'esistenza di un programma criminoso).[46]

10 L'accertamento della finalità di terrorismo o di eversione dell'associazione: le scorciatoie probatorie elaborate dalla giurisprudenza

Per concludere questa breve rassegna é importante menzionare un ulteriore aspetto riguardante le modalità di accertamento del delitto.

Come già anticipato le nuove fenomenologie terroristiche presentano meccanismi operativi, schemi di struttura associativa e modalità di comunicazione molto diversi da quelle tradizionali.[47] Tale fisionomia si ripercuote, ovviamente, anche sul piano giudiziario e, in particolare, sulla

---

[44] Cosí la Corte di Cassazione, n. 25863/2009, cit., che richiamando altre decisioni ribadisce che puó anche trattarsi di una organizzazione con carattere rudimentale seppure coi caratteri di stabilitá e operante funzionalmente secondo i fini prefissati.

[45] Cass. Pen., Sezione VI, n. 20146/2010, cit., che rimanda ad altri precedenti.

[46] Come dimostra la soluzione a cui sono pervenuti i giudici nella giá citata pronuncia Corte di Cassazione, n. 25863/2009, cit.

[47] Come sottolinea G. Insolera, *Reati associativi, delitto politico e terrorismo globale*, Diritto penale e processo, 2004, p. 1328.

raccolta degli elementi probatori da parte dei giudici in relazione al dolo specifico previsto dall'art. 270 *bis* c.p.. Basti pensare, a tale riguardo, che le organizzazioni criminali hanno perso ogni legame e connotazione territoriale e che spesso un organismo giurisdizionale italiano deve valutare la rilevanza penale di organizzazioni operanti sul piano internazionale, che localizzano le proprie attività in territori lontani geograficamente e culturalmente rispetto al nostro Paese. I giudici, dunque, sono sprovvisti di quegli elementi conoscitivi sedimentati, che potrebbero, invece, vantare rispetto al terrorismo interno o alla criminalità mafiosa, e che agevolano, attraverso il richiamo a massime d'esperienza consolidate, l'accertamento probatorio.[48]

Per tale ragione gli organi inquirenti hanno fatto ricorso a strumenti in grado di semplificare la raccolta delle prove in relazione a cellule terroristiche di (mero) supporto.

Due le tecniche principali: considerare come rilevanti a fini probatori da un lato l'inserimento del nominativo di un individuo o di un'organizzazione nelle c.d. "liste nere" (*black lists*) redatte a livello internazionale ed europeo per predisporre nei confronti dei soggetti (privati o organizzazioni) ivi individuati sanzioni e misure restrittive[49] e, dall'altro, il richiamo alla categoria del cd. "fatto notorio", interpretato in una accezione ampia e, come si vedrà, non esente da derive pericolose.

10.1 Le "black lists"

Anche l'ordinamento italiano si é obbligato a seguire le indicazioni provenienti dagli organismi internazionali ed europei secondo cui alcuni

---

[48] Cfr. E. Aprile, *270 sexies c.p.*, in G. Lattanzi, E. Lupo, *Codice penale. Rassegna di giurisprudenza e di dottrina, cit.*, p. 254.

[49] La predisposizione delle liste dei privati e delle organizzazioni destinatarie di tali sanzioni in quanto sospettate di supportare o praticare atti di terrorismo va ricavata da un complesso reticolo di fonti internazionali e nazionali. Sul sistema del listing e sulle piú recenti modifiche tanto nell'ordinamento internazionale quanto in quello europeo introdotte al fine di rafforzare le garanzie applicabili ai destinatari delle misure cfr. anche per ulteriori richiami, F. Salerno (dir.), *Sanzioni "individuali" del Consiglio di Sicurezza e garanzie processuali fondamentali*, Cedam, Padova, 2010; I. Ingravallo, *L'attuazione in Italia delle "liste" anti-terrorismo e la loro rilevanza nel processo penale*, in *Diritti umani e diritto internazionale*, Fasc. 3, 2008, 561-580; A. Ciampi, *Sanzioni del Consiglio di sicurezza e diritti umani*, Milano, 2007, 448-451; F. Viganò, *Terrorismo islamico di matrice islamico-fondamentalista e art. 270-bis cod. pen. nella recente esperienza giurisprudenziale*, in *Cassazione penale*, 2007, 3361-3368; A. Pioletti, *L'Onu e la lista nera dei gruppi armati: gli effetti previsti nei processi italiani*, in Diritto e Giustizia, 2006, fasc. 4, p. 117 ss.; G. Armone, *(In tema di listing)*, (Nota a TRIB. CE sez. VII 4 dicembre 2008 (causa T-284/08); TRIB. CE sez. VII 23 ottobre 2008 (causa T-256/07)) *in* Il Foro Italiano, 2009, fasc. 6, p. 299-301, pt. 4L; sui rischi di non prevedere una verifica giurisdizionale su richiesta del destinatario del provvedimento di inclusione nelle liste cfr. E., Rosi, *Terrorismo internazionale: anticipazione della tutela penale e garanzie giurisdizionali*, in Diritto penale e processo, 2008, n. 4, IPSOA, p. 455; L. D'Ambrosio, *Terrorismo internazionale, black lists e tutela dei diritti fondamentali: l' impossibile quadratura del cerchio?*, in Meccarelli, Palchetti, Sotis (dir.), *Paradigmi dell 'eccezione e ordine giuridico. Regole, garanzie e si curezza (obiettivi?) di f ronte al terrori smo internazionale.*

soggetti possono, sulla sola base dell'inserimento in una lista nera, vedersi imporre misure restrittive individuali. Ora, l'inserimento in queste liste nere, con la conseguente sostituzione dell'accertamento giudiziale con indicazioni provenienti dai Governi dei vari Paesi, sul piano politico-criminale, come altre scelte, attuate a livello internazionale per contrastare il terrorismo, sono tra i tratti più significativi della nuova legislazione antiterrorismo.[50]

Con riferimento alla giurisprudenza italiana, va segnalato che gli organi dell'accusa hanno, in alcuni processi, non solo ritenuto pacifico l'utilizzo in chiave indiziaria di tali liste, ma hanno riconosciuto a queste ultime valore probatorio al fine di ricondurre alle organizzazioni terroristiche i membri che si trovavano a giudicare.[51]

Tale tendenza non ha trovato però accoglimento pieno da parte della giurisprudenza.

La semplice presenza in una lista non é motivo sufficiente per considerare terroristica un'associazione, riducendo la funzione giurisdizionale ad essere ancillare alla scelta amministrativa.[52] Secondo la Corte di Cassazione, l'inserimento delle liste non può avere valore probatorio ed anzi "Il giudizio sulle caratteristiche e finalità di una organizzazione non può essere affidato a elenchi di formazioni ritenute terroristiche elaborati, per l'applicazione di misure di prevenzione, da governi di singoli Stati o da organismi internazionali, posto che ciò introdurrebbe nel sistema una sorta di anomala "prova legale" e trasformerebbe l'art. 270-*bis* codice penale in una norma penale in bianco, con evidente violazione dei principi di legalità e di separazione dei poteri".[53]

Tale approccio impone che "la prova della finalità di terrorismo deve necessariamente formarsi secondo le regole di utilizzabilità e di valutazione probatoria prescritte dalla legge processuale".[54]

---

[50] La constatazione che la disciplina si articola — anche con alcune differenze- su piú livelli, suggerisce di segnalare l'importante ruolo giocato dalle istituzioni comunitarie ed in particolare dalla Corte di Giustizia (in dialogo con la Corte Europea di diritti umani) nella difesa dei diritti fondamentali, secondo cui le decisioni di *listing* e di conseguente congelamento dei fondi adottate a livello comunitario nei confronti di soggetti sospettati di collegamenti con il terrorismo internazionale, devono rispettare il diritto di difesa, il diritto di un'effettiva tutela giurisdizionale che implica l'obbligo di motivazione. cfr. C. Sotis, *Convenzione europea dei diritti dell'uomo e diritto comunitario*, in *La Convenzione europea dei diritti dell'uomo nell'ordinamento penale italiano*, V. Manes – V. Zagrebelsky (dir.), Giuffrè, Milano, 2011, p. 125.

[51] Si veda ad esempio, l'ordinanza del Tribunale di Brescia, Ufficio Gip, 31 gennaio 2005.

[52] Nonostante una prima apertura dimostrata nella sentenza del 9 febbraio 2005 Cass. Pen., sez. II, n. 10450, pubblicata in Diritto e Giustizia, 2005, fasc. 20, p. 77 ss.

[53] Cass. Pen., Sez. I, 15 giugno 2006, n. 30824; su alcune prese di posizione in questo senso, anche precedenti, cfr. C. Preziuso, *Tesi*, cit., p. 101.

[54] Cfr. Sez. I, 11 ottobre 2006, n. 1072, in *C.E.D. Cass.*, n. 235288, annotata da Rosi, E., *Terrorismo internazionale: anticipazione della tutela penale e garanzie giurisdizionali*, in *Diritto penale e processo*, 2008, p. 446.

In tal modo la Corte di Cassazione, secondo una interpretazione condivisibile, non consente una integrazione del precetto penale mediante il semplice rinvio a un documento dell'esecutivo, poiché verrebbe in tal modo violato il fondamentale principio di legalità.[55] Viene in tal senso riproposta una tradizionale accezione garantista del principio di riserva di legge, interpretato in modo restrittivo rispetto alla divisione dei poteri costituzionali e a garanzia di ingerenze dell'esecutivo.

10.2 Il ricorso ad una interpretazione ampia di "fatto notorio" e alle consulenze storiche

La inadeguatezza degli strumenti cognitivi tradizionali di fronte alla dimensione planetaria dell'attività terroristica emerge anche da un ulteriore profilo, riguardante anch'esso il momento ricostruttivo della prova in questa materia.

Ci riferiamo a quella giurisprudenza che, in linea con le esigenze di difesa sociale da fenomeni di terrorismo internazionale, invita il giudice ad utilizzare la categoria del "fatto notorio", per superare le difficoltà ricostruttive del fatto, prosciugando in tal modo di significato anche il contraddittorio delle parti.[56]

Molto rilevante in proposito una sentenza della Corte di Cassazione del 2005,[57] in cui dopo aver ribadito la formula stereotipa per la quale "sono fatti notori quelli che, in quanto conosciuti dalla generalità dei cittadini, devono ritenersi conosciuti anche dal giudice senza necessità di uno specifico accertamento"[58] si è ricondotta a tale categoria l'individuazione come terroristica di una organizzazione operante in territorio diverso da quello italiano.

In questo caso particolare i Giudici di legittimità riconducono a tale nozione la storia recente dell' Algeria, poiché — a differenza di quanto ritenuto dal Giudice di merito — si sottolinea come il fatto notorio "nell'odierna società sempre più integrata e transnazionale, non può essere valutato in un ristretto ambito locale, poiché in tal modo il giudice, di fronte a vicende che coinvolgono il nostro ed altri Paesi, finisce ineluttabilmente col pervenire ad un sostanziale, 'non liquet', rifiutandosi di considerare

---

[55] Così C. Preziuso, *Tesi*, cit., p. 102.

[56] Su tale profilo cfr. Olivieri del Castillo R., *Lotta al terrorismo: garanzie a rischio se si amplia il concetto di fatto notorio*, in Diritto e Giustizia, 2005, fasc. 20, 77.

[57] Cass. Pen., sez. II, 9 febbraio 2005, n. 10450, in Diritto e Giustizia, 2005, fasc. 20, 77 ss., citata anche in una sentenza successiva rilevante per la nozione di fatto notorio: cfr. Cass. Pen., Sez. VI, n. 33425/2009.

[58] Viene qui richiamata una decisione precedente: Cass. Pen., sez. I, 23 settembre 1987, n. 9998, reperibile su C.E.D. Cass., rv n. 176703.

fatti anche eclatanti che, per la loro rilevanza, sono da ritenere di comune conoscenza".[59]

La possibilità per gli interpreti di qualificare come notori fatti che coinvolgono altri Paesi é stata confermata anche successivamente dalla Cassazione.[60]

Tali percorsi esprimono le (già accennate) difficoltà dei giudici di conoscenza e comprensione di scenari culturali e storici molto lontani dai nostri. Tuttavia il giudice, seppure di fronte a questo paesaggio nuovo e altamente complesso, non dovrebbe ricorrere a queste semplificazioni, assai rischiose, specie se la categoria di „fatto notorio" viene dilatata oltre i confini — rigorosi — entro cui dovrebbe restare. Tali opzioni, infatti e soprattutto nella materia qui esaminata, portano con sé il rischio di violare principi fondamentali del processo penale, come la necessità che le acquisizioni probatorie rimangano all'interno del contraddittorio dibattimentale.

Diversamente accade che più prudentemente il giudice faccia ricorso a consulenze storiche per dirimere i dubbi insorti durante l'accertamento:[61] strumento quanto mai delicato perché comporta il pieno affidamento a uno strumento la cui opinabilità appartiene ai paradigmi di quella scienza umana.

11 Rilievi conclusivi

Il quadro complessivo che emerge dall'analisi degli strumenti antiterrorismo adottati dall'ordinamento italiano delinea una sostanziale *continuitá* da un punto di vista ordinamentale tra prima e seconda fase (pre e post 2001): l'utilizzazione degli strumenti non muta segno (l'espansione del momento preventivo, anche con l'introduzione di nuovi delitti associativi e a consumazione anticipata, l'introduzione di un regime speciale a livello processuale e per l'esecuzione anche con carceri di massima sicurezza, alla quale fa da contraltare un sistema premiale per chi collabora processualmente e si dissocia). Dalla fine degli anni '90 compaiono forme di detenzione amministrativa per i fenomeni di immigrazione e, più in generale, un regime amministrativo e penale per lo straniero che spesso incrocia le problematiche esaminate, stante la tipologia di nuovi autori dei delitti indicati, incentivando le espulsioni amministrative come misura di prevenzione. Anche i fatti eclatanti del 2001 e i successivi sanguinosi attentati di Madrid e di Londra non hanno comportato — almeno formalmente — l'introduzione di una

---

[59] Cass. Pen., sez. II, 9 febbraio 2005, n. 10450, cit.

[60] Cfr. anche per le importanti differenze rispetto alla sentenza del 2005, la seguente decisione: Cass. Pen., Sezione I, 11 ottobre 2006, n. 1072, cit.

[61] Tra le altre, cfr. Tribunale di Napoli, 22 ottobre 2001, inedita, riguardante il significato della guerriglia dei Tamil per l'indipendenza dello Sri-Lanka.

sospensione della garanzia giurisdizionale, né l'introduzione di istituti che apertamente contraddicono le principali garanzie.

Quello che muta radicalmente di segno sono i fenomeni ai quali le normative dovrebbero essere applicate e ciò determina una mutamento della morfologia degli istituti, specie se la valutazione attiene al momento applicativo e alle torsioni che conseguono al momento dell'accertamento. Abbiamo menzionato sopra alcuni istituti sui quali si profila l'emersione della frattura (*black lists* e fatto notorio), ma si tratta della punta di un *iceberg* rispetto alle mutazioni alle quali va incontro la giurisdizione che si esercita sul terreno universale, quando fatti prodromici a delitti di terrorismo si siano anche solo in parte realizzati nel territorio italiano (questo il criterio sul quale si radica l'esercizio dell'azione penale).

Lo iato inevitabile tra gli strumenti di accertamento — la formazione della prova avviene comunque nel contraddittorio orale del dibattimento — e la complessità delle questioni sottese rende inevitabile l'utilizzazione di scorciatoie per semplificare l'acquisizione dei dati e renderli fruibili ad operatori (pubblici ministeri, avvocati e giudici), che non hanno strumenti conoscitivi e culturali adeguati. Viene conseguentemente incentivato un accertamento sommario nel quale predomina la proposta ricostruttiva che emerge nei rapporti di polizia finendo per annichilire l'autonomia della funzione e creando guasti culturali inevitabili che si espandono anche in settori diversi da quello specificatamente esaminato. La relativa sporadicità dei processi in materia ha, tuttavia, fino ad oggi contenuto la tendenza indicata.

Bibliografia

C. Albanello, *Misure urgenti per la tutela dell'ordine democratico e della sicurezza pubblica*, in Giurisprudenza di merito, Milano 1981, I, p. 276 ss.

G. Armone, (*In tema di listing),* (Nota a TRIB. CE sez. VII 4 dicembre 2008 (causa T-284/08); TRIB. CE sez. VII 23 ottobre 2008 (causa T-256/07)) in Il Foro Italiano, 2009, fasc. 6, p. 299-301, pt. 4L

AA.VV., Libro bianco sulla legge Reale, a cura del Centro di iniziativa Luca Rossi, Milano, 1990.

A. Barazzetta, *Artt. 414-421*, in Dolcini-Marinucci (a cura di), Codice penale commentato, II, Ipsoa, 2011, p. 4156 ss.

R. Barberini, *Terrorismo e forze armate: si è consolidato un equivoco[Nota a sentenza] Sez. fer., 18/08/09(dep. 4/09/09), n. 34180*, Cassazione penale – 2010/10, 3416.

G. Bianconi, *Eseguendo la sentenza. Roma, 1978. Dietro le quinte del sequestro Moro*, Einaudi, Torino, 2007.

A. Cadoppi, S. Canestrari, A. Manna, M. Papa, (dir.), *Trattato di diritto penale- Parte speciale*, v. 1, Utet, Torino, 2008.

A. Centonze, *Criminalitá organizzata e reati transnazionali*, Giuffré, Milano, 2008.

L. Cerqua, *La nozione di "condotte con finalità di terrorismo" secondo le fonti internazionali e la normativa interna*, in De Maglie C. – Seminara S. (dir.), *Terrorismo internazionale e diritto penale*, Cedam, Padova, 2007, p. 94 ss.

A. Ciampi, S*anzioni del Consiglio di sicurezza e diritti umani*, Milano, 2007, 448-451.

L. D'Ambrosio, *Terrorismo internazionale, black lists e tutela dei diritti fondamentali: l'impossibile quadratura del cerchio?*, in Meccarelli, Palchetti, Sotis (dir.), *Paradigmi dell'eccezione e ordine giuridico. Regole, garanzie e si curezza (obiettivi?) difronte al terrorismo internazionale.*

G. A. De Francesco, in Legislazione Penale, 1981, p. 36 ss.

G. Della Morte, *Sulla giurisprudenza italiana in tema di terrorismo internazionale*, in Rivista di diritto internazionale, 2009, fasc. 2, p. 443.

M. Delmas Marty, *Le relatif et l'universel, Les forces imaginantes du droit*, Seuil Paris, 2004.

G. De Luna, *Le ragioni di un decennio. 1969-1979*. Militanza, violenza, sconfitta, memoria, Feltrinelli, Milano, 2011.

M. Donini, *Il diritto penale di fronte al "nemico"*, in Cassazione penale, 2006, 735 ss.

L. Ferrajoli, *Delitto politico, ragion di Stato e Stato di diritto*, in AA.VV., Il delitto politico dalla fine dell'Ottocento ai giorni nostri, Sapere 2000, Roma, 1984, p. 123-153.

S. Flamigni, *Il covo di Stato, via gradoli 96 e il delitto Moro*, Milano Kaos Edizioni, 1999.

G. Flora, *Profili penali del terrorismo internazionale: tra delirio di onnipotenza e sindrome di autocastrazione*, Rivista italiana di diritto e procedura penale, 2008, 62.

G. Frigo, *Per uscire dall'impasse del codice penale il soccorso della decisione quadro europea*, in Gdir, 2005, 6, p. 88.

C. Galli, *Spazi politici. L'età moderna e l'età globale*, Bologna, Il Mulino, 2001.

G. Galli, *Piombo rosso. La storia completa della lotta armata in Italia dal 1970 a oggi* , Baldini Castoldi Dalai Editore, 2004.

G. Galli, *Il partito armato. Gli anni di piombo in Italia, 1968-1986*, Milano, Kaos Edizioni, 1993.

E. Gallo, *Delitti aggravati dall'evento e delitti di attentato*, Giur. it.,1990, parte IV p. 409.

E. Gallo, *Il principio di idoneità' nel delitto di pubblica istigazione*, Dir. pen. e processo, 1996, parte I, p. 1514.

A. Gamberini, *Gli strumenti penali di contrasto al terrorismo internazionale: alcuni interrogativi sulla tecnica e sull'oggetto di tutela della nuova fattispecie di cui all'art. 270-bis c.p.*, in Critica del Diritto, 2004, p. 69.

A. Gamberini, C. Preziuso, *La capacità espansiva della definizione di terrorismo, fra violenza in tempo di guerra ed atti eversivi*, in Il Foro Italiano, 2008, fasc. 1, II, 44 ss.

A. Gamberini, R. Orlandi, *Delitto politico e diritto penale del nemico. Considerazioni introduttive*, in AA.VV. *Delitto politico e diritto penale del nemico*, Bologna, Monduzzi, 2007, p. 9 ss.

M. Gotor, *Il memoriale della prigionia*, Einaudi, Torino, 2011.

I. Ingravallo, *L'attuazione in Italia delle "liste" anti-terrorismo e la loro rilevanza nel processo penale*, in *Diritti umani e diritto internazionale*, Fasc. 3, 2008, 561-580.

G. Insolera, *Reati associativi, delitto politico e terrorismo globale*, Diritto penale e processo, 2004, p. 1328.

R. Kolb, *The Exercise of criminal jurisdiction over international terrorists*, in A. Bianchi (ed.), *Enforcing international law norms against terrorism*, Hart Publishing, 2004, 233 ss.

G. Lattanzi, E. Lupo, *Codice penale. Rassegna di giurisprudenza e di dottrina. v. VI I delitti contro la personalitá dello Stato Libro II Artt.* 243- 313, a cura di E. Aprile, G. Ariolli, F. Nuzzo, Milano, Giuffré, 2010.

L. Manconi, *Terroristi italiani*, Rizzoli, Milano, 2008.

V. Manes, *L'incidenza delle "decisioni-quadro" sull'interpretazione in materia penale: profili di diritto sostanziale*, in Cassazione Penale, 2006, fasc. 3, p. 1150.

M. Mantovani, *Le condotte con finalità di terrorismo in Contrasto al terrorismo interno e internazionale*, Kostoris- R. Orlandi (dir.), Giappichelli, Torino, 2006, 28.

M. Mantovani, *Brevi note in materia di terrorismo internazionale, in Giur. merito*, 2005, 1373-75

A. Moro (a cura di M. Gotor), *Lettere dalla prigionia*, Einaudi, Torino, 2008.

R. Olivieri del Castillo, *Lotta al terrorismo: garanzie a rischio se si amplia il concetto di fatto notorio*, in Diritto e Giustizia, 2005, fasc. 20, 77.

T. Padovani, *La soave inquisizione. Osservazioni e rilievi a proposito delle nuove ipotesi di ravvedimento*, Rivista italiana di diritto e procedura penale, 1981, 529 ss.

G. Pansa, *L'utopia armata*, Sperling & Kupfer, 2006.

G. Panvini, *Ordine nero, guerriglia rossa*, Einaudi, Torino, 2009.

C. Pavarani, *Delitti di associazione politica*, in A. Cadoppi- S. Canestrari- A. Manna-M. Papa, *Trattato di diritto penale, parte speciale – v. I*, Utet, Torino, 2008, 119 ss.

A. Pioletti, *L'Onu e la lista nera dei gruppi armati: gli effetti previsti nei processi italiani*, in Diritto e Giustizia, 2006, fasc. 4, p. 117 ss.

C. Preziuso, *Profili problematici del delitto di associazione con finalitá di terrorismo anche internazionale o di eversione dell'ordine democratico*, Tesi di dottorato in diritto e processo penale, XXI ciclo, Bologna.

Reitano, *Le misure di contrasto al terrorismo internazionale tra Unione europea e normativa italiana di adattamento*, in Indice penale, 2004, p. 1173 ss.

E. Rosi, Terroismo internazionale e anticipazione della tutela penale e garanzie giurisdizionali, in Diritto penale e processo, 2008, n. 4, IPSOA, p. 455.

F. Salerno (dir.), *Sanzioni "individuali" del Consiglio di Sicurezza e garanzie processuali fondamentali*, Cedam, Padova, 2010.

G. Salvini, *L'associazione finalizzata al terrorismo internazionale: problemi di definizione e prova della finalità terroristica*, in Cassazione penale, 2006, fasc. 10, p. 3366 ss.

L. Sciascia, *L'affaire Moro*, Adelphi, Torino, 1994.

C. Sotis, *Il diritto senza codice. Uno studio sul sistema europeo vigente*, Giuffré, Milano, 2007, p. 99 ss.

C. Sotis, *Convenzione europea dei diritti dell'uomo e diritto comunitario*, in *La Convenzione europea dei diritti dell'uomo nell'ordinamento penale italiano*, V. Manes – V. Zagrebelsky (dir.), Giuffrè, Milano, 2011, p. 125

A. Valsecchi, *Il problema della definizione di terrorismo*, in Rivista italiana di diritto e procedura penale 2004, p. 1146 e ss.

A. Valsecchi, *Misure urgenti per il contrasto del terrorismo internazionale. Brevi osservazioni di diritto penale sostanziale*, in Diritto penale e processo, 2005, fasc. 10, p. 1222 ss.

A. Valsecchi, *sub Artt. 270 quater, 270 quinquies, 270 sexies*, in E. Dolcini, G. Marinucci (a cura di), *Codice penale commentato*, II ed., Milano, 2006.

A. Valsecchi, *La definizione di terrorismo dopo l'introduzione del nuovo art. 270-sexies c.p.*, in Rivista italiana di diritto e procedura penale, 2006, p. 1103 ss.

A. Valsecchi, *Brevi osservazioni di diritto penale sostanziale*, in Dir. pen.proc., 2010, 1222 ss.

F. Viganó, *Terrorismo di matrice islamico-fondamentalistica e art. 270 c.p. nella recente esperienza giurisprudenziale*, in Cassazione penale, 2007, fasc. 10, p. 3953 ss.

F. Viganó, *Il giudice penale e l'interpretazione conforme alle norme sopranazionali*, in P. Corso – E. Zanetti (dir.), *Studi in onore di Mario Pisani*, La Tribuna, 2010, p. 617.

A. Ventura, *Per una storia del terrorismo italiano*, Donzelli, Roma, 2010.

Informação bibliográfica deste texto, conforme a NBR 6023:2002 da Associação Brasileira de Normas Técnicas (ABNT):

GAMBERINI, Alessandro; FRONZA, Emanuela. La disciplina dei fenomeni terroristici in Italia: spunti di riflessione tra vecchi strumenti e nuovi conflitti. *In*: FERNANDES, Antonio Scarance; ZILLI, Marcos. (Coord.). *Terrorismo e justiça penal*: reflexões sobre a eficiência e o garantismo. Belo Horizonte: Fórum, 2014. p. 243-271. ISBN 978-85-7700-844-5.

CAPÍTULO 9

ASPECTOS PENAIS DO TERRORISMO NA ALEMANHA
UMA BREVE INTRODUÇÃO

DAVI DE PAIVA COSTA TANGERINO

1 Considerações introdutórias

Em que pese o renascimento do assunto terrorismo detonado pela colisão das aeronaves com as torres gêmeas em Nova Iorque, no fatídico 11 de setembro de 2001, os alemães vivenciaram, na década de 1970, preocupação concreta com atividades terroristas, em especial com a segunda geração da *Rote Armee Fraktion* (RAF) [Fração do Exército Vermelho], mais popularmente conhecida como Grupo Baader-Meinhof (PERRON, 2006, p. 242), uma organização guerrilheira de extrema-esquerda engajada em luta armada contra um Estado que definia como fascista.

Como reação ao tiro disparado contra o famoso líder estudantil Rudi Dutschke, em 1968, organizou-se uma manifestação defronte à Springer AD, editora do também famoso Axel Springer, por ter incitado, em suas publicações, a violência contra Rudi, sob o lema "Parem Dutschke!". Nessa ocasião foi preso Andreas Baader que obteve liberdade provisória em junho de 1969 e fugiu para Paris tão logo soube que a cautelar fora cassada em novembro do mesmo ano. Em 14 de maio de 1970 Ulrike Meinhof, ao lado de Gudrun Ensslin, Astrid Poll, Ingrid Schubert, Irene Goergens e Peter Homann invadem armados o Instituto para as Questões Sociais de Berlim, onde a jornalista Meinhof entrevistaria o recapturado Baader para entrevistas com vistas à confecção de um livro, e o libertam. Axel Springer reage à ação denominando-os de Gangue Baader-Meinhof, nome que se popularizou; em 02 de julho de 1970 a RAF publica, pela primeira vez, um manifesto no jornal anarquista *833*.

Não tarda para que as primeiras legislações antiterror surjam. Com efeito, em janeiro de 1971 promulgam-se as chamadas "Leis Baader-Meinhof" que permitiam aos juízes que impedissem os advogados que tivessem qualquer ligação com a RFA pudessem atuar em seu interesse, bem assim autorizavam que os julgamentos prosseguissem ainda que ausente um deles do Tribunal.

Foi, porém, a chamada segunda geração da RFA que atuou de maneira mais estável e violenta na Alemanha. Um possível marco do início da atuação dessa geração é o sequestro do candidato a prefeito da Berlim Ocidental Peter Lorenz, em fevereiro de 1975, dois meses antes da invasão da embaixada alemã em Estocolmo e o subsequente sequestro do embaixador alemão. Em 21 de maio daquele ano os fundados do Grupo — Andreas Baader, Gudrun Ensslin, Ulrike Meinhof e Jean-Carl Raspe, todos presos na famosa prisão Stammheim, em Stuttgart, começam a ser julgados.

São esses fatos que dão corpo ao primeiro grupo de normas voltadas para o terrorismo, datado de 18 de agosto de 1976. Em termos penais, as principais alterações foram a criação do art. 129-A no Código Penal alemão,[1] denominado de "formação de associações terroristas", e a ampliação do art. 138 do mesmo *codex* penal alemão, "não comunicação de delitos planejados", para o delito contido no art. 129-A do Código Penal.

Em 1986 a Lei de Combate ao Terrorismo trouxe modificações, tendo sido, porém, após o atentado de 11 de setembro, verificadas as principais alterações nesse assunto, em especial a criação do art. 129-B do Código penal dedicado às associações terroristas no exterior.

Em que pese a farta legislação a invocar o terrorismo, nenhuma delas, tal qual no Brasil, cuidou de definir o fenômeno (ZÖLLER, 2009, p. 132-133), com consequências importantes na aplicação da lei penal.

2 O delito de terrorismo – Simbolismo e legalidade estrita

Em que pese a importância conferida ao tema do terrorismo, com a subsequente aprovação de legislação penal dura, o professor Walter Perron aponta como, entre 1981 e 1991, houve apenas 80 condenações com base no art. 129-A do Código penal. Esse número cai para 21 entre 1995 e 1999 (PERRON, 2006, p. 250).

Em verdade, as condenações por atos terroristas o foram, principalmente, pelos fatos cometidos (homicídios, roubos etc.) e não pela formação de associações terroristas "porque para essas condenações deve se dar a

---

[1] Salvo referência em contrário, Código Penal designa o Código penal alemão.

premissa de que no processo de estabeleçam a existência, os objetivos e a estrutura organizativa da organização completa e todo demonstrado com provas". E continua: "esse esforço se pode evitar se é possível provar outros delitos menos complexos e quando as possíveis sanções equivalham ao desvalor delitivo da conduta" (PERRON, 2006, p. 250).

Fato é que a ordem jurídica alemã não cuidou (a exemplo da brasileira) de definir o que seja terrorismo. Os artigos criados em 2009, que aumentaram os delitos violentos seriamente periclitantes do Estado (89-A, 89-B do Código Penal) não falam diretamente em terrorismo; os delitos de associação terrorista em solo alemão (art. 129-A) ou estrangeiro (art. 129-B) tampouco cuidaram de defini-lo.

Claro está que as dificuldades de definição decorrem (e por isso mesmo explicitam) das implicações políticas e simbólicas do assunto. Francesco Carrara, no célebre Programa do Curso de Direito Criminal, já sustentava que a "ofensa à segurança pública pode exteriorizar-se por um ataque à sociedade, na pessoa da autoridade que a representa, e por um ataque à sociedade, nos membros que a compõem". Ao primeiro grupo, denomina de direitos políticos propriamente ditos, ou diretos; ao segundo, de delitos políticos impróprios, ou indiretamente políticos.[2]

Conforme já apontamos alhures, não é meramente acadêmica a importância de um delito ser considerado político. Desde as revoluções francesas e as sucessivas revoluções burguesas europeias conferiu-se aos delitos políticos menor gravidade que aos comuns, constando das constituições belga e brasileira, por exemplo, a proibição de extradição por crime dessa natureza. Já no marco dos governos autoritários, os delitos políticos estão fortemente associados ao direito de resistir. Interessantemente, é justamente no seio do direito de resistência que, no Brasil, se emprega, pela primeira vez, o conceito de terrorismo como delito (assim entendidos os atos praticados por militantes de esquerda contra a ditadura militar).[3]

Direito de resistir, delitos políticos e terrorismo intrincam-se em disputas político-ideológicas de emaranhado invencível e resultam na incapacidade de uma definição abrangente. A terceira sessão do Fórum Internacional sobre o Crime e o Direito penal na Era Global, reunindo em Pequim, em 2011, presentes delegados de diversos países, pouco avançou na tarefa de definição de terrorismo.

Heleno Fragoso, para justo registro histórico, deu importante contribuição nesse sentido, apontando, como primeiro traço distintivo entre delito político, direito de resistir e terrorismo, a própria organização

---

[2] §§155 a 157.

[3] D'ÁVILA; CARVALHO; TANGERINO. Criminal Law as a counterterrorism tool: On the limits of the legitimacy of Criminal Law within the global strategy for fighting terrorism. (2010). *Paper Collection of the Third Session of the International Forum on Crime and Criminal Law in the global era.*

estatal. "As tiranias", afirma, não têm inimigos legítimos. "Só os regimes democráticos têm verdadeiramente autoridade para reprimir seus inimigos". Um segundo traço distintivo estaria na inspiração política. O atuar terrorista, por mais que também tenha, usualmente, raízes políticas, está muito fortemente associado a demonstrações religiosas. Bem certo que a relativa vagueza das expressões democracia e política não retiram complexidade das distinções propostas, mas apontam caminhos heurísticos. Um terceiro possível traço distintivo, ou uma subdivisão do segundo, diz respeito ao objetivo direto do atuar. O atuar terrorista, em princípio, busca mandar um recado, incutir o medo, fazer-se notar, reverberar uma posição. É indeterminado quanto ao sujeito, focado antes no alcance, na extensão e no simbólico. Já o político é estratégico, alinhado a um plano de poder, não é necessariamente laudatório.[4]

Apresentadas essas ressalvas introdutórias, cuide-se dos delitos em espécie relacionados com o fenômeno a que se convencionou chamar de terrorismo.

3 Terrorismo e homicídio qualificado (art. 211 do Código Penal)

O Código Penal alemão diferencia os homicídios em dois grandes grupos: *Mord* e *Totschlag*, incriminados, respectivamente, nos arts. 211 e 212. A tradução de *Mord* por homicídio qualificado é aproximativa,[5] apenas para indicar sua maior gravidade em relação ao *Totschlag*, que é definido por exclusão, isto é, é *Totschlag* aquele homicídio que não é *Mord*, assim definido pelo art. 211: "homicida qualificado [*Mörder*] é aquele que mata alguém movido pelo prazer de matar, para satisfação de instintos sexuais, por ganância ou outro motivo ignóbil, ou por meio insidioso, cruel, ou que cause perigo comum, ou para possibilitar ou esconder a prática de outro delito".[6] A pena é de prisão perpétua.

Os homicídios normalmente relacionados ao terrorismo encontram acolhimento típico, via de regra, nas modalidades "meio insidioso", "meio cruel" e "meio que cause perigo comum" (ZÖLLER, 2009, p. 460).

---

[4] Fundamental, no Brasil, a obra de Heleno Cláudio Fragoso *Terrorismo e criminalidade política*.

[5] Com efeito, aponta Neumann, no NomosKommentar, que a relação entre o *Mord* e o *Totschlag* é aquela "do delito qualificado para o delito comum", muito embora o *Bundesgerichtshof* (BGH), equivalente, o brasileiro STJ considera-o, todavia, um delito autônomo (Comentários prévios ao art. 211, parágrafo 141).

[6] Tradução livre de "(1) Der Mörder wird mit lebenslanger Freiheitsstrafe bestraft. (2) Mörder ist, weraus Mordlust, zur Befriedigung des Geschlechtriebs, aus Habgier oder sonst aus niedrigen Beweggründen, heimtückisch oder grausam oder mit gemeingefährlichen Mitteln oder um eine andere Straftat zu ermöglichen oder zu verdecken,einen Menschen tötet".

Nos delitos qualificados por motivos insidiosos, dois elementos são preponderantes: o particular perigo da conduta, de um lado, e a particular reprovabilidade, de outro. Neumann aponta como o *Bundesgerichtshof* (BGH) tende a avaliar o meio insidioso preponderantemente a partir do perigo e, assim, em uma perspectiva orientada à vítima, ao passo que a doutrina enfatiza a reprovabilidade medida a partir da conduta em si. Em verdade, aponta tratar-se de um elemento do tipo em agonia, já que nunca se conseguiu uma definição satisfatória (NOMMOSKOMMENTAR, §211, 47).

Prepondera, assim, na jurisprudência alemã, que a insídia é o emprego de meio insuspeito, que coloque a vítima em posição tal que "quando do início do ataque motivado pelo dolo de matar, ela não espere uma grave ou considerável agressão que ameace sua vida ou sua integridade física" (*arglos*) e que, por causa disso, "a prontidão e capacidade naturais de defesa faltem ou sejam fortemente limitadas" (*Wehrlosigkeit*) (FISCHER, 2008, §211, 35, 39 e 40).

Mata cruelmente, na difundida definição do BGH, quem inflige a sua vítima, em atitude insensível e impiedosa, dor ou sofrimento, físico ou mental, em intensidade ou duração superior ao nível normalmente exigido para a morte.[7]

Meio de que possa resultar perigo comum, por fim, é aquele que, em seu emprego no caso concreto traz consigo perigo (não necessariamente concreto em sentido estrito) para um número indeterminado de pessoas.[8]

O motivo "terrorista" também poderia qualificar o delito de homicídio se considerado como ignóbil, assim entendido pela jurisprudência do BGH como sendo aquele motivo "desprezível sob a perspectiva ética geral, e que se encontram nos níveis mais baixos".[9] A avaliação do motivo deve ter, porém, um componente jurídico, de modo que a mera desconsideração de postulados éticos ou morais, que não encontrem amparo no ordenamento jurídico, não podem fundamentar um juízo de homicídio qualificado.[10]

O motivo ignóbil reclama uma avaliação geral (*Gesamtwürdigung*) por meio da qual há que se levar em consideração a relação entre a motivação e o fato, a história prévia ao fato, inclusive uma eventual responsabilidade do autor ou da vítima na escalada do conflito, o motivo

---

[7] Tradução livre de: "Grausam tötet, wer seinen Opfer in gefühlloser, unbarmherziger Gesinnung Schmerzen oder Qualen körperlicher oder seelischer Art zufügt, die nach Stärke oder Dauer über das für die Tötung erforderliche Maß hinausgehen" (FISCHER, 2008, §211, 56).

[8] Tradução livre de "Gemeingefährlich ist ein Mittel, wenn es durch seine Anwendung im Einzelfall eine (nicht notwendig ieS konkrete) Gefahr für eine unbestimmte Anzahl anderer Personen mit sich bringt" (FISCHER, 2008, §211, 59).

[9] Tradução livre de "nach allgemeiner sittlicher Anschauung verachtenswert sind und auf tiefster Stufe stehen" (FISCHER, 2008, §211, 14).

[10] SCHÜNEMANN; BOCKELMANN-FS, 117, 132.

indiretamente predominante, em especial com relação a outros motivos, impulsos comportamentais e o posicionamento do autor em relação à pessoa ou ao direito à vida da vítima.[11]

Mark Zöller narra que Brigitte Mohnhaupt, membro da RFA, foi condenada por homicídio qualificado por motivo ignóbil por ter participado na execução do C.E.O. do Dresdner Bank, Jürgen Ponto, e do político Hanns-Martin Schleyer, no ano de 1977. Isso porque, no entendimento do *Oberlandesgericht* de Stuttgart e do BGH, queria proteger a fama da RAF como uma dura e crescente organização terrorista e, assim, permanecer crível como capaz de outros atentados. Em ambos os casos o verdadeiro objetivo dos atos era a libertação de presos (2009, p. 470).

O tema volta aos tribunais no caso Motassadeq, em que foi condenado por auxílio ao ataque de 11 de setembro de 2001, por meio do grupo radical *um Mohammed Atta*, sediado em Hamburgo. O auxílio se deu por meio da proteção ao esconderijo disfarçado e na disposição de meios financeiros. À míngua de outro elemento qualificador, a 3ª Turma criminal do BGH considerou a motivação ignóbil (*ibidem*, 473).[12]

Seja qual for o elemento que qualifique o homicídio, não se pode ignorar, no caso alemão, uma importante decisão do Tribunal Constitucional (*Verfassungsgerichtshof*)[13] em que, ao apreciar a constitucionalidade da prisão perpétua, condicionou o Tribunal que ao preso seria mister oferecer uma chance de ver-se livre, não sendo suficiente a mera previsão de anistia, graça ou indulto. Por força disso alterou-se o Código de Processo Penal alemão, nele inserindo-se o art. 57-A, que prevê que a pena de prisão perpétua poderá ser comutada em livramento condicional[14] quando (i) o condenado já tiver cumprido 15 anos de prisão; (ii) puder ser responsabilizado com relação aos interesses de segurança da comunidade; (iii) o condenado consentir com a comutação; (iv) não houver impedimento em decorrência da acentuada culpabilidade do condenado.

É precisamente nesse último elemento que jaz a questão da comutação para delitos associados ao terrorismo. A especial intensidade da culpabilidade deverá ser fixada pelo juiz do conhecimento, não podendo ser revista pelo juízo de execução. Exceção são os casos julgados antes de 1992, antes, portanto, da decisão do Tribunal constitucional acerca da matéria (ZÖLLER, 2009, p. 485 e ss.).

---

[11] FISCHER, 2008, §211, 15.

[12] Para considerações quanto a grupos delitivos com valores discrepantes ou políticos, vide ZÖLLER, p. 474 *et seq.*

[13] BverfGE 45, 187 LS 3.

[14] A tradução é aproximada. A *Bewährung* é uma forma de suspensão da pena mediante condições.

4 Associações terroristas (arts. 129-A e 129-B do Código Penal)

Uma das estratégias comuns de enfrentamento do terrorismo é antecipação da tutela penal para atos preparatórios.[15] Com efeito, diante da atuação da RFA na década de 1970, criou-se, em 18 de agosto de 1976, um novo tipo penal, o art. 129-A, que criou uma forma qualificada do tipo de constituição de associações criminosas. O tipo foi ampliado dez anos depois a Lei de Combate ao Terrorismo, de 19 de dezembro de 1986. Legislações pós-11 de setembro também alteraram o hoje muito extenso tipo penal e criaram o art. 129-B: constituição de associações terroristas no exterior.[16]

Preliminarmente, não se pode ignorar a célebre Decisão-quadro do Conselho da União Europeia de 13 de junho de 2002 (2002/475/JAI), que definiu associação terrorista como sendo (Art. 2º): "a associação estruturada de duas ou mais pessoas, que se mantém ao longo do tempo e atua de forma concertada, com o objetivo de cometer infrações terroristas. A expressão 'associação estruturada' designa uma associação que não foi constituída de forma fortuita para cometer imediatamente uma infração e que não tem necessariamente funções formalmente definidas para os seus membros, nem continuidade na sua composição ou uma estrutura elaborada".

A doutrina alemã vem entendendo que, tal como formulada, a definição contida na Decisão-quadro representa uma anulação do conceito de associação criminosa existente e que, além de não ser vinculante aos Estados-Membros, fere o princípio constitucional da taxatividade das normais penais. De mais a mais, como o legislador alemão alterou as normas relativas às associações terroristas em 2003, de se invocar, ainda, a irretroatividade da lei penal, no que foi inovado. No sentir de Ostendorf, na medida em que em 2003 o legislador deixou de reproduzir a fórmula da Decisão-quadro, também nesse sentido se pode dizer que essa foi — tacitamente — rechaçada (2010, p. 3158).[17]

As associações terroristas podem ser agrupadas em três tipos penais: as associações criminosas na Alemanha que existam para cometer crimes graves *per se* (art. 129-A, I); as associações criminosas na Alemanha que cometam crimes que sejam contextualmente graves (forma equiparada no art. 129-A, I), previstos no art. 129-A, II; e as associações terroristas no exterior (art. 129-B).

---

[15] Confira, a esse respeito, D'ÁVILA; CARVALHO; TANGERINO. Criminal Law as a counterterrorism tool. On the limits of the legitimacy of Criminal Law within the global strategy for fighting terrorism. (2010). *Paper Collection of the Third Session of the International Forum on Crime and Criminal Law in the global era.*

[16] Para maiores detalhes confira: FISCHER, 2008, §129-A, 1; ZÖLLER, 2009, p. 511-512.

[17] No mesmo sentido, ZÖLLER, 200, p. 524 *et seq.*

4.1 O conceito de associação criminosa

Sendo formas qualificadas de associações criminosas, as associações terroristas, à míngua de definição legal própria, tomam daquelas seus traços comuns, segundo jurisprudência e literatura dominantes. Zöller define associação como uma agregação, de certa duração, estabelecida e organizada, de pelo menos três pessoas, que, submetendo a vontade dos membros ao da coletividade, perseguem objetivos comuns e subordinam-se de tal forma que se sentem parte de uma aliança unitária (2009, p. 518). Desdobra-se, assim, em quatro elementos: pessoal, organizatório, volitivo e temporal.

Do ponto de vista pessoal, é mister a reunião de três ou mais pessoas. Já o elemento organizatório deixa-se revelar, segundo a jurisprudência alemã, nos seguintes indícios: (i) um propósito comum, político ou ideológico, comum aos participantes; (ii) uma rede estreita de relações entre os membros, de acordo com a modalidade, o conteúdo e a intensidade; (iii) dever de trabalho conjunto e de sigilo; (iv) reuniões ou acordos regulares; (v) a construção de Kadern, grupos locais, comitês regionais ou distritais; (vi) considerável investimento em planejamento com vistas à necessária preparação logística; (vii) um comportamento genericamente conspirativo (por exemplo o emprego de codinomes) (ZÖLLER, 2009, p. 518-519).

O elemento volitivo não é a mera vontade das pessoas de cometer crimes genéricos. Requer-se, sobretudo, o vínculo subjetivo dos partícipes na finalidade criminosa da organização e no respectivo processo de tomada de decisão, a que se subordinam as opiniões individualmente consideradas (ZÖLLER, 2009, p. 520).

Por fim o elemento temporal. Requer o tipo penal que a associação exista há algum tempo; é só então, pondera Rudolphi, que a organização terá desenvolvido uma dinâmica própria capaz de conduzir os processos internos do grupo (1978, p. 320). Não há, porém, critérios objetivos de mensuração desse tempo.

4.2 Conceito de associação terrorista

Em essência, o que qualifica uma associação criminosa como sendo terrorista é o tipo de delito a que se destina, a saber: (i) art. 129-A, I, "i": homicídio qualificado (art. 211), homicídio simples (art. 212), genocídio (art. 6º do *Völkerstrafgesetzbuch*), crimes contra a humanidade (art. 7º do *Völkerstrafgesetzbuch*), crimes de guerra (arts. 8 a 12 do *Völkerstrafgesetzbuch*);[18]

---

[18] Art. 8º – crime de guerra contra pessoas; art. 9º – crime de guerra contra a propriedade e outros direitos; art. 10 – crime de guerra contra operações humanitárias e emblemas; art. 11 – crime de

(ii) art. 129-A, I, "ii": delitos contra a liberdade pessoal (nos termos dos arts. 239-A e 239-B);[19] (iii) art. 129-A, II, "i": lesão corporal grave, em particular a do art. 226 (lesão corporal grave); (iv) art. 129-A, II, "ii": arts. 303-B,[20] 305, 305-A[21] ou delitos de perigo comum contidos nos arts. 306 a 306-C, 307, I, II e III, 308, I a IV, 309, I a V, 313, 314,315, I, III, IV, 316-B, I, III, 316-C, I a III, 317, I;[22] (v) art. 219-A, II, "iii": delitos contra o meio ambiente nos termos do art. 330-A, I a III; (vi) art. 219-A, II, "iv": seguintes delitos contidos na Lei de controle de armas de guerra: 19, I a III, 20, I, II, 20-A, I a III, 19, II, "ii", III, "ii", 20, I, II, 20-A, I a III, cada qual também combinado com o art. 21 ou 22-A;[23] (vii) delitos contidos no art. 51, I a III, da Lei de Armas.[24]

Considerando-se as variáveis típicas, Mark Zöller agrupou os delitos de associação terroristas em quatro modalidades: (i) fundação de asso-ciação terrorista; (ii) participação como membro de associação terrorista; (iii) apoio a associação terrorista; e (iv) apologia à associação ou ao apoio à associação terrorista. Qualificam os referidos delitos a ocupação, pelo agente, da posição de líder ou de mentor.

4.3 O delito de formação de associação terrorista

Formação, para efeitos do tipo penal, vem sendo compreendida, de acordo com difundida interpretação, como a colaboração destacada e orientadora para o surgimento da associação. Tal concepção, porém, vem recebendo críticas. Isso porque o art. 192-A, IV, prevê uma redução de pena para a contribuição de menor importância. Mantida aquela concep-ção original de formação, far-se-ia letra morta da hipótese de redução de

---

guerra de emprego de métodos proibidos na condução da guerra; art. 12 – crime de guerra de emprego de meios proibidos na condução da guerra.

[19] O art. 239, *Freiheitsberaubung*, equivale, *grosso modo*, ao delito de cárcere privado, no Brasil; o art. 239-A, *Erpressericher Menschenraub*, por sua vez, ao de extorsão mediante sequestro.

[20] Sabotagem a computador.

[21] São formas especiais do crime de dano: o primeiro a construções civis; o segundo, a instrumen-tos de trabalho.

[22] Em ordem (sempre aproximadamente): 306 – incêndio; 306-A – incêndio grave; 306-B – incên-dio particularmente grave; 306-C – incêndio com resultado morte; 307 – causar explosão por meio de energia atômica; 308 – causar explosão por meio de materiais explosivos; 309 – mau uso de raios ionizantes; 313 – causar inundação; 314 – envenenamento com perigo comum; 315 – ataques perigosos ao transporte férreo, fluvial e marítimo, e aéreo; 316-B – distúrbio a empresas públicas; 316-C – ataque a embarcações mediante domínio e por meio de violência ("sequestro" de aeronaves, por exemplo); 317 – distúrbio a aparelhos de telecomunicação.

[23] Em ordem (sempre aproximativamente): 19 – delitos contra armas atômicas, 20 – delitos contra armas biológicas e químicas, 20-A – delitos contra minas antipessoais e bombas *cluster*, 21 – regra de extraterritorialidade da lei penal, quando o agente for alemão, 22-A – tipos penais subsidiários em matéria de armas, a exemplo do fabrico de armas de guerra sem a respectiva licença.

[24] Equivalente ao delito de posse de arma de fogo, abrangendo, em princípio, tanto o de uso permitido quanto o de uso restrito (com impacto na dosimetria da pena).

pena, na medida em que uma colaboração destacada e orientadora nunca poderia ser de menor importância. Aliás, o inciso IV, ao prever incremento de pena para os líderes (*Rädelsführer*) e para os mentores (*Hintermänner*), obriga o intérprete a diferenciar, então, três figuras: o líder (ou mentor), o formador e o formador de menor importância.

Com efeito, a Terceira Câmara Criminal do BGH determinou que não é suficiente, para fins de definição, abarcar apenas o papel proeminente da pessoa nas atividades de fundação. Exige-se, antes, um real fomento da formação, ou seja, uma contribuição orientadora e continuativa para a existência da associação. Sob essa perspectiva, admite-se uma contribuição para a formação que, à luz das demais contribuições, seja de menor importância, muito embora tenha, a seu tempo, representado sim uma contribuição típica (ZÖLLER, 2009, p. 528-529).

Aumenta-se a pena, conforme o art. 129-A, IV, para os líderes e mentores, passando a pena mínima a ser de três anos (e não mais de um ano), quando a associação tiver por objetivo cometer os delitos elencados no art. 129-A, I, e, nos casos do art. 129-A, II, a pena passa a ser de um a dez anos (e não mais de seis meses a cinco anos). Líder é aquele que detém um importante papel de liderança, ou, ainda, tenha elevado peso ou influência, seja moral seja economicamente, na associação (BGHSt 20, 121). Já o mentor é aquele que controla, de fora, a associação, ou exerce em sua condução, ou ainda sob um importante número de associados (ou de amigos da associação) uma influência determinante (ZÖLLER, 2009, p. 540).

O exaurimento do delito de formação se dá quando se pode verificar como resultado das contribuições uma estrutura capaz de desempenhar funções organizatórias. Assim, o mero tornar-se membro fundador não é típico, por ausência do fomento decisivo, essencial. Em verdade, a condição de membro fundador é relativamente indiferente em relação ao tipo penal, na medida em que, por exemplo, uma organização nasça meramente criminosa e, ao longo do tempo, se desvirtue em terrorista, independente da vontade dos membros fundadores da associação originária (ZÖLLER, 2009, p. 529).

4.4 O delito de participação como membro de associação terrorista

A participação em associação terrorista, por sua vez, exige que o agente, sob as vestes da organização a que submeteu sua vontade, desenvolva uma atividade fomentadora do objetivo criminoso da associação. Tal participação há que traduzir-se em uma ação comissiva que fomente a construção, a permanência, ou atividades da organização. Ao contrário da modalidade típica de "formação", a "participação" exige a condição de membro, que, evidentemente, não precisar ser formal. Embora necessária, não é suficiente. Decisivo é que o agente fomente, de dentro para fora, o objetivo criminoso da associação. Por fim, a própria participação nos delitos cometidos pela associação não é condição nem necessária, tampouco suficiente. O mero endosso de crimes cometidos pelo núcleo duro de uma organização não é suficiente para caracterizar a participação como membro, já que o objeto de incriminação é a participação fomentadora ativa na vida do grupo.[25]

Zöller ilustra atividades consideradas típicas para a participação como membro: abordagem de possíveis novos membros, a organização de tarefas logísticas, o aluguel de apartamentos ou casas com fins de conspiração, a realização de transações financeiras ou o preparo de papéis estratégicos e escritos justificadores dirigidos para o público. De outro lado, a mera contribuição associativa não pode ser considerada suficiente (2009, p. 530-531).

4.5 O delito de apoio a organizações terroristas

Apoia uma organização terrorista quem fomenta sua continuidade ou a consecução de seus objetivos, sem ser membro da organização. Normalmente trata-se de fomento financeiro, logístico ou ideológico. Na opinião da maioria da doutrina alemã trata-se de uma forma de auxílio que se autonomizou em autoria, ou seja, embora a contribuição para a consecução do fato se dê por meio do fornecimento de algum suporte ideológico, logístico ou financeiro, ela é alçada à condição da própria realização do tipo penal, tornando-se, assim, verdadeira autoria em sentido estrito (ZÖLLER, 2009, p. 532).

Diferencia-se da participação como membro precisamente pelo sentido da contribuição: o apoiador fomenta a associação de fora para dentro, ao passo que o membro-participador, como visto, a fomenta de dentro para fora. Decisivo, ensina Zöller, é a perpetuação ou o incremento do específico potencial de perigo da organização. Assim, o auxílio deve ser efetivo e proveitoso à organização, assim entendido como aquele auxílio que fortaleça a disponibilidade dos membros a desempenhar suas atividades. Não é preciso, porém, que haja relação causal entre o auxílio e um delito concretamente praticado pela organização. Rudolphi chama a atenção para o fato de que o fomento, para fins de tipicidade, deve ser à organização como um todo e não a um membro individualmente considerado (1978, p. 331).

São exemplos de apoio, segundo Zöller: entrega de armas ou substâncias explosivas, ou ainda de papéis falsos de identidade, alocação de recursos financeiros, procedimentos de lavagem de capitais, disponibilização de instrumentos para a prática de delitos, transmissão de informações úteis

---

[25] Quanto a esse particular, confira o comentário de Kindhäuser ao art. 129 do Código Penal.

à prática de delitos etc. De se ressaltar que, tal qual no auxílio do art. 37 do Código penal, também aqui há relevância típica no apoio psicológico, que seja capaz de incrementar o moral do grupo ou à disposição dos membros à prática delitiva. Claro está que a mera expressão de simpatia a uma causa não está abarcada nessa hipótese, assim como na mera detenção de materiais de propaganda, a posse de encartes da organização ou a compra de meios de subsistência como comida ou roupas (*ibidem*, 533).

De especial interesse, nesse campo, é a possibilidade de se incriminar o advogado criminalista por auxílio à associação terrorista. Prevalece o óbvio entendimento de que, não se ultrapassando o limite do processualmente tolerável, o fato não tem relevância penal, seja por ausência de tipicidade (BOTTKE, GIEMULLA, MÜLLER-DIETZ),[26] seja por ausência de antijuridicidade (BUBNOFF, KUCKUCK, GÖSSEL).[27] Assim, o abuso do direito de visita mediante a entrega de bens proibidos na cadeia, ou ainda colocar-se o defensor como meio de difusão de informações no seio da associação terrorista, são atividades consideradas como típicas, na medida em que estranhas à defesa criminal.

4.6 O delito de cooptação de membros e de apoiadores

A incriminação da cooptação de membros e apoiadores "objetiva secar o lamaçal de atividades terroristas diretamente danosas por meio de proibições direcionadas aos disseminadores de ideias terroristas do fato delitivo".[28] Zöller aponta que, com a atual redação, apenas a cooptação de membros e apoiadores encontra previsão típica, excluídas, portanto, o apoio ostensivo a uma organização, a justificação de seus objetivos ou dos crimes por ela cometidos, ou ainda a apologia da ideologia que legitima as atividades da associação. De modo geral, entende-se a cooptação como uma linha de ação planificada com o objetivo, reconhecível pela média dos destinatários, de atrair outras pessoas para alguma coisa. Trata-se de um delito de exteriorização pessoal, de modo que é requisito típico que o meio de cooptação revele, com clareza, que o agente abraça a causa e que é dele mesmo a promoção à filiação. Note-se que apenas o não membro pode cometer esse delito; o membro que o faça incidirá na figura da participação como membro (*vide supra*) (ZÖLLER, 2009, p. 536).

É preciso que haja, para fins de tipicidade, uma sugestão de filiação ou de apoio a uma ou mais associações concretamente consideradas. Assim,

---

[26] BOTTKE, *Juristische Arbeitsblätter*, 1980 (448), e *Juristische Rundschau*, 1985 (122); GIEMULLA, *Juristische Arbeitsblätter*, 1980 (252); MÜLLER-DIETZ, *Juristische Rundschau*, 1981 (76).

[27] Comentário de *von BUBNOFF* ao art. 129-A no *Leipziger Kommentar*, item 34; KUCKUCK, *Neue Juristische Wochenschrift*, 1980 (298); GÖSSEL, *Juristische Rundschau*, 1983 (118).

[28] MANNSDÖRFER. *Online-Zeitschrift für Höchstrichterliche Rechtsprechung im Strafrecht*, 2007.

o mero apelo para que pessoas se engajassem em atividades terroristas, em especificação de associações terroristas, não foi considerada delitiva pelo BGH. A cooptação de apoiadores se dá por meio do despertar em terceiros da disposição em fomentar as atividades ou os esforços de uma dada associação, diretamente ou por intermédio de um membro, sem, contudo, tornar-se membro da organização (ZÖLLER, 2009, p. 537).

Trata-se de delito comissivo impróprio, cujo resultado típico não é o fortalecimento da organização em si, porém o bem-sucedido esforço na cooptação de terceiros, desde que a ação seja, considerado sua forma, conteúdo e destinatários, objetivamente adequada a induzi-los a tornarem-se membros ou apoiadores da associação (ZÖLLER, 2009, p. 538).

4.7 O privilégio partidário como hipótese de exclusão de tipicidade

O art. 129 do Código Penal que incrimina as associações criminosas em geral contém três exceções, ou seja, não se consideram associações criminosas: (i) as associações que constituam um partido político que não tenha sido considerado inconstitucional pelo Tribunal Constitucional; (ii) quando a prática de delitos seja um objetivo de significado secundário na organização; ou (iii) quando a finalidade ou atividade da associação corresponder à prática de delitos correspondentes aos arts. 84 a 87 do Código Penal, vale dizer, contidos no título "Perigo ao Estado Democrático de Direito", a saber, manutenção de partido declarado como inconstitucional (art. 84), contrariedade à proibição associativa (art. 85), divulgação de meios de propaganda de organizações inconstitucionais (art. 86), uso de símbolos de organizações inconstitucionais (art. 86-A), e atividades de agente com vistas à sabotagem (art. 87).

Desses, estão logicamente excluídas, em relação ao delito de associação terrorista, as hipóteses de exclusão de tipicidade contidas nos itens (ii) e (iii). O mesmo não se diga do privilégio de partido. Embora o art. 129-A não reproduza as referidas hipóteses, parte da doutrina vem ressaltando que analogicamente há de se aplicar, também, o referido privilégio, sobretudo em virtude da envergadura constitucional do direito à constituição de partidos (art. 21 da Lei Fundamental alemã).[29] Em sentido contrário, sustenta-se que o legislador houve por bem não reproduzir essa exceção ao delito de associação terrorista, de um lado, e, de outro, tal extensão corresponderia a conferir um manto de impunidade a grupos terroristas disfarçados de partidos políticos.[30]

---

[29] *Vide* KÖLLER, 2009, p. 527, nota de rodapé 313.

[30] *Idem*, nota de rodapé 317.

5 A Internet e o terrorismo – Alguns reflexos penais

Já é lugar comum reverberar o poder de comunicação da rede mundial de computadores. É, também, portanto, meio eficaz de atividades terroristas, na medida em que permite a difusão de conteúdos, propaganda, lavagem de capitais, recrutamento de membros etc.

Não por outro motivo que o tema do Direito de Mídia tem crescido tanto na Alemanha, incluso o Direito penal de Mídia (*Medienstrafrecht*).[31] Boa parte das medidas de controle da Internet, em matéria de terrorismo, aliás, se dá em sede de direito privado e administrativo, a exemplo de deveres de armazenamento dos provedores.

Há, porém, algumas formas delitivas possivelmente relacionadas à relação entre Internet e terrorismo: espionagem de dados (art. 202-A), cyberterrorismo (arts. 303-A e 303-B), apologia (art. 111), instrução à prática de delitos (art. 130-A), incitação popular (art. 130), demonstração violenta (art. 131) e recompensa ou endosso delitivos (art. 140).

O art. 202-A do Código penal incrimina o acesso não autorizado a dados armazenados em computadores, também chamado de invasão de domicílio eletrônico: "quem possibilita, para si ou para outrem, acesso a dados que não lhes eram destinados, ou que eram particularmente protegidos contra acesso indevido, mediante quebra da segurança de acesso, é punido com pena privativa de liberdade de até três anos ou com pena de multa". Dados, para efeitos penais, são aqueles salvos ou transferíveis eletrônica ou magneticamente, ou ainda de outro modo não indiretamente apreensível (art. 202-A, II).

O art. 303-A, por sua vez, incrimina mais do que o mero acesso aos dados: quem os apaga, inutiliza ou altera, está sujeito a pena privativa de liberdade de até dois anos ou multa. Já o art. 303-B tipificou a sabotagem a computador, assim entendida a alteração de dados, de especial importância para outrem, com elevado distúrbio à vítima, organizadas em três variantes, na dicção de Fischer: (i) o distúrbio foi causado mediante o delito do art. 303-A, I, representando, assim, uma forma qualificada daquele delito (especial importância do dado somado ao elevado distúrbio da vítima); (ii) o inciso II foi introduzido em 2007 para abarcar distúrbios que, por meio de comportamentos daquele que insere ou transmite dados, neutros *per se*, configurem modos de comportamento impróprios ou ilegais, assim redigido "inserção ou transmissão de dados com vistas a causar prejuízo a terceiros"; (iii) danos ao *hardware*, ou seja, a destruição, dano, inutilização, eliminação ou alteração de processador de dados ou de meios de memória (2008, p. 2179).

O art. 303-B, II, prevê uma forma qualificada quando o processador de dados for de especial importância para um estabelecimento ou para

---

[31] Digna de nota a contribuição de Bernd Heinrich na obra organizada por Wandtke (*Medienrecht. Praxishandbuch*. 2. Aufl. 2011).

uma empresa estranha ao agente, ou ainda a um órgão público nos termos do art. 11, I, "vii" do Código penal (FISCHER, 2008, p. 2180).

A Internet, além de meio idôneo para *hacking* de computadores, é o instrumento ideal para divulgação de conteúdos, inclusos os terroristas. De maneira mais genérica, incrimina o art. 130 do Código Penal a incitação popular (i) ao ódio contra parte da população ou a medidas violentas ou arbitrárias; e (ii) ao menoscabo da dignidade humana, por meio do xingamento, escárnio doloso ou difamação. Pune-se, também, a incitação ao ódio, por meio escrito, contra determinados grupos nacionais, raciais, religiosos, diretamente, ou via seu folclore, nas modalidades divulgação, publicação, oferta a menor de dezoito anos ou fabricação. Equiparam-se, para fins desse tipo penal, os escritos aos meios de transmissão radiofônicos, midiáticos ou telefônicos. Há previsões típicas específicas para o nacional-socialismo que escapam ao escopo do presente trabalho.

Precisamente por ocasião da Lei de Combate ao Terrorismo, de 1986, sancionou-se o delito de instrução à prática de delitos, o art. 130-A, que incrimina aquele que divulga, apresenta publicamente, publica, exibe ou de qualquer outra forma torna acessível um escrito (art. 11, III) apto a servir à prática de um dos delitos elencados no art. 126, I, do Código penal, e, considerado seu conteúdo, seja capaz de fomentar ou despertar a disposição de terceiros à prática dos referidos delitos (a pena é privativa de liberdade de até três anos ou multa). Como se vê, o novo tipo penal requer uma lista de delitos (aspecto objetivo) e a aptidão à prática de delitos, representando, assim, uma forma especial em relação ao art. 130.

Há, ainda, o delito de representação de conteúdos violentos (art. 131 do Código Penal), delito de perigo abstrato que, como sói acontecer nessa modalidade delitiva, confere lesividade antecipada à divulgação de conteúdo que, potencialmente, poderão incitar a prática de condutas indesejadas. Incrimina-se, então, a caracterização de atividades cruéis ou desumanamente violentas contra seres humanos ou antropomorfizados de modo a glorificá-las ou minorar sua gravidade, ou, ainda, a representação da crueldade e da desumanidade desses atos de modo a ferir a dignidade humana. Iguala-se à representação ou caracterização, a publicação, a divulgação, a oferta a menor de dezoito anos e o fabrico. Equipara-se, para fins desse tipo penal, os escritos aos meios de transmissão radiofônicos, midiáticos ou telefônicos. Não configura o delito o relato de acontecimentos históricos (inciso III).

O quadro se completa com a figura da apologia: "art. 111. Quem publicamente incita, em uma assembleia ou mediante a divulgação de escritos (art. 11, III) a prática de fato antijurídico é punido na modalidade de instigador (art. 26)".

Ao contrário das diversas modalidades de incitação ou apologia, em que o agente incita terceiros a praticarem um delito ou atos antijurídicos, incrimina-se, no art. 126 do Código Penal, o fato de o agente ameaçar cometer um dos delitos listados no tipo penal (a exemplo de homicídio, lesão corporal, genocídio, crimes contra a liberdade individual, crimes de perigo comum etc.), desde que a ameaça seja apta a estorvar a paz pública. Para que se configure uma ameaça, no comentário de Fischer ao referido artigo do Código penal, faz-se mister um anúncio enfático e conclusivo da prática de um dos delitos enumerados no tipo penal, seja por ele, seja por meio de terceiros. É de se notar que a ameaça não precisa ser condicionada ao (não) acontecimento de um evento futuro (p. 924).

O grupo de tipos penais ligados *grosso modo* ao fomento de crimes deve ser, ainda, completado com o art. 140 do Código penal, denominado de recompensa ou endosso delitivos, que incriminam fatos pós-delitivos. Nessa figura, pune-se aquele que recompensa a prática dos delitos listados no *caput* (art. 138, I, "i" a "iv"; e no art. 126, I), ou, ainda, os endossa, mediante aprovação pública, de modo apto estorvar a paz pública, em uma reunião ou por meio da disseminação de escritos. Na modalidade recompensa, ele dá a um terceiro, direta ou indiretamente, uma vantagem posterior à prática delitiva, mas que ainda não havia sido prometida, hipótese que configuraria participação delitiva. A vantagem não precisa ser material, podendo uma distinção ou uma honraria (FISCHER, 2008, p. 1019).

Já na modalidade "endosso", o agente anuncia sua aprovação a fato que já aconteceu e apoia moralmente os autores (BGHSt 22, 282). Como expresso no tipo penal, esse endosso tem que se dar em uma reunião, ou, ainda, por meio da divulgação de escritos. Em ambos os casos é mister que a aprovação seja apta a estorvar a paz pública. Assim, a mera divulgação de imagens representativas de um fato típico não satisfaz os requisitos típicos, bem como a simples publicação da exteriorização de aprovação de um terceiro (FISCHER, 2008, p. 1019).

A disseminação de conteúdos terroristas pela Internet pode, por fim, lesionar a honra, dando ensejo à caracterização dos delitos de contra a honra, ou ao delito contra o sentimento religioso denominado contumelioso contra denominações, sociedades religiosas e associações ideológicas (*Weltanschauungsvereinigungen*). Além da ofensa pública ou por escrito contra essas instituições, a aptidão da ação a estorvar a paz pública.

6 Terrorismo e os crimes contra o Estado Democrático de Direito

Um último grupo de delitos que merece atenção nessa introdução ao tema são os arts. 89-A e 89-B, introduzidos em 2009 ao Código penal.

O art. 89-A pune, com pena de seis meses a dez anos, a preparação de um grave ato de violência periclitante do Estado, assim entendido um crime contra a vida (arts. 211 e 212 do Código penal) ou contra a liberdade pessoal (arts. 239-A e 239-B) que, nas circunstâncias em que cometido, seja apto e determinante para afetar a existência ou a segurança de um Estado ou de uma organização internacional; abolir, ou tornar sem aplicação, ou minar os fundamentos constitucionais da República Federativa Alemã. O inciso II determina que o delito só ocorre quando o agente prepara um grave ato de violência periclitante do Estado em que: (i) o agente instrui ou se deixa instruir no fabrico ou no manejo de armas de fogo, substâncias explosivas, mecanismos para explosão ou incêndio, substâncias radioativas, substâncias que contenham veneno ou de que se possa extrair veneno, outras substâncias nocivas à saúde, na criação de instrumentos especialmente necessários ao fato, ou no desenvolvimento de habilidades necessárias à prática de um dos delitos explicitados no inciso I; (ii) o agente fabrica, providencia, armazena ou entrega a outrem armas, explosivos ou instrumentos descritos no inciso I; (iii) obtém ou armazena artefatos ou substâncias essenciais para o fabrico de armas, substâncias ou instrumentos descritos no inciso I; ou (iv) reúne, recebe ou disponibiliza bens não insignificantes para o cometimento desses delitos.

O art. 89-B, por sua vez, incrimina o estabelecimento de relacionamentos para a prática do delito do art. 89-A: "quem se deixa treinar com vistas ao cometimento" de um crime do art. 89-A, ou "contata uma associação criminosa nos termos do art. 129-A, combinado com o art. 129-B ou não, ou com ela dialoga, é punido com pena privativa de liberdade de até três anos ou com multa".

Conclusão

Em que pese a importância do tema do terrorismo e na abundante produção legislativa alemã nesse campo, não logrou o legislador alemão definir o que seja terrorismo, ou mais propriamente de incriminá-lo diretamente. Há, como se viu, uma profusão de delitos direcionados ao fenômeno terrorista, a exemplo das associações terroristas e dos delitos graves periclitantes do Estado Democrático de Direito, bem como o manejo de delitos já existentes (ou então ampliados) com vistas a reprimir atos terroristas. De especial interesse os delitos relacionados à Internet, como o cyberterrorismo.

A antecipação da tutela penal também chama a atenção, notadamente no emprego de delitos de perigo abstrato e na incriminação autônoma de fases preparatórias ao delito, como a tipificação das associações terroristas ou o porte de substância explosiva, por exemplo.

De outro lado, não se pode deixar de registrar o tempero das penas. Muito comumente os delitos não têm pena mínima e quase sempre cominam-se, alternativamente, penas de multa. É de se notar que o gravíssimo delito de atentar contra o Estado Democrático de Direito por meio de atos violentos e graves tem pena mínima de seis meses e máxima de dez anos, punido, portanto, aquém do que se reserva, no Brasil, ao roubador. Se de um lado a incriminação do terrorismo tem forte conteúdo simbólico, ao menos, de outro, não vem acompanhado, no campo do direito penal material, de penas excessivas, como no Brasil. Os poucos julgamentos, segundo dados de Perron, apontam que os autores de atos tidos como terroristas foram, principalmente, punidos pelos atos em si e não por implicações terroristas como os delitos de associação ou de cooptação.

Essa, portanto, é uma introdução ao tema ao leitor brasileiro. Muitos aspectos podem e merecem ser aprofundados. O livro *Terrorismusstrafrecht: ein Handbuch* (algo como Manual de Direito penal contra o terrorismo), de Mark Zöller, é fundamental para a compreensão do tema e orientou decisivamente a estruturação do presente capítulo.

Referências

D'ÁVILA, Fabio; CARVALHO, Salo de; TANGERINO, Davi. Criminal Law as a counterterrorism tool: on the limits of the legitimacy of Criminal Law within the global strategy for fighting terrorism. *Paper Collection of the Third Session of the International Forum on Crime and Criminal Law in the global era*, Beijing, 2010.

FISCHER, Thomas. *Beck'sche Kommentar*: Strafgesetzbuch und Nebengesetze. 55. ed. München: C.H.Beck, 2008.

FRAGOSO, Heleno Cláudio. *Terrorismo e criminalidade política*. Rio de Janeiro: Forense, 1981.

KINDHÄUSER, Urs; NEUMANN, Ulfrid; PAEFFGEN, Hans-Ullrich (Org.). *Nommoskommentar*. Strafgesetzbuch. 3. Aufl. Baden Baden: Nomos, 2010. v. 1.

KINDHÄUSER, Urs; NEUMANN, Ulfrid; PAEFFGEN, Hans-Ullrich (Org.). *Nommoskommentar*. Strafgesetzbuch. 3. Aufl. Baden Baden: Nomos, 2010. v. 2.

PERRON, Walter. La legislación antiterrorist en el derecho penal alemán. *In*: COLOMER, Juan-Luis Gómez (Org.). *Terrorismo y proceso penal acusatorio*. Valencia: Tirant lo blanch, 2006. p. 239-253.

RUDOLPHI, Hans-Joachim. Verteidigerhandeln als Unterstützung einer kriminellen oder terroristischen Vereinigung i.S. der §§129 und 129a StGB. *In*: FRISCH, Wolfgang. *Festschrift für Hans-Jürgen Bruns zum 70*: Geburtstag. Köln: Heymann, 1978.

SCHULTE, Philipp H. *Terrorismus und Anti-Terrorismus-Gesetzgebung*: Eine rechtssoziologische Analyse. Münster: Waxmann, 2008.

ZÖLLER, Mark A. *Terrorismusstrafrecht*: Ein Handbuch. Heidelberg: C.F. Verlag, 2009.

Informação bibliográfica deste texto, conforme a NBR 6023:2002 da Associação Brasileira de Normas Técnicas (ABNT):

TANGERINO, Davi de Paiva Costa. Aspectos penais do terrorismo na Alemanha: uma breve introdução. *In*: FERNANDES, Antonio Scarance; ZILLI, Marcos. (Coord.). *Terrorismo e justiça penal*: reflexões sobre a eficiência e o garantismo. Belo Horizonte: Fórum, 2014. p. 273-290. ISBN 978-85-7700-844-5.

CAPÍTULO 10

DERECHO PENAL Y TERRORISMO

DILEMAS DE LA LEGISLACIÓN PENAL ANTITERRORISTA EN COLOMBIA

ALEJANDRO APONTE

Presentación

En el siguiente trabajo se aborda una mirada en perspectiva de cómo se ha desarrollado la lucha antiterrorista en Colombia, desde el punto de vista del derecho penal. No se trata de un análisis sociológico ni político del tema; el punto de partida son las diversas reformas que se han introducido al derecho penal y al derecho constitucional en las dos últimas décadas y su impacto general sobre todo el sistema jurídico. Como lo sugiere el título, la pregunta que acompaña el escrito, se relaciona directamente con los resultados obtenidos por la gran cantidad de normas que se han expedido en estos años. A nuestro juicio, la lucha antiterrorista, basada sobre todo en la mera criminalización o militarización de los más diversos problemas —con raíces sociales, económicas y políticas— no ha dado el resultado pretendido; al contrario, puede percibirse una gran decepción social frente al uso permanente del derecho penal y un escepticismo frente a sus logros.

Una conclusión general, mirando el tema en perspectiva, es que el terrorismo, más que un tipo penal, en realidad constituye en la práctica una especie de ámbito general de imputación indiscriminada de conductas, muy reforzado ello en el discurso político. Como en una gran mayoría de países, el tema de terrorismo está cruzado por intereses y problemas eminentemente políticos; no obstante, en el caso colombiano, ello se profundiza más en la medida en que en este país, la situación de conflicto armado, degradado y desideologizado, le da un carácter específico a la denominada "lucha antiterrorista". En este país, además, en muchas ocasiones, el derecho penal antiterrorista ha servido como excusa para la persecución indiscriminada de contrincantes políticos, que son convertidos en verdaderos "enemigos" del derecho penal. Hoy, el panorama se hace más oscuro, teniéndose en cuenta que el discurso antiterrorista, se refuerza con el discurso de la lucha contra el crimen organizado.

No se trata, desde luego, de una tarea fácil: los diferentes gobiernos en Colombia y todas las instituciones en general, deben afrontar una tarea extremadamente difícil y compleja; deben afrontar una anomia casi estructural y una violencia enorme, que ejerce su impacto sobre toda la sociedad. Particularmente, la situación de conflicto armado degradado y crónico que vive el país, representa un desafío permanente, tal como se ha advertido previamente. Por eso, no se asume en este escrito una actitud crítica *per se* frente a las diversas reformas implementadas; se asume una mirada en perspectiva que da cuenta de la poca efectividad de dicha lucha; sobre todo, se hace hincapié en los costos que para los derechos y garantías, ha ocasionado la lucha antiterrorista.

Colombia es, por definición constitucional, un Estado social de derecho. Su régimen penal, es un régimen basado en ese tipo de Estado y es obligación de las instituciones preservarlo: se trata de un mandato constitucional. No obstante, una y otra vez, el derecho penal y el derecho público en general, se ven amenazados y se ven desbordados en sus límites por políticas meramente eficientistas y criminalizantes que han generado un derecho penal de la emergencia, un derecho penal extremadamente politizado, alejado de los dictados constitucionales, ligado a las coyunturas políticas y propias del conflicto armado y de la violencia política y social endémica. En este papel disfuncional del derecho penal, la legislación antiterrorista ha contribuido en extremo.

Al mismo tiempo que se trata de preservar una institucionalidad basada en la Carta Política y en los tratados internacionales, se mantiene un orden jurídico penal de emergencia que se sitúa en contravía de los preceptos que condicionan el régimen democrático y la institucionalidad del país. En los dilemas que surgen de esta situación, se desenvuelve, día a día, la práctica del derecho público en Colombia.

El presente escrito constituye un aporte a la necesaria discusión y reflexión permanente sobre el tema y, desde el derecho comparado, constituye un aporte frente a problemas que de alguna forma son comunes a la región, especialmente hoy que, una y otra vez, se llama a una lucha antiterrorista global, a la lucha contra el crimen organizado, sin reparar muy seriamente en las consecuencias que ello puede traer para la institucionalidad democrática de nuestros países. Hay que mirar hoy, además, las relaciones posibles, que serían desde luego nefastas para cualquier decisión política en ese contexto, de la legislación antiterrorista y políticas de justicia transicional. Diversos países del continente, de manera diversa, han iniciado programas y políticas ligadas a la dinámica transicional y, el uso del discurso antiterrorista, o contra el narcotráfico, en contextos en lo que se discuten mecanismos de sanciones a graves violaciones de derechos humanos o del DIH, sería altamente dañino frente a estas nuevas dinámicas de intervención del denominado derecho penal de los derechos humanos. En este trabajo se hará un aporte en esta dirección.

1 1980: tipificación inicial del delito de terrorismo

En el año de 1980, en el Código Penal de aquel entonces, por primera vez se tipificó el delito de terrorismo. Se incluía este nuevo tipo penal, al mismo tiempo que se mantenía vigente toda la estructura del delito político que ha acompañado la tradición de Colombia desde el siglo XIX. El delito político es una figura que aún prevalece, aunque ha sufrido toda clase de transformaciones. Está compuesto por un núcleo de tres conductas: rebelión, sedición y asonada. El punto de partida es la politicidad de los actores involucrados en las conductas; más allá, desde luego, que en un conflicto armado tan degradado como el colombiano, los antiguos rebeldes poco conservan hoy su comportamiento en relación con lo que ha podido considerarse como un *Überzeugunstäter*, es decir, delincuentes por convicción. Lo interesante es, no obstante, que la figura del delito político ha servido para incorporar a antiguos combatientes a la vida civil, mediante la figura de las amnistías o de los indultos.

A finales de la década del 70, miembros de grupos irregulares ejecutaron sus acciones en las ciudades, especialmente en la capital; éste es, entre otras razones, el origen de la discusión acerca de la posible incorporación del delito de terrorismo. Una cosa es empíricamente manifiesta: cuando los grupos armados irregulares, que combaten por tradición en el campo y en las zonas alejadas, ingresan a la ciudad, de manera casi automática, se convierten en grupos terroristas.

Una diferencia conceptual es, en este sentido, muy importante establecer: el conflicto armado es, desde una perspectiva ortodoxa y desde el derecho internacional de los conflictos armados, una guerra por apropiación territorial, por apropiación de los recursos y bienes diversos que están en disputa; el terror, en cambio, es un ejercicio de violencia extrema que tiene como fin la apropiación del miedo, del pensamiento, del temor a morir.

En la Colombia de aquella época se produce lo que en el lenguaje sociológico, puede concebirse como la *urbanización de las formas de conflicto*. El conflicto, la violencia, se traslada a las ciudades, los grupos armados, especialmente uno de ellos, ejerce acciones en la ciudad. La discusión legislativa en torno al terrorismo y a su lucha, cobra cada vez más importancia y es la noción de *zozobra*, como hoy, la que define la estructura fundamental de la norma que lo consagra.

En efecto, el núcleo de la figura es la creación de una situación de zozobra a través de los más diversos medios. Hoy se mantienen los mismos elementos de la figura. En el Código Penal vigente, artículo 343, se establece lo siguiente: "el que provoque o mantenga en estado de zozobra o terror a la población o a un sector de ella, mediante actos que pongan en peligro la vida, la integridad física o la libertad de las personas o las edificaciones o medios de comunicación, transporte, procesamiento o conducción de fluidos o fuerzas motrices, valiéndose de medios capaces de causar estragos, incurrirá en prisión de diez (10) a (15) años [...]. Sin perjuicio de la pena que le corresponda por los demás delitos que se ocasionen con esta conducta".[1]

Es muy importante agregar que, en la mayoría de los casos en los cuales se investiga y se juzga por terrorismo, surge una especie de añadido, de presupuesto, que es la norma sobre concierto para delinquir. De hecho, el tipo penal de terrorismo se encuentra situado en el mismo capítulo de aquella. Ésta dice: "Cuando varias personas se concierte con el fin de cometer delitos, cada una de ellas será penada, por esa sola conducta, con prisión de tres (3) a seis (6) años". Luego la norma específica, con penas que van aumentando gradualmente, el tipo de delito que se concierte. Por ejemplo, si el concierto es para cometer terrorismo, la pena es de 6 a 12 años. Este tipo penal se agrega en la práctica, en la forma de concurso material, al terrorismo, y se crea una escalada criminalizante incontenible. Es decir, en la práctica, una imputación por terrorismo va de la mano de una imputación sobre concierto para delinquir o, lo que en otros países, se llama asociación para delinquir. Se castiga, además, la asociación, con independencia de la comisión efectiva de cualquier delito de terrorismo.

2 El terrorismo y la criminalidad organizada: marcos generales e indiscriminados de persecución penal

Pero es en la década del 80, donde la discusión se hace más ardua y la figura del terrorismo se va convirtiendo en una figura criminalizante generalizada, con un impacto negativo sobre el orden jurídico penal y constitucional. En efecto, por vía del estado de sitio, se crea un estatuto espacial denominado "estatuto antiterrorista", o Decreto nº 180/1988, que contiene múltiples figuras dictadas en el horizonte del terrorismo:

---

[1] Posteriormente la norma agrega lo siguiente: "si el estado de zozobra o terror es provocado mediante llamada telefónica, cinta magnetofónica, vídeo, cassette o escrito anónimo, la pena será de dos (2) a veinte (5) años". Más adelante se agregan una cantidad de circunstancias de agravación en el artículo 344, relacionadas con la alteración de los eventos democráticos, cuando se asalten instalaciones de la fuerza pública, etc.

ya no se trata tan sólo —lo cual es consecuente ya que efectivamente se cometen acciones terroristas—, de la incorporación en el Código Penal de una norma especial que consagre el delito y una jurisprudencia que lo vaya decantando, sino de la incorporación de numerosos artículos que desvertebran toda la lógica dogmática, tanto de derecho penal material como, luego, en la sanción de las conductas, de la dogmática procesal-penal. (Es el grave conflicto social y político y la existencia de guerrillas, de actores armados y de narcotraficantes, lo que subyace a la expedición de este nuevo conjunto de normas. Es decir, es la guerra y su degradación en la década de los 80s, con el narcotráfico, la que sirve de contexto a la expedición de este estatuto de emergencia).

A muchas conductas castigadas de manera general por el Código Penal, se le van agregando, a partir de normas de excepción, nuevas modalidades ligadas a la acción terrorista; por ejemplo, a las lesiones personales, del tipo que sean, se les agregaba la finalidad terrorista y, en seguida, se aumentaba significativamente la conducta. Posteriormente se consagró un régimen procesal especial que luego se consolidó, en la década del 90, como el régimen de la denominada "justicia sin rostro". Así, por ejemplo, si un delito de lesiones personales se cometía con "fines terroristas", entonces la conducta ya era motivo de una pena especial y era concebida en el horizonte de la justicia especial antiterrorista.

3 La legislación antiterrorista: consolidación de un derecho penal de enemigo

Pero, allí comenzaban los verdaderos problemas. Como en todos los países, la vaguedad de la definición del terrorismo hacía difícil la aplicación del tipo penal inicial; luego, la aplicación, por vía extensiva, de normas que se agregaban a partir de enunciados generales y globalizantes como "fines terroristas", a las normas comunes del Código Penal, hacían aún más difícil la aplicación práctica de estas normas, y se comenzó a vivir desde aquella época lo que para hoy es habitual: la extrema vaguedad de los tipos penales hace que ellos sean aplicados, más que en relación con esfuerzos dogmáticos consistentes y en función de figuras dogmáticas precisas, en función de ciertas coyunturas que son, además y en consecuencia, producto más de un derecho penal político aplicado a actores específicos. Se trata, en últimas, de una de las características más visibles del derecho penal de enemigo en el caso colombiano: el derecho penal se estructura como un instrumento de acción casi militar y la justicia penal pasa a jugar un papel central en la lucha contra enemigos militares.[2]

---

[2] El autor ha elaborado diversos escritos sobre el derecho penal de enemigo. Se cita aquí el texto más comprehensivo sobre el tema. Alejandro Aponte, *Guerra y derecho penal de enemigo. Reflexión*

También los sujetos activos de las conductas, pasan a determinar la aplicación de las normas: desde el estatuto antiterrorista de 1989, que fue seguido de más decretos dictados todos al amparo del estado de sitio, se fue estructurado un listado de personas —funcionarios estatales— que habrían de condicionar la aplicación de las normas: si el delito cometido con fines terroristas se cometía contra un funcionario en especial, la pena aumentaba y el delito era un delito de terrorismo. Durante años se fueron incorporando, por vía de excepción, numerosos funcionarios que iban ingresando a la lista; es decir, se iban agregando cargos y funciones. Incluso se mantenían en algún momento dentro de la lista de funcionarios, aquellos que por vía de reformas constitucionales o administrativas ya no existían más. La legislación penal antiterrorista generaba entonces un caos enorme.

4 La "justicia sin rostro" en Colombia: una experiencia límite en la lucha contra la violencia política y social

A finales de la década de los 80, se fue consolidando un actor más en la violencia en Colombia, que haría cambiar para siempre el escenario de la misma en el país: se trata del narcotráfico. Es la época de los grandes capos, de las grandes riquezas; es, también, la época de la presión por una lucha frontal contra ellos, muy especialmente, a través de un instrumento privilegiado: la extradición. Es, entonces, la triste época en que el terrorismo urbano se generalizó en Colombia: los capos del narcotráfico, especialmente los que pertenecían a uno de los carteles más fuertes, ejercieron violencia contra los funcionarios que desde las instituciones se oponían a sus empresas y, particularmente, contra aquellos que promovían la extradición. Murieron muchos civiles y muchos funcionarios; por primera vez de una manera masiva la violencia se trasladaba del campo a la ciudad, fue la época del narcoterrorismo urbano. Los jueces de la República fueron un objetivo especial de la acción terrorista.

Es el origen de la creación del denominado Estatuto para la Defensa de la Justicia. Un estatuto especial de jueces sin rostro, de fiscales sin rostro, de testigos sin rostro. Se trataba de proteger a la justicia contra sus enemigos. Se llegó incluso a asesinar a magistrados de la Sala Penal de la Corte Suprema de Justicia: el narcoterrorismo no respetó jerarquía alguna ni funcionario alguno. Para cualquier análisis, hay que entender muy bien, en perspectiva, el escenario político y social en que tuvo lugar la expedición de este nuevo estatuto de emergencia, creando la justicia secreta.

---

crítica *sobre el eficientismo penal de enemigo*, editado por la editorial Gustavo Ibáñez, Bogotá, septiembre de 2006. Primera reimpresión ampliada, marzo de 2009. También, publicado en Buenos Aires, editorial Ad-Hoc, 2008.

4.1 Justicia penal de emergencia y fracaso de la lucha penal contra el terrorismo

Pero el efecto de la justicia especial fue más allá y con ello surge una característica central de la legislación antiterrorista en el país: el Estatuto recogió una serie de normas que habían sido dictadas al amparo del estado de sitio, sintetizó todos los estatutos especiales anteriores y les asignó un procedimiento penal especial y, de esta manera, mezcló todas las acciones y todos los actores.

Es decir, el estatuto en la práctica, no sólo se dirigía contra los que efectivamente había amenazado a la administración de justicia, sino que se dirigió de manera abierta contra todo tipo de actores que, si bien se desenvolvían en el contexto general de la violencia política, no eran grandes terroristas o grandes narcotraficantes. Se resume la característica de la siguiente manera: en la historia del derecho penal de emergencia en Colombia, como derecho penal de enemigo, a la sombra de un enemigo específico, se van colocando y criminalizando otros actores que no comenten aquellas acciones que han originado los estatutos especiales.

Así, en la época del estatuto antiterrorista, detrás del gran enemigo, se criminalizaron en la práctica actores ligados a la sociedad civil, como miembros de organizaciones de derechos humanos o incluso miembros de esta sociedad, que estaban ligados a lógicas de acción política, cercanas a los escenarios de confrontación, pero que no eran en ningún caso terroristas o rebeldes. Detrás de los delincuentes políticos se han criminalizado otros actores de manera tradicional. En el caso del estatuto de jueces sin rostro: tras el gran terrorista se colocaban ésta vez los rebeldes y muchos otros actores de la sociedad civil. Se trata de grandes empresas criminalizantes que se extienden por toda la sociedad.

De esta forma, si bien es explicable que el Estado reaccionara de alguna manera contra la nueva amenaza narcoterrorista, y lo hizo con un estatuto para proteger a jueces y fiscales, en la realidad las normas antiterroristas no se aplican a los actores que han generado la violencia, sino que terminan aplicándose a otros actores, que están en una especie de zona gris en la violencia y que, en todo caso, no son grandes terroristas.

4.2 La legislación penal antiterrorista y la generación de violencia desde la ley civil

De acuerdo con lo expuesto, la selectividad del sistema penal, que es una característica de todo sistema penal, se agudiza cuando se trata de legislaciones antiterroristas, extremadamente politizadas y dirigidas contra enemigos. Al mismo tiempo, la dureza del sistema penal crea una ecuación perversa en la práctica: entre más violencia se practique, entre mayor sea la violencia que se ejerza contra el sistema, menor será la expectativa real para que un actor sea efectivamente castigado. Así, los grandes terroristas no son efectivamente castigados o lo son muy escasamente; para ellos se crean otros mecanismos de desactivación de la violencia, se impulsan procesos de paz, se crean otros estatutos especiales.

Pero las normas permanecen vigentes, y en todo caso se aplican: los "peces chicos", los peor situados en la cadena interminable de la violencia, serán los verdaderos "clientes" de la justicia penal antiterrorista. Las normas siguen rigiendo en la práctica, más fundamentadas en discursos y en propaganda, que en sus efectos prácticos. Todo lo dicho en la literatura sobre el derecho penal simbólico, tiene cabida especial en este tipo de legislaciones. El terrorismo, el crimen organizado, el concierto para delinquir, no son tanto delitos en sí mismos, ni tipos penales; en la realidad, son marcos generales de criminalización de las más diversas conductas y actores, mientras que las distintas coyunturas son las que en su momento van llenando de contenido las normas vagas y difusas.

4.3 La desestructuración dogmática de las normas penales antiterroristas

Dos normas, ejemplos claros de cómo se "legisla" en la legislación de emergencia, sirven para ilustrar lo expuesto. La primera, se trata de una norma del Estatuto para la Defensa de la Justicia, y que tuvo vigencia significativa. (Hoy no está vigente, pero se usa como ejemplo para entender la lógica de estatutos antiterroristas).

Se trató del artículo 6º del capítulo II acerca de la competencia, contenida en el Decreto nº 2.790/1990: siempre que el delito de secuestro se dirija contra persona que ocupe algunos de los cargos mencionados en el numeral 1º del artículo 2º del Decreto nº 474/1988 o en funcionario de la rama jurisdiccional, Registrador Nacional del Estado Civil, miembro del Consejo Nacional Electoral (sigue un listado extenso), o se ejecuten con fines terroristas; u obedezca a los propósitos descritos en el artículo 1º del Decreto nº 1.631/1987 o persiga los objetivos enunciados en el artículo 268 del Código Penal, se sancionará con prisión de veinte (20) a veinticinco (25) años.

De igual forma, la norma agrega que, "Quien forme parte de grupo u organización de personas que tenga como uno de sus fines o propósitos el de cometer el hecho punible descrito en el inciso anterior, incurrirá por ese solo hecho en la sanción allí prevista, disminuida en una tercera parte. La misma sanción se aplicará a quien, teniendo conocimiento de la comisión del hecho punible de secuestro ayude a eludir la acción de la autoridad, o a entorpecer la investigación correspondiente, o a ocultar o asegurar el producto del delito o lo adquiera o enajene".

El artículo también establece que "Del mismo modo, quien conociendo de los planes o actividades de uno de los mencionados grupos u organizaciones de personas en relación con el delito de secuestro, omitiere informar oportunamente sobre aquellos a la autoridad, o no denunciare un secuestro cuyos autores o partícipes tenga conocimiento, incurrirá en la pena establecida en el inciso primero de este artículo disminuida en la mitad".

Al igual que la norma que se citará a continuación sobre lesiones personales, esta norma constituye un tipo penal abierto, difuso, caótico y confuso, desde cualquier punto de vista dogmático que se asuma. Su estudio sirve como caso paradigmático acerca de cómo se "legisla" en el marco general de la legislación de emergencia.

La norma parece referirse al delito de secuestro, pero no de manera general, sino cuando éste se cometa contra una serie de funcionarios estatales. (No hay normas anteriores que hicieran referencia al secuestro de manera genérica. Se hace una referencia súbita a este delito). Ésta es la parte inicial de la norma y ella entraña una curiosa forma de legislar ya anotada: se comienza, de acuerdo con ciertos hechos de la coyuntura, con una lista de personalidades; luego, con cada estatuto especial, se van sumando personalidades, hasta que al fin ningún fiscal y ningún juez sabrán exactamente qué tipo de persona producirá una reacción más radical de la norma penal.

El segundo párrafo la norma se refiere a quien forme parte de organizaciones que tengan como "uno de sus fines o propósitos" la comisión del *delito anterior*. En primer lugar, la norma incluye una especie *sui generis* de concierto para delinquir que desvirtúa la lógica de la tentativa o de la coparticipación en tanto dispositivos amplificadores del tipo penal. De hecho, como se dice, la noción de "concierto" ha servido como marco general criminalizante en la legislación penal de emergencia.

En segundo lugar, al leerse la norma, surge la pregunta por la noción del "delito anterior". ¿Cuál es? ¿Es el secuestro de manera general? ¿Es el secuestro contra ciertas personas, o es el secuestro contra dichas personas pero con fines terroristas? ¿Se trata más bien del secuestro contenido en el artículo 268 del Código Penal y subrogado posteriormente por el artículo 1º de la Ley nº 40/93? ¿O es en cambio el delito establecido por otro decreto especial, el nº 1.631/1987? ¿O son todos los delitos a la vez? No hay claridad al respecto.

La enorme confusión sobre el delito al cual se refiere la norma, se agrava cuando se hace referencia en ella a "uno de sus fines". ¿Cuáles serán entonces los otros fines o propósitos? Enseguida, la norma se refiere a "ese solo hecho". Esta es una peligrosa forma de legislar que se ha generalizado y que ha socavado el artículo 12 del Código Penal que consagra el principio de culpabilidad y proscribe la responsabilidad objetiva. Parecería que la sola comisión del hecho, observado desde el punto de vista fáctico y sin hacerse la pregunta por la culpabilidad, bastara para deducir de manera inmediata la responsabilidad penal.

Otra norma ilustra lo expuesto: se trata de una norma que hizo parte del denominado "estatuto antiterrorista", Decreto nº 180/1988, y que luego fue cruzando todo el ordenamiento jurídico, pese a las más disímiles reformas y pese, incluso, a cambio de Constitución Política.[3] La norma estableció el castigo para quienes causen "lesiones personales" con fines terroristas, y que hubieren pertenecido "a *grupo armado no autorizado legalmente*".

Una pregunta surge inmediatamente frente a dicha norma: ¿qué significa realmente un "grupo armado no autorizado legalmente"? La norma representa un ejemplo clásico de un tipo penal vago y difuso, en virtud del cual pueden ser juzgados los más distintos actores. En efecto, en un país en el cual existen diversos actores colectivos que se mueven en lógicas de acción violenta y también en lógicas de acción civil no violentas, esta norma abre un campo enorme de interpretación y amplía excesivamente el margen de la decisión de los fiscales y de los jueces.

A un grupo armado ilegal puede pertenecer tanto un guerrillero, como un miembro de un grupo paramilitar, como puede pertenecer también, en general, un miembro de una organización terrorista o de una organización criminal común; pero también puede pertenecer a él un miembro de una empresa de vigilancia privada o de "guarda espaldas", que no hubieren obtenido a tiempo su licencia de funcionamiento. Con base en una norma así, también puede ser falsamente incriminado, como miembro de un grupo armado ilegal, una persona que pertenezca a un movimiento de protesta de carácter civil y legítimo, pero que como actor situado dentro de una lógica de acción política cercana a escenarios de conflicto armado, puede ser concebido como integrante de un grupo armado.

¿De qué depende entonces en la práctica el proceso de adecuación típica? ¿Cómo actúa un juez en un escenario de violencia confuso, y con base en un material jurídico aún más confuso? ¿Cuál es el marco en el

---

[3] Se trata del artículo 3º del Decreto nº 2.490/1988. Esta norma fue añadida al Decreto nº 180/1988, denominado "Estatuto antiterrorista", que contenía de manera general la legislación antiterrorista, y luego fue incorporada a la legislación penal de emergencia, por el numeral 6º del artículo 9º del Decreto nº 2.790/1990 que constituyó la primera versión del Estatuto para la Defensa de la Justicia. La norma fue recogida luego por el artículo 5º del Decreto nº 2.266/1991, que convirtió en legislación permanente normas que habían sido dictadas bajo el estado de sitio, y que eran anteriores a la expedición de la Carta Política de 1991. Luego, en la Ley nº 504/1999, en el artículo 5º que regula la competencia de los jueces penales del circuito especializados, se estableció que serían castigadas las "lesiones personales con fines terroristas" (artículos 31, 32, 33, 34, 35 y 36 del Decreto nº 180/1988, declarado legislación permanente por el artículo 4º del Decreto nº 2.266/1991"). No se hace referencia explícita al numeral 5º del Decreto nº 2.266, pero la referencia a las lesiones personales en el contexto del terrorismo se mantuvo de manera genérica, de tal forma que estuvo vigente siempre la posibilidad de ser aplicada. En todo caso, valga aquí su reseña como una norma que ilustra la extrema vaguedad de los tipos penales del derecho penal especial y la posibilidad de su uso político-instrumental.

cual debe actuar también la policía, por ejemplo, y en general los organismos encargados de recoger la prueba judicial, cuando todo tipo de actores pueden ser incriminados en la práctica? ¿Qué pasa con los fiscales, quienes además pueden ser relevados del conocimiento de un hecho? En muchos casos, este proceso de adecuación típica de la conducta que hace el juez, la dirección que tome la actuación de la policía frente a los distintos actores, la investigación adelantada por los fiscales, ha dependido más del carácter que en su momento asuma la correlación de fuerzas entre el Estado y los distintos actores involucrados directa o indirectamente en el conflicto armado que vive el país. Ello, más allá, desde luego, de la toda racionalidad dogmática del derecho penal. Es la más clara expresión de la relación entre derecho penal y política, en un escenario de permanencia del conflicto armado interno.

5 *More of the same* y legislación antiterrorista: una historia interminable

En razón a la extrema selectividad de la legislación penal antiterrorista, en razón a que ella no se aplica realmente al actor que la ha generado y, por consiguiente, en razón a que los problemas de terrorismo no se resuelven con la ley penal, pero siguen las exigencias sociales para resolverlo, el sistema penal debe seguir produciendo más normas, debe seguir expandiéndose; es un verdadero mecanismo perverso de auto reproducción sin límite de normas penales. Es lo que se debe llamar *inflación penal*.

Con Niklas Luhmann se podría decir: se trata de un sistema penal que no *aprende*, es decir, que no puede reconocer en la práctica diaria el fracaso de su normatividad y, en cambio, como respuesta, sigue reproduciéndose; el legislador no capta el mensaje social de normas que no tienen aplicación práctica y, al contrario, se aferra a seguir legislando. Una especie de *more of the same*, sintetiza el proceso infinito de expedición normativa. La selectividad del sistema se hace más notoria, los problemas no se resuelven. Por ejemplo, se han ensayado toda suerte de normas contra el tráfico de estupefacientes, se ha dado un tratamiento privilegiadamente criminalizante al fenómeno del narcotráfico y no se ha resuelto este fenómeno: al contrario, crece y crece; es una política coercitiva y penalizante que ha fracasado. Las expectativas sociales se ven permanentemente frustradas. Así, a mayor frustración, mayor respuesta punitiva y de allí la hiperinflación legislativa de las normas penales antiterroristas o contra el crimen organizado.

Una de las dinámicas más perversas de la legislación terrorista autoreferencial y caótica, es la relacionada con la expedición de normas o la creación de las mismas, una vez el juez constitucional las ha declarado inconstitucionales. Es decir, ha sido común en nuestra historia, el enfrentamiento entre el poder ejecutivo y el poder judicial, en torno a la legislación penal de emergencia: se legisla por la vía de excepción y la Corte Constitucional en su examen de constitucionalidad, declara inconstitucional algunas normas o todas ellas, y se revive la discusión social en torno al enfrentamiento de poderes. Una salida que se ha optado algunas veces, es llevar ante el Congreso normas de excepción, con ropaje de normas permanentes o, lo más radical, se ha optado por buscar modificar directamente la Constitución Política, para ubicar allí estatutos antiterroristas que han sido previamente declarados inconstitucionales; así se evitaría la declaración de inconstitucionalidad en principio.

Es importante aclarar, al respecto, que el control constitucional colombiano ha sido muy fuerte y ciertamente anclado a principios liberales y de preservación de los derechos fundamentales contenidos en la Carta Política. Por esa razón, incluso tratándose de actos legislativos que modifican la Carta, el juez constitucional ha establecido como parámetro, el que se trate de cambios que en todo caso no contraríen la "esencia" misma de la Constitución Política: la Corte Constitucional evalúa no sólo leyes o decretos de excepción, sino que estudia incluso actos legislativos que modifican la Constitución Política; su poder ha sido inmenso y, en términos generales, muy significativo para la democracia y para un derecho penal respetuoso de principios constitucionales. No obstante, aún esta dinámica de preservación democrática de la Carta Política sufre tensiones muy importantes, cuando se trata de legislaciones penales antiterroristas o de emergencia.

Para ilustrar lo dicho con un ejemplo, se han realizado varios intentos en el país, para que las fuerzas armadas ejerzan funciones de policía judicial. Se trata de un hecho complejo que, a juicio del autor de este escrito, contribuye peligrosamente a que en la práctica los escenarios de conflicto armado se trasladen al sistema judicial: si las fuerzas armadas, como actores directos del conflicto armado, tienen posibilidades de llevar pruebas a juicios penales y sustituir a los fiscales y a la policía judicial en estas tareas, quiere decir que uno de los actores incide directamente en el destino del proceso penal. Ello degrada más el conflicto y militariza la función penal.[4]

---

[4] El autor de este escrito ha sido invitado al Brasil para discutir sobre el tema de la posible militarización de las favelas y la sustitución de la acción de la policía, por la acción de los militares. Ello, sobre todo, a las armas usadas por el narcotráfico, al crecimiento de su control sobre las favelas, etc. Pero ello trae un peligro esencial que se ha vivido en Colombia: la confusión entre la función de policía y la función militar. Lo dicho en el ejemplo tiene que ver con ello, pero sucede en doble vía: ni el ejército puede suplir funciones de policía, ni la policía asumir funciones del ejército. En el caso del Brasil, ello podría acarrear la corrupción del ejército, mezclado en temas de narcotráfico, así como la generación de muertes que se pueden evitar, ya que el ejército está entrenado para la guerra y la lucha contra el narcotráfico no es una guerra.

El juez constitucional colombiano, consciente de esta situación, ha dicho que con ello el Estado pierde su carácter de tercero neutral en el conflicto y causa interferencia en la función de administrar justicia, que debe ser ante todo civil. Las normas que ello han buscado, han sido declaradas apartadas de la Carta Política; no obstante, se ha vuelto en varias ocasiones a legislar sobre el mismo punto y se ha pretendido con ello, en el marco de la legislación antiterrorista, reformar directamente la Carta Política. En la declaración del estado de excepción —debe decirse que en Colombia no ha existido un solo gobernante que haya gobernado sin declarar la emergencia en los últimos cincuenta años— establecida por el Decreto nº 1.837, del 11 de agosto de 2002, se volvió a intentar esta posibilidad, siendo declarado inconstitucional el decreto respectivo por la Corte Constitucional.

5.1 El terrorismo como ámbito general e indiscriminado de imputación de toda clase conductas: una característica marcada en la década del 2000

Este último hecho señalado —el desconocer pronunciamientos del juez constitucional y, en consecuencia, buscar reformar directamente la Constitución Política—, se manifestó de manera especialmente crítica en el gobierno del presidente Uribe Vélez, instaurado desde el 2002.

Lo primero que hay que anotar, es que se trató de un gobierno en el cual, además, el terrorismo, más que un tipo penal, se convirtió en la práctica cotidiana, en una fuente general de imputación de conductas, hecho agenciado directamente por la cabeza del poder ejecutivo en innumerables ocasiones, pero que también tuvo amplias repercusiones en los medios de comunicación: una serie de acciones de violencia, ligadas a la violencia del país, fueron inmediatamente concebidas por el poder ejecutivo y con amplia resonancia mediática, como acciones terroristas.

De hecho, ni siquiera se hablaba de acciones de individuos, sino directamente de terroristas: es decir, para ponerlo en términos penales —aunque siempre los jueces han sido mucho más cautos y no se han dejado arrastrar por esta terminología política—, se pasó en el discurso del poder ejecutivo, de un derecho penal de acto a un claro derecho penal de autor: ante una noticia de un crimen, ante hechos ocasionados por actores armados y, lo más grave, ante situaciones claras de disidencias políticas, se comenzó a hablar de acciones propias de "terroristas". El terrorismo fue, y es utilizado aún después de ser presidente, por la cabeza del ejecutivo de aquel entonces, como un recurso ideológico para descalificar enemigos políticos.

Este adjetivo, de "terrorista", se convirtió prácticamente en una especie de apellido para un gran número de personas, tanto actores que cometían crímenes, pero que no eran en ningún caso acciones de terrorismo, como, lo más grave, se convirtió en una especie de apellido para sindicalistas, defensores de derechos humanos, miembros de organizaciones de defensa de los derechos, miembros de partidos de oposición. El uso demagógico de la noción de terrorista se convirtió en una costumbre desde el poder ejecutivo, lo cual ayudó a la polarización del país en épocas de Uribe Vélez.

Hoy se ha sabido que la persecución política agenciada desde el gobierno, que se apuntaló en el discurso con el uso indiscriminado de la noción de terrorismo, se manifestó, por ejemplo, en la masificación de las llamadas "escuchas ilegales", que fueron usadas desde las más altas esferas del gobierno, contra periodistas, miembros de organizaciones de derechos humanos, contra políticos de oposición e, incluso, en un hecho de gravedad inusitada, contra magistrados de la Sala Penal de la Corte Suprema de Justicia, que se encontraban investigando hechos relacionados con la posible participación de políticos ligados al presidente, en hechos criminales promovidos por miembros de grupos irregulares, especialmente de grupos paramilitares.

Para el mes de febrero de 2012, se ha sancionado, incluso, a una mujer, perteneciente a la agencia de inteligencia estatal, que contrató servicios de personas muy cercanas a los magistrados, que los apoyaban en labores cotidianas, para que introdujeran, ilegalmente, micrófonos en los salones de decisión y así poder seguir las discusiones de los magistrados: son escándalos que hoy han llevado, incluso, a la desaparición de dicha agencia, denominadas DAS, pues desde ella se generalizó una verdadera persecución política. Y aquello que más sirvió a este propósito, fue justamente la denominación genérica de terroristas, desde los más simples criminales, hasta miembros de la sociedad civil, que se oponían al gobierno.

Para el gobierno era muy importante, en este escenario oscuro asegurar, además, en la propia Constitución, un ámbito supralegal para el terrorismo. Es el último intento que ha vivido el país, de reformar la Carta Política y de usarla en función de la persecución de enemigos políticos. Por esta razón, es importante dar cuenta de esta discusión que, para bien de la democracia, fue cerrada por la Corte Constitucional, en una mayoría muy ajustada, que declaró inconstitucional esta pretensión de reforma constitucional.

5.2 Un fallido intento de eternizar la legislación antiterrorista: la reforma constitucional de 2003

El gobierno elegido en el 2002, bajo el cual se declaró el estado de excepción, en su versión de conmoción interior, apenas unos pocos meses después de iniciarse éste, tomó como política de Estado el impulso a un nuevo estatuto antiterrorista. El gobierno propuso y logró en el Parlamento, por vía de un acto legislativo reformatorio de la Carta, el siguiente artículo:

Artículo 4º. El artículo 250 de la Constitución Política tendrá un parágrafo del siguiente tenor:

Parágrafo 2º. Para combatir el terrorismo y los delitos contra la seguridad pública, y en aquellos sitios del territorio nacional donde no exista una autoridad judicial a la que se pueda acudir en forma inmediata o donde el acceso de los funcionarios ordinarios de policía judicial no sea posible por excepcionales circunstancias de orden público, la Fiscalía General de la Nación conformará unidades especiales de Policía Judicial con miembros de las Fuerzas Militares, las cuales estarán bajo su dirección y coordinación. Para el desarrollo de las labores propias de esta función, los miembros de la Unidad pertenecientes a las fuerzas militares se regirán, sin excepción, por los mismos principios de responsabilidad que los demás miembros de la unidad especial.

Quedaba así institucionalizada, además, ya no por vía de excepción ni por leyes, sino por reforma directa de la Carta, la posibilidad de que las fuerzas armadas ejercieran funciones de policía judicial.

La norma, agregaba, además, un artículo relacionado con el tema muy problemático —ya reseñado y que puede ser por ejemplo interesante para estudiarlo comparativamente con el caso brasileño—, en el cual la policía, en escenarios de conflicto con bandas criminales, está en el centro de la discusión jurídica y política. Decía así el artículo 3 del acto legislativo, reformando el artículo 28:

Una ley estatutaria reglamentará la forma en que, sin previa orden judicial, las autoridades que ella señale puedan realizar detenciones, allanamientos y registros domiciliarios, con aviso inmediato a la Procuraduría General de la Nación y control judicial posterior dentro de las treinta y seis (36) horas siguientes, siempre que existan serios motivos para prevenir la comisión de actos terroristas. Al iniciar cada período de sesiones el Gobierno rendirá informe al Congreso sobre el uso que se haya hecho de esta facultad. Los funcionarios que abusen de las medidas a que se refiere este artículo incurrirán en falta gravísima, sin perjuicio de las demás responsabilidades a que hubiere lugar.

Quedaba de esta manera establecida por vía constitucional, la posibilidad de adelantarse retenciones, allanamientos y registros, sin previa orden judicial. Lo que se había intentado unos meses antes por vía del estado de excepción y que había sido decididamente limitado por la Corte en la sentencia nº 1024 de 2002, quedaba definitivamente regulado en la Carta Política que, sea dicho de paso, experimentó, en el gobierno del presidente Uribe Vélez, sucesivas reformas en todos los ámbitos a instancia del poder ejecutivo. Una de ellas: la posibilidad de la reelección presidencial inmediata, algo absolutamente inédito en la historia constitucional del país. (Se agrega, además, que hoy se han sancionado congresistas que dieron su voto favorable a la relección presidencial, a cambio de toda suerte de favores políticos y de obsequios por parte del poder ejecutivo. De hecho, existen investigaciones abiertas contra ministros y miembros del gobierno por estos hechos ilegales, de compra de conciencias para perpetuarse en el poder).

Este proceso representaba la máxima expresión de la dinámica perversa de la emergencia: ya no se trataba de dictar decretos de excepción, una vez hubiere expirado el término previsto para su vigencia; ya no se presionaba al Parlamento para que expidiera una ley con base en consideraciones de la Corte hechas en función estrictamente de las causas que dieron lugar a una declaración de excepción en un momento y en una coyuntura específica; ahora se buscaba, de una vez por todas, instaurar un régimen de excepción permanente, por vía de la reforma constitucional.

En una decisión muy ajustada, de 5 a 4, de una manera muy valiente, con la mayor presión que es posible ejercer ante el juez constitucional, la Corte declaró inconstitucional esta reforma, el Acto Legislativo nº 02/2003, "por medio del cual se modifican los artículos 15, 24, 28 y 250 de la Constitución Política de Colombia para enfrentar el terrorismo". La Corte, en el caso que se estudia y haciendo uso de la función de control formal de los actos legislativos reformatorios de la Carta, declaró contrario a la Constitución el proceso legislativo de generación del estatuto antiterrorista.[5]

Un ejemplo muy concreto revela todo lo que se ha dicho en este punto. Antes de la decisión de la Corte, en la ciudad de Cartagena tuvo lugar una marcha en la cual se protestaba contra la posible firma del tratado de comercio denominado TLC, con los Estados Unidos. Algunos congresistas que se oponían al mismo, se encontraban al frente de la marcha. Como suele suceder en un país tan conflictivo, hubo enfrentamientos con las autoridades que no pasaron a mayores y, al otro día, en los medios de comunicación, especialmente en la radio, el ministro de defensa, unos meses antes de verse forzado a dejar el cargo por múltiples escándalos, tachó de terroristas a los congresistas. Es decir, opositores políticos fueron considerados como terroristas. Ello generó un rechazo generalizado. Incluso en los sectores más conservadores se criticó semejante acusación sin fundamento y en los medios se alertó contra falsas incriminaciones que venían directamente del jefe de la cartera de la defensa. Pero se trataba de la entrada en escena de la práctica generalizada que se reseñó, de acusar de terroristas a toda clase de personas que se oponían al gobierno.

Es un periodo caracterizado entonces, de manera general, por este hecho narrado: el terrorismo se convierte en un ámbito general de criminalización indiscriminada y a ello se suma, como es el caso del discurso

---

[5] Corte Constitucional, sentencia nº C-816 del 30 de agosto de 2004. La ponencia inicial del magistrado Monroy Cabra fue derrotada y se le encargó la redacción final a los magistrados Jaime Códoba Triviño y Rodrigo Uprimny Yepes.

gubernamental, un uso obsesivo del recurso al terrorismo como fuente de legitimación de decisiones político-criminales en todos los niveles y una obsesión criminalizante que se extiende en todos los ámbitos posibles.

Esta es, además, una posible conclusión para el caso colombiano, sin dejar por supuesto de aclarar, que en este país, como se ha dicho desde un principio, la permanencia del conflicto armado interno, la situación permanente de violencia, hace que también ocurran prácticas indiscriminadas de acciones terroristas, de hechos violentos absolutamente infames y rechazables, que generan mucha confusión no sólo en la ciudadanía, sino de hecho en los operadores de la justicia que no saben qué normas aplicar, que deben enfrentar actores cobardes que atentan diariamente contra seres indefensos y que crean más caos y confusión. No obstante, el sistema judicial debe seguir preservando sus límites y no propiciar que quienes desde el gobierno o el parlamento o incluso desde el mismo poder judicial, pretenden instrumentalizar la noción de terrorismo con fines políticos, lo puedan hacer y, sobre todo, debe seguir luchando para enviar la construcción de escenarios de persecución política y de creación de verdaderos chivos expiatorios.

Luego de esta conclusión que es general respecto del caso Colombia, es muy importante hacer alusión, en la parte final de este escrito, a un hecho muy interesante de la coyuntura actual, que debe ser resaltado en función del tema que se estudia: se trata de las tensiones y límites de acciones terroristas en escenarios judiciales de persecución penal de crímenes internacionales, en la puesta en marcha de mecanismos de justicia transicional.

6 La Ley de Justicia y Paz y el marco de justicia transicional: el juzgamiento de crímenes internacionales por fuera del terrorismo

En la historia reciente del país, en el marco de las relaciones entre guerra y derecho, en el contexto de la guerra y la política que ha marcado la historia de Colombia, tuvo lugar la expedición, en el año 2005, de la denominada Ley de Justicia y Paz, Ley nº 975/2005. Fue expedida en el marco de un proceso de desmovilización, logro interesante del gobierno del presidente Uribe Vélez, de miembros de grupos irregulares, paramilitares, ligados a la comisión de los más graves crímenes contra población civil indefensa.

Se trata de miembros de grupos involucrados en la guerra, que se definieron muchos de ellos a sí mismos como "grupos de autodefensas", que luchaban contra la guerrilla, o que eso argumentaban, y que terminaron conformando un verdadero ejército contrarrevolucionario de ultraderecha, involucrados en las más graves masacres, en políticas de exterminio de campesinos y líderes comunales, sindicales, políticos; además de estar involucrados en todas suerte de violaciones de derechos humanos y del derecho internacional humanitario, concebidas hoy como crímenes internacionales y que hacen parte del Código Penal vigente. La Ley, de manera muy sintética, otorga beneficios a los paramilitares, a condición de que entreguen bienes, reparen efectivamente a las víctimas y narren la verdad de lo ocurrido. Se trata de un experimento sin precedentes, incluso a nivel internacional: más de 30 mil hechos narrados, miles de víctimas reconocidas y un contenido de verdad monstruoso sobre la comisión de toda suerte de crímenes. El país se encuentra en plena implementación de la Ley, con toda suerte de tropiezos y dificultades.

En relación con lo que nos interesa directamente, hay que resaltar un hecho central: los fiscales no han imputado el delito de terrorismo de manera prioritaria; es decir, con base en lo expuesto a lo largo del presente trabajo, lo más fácil era imputar de manera general acciones de terrorismo y castigar por ello a los responsables. No obstante, el sistema judicial no ha caído en esta salida fácil y, al contrario, ha buscado dar consistencia a las imputaciones, de acuerdo con los hechos ocurridos.[6]

El punto de partida: el reconocimiento del conflicto armado interno y la comisión de crímenes internacionales, dentro de los cuales no está el terrorismo en su versión de tipos penales de emergencia o incluso en la versión del Código Penal vigente (ello, aclarando que, como se verá más adelante, sí se ha aplicado el terrorismo en tanto se trate de acciones terroristas cometidas en el escenario del conflicto armado interno, pero no ligadas, como se ha dicho, como un discurso abierto de persecución de enemigos políticos). Y este proceso se ha llevado a cabo, incluso a pesar de la negación, por parte del presidente de la época, de la existencia del conflicto armado. Hay que aclarar este aspecto.

Durante este periodo del presidente mencionado, que se extiende desde el año 2002, hasta el 2010, se negó efectivamente la existencia del conflicto armado y se hablaba más de una amenaza terrorista a una democracia en consolidación. En efecto, dos concepciones sobre la persistencia de una violencia social y política se enfrentaban de manera vehemente. Una, ligada más al poder ejecutivo y minoritaria, que veía más en la violencia, la amenaza terrorista contra una democracia frágil, pero en expansión; y, la otra, seguida por el sistema judicial por décadas, por la doctrina, por la

---

[6] Para profundizar en este tema concreto de los modelos de imputación seguidos por los fiscales, permítase la remisión al texto de Alejandro Aponte, *Fórmulas de imputación de conductas delictivas que constituyen crímenes internacionales en el ámbito de Justicia y Paz*, elaborado como director del Área de Justicia del Observatorio Internacional para el seguimiento del proceso de DDR y la Ley de Justicia y Paz, del Centro Internacional de Toledo para la Paz, Madrid-Bogotá, noviembre de 2009, p. 19-87.

mayoría de la comunidad jurídica: se trata de un conflicto armado, degradado, despolitizado, confuso, en el cual el narcotráfico ha colaborado con dicha degradación y despolitización y que genera una mayoría de víctimas en la sociedad civil desarmada. Debe aclararse que esta concepción no supone, en ningún caso, un reconocimiento de beligerancia a actores armados como la guerrilla o los paramilitares; no supone un tratamiento más benigno. Al contrario, desde el punto de vista penal, el marco general del conflicto armado, como base para la imputación de infracciones del derecho internacional humanitario, supone una exigencia mayor a las partes involucradas en el conflicto, de tal forma que los homicidios, las agresiones sexuales contra civiles, las lesiones, las torturas..., todas son acciones castigadas más severamente.

En el ámbito de Justicia y Paz, ha prevalecido esta concepción y, por ello, no se han imputado los delitos a los miembros de grupos paramilitares, como acciones terroristas, sino como acciones ligadas a crímenes internacionales. Por ejemplo, el delito que más se ha imputado, siempre y cuando se trate de acciones cometidas bajo la vigencia del Código Penal del año 2000, es el delito de homicidio en persona protegida, ligado también a toda suerte de infracciones al derecho internacional humanitario. De igual manera, se ha imputado masivamente el delito de desaparición forzada y un delito especialmente crítico en Colombia, que es el desplazamiento forzado interno.

Más sencillo sería, por supuesto y siguiendo la tradición de imputación indiscriminada de conductas, imputar masivamente el delito de terrorismo y acallar así la verdad de los hechos ocurridos. No ha sido así, no obstante, y ello es interesante, pues permite revelar efectivamente lo que ha ocurrido. Lo que sí se ha imputado, como delito de contexto en diversos casos, es el delito de terrorismo en desarrollo de conflicto armado interno. O sea, como infracción al derecho internacional humanitario.

Se trata, justamente del tipo penal contenido en el artículo 144 del Código Penal, que establece que quien "con ocasión y en desarrollo de conflicto armado, realice u ordene llevar a cabo ataques indiscriminados o excesivos o haga objeto a la población civil de ataques, represalias, actos o amenazas de violencia cuya finalidad principal sea aterrorizarla, incurrirá por esa sola conducta en prisión de doscientos cuarenta (240) a cuatrocientos cincuenta (450) meses, multa de dos mil seiscientos sesenta y seis punto sesenta y seis (2666.66) a cincuenta mil (50,000) salarios mínimos legales mensuales vigentes, e inhabilitación para el ejercicio de derechos y funciones públicas de doscientos cuarenta (240) a trescientos sesenta (360) meses".

Es una redacción complicada, pero los fiscales han buscado darle coherencia a la norma, imputando acciones que sirven de contexto, por su carácter indiscriminado, a otras acciones que se concretan como delitos particulares, como son los homicidios, desapariciones, etc. De todas formas, su uso es muy residual, es una norma que no se viene aplicando de manera sistemática, ya que, como se dice, se han aplicado más las normas que establecen más claramente los crímenes cometidos. Ello ha hecho que, en la práctica —aunque en el discurso se sigue hablando en general de "violencia terrorista"—, el sistema judicial busque diferenciar correctamente las conductas y no extienda de manera indiscriminada la noción de terrorismo.

De todas maneras, y hay que llamar mucho la atención sobre este punto, hay que evitar que la noción de *lesa humanidad*, que se viene extendiendo peligrosamente en el escenario de la persecución penal de crímenes internacionales, se convierta en la práctica hoy, en una especie de sustituto de lo que ha sido por décadas el terrorismo: un marco general e indiscriminado de imputación de todas suerte de conductas, ligados a actuaciones censurables, pero que no corresponden a crímenes de lesa humanidad. Su banalización en el discurso y en la práctica puede hacer que fracase —como ha fracasado la lucha antiterrorista—, la lucha, más loable éticamente, por sancionar a grandes violadores de derechos humanos y del derecho humanitario.

De esta forma, a manera de síntesis, pese a que no se viene utilizando la noción abierta de terrorismo, en escenarios de crímenes internacionales, lo que sí sigue siendo complejo, es que en el debate social discursivo, sí se continúan haciendo referencia al terrorismo y a "terroristas", para descalificar enemigos políticos o para juzgar acciones, sólo por su impacto social. Es una mala herencia que debe ser cada vez más combatida. Pero también es un tema internacional ya que, como se sabe, en la década del 2000, a raíz de grandes atentados terroristas, se ha venido extendiendo el paradigma general del terrorismo para simplificar acciones complejas que revelan luchas culturales profundas y toda clase de problemas que, de manera paradójica, experimenta el mundo cuando busca, forzosamente, globalizarse.

Puede decirse entonces, que este es el estado actual de la denominada lucha contra el terrorismo: sigue hablándose, en general, un lenguaje muy extendido a nivel internacional, de "lucha contra el terrorismo" que puede englobar acciones contra el crimen organizado, contra el narcotráfico, etc., y que genera múltiples ambigüedades. Al mismo tiempo, se continúa utilizando de manera indiscriminada, a nivel interno, la noción de terrorismo, para abordar temas de violencia interna, ligada a las acciones de la guerrilla, del narcotráfico, del crimen organizado; pero, también, se ha desligado, con muy buen criterio, esta denominación en el discurso y la imputación general en la práctica penal, de terroristas, a actores ligados a la comisión de crímenes internacionales.

En la dinámica de la hoy denominada justicia transicional, dentro de la cual se inscribe, por ejemplo, la Ley de Justicia y Paz, no se hace referencia al terrorismo y éste no se liga a acciones contra los derechos humanos o contra el derecho internacional humanitario. Es deber de los juristas seguir alertando contra la práctica más fácil, que es la de imputar todas las acciones de violencia, como acciones terroristas, creando, paradójicamente, más impunidad y menos capacidad del sistema para abordar la violencia, diferenciando actores y diferenciado los hechos, así como las víctimas mismas de la violencia.

Se debe evitar, ante todo y como consecuencia de una práctica moralizante perversa, tildar de enemigos morales y, desde allí, tildar de terroristas, a meros enemigos políticos o disidentes culturales, o a toda suerte de individuos que se oponen a posturas políticas dominantes. También se debe evitar sancionar como terroristas actos que no lo son, por más reprochables que ellos sean. Su imputación debe ser residual y se debe buscar mejor imputar tipos penales más consistentes y que soportan un examen dogmático mínimo; para ello, por supuesto, los operadores deben estar conscientes de que, frente al terrorismo, se mueven en escenarios donde las fronteras entre el derecho y la política, entre el derecho y la moral y, en el caso colombiano, entre el derecho y la guerra, son oscuras, difusas y peligrosas.

Referencias

APONTE, Alejandro. *Fórmulas de imputación de conductas delictivas que constituyen crímenes internacionales en el ámbito de Justicia y Paz*, elaborado como director del Área de Justicia del Observatorio Internacional para el seguimiento del proceso de DDR y la Ley de Justicia y Paz, del Centro Internacional de Toledo para la Paz, Madrid-Bogotá, noviembre de 2009, pp. 19-87.

APONTE, Alejandro. *Guerra y derecho penal de enemigo. Reflexión crítica sobre el eficientismo penal de enemigo*. Bogotá: Gustavo Ibáñez, 2006.

Informação bibliográfica deste texto, conforme a NBR 6023:2002 da Associação Brasileira de Normas Técnicas (ABNT):

APONTE, Alejandro. Derecho penal y terrorismo: dilemas de la legislación penal antiterrorista en Colombia. *In*: FERNANDES, Antonio Scarance; ZILLI, Marcos. (Coord.). *Terrorismo e justiça penal*: reflexões sobre a eficiência e o garantismo. Belo Horizonte: Fórum, 2014. p. 291-311. ISBN 978-85-7700-844-5.

PARTE III

O CONTRATERRORISMO E O DIREITO INTERNACIONAL DOS DIREITOS HUMANOS

CAPÍTULO 11

A CORTE EUROPEIA DE DIREITOS HUMANOS E O TERRORISMO PRATICADO EM TEMPOS DE EMERGÊNCIA

O DEVIDO PROCESSO PENAL ENTRE EFICIÊNCIA E GARANTISMO

ANAMARA OSÓRIO SILVA
VITOR BASTOS MAIA

Em meio da treva cultural dos Estados de Fato, a chama acesa da consciência jurídica não cessa de reconhecer que não existem, para Estado nenhum, ideais mais altos do que os da Liberdade e da Justiça.

(Prof. Goffredo da Silva Telles Junior)

The real threat to the life of the nation ... comes not from terrorism but from laws such as these.

(Lord Hoffman)

1 Introdução

Ao tratar do terrorismo na modernidade, não há como não rememorar as tristes e chocantes imagens dos ataques terroristas aos edifícios do "World Trade Center", em Nova Iorque, ao prédio do Pentágono, em Washington, e da queda do voo 93 na Pensilvânia, bem como dos atentados à linha ferroviária de Madrid, em 2004, e às estações de metrô de Londres, em 2005. A década de 2000 foi, sem dúvida, marcada por trágicos episódios que impulsionaram o concerto internacional em torno da luta contra o terrorismo.[1] Passados mais de dez anos, o tema mantém-se dentre os centrais da agenda da comunidade internacional.

A relevância do assunto na modernidade é evidenciada por Antonio Cassese quando afirma que o terrorismo, visto como "um dos maiores flagelos da comunidade internacional", acarretou a mudança das prioridades de alguns dos países mais poderosos: "do combate à pobreza e ao subdesenvolvimento e a proteção do meio ambiente às medidas voltadas à prevenção e repressão das ações terroristas".[2] Em que pese o tema ter alcançado nova dimensão nas relações internacionais, após os acontecimentos da última década, não se pode, contudo, perder de vista que não se trata de prática recente na história da humanidade. A esse respeito, Henry Laurens, ao abordar o terrorismo como "personagem histórico", esclarece que sua origem mais remota pode ser identificada no "tiranicídio" (em francês: "tyrannicide") praticado nas Antiguidades grega e romana, o qual significava "o assassinato de um tirano por uma pessoa com o objetivo de que fosse alcançado o bem comum, ou seja, a libertação da servidão".[3]

Nas palavras de Gilbert Guillaume, trazidas por Sarah Pellet, o termo "terror", de onde deriva a expressão terrorismo, data de 1335, tem sua origem no idioma francês (*terreur*), significando uma "ameaça imprevisível" e causadora de medo.[4] O termo foi empregado pela primeira vez na acepção política como "atos contrários ao regime", no período jacobino da Revolução Francesa, consoante esclarece José Garcia San Pedro.[5]

Assim, o terrorismo já representava um "personagem histórico" no momento em que a garantia do "due process of law" se consolidava no

---

[1] Devem ser referidas, no âmbito da ONU, as Resoluções nº 1.368, de 12.09.2001, e nº 1.373, de 28.09.2001, tendo esta por objeto medidas para combater o terrorismo, como o congelamento de fundos e ativos financeiros em financiamento à prática delitiva. O Conselho da União Europeia editou a Decisão-quadro nº 2002/474/JAI, de 13.06.2002, com diretrizes sobre o que deve ser considerado como ato terrorista, entre outras decisões. O Conselho da Europa reformulou, em 15.05.2003, o convênio sobre a supressão do terrorismo, realizado em Estrasburgo, em 27.01.1977; e, em 16.05.2005, em Varsóvia, os Estados do Conselho da Europa idealizaram o convênio sobre a prevenção ao terrorismo e o convênio relativo ao branqueamento e confisco dos produtos do delito, bem como sobre o financiamento ao terrorismo. No âmbito do Grupo de Ação Financeira (GAFI), foram adotadas as nove recomendações para prevenir e reprimir o financiamento ao terrorismo.

[2] CASSESE. *International Law*, p. 463.

[3] LAURENS. Le terrorisme comme personnage historique. *In*: LAURENS; DELMAS-MARTY (Coord.). *Terrorismes*: Histoire et droit, p. 12. O autor esclarece ainda que, em 1937, apesar das negociações em torno da aprovação de duas Convenções no âmbito da Sociedade das Nações com o objetivo de que fossem criadas normas comuns para o combate do terrorismo internacional, estas não entraram em vigor por não ter sido atingido o número mínimo de ratificações (*op. cit.*, p. 36-8). Todas as traduções são de responsabilidade dos autores, salvo se indicado de outra maneira.

[4] PELLET. A ambigüidade da noção de terrorismo. *In*: BRANDT (Coord.). *Terrorismo e direito*, p. 09.

[5] SAN PEDRO. Análisis jurídico del terrorismo. *In*: MOREIRA (Coord.). *Terrorismo*, p. 334.

direito penal interno; antes, portanto, dos direitos humanos serem garantidos internacionalmente. A internacionalização dos direitos fundamentais, entretanto, trouxe consigo a busca por maior efetividade na proteção das garantias processuais, antes restritas ao território nacional. Não é de se olvidar que a soberania passou a significar, também, a observância dos direitos humanos na ordem global.[6]

Em consequência, hoje, e principalmente a partir da segunda metade do século XX — quando ocorreu o fenômeno da proliferação de tratados de direitos humanos —, são identificadas, com maior frequência, discussões em torno dos efeitos jurídicos dos atos estatais implementados no contexto do combate ao terrorismo. Nesse sentido, convém refletir sobre a eficiência das leis nacionais antiterroristas, sua eficácia em face do propósito de combater o terrorismo e em que medida podem entrar em confronto com os "standards" de garantia de que são dotados os direitos humanos.

Nesse movimento de proliferação de tratados, muitos Estados obrigaram-se internacionalmente a respeitar os direitos humanos, através de mecanismos internacionais e regionais de proteção a esses direitos. Este é o caso, por exemplo, dos 47 países que compõem o Conselho da Europa, os quais, ao adotarem o texto da Convenção, comprometeram-se a respeitar os direitos e garantias processuais nela previstos. Oportuno esclarecer, ademais, que os direitos e princípios enunciados no texto da Convenção alinham-se aos objetivos do Conselho da Europa: preservar os valores democráticos e o Estado de Direito.

Apesar dos avanços ocorridos, dentre os quais ganha destaque a criação da Corte Europeia de Direitos Humanos (doravante "CEDH" ou simplesmente "Corte"), organização internacional dotada de competência para julgamento de violações aos direitos humanos, a força do poder soberano dos Estados-Membros do Conselho da Europa pode ser identificada no texto da Convenção Europeia de Direitos Humanos. É fato inconteste que os Estados não cedem, tão facilmente, o espaço de sua soberania,[7] principalmente, em matéria penal. Nesse sentido Antonio Cassese observa que "circunstâncias excepcionais" ou "razões de Estado" podem ser invocadas para justificar atos estatais em nome da segurança nacional, derrogatórios de certas garantias fundamentais, como é o caso da política antiterrorista adotada por alguns países europeus, com fundamento no artigo 15 da Conv.EDH. Tendo por base esse dispositivo, o Estado europeu ameaçado pela prática terrorista pode alegar *razões de Estado* que venham a derrogar

---

[6] Nesse sentido, ver: HABERLE. *Estado constitucional cooperativo*, 2007, e FERRAJOLI. *A soberania no mundo moderno*: nascimento e crise do Estado nacional.

[7] Nas palavras de Antonio Cassese (Existe um conflito insuperável entre soberania dos Estados e Justiça Penal Internacional? *In*: CASSESE; DELMAS-MARTY (Org.). *Crimes internacionais e jurisdições internacionais*, p. 9): "O Estado soberano ainda continua vigoroso; ele ainda é uma espécie de Deus imortal; ele ainda tem em suas mãos a espada e não tem nenhuma intenção de entregá-la às instituições internacionais".

o direito ordinário nacional, tal como ocorreu na Irlanda do Norte, a partir dos anos 1930, na Turquia, nas décadas de 1980 e 1990, e no Reino Unido neste século, como será visto adiante.

Assim, caso se assuma, como o faz Antonio Cassese, a necessidade de que seja perquirido não apenas o momento em que os institutos jurídicos surgiram na comunidade internacional, mas igualmente "por que eles foram criados, qual função lhes foi atribuída e qual função cada um, de fato, realiza na atual conjuntura das relações internacionais",[8] resta clara a importância de se avaliar como os juízes da CEDH tem desempenhado o relevante papel que lhes foi atribuído de guardiões da Convenção Europeia dos Direitos do Homem ("Conv.EDH") em relação a essas situações extremas, nas quais o terrorismo suscita uma situação de emergência, denominadas por Giorgio Agamben de "terra de ninguém, entre o direito público e o fato político e entre a ordem jurídica e a vida".[9]

Este é o escopo do presente artigo: avaliar como a jurisprudência de Estrasburgo tem se pronunciado em relação às violações de direitos e garantias previstos na Convenção ocorridas no contexto de legislações nacionais de emergência voltadas ao combate do terrorismo. Em termos mais específicos, buscar-se-á analisar o tratamento jurisprudencial do direito à liberdade do acusado terrorista nessas situações-limite, almejando, dessa forma, avaliar o equilíbrio, alçando pela Corte entre os imperativos da repressão (eficiência) e a proteção dos direitos humanos do acusado (garantismo). Em relação a esse aspecto, há que se deixar desde logo consignado que se parte da premissa externada pelo Prof. Antonio Scarance Fernandes no sentido de que "não há antagonismo entre eficiência e garantismo", uma vez que "se entende ser eficiente o processo que, além de permitir uma eficiente persecução criminal, também possibilita uma eficiente atuação das normas de garantia".[10]

Convém, antes, tecer algumas considerações a respeito das características fundamentais do sistema regional europeu de proteção dos direitos humanos (item 2).

2 O sistema regional europeu de proteção dos direitos humanos

O mecanismo regional europeu de proteção dos Direitos Humanos foi concebido pelo primeiro tratado multilateral do Conselho da Europa,

---

[8] CASSESE. *International Law...*, p. *v*: "I have asked myself *why* they have been created, what function they were intended to fulfil, and which one they in fact perform in the current reality of international relations".

[9] AGAMBEN. *Estado de exceção*, p. 12.

[10] FERNANDES. O equilíbrio na repressão ao crime organizado. *In*: SCARANCE; ALMEIDA; MORAES (Coord.). *Crime organizado*: aspectos processuais, p. 9-10.

a Convenção Europeia de Direitos Humanos, aberta para a assinatura dos Estados-Membros em 04 de novembro de 1950. Formado, inicialmente, por 10 países ocidentais,[11] o Conselho da Europa surgiu da vontade de se construir parâmetros mínimos de proteção aos direitos humanos, em decorrência das barbáries cometidas na Segunda Guerra Mundial, e de se criar uma Europa unida pela paz, pela democracia e pelo Estado de Direito.

De acordo com seu Estatuto, o Conselho da Europa é um organismo internacional que tem por objetivo *uma união mais estreita entre os Membros, a fim de promover os ideais e princípios de seu patrimônio comum;*[12] e, um dos métodos para o alcance desse objetivo é a defesa e a realização dos direitos humanos. É um organismo voltado, assim, eminentemente, à proteção dos direitos humanos.

Os Estados-Membros do Conselho da Europa criaram um mecanismo coletivo de proteção de direitos humanos: possuem um órgão judicial de responsabilização dos Estados, a CEDH, composto por juízes representantes de cada um dos Estados-Membros (artigo 20 da Conv.EDH), e um órgão político, o Conselho de Ministros do Conselho da Europa, responsável pelo aferimento do cumprimento das sentenças da Corte (artigo 46 da Conv.EDH).[13]

O reconhecimento da jurisdição da Corte é obrigatório aos Estados-Partes (Protocolo nº 11). Suas sentenças são declaratórias da violação ou não de um direito previsto pela Conv.EDH e igualmente de cumprimento obrigatório pelos Estados (artigo 46 da Conv.EDH). O Estado violador é condenado a reparar pecuniariamente o dano, se o direito interno *não permitir senão imperfeitamente obviar as consequências de tal violação* (artigo 41 da Conv.EDH).

Os elementos estruturantes do sistema regional europeu podem ser extraídos do texto da Conv.EDH e, notadamente, do seu preâmbulo (Em vista do ... em). Uma vez que interessa ao presente artigo demonstrar as bases nas quais foram proferidas as principais decisões da Corte a respeito do terrorismo como uma situação de emergência, passa-se a fazer uma breve análise do preâmbulo da Convenção, em que se encontra, principalmente, a dinâmica do Conselho da Europa a ser compreendida.

---

[11] O Tratado de Londres foi assinado em 05 de maio de 1949 pelos Governos do Reino da Bélgica, do Reino da Dinamarca, da República Italiana, República Francesa e República Irlandesa, do Grão Ducado de Luxemburgo, do Reino dos Países Baixos, do Reino da Noruega, Reino da Suécia, e do Reino Unido da Grã-Bretanha e da Irlanda do Norte.

[12] Disponível em: <http://www.fd.uc.pt/CI/CEE/OI/Conselho_Europa/Conselho_Europa__Estatuto.htm.>. Acesso em: 10 nov. 2011.

[13] RAMOS. *Processo internacional de direitos humanos*: análise dos sistemas de apuração de violação dos direitos humanos e a implementação das decisões no Brasil, p. 186.

2.1 A dinâmica do sistema europeu de proteção dos direitos humanos em face do preâmbulo da Convenção Europeia de Direitos Humanos

Analisando-se o preâmbulo da Convenção Europeia, desponta o reconhecimento da *universalidade* dos direitos enunciados na Declaração Universal de Direitos Humanos (parágrafos primeiro e segundo do preâmbulo). A menção à Declaração Universal deve-se em muito ao momento histórico vivido pelos Estados europeus, esperançosos de uma Europa unida pela paz.[14] Não se pode perder de vista que a Declaração de 1948 foi o primeiro instrumento internacional de grande porte de defesa dos direitos humanos. Os membros fundadores do Conselho da Europa que já haviam aderido às Nações Unidas (à exceção da Irlanda e Itália) estavam, assim, comprometidos em reconhecer a titularidade dos direitos a todos os homens, sem distinção de raça, gênero, opinião política, religião, nacionalidade, entre outros, e procuraram levar o mesmo reconhecimento ao texto da Convenção Europeia.

Muito atrelado à característica da universalidade dos direitos humanos, o *princípio da integração* é o primeiro que pode ser visualizado no preâmbulo da CEDH. O parágrafo terceiro da CEDH remonta aos objetivos do Conselho da Europa, isto é, uma união mais estreita entre os seus membros, uma Europa dos direitos, protegendo e desenvolvendo de modo semelhante certos direitos básicos das pessoas.

Explica Javier Garcia Roca[15] que, apesar da integração estar explícita no preâmbulo da Conv.EDH e no Estatuto do Conselho da Europa, a jurisprudência da Corte Europeia de Direitos Humanos tem se inclinado, ao contrário, à controvertida doutrina da *margem de apreciação nacional*, que não encontra expressão no preâmbulo da CEDH ou no seu texto e é uma construção jurisprudencial sobre bases sociológicas ou realistas.

A margem de apreciação nacional é um instrumento de interpretação desenvolvido pela Corte Europeia de Direitos Humanos para solucionar os casos em que não há um consenso europeu em situações conflituosas. Isto é, baseada no princípio da subsidiariedade, a Corte determina que, em certos casos de "interesse público", cabe ao Estado dizer os limites das restrições ao exercício de direitos e liberdades. Para Mireille Delmas-Marty, a margem de apreciação é a solução encontrada para o pluralismo ou pluralidade de ordenamentos nacionais, pois, ao mesmo tempo que o sistema europeu de direitos humanos reconhece uma ordem legal comum — *um*

---

[14] A Carta das Nações Unidas inova ao dispor, diferentemente do Estatuto da Liga das Nações, da guerra como algo proibido.

[15] ROCA. El Preâmbulo Contexto Hermenêutico Del Convenio: un Instrumento Constitucional del Orden Público Europeo. *In*: ROCA; SAN Tolaya. *La Europa de los Derechos*: El Convenio Europeo de Derechos Humanos, p. 35.

patrimônio comum de ideais e tradições políticas, de respeito pela liberdade e pelo primado do direito (parágrafo 5º do preâmbulo) —, não ignora a disparidade cultural, permitindo uma margem de apreciação nacional que leve em consideração as diversas tradições legais nacionais.[16]

Javier Garcia Roca cita, ainda, o *princípio da proteção efetiva dos direitos.*[17] Significa que as disposições da CEDH devem ser aplicadas de maneira que resultem em práticas efetivas (preâmbulo, parágrafos 3º, 4º e 5º). A finalidade da Convenção é proteger direitos não abstratos e ilusórios, senão concretos e efetivos.

Outros dois princípios merecem ser mencionados, o *princípio do Estado de Direito* e o *princípio democrático* (parágrafos quarto e quinto do preâmbulo), por sua relação com o controle judicial dos atos estatais, através da legalidade e da proporcionalidade.

Em virtude do primado do Estado de Direito, a Corte exerce um controle judicial para o respeito à reserva da lei (sentido formal e material) na limitação de direitos. Além disso, passam pelo crivo da proporcionalidade os direitos derrogáveis na forma do artigo 15 da CEDH, na medida em que a Corte analisa se a derrogação das obrigações contidas na CEDH está de acordo com a "estrita medida exigida pela situação".

O Conselho da Europa é formado por um conjunto de Estados voltados a cumprir e preservar os valores democráticos. A democracia seria, portanto, o único modelo compatível com a Convenção Europeia de Direitos Humanos.

Por fim, a Corte tem realizado uma interpretação evolutiva e sociológica da Convenção, fundada na ideia de que é um instrumento vivo da ordem pública europeia.

Os controles disponíveis à Corte, à luz do artigo 15 da CEDH, seguem adiante descritos, restaria saber se são eficientes na defesa dos direitos enunciados na Convenção, para que estejam de acordo com os princípios por ela própria enunciados.

2.2 O artigo 15 da Convenção Europeia de Direitos Humanos e o controle judicial no sistema de proteção de direitos humanos

O artigo 15 da Conv.EDH concede aos Estados-Membros o direito de derrogar as obrigações assumidas na Convenção, em caso de guerra ou de "outro perigo público que ameace a vida da nação".[18]

---

[16] DELMAS-MARTY. Restraining or Legitimating the Reason of State?. *In*: DELMAS-MARTY; SOULIER (Ed.). *The European Convention for the Protection of Human* Rights: International Protection Versus National Restrictions, p. 1-12.

[17] ROCA. El Preâmbulo..., p. 38.

[18] "Artigo 15. Derrogação em caso de estado de necessidade

O mesmo dispositivo estabelece como absolutos, não sujeitos à derrogação pelos Estados, os seguintes direitos: artigo 2º (direito à vida, salvo no caso de morte resultante de atos ilícitos de guerra); artigo 3º (proibição da tortura, penas ou tratamentos desumanos e degradantes); artigo 4, parágrafo 1º (proibição de escravidão ou servidão), artigo 7º (princípio da legalidade). O Protocolo nº 7, artigo 4º, acrescenta ao rol de direitos absolutos o princípio do *ne bis in idem*, não sendo permitida ainda, com fundamento no artigo 15 da Conv.EDH, qualquer derrogação às disposições do Protocolo nº 6 relativa à abolição da pena de morte (artigo 3º).

O reconhecimento de um estado de emergência, na forma do artigo 15, não é exclusivo à esfera do Conselho da Europa, o Pacto de Direitos Civis e Políticos contém dispositivo similar (artigo 4, parágrafos 1º e 2º)[19] e a Convenção Americana de Direitos Humanos adota a suspensão de garantias em caso de guerra, perigo público ou de outra emergência que ameace a independência ou segurança do Estado-Parte.[20]

---

1. Em caso de guerra ou de outro perigo público que ameace a vida da nação, qualquer Alta Parte Contratante pode tomar providências que derroguem as obrigações previstas na presente Convenção, na estrita medida em que o exigir a situação, e em que tais providências não estejam em contradição com as outras obrigações decorrentes do direito internacional.
2. A disposição precedente não autoriza nenhuma derrogação ao artigo 2º, salvo quanto ao caso de morte resultante de atos lícitos de guerra, nem aos artigos 3º, 4º (parágrafo 1) e 7º.
3. Qualquer Alta Parte Contratante que exercer este direito de derrogação manterá completamente informado o Secretário-Geral do Conselho da Europa das providências tomadas e dos motivos que as provocaram. Deverá igualmente informar o Secretário-Geral do Conselho da Europa da data em que essas disposições tiverem deixado de estar em vigor e da data em que as da Convenção voltarem a ter plena aplicação".

[19] 1. Quando situações excepcionais ameacem a existência da nação e sejam proclamadas oficialmente, os Estados-Partes do presente Pacto podem adotar, na estrita medida exigida pela situação, medidas que suspendam as obrigações decorrentes do presente Pacto, desde que tais medidas não sejam incompatíveis com as demais obrigações que lhes sejam impostas pelo Direito Internacional e não acarretem discriminação alguma apenas por motivo de raça, cor, sexo, língua, religião ou origem social.
2. A disposição precedente não autoriza qualquer suspensão dos artigos 6, 7, 8 (parágrafos 1 e 2), 11, 15, 16, e 18.

[20] Artigo 27. Suspensão de garantias
1. Em caso de guerra, de perigo público, ou de outra emergência que ameace a independência ou segurança do Estado-parte, este poderá adotar as disposições que, na medida e pelo tempo estritamente limitados às exigências da situação, suspendam as obrigações contraídas em virtude desta Convenção, desde que tais disposições não sejam incompatíveis com as demais obrigações que lhe impõe o Direito Internacional e não encerrem discriminação alguma fundada em motivos de raça, cor, sexo, idioma, religião ou origem social.
2. A disposição precedente não autoriza a suspensão dos direitos determinados nos seguintes artigos: 3 (direito ao reconhecimento da personalidade jurídica), 4 (direito à vida), 5 (direito à integridade pessoal), 6 (proibição da escravidão e da servidão), 9 (princípio da legalidade e da retroatividade), 12 (liberdade de consciência e religião), 17 (proteção da família), 18 (direito ao nome), 19 (direitos da criança), 20 (direito à nacionalidade) e 23 (direitos políticos), nem das garantias indispensáveis para a proteção de tais direitos.
3. Todo Estado-parte no presente Pacto que fizer uso do direito de suspensão deverá comunicar imediatamente aos outros Estados-partes na presente Convenção, por intermédio do Secretário-Geral da Organização dos Estados Americanos, as disposições cuja aplicação haja suspendido, os motivos determinantes da suspensão e a data em que haja dado por terminada tal suspensão.

Todos esses instrumentos preveem a derrogação em "circunstâncias excepcionais e limitadas" de certos direitos e garantias; entre eles, estariam o direito à liberdade e segurança, as garantias do devido processo legal e do juízo imparcial. Entretanto, o direito dos Estados de invocar o chamado "estado de emergência", fundado no "perigo público que ameace a vida da nação", não é ilimitado. A Corte pode controlar o exercício de tal direito estatal através dos juízos da (*i*) legalidade, (*ii*) proporcionalidade, e (*iii*) convencionalidade.

Em outras palavras, a Corte avaliará: (*i*) se a comunicação do Estado-Membro é considerada suficiente de acordo com o artigo 15, parágrafo terceiro da Conv.EDH; (*ii*) se, no contexto fático e período de tempo em que vigora a legislação de emergência mencionada pelo Estado-Membro em sua comunicação oficial ao Secretário-Geral do Conselho da Europa, existe de fato "ameaça à vida da nação", dentro do que dispõe o artigo 15, parágrafo primeiro, da Conv.EDH; (*iii*) em caso positivo, se a medida restritiva de direitos e liberdades tomada pelo Estado-Membro foi "estritamente requerida pela situação"; e (*iv*) se tal medida não está em contradição com as outras obrigações decorrentes do direito internacional.

A visão da Corte sobre os controles judiciais disponíveis, de acordo com o texto da Conv.EDH, em face do fenômeno do terrorismo, e a aplicação do artigo 15 da CEDH são fruto da análise contida no tópico adiante, que partiu da seleção dos casos de incidência do referido dispositivo.

3 A jurisprudência da Corte Europeia de Direitos Humanos relativa ao terrorismo praticado em tempos de emergência

Desde a sua criação até o presente, a CEDH vem se manifestando sobre o terrorismo no contexto do artigo 15 da Conv.EDH. Ao longo desses 50 anos, os seguintes Estados tiveram suas legislações de emergência analisadas pela Corte: a República da Irlanda, o Reino Unido da Grã-Bretanha e da Irlanda do Norte e a República da Turquia.

Muito embora a Corte tenha proferido inúmeras decisões enfrentando a temática do terrorismo, optou-se, como evidenciado na Introdução, pelo estudo dos casos envolvendo o artigo 15 da Conv.EDH por duas razões principais: de um lado, revelam-se como terreno fértil para a reflexão em torno do embate entre os imperativos da repressão ao terrorismo (eficiência) e o respeito aos direitos e garantias do acusado (garantismo) e, de outro, porque permitem vislumbrar os contornos do devido processo penal em situações limite, ditas de emergência.

3.1 República da Irlanda e Reino Unido da Grã-Bretanha e da Irlanda no Norte

Em 06.12.1921, o Reino Unido da Grã-Bretanha e a Irlanda assinaram o Tratado Anglo-Irlandês estabelecendo o Estado Livre Irlandês (*The Irish Free State*). Através desse instrumento, 26 dos 32 condados da Irlanda foram separados do Reino Unido da Grã-Bretanha, tornando-se independentes, ao passo que os 6 condados restantes, situados na Irlanda do Norte, permaneceram sobre o domínio do Reino Unido. Desde a fundação do Estado Livre Irlandês, grupos armados, autodenominados "Irish Republican Army" (IRA) foram formados com o propósito de praticar atos de violência para pôr fim à soberania do Reino Unido na Irlanda do Norte.[21] Muitas pessoas foram detidas por ofensas políticas. Em 29.12.1937 uma nova Constituição foi promulgada pela então formada República da Irlanda. Em maio de 1938, todas as pessoas detidas por ofensas políticas foram soltas.

Quando a Europa prenunciou a guerra, o IRA retomou suas atividades. No começo de 1939, o IRA publicou a "declaração de guerra na Grã-Bretanha", intensificando seus atos de violência no território britânico.[22] A fim de conter os atos de violência do IRA, o Parlamento da República da Irlanda promulgou o "Offenses against the State Act, 1939", que entrou em vigor em 14.06.1939, declarando o IRA uma organização criminosa.

O Ato de 1939 não conceituou o terrorismo e nem sequer trouxe o termo terrorismo como uma ofensa contra o Estado. As organizações declaradas como criminosas pelo Governo da Irlanda, tal como o IRA, eram consideradas autoras de atos de traição. O Ato de 1939 descreveu 17 tipos de "ofensas contra o Estado", para as quais prevê pena de prisão, donde se destacam: (*i*) a usurpação de funções do Governo; (*ii*) obstrução das atividades governamentais; (*iii*) obstrução das funções ou poderes do Presidente, por intimidação ou violência; (*iv*) interferência nas atividades militares; (*v*) a incitação a essas condutas mediante a divulgação de documentos; (*vi*) a posse ou divulgação de documentos de traição. (*vii*) exercício proibido de atividades militares; e (*viii*) organização e manutenção de sociedades secretas armadas.[23] A Parte II do Ato de 1939 definiu tais ofensas como "atividades prejudiciais à preservação da paz pública e à ordem ou segurança do Estado". A Parte III do Ato de 1939 descreveu o conceito de "organização ilícita" (Parte III, 18). A Parte IV previu a prisão

---

[21] A maioria da população da Irlanda do Norte é protestante e contrária à ideia de uma Irlanda independente da Inglaterra. Mas não são somente diferenças religiosas que deram azo à formação dos grupos armados, diferenças políticas também, pela fraca representatividade dos católicos no Parlamento, além de diferenças econômicas e sociais.

[22] O relato histórico é apresentado pela Corte na decisão do *caso Lawless v. Irlanda*.

[23] O conteúdo do ato pode ser conferido em: <http://www.irishstatutebook.ie/1939/en/act/pub/0013/print.html>. Acesso em: 12 nov. 2011.

e detenção por 24 horas, prorrogáveis pelo mesmo período, de pessoas suspeitas, pelos agentes da Gárda Síochána.[24]

O ponto mais polêmico da ordem do Governo da República da Irlanda estava previsto na Parte VI do Ato de 1939 ("Powers of Internment"), consistente na prisão por ordem do Governo, sem intervenção judicial (dispensada inclusive a ratificação), sem acusação formal e por período indeterminado. O ato conferiu ao Ministro do Estado poderes especiais para prisão e detenção, bastando que estivesse convencido de que uma pessoa em particular estava envolvida em atividades que prejudicavam a paz, a ordem ou a segurança do Estado. O ministro, por ordem própria, poderia determinar a prisão ou a detenção de uma pessoa suspeita nos termos do *1939 Act*. A ordem seria executada por qualquer membro da polícia da Irlanda.[25]

O parlamento da República da Irlanda, em 09.02.1940, promulgou o *Offenses against the State (Amendment) Act, 1940* (N, 2 of 1940). A Seção 4 do Ato de 1940 possuía o mesmo conteúdo da Seção 55 do Ato de 1939.[26] Os atos de 1939 e 1940 diferenciavam-se apenas quanto à previsão de uma comissão, pelo próprio Governo, para avaliar se a prisão deveria persistir. A comissão, com função revisora, deveria analisar se existiam suspeitas razoáveis para a prisão e seria composta por um advogado, um oficial das forças armadas e um juiz de uma corte ordinária. Ademais, ambos os atos previam que os especiais poderes conferidos ao Ministro seriam exercidos imediatamente após o Governo publicar uma declaração de que tais poderes eram necessários para preservar a paz pública e a ordem. Tal declaração cumpriria, posteriormente, em razão da criação da Corte Europeia de Direitos Humanos na década de 50, o propósito da comunicação oficial prevista no artigo 15 (3) da CEDH.

Depois de muitos anos com poucas atividades, o IRA ressurgiu em 1954 e de novo na segunda metade de 1956. Em 05 de julho de 1957, o Governo da Irlanda fez valer o Ato de 1940 e publicou a declaração

---

[24] Disponível em: <http://www.irishstatutebook.ie/1939/en/act/pub/0013/print.html>. Acesso em: 12 nov. 2011.

[25] De acordo com a Seção 55 da Parte VI do Ato: "(1) Whenever a Minister of State is satisfied that any particular person is engaged in activities calculated to prejudice the preservation of the peace, order, or security of the State, such Minister may by warrant under his hand order the arrest and detention of such person under this section.
(2) Any member of the Gárda Síochána may arrest without other warrant any person in respect of whom a warrant has been issued by a Minister of State under the foregoing sub-section of this section.
(3) Every person arrested under the next preceding sub-section of this section shall be detained in a prison or other place prescribed in that behalf by regulations made under this Part of this Act until this Part of this Act ceases to be in force or until he is released under the subsequent provisions of this Part of this Act, whichever first happens".

[26] Disponível em: <http://www.irishstatutebook.ie/1940/en/act/pub/0002/print.html#sec4>. Acesso em: 12 nov. 2011.

mencionada na Parte II do *Act* 1940, conferindo os poderes especiais de detenção necessários para assegurar a preservação da paz pública e da ordem. No mesmo mês, o Governo criou a comissão de que trata a Seção 8 do ato e indicou seus três membros. Em 20 de julho, o Ministro das Relações Exteriores da Irlanda comunicou ao Secretário-Geral do Conselho da Europa que a Parte II do Ato de 1940 passou a vigorar em 08 de julho de 1957, de acordo com o artigo 15 (3) da Convenção Europeia de Direitos Humanos. Na carta, o Governo da Irlanda ressaltou que a detenção de pessoas na forma do Ato de 1940 foi estabelecida para "evitar o cometimento de ofensas contra a paz pública e a ordem e a prevenir a manutenção das formas armadas militares além daquelas autorizadas pela Constituição".

Entre 1956 e 1957, foram lançadas outras regulamentações que previram prisão para averiguação, detenção para interrogatório por 48 horas, também por ordem do Governo. Tais medidas foram intensificadas na década de 70. O Governo da Irlanda do Norte adotou a mesma justificativa apresentada nos atos anteriores pela República da Irlanda, isto é, que a razão para a publicação dos atos encontrava-se na dificuldade de processar ordinariamente os suspeitos, pela intimidação de testemunhas potenciais e a dificuldade de trazer para julgamento aqueles responsáveis diretamente pelas operações contrárias à paz pública.

De 09 de agosto de 1971 a 07 de novembro de 1972, a Irlanda do Norte esteve sob a vigência dessas regulamentações, após, foi editado, no mesmo ano de 1972, um Ato Temporário prevendo, desta feita, expressamente, o terrorismo como "o uso da violência para fins políticos, incluindo qualquer uso de violência com o objetivo de impingir medo à população".[27] Em 08.08.1973 essas regulamentações foram substituídas pelo *Emergency Provisions Act*, aprovado pelo Governo do Reino Unido,[28] referindo-se especificamente à detenção de suspeitos de práticas terroristas e conferindo poderes especiais de prisão e detenção ao Secretário de Estado.[29]

---

[27] Fonte: *Caso Lawless vs Ireland*.

[28] Disponível em: <http://www.legislation.gov.uk/ukpga/1973/53/schedule/1/enacted>. Acesso em: 20 nov. 2011.

[29] "Part II – Interim Custody Orders and Detention Orders
Interim Custody Orders
[11] (1) Where it appears to the Secretary of State that a person is suspected of having been concerned in the commission or attempted commission of any act of terrorism or in the direction, organisation or training of persons for the purpose of terrorism, the Secretary of State may make an interim custody order for the temporary detention of that person.
(2) An interim custody order of the Secretary of State shall be signed by the Secretary of State or a Minister of State or Under-Secretary of State.
(3) A person shall not be detained under an interim custody order for a period of more than twenty-eight days from the date of the order unless his case is referred by the Chief Constable to a commissioner for determination, and where a case is so referred the person concerned may be detained under the order only until his case is so determined.
(4) A reference to a commissioner shall be by notice in writing, of which a copy shall be sent to the Secretary of State and to the person to whom it relates."

A situação de emergência da Irlanda do Norte nos anos anteriores serviu de base para a introdução de um novo Ato, o *Prevention of Terrorism (Temporary Provisions) Act 1974 (the 1974 Act)*. Entre 1972 e 1973, mais de duas mil mortes foram atribuídas ao terrorismo no Norte da Irlanda e aproximadamente 100 na Grã-Bretanha. Em meados da década de 80, o número de mortes foi significativamente menor do que o começo dos anos 70, mas o terrorismo continuou a existir.[30] O Ato de 1974, editado pelo Reino Unido, entrou em vigor em 29 de novembro de 1974. O ato considerou o IRA como uma organização proibida na Irlanda do Norte e na Grã-Bretanha. Tal como os atos anteriores, este também conferiu poderes especiais ao Secretário de Estado para estender a prisão, para além de 48 horas, de suspeitos de cometimento, preparação e instigação de atos terroristas.

O Ato de 1974 foi objeto de renovação até março de 1976, quando sofreu alterações superficiais, renovadas anualmente, até 1984, quando foi reeditado com certas emendas. O Ato de 1984 entrou em vigor em março de 1984, considerando, novamente, o IRA como uma organização proibida. O Ato de 1984 foi renovado a cada ano até que, em março de 1989, o Governo introduziu uma legislação permanente. Os poderes especiais de prisão e detenção pelo Secretário de Estado foram mantidos pelos Atos de 1974, 1976 e 1984.[31]

Em cada uma das renovações, o Governo ponderava que os problemas inerentes à prevenção e investigação do terrorismo justificavam o contínuo uso dos poderes especiais de prisão e detenção, tornando-os indispensáveis. A presença de um juiz na decretação da prisão era continuamente rejeitada pelo Parlamento sob o argumento de que a informação que servia de base para a detenção era sensível e não poderia ser revelada aos suspeitos ou a sua defesa. As decisões deveriam ficar na esfera do Executivo.

Observa-se que, praticamente, ao longo de todos esses anos, da década de 1930 a 80, os Governos da República da Irlanda e do Reino Unido da Grã-Bretanha e da Irlanda do Norte editaram medidas, ditas de natureza temporária, no fortalecimento à luta contra os atos do IRA. Basicamente, foram previstos poderes especiais de prisão e detenção por parte do próprio Governo, derrogando-se, substancialmente, o direito previsto no artigo

---

[30] Consoante registros do *caso Brogan v Reino Unido.*

[31] "7. Powers of arrest and detention
(1) A constable may arrest without warrant a person whom he has reasonable grounds for suspecting to be ...
(b) a person concerned in the commission, preparation or instigation of acts of terrorism; [...]
(2) A person arrested under this section shall not be detained in right of the arrest for more than forty-eight hours after his arrest;
Provided that the Secretary of State may, in any particular case, extend the period of forty-eight hours by a further period not exceeding 5 days". Disponível em: <http://www.legislation.gov.uk/ukpga/1974/56/section/7/enacted>. Acesso em: 25 nov. 2011.

5º da Convenção Europeia de Direitos Humanos, e a garantia do devido processo legal nele previsto.

As legislações "de emergência" foram submetidas à apreciação da Corte Europeia nos casos *Lawless v. Irlanda* (1961), *Irlanda v. Reino Unido* (1978), *Brogan e outros v. Reino Unido* (1988) e *Brannigan e McBride v. Reino Unido* (1993), a seguir analisados.

3.1.1 Caso Lawless *v.* Irlanda e caso Irlanda *v.* Reino Unido

O *caso Lawless v. Irlanda* foi levado à CEDH, em 13.04.1960, pela extinta Comissão Europeia de Direitos Humanos. Lawless, nacional da República da Irlanda, foi preso em 11.07.1957 por oficiais da Polícia de Dublin, na forma da Seção 30 do Ato de 1939, como suspeito por pertencer à organização criminosa do IRA. Em 13.07.1957, antes de sua prisão expirar o prazo previsto na Seção 30 do Ato de 1939,[32] o Ministro da Justiça emitiu uma ordem de detenção, com base na Seção 4, nº 2 do Ato de 1940. Lawless ficou detido em um campo militar no território da República da Irlanda, de 13.07.1957 a 11.12.1957, quando foi solto pela Polícia. Ficou detido por quase 5 meses, sem ser levado à presença de um juiz, sem acusação formal ou procedimento criminal. Em outubro de 1957, Lawless apelou à Suprema Corte da Irlanda, que julgou não ter poderes para questionar a decisão do Ministro, decretada com base em projeto de lei que foi considerado constitucional. Lawless recorreu, então, à CEDH.

No julgamento, ocorrido em 1º.07.1961, a Corte, por unanimidade, considerou que a República da Irlanda estava vivendo uma situação de perigo e que os atos praticados pelo IRA poderiam ser classificados nos termos do artigo 15 da Conv.EDH como uma ameaça à vida da nação. De acordo com os votos proferidos, os seguintes fatores demonstravam a situação de perigo na República da Irlanda: (*i*) a existência no território da República da Irlanda de uma sociedade secreta armada engajada em atividades inconstitucionais a qual utilizava o uso da força para o alcance de seus objetivos; (*ii*) o fato de esse grupo armado e secreto também operar fora do território do Estado, o que representava um sério perigo para as relações internacionais com os países vizinhos; (*iii*) o constante e alarmante crescimento das atividades terroristas do outono de 1956 até a primeira metade de 1957.

A prisão e detenção de Lawless, por força do Ato de 1940, implicou derrogação ao artigo 5, parágrafos 5(1)(c) e 5(3) da Convenção.[33] A Corte

---

[32] Ver nota 24 *supra*.

[33] "1. Toda a pessoa tem direito à liberdade e segurança. Ninguém pode ser privado da sua liberdade, salvo nos casos seguintes e de acordo com o procedimento legal: [...] (c) Se for preso e detido a fim de comparecer perante a autoridade judicial competente, quando houver suspeita

entendeu que a detenção de Lawless de 13.07 a 11.12.1957 não foi efetivada com o propósito de conduzi-lo a um juiz, tampouco houve a pretensão, durante todo o período da prisão, de levá-lo, em tempo razoável, à presença de um juiz. Em consequência ficou estabelecido que a Seção 4 do Ato de 1940 mostrava-se em desconformidade com os dispositivos referidos da Conv.EDH.

Apesar do reconhecimento dessa violação, a Corte, de forma unânime, posicionou-se no sentido de que a derrogação estava justificada na medida em que a carta enviada ao Secretário-Geral do Conselho da Europa pelo Governo da República da Irlanda preenchia os requisitos previstos no artigo 15(3), da Conv.EDH. Nesse sentido, nota-se que a Corte cumpriu sua função de exercer o controle de legalidade no caso: reconheceu que, de 13.07 a 11.12.1957, existia uma ameaça à vida da nação da Irlanda e considerou a comunicação oficial suficiente nos termos do artigo 15(3) da CEDH.

O *caso Irlanda v. Reino Unido* foi submetido à Corte pelo Governo da Irlanda originado de um requerimento contra o Governo do Reino Unido da Grã-Bretanha e Irlanda do Norte à extinta Comissão de Direitos Humanos em 16.12.1971, de acordo com o artigo 24 da Conv.EDH. Seu objetivo era assegurar que a Irlanda do Norte observasse as obrigações assumidas no texto da Convenção. O Governo da Irlanda alegou que as regulamentações de 1971 a 1972, editadas pela Irlanda do Norte, prescrevendo o terrorismo como "o uso da violência para fins políticos, incluindo qualquer uso de violência com o objetivo de impingir medo à população", e os atos temporários de 1973 a 1975, contra o terrorismo, publicados pelo Reino Unido, autorizavam a privação da liberdade por poderes especiais do Secretário de Estado, e, por isso, contrariavam os termos do artigo 5º, da Conv.EDH.

A Corte Europeia de Direitos Humanos, no julgamento ocorrido em 18.01.1978, considerou, tal como no *caso Lawless*, que a existência da situação de perigo exsurgia, perfeitamente clara, do número de mortes — "até março de 1975 mais de 1.100 pessoas foram mortas, mais de 11.500 foram lesadas e mais de 140,000,000 *pounds* se perderam em propriedades destruídas na Irlanda do Norte".[34] Da mesma forma, no *caso Lawless*, a Corte entendeu

---

razoável de ter cometido uma infração, ou quando houver motivos razoáveis para crer que é necessário impedi-lo de cometer uma infração ou de se pôr em fuga depois de a ter cometido; [...] 3. Qualquer pessoa presa ou detida nas condições previstas no parágrafo 1, alínea c), do presente artigo deve ser apresentada imediatamente a um juiz ou a outro magistrado habilitado pela lei para exercer funções judiciais e tem direito a ser julgada num prazo razoável, ou posta em liberdade durante o processo. A colocação em liberdade pode estar condicionada a uma garantia que assegure a presença do interessado em juízo".

[34] "Up to March 1975, on the figures cited before the Commission by the respondent Government, over 1,100 people had been killed, over 11,500 injured and more than 140,000,000 worth of property destroyed during the recent troubles in Northern Ireland" (§12).

que o artigo 5º é um direito derrogável pelos Estados contratantes, por não estar previsto entre as exceções do artigo 15(2) da Convenção.

Sobre o significado da expressão "perigo público que ameace a vida da nação", a Corte firma o conceito e retoma a interpretação anteriormente realizada no *caso Lawless*: "ele se refere a uma excepcional situação de crise ou de emergência que afeta toda a população e constitui uma ameaça à vida da sociedade organizada que compõe o Estado".[35]

No entendimento de Michel Rosenfeld, uma "situação de crise" ou de emergência é mais severa, mais intensa e menos durável que uma "situação de stress". Via de regra, ocorre quando a identidade em comum do povo ou a vida política está em eminente perigo, e a causa deste perigo pode ser externa, em caso de guerra, por exemplo, ou interna, em caso de conflito interno ou violenta secessão.[36] A situação de *stress*, em contrapartida, seria menos intensa e mais durável, própria daquela vivenciada diante da ameaça do crime organizado ou de práticas terroristas. Ambas justificariam a restrição a certas garantias individuais, diferenciando-se da situação ordinária, do direito criminal ou processual criminal em tempos comuns.

Interessante observar que a Corte não distingue entre "situação de crise" e "de stress" para efeitos do artigo 15 da Conv.EDH. De acordo com os julgados *Lawless v. Irlanda* (1961) e *Irlanda v. Reino Unido* (1978), ainda que a situação de ameaça tenha se prolongado no tempo, as circunstâncias se mostraram aptas a justificar a derrogação do direito ordinário.

O terrorismo para os Juízes da Corte Europeia pode, portanto, vir a ser a situação de perigo de que trata o artigo 15 da CEDH, ameaçadora da vida da nação, suficiente à justificação da derrogação do direito ordinário e dos direitos e garantias assumidos pelos Estados na CEDH. Como se viu, basta que o Estado ameaçado pela situação de perigo declare-se nessa condição, exerça o seu direito de derrogação e comunique formalmente o Secretário-Geral do Conselho da Europa sobre o tempo do estado de emergência e quais direitos e garantias encontram-se derrogados.

A Corte vincula-se, muito claramente, ao dinamismo do Conselho da Europa quando concebeu a formação de Estados democráticos garantidores do respeito aos direitos humanos, e que, por sua própria apreciação, estão em melhores condições para avaliar quando a nação encontra-se ameaçada e quais as medidas derrogatórias necessárias para cessar a situação de perigo.[37]

---

[35] "They refer to an excepcional situation of crisis or emergency which affects the whole population and constitutes a threat to the organised life of the community of which de State is composed" (§28, *caso Lawless v. Irlanda*).

[36] ROSENFELD. La pondération judiciaire en temps de stress: une perspective constitutionnelle comparative. *In*: LAURENS; DELMAS-MARTY (Coord.). *Terrorismes*: Histoire et droit, p. 220.

[37] "It falls in the first place to each Contracting State, with its responsability for 'the life of [its] nation', to determine whether that life is threatened by a 'public emergency' and, if so, how

O que se questiona, entretanto, é como uma situação de perigo, por ser geradora de um estado de emergência, e, portanto, *excepcional*, pode ser aceita pela Corte, nos termos do artigo 15 da CEDH, por tão largo espaço de tempo, numa sucessão de décadas, como foi no caso da luta contra as atividades ilícitas do IRA. É de se ver que quanto maior a duração do estado de emergência declarado pelo Estado ameaçado, mais rigoroso deveria ser o controle exercido pela Corte, pois mais previsível se torna a ameaça no tempo. Ou tanto maior a severidade das medidas tomadas, maior, igualmente, o controle judicial esperado.

A interpretação da Corte, todavia, caminha em outro sentido. Para os juízes internacionais, todo e qualquer ato ilícito que "desestabilize" o Estado de Direito e a organização democrática, ameaçando sua própria existência, independente de sua duração, pode ser considerado uma "situação de perigo" a justificar a declaração do estado de emergência previsto no artigo 15 da CEDH, pelo tempo que for declarado pelo Estado ameaçado, de acordo com a sua margem de apreciação.

Em ambos os casos a Corte foi instada a analisar a compatibilidade do dispositivo legal que outorgava poderes especiais de detenção ao Ministro e ao Secretário de Estado com o requisito de que a medida se mostrasse "estritamente requerida pela situação".

No *caso Lawless*, considerou a Corte (*i*) que o direito ordinário criminal demonstrou-se insuficiente para conter o perigo que ameaçava a República da Irlanda; (*ii*) que os julgamentos pelas cortes ordinárias ou mesmo por tribunais especiais criminais ou militares não foram suficientes para restaurar a paz e a ordem; (*iii*) que a acumulação de prova necessária da participação de pessoas no IRA ou grupos separatistas era difícil de ser colhida pela natureza desses grupos e o medo que eles impingiam à população; (*iv*) que o IRA operava principalmente na Irlanda do Norte, e suas atividades nas fronteiras seria um impeditivo adicional para a colheita de prova suficiente; (*v*) que a vedação das fronteiras causaria séria repercussão na população, indo além da extensão requerida pelas exigências da situação de emergência; (*vi*) que o Ato de 1940 ficou sob a supervisão do Parlamento; (*viii*) que foi estabelecida uma Comissão de Detenção, embora administrativa, mas que contava com a presença de um juiz. Em face destes fundamentos, entenderam os juízes, no julgamento do caso,

---

far it is necessary to go in attempting to overcome the emergency. By reason of their direct and continuous contact with the pressing needs of the moment, the national authorities are in principle in a better position than the international judge to decide both on the presence of such an emergency and on the nature and scope of derogations necessary to avert it. In this matter Article 15 para. 1 (art. 15-1) leaves those authorities a wide margin of appreciation" (§207, decisão do *caso Irlanda v. Reino Unido*).

que a prisão administrativa era a medida exigida pela situação de 1957 e que estava cercada de cautelas.[38]

No julgamento *Irlanda v. Reino Unido*, foi ressaltado que "inquestionavelmente, o exercício de poderes especiais de detenção, antes de 05 de fevereiro de 1973, foram principalmente dirigidos contra o IRA como uma força militar ilegal. A intenção era combater uma organização com papel subversivo desde o começo da história da independência da Irlanda e que, em agosto de 1971 e depois, causava perigo à integridade do território do Reino Unido, das instituições dos seis condados e à vida de seus habitantes. Em razão da maciça onda de intimidação e violência com que se confrontava, era razoável que o Governo da Irlanda do Norte e, depois, o Governo britânico considerassem que uma legislação normal era recurso insuficiente para a campanha contra o terrorismo e que outras medidas deveriam ser adotadas, no formato de privações extrajudiciais de liberdade. Quando a República da Irlanda passou pela mesma crise séria em 1957, adotando atos de emergência, a Corte não concluiu que o 'estritamente exigido' tinha sido excedido".[39]

O *caso Irlanda v. Reino Unido* foi encerrado com 16 votos a 1, considerando-se que a aplicação da legislação de emergência prevendo poderes especiais extrajudiciais de detenção, embora derrogatória do artigo 5(1)(c) e (3), não excedeu o "estritamente requerido pelas exigências da situação". O voto dissidente, proferido pelo Juiz O'Donoghue, de nacionalidade irlandesa, enfatizou que, a despeito de concordar que os eventos justificavam

---

[38] "Whereas, however, considering, in the judgment of the Court, that in 1957 the application of the ordinary Law had proved unable to check the growing danger which threatened the Republic of Ireland; whereas the ordinary criminal courts, or even the special criminal courts or military courts, could not suffice to restore peace and order; whereas, in particular, the amassing of the necessary evidence to convict persons involved in activities of the IRA and its splinter groups meeting with great difficulties caused by the military, secret and terrorist character of those groups and the fear they created among the population; whereas the fact that these groups operated mainly in Northern Ireland, their activities in the Republic of Ireland being virtually limited to the preparation of armed raids across the border was an additional impediment to the gathering of sufficient evidence; whereas the sealing of the border would have and extremely serious repercussions on the population as a whole, beyond the extent required by the exigencies of the emergency" (§§36-38).

[39] "Unquestionably, the exercise of the special powers was mainly, and before 5 February 1973 even exclusively, directed against the IRA as an underground military force. The intention was to combat an organisation which had played a considerable subversive role throughout the recent history of Ireland and which was creating, in August 1971 and thereafter, a particular far-reaching and acute danger for the territorial integrity of the United Kingdom, the institutions of the six counties and the lives of the province's inhabitants. Being confronted with a massive wave of violence and intimidation, the Northern Ireland Government and the, after the introduction of direct rule (30 March 1972), the British Government were reasonably entitled to consider that normal legislation offered insufficient resources for the campaign against terrorism and that recourse to measures outside the scope of the ordinary Law, in the shape of extrajudicial deprivation of liberty, was called for. When the Irish Republic was faced with a serious crisis in 1957, it adopted the same approach and the Court did not conclude that the 'extent strictly required' had been exceeded" (§212).

a derrogação determinada pelo Governo, merecia mais atenção o uso da palavra "strictly" — referindo-se à limitação do artigo 15 da Convenção, sobre o *estritamente requerido pelas exigências da situação*. Na sua opinião, a situação não requeria a aplicação de poderes especiais extrajudiciais de prisão e detenção sem a salvaguarda de duas garantias: do direito de ser informado dos motivos da prisão e detenção, e da possibilidade de se rever a ordem de prisão e detenção.

Observa-se que o artigo 15 da Conv.EDH não é exatamente uma "carta em branco" aos Estados contratantes. O poder derrogatório das obrigações assumidas na Convenção é limitado ao juízo de proporcionalidade da Corte. Através desse, a Corte pode analisar (*i*) a idoneidade ou adequação da medida; (*ii*) a necessidade de sua aplicação para a preservação do Estado de Direito e da sociedade democrática e, nesse sentido, a averiguação a respeito de outras medidas menos gravosas; e (*iii*) o justo equilíbrio entre o benefício gerado à segurança do Estado de Direito e da sociedade democrática e o sacrifício sofrido pelo direito à liberdade.

Viu-se que a idoneidade da derrogação do direito à liberdade e da garantia do devido processo legal foi analisada, em ambos os casos, quando da constatação, pela Corte, da existência de uma "ameaça à vida da nação". Nesse ponto, a Corte é clara ao reconhecer ao Estado contratante margem de apreciação para determinar quando a nação estaria ameaçada e quais as medidas necessárias para conter a ameaça.

Quanto à existência de outras medidas menos gravosas para conter a ameaça terrorista na Irlanda do Norte, ou mesmo o questionamento da eficiência do ato estatal derrogador do direito à liberdade, a interpretação da Corte é novamente no sentido da aplicação da margem de apreciação. Interessante que o Governo da Irlanda chega a suscitar a questão, argumentando que, entre 09.08.1971 a 03.1975, foram aplicados os poderes de privação de liberdade na Irlanda do Norte e, no entanto, o terrorismo cresceu ao longo desses anos. A corte decidiu que não era sua função substituir-se ao Governo britânico na avaliação do que poderia ser mais prudente ou mais eficiente como medida policial para combater o terrorismo. O máximo que a Corte deveria fazer era rever a licitude, nos termos da Convenção, das medidas adotadas pelo Governo de 09 de agosto de 1971 em diante. O exame da eficácia das medidas adotadas também estaria dentro da margem de apreciação dos Estados.[40]

---

[40] "The Irish Government submit that experience shows extrajudicial deprivation of liberty to have been ineffectual. They contend that the policy introduced on 9 de August 1971 not only failed to put a brake on terrorism but also had the result of increasing it. [...] The Court cannot accept this argument. It is certainly not the Court's function to substitute for the British Government's assessment any other assessment of what might be the most prudent or most expedient policy to combat terrorism [...]. Adopting, as it must, this approach, the Court accepts that the limits of the margin of appreciation left to the Contracting States by Article 15

Conclui-se que a Corte, no exercício do controle de proporcionalidade previsto no artigo 15 da Convenção, atém-se mais ao juízo de proporcionalidade em sentido estrito. A idoneidade ou adequação da medida ou mesmo a necessidade desta acabam por ficar sob o abrigo da margem de apreciação nacional.

3.1.2 Brogan e outros *v.* Reino Unido e Brannigan e McBride *v.* Reino Unido

O *caso Brogan e outros v. Reino Unido* foi encaminhado à Corte em 15.07.1987 pela extinta Comissão Europeia de Direitos Humanos. Terence Pátrick Brogan foi preso no norte da Irlanda, em 17.09.1984, no termos da Seção 12 do *Prevention of Terrorism (Temporay Provisions) Act 1984* ("the 1984 Act"). Ficou detido pelo período de 5 dias e 11 horas. Durante esse período foi interrogado sobre o seu envolvimento na organização do IRA e sobre a morte de um policial. Dermond Coyle foi preso em sua casa no dia 1º.10.1984 nos termos do Ato de 1984. Ficou detido pelo período de 6 dias e 16 horas e meia. Durante esse período, foi questionado sobre a colocação de uma mina terrestre e tentativa de homicídio de membros das forças de segurança em Tyrone e por sua participação no IRA. William McFadden foi preso no dia 1º.10.1984 nos termos da Seção 12 do Ato 1984. Ficou detido pelo período de 4 dias e 6 horas. Durante esse período, foi interrogado sobre o homicídio de um soldado num ataque com bomba em Londonderry e sobre sua participação no IRA. Michael Tracey foi preso em 1º.10.1984 em aplicação da Seção 12 do Ato 1984. Ficou detido pelo período de 4 dias e 11 horas. Durante esse período, foi questionado, de um lado, sobre um roubo armado a um posto de polícia e o planejamento do homicídio de membros das forças de segurança e, de outro, sobre sua participação no IRA.

Um dia depois de sua prisão, cada requerente foi informado pelos oficiais de polícia que o Secretário de Estado da Irlanda do Norte tinha concordado em estender a detenção deles por mais 5 dias de acordo com a Seção 12(4) do Ato 1984.[41] Nenhum dos acusados foi levado perante um juiz ou outro oficial autorizado por lei para exercer o poder de revisão e não lhes foi sequer apresentada uma acusação formal.

O *caso Brannigan e McBride v. Reino Unido* foi levado à Corte pela extinta Comissão de Direitos Humanos em 21.02.1992, originado de duas

---

para. 1 (art 15-1) were not overstepped by the United Kingdom when it formed the opinion that extrajudicial deprivation of liberty was necessary from August 1971 to March 1975" (§214).

[41] De acordo com o "1984 Act", uma pessoa presa nos termos da seção 12 em razoável suspeita de envolvimento em atos terroristas pode ficar detida pela polícia por um período inicial de 48 horas e com a autorização do Secretário de Estado da Irlanda do Norte, permanecer por mais 5 dias, conforme já mencionado.

reclamações de janeiro de 1989 contra o Reino Unido da Grã Bretanha e da Irlanda do Norte, por nacionais irlandeses, Peter Brannigan e Patrick McBride. Peter Brannigan foi preso, na Irlanda do Norte, em 09.01.1989 de acordo com a Seção 12(1)(b) do *Prevention of Terrorism (Temporary Provisions) Act 1984 ("the 1984 Act")*, sendo solto 6 dias depois. Patrick McBride foi preso em 05.01.1989 pela Seção 12(1)(b) do *Prevention of Terrorism Act 1984*, sendo solto 4 dias depois. Os requerentes foram detidos pouco depois do julgamento do *caso Brogan e outros* pela Corte, ocorrido em 29.11.1988.

Em ambos os casos alegou-se ofensa ao artigo 5 (1)(c) e 5(3) da Convenção. Os dois julgamentos tiveram por base, igualmente, a Seção 12(1)(b) do *Prevention of Terrorism (Temporary Provisions) Act 1984 ("the 1984 Act")*. Tanto no *caso Brogan* quanto no *caso Brannigan* a Corte chama a atenção para o fato de que o controle judicial das interferências do Executivo no direito individual à liberdade expresso no artigo 5 da Convenção está relacionado a um dos princípios fundamentais da sociedade democrática, o Estado de Direito. No *caso Brogan* ressalta que "if the arrested person is not released promptly, he is entitled to a prompt appearance before a judge or judicial officer".

Apesar das semelhanças entre os casos, a conclusão da Corte foi significativamente diferente. Isso porque o Governo do Reino Unido informou ao Secretário-Geral do Conselho da Europa, em 22.08.1984, que estava retirando a notícia de derrogação nos termos do artigo 15 que reconhecia uma situação de emergência no Norte da Irlanda. Assim, quando da prisão de Brogan e dos demais acusados, não havia ainda sido realizada a notificação prevista no artigo 15(3). Em consequência, por 12 votos a 7, a Corte reconheceu a violação ao artigo 5(3) da Conv.EDH. Em face do julgamento no caso Brogan e da condenação do Reino Unido, o Governo apresentou uma derrogação em 23.12.1988, o que fez mudar totalmente o entendimento da Corte no julgamento Brannigan, reconhecendo, desta feita, justificada a derrogação do direito previsto no artigo 5(3) da Conv.EDH.

Colhe-se do voto dissidente do Juiz Pettiti, proferido no julgamento *do caso Brannigan e McBride*, a evidente contradição entre os julgados: "mesmo que se aceite que os estados possuem uma margem de apreciação para determinar se eles estão sob ameaça de um perigo público dentro do conceito do *caso Lawless v. Irlanda*, e em caso positivo, em decidir se vão recorrer à solução de derrogação, a situação requer um exame da Corte. O fato de existir terrorismo e a sua gravidade na Irlanda do Norte é incontestável. Isso fez com que se adotasse a extensão da custódia pela polícia pelos Atos de 1974, 1976 e 1984. Em face do julgamento Brogan e outros de 29 de novembro de 1988, o Reino Unido, em 23 de dezembro de 1988, exerceu o direito de derrogar a Convenção. Isso não parece demonstrar que o fenômeno do terrorismo se tornou mais sério na Irlanda do Norte entre o período da prisão de Brogan e outros em 29 de novembro de 1988 e 23 de dezembro de 1988, o que levou os requerentes a sustentarem que a derrogação significava muito mais uma consequência do caso Brogan. [...] O Estado tinha o dever de implementar mecanismos de cumprimento do julgamento do *caso Brogan e outros* e torná-los possíveis sem recorrer à derrogação".

Há que se questionar novamente, em relação a esse aspecto, se o mero cumprimento das formalidades do artigo 15(3) da Convenção exime a Corte da avaliação da proporcionalidade das medidas adotadas. Essa posição, em certa medida formalista, não caminha de maneira contrária ao espírito de proteção aos direitos humanos da Convenção?

3.2 República da Turquia

No que concerne ao terrorismo praticado em tempos de emergência no âmbito da República da Turquia ("Turquia"), dois casos ganham relevo: *caso Aksoy v. Turquia*, julgado em 18.12.1996, e *caso Sakik e outros v. Turquia*, julgado em 26.11.1997.

O *caso Aksoy v. Turquia* refere-se à demanda encaminhada por cidadão turco, denominado *Zeki Aksoy*, à extinta Comissão de Direitos Humanos, em 20.05.1993. Em 20.04.1994, o pai de *Zeki Aksoy*, após o assassinato de seu filho, ocorrido em 16.04.1994, habilitou-se na representação de seus interesses perante a Corte de Estrasburgo. Em face das conclusões a que chegou, a Comissão encaminhou o pedido para julgamento, em 12.12.1995.[42] Em suas alegações finais, o pai da vítima requereu o reconhecimento não somente de violação aos artigos 3, 5, 6, 13 e 25 da Conv.EDH, como também da agravante consistente no fato de que tais afrontas ao texto da Convenção foram cometidas no contexto de uma prática institucional do Estado turco. Por fim e consequentemente, requisitou-se a fixação da reparação equitativa correspondente.

Em face desse breve panorama procedimental, convém contextualizar os fatos que sustentam o pleito. Segundo informações prestadas pelo requerente, seu filho teria sido preso em casa, no dia 24.11.1992, por 20 policiais que para lá se dirigiram em virtude de informação obtida de um indivíduo, de prenome *Metin*, o qual identificou *Zeki Aksoy* como integrante do PKK (*the Workers' Party of Kurdistan*). Afirmou, ainda, que seu filho fora

---

[42] As razões da Comissão são: "In its report of 23 October 1995 (Article 31) (art. 31), it expressed the opinion, by fifteen votes to one, that there had been a violation of Article 3 (art. 3) and that there had been a violation of Article 5 para. 3 (art. 5-3); by thirteen votes to three, that there had been a violation of Article 6 para. 1 (art. 6-1) and that no separate issue arose under Article 13 (art. 13); and, unanimously, that no further action need be taken in respect of the alleged interference with the effective exercise of the right of individual petition under Article 25 (art. 25)" (§35). Disponível em: <http://cmiskp.echr.coe.int/tkp197/view.asp?item=2&portal=hbkm&acti on=html&highlight=aksoy&sessionid=71307730&skin=hudoc-en>. Acesso em: 23 maio 2011.

levado para a área de segurança de *Kiziltepe* (*Kiziltepe Security Headquarters*) e transferido, na noite seguinte, à área antiterrorista de *Mardin* (*Mardin Antiterrorist Headquarters*). Ademais, sustentou-se que, ao lhe ser indagado se conhecia o sujeito chamado *Metin*, *Zeki Aksoy* fora ameaçado nos seguintes termos: "se você não o conhece agora, você o conhecerá sob tortura".[43]

A adequada compreensão da linha argumentativa desenvolvida pela CEDH em torno dos direitos violados exige breve explanação da situação de emergência existente na Turquia em virtude dos movimentos terroristas. Consoante se depreende da decisão ora analisada, desde 1985 são identificados distúrbios na região Sudeste da Turquia que opõem forças de segurança e membros do PKK. Segundo informação trazida pelo Governo turco, seriam computadas, à época do julgamento, a morte de mais de 4.000 civis e 3.884 membros dos órgãos de repressão.

Não é por outra razão que nessa mesma época dez das onze províncias do Sudeste da Turquia estavam, desde 1987, submetidas à legislação de emergência.[44] Foi justamente esse cenário que levou o Representante Permanente da Turquia no Conselho da Europa a encaminhar, em 06.08.1990, carta ao Secretário-Geral deste órgão, informando que "a República da Turquia se encontra exposta a ameaças à segurança nacional na região Sudeste de Anatólia, as quais, em decorrência do contínuo aumento em dimensão e intensidade nos últimos meses, representam uma ameaça à vida da nação nos termos do artigo 15 da Conv.EDH".[45]

No corpo da carta é informado ainda que, "em razão da intensidade e variedade das ações terroristas e com o objetivo de enfrentá-las de forma eficaz, o Governo deve não apenas utilizar-se de suas forças de segurança, como também adotar as medidas necessárias ao enfrentamento de nociva campanha de manipulação de informações ao público oriundas de outras regiões da República da Turquia, bem como do exterior nas quais são identificados abusos dos direitos sindicais".[46] Em consequência, o Governo turco, com fulcro no artigo 121 da Constituição turca, promulgou,

---

[43] "He was interrogated about whether he knew Metin (the man who had identified him). He claimed to have been told: 'If you don't know him now, you will know him under torture'" (§14).

[44] "Since approximately 1985, serious disturbances have raged in the South-East of Turkey between the security forces and the members of the PKK (Workers' Party of Kurdistan). This confrontation has so far, according to the Government, claimed the lives of 4,036 civilians and 3,884 members of the security forces. At the time of the Court's consideration of the case, ten of the eleven provinces of south-eastern Turkey had since 1987 been subjected to emergency rule" (§§8-9).

[45] "The Republic of Turkey is exposed to threats to its national security in South East Anatolia which have steadily grown in scope and intensity over the last months so as to amount to a threat to the life of the nation in the meaning of Article 15 of the Convention (art. 15)" (§31).

[46] "Because of the intensity and variety of terrorist actions and in order to cope with such actions, the Government has not only to use its security forces but also take steps appropriate to cope with a campaign of harmful disinformation of the public, partly emerging from other parts of the Republic of Turkey or even from abroad and with abuses of trade-union rights" (§31).

em 10.05.1990, os Decretos nºs 424 e 425. Dotados de força de lei, ambos poderiam resultar em derrogações aos artigos 5, 6, 8, 10, 11 e 13 da Conv. EDH. Nos termos do documento anexo à referida carta, é informado um dos poderes outorgados ao Governador da região que se encontrasse em estado de emergência, qual seja o de "ordenar que as pessoas que continuamente violem a segurança em geral e a ordem pública sejam mantidas fora dessa região em local a ser definido pelo Ministro do Interior por um período que não ultrapasse a duração do estado de emergência".[47]

Posteriormente, em 05.05.1992, o Representante da Turquia informa ao Secretário-Geral do Conselho da Europa a entrada em vigor do Decreto nº 430 que reduziu significativamente os poderes atribuídos aos Governadores das regiões em estado de emergência. Nesta ocasião, é informada a manutenção da derrogação apenas ao artigo 5 da Conv.EDH, sendo as demais revogadas.[48]

Convém, nesse instante, avaliar os argumentos da CEDH que embasaram o reconhecimento das violações aos artigos 5(3) e 5(4) da Conv. EDH. Em relação ao primeiro dispositivo, a Corte, inicialmente, esclarece que, embora seja facultada às Partes Contratantes da Conv.EDH considerável margem de apreciação na avaliação da existência de uma ameaça à vida da nação e da necessidade de serem adotadas medidas derrogatórias dos direitos previstos nesse instrumento — especialmente em virtude da posição privilegiada que as autoridades internas do país possuem em comparação ao juiz internacional na avaliação da natureza e dimensão dos fatos que as justificam[49] —, tal discricionariedade não é ilimitada.

Nessa ordem de ideias, a Corte afasta a alegação do Governo turco — no sentido de que a prisão provisória do requerente por 14 dias não afrontaria o texto da Convenção por se encontrar, de um lado, amparada por dispositivo legal[50] e, de outro, acobertada pela formal notificação do

---

[47] "The Governor of the state of emergency region can order persons who continuously violate the general security and public order, to settle at a place to be specified by the Minister of the Interior outside the state of emergency region for a period which shall not exceed the duration of the state of emergency ..." (§31).

[48] "[...] I hereby inform you that the Republic of Turkey limits henceforward the scope of its Notice of Derogation with respect to Article 5 of the Convention (art. 5) only. The Derogation with respect to Articles 6, 8, 10, 11 and 13 of the Convention (art. 6, art. 8, art. 10, art. 11, art. 13) is no longer in effect [...]" (§31).

[49] "The Court recalls that it falls to each Contracting State, with its responsibility for 'the life of [its] nation', to determine whether that life is threatened by a 'public emergency' and, if so, how far it is necessary to go in attempting to overcome the emergency. By reason of their direct and continuous contact with the pressing needs of the moment, the national authorities are in principle better placed than the international judge to decide both on the presence of such an emergency and on the nature and scope of the derogations necessary to avert it. Accordingly, in this matter a wide margin of appreciation should be left to the national authorities" (§68).

[50] Consoante se depreende da legislação turca colacionada pela decisão, os prazos máximos de detenção provisória para crimes de competência da Corte de Segurança Nacional eram de 4 e

Governo ao Secretário-Geral do Conselho da Europa — sob o argumento de que lhe compete sopesar adequadamente "os fatores determinantes e a natureza dos direitos afetados", ao lado das "circunstâncias" e da "duração do estado de emergência".[51] Nesse sentido, ao apreciar os elementos de prova *sub examen*, a Corte considera que, em decorrência da particular "extensão e impacto da ação terrorista do PKK no Sudeste turco", há que ser reconhecida a existência de "uma emergência pública ameaçando a vida da nação".[52] Por outro lado, todavia, buscando alcançar um adequado equilíbrio entre os imperativos da repressão ao terrorismo e a necessidade de serem preservados os direitos do acusado, a turma julgadora sustenta não ter sido atendido o requisito da proporcionalidade, na medida em que o período de 14 dias se mostra excessivamente longo.

A agravar o quadro de violação, é ressaltado pelos juízes o fato de que ao requerente não foi concedido o direito de entrar em contato com ninguém do mundo externo, seja advogado, médico, parente ou amigo. Assim, frente à impossibilidade de questionar a legalidade de sua prisão perante uma Corte, correta a conclusão da Corte no sentido de que *Zeki Aksoy* "foi completamente abandonado à mercê daqueles que o mantinham na prisão".[53] Em abono a essa conclusão, a Corte, em outra passagem da decisão, reconhece ter sido o requerente submetido à tortura pelos órgãos da repressão.[54]

---

30 dias para as hipóteses, respectivamente, de crime cometido individualmente e crime cometido com concurso de pessoas: "Pursuant to Article 128 of the Code of Criminal Procedure, a person arrested and detained shall be brought before a justice of the peace within twenty-four hours. This period may be extended to four days when the individual is detained in connection with a collective offence.
The permissible periods of detention without judicial control are longer in relation to proceedings before the State security courts. In such a case, it is possible to detain a suspect for a period of forty-eight hours in connection with an individual offence, and fifteen days in connection with a collective offence (section 30 of Law no. 3842 of 1 December 1992, re-enacting Article 11 of Decree having the force of law no. 285 of 10 July 1987). In the region under emergency rule, however, a person arrested in connection with proceedings before the State security courts may be detained for four days in the case of individual offences and thirty days in the case of collective offences before being brought before a magistrate (ibid., re-enacting section 26 of Law no. 2935 of 25 October 1983)" (§29).

[51] "In exercising this supervision, the Court must give appropriate weight to such relevant factors as the nature of the rights affected by the derogation and the circumstances leading to, and the duration of, the emergency situation" (§68).

[52] "The Court considers, in the light of all the material before it, that the particular extent and impact of PKK terrorist activity in South-East Turkey has undoubtedly created, in the region concerned, a 'public emergency threatening the life of the nation'" (§69).

[53] "The Court considers that in this case insufficient safeguards were available to the applicant, who was detained over a long period of time. In particular, the denial of access to a lawyer, doctor, relative or friend and the absence of any realistic possibility of being brought before a court to test the legality of the detention meant that he was left completely at the mercy of those holding him" (§83).

[54] "The Court considers that this treatment was of such a serious and cruel nature that it can only be described as torture" (§64).

Assim, se de um lado são reconhecidas as dificuldades e particularidades da repressão do terrorismo nessas situações de emergência — dentre as quais são referidas "a resistência dos terroristas aos interrogatórios", "as redes secretas de apoio" e o "acesso a recursos significativos"[55] — por outro, resta cristalino o peso dos argumentos adotados pela Câmara de julgamento reveladores de interpretação garantista da Conv.EDH. Nesse diapasão, acertada as conclusões no sentido de que a manutenção do acusado preso por 14 dias (*i*) "excedeu a margem de apreciação do Governo", (*ii*) não pode ser considerada como "estritamente exigida pelas circunstâncias da situação"[56] e (*iii*) representa desatendimento ao requisito de que tal apresentação ocorra "imediatamente" ("promptly"). Por fim, é ressaltado que "a pronta intervenção judicial permite a identificação e prevenção de eventual tratamento cruel e/ou degradante, os quais são proibidos em termos absolutos pela Convenção".[57]

O segundo caso no qual a Turquia figura como Estado requerido, *caso Sakik e outros v. Turquia*, tem origem nas petições protocoladas por seis cidadãos turcos — quais sejam Sirri Sakik, Ahmet Türk, Mahmut Alinak, Leyla Zana, Mehmet Hatip Dicle e Orhan Doğan — por intermédio das quais buscavam reconhecimento de violações aos artigos 5, §§1, 3, 4 e 5; 6, §3(c); 6, §1, e 10, da Conv.EDH. O caso foi encaminhado pela extinta Comissão de Direitos Humanos à CEDH para julgamento em 10.07.1996, o qual foi realizado em 26.11.1997.

Antes de analisar a fundamentação da Câmara julgadora relativa às violações, convém contextualizar, ainda que brevemente, os fatos que ensejaram o processo. Os requerentes, ex-membros da Assembleia Nacional turca, foram eleitos em 20.10.1991, quando integravam o "Partido dos Trabalhadores" (em inglês "People's Labour Party"; em turco "Halkın Emeği Partisi"). Em 14.08.1993, por considerar que se tratava de atividade separatista, a Corte Constitucional turca determinou a extinção do partido,

---

[55] "The investigation of terrorist offences presented the authorities with special problems, as the Court had recognised in the past, because the members of terrorist organisations were expert in withstanding interrogation, had secret support networks and access to substantial resources" (§72).

[56] "The measure which allowed the applicant to be detained for at least fourteen days without being brought before a judge or other officer exercising judicial functions exceeded the Government's margin of appreciation and could not be said to be strictly required by the exigencies of the situation" (§81).

[57] "The Court would stress the importance of Article 5 (art. 5) in the Convention system: it enshrines a fundamental human right, namely the protection of the individual against arbitrary interference by the State with his or her right to liberty. Judicial control of interferences by the executive with the individual's right to liberty is an essential feature of the guarantee embodied in Article 5 para. 3 (art. 5-3), which is intended to minimise the risk of arbitrariness and to ensure the rule of law [...]. Furthermore, prompt judicial intervention may lead to the detection and prevention of serious ill-treatment, which, as stated above (paragraph 62), is prohibited by the Convention in absolute and non-derogable terms" (§76).

época em que os requerentes já integravam o "Partido Democrático" (em inglês "Democracy Party"; em turco "Demokrasi Partisi").

No dia 02.03.1994, a Assembleia Nacional retirou a imunidade parlamentar dos requerentes em atendimento à requisição do Promotor de Justiça atuante na Corte de Segurança Nacional de Ancara (em inglês "the Ankara National Security Court"; em turco "Ankara Devlet Güvenlik Mahkemesi Cumhuriyet savcisi"). Por outro lado, em decorrência da requisição do Promotor de Justiça, os requerentes foram, posteriormente, presos sob suspeita de terem praticado o crime previsto no artigo 125 do Código Penal turco,[58] o qual, ao lado do crime previsto no artigo 168 do mesmo estatuto, era considerado pelo "Ato de Prevenção do Terrorismo" ("Prevention of Terrorism Act"), Lei nº 3713, como "crime terrorista".

No dia seguinte, em virtude de solicitação dos advogados dos requerentes, o Promotor de Justiça autorizou por escrito o contato dos representantes legais com seus clientes — o qual deveria se desenvolver sob supervisão — bem como estendeu, com fulcro na Seção 30 da Lei nº 3.842,[59] o período de prisão dos requerentes em sede policial sob o fundamento de que pendiam diligências investigativas a serem realizadas. Após sucessivas petições do advogado de Mehmet Hatip Dicle e Orhan Doğan solicitando, com fundamento nos artigos 5 e 6, da Conv.EDH, a apresentação de seus clientes perante a autoridade judicial competente, em 21.03.1994, a Corte Constitucional turca se pronunciou rejeitando as apelações de sorte que a imunidade parlamentar dos requerentes foi mantida suspensa.

Nesse ínterim, foi determinada, por um juiz da Corte de Segurança Nacional turca, a manutenção da prisão dos requerentes, tendo-se em vista, de um lado, "o caráter e a natureza" dos crimes envolvidos e, de outro, "os elementos de prova colhidos".[60] Em sede de apelação, uma

---

[58] Artigo 125, Código Penal turco. "It shall be an offence, punishable by the death penalty, to commit any act aimed at subjecting the State or any part of the State to domination by a foreign State, diminishing the State's independence or removing part of the national territory from the State's control."
Há que ser referido ainda o artigo 168 do estatuto repressor: "any person who, with the intention of committing the offences defined in Article 125 ..., forms an armed gang or organisation or takes leadership ... or command of such a gang or organisation or assumes some special responsibility within it shall be sentenced to not less than fifteen years' imprisonment.
The other members of the gang or organisation shall be sentenced to not less than five and not more than fifteen years' imprisonment".

[59] Consoante informação trazida na sentença do caso, a Seção 30 da Lei nº 3.842, de 18.11.1992, estatuía em relação aos crimes de competência das cortes de segurança nacional que "any arrested person had to be brought before a judge within forty-eight hours at the latest, or, in the case of offences committed by more than one person, within fifteen days. In provinces where a state of emergency had been declared, these time-limits could be extended to four days and thirty days respectively" (§22).

[60] "On 17 March 1994, a single judge of the National Security Court had issued an order for the MPs' detention pending trial, giving as the reasons the 'character and nature' of the offence concerned and the 'evidence obtained'" (§12).

Câmara de julgamento desta Corte composta por três juízes, confirmou, em 22.03.1994, a decisão anterior em decorrência (*i*) "da classificação e da natureza dos crimes [envolvidos]", (*ii*) do fato de as acusações "já terem sido formalmente submetidas à apreciação judicial", (*iii*) "da duração da prisão [dos requerentes]" e (*iv*) "do fato do caso ainda se encontrar em fase de investigação".[61]

Em 21.06.1994, o Promotor de Justiça apresentou seus memoriais imputando aos requerentes a prática dos crimes de separatismo e ameaça à integridade do Estado ("undermining the integrity of the State"). Em julgamento realizado no dia 08.12.1994, a Corte de Segurança Nacional condenou Sirri Sakik e Mahmut Alinak a penas de três anos e seis meses de prisão pelo cometimento do crime de propaganda separatista e Ahmet Türk, Leyla Zana, Mehmet Hatip Dicle e Orhan Doğan a quinze anos de prisão por pertencimento a um bando armado. Por ocasião da apreciação das apelações interpostas tanto pelos requerentes quanto pelo Promotor de Justiça, a Corte de Cassação absolveu o requerente Türk sob o argumento de que o acusado havia violado a Seção 8 do "Prevention of Terrorism Act",[62] mas não o artigo 168 do Código Penal turco e ordenou sua soltura, ao passo que as demais condenações foram mantidas.

Ao lado das notificações de derrogação encaminhadas pelo Governo da Turquia ao Secretário-Geral, acima referidas na apreciação do *caso Aksoy v. Turquia*, há que ser feita referência a outra carta, encaminhada com propósito semelhante, datada de 03.01.1991, por intermédio da qual é informada a não aplicabilidade da legislação de emergência às províncias vizinhas àquelas incluídas na região em estado de emergência.[63] Essa informação é relevante à compreensão da linha de raciocínio da Corte em torno do reconhecimento da violação ao artigo 5(3) da Conv.EDH. Assim, partindo da premissa de que a região de Ancara, onde os requerentes foram

---

[61] "On appeal by the applicants, a bench of three judges of the same court upheld the above order on 22 March 1994, holding that it was necessary 'on account of the classification and nature of the offences [concerned], the charges already preferred, the length of [the applicants'] detention and the fact that the case [was] still at the investigation stage'" (§13).

[62] "Before being amended on 27 October 1995, section 8 (1) of the Act provided: 'Written and oral propaganda, meetings, assemblies, and demonstrations aimed at undermining the territorial integrity of the Republic of Turkey or the indivisible unity of its people are forbidden, regardless of the methods or intentions behind such activities. Those conducting such activities shall be punished with a sentence of between two and five years' imprisonment and a fine of between 50 million and 100 million liras ...'" (§21).

[63] "In a letter of 3 January 1991 the Permanent Representative of Turkey informed the Secretary General that Legislative Decree no. 424 had been replaced by Legislative Decree no. 430, promulgated on 16 December 1990. An appendix to the above letter, containing a descriptive summary of the decree, reads as follows: [...] 5. Referring to the paragraphs A (3, 4, 5 and 6) of the Descriptive Summary of August 6, 1990 (which are related to strikes, lockout and some other activities of labor unions, evacuation and regrouping of villages, transfer of public officials to other posts or positions), it should be noted that the adjacent provinces have been excluded by virtue of the new decree" (§26).

presos, não pertence a nenhuma das províncias previstas nas notificações realizadas pelo Governo turco com o propósito de aplicação do artigo 15 da Conv.EDH, a Corte conclui pela inaplicabilidade da legislação de emergência aos fatos *sub examen*.

Interessante observar que os juízes afastam os argumentos do Governo turco — de um lado, busca-se o reconhecimento de que os fatos imputados aos requerentes "representavam um prolongamento da campanha terrorista conduzida na região na qual fora declarado estado de emergência" e, de outro, aduz-se que a interpretação da derrogação realizada deveria ser feita levando-se em consideração não somente o fato de que a ameaça terrorista não se mostrava confinada a nenhuma região do território turco, como também o seu propósito, qual seja restaurar a "normalidade" no menor tempo possível[64] — partindo da premissa de que se estaria decidindo de forma contrária ao objeto e propósito do artigo 15 da Convenção, caso se estendesse a aplicabilidade do dispositivo a outras regiões.[65]

Nesse sentido, afastada a aplicabilidade da derrogação e apoiando-se na jurisprudência anterior sobre o tema (*caso Brogan e outros v. Reino Unido*; *caso Aksoy v. Turquia*), a Corte decide que os períodos de 12 e 14 dias nos quais os requerentes foram mantidos presos provisoriamente, sem serem apresentados à competente autoridade judicial, representam violação ao artigo 5(3) da Convenção.[66]

3.3 Caso A. e outros *v.* Reino Unido – O terrorismo internacional no contexto pós 11.09

O *caso A. e outros v. Reino Unido* cuida de demanda proposta perante a CEDH, em 21.01.2005, por 11 indivíduos de diversas nacionalidades — o primeiro requerente nasceu em campo de refugiados na Jordânia e é apátrida; o segundo é marroquino; o terceiro é cidadão tunisiano; o oitavo é cidadão jordaniano; os demais são todos argelinos — alegando que teriam

---

[64] "The Government submitted that this was no bar to the derogation's applicability. The facts of the case constituted only the prolongation of a terrorist campaign being conducted from inside the area where the state of emergency had been proclaimed, in south-east Turkey. The terrorist threat was not confined to any particular part of Turkish territory. That had to be taken into account if the Turkish derogation was to be interpreted in the light of its object and purpose, namely to enable 'normality for the purposes of the Convention' to be restored throughout the country as quickly as possible" (§37).

[65] "In the present case the Court would be working against the object and purpose of that provision if, when assessing the territorial scope of the derogation concerned, it were to extend its effects to a part of Turkish territory not explicitly named in the notice of derogation. It follows that the derogation in question is inapplicable *ratione loci* to the facts of the case" (§39).

[66] "Even supposing that the activities of which the applicants stood accused were linked to a terrorist threat, the Court cannot accept that it was necessary to detain them for twelve or fourteen days without judicial intervention" (§45).

sido ilegalmente detidos no Reino Unido, bem como que não lhes teria sido possível desafiar a legalidade de sua prisão por intermédio de meios de impugnação adequados.

Os requerentes foram presos entre dezembro de 2001 e janeiro de 2003 em aplicação da Parte 4 do "Anti-Terrorism, Crime and Security Act 2001", sob suspeita de pertencerem a organizações terroristas internacionais. Os seis primeiros foram certificados como suspeitos de terrorismo internacional em 17.12.2001 e presos logo em seguida. O sétimo foi certificado e preso em fevereiro de 2002, o nono em 22.04.2002, o oitavo em 23.10.2002, o décimo em 14.01.2003 e o décimo primeiro foi certificado em 02.10.2003 e mantido em detenção.

Antes de adentrar na análise do reconhecimento pela Corte da violação ao artigo 5(1) da Conv.EDH, convém tecer algumas considerações em relação à derrogação a este dispositivo legal realizada pelo Governo britânico. Em 11.11.2001, o Secretário de Estado aprovou uma "Ordem de Derrogação" ("Derogation Order") com fulcro na Seção 14 do "Human Rights Act 1998", na qual foram delineados os contornos da notificação que seria encaminhada ao Secretário-Geral do Conselho da Europa. A entrega desse instrumento ocorreu em 18.12.2001. Com vistas a justificar a existência de um estado de emergência no Reino Unido, é, inicialmente, apontado que as Resoluções nºs 1.368 e 1.373, ambas de 2011, aprovadas pelo Conselho de Segurança da ONU, reconheceram os ataques ocorridos em 11.09 como uma ameaça à paz e à segurança internacionais.

Nesse sentido, ao lado da assunção da premissa de que o terrorismo internacional representa uma ameaça constante,[67] é retomada a solicitação, realizada pela Resolução nº 1.373/2001 acima referida, no sentido de que todos os Estados tomassem medidas voltadas à prevenção de ataques terroristas. Afirma-se, ademais, que "há uma ameaça terrorista ao Reino Unido vinda de suspeitos de envolvimento no terrorismo internacional", bem como que "existem estrangeiros em território britânico — suspeitos de envolvimento no cometimento, preparo ou instigação de atos terroristas, de pertencerem a organizações ou grupos que possuem ligações com estas organizações internacionais — que representam uma ameaça à segurança nacional do país".[68] Nesse contexto foi aprovado "The Antiterrorism, Crime and Security Act 2001" que estendeu os poderes de prisão e detenção de estrangeiros sob suspeita de envolvimento com terrorismo

---

[67] "The threat from international terrorism is a continuing one" (§11).

[68] "There exists a terrorist threat to the United Kingdom from persons suspected of involvement in international terrorism. In particular, there are foreign nationals present in the United Kingdom who are suspected of being concerned in the commission, preparation or instigation of acts of international terrorism, of being members of organisations or groups which are so concerned or of having links with members of such organisations or groups, and who are a threat to the national security of the United Kingdom" (§11).

internacional. Nos termos da notificação de derrogação, essa medida foi estritamente necessária em vista das circunstâncias da situação.[69]

Oportuno observar que a Câmara dos Lordes, ao apreciar as apelações interpostas pelos requerentes, decidiu por maioria, em 16.12.2004, que "a prisão dos requerentes com fundamento na Parte 4 do Ato de 2001 não se subsume à exceção ao direito geral de liberdade prevista no artigo 5(1)(f) da Convenção".[70] Nos termos do voto condutor do Lorde Bingham, "um estrangeiro, em relação ao qual haja suspeita de que seja submetido a tortura ou a tratamento desumano na hipótese de retornar a seu país, que não pode ser deportado para um terceiro país e que não é acusado de nenhum crime, não pode, nos termos do artigo 5(1)(f) da Conv.EDH [...] ser detido ainda que considerado como uma ameaça à segurança nacional".[71]

Por outro lado, em razão de sua íntima relação com a reflexão final do presente estudo, há que ser mencionada a dissidência dos Lordes em torno do reconhecimento da existência de um estado de emergência no Reino Unido no contexto pós 11.09. Por maioria, foi reconhecido o estado de emergência no país. Na perspectiva do Lorde Hope, o quadro que exsurge das informações e dos elementos de prova obtidos pelo Governo "representa indubitavelmente um estado de emergência atual". Contudo, há que ser levado em consideração que, se de um lado "não há ainda como se afirmar tratar-se de ameaça iminente", de outro, "há que ser reconhecido que, em razão da tendência de que os ataques venham de forma inesperada, pode não ser possível identificar o estágio no qual esse ataque possa ser visto como iminente".[72]

---

[69] "The extended power of arrest and detention in the Anti-terrorism, Crime and Security Act 2001 is a measure which is strictly required by the exigencies of the situation. It is a temporary provision which comes into force for an initial period of 15 months and then expires unless renewed by the Parliament. Thereafter, it is subject to annual renewal by Parliament" (§11).

[70] "A majority of the Law Lords, expressly or impliedly, found that the applicants' detention under Part 4 of the 2001 Act did not fall within the exception to the general right of liberty set out in Article 5 §1(f) of the Convention (see Lord Bingham, at paragraphs 8-9; Lord Hoffman, at paragraph 97; Lord Hope, at paragraphs 103-105; Lord Scott, at paragraph 155; Lord Rodger, at paragraph 163; Baroness Hale, at paragraph 222)" (§17).

[71] O entendimento da maioria alinha-se com a posição do Lord Bingham, que se pronunciou nos seguintes termos: "a person who commits a serious crime under the criminal law of this country may of course, whether a national or a non-national, be charged, tried and, if convicted, imprisoned. But a non-national who faces the prospect of torture or inhuman treatment if returned to his own country, and who cannot be deported to any third country and is not charged with any crime, may not under article 5(1)(f) of the Convention and Schedule 3 to the Immigration Act 1971 be detained here even if judged to be a threat to national security" (§9). Decisão disponível em: <http://www.publications.parliament.uk/pa/ld200405/ldjudgmt/jd041216/a&oth-1.htm>. Acesso em: 12 ago. 2011.

[72] "The House of Lords further held, by eight to one (Lords Bingham and Scott with considerable hesitation), that SIAC's conclusion that there was a public emergency threatening the life of the nation should not be displaced. Lord Hope assessed the evidence as follows:
'118. There is ample evidence within [the open] material to show that the government were

Em seu voto dissidente, Lorde Hoffman reconhece a possibilidade de que atrocidades comparáveis às cometidas nos EUA, em 2001, e em Madrid, em 2004, pudessem vir a ocorrer no Reino Unido (o que tragicamente é posteriormente confirmado com os atentados às estações de metrô de Londres, em 2005), mas considera que o "Attorney General" e a "Special Immigration Appeals Commission" erraram ao julgar que haveria uma "ameaça à vida da nação". Na visão do juiz o dever do Governo de proteger a vida e a propriedade dos cidadãos não pode "destruir as liberdades fundamentais". Nessa ordem de ideias conclui: "a violência terrorista, intrinsecamente grave, não ameaça as nossas instituições de governo ou a nossa existência enquanto uma comunidade".[73]

---

fully justified in taking the view in November 2001 that there was an emergency threatening the life of the nation. ... [The] United Kingdom was at danger of attacks from the Al Qaeda network which had the capacity through its associates to inflict massive casualties and have a devastating effect on the functioning of the nation. This had been demonstrated by the events of 11 September 2001 in New York, Pennsylvania and Washington. There was a significant body of foreign nationals in the United Kingdom who had the will and the capability of mounting co-ordinated attacks here which would be just as destructive to human life and to property. There was ample intelligence to show that international terrorist organisations involved in recent attacks and in preparation for other attacks of terrorism had links with the United Kingdom, and that they and others posed a continuing threat to this country. There was a growing body of evidence showing preparations made for the use of weapons of mass destruction in this campaign. ... [It] was considered [by the Home Office] that the serious threats to the nation emanated predominantly, albeit not exclusively, and more immediately from the category of foreign nationals.

119. The picture which emerges clearly from these statements is of a current state of emergency. It is an emergency which is constituted by the threat that these attacks will be carried out. It threatens the life of the nation because of the appalling consequences that would affect us all if they were to occur here. But it cannot yet be said that these attacks are imminent. On 15 October 2001 the Secretary of State said in the House of Commons that there was no immediate intelligence pointing to a specific threat to the United Kingdom: see Hansard (HC Debates, col 925). On 5 March 2002 this assessment of the position was repeated in the government's response to the Second Report of the House of Commons Select Committee on Defence on the Threat from Terrorism (HC 348, para 13) where it was stated that it would be wrong to say that there was evidence of a particular threat. I would not conclude from the material which we have seen that there was no current emergency. But I would conclude that the emergency which the threats constitute is of a different kind, or on a different level, from that which would undoubtedly ensue if the threats were ever to materialise. The evidence indicates that the latter emergency cannot yet be said to be imminent. It has to be recognised that, as the attacks are likely to come without warning, it may not be possible to identify a stage when they can be said to be imminent. This is an important factor, and I do not leave it out of account. But the fact is that the stage when the nation has to face that kind of emergency, the emergency of imminent attack, has not been reached'" (§18).

[73] "The Home Secretary has adduced evidence, both open and secret, to show the existence of a threat of serious terrorist outrages. The Attorney General did not invite us to examine the secret evidence, but despite the widespread scepticism which has attached to intelligence assessments since the fiasco over Iraqi weapons of mass destruction, I am willing to accept that credible evidence of such plots exist. The events of 11 September 2001 in New York and Washington and 11 March 2003 in Madrid make it entirely likely that the threat of similar atrocities in the United Kingdom is a real one.
But the question is whether such a threat is a threat to the life of the nation. The Attorney General's submissions and the judgment of the Special Immigration Appeals Commission treated a threat

É justamente esse complexo panorama fático-jurídico que foi submetido à apreciação da Corte Europeia de Direitos Humanos. A fundamentação dos juízes componentes do Plenário, ao apreciar a alegação de violação ao artigo a 5(1) da Conv.EDH, possui dois aspectos fundamentais: (*i*) avaliação da compatibilidade da prisão dos requerentes com a regra prevista no artigo 5(1)(f) da Conv.EDH, e (*ii*) avaliação da compatibilidade da derrogação realizada pelo Reino Unido com as suas obrigações, enquanto Estado-Parte da Convenção, frente ao artigo 5(1), este dependente do reconhecimento da incompatibilidade prevista naquele. Esse último aspecto é desdobrado em dois outros: (*i*) verificação da existência de uma emergência que representasse uma ameaça à vida da nação e (*ii*) avaliação do atendimento ao requisito de que as medidas adotadas fossem estritamente necessárias em vista das exigências da situação (princípio da proporcionalidade).

No que diz respeito ao primeiro deles, a Corte afasta o argumento do Estado requerido solicitando que fosse realizado um "balanço" entre o direito dos requerentes à liberdade e o "interesse estatal em proteger a população nacional da ameaça terrorista". Para os juízes internacionais, esse argumento afronta a jurisprudência da Corte relativa à alínea (f) e "o princípio segundo o qual as hipóteses de exceções [ao direito à liberdade] previstas nas alíneas (a) a (f) representam *numerus clausus*", ademais é ressaltado que apenas uma interpretação restritiva se mostra compatível com o propósito do artigo 5 da Convenção.[74] Nesse diapasão, o Plenário da Corte, apoiando-se em dois argumentos — quais sejam, de um lado, a inexistência de elemento de prova a corroborar a possibilidade de que, no período de detenção, ressalvados os casos do segundo e do quarto requerentes, estes

---

of serious physical damage and loss of life as necessarily involving a threat to the life of the nation. But in my opinion this shows a misunderstanding of what is meant by 'threatening the life of the nation'. Of course the government has a duty to protect the lives and property of its citizens. But that is a duty which it owes all the time and which it must discharge without destroying our constitutional freedoms.
This is a nation which has been tested in adversity, which has survived physical destruction and catastrophic loss of life. I do not underestimate the ability of fanatical groups of terrorists to kill and destroy, but they do not threaten the life of the nation. Whether we would survive Hitler hung in the balance, but there is no doubt that we shall survive Al-Qaeda. The Spanish people have not said that what happened in Madrid, hideous crime as it was, threatened the life of their nation. Their legendary pride would not allow it. Terrorist violence, serious as it is, does not threaten our institutions of government or our existence as a civil community" (§§94-96).

[74] "The Court does not accept the Government's argument that Article 5 §1 permits a balance to be struck between the individual's right to liberty and the State's interest in protecting its population from terrorist threat. This argument is inconsistent not only with the Court's jurisprudence under sub-paragraph (f) but also with the principle that paragraphs (a) to (f) amount to an exhaustive list of exceptions and that only a narrow interpretation of these exceptions is compatible with the aims of Article 5. If detention does not fit within the confines of the paragraphs as interpreted by the Court, it cannot be made to fit by an appeal to the need to balance the interests of the State against those of the detainee" (§171).

fossem expulsos sem que houvesse o risco de serem submetidos a maus tratos e, de outro, a não subsunção da prática do Governo de proceder a revisão periódica do certificado expedido pelo Secretário de Estado ao requisito previsto no artigo 5(1)(f) ("prisão ou detenção legal de uma pessoa [...] contra a qual está em curso um processo de expulsão ou de extradição") —, reconhece a incompatibilidade da prisão dos requerentes com o texto da Convenção.

Em consequência, a Corte passa a avaliar a existência de uma situação de emergência no Reino Unido por ocasião dos fatos analisados. Os juízes internacionais retomam os atentados ao metrô de Londres, em julho de 2005, para demonstrar que, embora tenham ocorrido após a prisão dos requerentes, comprovam que o risco de um ataque terrorista mostrava-se real. Por outro lado resta estatuído que o requisito "iminência da ameaça" não deve ser objeto de uma interpretação restritiva, sobretudo levando-se em consideração o escopo do artigo 15 da Conv.EDH, qual seja o de "permitir que os Estados adotem medidas derrogatórias para proteger sua população de riscos futuros".[75] Dessa forma, a Corte de Estrasburgo alinha-se ao entendimento da maioria da Câmara dos Lordes, em vista da necessidade de que sejam levados em consideração "outros fatores na identificação da natureza e do grau da atual ou iminente ameaça à nação". Nesse sentido, sublinha que situações de emergência já foram reconhecidas pela Corte sem que as instituições estatais estivessem expostas a risco nas proporções descritas por Lorde Hoffman em sua dissidência.[76]

Por fim, a Corte se debruça sobre a avaliação da proporcionalidade da medida adotada. Interessante observar que é em particular em relação a esse aspecto que sobressai a função da Corte enquanto órgão regional de proteção dos direitos humanos. Nas palavras dos juízes internacionais: "a Corte deve estar convencida de que [a restrição ao direito à liberdade] corresponde a uma legítima resposta em relação à situação de emergência, a qual era plenamente justificada pelas circunstâncias especiais de emergência, bem como de que garantias adequadas eram fornecidas para conter abusos".[77] Em face da injustificada discriminação de tratamento entre

---

[75] "The requirement of imminence cannot be interpreted so narrowly as to require a State to wait for disaster to strike before taking measures to deal with it. Moreover, the danger of a terrorist attack was, tragically, shown by the bombings and attempted bombings in London in July 2005 to have been very real. Since the purpose of Article 15 is to permit States to take derogating measures to protect their populations from future risks, the existence of the threat to the life of the nation must be assessed primarily with reference to those facts which were known at the time of the derogation. The Court is not precluded, however, from having regard to information which comes to light subsequently" (§177).

[76] "The Court has in previous cases been prepared to take into account a much broader range of factors in determining the nature and degree of the actual or imminent threat to the 'nation' and has in the past concluded that emergency situations have existed even though the institutions of the State did not appear to be imperilled to the extent envisaged by Lord Hoffman" (§180).

[77] "It is ultimately for the Court to rule whether the measures were 'strictly required'. In particular, where a derogating measure encroaches upon a fundamental Convention right, such as the

nacionais e não nacionais realizada pela Parte 4 do Ato de 2001, a Corte decide que as medidas de derrogação eram desproporcionais e, consequentemente, condena o Reino Unido por violação ao artigo 5(1) da Conv.EDH.[78]

4 O direito à liberdade do acusado terrorista no contexto do estado de emergência – Há um equilíbrio entre eficiência e garantismo?

Ao abordar o tema da relação entre processo e Estado, Antonio Scarance Fernandes esclarece que "o processo penal, especialmente, por trabalhar com um bem fundamental do ser humano, a sua liberdade, reflete a concepção política dominante e o seu modo de tratar os direitos, as garantias do suspeito, do acusado e os interesses dos órgãos incumbidos da persecução penal". Partindo dessa premissa o autor traz constatação fundamental para a adequada compreensão da evolução da jurisprudência da CEDH relativa ao direito à liberdade do acusado terrorista em tempos de emergência, qual seja a de que "o processo penal não é apenas um instrumento técnico", mas sim "espelha, em determinado momento histórico, as diretrizes básicas do sistema político do país, na eterna busca de equilíbrio na concretização de dois interesses fundamentais: o de assegurar ao Estado mecanismos para atuar o seu poder punitivo e o de garantir ao indivíduo instrumentos para defender os seus direitos e garantias fundamentais e para preservar a sua liberdade".[79]

Em consequência, há que se ter presente as significativas diferenças[80] não só entre os movimentos terroristas analisados — IRA, no Reino Unido e na Irlanda, e PKK e "People's Labour Party", na Turquia —, como também entre os países selecionados e os diversos momentos históricos. Entretanto, tais distinções não impedem a realização da análise a que o artigo se propõe, na medida em que se compartilha a posição adotada

---

right to liberty, the Court must be satisfied that it was a genuine response to the emergency situation, that it was fully justified by the special circumstances of the emergency and that adequate safeguards were provided against abuse" (§184).

[78] "In conclusion, therefore, the Court, like the House of Lords, and contrary to the Government's contention, finds that the derogating measures were disproportionate in that they discriminated unjustifiably between nationals and non-nationals. It follows there has been a violation of Article 5 §1 in respect of the first, third, fifth, sixth, seventh, eighth, ninth, tenth and eleventh applicants" (§190).

[79] FERNANDES. *Processo penal constitucional*, p. 21-22.

[80] Buscando diferenciar as diversas feições do terrorismo, Cherif Bassiouni (Legal Control of International Terrorism: a Policy-Oriented Assessment. *In*: *Harvard International Law Journal*, v. 43, 2002, p. 83) chama atenção para dois aspectos relevantes: de um lado, aponta que as diferenças entre as manifestações do terrorismo ao longo da história dizem respeito aos métodos, meios e armas empregados, de outro, adverte que, "na medida em que as armas de destruição em massa se tornam mais acessíveis, o perigo à comunidade internacional aumenta".

por José Antonio Pastor-Ridruejo, ex-juiz da CEDH, segundo a qual a inexistência de definição comum de terrorismo — nem mesmo no seio dos países que compõem o Conselho da Europa — não retira a legitimidade da atuação da Corte voltada à apreciação da obediência desses Estados à *rule of law* e à legalidade internacional no combate ao fenômeno.[81] Comentando a atuação da Corte nesses casos, Mireille Delmas-Marty afirma que o esforço dos juízes internacionais em "raisonner la raison d'État" "conduz a um equilíbrio instável, no qual, segundo as circunstâncias invocadas e os direitos em litígio, a situação política interna pode triunfar sobre o universalismo dos direitos humanos".[82]

Oportuna, então, a questão: para qual lado pendeu esse "equilíbrio instável" nos casos apreciados? Nota-se que em todos os casos o direito à liberdade é afirmado como um direito fundamental da pessoa humana. A importância do artigo 5 da Convenção é reiteradamente sublinhada pela Corte que o enxerga como garantia fundamental "contra interferências arbitrárias do Estado ao direito à liberdade", sendo certo que as exceções à essa regra, previstas em suas alíneas, devem ser interpretadas restritivamente. Por outro lado, igualmente recorrente é o argumento da jurisprudência segundo o qual o controle judicial das interferências do Executivo no direito à liberdade individual é "um dos traços marcantes do artigo 5(3)" da Conv.EDH, que se presta ainda à minimização do risco de que sejam cometidas arbitrariedades e à garantia do império da lei. Especificamente no âmbito do terrorismo há outra faceta trazida pela Corte que merece ser retomada, qual seja a de que a "pronta intervenção judicial contribui à identificação e prevenção de maus tratos e/ou tortura", ao que se pode adicionar que são recorrentemente aplicados como meios de obtenção de elementos de prova nesse contexto.

As distinções de tratamento desse direito nos diversos litígios apreciados no presente estudo despontam no tocante à relação da margem de apreciação do Estado requerido somada aos imperativos da repressão, de um lado, e direito à liberdade do acusado da prática de ato terrorista, de outro, a qual traz à tona a aplicação do princípio da proporcionalidade. Assim, à luz dessa dialética, partindo do *caso Lawless v. Irlanda* — no qual a Corte entendeu que a manutenção do requerente preso, sem acesso a uma autoridade judicial, durante quase 5 meses, não representou violação ao artigo 5(3) da Conv.EDH, em razão da existência de uma situação de emergência — em direção aos casos mais recentes, nota-se uma interpretação tendencialmente garantista (o *caso Brannigan e McBride v. Reino Unido* foge

---

[81] PASTOR-RIDRUEJO. Terrorism and the European Court of Human Rights. *In*: FÉRNANDEZ-SÁNCHEZ (Ed.). *International Legal Dimension of Terrorism*, p. 419.

[82] DELMAS-MARTY. Typologie juridique du terrorisme. *In*: LAURENS; DELMAS-MARTY (Coord.). *Terrorismes*: Histoire et droit, p. 171.

à essa tendência em vista da crítica acima desenvolvida que é muito bem equacionada no voto dissidente do juiz Pettiti). O clímax dessa evolução, dentre os casos selecionados, é o *caso A. e outros v. Reino Unido*, no qual, ao lado do reconhecimento de uma situação de emergência, a Corte identifica a violação ao princípio da proporcionalidade em razão do tratamento discriminatório entre nacionais e estrangeiros.

Em que pese transparecer nesse julgado o comprometimento do Plenário da Corte com os valores da liberdade e da justiça, convém indagar se a Corte aplicou de forma adequada o princípio da proporcionalidade no reconhecimento da violação ao artigo 5(1) da Conv.EDH. Sob a ótica das três "máximas parciais" (adequação, necessidade e proporcionalidade em sentido estrito), que constituem, na teoria de Robert Alexy, o princípio da proporcionalidade, a Corte não teria levado em consideração a segunda delas, qual seja o "mandamento do meio menos gravoso".[83] A própria "Special Immigration Appeals Commission"[84] (SIAC) reconhece a existência de outros meios menos gravosos para o combate ao terrorismo internacional, o que posteriormente foi corroborado pela adoção do sistema das "control orders" no 2005 *Act*. Assim, ao realizar o sopesamento nos termos da "lei de colisão", a Corte poderia ter indagado se o fato de ter sido, posteriormente, encontrado um meio menos gravoso e mais efetivo no combate ao terrorismo não deveria ser levado em consideração na apreciação da violação.

Conclusão

Não se teve a pretensão de abarcar no presente estudo todas as reflexões passíveis de análise no contexto do terrorismo praticado em tempos de emergência. Contudo, como se pode notar, a relevância dos pronunciamentos da Corte, especialmente nessas situações ditas de emergência, está intimamente relacionada com o reconhecimento de "standards" mínimos que dão fundamento aos direitos à liberdade e ao devido processo penal do acusado da prática de atos terroristas.

Assim, partindo da premissa de que o Estado Democrático de Direito "é um *meio*, justificado pela sua finalidade de tutela dos direitos fundamentais dos cidadãos e a esta vinculado pela sujeição de todos os seus poderes a regras constitucionais rígidas e fundadas",[85] consoante ensina Luigi Ferrajoli, resta, então, cristalina a impossibilidade de se admitir que, sob o pretexto de razões de Estado, sejam afrontados direitos e garantias fundamentais de maneira ilegítima ou desarrazoada. Nessa ordem de ideias, o

---

[83] ALEXY. *Teoria dos direitos fundamentais*, p. 116-117.

[84] "SIAC further held that the fact that the objective of protecting the public from international terrorists could possibly have been achieved by alternative methods did not demonstrate that the measures actually adopted were not strictly necessary" (§15, a decisão do *caso A. e outros v. Reino Unido*).

[85] FERRAJOLI. *Direito e razão*: teoria do garantismo penal, p. 753.

autor italiano — referindo-se às medidas adotadas na Itália no contexto do combate ao terrorismo e ao crime organizado — conclui que "a legislação e a jurisdição de emergência são, de fato, não apenas juridicamente, mas também, politicamente, injustificadas".[86]

A recente história da humanidade revela que é fundo o poço das barbaridades que podem ser cometidas pelo homem em nome de valores como a supremacia de uma raça, o desenvolvimento econômico ou a segurança nacional. A atuação da Corte se mostra, nesse sentido, fundamental inclusive para que se previna o retorno a regimes autoritários ou totalitários[87] em nome de políticas[88] voltadas ao combate do terrorismo.

Nas palavras de Mireille Delmas-Marty, "desde que não seja instrumentalizado pelos detentores de poder (seja político, econômico, científico ou midiático), o medo pode coordenar as energias para que se comece a colocar em construção uma solidariedade".[89]

Referências

AGAMBEN, Giorgio. *Estado de exceção*. Trad. Iraci D. Poleti. São Paulo: Boitempo, 2004.

ALEXY, Robert. *Teoria dos direitos fundamentais*. 2. ed. Trad. Virgílio Afonso da Silva. São Paulo: Malheiros, 2011.

ARENDT, Hannah. *Responsabilidade e julgamento*. São Paulo: Companhia das Letras, 2004.

BASSIOUNI, Cherif. Legal Control of International Terrorism: a Policy-Oriented Assessment. *Harvard International Law Journal*, v. 43, p. 83-103, 2002.

CASSESE, Antonio. Existe um conflito insuperável entre soberania dos Estados e Justiça Penal Internacional?. *In*: CASSESE, Antonio; Delmas-Marty, Mireille (Org.). *Crimes internacionais e jurisdições internacionais*. Trad. Silvio Antunha. São Paulo: Manole, 2004. p. 3-24.

CASSESE, Antonio. *International Law*. 2nd ed. Oxford: Oxford University Press, 2005.

DELMAS-MARTY, Mireille. *Libertés et Sûreté dans un Monde Dangereux*. Paris: Seuil, 2010.

---

[86] FERRAJOLI. *Direito e razão...*, p. 767. Conforme afirma Daniel R. Pastor (*El Poder Penal Internacional*: una aproximación jurídica crítica a los fundamentos del Estatuto de Roma, p. 22): "Hay entonces sí una cultura penal universal que al estar expresada en el modo previamente reseñado consagra indudablemente una comprensión del derecho penal como conjunto de límites y controles al poder punitivo".

[87] Em relação a esse aspecto, há que se ter clara a distinção entre as formas totalitárias de governo e as ditaduras modernas. Para Hannah Arendt (*Responsabilidade e julgamento*, p. 95-6), a diferença possui dupla fundamentação. De um lado, os regimes totalitários coordenam e implementam sua política criminosa em face não só dos inimigos do Governo, mas também daqueles que são considerados "'inocentes' mesmo do ponto de vista do partido no poder", o que não ocorre nas ditaduras modernas. Por outro lado, estas igualmente não possuem outra característica que é típica do totalitarismo, qual seja a extensão da dominação total "a todas as esferas da vida, e não apenas à da política".

[88] Crítico em relação à política de combate ao terrorismo adotada pela União Europeia, Stefano Manacorda (Les conceptions de l'Union européenne en matière de terrorisme. *In*: LAURENS; DELMAS-MARTY (Coord.). *Terrorismes*: Histoire et droit, p. 204.) aponta ao lado da ambiguidade presente em tais instrumentos, a possibilidade de que seja reconhecido um certo "desequilíbrio favorável aos imperativos da repressão e em detrimento das liberdades individuais".

[89] DELMAS-MARTY. *Libertés et Sûreté dans un Monde Dangereux*, p. 241.

DELMAS-MARTY, Mireille. Restraining or Legitimating the Reason of State?. *In*: Delmas-Marty, Mireille; SOULIER, Gérard (Ed.). *The European Convention for the Protection of Human Rights*: International Protection Versus National Restrictions. Trad. Christine Chodkiewicz. Dordrecht: Martinus Nijhoff Publishers, 1992. p. 1-12.

DELMAS-MARTY, Mireille. Typologie juridique du terrorisme. *In*: LAURENS, Henry; DELMAS-MARTY, Mireille (Coord.). *Terrorismes*. Histoire et droit. Paris: CNRS, 2010. p. 165-187.

FERRAJOLI, Luigi. *A soberania no mundo moderno*: Nascimento e crise do Estado nacional. São Paulo: Martins Fontes, 2007.

FERRAJOLI, Luigi. *Direito e razão*: teoria do garantismo penal. 2. ed. São Paulo: Revista dos Tribunais, 2006.

HABERLE, Peter. *Estado constitucional cooperativo*. São Paulo: Renovar, 2007.

LAURENS, Henry. Le terrorisme comme personnage historique. *In*: LAURENS, Henry; DELMAS-MARTY, Mireille (Coord.). *Terrorismes*: Histoire et droit. Paris: CNRS, 2010, p. 9-66.

MANACORDA, Stefano. Les conceptions de l'Union européenne en matière de terrorisme. *In*: LAURENS, Henry; DELMAS-MARTY, Mireille (Coord.). *Terrorismes*: histoire et droit. Paris: CNRS, 2010. p. 189-217.

PASTOR, Daniel R. *El Poder Penal Internacional*: una aproximación jurídica crítica a los fundamentos del Estatuto de Roma. Barcelona: Atelier Libros Jurídicos, 2006.

PASTOR-RIDRUEJO, José Antonio. Terrorism and the European Court of Human Rights. *In*: FÉRNANDEZ-SÁNCHEZ, Pablo Antonio (Ed.). *International Legal Dimension of Terrorism*. Boston: Martinus Nijhoff Publishers, 2009. p. 419-424.

PELLET, Sarah. A Ambigüidade da noção de terrorismo. *In*: BRANDT, Leonardo Nemer Caldeira (Coord.). *Terrorismo e direito*. Rio de Janeiro: Forense, 2003.

RAMOS, André de Carvalho. *Processo Internacional de Direitos Humanos*: análise dos sistemas de apuração de violação dos direitos humanos e a implementação das decisões no Brasil. São Paulo: Renovar, 2002.

ROCA, Javier Garcia. El Preâmbulo Contexto Hermenêutico del Convenio: un instrumento Constitucional del Orden Público Europeo. *In*: ROCA, Javier Garcia; SAN TOLAYA; Pablo. *La Europa de los Derechos*: El Convenio Europeo de Derechos Humanos. Madrid: Centro de Estudios Políticos y Constitucionales, 2005. p. 21-46.

ROSENFELD, Michel. La pondération judiciaire en temps de stress: une perspective constitutionnelle comparative, *In*: LAURENS, Henry; DELMAS-MARTY, Mireille (Coord.). *Terrorismes*. Histoire et droit. Paris: CNRS, 2010. p. 219-289.

SAN PEDRO, José Garcia. Análisis jurídico del terrorismo. *In*: MOREIRA, Adriano (Coord.). *Terrorismo*. Coimbra: Almedina, 2004.

SCARANCE Fernandes, Antonio. Processo Penal Constitucional. 6. ed. São Paulo: Revista dos Tribunais, 2010.

SCARANCE, Antonio Fernandes. O Equilíbrio na repressão ao crime organizado. *In*: SCARANCE, Antonio Fernandes; ALMEIDA, José Raul Gavião de; MORAES, Maurício Zanoide de (Coord.). *Crime organizado*: aspetos processuais. São Paulo: Revista dos Tribunais, 2009. p. 09-28.

Informação bibliográfica deste texto, conforme a NBR 6023:2002 da Associação Brasileira de Normas Técnicas (ABNT):

SILVA, Anamara Osório; MAIA, Vitor Bastos. A corte europeia de direitos humanos e o terrorismo praticado em tempos de emergência: o devido processo penal entre eficiência e garantismo. *In*: FERNANDES, Antonio Scarance; ZILLI, Marcos. (Coord.). *Terrorismo e justiça penal*: reflexões sobre a eficiência e o garantismo. Belo Horizonte: Fórum, 2014. p. 315-353. ISBN 978-85-7700-844-5.

PARTE IV

O TERRORISMO NA PERSPECTIVA DO DIREITO BRASILEIRO

CAPÍTULO 12

AS LIMITAÇÕES DO TRATAMENTO PENAL DADO AO TERRORISMO PELO ORDENAMENTO JURÍDICO BRASILEIRO

MARIÂNGELA GAMA DE MAGALHÃES GOMES

1 Introdução

O terrorismo, embora presente em determinadas localidades há bastante tempo, passou a ser objeto de significativa atenção por parte do ordenamento jurídico brasileiro a partir da Constituição Federal de 1988, que fundou os alicerces para a redemocratização do país, especialmente a partir da afirmação da superação do regime autoritário que a antecedeu.

Conforme se verá ao longo deste trabalho, o texto constitucional é enfático ao se referir ao terrorismo como algo a ser repudiado e severamente punido na ordem jurídica que se instaurava, posto que é incompatível com os valores próprios do regime democrático.

Mais recentemente, passou a ser mais concreta a consciência social acerca do que seja terrorismo e da necessidade de ser incriminado a partir do episódio ocorrido nos Estados Unidos da América no dia 11 de setembro de 2001, quando dois aviões se chocaram propositalmente contra as Torres Gêmeas, em Nova Iorque, e um terceiro atingiu instalações do Pentágono, em Washington — tudo transmitido praticamente ao vivo pelas redes de televisão. Como pondera Alberto Silva Franco, foi a partir de então que o terrorismo entrou na pauta dos problemas mundiais, uma vez que até aquele momento estava circunscrito a alguns países ou regiões bem delimitados; e ataques terroristas no metrô de Madrid e, depois, no metrô e nos ônibus de Londres deram a medida do novo alcance que tais comportamentos passaram a assumir.[1]

Com isso, uma atuação mais firme por parte do ordenamento jurídico brasileiro — tanto do Poder Legislativo como do Judiciário — no sentido de prever e aplicar sanções criminais àqueles que praticarem atos terroristas passou a ser demandada tanto pelos operadores do direito como pela sociedade em geral, amedrontada diante das características dessa específica modalidade criminosa.

Nesse contexto, o objetivo deste trabalho é aferir o desvalor que o terrorismo ostenta em nosso ordenamento jurídico, a ponto de concluirmos acerca da legitimidade ou ilegitimidade da criminalização desse tipo de comportamento, assim como identificar se o ordenamento jurídico já dispõe de um tipo penal apto a desempenhar esse papel ou se, eventualmente, deverá o legislador atuar para a sua elaboração.

2 O terrorismo na Constituição brasileira de 1988

De início, alguns valores expressamente referidos no texto constitucional brasileiro já apontam no sentido de que a prática do terrorismo é contrária aos mais importantes valores do nosso Estado de Direito e que, por isso, deve ser combatida. Já no preâmbulo da Constituição, fala-se que o Estado Democrático está destinado a assegurar o exercício dos direitos sociais e individuais, entre eles a liberdade e a segurança; o art. 1º, ao elencar os fundamentos da República, faz referência expressa à dignidade da pessoa humana (art. 1º, III); o art. 5º, inserido no Título referente aos Direitos e Garantias Fundamentais e que tem como objeto os Direitos e Deveres Individuais e Coletivos, traz em seu *caput* a declaração de que são garantidos aos brasileiros e aos estrangeiros residentes no país a inviolabilidade do direito à vida, à liberdade, à igualdade, à segurança e à propriedade.

No entanto, o comprometimento do Estado brasileiro com a luta contra o terrorismo fica evidente quando se vislumbra, no art. 4º, inciso VIII, do texto constitucional, que entre os princípios que regem a República Federativa do Brasil em suas relações internacionais encontra-se o *repúdio ao terrorismo*.

Ainda — e como se já não fosse suficiente —, a Constituição Federal brasileira, reconhecidamente pródiga em disposições acerca da necessidade de tutela penal a determinados comportamentos ali elencados,[2] faz referência

---

[1]   FRANCO. *Crimes hediondos*, p. 186.

[2]   Outros exemplos da amplitude do texto constitucional, nesse sentido, estão no art. 5º, incisos XLI ("a lei punirá qualquer discriminação atentatória dos direitos e liberdades fundamentais"), XLII ("a prática do racismo constitui crime inafiançável e imprescritível, sujeito à pena de reclusão,

expressa à criminalização do terrorismo, em seu art. 5º, XLIII, quando dispõe sobre os denominados crimes hediondos. Significa, portanto, que o legislador constituinte, depois de já ter repudiado expressamente o terrorismo, não se contentou apenas em manifestar seu desejo de incriminação de tal comportamento, mas foi além, especialmente ao equipará-lo aos crimes hediondos para lhe prever consequências penais claramente mais gravosas. Assim, o referido dispositivo constitucional estabelece que "a lei considerará crimes inafiançáveis e insuscetíveis de graça ou anistia a prática da tortura, o tráfico ilícito de entorpecentes e drogas afins, o *terrorismo* e os definidos como crimes hediondos, por eles respondendo os mandantes, os executores e os que, podendo evitá-los, se omitirem".

Ao assim restringir direitos e garantias individuais, houve uma clara manifestação do legislador constituinte no sentido de reunir, sob uma proteção penal diferenciada, figuras criminosas similares no que diz respeito à gravidade da lesão ao bem jurídico-penal. Sob a ótica do constituinte, a tortura, o tráfico ilícito de entorpecentes e drogas afins, o terrorismo e os crimes hediondos representavam lesões graves a bens jurídicos de inquestionável dignidade penal e que estavam necessitados da referida tutela. Além disso, dada a danosidade social das condutas elencadas, para elas foram adotadas importantes restrições, seja quanto ao reconhecimento da anistia e da graça, seja quanto à exclusão da garantia da liberdade com fiança.[3]

De maneira geral, pode-se dizer que a antecipação desta valoração político-criminal para a esfera constitucional funda-se na experiência histórica do nosso Estado, o que inclui, também, projetos e objetivos aos quais este se propôs no momento em que foi criada a nova Carta Política. É que a tutela penal de alguns específicos bens reflete a sua nova ou a acrescida importância, assim como a previsão de que, no futuro, podem vir a ser objeto de agressões sempre mais graves e frequentes. No caso brasileiro, pode-se mencionar que a imposição, ao legislador, de punir o terrorismo, assim como outros atentados à liberdade e aos direitos fundamentais, a prática da tortura, a ação de grupos armados contra a ordem constitucional e contra a democracia é, claramente, dirigida a prevenir o retorno à ditadura militar ou a impedir que, mesmo após o advento do Estado Democrático, permaneçam comportamentos típicos daquele regime.[4]

---

nos termos da lei"), e XLIV ("constitui crime inafiançável e imprescritível a ação de grupos armados, civis ou militares, contra a ordem constitucional e o Estado Democrático"), assim como o art. 225, §3º, que prescreve que "as condutas e atividades consideradas lesivas ao meio ambiente sujeitarão os infratores, pessoas físicas ou jurídicas, a sanções penais e administrativas, independentemente da obrigação de reparar os danos causados", e o art. 227, §4º, que "a lei punirá severamente o abuso, a violência e a exploração sexual da criança e do adolescente".

[3] FRANCO. *Crimes hediondos*, p. 139.

[4] Este é o mesmo sentido da Constituição alemã, que ao reclamar a punição das atividades preparatórias de uma guerra de agressão, manifesta de forma vinculante a vontade de paz dos alemães na República Federal como resposta às experiências do período do nacional socialismo;

No entanto, importa observar que, mesmo diante de cláusula expressa de criminalização do terrorismo no texto constitucional brasileiro, continua o legislador ordinário tendo a prerrogativa de elaborar, no plano infraconstitucional, o tipo legal de crime que corresponda às necessidades sociais, estando apenas em parte vinculado pela Constituição. Assim, ainda que haja uma obrigação de que certos bens jurídicos venham a ser protegidos pelo direito penal[5] — o que levou o legislador ordinário a ser instado a formular as hipóteses da tortura e dos crimes hediondos, até então não estruturadas tipicamente, e a dar um tratamento mais adequado à hipótese de tráfico ilícito de entorpecentes e de drogas afins já existente na Lei nº 6.368/76, anterior à Constituição[6] — isso não significa que qualquer norma que se disponha a proteger criminalmente tais bens jurídicos seja constitucional. Em outras palavras, pode-se dizer que a previsão contida no art. 5º, inciso XLIII da Carta Magna brasileira apenas afasta do legislador ordinário a possibilidade de valoração acerca da *necessidade* da intervenção penal, uma vez que isso já se encontra posto. No entanto, continua sendo tarefa legislativa determinar a mais adequada técnica de tutela penal a ser dispensada ao bem jurídico constitucional, assim como observar os requisitos constitucionais da oportunidade da incriminação e da proporcionalidade entre as condutas eventualmente descritas e a respectiva sanção, sob pena de inconstitucionalidade do diploma legislativo. Portanto, é com esses limites que a afirmativa da *obrigatoriedade* ao Congresso Nacional correspondente à edição de lei penal descrevendo as condutas típicas referentes aos aludidos preceitos constitucionais[7] deve ser lida — e, consequentemente, como a norma relativa à criminalização do terrorismo deve ser interpretada.[8]

---

também, a Constituição espanhola, ao impor a repressão a abusos de poderes públicos na luta ao terrorismo, tinha presente a experiência adquirida durante a ditadura de Franco; e a Constituição italiana optou que viesse tutelada com pena a integridade física e a liberdade moral das pessoas submetidas à restrição da liberdade, consciente dos arbítrios e da violência que, sobretudo por parte da polícia, eram atuados durante o regime fascista (DOLCINI; MARINUCCI. Costituzione e politica dei beni giuridici. *Rivista Italiana di Diritto e Procedura Penale*, p. 352-353).

[5] Diferentemente, sustenta Janaína Paschoal que não podem ser aferidas do texto constitucional quaisquer vinculações ao legislador no sentido de criminalizar determinados bens jurídicos. Isto justifica-se na medida em que seria incoerente que o constituinte tivesse deixado para o legislador a liberdade de criminalizar ou não as afrontas à vida, obrigando-o, ao contrário, a criminalizar o racismo, por exemplo. Além disso, sustenta-se que, da mesma forma como o direito penal mínimo não pode conviver com uma análise meramente formal da lei, também não pode conviver com uma avaliação exclusivamente formal da Constituição (PASCHOAL. *Constituição, criminalização e direito penal mínimo*, f. 107-156.

[6] FRANCO. *Crimes hediondos*, p. 139.

[7] Afirmação feita por MORAES. *Constituição do Brasil interpretada e legislação constitucional*, p. 324.

[8] A esse respeito, ver GOMES. *O princípio da proporcionalidade no direito penal*, p. 111 *et seq.*

3 O terrorismo na legislação infraconstitucional brasileira

3.1 Lei dos Crimes Hediondos

Sob o impacto dos meios de comunicação de massa que difundiam o medo na população frente aos crimes violentos que vinham acontecendo no final da década de 1980, especialmente a extorsão mediante sequestro que vitimava conhecidos empresários de São Paulo e do Rio de Janeiro, e clamavam por um aumento no rigor das punições, e tendo como pano de fundo o "Movimento da Lei e da Ordem",[9] surgiu em nosso ordenamento jurídico a Lei nº 8.072/90, cujo objeto era justamente atribuir um tratamento penal diferenciado aos crimes hediondos, tal qual determinado pela Carta Magna brasileira.

Nesse sentido, o legislador infraconstitucional seguiu as exatas diretrizes do constituinte, de modo que o referido diploma legislativo teve como objeto, além dos delitos qualificados como hediondos, a tortura, o tráfico ilícito de entorpecentes e drogas afins e — o que mais nos interessa nesse estudo — o terrorismo. A essas três figuras criminosas, consideradas equiparadas aos crimes hediondos, foram, portanto, estabelecidas as mesmas restrições características desse novo agrupamento de infrações penais.

Com relação às consequências jurídicas mais gravosas que passaram a suceder à prática de crimes hediondos ou equiparados, podem ser elencadas as seguintes situações:

1. Nos termos do art. 2º, I, além das restrições constitucionais referentes à anistia e à graça, proibiu-se, também, a concessão de indulto e, portanto, também da comutação de pena[10].
2. Tornou-se proibida a concessão de fiança aos autores de tais infrações (art. 2º, II).
3. Quanto à execução da pena privativa de liberdade, tornou-se obrigatório o início do seu cumprimento em regime fechado, sendo a progressão de regime permitida apenas após o cumprimento de dois quintos da pena, se o apenado for primário, e de três quintos caso o apenado seja reincidente (art. 2º, §§ 1º e 2º).[11] É de se observar, no que diz respeito a essa importante consequência da prática de crimes hediondos ou equiparados, que na redação

---

[9] Sobre o "Movimento da Lei e da Ordem", v. TORON. *Crimes hediondos*: o mito da repressão penal: um estudo sobre o recente percurso da legislação brasileira e as teorias da pena, p. 86 *et seq.*

[10] FRANCO. *Crimes hediondos*, p. 170.

[11] Para a generalidade das infrações penais, aplica-se o disposto no art. 112 da Lei de Execução Penal que dispõe o seguinte: "A pena privativa de liberdade será executada em forma progressiva com a transferência para regime menos rigoroso, a ser determinada pelo juiz, quando o preso tiver cumprido ao menos um sexto da pena no regime anterior e ostentar bom comportamento carcerário, comprovado pelo diretor do estabelecimento, respeitadas as normas que vedam a progressão".

original da Lei nº 8.072/90 havia a exclusão total do regime progressivo de cumprimento de pena, uma vez que se determinava que as penas deveriam ser executadas integralmente em regime fechado; foi somente após o julgamento, pelo Supremo Tribunal Federal, do HC nº 82.959-7/SP, em 2005, em que se declarou a inconstitucionalidade da referida restrição, que houve a posterior alteração legislativa (Lei nº 11.464/06) que determinou os mencionados lapsos temporais diferenciados para a progressão de regime de cumprimento de pena para os condenados pela prática de crimes hediondos ou a eles equiparados.

4. O prazo da prisão temporária passou a ser de trinta dias, prorrogável por igual período em caso de extrema e comprovada necessidade (art. 2º, § 4º).[12]

5. O lapso temporal para a concessão de livramento condicional também foi aumentado para o cumprimento de mais de dois terços da pena, e ainda acrescido da exigência do apenado não ser reincidente específico em crimes hediondos ou equiparados (art. 5º).[13]

6. Foi instituído um tratamento diferenciado para o crime de quadrilha ou bando (art. 288 do Código Penal), quando tiver como objetivo a prática de crimes hediondos ou equiparados. Além de a pena ter sido aumentada — o que denota um juízo abstrato de reprovação maior —, foi criado o instituto da delação premiada, em que "o participante e o associado que denunciar à autoridade o bando ou quadrilha, possibilitando seu desmantelamento, terá a pena reduzida de um a dois terços" (art. 8º e §único).

Tendo em vista não ser objeto desse trabalho um estudo minucioso e crítico acerca da Lei dos Crimes Hediondos e suas implicações no ordenamento jurídico brasileiro, importa observar que não são poucos os impactos gerados na liberdade individual daqueles que forem condenados ou apenas processados pela prática de tais infrações. Nesse sentido, verifica-se que o terrorismo é, no Brasil, objeto de significativa e diferenciada reprovação, tanto em nível constitucional como infraconstitucional. O fato de ser crime equiparado a hediondo implica, necessariamente, não somente todas as

---

[12] A regra geral aplicável aos delitos não hediondos está expressa no art. 2º da Lei nº 7.960/89, que dispõe o seguinte: "A prisão temporária será decretada pelo Juiz, em face da representação da autoridade policial ou de requerimento do Ministério Público, e terá o prazo de 5 (cinco) dias, prorrogável por igual período em caso de extrema e comprovada necessidade".

[13] No que diz respeito ao lapso temporal, nos termos do art. 83 do Código Penal, se o crime pelo qual o agente foi condenado não for hediondo nem equiparado a hediondos, o livramento condicional pode ser concedido ao condenado com pena privativa de liberdade igual ou superior a 02 (dois) anos, se cumprido mais de um terço da pena, se ele não for reincidente em crime doloso e tiver bons antecedentes, ou se cumprida mais da metade na hipótese de ser reincidente em crime doloso.

restrições a estes conferidas, mas também o coloca no mais alto patamar de reprovação manifestado pela sociedade.

3.2 O crime de terrorismo

3.2.1 Histórico legislativo no Brasil

Quando se analisa a evolução da legislação penal brasileira referente ao terrorismo, resta clara a sua relação com o momento político e social pelo qual o país passava. E isso é totalmente esperado e compreensível, especialmente quando observamos tratar-se de documentos legislativos voltados à proteção e à segurança do próprio Estado.

Assim, o primeiro diploma legislativo brasileiro que tratou do crime de terrorismo foi a Lei nº 4.269/21, emergida tardiamente num contexto de combate ao anarquismo que já vinha sendo objeto de preocupação na Europa desde o final do século XIX.[14] Mais tarde, em 1935, entrou em vigor a primeira lei de segurança, a Lei nº 38, que tratava dos crimes contra a ordem política e social.

Em 1953, com a redemocratização do país, deu-se a substituição da lei anterior pela Lei nº 1.802/53, cujo objeto eram os crimes contra o Estado e a ordem política e social.

Mais uma vez acompanhando as mudanças políticas ocorridas no Estado brasileiro, com o Golpe Militar de 1964, a Lei nº 1.802/53 tornou-se inadequada frente às pretensões punitivas dos novos detentores do poder, de maneira que, inspirado na ideologia da segurança nacional — elevada à condição de filosofia oficial do regime militar e considerada valor supremo da nação — o Decreto-Lei nº 314 a revogou em março de 1967 e, pela primeira vez na história brasileira, a legislação passou a fazer referência expressa aos crimes contra a segurança nacional, e não mais contra o Estado e a ordem política.[15]

Em 1978 entrou em vigor a Lei de Segurança Nacional (Lei nº 6.620/78), que, embora não descrevesse no que consistia o terrorismo,

---

[14] Como noticia Fragoso, na Inglaterrra surgiu, em 1883, o *Explosive Substances Act*, que punia as condutas de causar explosão que expusesse a perigo a vida ou a propriedade, a prática de qualquer ato com o objetivo de causar explosão, a posse e a fabricação de substância explosiva com a finalidade de expor a perigo a vida ou causar sérios danos à propriedade, ou facilitar a ação de outros nesse sentido; na Alemanha, em 1884, surgiu a lei *Dynamitgesetz* contra o uso criminoso e provocador de perigo comum de substâncias explosivas, com disposições bastante severas incriminando a voluntária exposição a perigo de propriedade, da saúde ou da vida de outrem, mediante o emprego de substância explosiva; e foram vários os países que seguiram essa tendência, tais como a Áustria (1885), Dinamarca (1886), França (1892 e 1893), Espanha (1894), Suíça (1894) e Itália (1894) (FRAGOSO. *Terrorismo e criminalidade política*, p. 56-58; 89).

[15] FRAGOSO. *Terrorismo e criminalidade política*, p. 92; CORACINI. O terrorismo como resultado de relações de poder. *Revista da Faculdade de Direito da Universidade de São Paulo*, p. 473.

previu para tal conduta a pena de reclusão variável entre 2 e 12 anos, sendo, no entanto, de 8 a 30 anos caso dela resultasse lesão corporal grave ou morte.[16]

E, finalmente, desde 1983, quando a Lei nº 7.170 revogou o diploma legislativo de 1978, temos em nosso ordenamento a existência do delito consistente em "devastar, saquear, extorquir, roubar, seqüestrar, manter em cárcere privado, incendiar, depredar, provocar explosão, praticar atentado pessoal ou *atos de terrorismo*, por inconformismo político ou para obtenção de fundos destinados à manutenção de organizações políticas clandestinas ou subversivas".[17]

É a partir deste dispositivo legal, portanto, que será analisada a figura do terrorismo no direito penal brasileiro.

3.2.2 Análise crítica do art. 20 da Lei nº 7.170/83 (Lei de Segurança Nacional)

Conforme adiantado anteriormente, o conteúdo do art. 5º, inciso XLIII da Constituição e, posteriormente, a própria letra da Lei dos Crimes Hediondos, fizeram com que o legislador ordinário criasse a figura típica da tortura em nosso ordenamento jurídico e desse um tratamento mais adequado ao crime de tráfico de entorpecentes e drogas afins. No que diz respeito ao terrorismo, no entanto, não houve, após a inauguração do Estado Democrático de Direito, em 1988, manifestação do Congresso Nacional no sentido de discipliná-lo.

O que temos entre nós, até agora, é a vigência da Lei de Segurança Nacional (Lei nº 7.170) de 1983, que proíbe, em seu art. 20, a prática de "atos de terrorismo". A análise desse tipo penal merece atenção, portanto, a fim de tentarmos identificar os limites e o alcance dessa figura incriminadora.

Para tanto, cumpre, num primeiro momento, verificarmos o texto da lei, ou seja, o tipo penal em que consta a descrição do terrorismo para que, a partir daí, possamos aferir o seu conteúdo. Assim, nos termos

---

[16] Art. 26. Devastar, saquear, assaltar, roubar, seqüestrar, incendiar, depredar ou praticar atentado pessoal, sabotagem ou *terrorismo*, com finalidades atentatórias à Segurança Nacional.
Pena: reclusão, de 2 a 12 anos.
Parágrafo único. Se, da prática do ato, resultar lesão corporal grave ou morte.
Pena: reclusão, de 8 a 30 anos.

[17] Art. 20 da Lei nº 7.170/83. Devastar, saquear, extorquir, roubar, seqüestrar, manter em cárcere privado, incendiar, depredar, provocar explosão, praticar atentado pessoal ou atos de terrorismo, por inconformismo político ou para obtenção de fundos destinados à manutenção de organizações políticas clandestinas ou subversivas.
Pena: reclusão, de 3 a 10 anos.
Parágrafo único. Se do fato resulta lesão corporal grave, a pena aumenta-se até o dobro; se resulta morte, aumenta-se até o triplo.

do art. 20 da Lei nº 7.170/83, são infrações penais as seguintes condutas (sempre movidas pelo inconformismo político ou para a obtenção de fundos destinados à manutenção de organizações políticas clandestinas ou subversivas): devastar, saquear, extorquir, roubar, seqüestrar, manter em cárcere privado, incendiar, depredar, provocar explosão, praticar atentado pessoal *ou atos de terrorismo*; o mesmo dispositivo legal estabelece a pena de reclusão de 3 a 10 anos, e seu parágrafo único determina que, "se do fato resulta lesão corporal grave, a pena aumenta-se até o dobro; se resulta morte, aumenta-se até o triplo".

A principal observação a se fazer diante desse texto legislativo diz respeito à controvérsia doutrinária e jurisprudencial acerca da constitucionalidade (e, portanto, da própria existência em nosso ordenamento jurídico) do crime de terrorismo. E tal desentendimento encontra-se atrelado essencialmente à forma como o crime está posto na legislação, o que será objeto de análise a partir de agora.

a) Da caracterização do tipo misto alternativo e da inexistência de cláusula exemplificativa

Antes de mais nada, não podemos nos esquecer de que a Constituição brasileira de 1988 consagrou expressamente, no inciso XXXIX do seu art. 5º, a garantia de que *não há crime sem lei anterior que o defina, nem pena sem prévia cominação legal*. Dessa forma, não resta dúvida de que, em nosso ordenamento jurídico, ninguém terá sua liberdade restringida senão quando, anteriormente à prática da conduta ilícita, houver uma lei (em sentido formal) que estabeleça, de forma clara e precisa, aquilo que se proíbe.

Isso significa, portanto, que todos os comportamentos tidos pelo legislador como ilícitos criminalmente devem estar minuciosamente descritos a ponto de satisfazer as garantias de certeza e previsibilidade. E quanto aos "atos de terrorismo" previstos no art. 20 da Lei nº 7.170/83, especificamente, é claramente questionável a sua observância às garantias constitucionais decorrentes da legalidade.

Inicialmente, está fora de dúvida o fato de que o referido tipo incriminador se caracteriza por ser um tipo misto alternativo, ou seja, é composto por várias condutas proibidas que podem ser praticadas isolada ou conjuntamente, sendo certo que o agente responde pela infração independentemente do número de comportamentos incriminados praticados. Significa, portanto, que se o agente praticar, no mesmo contexto, duas ou mais condutas descritas, ou se praticar apenas uma delas, responderá pelo mesmo ilícito. A quantidade de condutas típicas praticadas fornecerá ao juiz elementos a serem considerados no momento da aplicação da pena (juízo de culpabilidade), mas não significa que o agente tenha praticado o corresponde número de crimes.

Assim, da leitura do art. 20 da Lei de Segurança Nacional apreende-se que responde pela infração a esse dispositivo legal quem praticar qualquer uma das condutas ali descritas (devastar, saquear, extorquir, roubar, sequestrar, manter em cárcere privado, incendiar, depredar, provocar explosão, praticar atentado pessoal *ou atos de terrorismo*), desde que, em qualquer das hipóteses, seja movido por inconformismo político ou com a finalidade de obtenção de fundos destinados à manutenção de organizações políticas clandestinas ou subversivas.

Adverte-se, ainda, que todos os comportamentos proibidos pelo legislador ordinário precisam estar imbuídos de móvel específico, qual seja, pelo inconformismo político ou pela finalidade de obtenção de fundos destinados à manutenção de organizações políticas clandestinas ou subversivas. Um roubo ou um sequestro desprovido de tal intenção (dolo específico), não se adéqua ao tipo penal em análise, mas a outras figuras previstas no Código Penal.

Consequência lógica do reconhecimento do art. 20 da Lei nº 7.170/83 como sendo tipo misto alternativo é a necessidade de que todos os comportamentos nele previstos estejam em consonância com o princípio constitucional da legalidade. E é justamente por isso que não é pacífico o entendimento acerca da figura do crime de terrorismo em nosso ordenamento.

De início, cumpre observar que, embora o legislador tenha a possibilidade de se valer de cláusulas exemplificativas na construção dos tipos incriminadores, não foi essa a técnica aqui utilizada.

Embora seja verdade que termos exemplificativos não deixam de ser uma forma de atribuir indeterminação às normas penais, não é raro encontrarmos expressões como "funções análogas", "atividades similares" e "ou de outra forma". Nesses casos, na interpretação das normas, o que se verifica é uma analogia interna ao tipo penal (ou interpretação analógica), diferente daquela em que se verifica uma integração vedada ao intérprete.[18]

Da mesma forma, mesmo partindo do pressuposto que um tipo incriminador deve ser uma norma genérica, o emprego de um termo que demande exemplificação não é conveniente porque é um indicativo de não estar suficientemente claro ou de se dirigir a específicos casos

---

[18] Na legislação brasileira, alguns exemplos de situações dessa natureza já foram apontados por Renè Ariel Dotti, tais como os casos de integração de lacuna relativa às causas de exclusão de ilicitude ou de isenção de pena (consentimento do ofendido e no estado de necessidade exculpante, por exemplo) e também tipos incriminadores como os arts. 71 ("pelas condições de tempo, lugar, maneira de execução *e outras semelhantes*"), 121, parágrafo 2º, inciso I ("mediante paga ou promessa de recompensa, *ou por outro motivo torpe*") e 171 ("mediante artifício, ardil, *ou qualquer outro meio fraudulento*") do Código Penal, assim como nos arts. 49 ("destruir, danificar, lesar ou maltratar, *por qualquer modo ou meio*") e 54 ("causar poluição *de qualquer natureza*") da Lei nº 9.605/98 (DOTTI. *Curso de direito penal*: parte geral, p. 233).

predeterminados,[19] tem-se entendido serem admissíveis tais expressões porque, via de regra, são enumerações exemplificativas precedidas da enunciação de certas condutas que dão a pauta orientadora firme acerca da vontade objetiva plasmada na lei considerada.[20]

De todo modo, há que se ter claro que as cláusulas exemplificativas precisam, necessariamente, conter esse sentido. Há hipóteses de tipos mistos alternativos em que, não obstante a previsão de diversas condutas, o legislador não chega a se valer da abertura própria da cláusula exemplificativa. Assim, por exemplo, ainda que seja um tipo penal dessa natureza, o art. 122 do Código Penal enumera apenas três comportamentos aptos a caracterizarem a infração penal (induzir ou instigar alguém a suicidar-se ou prestar-lhe auxílio para que o faça) sem abrir a oportunidade para que o intérprete considere criminoso um comportamento que, embora semelhante aos descritos, não esteja descrito; em outras palavras, as condutas de induzir, instigar ou prestar auxílio são as únicas proibidas pela norma, não constituindo meros exemplos a servirem de critério para que o juiz equipare comportamentos não descritos aos expressamente previstos. O mesmo pode ser dito, por exemplo, em relação aos arts. 163 (destruir, inutilizar ou deteriorar coisa alheia), 297 (falsificar, no todo ou em parte, documento público, ou alterar documento público verdadeiro), ou 319 (retardar ou deixar de praticar, indevidamente, ato de ofício, ou praticá-lo contra disposição expressa de lei, para satisfazer interesse ou sentimento pessoal), todos do Código Penal brasileiro.

Nessa linha de entendimento, da leitura do art. 20 da Lei nº 7.170/83 verifica-se que ali também se está diante de um tipo misto alternativo cujo conteúdo são apenas os comportamentos ali previstos, não havendo a abertura característica das cláusulas exemplificativas. Há, naquele dispositivo de lei, onze comportamentos previstos, e entre eles "atos de terrorismo". Assim como os comportamentos de destruir, inutilizar ou deteriorar coisa alheia (art. 163 do Código Penal) não se confundem e também não são exemplos de ações com um sentido mais amplo, o mesmo se dá com os comportamentos previstos na Lei de Segurança Nacional.

Pode-se concluir, portanto, que devastar é uma conduta diferente de saquear, que são diferentes de extorquir e assim por diante, de modo que também diferem dos atos de terrorismo, previsto em último lugar no rol de comportamentos proibidos.

Assim, não parece correto supor que as dez condutas que antecedem a expressão "atos de terrorismo" no dispositivo legal sejam exemplos de atos de terrorismo. Caso fosse esta a intenção do legislador, certamente

---

[19] SCHMIDT. *O princípio da legalidade penal no estado democrático de direito*, p. 245.

[20] FIERRO. *Legalidad y retroactividad de las normas penales*, p. 210.

teria utilizado a fórmula exemplificativa que tão bem sabe utilizar; caso o legislador tivesse o propósito de equiparar as condutas anteriores a atos de terrorismo, no sentido de serem espécies de terrorismo, deveria ter feito da mesma forma como se agiu no homicídio qualificado ("mediante paga ou promessa de recompensa, *ou por outro motivo torpe*") ou no estelionato ("mediante artifício, ardil, *ou qualquer outro meio fraudulento*"), por exemplo, e escrito "devastar, saquear, extorquir [...] praticar atentado pessoal ou outros atos de terrorismo". Caso assim tivesse feito, não haveria dúvida de que os comportamentos anteriormente descritos seriam modalidades de terrorismo e o legislador teria deixado ao intérprete a possibilidade de considerar "atos de terrorismo" outros comportamentos eventualmente não previstos ou imaginados.

Diante disso, não parece acertado supor que o legislador valeu-se da interpretação analógica, enumerando primeiramente as formas de terrorismo para, imediatamente depois, mencionar "ou atos de terrorismo". Caso esse tivesse sido seu objetivo, deveríamos ler o dispositivo legal de forma diferente de como está escrito ("ou outros atos de terrorismo"),[21] numa interpretação prejudicial ao réu.

b). Da não taxatividade do crime de terrorismo

Uma vez constatado que a expressão "ou atos de terrorismo" não é uma cláusula exemplificativa de fechamento do tipo penal incriminador, cumpre identificar seu sentido e seu alcance, a fim de estabelecermos o conteúdo de tal figura típica no ordenamento jurídico brasileiro.

De início, identifica-se que a redação legislativa conduz à conclusão de que "atos de terrorismo" não abrangem as demais hipóteses delitivas descritas no tipo penal incriminador. Ao iniciarmos a tarefa de buscar o sentido de tal expressão, já sabemos o que nela não se encaixa, ou seja, já se parte com a certeza de que atos de terrorismo são coisas diferentes de devastar, saquear, extorquir, roubar, sequestrar, manter em cárcere privado, incendiar, depredar, provocar explosão, praticar atentado pessoal. Essa certeza deriva do fato de ter sido utilizada na descrição típica a conjunção

---

[21] Importa observar, a esse respeito, o entendimento de Nucci, para quem o crime de terrorismo está previsto entre nós no art. 20 da Lei nº 7.170/83. Segundo o autor, valeu-se o legislador da interpretação analógica, já que primeiramente enumerou formas de terrorismo como devassar, saquear, extorquir, roubar, sequestrar, manter em cárcere privado, incendiar, depredar, provocar explosão e praticar atentado pessoal para, na sequência, ter mencionado ou atos de terrorismo. Ainda segundo o autor, deve-se ler "ou outros atos de terrorismo", ou seja, dados os exemplos do que sejam condutas terroristas, justificadas pelo inconformismo político ou para a obtenção de fundos voltados à mantença de organizações políticas clandestinas ou subversivas (NUCCI, Guilherme de Souza. *Leis penais e processuais penais comentadas*. São Paulo: Revista dos Tribunais, 2006. p. 304-305).

"ou", de modo que "atos de terrorismo", por uma questão gramatical, somente podem ser caracterizados por comportamentos diferentes daqueles que os precederam na redação legislativa.

Apenas para lembrar, "ou" faz parte do tipo das conjunções alternativas; ao mesmo tempo em que é um elemento conectivo, estabelecendo materialmente a junção de uma oração com outra, também tem a função de separar formalmente o conteúdo das ideias.[22] No contexto do tipo penal analisado, afere-se claramente que tal palavra tem o sentido de exclusão,[23] na medida em que cada uma das condutas descritas é diferente das demais, ou seja, não são sinônimas.

É essa, inclusive, a conclusão de Antonio Scarance Fernandes, quando afirma que o tipo penal do art. 20 da Lei nº 7.170/83 "é crime de ação múltipla ou de conteúdo variado, sendo a prática de terrorismo uma das ações capituladas no referido dispositivo. É, portanto, considerada ação distinta das demais descritas".[24] E, ainda, tal autor completa: "como distinguir a 'prática do terrorismo' das outras ações?"

Exclui-se, desse modo, a possibilidade de ser o art. 20 interpretado como se todas as condutas nele descritas constituíssem atitudes terroristas. Embora seja verdade que as várias condutas típicas constantes do tipo misto alternativo tenham em comum a mesma finalidade, qual seja, o inconformismo político ou a obtenção de fundos para manter organização política clandestina ou subversiva, não parece correto supor que sejam, só por isso, formas de terrorismo. Indo mais além, verifica-se que, caso a caracterização do terrorismo se desse apenas pela finalidade do agente e não pela característica objetiva do comportamento realizado, haveria no ordenamento uma situação esdrúxula: qual seria o sentido da expressão "atos de terrorismo" se o que caracterizaria o terrorismo seria a finalidade do agente, explicitada ao final da redação típica? Ou, em outras palavras, seria absolutamente desnecessária a expressão "atos de terrorismo" pois o terrorismo já estaria caracterizado pelo dolo do agente ao praticar as outras condutas descritas no tipo. Dessa forma, não havendo uma definição do que sejam atos terroristas, qualquer equiparação é desprovida de fundamentação jurídica — além de afrontar os mais elementares conceitos de lógica gramatical.

A conclusão a que se chega, portanto, é de que a expressão "atos de terrorismo", ao se referir a uma específica modalidade criminosa, afronta

---

[22] ALMEIDA. *Gramática metódica da língua portuguesa*, p. 351.

[23] HOUAISS; VILLAR. *Dicionário Houaiss da língua portuguesa*, p. 2091.

[24] Em momento imediatamente posterior à edição da Lei nº 8.072/90, o autor levantou a dúvida sobre a abrangência da Lei dos Crimes Hediondos apenas aos "atos de terrorismo" ou se ela seria aplicável a todas as condutas definidas no citado art. 20 (FERNANDES. Considerações sobre a Lei 8.072, de 25 jul. 1990: Crimes hediondos. *Revista dos Tribunais*, p. 262).

claramente o princípio da legalidade. Como nos lembra Antonio Lopes Monteiro, a lei utiliza "um discutido *nomen iuris* como definição legal do tipo", *de modo que* "essa forma legislativa não é possível pela ausência de tipo autônomo definido como crime".[25] Assim, é impossível, a partir da estrutura da norma incriminadora, estabelecer o conteúdo do que sejam tais atos; impossível, portanto, satisfazer a exigência constitucional de previsibilidade da punição, ínsita aos postulados da taxatividade e da anterioridade da lei penal.

c) Do necessário balanceamento entre a rigidez da taxatividade e a necessidade de flexibilização dos conceitos – A dificuldade de encontrar um conceito de terrorismo que anteceda a lei.

O termo "atos de terrorismo" como correspondente ao conteúdo da proibição da norma penal incriminadora suscita o questionamento acerca da dificuldade que o legislador encontra para definir determinados crimes e da possibilidade de, em certos casos, abrir mão da rigidez imposta pelo princípio da taxatividade. Essa análise mostra-se pertinente uma vez que, em certos casos, tanto a doutrina como a jurisprudência têm admitido a utilização de expressões que, embora não demasiadamente taxativas, são aptas a transmitir determinada valoração legislativa a ponto de ser possível identificar, frente aos casos concretos, o que é permitido e o que é proibido.

Para que isso fique claro, não podemos nos esquecer de que o princípio da taxatividade expressa a exigência de que a norma forneça uma descrição do fato punível apta a tornar facilmente reconhecida a correspondência, ao tipo incriminador, de uma conduta capaz de ser realizada concretamente.[26] Para tanto, impõe que as normas penais sejam claras, certas e precisas, de maneira que tornem evidente para o cidadão qual é o comportamento proibido, ou seja, qual a conduta que, se praticada, acarretará a aplicação da pena;[27] ao legislador resta a tarefa de produzir leis dotadas de clareza e certeza, sem expressões vagas ou ambíguas, de modo que possa ser compreendida pelo cidadão e pelo juiz com o mesmo significado unívoco.

Por outro lado, também constatamos que, em qualquer época e em qualquer sociedade, o direito só faz sentido quando inserido no contexto social, o que torna irrealista esperar do princípio da legalidade a exigência de que a determinação do tipo se dê por fórmulas exatas apartadas da realidade. Assim, a fim de evitar a petrificação e a estagnação do direito,

---

[25] MONTEIRO. *Crimes hediondos*: texto, comentários e aspectos polêmicos, p. 100.
[26] PADOVANI. *Le Fonti del Diritto Italiano*: Codice Penale, p. 19.
[27] LUISI. *Os princípios constitucionais penais*, p. 24.

nem sempre o legislador pode se valer apenas de conceitos rígidos e estanques, mas precisa recorrer a termos flexíveis capazes de acompanhar as transformações no mundo dos fatos. Há, portanto, uma certa mitigação do princípio da taxatividade frente à necessidade que tem o direito de que suas normas revelem sempre os valores pertencentes à sociedade.

Assim, a própria indeterminação de certos termos legais e até mesmo de alguns tipos penais passou a ser aceita, desde que o significado humano e social da conduta incriminada pudesse ser perfeitamente determinado. O argumento que sustenta a utilização de elementos normativos, por exemplo, baseia-se no fato de que, em determinadas situações, o legislador não tem por objetivo identificar o comportamento naturalístico que pretende coibir, mas estabelecer o significado humano e social que a conduta indesejada deve comportar — que é a razão pela qual o comportamento é incriminado. E, dessa forma, uma lei que criminalize a prática de atos obscenos, por exemplo, proíbe todos os atos que na concreta situação histórica ostentem esse valor;[28] a arbitrariedade do juiz ao definir se o acontecimento real corresponde à figura típica, quando da aplicação da lei, é afastada uma vez que o intérprete não se encontra vinculado a uma determinada descrição pormenorizada de uma conduta, mas ao significado do termo no uso comum.[29]

O que fica claro é que, desde que por meio de cláusulas gerais a lei não seja convertida numa norma em branco, a existência de termos que se adaptam de forma elástica às mudanças da ordem social não é, necessariamente, uma falha do legislador.[30] Ao contrário, a indeterminação de alguns termos pode ser tida como desejável, uma vez que consiste em um instrumento que possibilita ao juiz preservar a maleabilidade do direito às novas situações.[31] Isso tem grande valia na atualidade, quando o pluralismo social, marcado pela diversidade de grupo étnicos, religiosos, culturais ou ideológicos relacionado à complexidade das sociedades industriais

---

[28] É possível, então, que, em dois ordenamentos jurídicos em que existe a proibição de atos obscenos, o tratamento penal dispensado à mesma conduta concreta seja diferente, ou seja, uma conduta naturalística considerada ato obsceno para uma sociedade pode não o ser para a outra.

[29] Nesse sentido, PAGLIARO. *Principi di Diritto Penale*: Parte Generale, p. 53-55. Cabe, aqui, uma breve diferenciação entre arbítrio e discricionariedade. Conforme esclarece Ronco, aquele está relacionado à indeterminação do tipo abstrato de delito, de tal modo que pressupõe a ausência de um critério certo de decisão para o caso concreto, ao passo que esta pressupõe uma pluralidade de consequências sancionatórias, todas taxativamente predeterminadas, relacionadas a uma pluralidade de critérios, também taxativamente predeterminados (RONCO. *Il principio di tipicità della fattispecie penale nell'ordinamento vigente*, p. 135-136).

[30] JAKOBS, Günther. *Derecho penal*: parte general, fundamentos y teoría de la imputación. Tradução de Joaquim Cuello Contreras e José Luis Serrano Gonzalez de Murillo. 2. ed. Madrid: Macial Pons, 1997. p. 95.

[31] ORRÙ. Le definizioni del legislatore e le redefinizioni della giurisprudenza. *In*: CADOPPI. *Il problema delle definizioni legali nel diritto penale*, p. 150-151.

científico-tecnológicas implica que, quanto maior forem a variedade e a contínua diferenciação dos modos de vida e dos comportamentos, tanto mais inútil será a pretensão de submeter as múltiplas formas do ilícito a uma casuística descritiva; e o pluralismo ideológico e cultural caracterizador das sociedades abertas, recusa, por sua vez, a rígida definição de critérios jurídicos incapazes de assimilarem a diversidade e as nuances das intencionalidades relevantes na sua aplicação concreta. Resulta daí que esse mesmo pluralismo exige um direito penal necessariamente flexível e adaptável nas intenções e suficientemente aberto em seus objetivos — o que somente pode ser alcançado por meio de conceitos ou critérios indeterminados, ou ainda por cláusulas gerais.[32]

O propósito de sempre considerar as eventuais evoluções nas relações sociais constitui, portanto, um importante fator para garantir a possibilidade de uma reação imediata frente a novas formas de comportamento merecedor de punição sem ter que esperar o trabalhoso e lento processo legislativo democrático.[33] E não obstante o cuidado que há que se ter para não supervalorar a atuação do juiz em seu papel de adequar o direito legislado à realidade social, verifica-se que, por vezes, elementos normativos, expressões abertas ou mesmo cláusulas exemplificativas são indispensáveis para o direito penal, chegando a ser comparados a "órgãos respiratórios" que permitem adequar constantemente a disciplina à evolução da realidade social.[34] A esse respeito, já advertia Ronco que o princípio *nullum crimen nulla poena sine lege* é inidôneo para expressar a complexidade da vida do direito.[35]

Nesse contexto, a exigência de que as leis sejam detalhistas, com as condutas proibidas de forma clara e precisa, chega a contrastar com a dinâmica social. Ao mesmo tempo em que cumpre a fundamental tarefa de garantir o cidadão frente aos abusos do poder estatal, o crescimento dos anseios por precisão e exatidão da lei faz com que cresçam os riscos de que a máquina do direito emperre e, com isso, o direito penal seja conduzido à paralisia.[36]

---

[32] CASTANHEIRA NEVES. O princípio da legalidade criminal: o seu problema jurídico e o seu critério dogmático. *Estudos em homenagem ao Prof. Doutor Eduardo Correia*, p. 336-337. Nesse sentido, também, ROSENFELD. *Interpretazioni: il diritto fra etica e politica*, p. 326.

[33] SÜB, Franck. El trato actual del mandato de determinacion, La insostenible situación del derecho penal. Granada: Instituto de Ciencias Criminales de Frankfurt, 2000. p. 237.

[34] FIANDACA, Giovanni; MUSCO, Enzo. *Diritto penale Parte generale*. 3. ed. Bologna: Zanichelli Editore, 1995. p. 72.

[35] RONCO. *Il principio di tipicità della fattispecie penale nell'ordinamento vigente*, p. 125.

[36] ORRÙ. Le definizioni del legislatore e le redefinizioni della giurisprudenza. *In*: CADOPPI. *Il problema delle definizioni legali nel diritto penal*, p. 152 e 158. Nesse sentido, também LA ROSA, *apud* FIERRO. Legalidad y retroactividad de las normas penales, Buenos Aires: Hammurabi, 2003, p. 208, nota 79. Aliás, como observa Garcia Rivas, a dinâmica da realidade já serviu de fundamento para a manifestação do Tribunal Constitucional alemão no sentido da possibilidade

A partir dessas observações, conclui-se que não está excluída a possibilidade de que a conduta "praticar atos de terrorismo" possa ostentar um claro significado no contexto social, o que nos leva a empreender uma última tentativa no sentido de aferi-lo — agora, a partir do significado social que ostenta em nossa sociedade.

Ocorre, entretanto, que a busca por um conceito de terrorismo esbarra, logo de início, na constatação de que a variedade das formas que os atos de terrorismo podem assumir leva à dificuldade de exprimi-los de maneira precisa e minimamente consensual, seja em documentos internacionais, seja nas ordens jurídicas internas.[37]

Os estudiosos do fenômeno reconhecem que todas as incertezas sobre as possíveis formas de manifestações do terrorismo são, no fundo, reflexo das dificuldades que têm tradicionalmente surgido nas diversas tentativas de encontrar uma definição de terrorismo aceita universalmente. A esse respeito, Rodley questiona, inclusive, se o mais adequado não seria falar em "fenômenos" do terrorismo, uma vez que o conceito costuma ser empregado para ocultar vários tipos de comportamento aparentemente diferentes.[38]

Não é por outro motivo que as definições existentes, sem exceção, referem-se às mais variadas condutas, seja no que concerne aos meios de execução, seja quanto aos resultados obtidos, aptos a provocar terror. Como nos lembra Coracini, a palavra "terror" é um sentimento de medo extremo que transtorna, paralisa. Se o resultado mais evidente do terrorismo é um sentimento que o prende a julgamentos fundados sobre uma apreciação subjetiva e não sobre um raciocínio lógico, ele depende de ressonâncias externas, muito mais que da motivação interior, de difícil apreensão. Em outras palavras, a existência do terrorismo supõe seu receio e repúdio.[39]

Acrescente-se a essa dificuldade o fato de que, apesar de ainda haver conotação política no terrorismo, esse tipo de motivação não é mais a única causa pela qual lutam os grupos terroristas, havendo uma fusão de motivos entre o levante social, o protesto religioso e as causas ideológicas — razão pela qual tal fenômeno já não é mais considerado um crime político.[40] Aliás, cumpre observar que, enquanto o terrorismo político é praticado

---

de que o legislador se valha de conceitos gerais que necessitem de uma aclaração judicial, pois, segundo aquela corte, se a legislação for demasiadamente rígida e casuísta não pode garantir sua aplicação às sucessivas mudanças que ocorrem na sociedade (GARCIA RIVAS. *El principio de determinación del hecho punible en la doctrina del Tribunal Constitucional*, p. 45).

[37] CORACINI. O terrorismo como resultado de relações de poder. *Revista da Faculdade de Direito da Universidade de São Paulo*, p. 464.

[38] RODLEY. Conferência proferida no Seminário Internacional "Terrorismo e violência: segurança do Estado, direitos e liberdades individuais". *Revista CEJ*, p. 18.

[39] CORACINI. O terrorismo como resultado de relações de poder. *Revista da Faculdade de Direito da Universidade de São Paulo*, p. 466.

[40] Sobre a não caracterização do terrorismo como um crime político, v. PRADO; CARVALHO. Delito político e terrorismo: uma aproximação conceitual. *Revista dos Tribunais*, p. 421 *et seq.*

com uma única motivação, que é atentar contra a existência do Estado como organismo político, ameaçando sua organização político-jurídica e, por ter seus objetivos claramente definidos, existe espaço para negociação política, o terrorismo contemporâneo não possui objetivos ou, se existem, são difusos, tornando-se nulo o espaço para negociação, que é substituída pela violência. Além disso, enquanto os delitos políticos atingem a ordem e a organização política apenas de um Estado determinado, o novo terrorismo tende à destruição do regime político, social e econômico de todos os países, de maneira abrangente, de âmbito internacional.[41]

A dinamicidade do fenômeno, portanto, faz com que seja realmente bastante delicada a tarefa de definir, em termos razoavelmente precisos, o que sejam atos de terrorismo. Embora seja possível identificar elementos como a aleatoriedade, ou seja, geralmente ocorre em locais incertos e inde-terminados; o fato de atingir pessoas inocentes, ou seja, a população civil que não tem nenhuma relação com as finalidades políticas, religiosas ou de qualquer outra natureza postas em prática por organizações identificadas por meras siglas espalhadas pelo mundo; e a intenção dessas organizações de provocar o terror generalizado para impor suas finalidades,[42] ainda assim a tentativa de conceituar o terrorismo a ponto de extrairmos uma descrição apta a satisfazer as exigências do princípio da legalidade penal seria um passo demasiadamente arriscado no atual contexto do ordena-mento jurídico brasileiro.

d) Conclusões acerca da inexistência de um tipo penal de terrorismo

Após toda a análise que foi feita sobre o art. 20 da Lei nº 7.170/83, e mais precisamente sobre a expressão "praticar atos de terrorismo", é forçoso concluir pela insuficiência de taxatividade na referida expressão, de modo que não é possível afirmar estar o crime de terrorismo presente no ordenamento jurídico brasileiro.

Como aponta Alberto Silva Franco, o fato de o verbo "praticar" ser desprovido de carga de ilicitude, como se dá com os demais verbos

---

[41] RUIZ; ALMEIDA. O julgamento de atos de terrorismo pelo Tribunal Penal Internacional. *Revista do Instituto de Pesquisas e Estudos*, p. 153.

[42] FRANCO. *Crimes hediondos*, p. 186-187. Quanto ao elemento subjetivo, é de extrema importância a sua identificação, já que, no plano dos fatos, não são poucos os comportamentos que muito se aproximam do terrorismo se analisados apenas seus elementos objetivos. Nesse sentido, Cernicchiaro nos lembra de situações de terror que se diferenciam do terrorismo justamente pela ausência do referido elemento subjetivo, tais como os tumultos em campos de futebol ou em razão deles, de que os *hooligans* são exemplo, que apavoram pessoas, provocando até a morte daquelas que não conseguem se afastar da área de risco; ou a dissolução, mediante vio-lência ou grave ameaça, de comício político, gerando medo nos presentes (CERNICCHIARO. Terrorismo e violência no âmbito penal. *Revista CEJ*, p. 24-25).

constantes do tipo analisado, para que seja possível definir o alcance do ilícito faz-se necessária a identificação do conteúdo de seu objeto direto: "atos de terrorismo".[43]

Como visto, a Lei de Segurança Nacional não faz essa definição de forma suficiente, de tal modo que não é possível concluir, de forma minimamente segura, sobre o que sejam atos de terrorismo. Em outras palavras, a forma como o dispositivo de lei está redigido, somada ao amplo sentido e alcance que o termo "terrorismo" possui, faz com que outra coisa não possa ser concluída que não seja a ausência de taxatividade do tipo penal e, portanto, a inexistência desse crime no ordenamento jurídico brasileiro.

Ao comentar o art. 26 da revogada Lei nº 6.620/78 — tipo penal semelhante ao atual art. 20 —, Fragoso também manifestou-se pela inexistência de um conteúdo apto a indicar o que seja terrorismo. A legislação anterior, ao invés de fazer referência à expressão "atos de terrorismo", mencionava apenas "terrorismo", igualmente ao final de uma série de outras condutas, e de modo alternativo.[44] Segundo o autor, "diante das incertezas doutrinárias e legislativas sobre a noção de terrorismo [...], chega a ser absurdo que o legislador, pretendendo formular a moldura legal do delito, se contente com definição legal que se limita a reproduzir o discutido *nomen juris*. Isso seria possível em relação a fatos que constituem crimes já definidos no CP (roubo, sequestro, incêndio), mas é inadmissível em relação a delito que a lei penal comum desconhece e cuja conceituação doutrinária é incerta e debatida. Não temos a menor dúvida de que a definição do crime apenas com a sua denominação ofende o princípio da reserva legal. Esse princípio proíbe a incriminação vaga e indeterminada, que não permita saber, com precisão, qual a conduta punível e qual a permitida".[45]

Em manifestação mais recente, Cernicchiaro também se posicionou no sentido de que a nossa legislação traz em seu bojo o crime de terrorismo sem, entretanto, defini-lo.[46]

Da mesma forma, Antonio Lopes Monteiro, ao referir-se à Lei dos Crimes Hediondos, salienta que, não obstante a sua previsão de aplicação também ao crime de terrorismo, isto é impossível devido à não existência de uma prévia definição do tipo penal.[47]

No mesmo sentido, ainda, é a opinião de Marcello Ovídio Lopes Guimarães, para quem "atos terroristas" não estão definidos a contento,

---

[43] FRANCO. *Crimes hediondos*, p. 184. No mesmo sentido, PRADO; CARVALHO. Delito político e terrorismo: uma aproximação conceitual. *Revista dos Tribunais*, p. 434).

[44] Art. 26 da Lei nº 6.620/78. Devastar, saquear, assaltar, roubar, seqüestrar, incendiar, depredar ou praticar atentado pessoal, sabotagem ou terrorismo, com finalidades atentatórias à Segurança Nacional.

[45] FRAGOSO. *Terrorismo e criminalidade política*, p. 98-99.

[46] CERNICCHIARO. Terrorismo e violência no âmbito penal. *Revista CEJ*, p. 24.

[47] MONTEIRO. *Crimes hediondos*: texto, comentários e aspectos polêmicos, p. 100-101.

de modo a não se submeter ao princípio da legalidade. Argumenta que as condutas expressas no art. 20 da Lei de Segurança Nacional podem ser consideradas, no máximo, correlatas, paralelas ou similares ao que se deve ou se pode compreender como terrorismo, mas não se encontram efetiva ou obrigatoriamente contidas nessa compreensão. Ainda em suas palavras, não basta haver tipo penal que lembre a ideia do que pode vir a ser tido por terrorismo, sendo necessário que haja, pois, um tipo penal efetivamente definidor e claramente delimitador da conduta infratora.[48]

4 O ordenamento jurídico brasileiro frente à necessidade de combater o terrorismo – Parâmetros para a construção de um tipo penal

Embora no direito penal brasileiro não exista um tipo penal que preveja, taxativamente, o terrorismo como sendo crime, é indiscutível o valor negativo que esse comportamento ostenta entre nós. Além de estar presente expressamente na Constituição como algo a ser repudiado e punido criminalmente, encontra-se também severamente reprimido pela Lei dos Crimes Hediondos, acarretando importantes restrições de liberdade aos seus agentes. Daí se concluir pela total compatibilidade da referida incriminação com os valores da República Federativa do Brasil.

Além disso, como bem observou Alberto Silva Franco, a recente internacionalização do problema, principalmente em razão do enorme sofrimento imposto à população civil inocente, exige uma tomada de posição, inclusive sob o enfoque da formatação de um ou mais tipos tendentes à proteção dessa população.[49]

Trata-se, portanto, de uma conduta que atenta contra os direitos fundamentais do ser humano.[50] Como ressalta Maristela Basso, os atos terroristas violam, de forma abominável, todos os direitos reconhecidos na Declaração Universal dos Direitos do Homem, de 1948, que reconhece e consagra o direito à vida, à liberdade e à segurança pessoal (art. 3º), além do direito a uma ordem social e internacional na qual possa gozar de seus direitos e liberdades.[51]

A Resolução adotada pela Assembleia Geral da ONU, em sua 58ª Sessão, no relatório do Terceiro Comitê, intitulado "Direitos Humanos e o Terrorismo" (Resolução nº 58/174), declarou que as Nações Unidas

---

[48] GUIMARÃES. *Tratamento penal do terrorismo*, p. 101.

[49] FRANCO. *Crimes hediondos*, p. 190.

[50] RUIZ; ALMEIDA. O julgamento de atos de terrorismo pelo Tribunal Penal Internacional. *Revista do Instituto de Pesquisas e Estudos*, p. 153.

[51] BASSO. Reflexões sobre terrorismo e direitos humanos: práticas e perspectivas. *Revista da Faculdade de Direito da Universidade de São Paulo*, p. 440.

reiteram a inequívoca condenação dos atos, métodos e práticas de terrorismo em todas as suas formas e manifestações como atividades voltadas à agressão dos direitos humanos, liberdades fundamentais e a democracia, ameaçando a integridade territorial e segurança dos Estados, desestabilizando os governos legitimamente constituídos, destruindo sociedades civis pluralísticas e tendo consequências desfavoráveis para a economia e o desenvolvimento social dos Estados.[52]

É nesse contexto, portanto, que se insere a missão do legislador brasileiro no sentido de promover, no âmbito do direito penal, a adequada punição do terrorismo. Ainda que o terrorismo seja uma afronta brutal aos direitos humanos e aos princípios de direito humanitário,[53] as figuras típicas devem descrever específicos comportamentos que ostentem os valores que vêm sendo afirmados nacional e internacionalmente.[54]

Significa, portanto, como salientado por Luiz Régis Prado e Érika Mendes de Carvalho, que "fator decisivo para o combate eficaz dos atos terroristas é a existência de uma legislação própria, que enfrente com suficiência o problema, lacuna essa facilmente diagnosticada no ordenamento jurídico nacional".[55]

Mais uma vez lembrando Alberto Silva Franco, as penas cominadas devem ser rigorosas porque os terroristas devem ser punidos não com a guerra, mas sim como autores de delitos.[56]

Conclusões

1. Embora a Constituição Federal de 1988 contenha normas expressas referentes à criminalização do terrorismo, cabe ao legislador ordinário o juízo acerca da forma como será dispensado o tratamento penal, assim como a definição de quais devem ser os limites da intervenção penal.

2. O tratamento dispensado ao terrorismo pela Lei dos Crimes Hediondos demonstra o enorme desvalor social atribuído a esse tipo de comportamento, ainda que o legislador não tenha, após o advento desse diploma legislativo, disciplinado convenientemente a matéria.

---

[52] RUIZ; ALMEIDA. O julgamento de atos de terrorismo pelo Tribunal Penal Internacional, p. 154.

[53] BASSO. Reflexões sobre terrorismo e direitos humanos: práticas e perspectivas. *Revista da Faculdade de Direito da Universidade de São Paulo*, p. 439.

[54] Assim, por exemplo, a Assembleia Geral da ONU definiu o terrorismo global como atos criminosos com o objetivo de (ou calculados) para provocar um estado de terror no público geral, um grupo de pessoas ou determinados indivíduos por razões políticas, quaisquer que sejam as considerações de cunho político, filosófico, ideológico, racial, étnico, religioso ou outro que possam ser invocadas para justificá-los.

[55] PRADO; CARVALHO. Delito político e terrorismo: uma aproximação conceitual. *Revista dos Tribunais*, p. 435.

[56] FRANCO. *Crimes hediondos*, p. 189.

3. Apesar do art. 20 da Lei nº 7.170/83 referir-se à incriminação de "atos de terrorismo", apreende-se que sua redação é insuficiente para delimitar, em consonância com o princípio da legalidade, as condutas proibidas pela norma, devido à total ausência de definição do que sejam "atos de terrorismo".

4. Diante da gravidade que o fenômeno terrorista vem adquirindo internacionalmente, cabe ao legislador ordinário brasileiro elaborar uma norma penal apta a abarcar os elementos característicos do terrorismo sem, com isso, afrontar os princípios constitucionais do Estado Democrático de Direito.

Referências

ALMEIDA, Napoleão Mendes de. *Gramática metódica da língua portuguesa*. 35. ed. São Paulo: Saraiva, 1988.

BASSO, Maristela. Reflexões sobre terrorismo e direitos humanos: práticas e perspectivas. *Revista da Faculdade de Direito da Universidade de São Paulo*, v. 97, p. 435-441, 2002.

CARVALHO, Érika Mendes de; PRADO, Luiz Régis. Delito político e terrorismo: uma aproximação conceitual. *Revista dos Tribunais*, v. 771, p. 421-447, jan. 2000.

CASTANHEIRA NEVES, A. O princípio da legalidade criminal: o seu problema jurídico e o seu critério dogmático. *In: Estudos em homenagem ao Prof. Doutor Eduardo Correia*. Coimbra: Universidade de Coimbra, 1984. p. 307-469.

CERNICCHIARO, Luiz Vicente. Terrorismo e violência no âmbito penal. *Revista CEJ*, Brasília, n. 18, p. 23-26, jul./set. 2002.

CORACINI, Celso Eduardo Faria. O terrorismo como resultado de relações de poder. *Revista da Faculdade de Direito da Universidade de São Paulo*, v. 97, p. 463-479, 2002.

DOLCINI, Emilio; MARINUCCI, Giorgio. Costituzione e politica dei beni giuridici. *Rivista Italiana di Diritto e Procedura Penale*, p. 333-373, 1994.

DOTTI, René Ariel. *Curso de direito penal*: parte geral. Rio de Janeiro: Forense, 2001.

FERNANDES, Antonio Scarance. Considerações sobre a Lei nº 8.072, de 25 de julho de 1990: crimes hediondos. *Revista dos Tribunais*, p. 261-266, v. 660.

FIANDACA, Giovanni; MUSCO, Enzo. *Diritto penale Parte generale*. 3. ed. Bologna: Zanichelli Editore, 1995.

FIERRO, Guillermo J. *Legalidad y retroactividad de las normas penales*. Buenos Aires: Hammurabi, 2003.

FRAGOSO, Heleno Cláudio. *Terrorismo e criminalidade política*. Rio de Janeiro: Forense, 1981.

FRANCO, Alberto Silva. *Crimes hediondos*. 7. ed. rev. atual. e ampl. São Paulo: Revista dos Tribunais, 2011.

GARCIA RIVAS, Nicolas. *El principio de determinación del hecho punible en la doctrina del Tribunal Constitucional*. Madrid: Ministerio de Justicia Centro de Publicaciones, 1992.

GOMES, Mariângela Gama de Magalhães. *O princípio da proporcionalidade no direito penal*. São Paulo: Revista dos Tribunais, 2003.

GUIMARÃES, Marcello Ovídio Lopes. *Tratamento penal do terrorismo*. São Paulo: Quartier Latin, 2007.

HOUAISS, Antônio; VILLAR, Mauro de Salles. *Dicionário Houaiss da língua portuguesa*. Rio de Janeiro: Objetiva, 2001. p. 2091. Elaborado no Instituto Antônio Houaiss de Lexicografia e Banco de Dados da Língua Portuguesa S/C Ltda.

JAKOBS, Günther. *Derecho penal*: parte general, fundamentos y teoría de la imputación. Tradução de Joaquim Cuello Contreras e José Luis Serrano Gonzalez de Murillo. 2. ed. Madrid: Macial Pons, 1997.

LUISI, Luiz. *Os princípios constitucionais penais*. 2. ed. Porto Alegre: Sergio Antonio Fabris, 2003.

MONTEIRO, Antonio Lopes. *Crimes hediondos*: texto, comentários e aspectos polêmicos. 5. ed. atual. de acordo com a Lei nº 9.455, de 07 abr. 1997. São Paulo: Saraiva, 1997.

MORAES, Alexandre de. *Constituição do Brasil interpretada e legislação constitucional*. São Paulo: Atlas, 2002.

NUCCI, Guilherme de Souza. *Leis penais e processuais penais comentadas*. São Paulo: Revista dos Tribunais, 2006.

ORRÙ, Giovanni. Le definizioni del legislatore e le redefinizioni della giurisprudenza. *In*: CADOPPI, Alberto (Studi coordinati da). *Il problema delle definizioni legali nel diritto penale*. Padova: Cedam, 1996. p. 147-161.

PADOVANI, Tulio. *Le Fonti del Diritto Italiano*: Codice Penale. Milano: Giuffrè, 2005.

PAGLIARO, Antonio. *Principi di Diritto Penale*: Parte Generale. 6ª ed. Milano: Giuffrè, 1998.

PASCHOAL, Janaína. *Constituição, criminalização e direito penal mínimo*. Tese (Doutorado)–Faculdade de Direito da Universidade de São Paulo, São Paulo, 2002.

PRADO, Luiz Régis; CARVALHO, Érika Mendes de. Delito político e terrorismo: uma aproximação conceitual. *Revista dos Tribunais*, v. 771, p. 421-447, jan. 2000.

RODLEY, Nigel. Conferência proferida no Seminário Internacional "Terrorismo e violencia: segurança do Estado, direitos e liberdades individuais". *Revista CEJ*, Brasília, n. 18, p. 16-22, jul./set. 2002.

RONCO, Mauro. *Il principio di tipicità della fattispecie penale nell'ordinamento vigente*. Torino: Ed. Tricerri, 1979.

ROSENFELD, Michel. *Interpretazioni*: Il diritto fra etica e politica. Trad. Giorgio Pino. Bologna: Il Mulino, 2000.

RUIZ, Fernanda; ALMEIDA, D. Freire. O julgamento de atos de terrorismo pelo Tribunal Penal Internacional. *Revista do Instituto de Pesquisas e Estudos*, n. 44, p. 139-156, set./dez. 2005.

SCHMIDT, Andrei Zenkner. *O princípio da legalidade penal no estado democrático de direito*. Porto Alegre: Livraria do Advogado, 2001.

SÜB, Franck. *El trato actual del mandato de determinacion*: La insostenible situación del derecho penal. Granada: Instituto de Ciencias Criminales de Frankfurt, 2000.

TORON, Alberto Zacharias. *Crimes hediondos*: o mito da repressão penal: um estudo sobre o recente percurso da legislação brasileira e as teorias da pena. São Paulo: Revista dos Tribunais, 1996.

Informação bibliográfica deste texto, conforme a NBR 6023:2002 da Associação Brasileira de Normas Técnicas (ABNT):

GOMES, Mariângela Gama de Magalhães. As limitações do tratamento penal dado ao terrorismo pelo ordenamento jurídico brasileiro. *In*: FERNANDES, Antonio Scarance; ZILLI, Marcos. (Coord.). *Terrorismo e justiça penal*: reflexões sobre a eficiência e o garantismo. Belo Horizonte: Fórum, 2014. p. 357-379. ISBN 978-85-7700-844-5.

CAPÍTULO 13

COOPERAÇÃO JURÍDICA INTERNACIONAL E TERRORISMO

FÁBIO RAMAZZINI BECHARA

1 Premissas

O objetivo do presente capítulo consiste em examinar o instituto da cooperação jurídica internacional nas hipóteses em que o pedido de assistência tiver por objeto, direta ou indiretamente, o crime de terrorismo ou atos terroristas.

No entanto, necessário se faz estabelecer, inicialmente, algumas premissas visando à sistematização e organização do estudo, mais concretamente, o conceito de terrorismo e o conceito e fundamento da cooperação jurídica internacional a serem empregados.

1.1 Conceito de terrorismo

Partindo-se da premissa de que o Direito Internacional, por meio dos tratados e acordos, multilaterais e bilaterais, constitui o marco regulatório da cooperação jurídica internacional, no presente estudo, no que se refere ao conceito de terrorismo, a par de todas as discussões e divergências doutrinárias, o mesmo será tomado segundo a definição prevista na Convenção das Nações Unidas para a Supressão do Financiamento ao Terrorismo de 1999, e ratificada pelo Brasil por meio do Decreto nº 5.640, de 26 de dezembro de 2005.

Embora a convenção não defina precisamente o que seja terrorismo, o texto fornece parâmetros objetivos que possibilitam a construção do conceito, a partir da preocupação em dificultar ou impedir o seu financiamento.

Nesse sentido, segundo o art. 2º da convenção, *qualquer pessoa estará cometendo um delito nos termos do tratado, quando por qualquer meio, direta ou indiretamente, ilegal e intencionalmente, prover ou receber fundos com a intenção que eles sejam utilizados ou tenha conhecimento que eles serão utilizados, total ou parcialmente, para custear: um ato que constitua crime no contexto e que seja definido em um dos tratados listados pela convenção; qualquer ato praticado com a intenção de causar a morte ou graves lesões corporais a um civil, ou a qualquer outra pessoa que participe ativamente das hostilidades cometidas em situação de conflitos armados, com o objetivo de que esse ato, pela sua natureza e contexto, sirva para intimidar a população, ou para compelir o governo ou um organismo internacional para agir ou se abster de agir.*

As convenções a que se refere o art. 2º são: a) Convenção para a Repressão ao Apoderamento Ilícito de Aeronaves, feita em Haia, em 16 de dezembro 1970; b) Convenção para a Repressão aos Atos Ilícitos contra a Segurança da Aviação Civil, feita em Montreal, em 23 de setembro de 1971; c) Convenção sobre a Prevenção e Punição de Crimes contra Pessoas que gozam de Proteção Internacional, inclusive Agentes Diplomáticos, adotada pela Assembleia Geral das Nações Unidas em 14 de dezembro de 1973; d) Convenção Internacional contra a Tomada de Reféns, adotada pela Assembleia Geral das Nações Unidas em 17 de dezembro de 1979; e) Convenção sobre a Proteção Física do Material Nuclear, adotada em Viena em 03 de março de 1980; f) Protocolo para a Repressão de Atos Ilícitos de Violência nos Aeroportos que Prestem Serviço à Aviação Civil Internacional, complementar à Convenção para a Repressão de Atos Ilícitos contra a Segurança da Aviação Civil, feita em Montreal, em 24 de fevereiro de 1988; g) Convenção para a Supressão de Atos Ilícitos contra a Segurança da Navegação Marítima, feita em Roma, em 10 de março de 1988; h) Protocolo para a Supressão de Atos Ilícitos contra a Segurança de Plataformas Fixas localizadas na Plataforma Continental, feita em Roma em 10 de março de 1988; i) Convenção Internacional para a Supressão de Atentados Terroristas com Bombas, adotada pela Assembleia Geral das Nações Unidas de 15 de dezembro de 1997.

A importância de delimitar o conceito de terrorismo aos tratados internacionais decorre do fato de que a cooperação jurídica processa-se segundo os parâmetros e modelos do Direito Internacional, o que afasta por vezes uma leitura casuísta ou particularizada segundo a legislação interna de cada Estado envolvido.

1.2 Conceito de cooperação jurídica internacional e o seu respectivo fundamento

O instituto da cooperação jurídica internacional será considerado em sentido amplo e compreenderá *toda e qualquer hipótese de intercâmbio e auxílio mútuo, entre Estados ou entre Estados e organismos ou tribunais internacionais, entre órgãos administrativos ou entre órgãos judiciais, e que tenha como objeto, dentre outros, informações, medidas processuais, cumprimento de decisões, seja em matéria civil ou em matéria penal.*

Em matéria de terrorismo o recurso à cooperação jurídica internacional qualifica-se como instrumento indispensável a garantir a eficácia na atividade de persecução, mas principalmente na sua prevenção, como será exposto nos tópicos subsequentes.

O fundamento que justifica a assistência mútua e o espírito de cooperação é a confiança mútua entre os Estados ou entre os Estados e os organismos internacionais, a estimular o esforço de solidariedade recíproco, desenvolvido segundo bases seguras.

A ideia de confiança é motivada pelas transformações sociais, que constituem a causa do seu surgimento. Sua necessidade é gerada pela complexidade social, fruto da intensa mutabilidade das relações humanas no tempo e no espaço. Nesse contexto, a confiança manifesta-se como um instrumento de redução desta complexidade social, na medida em que aumenta as possibilidades para experiências e para ações.[1]

Com efeito, ainda, a construção da confiança impõe o exercício do valor solidariedade, o qual constitui fundamento dos direitos, e que significa uma relação entre pessoas, que participam com o mesmo interesse em certa coisa, e que retrata a atitude de uma para com a outra quando se coloca o esforço num determinado tema delas.[2]

Segundo Gregório Péces-Barba Martinez, a solidariedade incide sobre a organização jurídica da sociedade, cujo ponto de partida é o reconhecimento da realidade do outro e consideração dos seus problemas como suscetíveis de resolução pela intervenção dos poderes públicos. Para o autor, o uso adequado do valor solidariedade conduz a comportamentos positivos por parte dos poderes públicos, no sentido de remover os obstáculos e promover as condições que impeçam ou dificultem a realidade da igualdade e da liberdade.[3]

A identificação da cooperação jurídica internacional como instrumento de promoção e garantia de direitos assume um papel de extrema relevância em matéria de prevenção e repressão ao terrorismo, cujas práticas, na realidade, acarretam graves violações de direitos humanos, como sempre ressaltado pelas convenções e protocolo internacionais acima enumerados.

---

[1] LUHMAN. *Confianza*: Anthropos, p. 20.

[2] CORTINA. *Ética sin moral*, p. 288.

[3] MARTINEZ. *Curso de derechos fundamentales*: teoria, p. 279-282.

1.3 Conclusão parcial

Uma vez definido o terrorismo a partir do modelo normativo construído segundo as bases do Direito Internacional, bem como o conceito de cooperação jurídica internacional em sentido amplo, fundado na confiança mútua e no exercício do valor solidariedade, impõe-se analisar algumas questões associadas ao tema. Na realidade serão examinados: o modelo de cooperação proposto pelas Nações Unidas em matéria de terrorismo; o modelo de cooperação adotado na União Europeia com base no reconhecimento mútuo; a cooperação no Direito brasileiro; o exame da dupla incriminação nos casos de extradição; a motivação política no crime de terrorismo como eventual obstáculo à cooperação; e a captura em Estado estrangeiro.

2 Modelo de cooperação jurídica internacional das Nações Unidas para prevenção e repressão ao terrorismo

2.1 Contexto

Cumpre destacar que desde a Convenção de Prevenção e Repressão ao Terrorismo, firmada em 1937, pela Liga das Nações, a luta contra o terrorismo tem feito parte da agenda internacional continuamente. A partir de 1963 a comunidade internacional aprovou dezesseis instrumentos jurídicos universais relacionados com a prevenção e a repressão de atos terroristas.

Dentre os principais documentos internacionais firmados sobre o tema, têm-se: em 1998 as Nações Unidas aprovaram a Convenção para a Supressão dos Ataques Terroristas à Bomba; em 2000, aprovaram a Convenção Internacional para a Supressão do Financiamento ao Terrorismo; o Conselho de Segurança das Nações Unidas, em 12 de setembro de 2001, aprovou a Resolução nº 1.368, ao estabelecer que qualquer ato de terrorismo internacional constitui uma ameaça para a paz e a segurança internacional.

Todos os mencionados documentos fazem parte do plano de ações estratégicas da política global das Nações Unidas, cujo pressuposto básico é a intensa cooperação em observância às obrigações assumidas segundo o Direito Internacional, no sentido de responsabilizar qualquer pessoa que apoie, facilite, participe ou tente participar do financiamento, planejamento, preparação ou execução de atos terroristas ou que proporcione proteção a esta pessoa. Os mesmos documentos têm por objetivo também assegurar a persecução ou a extradição dos executores de atos terroristas, de acordo com o que dispõe o Direito Internacional, em especial o Direito dos Direitos Humanos, Direito dos Refugiados e o Direito Internacional Humanitário.

Importante ressaltar que todo o esforço normativo concebido pela comunidade internacional, traduzido nos documentos acima nominados, reafirma o objetivo de prevenir e reprimir os atos terroristas por meio da persecução e extradição, bem como por meio do congelamento dos recursos financeiros.

Por fim, saliente-se igualmente a preocupação quanto à prevenção e repressão ao terrorismo no âmbito do Grupo de Ação Financeira Internacional (GAFI), que é uma instituição não governamental criada pelo G-7 e pela Comissão Europeia em 1989, em Paris, cujo objetivo é o desenvolvimento e promoção de políticas de combate à lavagem de dinheiro e o financiamento ao terrorismo.[4]

2.2 Princípios básicos de cooperação jurídica internacional em matéria de terrorismo

De acordo com *o Manual de cooperação jurídica internacional em matéria penal relativa ao terrorismo* (*Manual on International Cooperation in Criminal Matters related to Terrorism*), elaborado pelas Nações Unidas, o objetivo é possibilitar uma ação rápida e efetiva, especialmente no que se refere às relevantes modalidades de cooperação.[5]

Para tanto, foram definidos os princípios básicos da cooperação:

1. Criminalização dos atos de terrorismo, levando-se em consideração as resoluções do Conselho de Segurança das Nações Unidas, os instrumentos universais, os instrumentos regionais e a legislação nacional. Segundo as Nações Unidas, as Resoluções[6] do Conselho de Segurança representam a fonte primária e possuem posição hierarquicamente superior, uma vez que sua força normativa decorre da Carta das Nações Unidas, e todas estão associadas aos padrões internacionais dos direitos humanos;

2. Obrigações decorrentes da cooperação jurídica internacional contra o terrorismo:
   - extraditar e processar;
   - ter jurisdição para processar os executores dos atos de terrorismo;
   - trazer os executores de atos terroristas para responderem judicialmente;
   - banir o argumento de que se trata de crime político como motivo para afastar o pedido de cooperação;
   - respeito às regras legais, notadamente o tratamento justo, o devido processo legal, a garantia do juiz imparcial e

---

[4] Disponível em: <http://www.fatf-gafi.org>.

[5] UNITED NATIONS. *Manual on International Cooperation in Criminal Matters related to Terrorism.*

[6] As Resoluções do Conselho de Segurança das Nações Unidas de interesse são: nºs 1373(2001), 1566 (2004), 1624(2005) e 1267(1999).

independente, a presunção de inocência, o direito de recorrer, o direito de se defender e de ter um defensor, respeito aos direitos humanos, e às leis humanitárias e de refugiados, direito à vida, vedação da tortura e tratamentos degradantes;
- respeito ao princípio da dupla incriminação somente nas medidas de natureza coercitiva, como a extradição, por exemplo;
- uso restrito da regra da especialidade, por meio da qual os documentos obtidos através da cooperação internacional não podem ser usados para outras razões ou procedimentos diversos daqueles para os quais a assistência foi solicitada;
- respeito ao *ne bis in idem*, banindo a possibilidade de uma segunda acusação pelo mesmo crime.

No mesmo documento as Nações Unidas estabeleceram as regras para uma cooperação mais efetiva, em que os objetivos são: a promoção do desenvolvimento de contatos informais, diretos e espontâneos, bem como o intercâmbio para as investigações e procedimento coordenados, e compartilhamento de informações; a simplificação de procedimentos para acelerar a cooperação. As regras são notadamente: a) coordenação de esforços e jurisdições na luta contra o terrorismo; b) aperfeiçoamento dos padrões de cooperação com respeito às regras legais, como o processo justo; c) aperfeiçoamento da coordenação das investigações e acusações; d) facilitação da troca de informação e consultas jurídicas breves antes da formalização do pedido de cooperação; e) organização das trocas de informação antes e depois do pedido ser formulado, bem como durante e após a sua execução; f) aceleração da troca de informações usadas nas investigações de cada país; g) solução de casos de conflito de jurisdição por meio de acordos.

Especificamente no que se refere à simplificação de procedimentos, o manual reforça a sua importância nos requerimentos de natureza probatória nos procedimentos de extradição, bem como no processamento dos requerimentos e meios de transmissão dos pedidos. Tais procedimentos não podem ser interpretados como uma forma de interferência no direito a fundamento de defesa.

2.3 Conclusão parcial

Todas as publicações das Nações Unidas não possuem, por óbvio, caráter obrigatório, contudo, expressam conceitos e estratégias extraídos dos documentos internacionais, sejam tratados, acordos, resoluções. Elas representam na realidade um padrão de referência a auxiliar o processo de tomada de decisão nos Estados, principalmente em matéria de cooperação jurídica, em que o Direito Internacional se qualifica como o marco regulatório e ao mesmo tempo constitui o espaço de consenso entre os Estados.

3 Modelo de cooperação adotado na União Europeia para o enfrentamento do terrorismo – Princípio do reconhecimento mútuo

A cooperação jurídica em matéria penal no âmbito da União Europeia orienta-se pelo princípio do reconhecimento mútuo de sentenças e demais resoluções judiciais, na medida em que a criação de um espaço comum depende da maior aproximação das legislações, a fim de facilitar a assistência entre entidades e a proteção judicial dos direitos individuais.[7]

A observância ao princípio assegura que os criminosos não tenham refúgio seguro em outro Estado, bem como assegura que as decisões ou resoluções adotadas em um Estado-Membro surtam efeitos em toda a União Europeia.[8]

O princípio do reconhecimento está fundado no princípio da confiança mútua entre os Estados, confiança baseada na ideia de comum vinculação dos Estados aos mesmos princípios de liberdade, democracia, Estado de Direito e respeito aos direitos e liberdades fundamentais.

A transposição do princípio para o capítulo da cooperação jurídica em matéria penal pode ser ilustrado através de muitos exemplos, seja no plano normativo ou mesmo operacional por meio dos órgãos de coordenação e articulação como a Eurojust e a Europol.

Contudo, interessam mais detidamente os avanços verificados no plano normativo, e mais especificamente o mandado de prisão europeu e o mandado de produção de prova europeu. Ambas as medidas foram criadas, respectivamente, pelas Decisões-Quadro nºs 584/2002 e 978/2008, e ambas traduzem concretamente o sentido do reconhecimento mútuo, na medida em que oportunizam a simplificação de procedimentos, estimulam o contato direto entre as autoridades nacionais competentes, reconhecem força executiva às deliberações de um Estado em outro Estado. Ambas as decisões afirmam expressamente que o princípio do reconhecimento mútuo funda-se no alto grau de confiança entre os Estados-Membros da União Europeia.

O mandado de prisão e o mandado de produção de prova europeu são aplicáveis ao crime de terrorismo.

No caso do mandado de prisão merece destaque o disposto no art. 2º, inciso 2, que expressamente reconhece a possibilidade de expedição da ordem e respectivo cumprimento, *dispensando-se a verificação da dupla incriminação nos crimes ali relacionados, dentre os quais o terrorismo.*

---

[7]   *Ibidem*, p. 387.

[8]   MARTINEZ. El embargo preventivo y seguramiento de pruebas. La ejecución de sanciones pecuniárias y el comiso: làs decisiones marco in Derecho penal supranacional y cooperación juridica internacional. *Cuadernos de Derecho Judicial*, p. 388.

Em primeiro lugar, a relação dos crimes descritos no citado artigo, pela sua gravidade e importância, dificilmente não guardará correspondência ou equivalência no Estado solicitado. No entanto, a redação procura, a partir da exceção à dupla incriminação, reforçar a importância do instrumento de cooperação enquanto mecanismo essencial a permitir uma persecução criminal mais eficiente.

Quanto ao mandado de produção de prova europeu, as hipóteses que implicam restrição a direitos individuais, seja à propriedade ou à vida privada, como a busca e apreensão e a indisponibilidade, sua admissão está condicionada, dentre outras exigências, à verificação da dupla incriminação, nos termos do art. 14, e somente será admitida nos crimes ali relacionados dentre os quais o terrorismo. O que significa reconhecer por outro lado, que quando o objeto da medida se referir à prova testemunhal, compartilhamento de provas, ou à troca de informações, dispensa-se a verificação da dupla incriminação.

Além das duas Decisões-Quadro citadas, há outras que se referem diretamente ao combate ao terrorismo, notadamente as Decisões-Quadro nºs 475/2002, 615/2008, 616/2008 e 919/2008. Parte-se da premissa de que o terrorismo constitui uma das mais graves violações dos valores universais da dignidade humana, liberdade, igualdade e solidariedade, respeito aos direitos humanos e liberdades fundamentais sobre os quais a União Europeia está fundada. Representa, ainda, um dos mais graves ataques à democracia e à ordem jurídica.

Estas decisões tratam de definições básicas sobre o terrorismo e as respectivas condutas associadas ao crime, como, por exemplo, o art. 3º da Decisão nº 919/2008, que prevê como atividade associada ao terrorismo o "recrutamento para o terrorismo", o "treinamento para o terrorismo", como o uso de explosivos, armas, técnicas específicas, dentre outras, ou ainda a "incitação pública para o cometimento do crime".

No tocante à cooperação, as Decisões nºs 615 e 616/2008 tratam do acesso a bancos de dados pessoais, que contenham informações genéticas (DNA) e datiloscópicas, e cuja troca possibilite a prevenção aos ataques terroristas. O capítulo 4º da Decisão nº 615/2008 cuida das medidas de prevenção aos ataques terroristas, dentre as quais estão: a troca de informações mais rápida e a designação de pontos de contato nacionais. O capítulo 5º prevê as operações conjuntas entre os Estados, de modo a permitir que as autoridades de um Estado tenham força para executar medidas no território de outro Estado, respeitadas determinadas condições, como o consentimento deste último, por exemplo.

Em todas as referências legislativas europeias que acima foram expostas, o princípio do reconhecimento mútuo a impulsionar uma cooperação mais eficiente na União Europeia é sempre ressaltado e justificado pelo alto grau de confiança existente entre os Estados-Membros, e mesmo em se tratando de questões absolutamente sensíveis como a restrição à liberdade de locomoção, o direito de propriedade, a intimidade e a vida privada.

4 Cooperação jurídica internacional no Direito brasileiro e crime de terrorismo

4.1 Introdução

A cooperação jurídica internacional no Direito brasileiro sempre esteve associada aos institutos da extradição e da carta rogatória. Nunca houve um estudo sistematizado da cooperação como instituto autônomo, nem tampouco qualquer processo de organização legislativa. Na realidade a cooperação encontra-se regulada pelo conjunto de normas que trata da extradição, da carta rogatória, da homologação de sentença estrangeira, e mais recentemente, do auxílio direto. Dentre as leis brasileiras que tratam do assunto, tem-se o Código de Processo Civil, o Código de Processo Penal, a Lei de Introdução ao Código Civil, o Estatuto do Estrangeiro.

No entanto, há que se ressaltar algumas inovações no plano normativo, que foram: a) a Emenda Constitucional nº 45, que transferiu a competência para a concessão do *exequatur* às cartas rogatórias e a homologação de sentença estrangeira do Supremo Tribunal Federal para o Superior Tribunal de Justiça; b) a Resolução nº 09 do Superior Tribunal de Justiça, que regulamentou o procedimento para a concessão do *exequatur* às cartas rogatórias, restringindo a sua intervenção somente às hipóteses sujeitas à reserva da jurisdição; c) os acordos bilaterais de cooperação jurídica em matéria penal firmados pelo Brasil, que estabeleceram novos parâmetros e procedimentos de cooperação, como a tramitação por meio das autoridades centrais, a desnecessidade de tradução juramentada, a possibilidade de envio do pedido por meio de fax, a dispensa da dupla incriminação, dentre outras inovações; d) os tratados multilaterais assinados e ratificados no âmbito das Nações Unidas, como a Convenção contra o Tráfico de Drogas, a Convenção contra o Crime Organizado Transnacional, a Convenção contra a Corrupção, dentre outras, as quais estimulam, em seus textos, os Estados a cooperarem de forma mais direta, como o recurso à autoridade central, por exemplo.

O Brasil tem conseguido importantes avanços no capítulo da cooperação jurídica internacional, e não somente na cooperação judicial, mas também na cooperação administrativa, como a cooperação policial, a cooperação entre Ministérios Públicos, a cooperação entre unidades de inteligência financeira, no caso o Brasil representado pelo Conselho de Controle das Atividades Financeiras (COAF), órgão criado pela Lei nº 9613/98 — Lei de Lavagem de Dinheiro —, e vinculado ao Ministério da Fazenda. Ganha destaque nesse particular a participação do Brasil nas redes internacionais de cooperação, como a cooperação no âmbito da Organização dos Estados Americanos (Iberred), no âmbito dos países de língua portuguesa, a Interpol e o Grupo de Ação Financeira Internacional (GAFI), ambientes estes que possibilitam uma maior informalidade na troca de informações, o intercâmbio de experiências, a melhoria do conhecimento quanto às especificidades do ordenamento jurídico estrangeiro e a facilidade na identificação da autoridade cooperante.

Com efeito, ainda, a simplificação de procedimentos também tem sido alcançada por meio da institucionalização da Autoridade Central Brasileira designada nos acordos bilaterais e multilaterais, e representada pelo Ministério da Justiça, que atua por meio do Departamento de Recuperação de Ativos e Cooperação Jurídica Internacional, o que tem possibilitado a desburocratização e despolitização da assistência, bem como o aprimoramento técnico, seja na formalização, seja na execução dos pedidos de auxílio.

Contudo, em matéria de terrorismo surgem questões pontuais na cooperação jurídica internacional, as quais merecem uma reflexão mais aprofundada, notadamente o exame da dupla incriminação, porquanto o Direito brasileiro não define o que seja terrorismo, e a motivação política nos crimes de terrorismo.

4.2 Terrorismo e dupla incriminação para fins de extradição e medidas coercitivas

A dupla incriminação significa a exigência de que o fato objeto da cooperação seja qualificado como infração penal na legislação dos Estados cooperantes. Levando-se em consideração a orientação das Nações Unidas quanto ao que se deve considerar na definição de dupla incriminação, é suficiente a convergência dos elementos essenciais ou estruturantes, pouco importando o *nomen iuris* ou a terminologia empregada. O que interessa efetivamente é a punibilidade das condutas nos Estados que cooperam e não a mesma definição, terminologia ou tipologia.

Nesse sentido o Supremo Tribunal Federal brasileiro nos autos da Extradição nº 1.221/Estados Unidos da América, em voto da lavra do Ministro Celso de Mello (*DJe*, 24 jun. 2010).

Em matéria de cooperação, a confiança mútua que a fundamenta e justifica impõe flexibilidade na identificação do conceito de dupla incriminação.

A exigência da dupla incriminação coincide com a própria evolução do instituto da extradição. Sempre foi colocada como um parâmetro para a cooperação entre dois Estados ou mais, tendo em vista o fato de que a extradição, por implicar a transferência forçada de uma pessoa de um país a outro, e, portanto, de caráter excepcional, a dupla incriminação sempre se traduziu numa exigência de legalidade a legitimar que um Estado autorize a referida transferência.

Trata-se de uma garantia fundamental no âmbito da cooperação na hipótese dos pedidos em que a liberdade individual é afetada.[9] Nesse sentido, a Resolução nº 10 (Seção IV), adotada no XIII Congresso Internacional de Direito Penal, realizado no Cairo, em 1984, no sentido de que a dupla incriminação deve ser abandonada quando a cooperação jurídica internacional não implicar medidas coercitivas.[10]

A matriz internacional da cooperação jurídica em matéria de terrorismo impõe a observância da dupla incriminação somente nas hipóteses que impliquem restrição a direitos individuais ou que envolvam medidas coercitivas. O que significa dizer que a discussão acerca da dupla incriminação no crime de terrorismo fica adstrita à extradição, às medidas cautelares de natureza patrimonial, às medidas cautelares de natureza probatória, como a busca e apreensão, a interceptação telefônica, dentre outros.

A questão que se coloca, todavia, é saber o que constitui crime de terrorismo, partindo-se da premissa de que na verificação da dupla incriminação, interessa apenas a identificação das condutas puníveis, e não a terminologia ou designação jurídica "terrorismo".

Atos terroristas são assim qualificados pela forma como agem os criminosos, forma esta que é traduzia em crimes, como sequestros, homicídios, lesões corporais, lavagem de dinheiro, dentre outros. Para o que se deve entender por terrorismo no exame da dupla incriminação para fins de extradição e outras medidas coercitivas, as condutas criminosas cometidas bastam; estas sim têm que guardar uma relação de equivalência entre os Estados cooperantes.

O exame da dupla incriminação não pode e não deve se confundir com o exame de tipicidade para fins de aplicação da lei penal no âmbito interno. O exame de tipicidade e o exame da dupla tipicidade para fins de extradição são processos cognitivos diversos, em que o primeiro se caracteriza pelo maior rigor descritivo, e o segundo, por se tratar de um elemento de análise dentre do capítulo da cooperação jurídica internacional, deve ser mais flexível e dinâmico tal qual a própria assistência a que se prestá.

Muito embora não exista uma definição internacional do crime de terrorismo, como já ressaltado, nem tampouco um consenso quanto às elementares que o tipificam, tanto que o crime de terrorismo foi excluído do rol dos crimes internacionais da competência do Tribunal Penal Internacional por absoluta falta de consenso, nada impede o atendimento à exigência

---

9   CERVINI; TAVARES. *Princípios de cooperação judicial penal internacional no protocolo do Mercosul*, p. 73.

10 RESOLUTION of the Congresses of the International Association of Penal Law (1926-2004). *Nouvelles Études Penales*, n. 21, p. 127, 2009.

da dupla incriminação para fins de extradição e medidas coercitivas, se a conduta concretamente realizada, independentemente se qualificada como crime de terrorismo ou não, for penalmente punível em ambos os Estados cooperantes.

No entanto, Antonio Cassesse sustenta que, apesar da referida falta de consenso universal quanto ao conceito do crime de terrorismo, este possui previsão no Direito Penal Internacional costumeiro, notadamente na 4ª Convenção de Genebra de 1949, no 2º Protocolo Adicional de 1977 e o Estatuto do Tribunal Penal Internacional de Ruanda.[11]

No caso do Brasil, considerando a hipótese de um pedido de extradição formulado por Estado estrangeiro, que tenha por objeto um crime de terrorismo, como deve ser a verificação da dupla incriminação pelo Supremo Tribunal Federal?

Partindo-se da matriz internacional no assunto, o STF deve ater-se ao exame das condutas realizadas e não ao "nomen iuris", como "matar alguém", "sequestrar", pouco importando a designação legal que essas condutas recebem. Sem prejuízo, é possível levar em consideração, além das referidas condutas criminosas, o disposto na Lei nº 7.170, de 14 de dezembro de 1983, que define os crimes contra a segurança nacional, a ordem política e social, mas que não se refere à expressão terrorismo.

Por fim, a ausência de designação formal do crime de terrorismo não pode impedir a cooperação do Estado Brasileiro, seja lá qual for o objetivo da assistência, uma vez que o terrorismo qualifica-se internacionalmente como uma ameaça aos direitos humanos e à democracia, valores estes consagrados pela Constituição Federal brasileira, tanto que expressamente reconhece a necessidade da sua repressão de forma mais rigorosa no art. 5º, XLIII.

4.3 Terrorismo e crime organizado

Sem prejuízo das colocações acima formuladas em relação ao conteúdo do princípio da dupla incriminação e o respectivo exame de verificação, é salutar que o crime de terrorismo está muitas vezes associado aos crimes praticados por organizações criminosas, as quais desempenham papéis variados, como o suporte financeiro através dos mercados ilegais, o planejamento ou mesmo a execução dos atos terroristas.

Essa conexão, quando presente, representa um importante elemento de análise a facilitar a superação de eventuais obstáculos, como a diversidade entre os sistemas jurídicos nacionais, possibilitando, assim, uma cooperação mais eficiente.

---

[11] *Op. cit.*, p. 750.

Durante anos, doutrinadores norte-americanos sustentaram que o terrorismo é uma forma de criminalidade distinta e separada do crime organizado. Afirmaram que o crime organizado era motivado pelo lucro, entre outras coisas, e não podia ser confundido com atos de terrorismo, que eram frequentemente inspirados por convicções políticas ou ideológicas. É certo que muitos atos terroristas, como são os atos cometidos por um *Unabomber*, são puramente ideológicos; a toda evidência, ele não tinha nenhuma identificação com o motivo de lucro. Mas exemplos de motivos políticos e financeiros de outras pessoas e grupos também devem ser considerados. É possível que as organizações criminosas sobrevivam sem apoio político-governamental? Por uma década Pablo Escobar conduziu uma campanha de terrorismo doméstico contra o povo colombiano em sua luta contra os acordos de extradição entre a Colômbia e os Estados Unidos. Tais atos públicos de violência, embora praticados por uma organização criminosa, podem ser considerados atos de terrorismo? Por outro lado, embora a doutrina esteja correta em afirmar que o terrorismo é motivado por propósitos ideológicos, é preciso dinheiro para financiar o treinamento, a aquisição de armamento, o recrutamento de pessoal, o transporte e a execução. Por exemplo, muitos grupos terroristas utilizam o lucro obtido com o tráfico para financiar suas campanhas político-ideológicas. Sem uma fonte considerável de receita (de origem lícita ou ilícita) muitos grupos terroristas, que às vezes se revestem da forma de partidos políticos ou entidades paraestatais (sendo o Estado considerado terrorista) simplesmente não existiriam. A empresa ou o Estado que os subsidia pode ser considerado uma organização criminosa? Note-se que a motivação de lucro guarda estrita ligação com os atos terroristas político-ideológicos. Discute-se, pois, se os atos de terrorismo devem ser caracterizados como crime organizado, e vice-versa. A resposta a esta indagação acarreta consequências sobre o regime jurídico a ser aplicado em cada caso.[12]

4.4 A motivação política no crime de terrorismo e o eventual obstáculo à cooperação jurídica internacional

Outra questão bastante presente no crime de terrorismo e nos atos criminosos praticados por terroristas refere-se à motivação, sempre presente, seja por razões religiosas, políticas etc. A motivação política, nos procedimentos de extradição, quando reconhecida, sempre constituiu um obstáculo ao deferimento da medida, tendo em vista o fundado receio de perseguição no âmbito do Estado requerente ou de origem.

Na realidade, os crimes políticos ou com motivação política são aqueles dirigidos, de modo imediato, contra o Estado como unidade

---

[12] POTTER. *Organized Crime*, p. 359.

organizada das instituições políticas e sociais. A razão da sua punibilidade, segundo Nelson Hungria, é o direito da maioria à manutenção da ordem político-social por ela aceita e adotada.[13]

Nestes crimes os acusados muitos vezes se qualificam como perseguidos por aqueles que se encontram no exercício do poder no Estado requerente, o que, certamente, representa um sério risco à garantia do processo justo, assim como da vida e integridade física do extraditando.

Em matéria de extradição, o tema é bastante controvertido, principalmente nas situações dos chamados crimes políticos relativos, que compreendem os crimes políticos complexos e os crimes comuns conexos a crimes políticos. Segundo Nelson Hungria, há diversos sistemas desenvolvidos para resolução do impasse: o da prevalência, que admite a extradição quando prevalece a infração comum; o da separação, que concede a extradição para o crime comum; o da causalidade, que exclui somente a extradição quando os crimes políticos relativos ocorrem por ocasião de uma guerra civil ou insurreição; o dos usos da guerra, que só concede a extradição quando os fatos de que se trata não são escusados pelos usos de guerra.[14]

Ocorre que os crimes contra a humanidade, o terrorismo e o sequestro de aeronaves, na sua expressiva maioria, qualificam-se pela motivação política, e estão excluídos da vedação da extradição pela gravidade que representam.[15] Os atos terroristas são cometidos para expressar uma oposição religiosa ou ideológica a governos e suas políticas, no entanto, a questão da motivação fica superada em razão da gravidade das condutas praticadas, sempre dirigida a populações inocentes e colocando em risco a democracia.

Não é por outra razão que a matriz internacional da cooperação nos crimes de terrorismo afasta a possibilidade de reconhecimento deste como crime político ou motivado por razões políticas, como óbice instransponível à assistência.

Todos os acordos internacionais aprovados desde 1997 aboliram a exceção do crime político nos crimes ali referidos, com destaque para a Convenção Internacional para a Supressão dos Ataques à Bomba Terroristas de 1997 (art. 11).

Na mesma vedação se insere a denominada extradição política disfarçada, em que o pedido revela a aparência de crime comum, mas de fato dissimula perseguição política.[16]

Valerie Epps anota que a vedação referente aos crimes políticos deveria ser abolida, uma vez que, quando da sua concepção, a sua aplicação não

---

[13] HUNGRIA. *Comentários ao Código Penal*, p. 181.

[14] *Op. cit.*, p. 186.

[15] EPPS. The validity of the political offender exception in extradition treaties in Anglo-American Jurisprudence. *Harvard International Law Journal* p. 79-80.

[16] VELLOSO, *op. cit.*, p. 10, ao referir ao julgamento pelo STF da Extradição nº 794/Paraguai, em 17.12.2001.

requeria muita manipulação, pois a maioria dos governos estrangeiros era autoritária. Atualmente as relações entre os Estados são mais sofisticadas e os Estados estão se agrupando em blocos, o que permite uma manipulação odiosa acerca do conceito de crime político, permitindo que os fugitivos encontrem no argumento da perseguição política o seu porto seguro.[17]

O mesmo raciocínio se aplica à vedação da extradição na hipótese em que o extraditando tiver que responder no Estado requerente perante Tribunal ou Juízo de Exceção. A exigência de observância dos parâmetros do devido processo legal, do Estado de direito e dos direitos humanos, foi reconhecida pelo STF no julgamento da Extradição nº 986, da República da Bolívia (Relator Ministro Eros Grau — publicado no informativo nº 476). O STF deferiu a extradição, ao considerar a notícia acerca da nomeação de novos ministros para a Corte Suprema de Justiça deste país, e que deveriam reconhecidos os esforços de consolidação do Estado Democrático de Direito.

5 Cooperação jurídica entre Estados e organismos ou tribunais internacionais

A cooperação jurídica internacional que envolve os Estados somente, ou que envolve os Estados e organismos internacionais, é classificada como horizontal e vertical, respectivamente.

A cooperação horizontal é aquela que se processa entre Estados estrangeiros, ao passo que a cooperação vertical é aquela que se processa entre Estados estrangeiros e organismos internacionais.

O que diferencia uma situação da outra?

Segundo Antonio Cassesse,[18] a cooperação entre Estados tem uma base consensual, traduzida em tratados ou acordos, os quais geralmente exigem a dupla incriminação em ambos, criam exceções à extradição em determinadas hipóteses, como crimes políticos, pena de morte. O autor também anota ainda que, nessa modalidade de cooperação, a extradição pode ser recusada quando o Estado solicitado tiver jurisdição sobre o crime considerado, ou ainda a cooperação pode ser recusada por razões de segurança, ordem pública, interesses nacionais, dentre outros. Por fim, afirma que, normalmente, nessa modalidade de cooperação não é permitido contato direto de autoridades estrangeiras com pessoas sujeitas à soberania de outro Estado.

Por outro lado, segundo o mesmo autor,[19] o segundo modelo, denominado vertical ou supraestatal, pressupõe que os organismos/

---

[17] *Op. cit.*, p. 82.
[18] CASSESSE, *op. cit.*, p. 356.
[19] CASSESSE, *op. cit.*, p. 356.

tribunais internacionais possuem poder não somente sobre os indivíduos sujeitos à autoridade soberana dos Estados, mas também sobre os próprios Estados. Os organismos/tribunais internacionais podem impor ordens aos Estados, bem como se valer, no caso de não cumprimento, de mecanismos de coerção. A Carta das Nações Unidas de 1945 e a Declaração Universal dos Direitos Humanos fizeram com que a soberania externa dos Estados deixasse de ter uma liberdade absoluta e passasse a estar subordinada a dois imperativos fundamentais: a paz e a tutela dos direitos humanos. E esta modificação deu-se em razão da existência de um sistema de normas internacionais que se caracterizam como *ius cogens*, vinculativo para todos os Estados,[20] que são as normas internacionais de direitos humanos.

Na realidade, o Direito Internacional passou a oferecer uma perspectiva na mediação dos conflitos e a soberania, que sempre foi vista como a principal justificativa para a necessidade de defesa contra os inimigos, modificou-se em função do movimento de integração mundial baseada no direito. Esse movimento tem como premissa o interesse universal na preservação e promoção dos direitos humanos, através da proteção do meio ambiente, a redução da miséria e das desigualdades e a mediação dos conflitos étnicos e religiosos.[21] E nesse novo ordenamento passam a ser sujeitos de direito internacional não somente os Estados, mas também os indivíduos e os povos.[22]

Embora tal assertiva mostre-se bastante provocativa, não se podem ignorar dois aspectos de fundamental relevância. Sob a ótica da Constituição Federal brasileira, a legitimidade dos organismos internacionais e do próprio Tribunal Penal Internacional decorre do expresso reconhecimento do caráter essencial e fundante que a ordem internacional possui em relação à ordem interna, não de supremacia, por certo, mas de absoluta complementariedade. O segundo aspecto a se ressaltar refere-se à inequívoca maior fluidez nas relações entre Estados e organismos internacionais, por três razões: 1ª) os Estados reconhecem a legitimidade dos organismos internacionais a partir do instante em que voluntariamente aderem à sua criação; 2ª) os Estados participam efetivamente do processo de tomada de decisão nos organismos internacionais, seja na discussão e elaboração normativa seja na sua aplicação; 3ª) a normativa aprovada por consenso nos organismos internacionais com a participação dos Estados é incorporada aos sistemas jurídicos dos respectivos Estados, e passam a ter valor e eficácia jurídica.

---

[20] FERRAJOLI. *Derechos y garantias*: la ley del más débil, p. 144-145.

[21] *Ibidem*, p. 149. Segundo Hans Kelsen (*Teoria general del Estado*, p. 235-236), o Direito Internacional suprime o caráter exclusivista da vigência territorial do Direito, e passa a se qualificar como uma ordem superior a todas as ordens jurídicas parciais, coordenadas entre si e subordinadas ao Direito Internacional, que por sua vez delega a respectiva validade espacial.

[22] FERRAJOLI. *Derechos y garantias*: la ley del más débil, p. 145.

Exatamente por essas razões que a cooperação entre Estados e a cooperação entre Estados e organismos/tribunais internacionais não se processam segundo o mesmo modelo e as mesmas bases, conforme acima exposto.

5.1 Resoluções do Conselho de Segurança nas Nações Unidas contra a Líbia e a sua eficácia no Direito brasileiro

O Conselho de Segurança das Nações Unidas aprovou as Resoluções nºs 1970 e 1973, ambas incorporadas ao Direito brasileiro por meio dos Decretos nºs 7.460/2011 e 7.527/2011, as quais determinaram o embargo dos ativos destinados ao Governo da Líbia para que cessem os financiamentos ao armamento, ao desrespeito dos direitos humanos e à violência contra a sociedade civil.

Embora ambas as resoluções não se refiram à expressão terrorismo ou financiamento ao terrorismo no corpo do texto, a simples alusão à preocupação com os ataques sistemáticos contra civis que participam das manifestações políticas possibilita o imediato enquadramento nos termos da Convenção Internacional para a Supressão do Financiamento ao Terrorismo de 1999.

O Brasil, como membro da Organização das Nações Unidas e destinatário das referidas resoluções, tal como outros Estados, viu-se na obrigação de dar cumprimento aos seus termos. Não há qualquer legislação infraconstitucional que regulamente a nacionalização das decisões internacionais, notadamente as de natureza executiva e restritiva a direitos individuais, como na hipótese em exame, que trata do embargo de bens, direitos ou valores.

Com efeito, ainda, não se pode aplicar o procedimento da homologação de sentença estrangeira, porquanto não se trata de decisão judicial, e muito menos de decisão estrangeira, posto que proferida por organismo internacional.

Além do mais, o Direito brasileiro não prevê a hipótese do embargo administrativo a incidir sobre bens, direitos ou valores, sendo indispensável, portanto, a via judicial. Contudo, a problemática instaurada impõe uma reflexão quanto à atribuição ou iniciativa para a postulação e a respectiva competência jurisdicional, levando-se em consideração que não se trata de matéria penal, uma vez que a finalidade do embargo é fundamentalmente impedir a continuidade dos ataques contra civis.

O receptor das resoluções das Nações Unidas é o Estado brasileiro, e como tal, sua representação, segundo a Constituição Federal, é de atribuição da Advocacia Geral da União. Quanto à competência jurisdicional, nos termos do art. 109, III, da Constituição, cabe à Justiça Federal de primeira instância processar e julgar as causas fundadas em tratado ou contrato da União com o Estado estrangeiro ou *organismo internacional*.

Foi exatamente nesse sentido que o Estado brasileiro se posicionou, originando o processo nº 0015889-22.2011.403.6100 na 15ª Vara da Justiça Federal de Brasília, em que consta como autor a União, representada pela Advocacia Geral da União, e como rés as instituições financeiras nas quais foram identificados os depósitos de valores em nome das pessoas cuja qualificação consta das resoluções das Nações Unidas. Importante salientar que, num primeiro momento, o Estado brasileiro, por meio do Banco Central, localizou a existência dos citados recursos, e partir dessa informação é que a Advocacia-Geral da União, provocada pelo Departamento de Recuperação de Ativos e Cooperação Jurídica Internacional, autoridade central brasileira, pôde formular o pedido judicial de bloqueio. O pedido de antecipação da tutela na referida ação foi deferido, oportunidade em que o juiz sentenciante reconheceu a eficácia executiva das resoluções internacionais, e principalmente a suficiência do seu valor probatório para fins de antecipação da tutela.

O caso em questão constitui uma hipótese de estudo que se insere no capítulo da cooperação jurídica internacional no seu sentido mais amplo, conforme ponderado no início do presente capítulo. Com efeito, é possível identificar três situações de interesse imediato.

Em primeiro lugar, tem-se uma hipótese de *cooperação jurídica vertical*, que envolve o Estado brasileiro e o Conselho de Segurança das Nações Unidas, cujo regime jurídico e competência foram consensualmente reconhecidos pelo primeiro, suas decisões legitimamente incorporadas ao direito interno, o que possibilitou maior agilidade e imediatidade em relação ao cumprimento das deliberações internacionais.

Em segundo lugar, tem-se uma hipótese de *cooperação jurídica internacional administrativa*, traduzida no esforço desencadeado perante os Bancos Centrais ou similares de todo o mundo no sentido localizar a existência de bens, direitos ou valores em nome das pessoas cuja qualificação constou das resoluções do Conselho de Segurança.

Por fim, tem-se uma hipótese de *cooperação jurídica internacional judicial em matéria civil*, na medida em que a execução dos termos das resoluções, traduzida no bloqueio dos recursos localizados, foi determinada judicialmente, e sob a perspectiva do crime de terrorismo, a referida medida cumpriu uma função preventiva.

6 Extradição e captura no Estado estrangeiro

Como já assinalado nos itens anteriores, a cooperação jurídica internacional na luta contra o terrorismo pressupõe rapidez e agilidade, mas também segurança, como o respeito aos direitos humanos, ao direito dos refugiados, ao processo justo etc.

Dentre as preocupações relacionadas com a segurança na assistência mútua, a soberania nacional representa um dos bens jurídicos de valor inestimável, tanto que no procedimento de extradição, a decisão sobre a transferência de alguém que esteja sendo processado ou que já esteja condenado é da competência do Estado requerido.

O recurso a este instrumento está relacionado não somente à questão da solidariedade, reciprocidade ou cortesia entre os Estados, mas principalmente representa uma forma de respeito por um Estado à soberania de outro Estado, delimitada em um determinado território.

Isso significa dizer que não há outra forma amparada no Direito Internacional para a transferência de processados ou condenados de um Estado para outro, senão através da extradição. É inaceitável nesse contexto a possibilidade de um Estado capturar o processado ou condenado no território de outro Estado.

A captura, no território estrangeiro, denominada *international abductions*, viola os princípios de direito internacional, seja do ponto de vista da soberania estatal a ser preservada, seja sob o aspecto das garantias processuais do sujeito objeto do procedimento.[23]

Não parece razoável o argumento de que a falta de previsão no tratado de extradição legitima a captura, cuja vedação decorre do mesmo princípio da especialidade que veda o exercício do poder punitivo por crimes diversos daqueles que constam do pedido de extradição.[24]

O recurso ao sequestro em território estrangeiro, como um sistema paralelo ao procedimento de extradição previsto nos tratados, legitimando a sua ilicitude, ao permitir a persecução penal do indivíduo capturado, pode revelar-se um incentivo às ações unilaterais suscetíveis de reação no plano internacional.[25]

Conclusão

A afirmação da cooperação jurídica internacional como instrumento de promoção e garantia de direitos constitui o eixo principal na estratégia de prevenção e repressão ao terrorismo, e pressupõe dinamismo e segurança no seu processamento e execução. O que se traduz em tolerância à diversidade entre os sistemas jurídicos, comprometimento dos Estados no cumprimento das obrigações internacionalmente assumidas, e consenso no que se refere à definição de terrorismo e atos terroristas a partir das condutas criminosas e não da terminologia.

---

[23] ATANASIO. *Estradizione, rapimento o ambedue?*: La sentenza della Corte Suprema Statunitense del 15 Giugno 1992 nel caso United States v. Humberto Alvarez-Machain. Studi Senesi. CV (III Serie, XLII), p. 194.

[24] ATANASIO, *op. cit.*, p. 196.

[25] ATANASIO, *op. cit.*, p. 213.

Referências

ATANASIO, Grazia. *Estradizione, rapimento o ambedue?*: La sentenza della Corte Suprema Statunitense del 15 Giugno 1992 nel caso United States v. Humberto Alvarez-Machain. Studi Senesi. CV (III Serie, XLII). Fascicolo 2. Siena. 1993.

BECHARA, Fábio Ramazzini. *Cooperação jurídica internacional em matéria penal*: eficácia da prova produzida no exterior. Saraiva: São Paulo, 2011.

CASSESSE, Antonio. *International Criminal Law*. Oxford: New York, 2003. p. 356.

CERVINI, Raúl; TAVARES, Juarez. *Princípios de cooperação judicial penal internacional no protocolo do Mercosul*. São Paulo: Revista dos Tribunais, 2000. p. 73.

CORTINA, Adela. *Ética sin moral*. Madrid: Tecnos, 1990. p. 288.

DA MOTA, José Luis Lopes. Cooperação judiciária em matéria penal e proteção de dados pessoais na União Europeia: perspectivas à luz da experiência da Eurojust. *Boletim da Faculdade de Direito*, Universidade de Coimbra, Stvdia Ivridica 98, 2009.

EPPS, Valerie. The validity of the political offender exception in extradition treaties in Anglo-American Jurisprudence. *Harvard International Law Journal*, v. 20. Cambridge, p. 79-80.

FERRAJOLI, Luigi. *Derechos y garantias*: la ley del más débil. 4. ed. Madrid: Trotta, 2004.

HUNGRIA, Nelson. *Comentários ao Código Penal*. 3. ed. Rio de Janeiro. 1955. p. 181. v. 1. t. 1.

KELSEN, Hans. *Teoria general del Estado*. Granada: Comares, 2002.

LUHMAN, Niklas. *Confianza*: Anthropos. México: Universidad Iberoamericana, 1996. p. 20.

MARTINEZ, Gregório Peces-Barba. *Curso de derechos fundamentales*: teoria general: Universidade Carlos III de Madrid. Madrid: Boletin Oficial Del Estado, 1999. p. 279-282.

MARTINEZ, Rosa Ana Moran. El embrago preventivo y seguramiento de pruebas: la ejecución de sanciones pecuniárias y el comiso: las decisiones marco in derecho penal supranacional y cooperación juridica internacional. *Cuadernos de Derecho Judicial*, n. 13, p. 388, 2003.

POTTER, Lyman. *Organized Crime*. 4th ed. Hardcover: [s.n.], 2006.

RESOLUTION of the Congresses of the International Association of Penal Law (1926-2004). *Nouvelles Études Penales*, n. 21, p. 127, 2009.

UNITED NATIONS. *Manual on International Cooperation in Criminal Matters related to Terrorism*. New York: [s.n], 2009.

VELLOSO, Carlos Mário da Silva. O direito internacional e o Supremo Tribunal Federal. *Revista de Direito Administrativo*, Rio de Janeiro, n. 229, jul./set. 2002.

Informação bibliográfica deste texto, conforme a NBR 6023:2002 da Associação Brasileira de Normas Técnicas (ABNT):

BECHARA, Fábio Ramazzini. Cooperação jurídica internacional e terrorismo. *In*: FERNANDES, Antonio Scarance; ZILLI, Marcos. (Coord.). *Terrorismo e justiça penal*: reflexões sobre a eficiência e o garantismo. Belo Horizonte: Fórum, 2014. p. 381-400. ISBN 978-85-7700-844-5

CAPÍTULO 14

TERRORISMO
EFICIÊNCIA E GARANTISMO

ANTONIO SCARANCE FERNANDES

1 Aspectos introdutórios

1.1 O terrorismo global

O terrorismo, fenômeno antigo,[1] preocupa bastante as nações, principalmente as do mundo ocidental, porque, na atualidade, as suas ações são desenvolvidas por grupos bem estruturados, mediante o uso de armamentos sofisticados e o aproveitamento das facilidades tecnológicas, mormente as proporcionadas pela informática. Tais ações são muito violentas, atingem grande número de pessoas, mesmo as que vivem em locais distantes de onde agem os terroristas, como sucedeu com os ataques perpetrados nos Estados Unidos da América em 11 de setembro de 2001

---

[1] Ver uma síntese histórica em DE LA CORTE IBÁÑES. Breve Historia del Terror. *In*: DE LA CORTE DE LA CORTE IBÁÑES. *La lógica del terrorismo*, p. 23-35, cap. 1. O autor aponta como primeiros atos terroristas, os dos sicários, dos zelotes e dos judeus que se opunham à dominação romana nos anos 60 e 70. Depois, indica outros movimentos terroristas: dos *assassins*, em Jerusalém, nos séculos XI e XIII; dos *thujs*, na Índia, nos séculos XVII e XIX. Anota que, para alguns estudiosos, somente se pode falar em terrorismo a partir da Revolução Francesa, e, aí, em terrorismo de Estado. Para Garcia Leandro, em uma visão ampla do terrorismo, este sempre serviu "como meio de ação de grupos locais ou setoriais na sua luta contra um poder mais forte" e "já aparece citado na Bíblia", ganhando "especial ênfase com os anarquistas do final do Século XIX e do princípio do século XX" (GARCIA. Uma visão militar sobre o terrorismo. *In*: MOREIRA. *Terrorismo*, p. 369-370, cap. 7).

e na Espanha em 11 março de 2004.[2] Utilizando dos modernos meios de comunicação conseguem os terroristas dar ampla repercussão às suas ações, alastrando o medo.

Os movimentos terroristas, inspirados, normalmente, em motivação ideológica, em regra religiosa ou política, são marcados pela heterogeneidade e são praticados por organizações muito diversas.[3]

Deixou de ser fenômeno local ou regional e se tornou preocupação de praticamente todos os países. Fala-se em terrorismo global.[4] Este, como acentua Adriano Moreira, atingiu, prioritariamente, a "confiança nas instituições", que o espaço ocidental "organizou para manterem uma ordem no mundo, a confiança das sociedades civis nos respectivos governos, a confiança na capacidade das forças de segurança e de defesa, a fidelidade aos valores matriciais de sua cultura".[5]

Essa faceta — globalidade — e a atuação do terrorista longe da sua área de direta preocupação faz com que, mesmo em países como o nosso, em que não se detectam manifestações terroristas, o tema mereça atenção, mormente em razão do crescimento econômico do Brasil, do aumento de sua participação nos temas de interesse universal e do fato de sediar importantes eventos esportivos internacionais.

1.2 Definição de terrorismo

Os países não conseguiram, ou não quiseram, em convenção universal, definir o terrorismo, embora existam definições em legislações e em documentos regionais ou internacionais.[6] Por outro lado, encontram-se muitas definições na doutrina.[7] Aqui, importa verificar os elementos que,

---

[2] Para Adriano Moreira, a maior mudança no terrorismo foi a globalização; alude a um "novo terrorismo mundializado" (MOREIRA. Insegurança sem fronteiras: o martírio dos inocentes. *In*: MOREIRA (Coord.). *Terrorismo*, p. 147, cap. 2).

[3] DE LA CORTE IBÁÑES, *op. cit.*, p. 32, acentua esses dois aspectos: a heterogeneidade na técnica das formas de expressão do terrorismo e a sua utilização, desde o século XIX, por organizações muito diversas.

[4] É comum separar o terrorismo em interno e internacional, embora hoje em dia, em virtude da expansão do terrorismo, cujas atividades vão normalmente além de um país, o interesse é tratá-lo como fenômeno de interesse global.

[5] MOREIRA. Prefácio à 2ª edição. *In*: MOREIRA. *Terrorismo*, p. 7.

[6] Sobre conceitos internacionais que, de forma direta ou indireta, cuidam do terrorismo, ver a profunda pesquisa realizada por CRETELLA NETO. Em busca da definição que o mundo hesita em elaborar: terrorismo internacional. *In*: BEDIN. *Estado de direito, jurisdição universal e terrorismo*, p. 123-21. Ele aponta as principais dificuldades para a elaboração de uma definição em convenção internacional, coleta definições existentes em legislações, convenções regionais e em documentos internacionais. San Pedro ressalta a "ausência de uma configuração jurídica global sobre o terrorismo" (SAN PEDRO. Análise jurídica del terrorismo. *In*: MOREIRA. *Terrorismo*, p. 341).

[7] CRETELLA NETO. Em busca da definição que o mundo hesita em elaborar: terrorismo internacional, p. 156, cita SCHMIDT Alex, que, em 1983, compilou 109 definições de terrorismo.

em regra, os autores, conquanto variem no realce de um ou outro aspecto, indicam na caracterização do terrorismo.

Após citar diversas definições construídas por estudiosos ou constantes de textos de interesse regional ou universal, José Cretella Neto propõe abrangente definição, arquitetada com base em seis dados: (i) um componente político-estratégico; (ii) a violência exacerbada dos métodos empregados; (iii) a destruição de prédios, especialmente os que representam símbolos; (iv) um elemento teleológico; (v) um elemento psicológico; (iv) um elemento de extraneidade.[8]

Para Luis de La Corte Ibañez, o terrorismo é "uma sucessão premeditada de atos violentos e intimidatórios exercidos sobre a população não combatente e desenhados para influir psicologicamente sobre um número de pessoas muito superior ao que somam suas vítimas diretas e para alcançar assim algum objetivo, quase sempre de tipo político".[9] Realça o impacto psicológico causado a um grande número de pessoas, maior do que o gerado nas vítimas diretas e a importância de que os atos terroristas comuniquem e difundam uma mensagem. Aponta, com base em estudo de Ariel Merari, os objetivos habituais dos movimentos terroristas: propagando pelo fato, intimidação, provocação, cultivo do caos, guerra de desgaste.[10]

De forma sintética, Manuel Fraga Iribarne arrola como elementos essenciais do terrorismo — o uso da violência, a provocação de temor na população como resultado da violência, a finalidade política — e agrega duas características adicionais: atividade organizada e atividade sistematizada.[11] Em estudo doutoral e de maneira parecida, Carmem Lamarca Pérez destaca, como elementos comuns a todas as formas de terrorismo, a violência como meio, o terror como resultado e a intenção política como finalidade.[12]

Essas definições levam-nos a especificar, de forma sintética, como características fundamentais do terrorismo:

a) o uso da violência;
b) o atingimento de pessoas inocentes;
c) a finalidade ideológica ou política;
d) a difusão do medo como objetivo.

---

[8] CRETELLA NETO. Em busca da definição que o mundo hesita em elaborar: terrorismo internacional. *In*: BEDIN. *Estado de direito, jurisdição universal e terrorismo*, p. 208-210.
[9] DE LA CORTE IBÁÑES. *La lógica del terrorismo*, p. 43.
[10] DE LA CORTE IBÁÑES. *La lógica del terrorismo*, p. 48-52.
[11] IRIBARNE. El terrorismo hoy. *In*: MOREIRA. *Terrorismo*, p. 166-167.
[12] O trabalho da autora é "Tratamiento Jurídico del Terrorismo", citado por José Garcia San Pedro, "Analise jurídica del terrorismo" (MOREIRA. *Terrorismo*, p. 333).

1.3 A ilegitimidade do terrorismo

Ressalta Luis de La Corte Ibañez, a ilegitimidade do terrorismo, independentemente dos objetivos que persegue, pois ele não "respeita nenhuma regra, nem mesmo as regras de guerra e infringe todos os limites morais e humanitários conhecidos".[13]

Essa ilegitimidade se patenteia, especialmente, pelo fato de os terroristas dirigirem suas ações contra a população civil, vítimas inocentes no dizer de Adriano Moreira,[14] sendo essa a nota que, a nosso ver, melhor se presta a distinguir o terrorismo de outros movimentos, políticos e ideológicos. Acentua o autor citado:

> A questão dos inocentes aparece aqui como elemento distintivo entre *terrorismo revolucionário* e *terrorismo facista* que fere indiscriminadamente, pelo que o primeiro aceita apenas o atentado político que pune um inimigo identificado, mas não consagra a indiscriminação terrorista.[15]

Na definição de terrorismo, os EUA acentuam ser uma violência perpetrada contra alvos não combatentes [Título 22, Código dos Estados Unidos, Seção 2656 f (d)]. A utilização do termo "não combatente" visa a incluir *entre* as vítimas do terrorismo, além do civil, o militar que se encontre desarmado e/ou não em serviço, como explica Garcia Leandro.[16] De forma ampliativa, contudo, também se consideram terroristas os atos a "instalações militares ou a pessoal militar armado quando não exista no local um estado de hostilidades militares".[17]

Além desse aspecto distintivo fundamental — dirigir sua ação contra pessoas inocentes—, outros pontos são apontados para distingui-lo de outros movimentos ideológicos violentos como os resultantes de conflitos armados, de atividades de guerrilha, de golpes de Estado, de sublevações populares. Luis de La Corte Ibañez elabora um quadro, no qual discrimina entre guerra convencional, guerra de guerrilhas e terrorismo, com base nos seguintes itens: tamanho das unidades operativas; armamento; táticas; atos de agressões; impacto buscado; controle do território; uso de uniformes e zonas de combate. Segundo ele, é menor, em regra, o tamanho das unidades terroristas; no terrorismo, usam-se armas de mão, granadas, rifles de assalto, não se utilizando armamento pesado ou de artilharia; as táticas não são militares, valendo-se os terroristas de métodos especializados; os atos

---

[13] DE LA CORTE IBÁÑES. *La lógica del terrorismo*, p. 47. Também Manuel Fraga Iribarne realça essa ilegitimidade, afirmando: "nenhuma causa justifica nunca o emprego do terrorismo" (IRIBARNE. El terrorismo hoy, p. 164).

[14] MOREIRA. Insegurança sem fronteiras: o martírio dos inocentes, p. 129-157.

[15] MOREIRA. Insegurança sem fronteiras: o martírio dos inocentes, p. 144.

[16] GARCIA. Uma visão militar sobre o terrorismo, p. 401.

[17] GARCIA. Uma visão militar sobre o terrorismo, p. 402.

de agressão são sequestros, assassinatos, ativação de explosivos, ataques suicidas; os alvos dos terroristas são símbolos do Estado, representantes políticos e população não combatente; o impacto buscado pelo terrorismo é de ordem psicológica; os movimentos terroristas não buscam o controle do território; os terroristas não usam uniformes e não agem em zonas de combate, mas em áreas geográficas não limitadas.[18] [19]

1.4 Atos terroristas

É comum, em estudos e em textos jurídicos, a especificação de atos terroristas,[20] acompanhada ou não de definição de terrorismo, como os seguintes atos: "sequestro e sabotagem de aeronaves", "ataques a aeroportos", "detenção de reféns", "atentado contra funcionários ou diplomatas", "roubo e o uso ilícito de materiais nucleares",[21] "assassinato", "sequestro", "tortura", "destruição".[22]

O Conselho da União Europeia relaciona como atos terroristas "(a) ataques à vida de uma pessoa que podem causar a morte; (b) ataques à integridade física de uma pessoa; (c) rapto ou tomada de reféns; (d) causar destruição extensa a um Governo ou instalação pública, um sistema de transportes, uma infraestrutura, incluindo um sistema de informação, uma plataforma fixa localizada numa plataforma continental, um local público ou propriedade privada, que possa pôr em perigo a vida humana ou ter como resultado uma importante perda econômica; (e) captura de aeronaves, navios ou outros meios de transporte pessoas ou mercadorias; (f) fabrico, posse, aquisição, transporte, fornecimento ou utilização de armas, explosivos ou armas nucleares, biológicas ou químicas, bem como investigação e desenvolvimento de armas biológicas e químicas; (g) libertação de substâncias perigosas ou ateamento de incêndios, explosões ou inundações, cujo efeito constitui um perigo para a vida humana; (h) interferir com ou perturbar o abastecimento de água, energia ou qualquer outro recurso natural fundamental, cujo efeito é pôr em perigo a vida humana; (i) ameaçar cometer qualquer um dos atos indicados em (a) ou (h);

---

[18] DE LA CORTE IBÁÑES. *La lógica del Terrorismo*, p. 47.

[19] Cretella Neto cita, com base em outros autores, as diferenças entre terrorismo e guerrilha (CRETELLA NETO. Em busca da definição que o mundo hesita em elaborar: terrorismo internacional, p. 127-128). Ver, ainda, OLIVEIRA. O direito à resistência armada e o terrorismo: distinções. *In*: BRANT (Coord.). *Terrorismo e direito*: os impactos do terrorismo na comunidade internacional e no Brasil: perspectivas político-jurídicas, p. 447-460.

[20] Cretella Neto coligiu definições de instrumentos regionais e internacionais, anotando que "cerca de três dezenas de instrumentos tipificam e disciplinam diversos tipos de atos terroristas internacionais" (CRETELLA NETO. Em busca da definição que o mundo hesita em elaborar: terrorismo internacional, p. 193).

[21] São exemplos trazidos por IRIBARNE. El terrorismo hoy, p. 165.

[22] São elementos constantes da definição de Fraga, citados por IRIBARNE. El terrorismo hoy, p. 165.

(j) comandar um grupo terrorista; (k) participar nas atividades de um grupo terrorista, incluindo o fornecimento de informação ou recursos materiais ou o financiamento das suas atividades, de qualquer forma, com o conhecimento de que essa participação contribuirá para as atividades criminais do grupo".[23]

1.5 A tipificação do terrorismo na legislação brasileira

No art. 20 da Lei nº 7.170, de 14.12.83, encontra-se a expressão "praticar atos de terrorismo". Esse dispositivo contém outras condutas. Assim, considera criminosas as ações de "devastar, saquear, extorquir, roubar, sequestrar, manter em cárcere privado, incendiar, depredar, provocar explosão, praticar atentado pessoal ou atos de terrorismo, por inconformismo político ou para a obtenção de fundos destinados à manutenção de organizações políticas clandestinas ou subversivas". Sobre o artigo, dissemos em comentário anterior: "É crime de ação múltipla ou de conteúdo variado, sendo a prática de terrorismo uma das ações capituladas no referido dispositivo".[24]

Para Alberto Silva Franco, embora "a figura criminosa corresponda a um tipo misto alternativo, pois encerra a descrição de várias condutas fáticas que equivalem à concretização de um mesmo delito, força é convir que a prática de atos de terrorismo não se traduz numa norma de encerramento idônea a resumir as condutas anteriormente especificadas. O verbo 'praticar' e o objeto direito 'atos de terrorismo' estão, em princípio, no mesmo pé de igualdade dos demais comportamentos alternativamente referidos. Ocorre, no entanto, que o verbo 'praticar' não possui carga alguma de ilicitude, como apresentam os outros verbos constantes do tipo. Por isso, a sua área de incidência, o seu campo de significado, em suma a sua explicitação fica na dependência direta e imediata do objeto direto: 'atos de terrorismo'. E o que, na realidade, quer dizer 'atos de terrorismo'? Nada mais do que uma 'cláusula geral', de extrema elasticidade, que permite ao julgador, por ausência de uma adequada descrição do conteúdo fático desses atos, enquadrar, a seu bel-prazer, qualquer modalidade de conduta humana. Isso fere, sem dúvida, o princípio constitucional da legalidade".[25] Semelhante posicionamento foi adotado por outros autores: Antonio Lopes Monteiro e Damásio Evangelista de Jesus.[26] Para esses autores, são inaplicáveis as disposições da Lei nº 8.072/90 quando se referem ao terrorismo.

---

[23] GARCIA. Uma visão militar sobre o terrorismo, p. 414-415.

[24] FERNANDES. Considerações sobre a Lei 8.072, de 25 de julho de 1990: crimes hediondos. Revista dos Tribunais – Edições Especiais, p. 26.

[25] FRANCO. Crimes hediondos: notas sobre a Lei 8.072/90, p. 55.

[26] Assim: MONTEIRO. Crimes hediondos, p. 113; JESUS de. Crime hediondo exige dilação ampla. O Estado de S. Paulo, p. 17.

Júlio Fabbrini Mirabete, ao contrário, identifica atos terroristas no art. 20 e nos arts. 15, 17, 18, 19, 27, 28 e 29 da Lei nº 7.170/83.[27] De maneira semelhante, José Adércio Leite Sampaio, ressalvando que, sem se referir especificamente à figura do terrorismo, a mencionada lei define os crimes contra a segurança nacional, a ordem política e social, que se aproximam dos tipos de terror de legislações estrangeiras ou de textos internacionais; cita os arts. 15, 16, 17, 18, 20, 22, I.[28] Contemplam mesmo ações semelhantes às que, nas recomendações da ONU ou em textos legislativos estrangeiros, são consideradas atividades terroristas.

Para este artigo, interessa o exame dos mecanismos utilizados para a investigação e para o processo de crimes de terrorismo. Assim, a questão da tipificação é fundamental, embora, na prática, fossem possíveis investigação e processo com base nos diversos crimes descritos na Lei nº 7.170/83 ou no Código Penal. Importa, contudo, refletir um pouco mais sobre a aludida falta de tipificação do terrorismo entre nós.

A falta de "nomen iuris" não é, por si, fundamento definitivo para sustentar a falta de tipificação de um crime. Pode dificultar a atividade intelectual de constatá-lo no ordenamento jurídico de um país, mas nem por isso ele não estaria definido. Se houvesse um tipo descrito como "matar alguém", sem "nomen iuris", não se sustentaria a falta de tipificação do homicídio. O problema, em relação ao terrorismo, é outro: a dificuldade em defini-lo torna problemática a sua identificação em tipos sem "nomen iuris".

Vê-se, pela leitura da Lei nº 7.170/1983, que, em todos os artigos definidores de crimes, não há "nomen iuris". Adotou o legislador técnica diversa da seguida na elaboração do Código Penal. Preferiu arrolar ações delituosas, as quais, se comparadas com as ações consideradas terroristas em legislações estrangeiras, com elas se identificam, desprezadas pequenas variantes. Também correspondem às ações consideradas terroristas em resoluções e documentos internacionais. Nesses artigos estão presentes, em regra, os elementos apontados como essenciais para a caracterização do terrorismo e, no art. 20, exige-se também a finalidade política.

Faltariam, talvez, elementos seguros para distinguir quando eventual conduta seria terrorista e quando constituiria ação de movimento político legítimo de resistência, de enfrentamento. A nosso ver, a ilegitimidade existiria quando a fosse dirigida contra "vítimas inocentes".

Não há, nos últimos tempos, registro de acusações por práticas terroristas no país, isso porque o fenômeno "terrorismo" não está presente na vida da nação. A questão da tipificação surge em pedidos de extradição,

---

[27] MIRABETE. *Manual de direito penal*, v. 1, v. 2, v. 3.

[28] SAMPAIO. Constituição e terror: uma visão parcial do fenômeno terrorista. *In*: BRANT (Coord.). *Terrorismo e direito*: os impactos do terrorismo na comunidade internacional e no Brasil: perspectivas político-jurídicas, p. 155-156.

quando se verifica o preenchimento do requisito da dupla incriminação. O Supremo Tribunal Federal autoriza as extradições por motivos diversos: os atos terroristas estão previstos na Lei nº 7.170/83; os delitos cometidos constituem crimes do Código Penal ou de leis extravagantes.

O problema não se resolveu com a Lei nº 10.744, de 09.10.2003, que definiu atos de terrorismo. Ela dispõe "sobre a assunção de responsabilidades civis perante terceiros no caso de atentados terroristas, atos de guerra ou eventos correlatos, contra aeronaves de matrícula brasileira operadas por empresas brasileiras de transporte aéreo público, excluídas as empresas de táxi aéreo". Definiu o ato terrorista no art. 1º, §4º, como "qualquer ato de uma ou mais pessoas, sendo ou não agentes de um poder soberano, com fins políticos ou terroristas, seja a perda ou dano dele resultante acidental oú intencional". A atecnia e imprecisão do dispositivo não servem para resolver a questão existente sobre a tipificação do terrorismo.

2 Caminho da repressão e a necessidade de equilíbrio

O mundo, principalmente o ocidental, atônito ante os ataques terroristas, sem que lhe servissem para combatê-los experiências anteriores de enfrentamento a agressões, parte para a adoção de mecanismos eficientes para a repressão ao terrorismo, novos ou não.

Adriano Moreira bem resume esse caminho "Os EUA, humilhados e ofendidos pela Al Qaeda, trataram de rever em crise a política de segurança, assinando em 17 de setembro de 2002, um ano depois, a nova estratégia de Segurança Nacional complementada, em fevereiro de 2003, por uma Estratégia Nacional para combater o Terrorismo; a França decidiu rever o seu Plan Vigipirata de 1978, para enfrentar a nova ameaça, definindo a intervenção do Exército nas ações preventivas internas. A NATO, na Cimeira de Praga de 2002, elaborou o Conceito Militar MC-472 com o mesmo objetivo; e a Espanha que haveria de ser gravemente atingida, aprovou em Fevereiro de 2003 a Revisão Estratégica de Defesa, incluindo na revisão o 'terrorismo exterior dirigido contra o Ocidente', e convocando as Forças Armadas para enfrentarem essa ameaça no âmbito da NATO e da União Europeia, nas operações de paz e ajuda humanitária, e no apoio às forças de segurança do Estado".[29]

O terrorismo passa a ser visto como "a principal ameaça para a paz, a segurança e a estabilidade da sociedade internacional do século que começa".[30] Isso indica a necessidade de "utilizar todos os meios" ao alcance da "sociedade democrática", do "Estado de Direito" para "eliminá-lo, para combater os que o apoiam de forma direta (colaborando física e

---

[29] MOREIRA. Prefácio à 2ª edição, p. 8.
[30] IRIBARNE. El terrorismo hoy, p. 163.

materialmente) ou indireta (proporcionando-lhe apoios intelectuais) e fazê-lo de maneira a mais eficaz possível".[31]

O Conselho de Segurança da ONU, por diversas Resoluções (nºs 1269-1999, 1368-2001, 1373-2001) aponta o terrorismo internacional como fenômeno que põe em perigo a vida e o bem-estar das pessoas em todo o mundo, assim como a paz e a segurança entre os Estados, enfatiza a necessidade de ser intensificada a luta contra ele e realça a necessidade de atividades preventivas e repressivas de todos os meios nessa luta.

Embora se aponte a necessidade de "respeito aos direitos humanos e ao império da lei",[32] ou, a atuação "com base nos princípios da Carta das Nações Unidas e nas normas de lei internacional, incluindo o respeito pela lei humanitária internacional e os direitos humanos",[33] a busca dos meios eficazes é sempre cercada de riscos de excessos na sua escolha e na sua utilização, com abalos no quadro geral de garantias dos direitos humanos.

O importante é, como salienta Manuel Monteiro Guedes Valente, com base em Diogo Freitas do Amaral, que as perseguições aos terroristas não sejam atos de vingança, mas "de justiça, praticados de acordo com as regras e procedimentos do direito", não podendo "fundamentar o recurso ou a previsão de uma restrição total e absoluta aos direitos fundamentais do Homem. Os limites às restrições, surgem da própria Constituição e materializam-se quer no direito penal, quer no direito processual penal".[34]

Por isso, o autor citado bem coloca: "o problema essencial que o terrorismo internacional de grande envergadura põe ao Direito é o de encontrar um novo equilíbrio entre as necessidades da segurança nacional e as do respeito pelos direitos fundamentais' sacrificados sem qualquer limite".[35]

Não deve, mesmo na repressão ao terrorismo, haver antagonismo entre eficiência e garantismo,[36] sendo eficiente o processo que, além de permitir uma eficiente persecução criminal, também possibilite uma eficiente atuação das normas de garantia. Deve buscar o equilíbrio entre a exigência de assegurar ao investigado, ao acusado e ao condenado a aplicação das garantias fundamentais do devido processo legal e a necessidade de proporcionar aos órgãos de Estado encarregados da persecução penal mecanismos para uma atuação positiva. Serão eficientes normas que permitirem repressão ao terrorismo com respeito ao núcleo essencial de garantias.

---

[31] IRIBARNE. El terrorismo hoy, p. 164.

[32] IRIBARNE. El terrorismo hoy, p. 164.

[33] Anexo A, Resolução nº 1269 (1999) do Conselho de Segurança da ONU.

[34] AMARAL. *Do 11 de setembro à crise do Iraque*, p. 21 *apud* VALENTE. Terrorismo: fundamento de restrição de direitos?. *In*: MOREIRA. *Terrorismo*, p. 422.

[35] MARAL. *Do 11 de setembro à crise do Iraque*, p. 21 *apud* VALENTE. Terrorismo: fundamento de restrição de direitos?. *In*: MOREIRA. *Terrorismo*, p. 422.

[36] Também afirmam que não há uma antítese entre eficiência e garantismo Román Julio Frondizi e María Gabriela S. Daudet (*Garantías y eficiencia en la prueba penal*, p. 177-188).

3 Os meios de prevenção, de investigação e de instrução

3.1 Os limites e as restrições no uso dos meios de prevenção, de investigação e de instrução

O uso de meios de prevenção, de investigação e de instrução processual para apuração e demonstração da prática de atos de terrorismo, novos ou não, especiais ou não, tem como balizas os parâmetros constitucionais de cada país e o conjunto de garantias previstas em convenções regionais ou internacionais. Eventuais flexibilizações nos direitos aos limites constitucionais e eventuais restrições a direitos individuais não podem anular garantias, afrontar proibições e somente podem ser aceitas se, autorizadas pelos textos constitucionais, forem necessárias para preservar outros direitos de maior relevância.[37]

Os que cuidam do terrorismo em face dos preceitos garantidores dos direitos fundamentais apontam os principais excessos injustificados nas atuações de ordem repressiva.

Jorge Miranda mostrou preocupação com medidas que "ultrapassam os cânones de um Estado de Direito, como detenções ou prisões sem limites temporais, ou sem assistência de advogado, escutas telefônicas ou buscas sem autorização judicial, discriminações em razão da nacionalidade, da raça ou da religião, expulsões e extradições sem as devidas garantias processuais, tribunais de exceção, substituição, nas ruas, das Forças Armadas às forças policiais".[38]

José Adércio Leite Sampaio, referindo-se a transações de valores ou de princípios, arrola restrições, algumas muito excessivas a direitos fundamentais, admitidas em alguns países para barrar ou reprimir o terrorismo: restrição à proibição de tortura, com "possibilidade de uso de força física para obter informações e confissões dos depoentes"; restrições à liberdade de ir e vir, como a limitação do "movimento de pessoas", o impedimento "do ingresso ou saída de estrangeiros, [...] especialmente pela definição de um regime de prisão temporária"; aumento dos tempos permitidos de prisões temporárias ou preventivas; admissão de prisão sem comunicação à autoridade judiciária, por certo período; decretação da incomunicabilidade do preso; "detenções por prazo indeterminado de imigrantes e de outros não cidadãos"; restrições à liberdade de expressão; restrições à liberdade de associação e de reunião; restrições à propriedade, mediante "a previsão de bloqueio e confisco de bens e valores de pessoas envolvidas

---

[37] Ver, sobre os conceitos de limites e restrições e sobre suas aplicações em relação ao terrorismo, MIRANDA. Os direitos fundamentais perante o terrorismo. *In*: BRANDT. *Terrorismo e direito*. Os impactos do terrorismo na comunidade internacional e no Brasil: perspectivas político-jurídicas, p. 53-68.

[38] MIRANDA. Os direitos fundamentais perante o terrrorismo, p. 67.

com terror"; restrições à intimidade, "com o emprego de câmeras de TV" e possibilidade de "comparar os rostos captados pelas câmaras com as fotografias de bancos de dados de terroristas constantes de bancos de dados da polícia", com "o acesso a registros financeiros", com "o acesso a registros estudantis [...] pela polícia e por agências de informação, mesmo que tais entes não disponham de suspeitas de envolvimento do estudante em práticas ilícitas", não sendo exigida autorização judicial; restrições à garantia de reserva de jurisdição em buscas e apreensões, sem necessidade de verificação da justa causa; restrições à garantia da inviolabilidade do domicílio; restrições à garantia da inviolabilidade das comunicações, prescindindo-se da autorização judicial em casos de urgência ou não se exigindo prévia constatação da justa causa; restrições ao princípio do juiz natural, com a atribuição de competência a cortes militares ou cortes especiais; restrições à proibição de extradição por atos políticos.[39]

Tais disposições são encontradas, em grande parte, nos Estados Unidos.[40] e nos países que seguiram sua inclinação para uma forte repressão ao terrorismo com severas e perigosas restrições a direitos individuais, ou que convivem com problemas de terrorismo há longo tempo. Suscitam, nos Estados Unidos, contudo, como acentua J.A.E. Vervaele, interrogações em torno da supremacia dos princípios da segurança nacional em detrimento da Constituição e dos direitos civis reconhecidos no Bill of Rights.[41]

No Brasil, a Constituição proíbe a tortura ou tratamento desumano ou degradante (art. 5, III); garante as liberdades de expressão, de reunião, de culto; assegura a inviolabilidade da intimidade, da vida privada, das comunicações; consagra a reserva de jurisdição para a inviolabilidade do domicílio, a inviolabilidade do sigilo telefônico, a prisão.

3.2 Os meios preventivos. A lista de suspeitos

No rol das restrições acima mencionadas, encontram-se diversas medidas de caráter preventivo, adotadas com o intuito de evitar a prática de atos terroristas, as quais, em linhas gerais, constituem mecanismos de controle, como sucede com a fiscalização em aeroportos e em fronteiras, em movimentações bancárias, com a verificação de possibilidade de acesso

---

[39] SAMPAIO. Constituição e Terror: uma visão parcial do fenômeno terrorista. *In*: BRANT. *Terrorismo e direito*: os impactos do terrorismo na comunidade internacional e no Brasil: perspectivas político-jurídicas, p. 161-166.

[40] Ver sobre as restrições nos Estados Unidos com a Lei Patriota, VERVAELLE. La legislación antiterrorista en Estados Unidos: *inter arma silent leges*. *Revista de Derecho y Proceso Penal*, p. 111-146.

[41] Ver sobre as restrições nos Estados Unidos com a Lei Patriota, VERVAELLE. La legislación antiterrorista en Estados Unidos: *inter arma silent leges*. *Revista de Derecho y Proceso Penal*, p. 112.

a determinados locais.[42] Para que seja exercido esse controle formam-se listas de suspeitos.

Normalmente, para alguém ser considerado suspeito de atividade criminosa, é necessária a prévia colheita de elementos indicativos de sua ação delituosa e, só depois, se justifica que seja alvo de ações investigatórias e possa ser submetido a medidas restritivas de seus direitos.

Todavia, em relação ao terrorismo, não se age com a mesma ortodoxia e se admite, na formação das listas de suspeitos, a consideração de outros aspectos, até mesmo a origem, a condição social, o modo de vida da pessoa. Formada a lista passam os indivíduos suspeitos a serem acompanhados em suas atividades, em seus deslocamentos. Mesmo depois de uma pessoa ser absolvida da acusação de prática terrorista, seu nome pode continuar na lista.[43] Para se ter uma ideia do risco de abusos, importa salientar que o banco de dados mantido nos Estados Unidos da América do Norte conteria cerca de 420 mil nomes.[44] O simples fato de alguém figurar na lista autoriza restrições, pois se admite a viabilidade de: "manter suspeitos de atos terroristas fora de aviões", "impedir cidadãos" estrangeiros "de entrarem no país"; "submeter pessoas a um tempo prolongado e a maior averiguação nos aeroportos, nas fronteiras e em blitze em ruas e estradas".[45]

A formação dessas listas é aceita pelo Conselho da União Europeia. De suas diretivas, vê-se que recomenda sua elaboração com base em informações ou materiais constantes de registros específicos, neles inseridas por decisões de autoridades judiciais ou autoridades equiparadas. Nos registros podem ser incluídas anotações sobre pessoas, grupos ou autoridades envolvidas com o terrorismo, independentemente de haver prévia investigação, perseguição ou condenação. A inclusão autorizaria a adoção de medidas diversas, como o congelamento de fundos, ativos ou recursos. Estar na lista ou estar submetido a investigação significa a possibilidade de ser acompanhado em seus deslocamentos ou em seus atos de obtenção de documentos. Os países são estimulados a impedirem a movimentação de terroristas ou grupos terroristas pelo controle de fronteiras e pelo controle da emissão de documentos de identidade e de viagem.

Em síntese: por motivos não decorrentes de suspeita extraída de prévia investigação, criam-se listas de suspeitos e são estes submetidos à vigilância ou ficam sujeitos a medidas restritivas.

Na história do processo penal, foram, há muito tempo, superadas atividades de devassa na vida das pessoas, passando-se a exigir, para se

---

[42] MIRANDA. Os direitos fundamentais perante o terrorismo. *In*: BRANDT. Terrorismo e direito: os impactos do terrorismo na comunidade internacional e no Brasil: perspectivas político-jurídicas, p. 66.

[43] Ver SARAJE. Lista de suspeitos do FBI ignora normas jurídicas. *O Estado de São Paulo*, A12.

[44] Ver SARAJE. Lista de suspeitos do FBI ignora normas jurídicas. *O Estado de São Paulo*, A12.

[45] SARAJE. Lista de suspeitos do FBI ignora normas jurídicas. *O Estado de São Paulo*, A12.

considerar alguém suspeito, a prática de atos e, a partir deles, é que se autoriza o desencadeamento de uma investigação prévia com o objetivo de evidenciar serem eles ofensivos à ordem jurídico-penal. A formação de listas, se sustentada em atos concretos indicativos de suspeita, seria aceitável, ante o grande perigo à segurança coletiva decorrente de atos terroristas, admitindo-se atividades de vigilância não ostensivas, mas a restrição a direitos individuais somente é admissível após haver contra o suspeito uma convergência de elementos apontando-o como alguém possivelmente envolvido com o terrorismo.

3.3 Mecanismos especiais de investigação e de instrução em casos de terrorismo

Não há, entre nós, previsão de mecanismos especiais para a investigação e o processo em casos de terrorismo. Existem em outros países. Manuel Monteiro Guedes Valente[46] realizou estudo sobre as restrições de direitos em Portugal, os quais, em linhas gerais, se assemelham aos adotados em outros países da Europa, e, por isso, importa, ainda que de forma sucinta, apontá-los. Correspondem, ainda, às restrições acima referidas.

Assim, prescinde-se de ordem ou autorização para a revista e busca pessoal; admite-se ordem ou autorização do Ministério Público para busca domiciliar, em caso de impossibilidade de o juiz emiti-la, e, ainda, na impossibilidade de ato do juiz ou do Ministério Público, aceita-se a busca por órgãos de polícia, embora, depois, haja controle judicial; não se exige a observância dos pressupostos especiais em regra necessários para buscas em escritórios de advocacia, em consultórios médicos ou em estabelecimento oficial de saúde; autoriza-se a polícia a apreender correspondência, depois, entregando-a intacta ao juiz e a suspender cautelarmente a remessa de correspondência nas estações de correio e de telecomunicações, devendo a suspensão ser convalidada pelo juiz em 48 (quarenta e oito) horas; aceita-se interceptação telefônica sem autorização do juiz. Em síntese, admitem-se atuações da Polícia ou do Ministério Público, sem prévia autorização judicial, em diligências restritivas a direitos individuais.

Ainda, segundo o autor citado, pode haver limitações ao direito de defesa: não comunicação do detido com qualquer pessoa, exceto com o defensor, até primeiro interrogatório judicial; comunicação vigiada do detido com o defensor; exame da correspondência entre o detido e seu defensor; afastamento de proibição de interceptação e de gravação de conversações ou comunicações entre detido e defensor.

---

[46] VALENTE. Terrorismo: fundamento de restrição de direitos, p. 421.

Constituem graves interferências na comunicação entre suspeito e defensor, com evidente prejuízo ao exercício da defesa. Eventual interferência na comunicação entre defensor e a pessoa detida somente é admissível quando precedida de razoável suspeita de que o defensor colabora com a própria atividade delituosa do preso. Não se pode presumir que isso aconteça em todos os casos de investigação ou acusação sobre terrorismo.

3.4 Mecanismos de investigação e instrumentos processuais no Brasil

Entre nós, a investigação sobre terrorismo, se possível, seria feita pelos instrumentos normais de apuração de infração penal e pela adoção dos mecanismos excepcionais usados para casos de crime organizado conforme a Lei nº 8.072/90: ação controlada; infiltração policial; colaboração processual, ou, como é, entre nós conhecida — delação premiada; interceptação ambiental.[47] Seriam aplicáveis, ainda, as disposições especiais, as quais contemplam restrições sobre a prisão temporária, sobre a liberdade provisória e sobre a execução da pena.

3.4.1 Ação controlada. Entrega vigiada. Vigilância similar

A ação controlada está prevista no art. 2º, II, da Lei do Crime Organizado, como permissão dada à autoridade policial para acompanhar a continuidade de uma prática delituosa sem efetuar a prisão em flagrante de supostos participantes de uma organização criminosa, com o objetivo de atuar em momento mais oportuno e, assim, conseguir identificar outros membros daquela entidade, coletar prova e apreender maior quantidade de materiais usados nas práticas ilícitas.

A pesquisa, em outros ordenamentos, aponta para a existência de institutos semelhantes, os quais correspondem, em geral, ao que se conhece como "entrega vigiada", cuja característica principal é ser uma atividade de vigilância sobre autores do crime e sobre coisas ilícitas por eles transportadas. Permite-se a passagem daquelas pessoas e coisas por um ou mais países, sem interferência policial, até que surja a ocasião mais propícia para o agente da investigação atuar. É prevista e recomendada na Convenção de Viena de 1988 sobre entorpecentes e na Convenção das Nações Unidas contra o Crime Organizado Transnacional.[48]

---

[47] Sobre esses mecanismos especiais, ver FERNANDES; ALMEIDA; MORAES. *Crime organizado*: aspectos processuais.

[48] MENDRONI. *Crime organizado*: aspectos gerais e mecanismos legais, p. 13.

A entrega vigiada ou a ação controlada é medida investigativa de natureza cautelar e somente pode ser realizada se houver razoável suspeita de que a coisa vigiada é ilícita e os que a transportam cometem crime. Em relação ao terrorismo, como acima salientado, as atividades de vigilância previstas em outros locais são mais abrangentes, sendo a pessoa suspeita acompanhada, a fim de se evitar que perpetre a atividade criminosa. No que se refere ao resguardo das garantias do investigado, se a vigilância é precedida de prévia suspeita e se não houver abuso por parte de quem realiza a atividade, como o ingresso indevido em domicílio sem autorização judicial, ela em si não representa afronta direta a direito individual.

3.4.2 Infiltração policial[49]

A infiltração policial, cuja origem é ligada aos serviços secretos e aos de espionagem, consiste, em suma, no ingresso de alguém em uma organização criminosa ou organização terrorista, com ocultação de sua identidade, objetivando descobrir os seus membros, principalmente os de atuação mais relevante na estrutura daquela organização, e colher prova de práticas criminosas. O fato de alguém penetrar na organização agindo como se a ela pertencesse, permite-lhe conhecer o seu funcionamento e possibilita o acesso a informações e dados relevantes para a investigação e para a instrução. Os dirigentes de organizações terroristas são muitas vezes conhecidos e, até mesmo, o desejam ser, mas, mesmo quando isso acontece, a infiltração seria útil, tendo como principal objetivo inibir eventual atividade a ser cometida.

A infiltração traz ínsito um perigo: quem penetra na organização, para não ser descoberto, deve agir como se fosse um membro dela, e, assim, pode ser impelido a praticar crimes. Algumas legislações, como a da Espanha e a da Argentina, disciplinam o assunto, especificando as infrações que poderiam ser cometidas, sem responsabilização dos agentes infiltrados. Normalmente, não se autoriza a prática de delitos mais graves, o que é comum em atividades terroristas.

Assim, embora haja razoável aceitação da infiltração para melhor eficiência no combate ao crime organizado e ao terrorismo, há sempre risco para o agente policial e, também, perigo de serem violadas garantias individuais, principalmente as referentes à intimidade e à vida privada de terceiras pessoas, que, de alguma forma, mantenham contato com os membros das organizações.

Entre nós, a previsão da infiltração na Lei de Organização Criminosa é feita de maneira muito singela e bastante insuficiente, limitando-se a

---

[49] Sobre infiltração policial, ler estudo de LOPES. *O agente infiltrado como meio de investigação*, 2006.

permitir a "infiltração por agentes de polícia ou de inteligência, em tarefas de investigação, constituída pelos órgãos especializados pertinentes, mediante circunstanciada autorização judicial" (art. 2º, IV, Lei nº 9.034/1995). Há necessidade de ser aperfeiçoado o tratamento dado ao tema pela legislação.

3.4.3 A colaboração de membros da organização

Outra forma de se apurar crimes perpetrados por organizações criminosas e por terroristas é contar com a colaboração de seus próprios membros.

Essa colaboração, conhecida entre nós como delação premiada, pressupõe o oferecimento de vantagens a quem auxilia, as quais podem ser de duas ordens: material ou processual. As primeiras consistem em redução, isenção de pena ou perdão judicial. As segundas constituem alternativas de solução antecipada do processo em favor do colaborador, pelo arquivamento das peças de investigação, pela suspensão do processo.

A colaboração aventada suscita problemas. A vantagem dela decorrente, em casos de terrorismo, não pode ser somente de redução de pena, pois há forte risco de o colaborador sofrer, na prisão, represálias por pessoas da organização que delatou; deve-se optar por solução mais profunda de ordem processual. É preciso cuidado na aceitação dos informes trazidos, pois há, no terrorismo, o perigo de o colaborador fazer afirmações inverídicas para prejudicar pessoas com posições ideológicas diferentes das suas ou rivais dentro da estrutura da organização.

No que concerne ao desrespeito a garantias individuais, o principal problema está na admissibilidade de condenação com base em declarações de colaboradores não tomadas em audiência mediante contraditório e participação da defesa, e, ainda, na aceitação de depoimento indireto de policiais, os quais contam sobre o que souberam dos colaboradores. Construiu-se, no ambiente europeu, orientação de que a condenação não pode escorar-se somente no depoimento isolado do colaborador, embora se atribua a ele valor probatório.

3.4.4 As interceptações e formas similares de obtenção de prova

Formas comuns de descoberta de fontes de prova, como interceptações telefônicas, gravações ambientais, filmagens, violação do sigilo bancário, do sigilo fiscal, apreensão dedados guardados em computadores, são relevantes nas investigações do terrorismo. Essas modalidades investigativas têm em comum o fato de representarem violações do sigilo da vida privada e das comunicações, e, por isso, devem ser precedidas de autorização judicial, não sendo aconselháveis encaminhamentos encontrados em legislações estrangeiras no sentido de restringir a regra da reserva de jurisdição.

Entre nós, o uso dessas providências na apuração de crimes deve ser feito à luz dos incisos X e XII do art. 5º da Constituição Federal. O primeiro resguarda genericamente a intimidade e a vida privada. O segundo declara a inviolabilidade da correspondência, das comunicações telegráficas, de dados e das comunicações telefônicas, prevendo, para a comunicação telefônica a possibilidade de interceptação, para fins de investigação criminal ou processo criminal, mediante prévia autorização judicial. Foi intenção do constituinte a proteção absoluta das outras espécies de comunicação do inc. XII, diversas da comunicação telefônica. Todavia, tem-se admitido, mediante aplicação do princípio da proporcionalidade, a violação de correspondência, de dados e das comunicações telegráficas, quando necessária para proteger outro bem constitucionalmente resguardado de valor superior ao do sigilo das comunicações.[50]

A violação de sigilos bancário e fiscal, importante como maneira de se evitar o financiamento do terrorismo, entre nós depende de autorização judicial, conforme entende o Supremo Tribunal Federal.[51]

A interceptação ambiental foi permitida no art. 2º, IV, da Lei do Crime Organizado, da seguinte forma: a captação e a interceptação ambiental de sinais eletromagnéticos, óticos e acústicos e o seu registro e a análise, mediante circunstanciada autorização judicial. Para Marcio Geraldo Britto Arantes Filho, o dispositivo é deficiente, pois não preenche os requisitos necessários para a exigida reserva de lei, não observa a proporcionalidade e carece de outros dados essenciais.[52]

A admissão do princípio da proporcionalidade por parte da doutrina e dos tribunais tem servido para justificar atividades de interceptação e outras similares. Por representarem excessiva intromissão nas vidas privadas das pessoas investigadas, certas medidas — como as instalações de microfones ou outros artefatos em residências e em locais de uso particular para gravar vozes e imagens, com a captação de diálogos e a filmagem das pessoas e de seus atos — devem ser vistas com reserva, e, se aceitas, para hipóteses muito graves como a de terrorismo, devem ser precedidas de autorização judicial.

---

[50] Ver, de nossa autoria, o artigo "O polêmico inciso XII do artigo 5º da Constituição Federal" (*Justitia*, p. 15-22).

[51] Ver, de nossa autoria, os artigos "O sigilo e a prova criminal". *Ciências Penais*, v. 4, p. 153-164, 2006 e O sigilo financeiro e a prova criminal. *In*: COSTA; SILVA (Org.). *Direito penal especial, processo penal e direitos fundamentais*, p. 455-484.

[52] ARANTES FILHO. *A interceptação de comunicação entre pessoas presentes como meio de investigação de prova no direito processual penal brasileiro*, f. 251-252.

4 Normas especiais sobre prova testemunhal

Para a demonstração de crimes cometidos por organizações criminosas ou terroristas, as legislações contêm disposições especiais a respeito da prova testemunhal, as quais podem ser separadas em dois grupos: normas de proteção a quem presta depoimento (vítima, testemunhas, colaboradores) e normas especiais sobre a tomada dos depoimentos.

As normas do primeiro grupo objetivam evitar que uma pessoa possa ser intimidada ou agredida e, assim, ficar temerosa ou impedida de depor, dando-se-lhe proteção na residência, nos deslocamentos, nas viagens, e, se necessário, transferindo-a da residência para locais mais seguros ou para novas residências. Em virtude das consequências advindas para a vida dessas pessoas e de seus familiares, outras medidas são previstas: ajuda financeira para subsistência; suspensão temporária das atividades funcionais; apoio e assistência social, médica e psicológica; sigilo dos atos praticados em virtude da proteção recebida; apoio no cumprimento de obrigações civis e administrativas; alteração do nome.

As normas do segundo grupo podem conduzir a providências mais radicais, até à tomada do depoimento sem que o acusado e seu defensor possam conhecer a identidade de quem depõe, ou seja, permitindo-se o testemunho anônimo. Não se deve permitir a condenação de alguém com base em prova sustentada em depoimento de pessoa anônima, pois isso fere o direito à ampla defesa. Contudo, o Tribunal Europeu dos Direitos do Homem aceita esse depoimento, com a ressalva de que não servirá para condenar se constituir a única prova contra o acusado.

Outra forma de proteção a testemunhas consiste na tomada do depoimento sem a presença do acusado, seja pela sua retirada da sala de audiências, seja pela feitura da inquirição por sistema de videoconferência ou teleconferência. De maneira geral, a captação de depoimentos por sistema de videoconferência é aceita entre nós, a videoconferência está prevista como medida excepcional para o interrogatório do acusado (art. 185 e parágrafos, do CPP); pode, ainda, ser usada para o preso acompanhar os atos da audiência única de instrução e julgamento (art. 185, §4º, do CPP), e, também, para atos que dependam da participação de pessoa presa, como acareação, reconhecimento, inquirição de testemunha ou tomada de declarações do ofendido (art. 185, §8º, do CPP).

5 O terrorismo e a Lei nº 8072/90

O art. 5º, inciso XLIII, dispõe que a "lei considerará crimes inafiançáveis e insuscetíveis de graça ou anistia a prática da tortura, o tráfico ilícito de entorpecentes e drogas afins, o terrorismo e os definidos como crimes hediondos, por eles respondendo os mandantes, os executores e os que, podendo evitá-los, se omitirem". Para dar concretude ao comando constitucional, foi editada a Lei nº 8.072/90, aplicável, por isso, ao terrorismo. A maioria de suas disposições é de conteúdo substancial. No aspecto processual, interessam as regras sobre prisão e medidas cautelares. A Lei prevê que a pena seja "cumprida inicialmente em regime fechado" (art. 2º, §1º) e que a "progressão de regime, no caso dos condenados aos crimes previstos neste artigo", dê-se "após o cumprimento de 2/5 (dois quintos) da pena, se o apenado for primário, e de 3/5 (três quintos), se reincidente" (art. 2º, §1º). Aumenta o tempo da prisão temporária, sobre a qual dispõe a Lei nº 7.960, de 21.12.89, para 30 (trinta) dias prorrogável por mais 30 (trinta). Não admite anistia, graça e indulto (art. 2º, I). Proíbe a concessão de fiança (art. 2º, II).

6 Medidas de natureza econômica

Um caminho bastante estimulado para a prevenção, a investigação e a repressão do terrorismo é o da adoção de medidas de natureza econômica. Com elas se visa a controlar a movimentação financeira de pessoas suspeitas, a impedir o apoio financeiro ao terrorismo, a descobrir organizações que o auxiliam, a constatar casos de corrupção.

O controle da movimentação financeira ilícita é a principal meta das recomendações do Grupo de Ações Financeiras sobre o Branqueamento de Capitais (GAFI). Por meio delas, de posições assumidas pela Organização das Nações Unidas, pelo Conselho da União Europeia, os países são incentivados a adotar medidas de natureza financeira contra aos terroristas, grupos terroristas ou entidades que auxiliam o terrorismo.[53] Diversas delas são de matiz repressivo. As de natureza processual são de diversas ordens: a) congelamento e confisco de bens; b) vigilância de transações financeiras e de pagamentos por meios eletrônicos; c) controle sobre a atuação de entidades responsáveis pela movimentação de fundos e de valores e sobre a atuação de organismos sem fins lucrativos.

O congelamento e o confisco abrangem fundos e outros ativos financeiros ou recursos econômicos de pessoas que perpetram, intentam perpetrar atos terroristas, participam ou facilitam a perpetração desses atos; de entidades pertencentes ou controladas, direta ou indiretamente, por essas pessoas; de pessoas ou entidades que atuem em seu nome ou sob o seu comando.

---

[53] Ver a respeito ALBUQUERQUE; SENNA. As recomendações especiais da Força-Tarefa de Ação Financeira (FATF) para o Combate ao Financiamento do Terrorismo. *In*: BRANT (Coord.) *Terrorismo e direito*: os impactos do terrorismo na comunidade internacional e no Brasil: perspectivas político-jurídicas, p. 257-277.

Para maior facilidade do congelamento e do confisco, os países são incentivados a alterar suas legislações, a fim de evitar regras que preservem, rigorosamente, os dados de suas instituições financeiras, de maneira a impossibilitar a identificação dos titulares das contas e das pessoas que as movimentam.

Com o intuito de evitar a corrupção e a facilitação de atividades terroristas, os Estados são impelidos a exigir de governantes e de agentes políticos informes sobre seus patrimônios e justificativas sobre seus enriquecimentos quando há suspeita de estarem agindo em favor de grupos terroristas.

Em síntese, procura-se "desmantelar o funcionamento do terrorismo" pela identificação e bloqueio das suas "fontes de financiamento" "pelo congelamento dos bens dos terroristas e daqueles que lhes dão apoio, pela negação aos terroristas do acesso ao sistema financeiro internacional, pelo impedimento do movimento de bens dos terroristas através de redes financeiras alternativas".[54]

Conclusões

Até agora não se conseguiu construir uma definição de terrorismo em convenção universal, porque se trata de tema cercado de conotações ideológicas e políticas e porque é difícil distingui-lo de movimentos de libertação nacional, de autodeterminação dos povos, de resistência. A sua ilegitimidade, seja qual for a sua razão, advém, a nosso ver, de dirigir sua ação violenta contra alvos não determinados, atingindo a população civil e ocasionando "vítimas inocentes". Seu objetivo é espalhar o terror. Diante da diversidade de definições, é possível identificar, de forma sintética, alguns elementos que servem para caracterizar o terrorismo: o uso da violência; o atingimento de pessoas inocentes; a finalidade ideológica ou política; a difusão do medo como objetivo.

É comum, em legislações estrangeiras e documentos internacionais a especificação de atos considerados terroristas, com ou sem definição de terrorismo. Entre nós, não há nenhum tipo com o *nomen iuris* de terrorismo, embora existam tipos na Lei nº 7.170, de 14.12.83, com descrições de atos terroristas semelhantes às encontradas em outros países e em textos internacionais. Eventual questionamento sobre a falta de tipificação do terrorismo não impediria investigações e processos a respeito das condutas descritas na Lei nº 7.170, de 14.12.83, ou, ainda, de ações constantes do Código Penal e de leis extravagantes. A questão da tipificação surge, apenas, em processos de extradição, e, seja pela aceitação de que a referida lei incrimina, expressamente, a prática de atos terroristas em seu art. 20,

---

[54] GARCIA. Uma visão militar sobre o terrorismo. *In*: MOREIRA. *Terrorismo*, p. 404.

seja pela existência de descrição de atos terroristas em outros de seus artigos à semelhança das descrições existentes nos países requerentes, seja, finalmente, porque, de alguma forma, a ação violenta é enquadrada em algum dispositivo do Código Penal, o requisito da dupla incriminação é considerado satisfeito e a extradição é possível.

Ante o impacto muito grave das ações terroristas, as nações buscam caminhos eficientes para que sejam reprimidas, mas isso deve ser feito sem que sejam aniquiladas as garantias individuais consagradas nos textos das convenções internacionais e das constituições de cada país e com respeito às liberdades fundamentais do homem. Trata-se de um difícil, mas necessário, equilíbrio.

Criam-se, na busca da eficiência, mecanismos especiais de prevenção, de investigação e de instrução ou se utilizam dos instrumentos existentes, principalmente os dirigidos à repressão da criminalidade organizada.

As medidas de prevenção representam, em síntese, formas diversas de controle e de vigilância, sobre pessoas consideradas suspeitas. Preocupa a maneira como são formadas as listas de pessoas suspeitas, nem sempre escoradas em avaliações decorrentes de atos por elas perpetrados, e, ainda, a manutenção dos nomes mesmo quando nada foi apurado contra elas. Com base nessas listas, são efetivadas medidas diversas de controle que representam restrições individuais, como as incidentes sobre a obtenção de documentos, sobre os deslocamentos de um país a outro, sobre as movimentações financeiras.

No Brasil, não são previstos mecanismos próprios para repressão ao terrorismo, podendo ser utilizados aqueles constantes das leis: Lei sobre Organizações Criminosas (Lei nº 8.072/90), a ação controlada, a infiltração policial, a colaboração premiada, a interceptação ambiental; Lei de Interceptações Telefônicas (Lei nº 9.296/96), a interceptação de comunicações telefônicas, do fluxo de comunicações em sistemas de informática e telemática; Lei de Proteção a Vítimas e Testemunhas Ameaçadas (Lei nº 9.897/99), tomada de depoimentos em condições especiais. Admite-se, no Código de Processo Penal, a videoconferência (art. 185 e parágrafos).

Como o art. 5º, inciso XLIII, prevê restrições a determinados crimes e entre eles ao terrorismo, a este se aplicam as disposições da Lei nº 8.072/90, editada para dar concretude àquele dispositivo constitucional. As suas normas são, na maioria, de natureza substancial. No aspecto processual, importam as regras restritivas sobre prisão e liberdade e sobre o cumprimento da pena. Prevê regime prisional inicialmente fechado e somente admite progressão após comprimento de 2/5 (dois quintos) da pena para o apenado primário e de 3/5 (três quintos) para o reincidente. Aumenta o tempo da prisão temporária para 30 (trinta) dias, prorrogável por mais 30 (trinta). Não admite anistia, graça e indulto. Proíbe a concessão de fiança.

Bastante estimulada pela Organização das Nações Unidas e por outros organismos internacionais ou regionais é a adoção de medidas de natureza econômica, de modo a evitar o financiamento do terrorismo. Consistem, normalmente, nas seguintes medidas: congelamento de bens, fundos e ativos financeiros; confisco de bens, de fundos e de ativos financeiros; vigilância sobre movimentações financeiras; controle sobre a atuação de entidades responsáveis pela movimentação de fundos e de valores e sobre a atuação de organismos sem fins lucrativos.

Pode-se, em suma, concluir que o mundo, surpreendido com as ações do terrorismo global, busca mecanismos de prevenção, de investigação e de instrução mais eficientes para reprimi-lo, caminho que, embora necessário ante a gravidade daquelas ações, deve, contudo, ser feito sem aniquilamento das garantias individuais e com respeito às liberdades fundamentais do homem. É equilíbrio difícil de ser conseguido entre as necessidades de segurança e de preservação dos direitos individuais, mas é a busca desse equilíbrio que deve nortear o encaminhamento das medidas a serem implementadas.

Referências

ALBUQUERQUE, Roberto Chacon de; SENNA, Adrienne Gianette Nelson de. As recomendações especiais da Força-Tarefa de Ação Financeira (FATF) para o Combate ao Financiamento do Terrorismo. *In*: BRANT, Leonardo Nemer Caldeira (Coord.). *Terrorismo e direito*: os impactos do terrorismo na comunidade internacional e no Brasil: perspectivas político-jurídicas. Rio de Janeiro: Forense, 2003. p. 257-277.

AMARAL, Diogo Freitas do. *Do 11 de setembro à crise do Iraque*. 5. ed. Lisboa: Bertrand Editora, 2003.

ARANTES FILHO, Marcio Geraldo Britto. *A interceptação de comunicação entre pessoas presentes como meio de investigação de prova no direito processual penal brasileiro*. Dissertação (Mestrado)–Universidade de São Paulo, São Paulo, 2011.

CRETELLA NETO, José. Em busca de uma definição que o mundo hesita em elaborar: terrorismo internacional. *In*: BEDIN, Gilmar Antonio (Org.). *Estado de Direito, jurisdição universal e terrorismo*. Ijuí: Ed. Unijui, 2009. p. 123-221.

DE LA CORTE IBÁÑES, Luis. *La lógica del terrorismo*. Madrid: Alianza Editorial, 2006.

DE LA CORTE IBÁÑES, Luis. Breve Historia del Terror. *In*: DE LA CORTE IBÁÑES, Luis. *La lógica del terrorismo*. Madrid: Alianza Editorial, 2006.

FERNANDES, Antonio Scarance. Considerações sobre a Lei 8.072, de 25 de julho de 1990: crimes hediondos. *Revista dos Tribunais – Edições Especiais*, São Paulo p. 25-35, 2011.

FERNANDES, Antonio Scarance. Crime organizado: aspectos processuais. São Paulo: Revista dos Tribunais, 2009.

FERNANDES, Antonio Scarance. O sigilo e a prova criminal. *Ciências Penais*, v. 4, p. 153-164, 2006.

FERNANDES, Antonio Scarance. O sigilo financeiro e a prova criminal. *In*: COSTA, José de Faria; SILVA, Marco Antonio Marques da (Org.). *Direito penal especial, processo penal e direitos fundamentais*. São Paulo: Quartier Latin, 2006. p. 455-484. v. 1.

FRANCO, Alberto Silva. *Crimes hediondos*. Notas sobre a Lei 8.072/90. 2. ed. São Paulo: Revista dos Tribunais, 1992.

GAVIÃO, José Raul. *Crime organizado*: aspectos processuais. São Paulo: Revista dos Tribunais, 2009.

GOMES, Rodrigo Carneiro; SANTOS, Getúlio Bezerra. Ação controlada é eficaz contra o crime organizado. Disponível em: <http://conjur.estadao.com.br/static/text/47734,1>. Acesso em: 23 mar. 2007.

IRIBARNE, Manuel Fraga. El terrorismo hoy. *In*: MOREIRA, Adriano. *Terrorismo* (Coord.). Coimbra: Almedina, 2004. p. 159-194.

JESUS, Damásio Evangelista de. Crime hediondo exige dilação ampla. *O Estado de S. Paulo*, p. 171, 14 nov. 1990.

LEANDRO, Garcia. Uma visão militar sobre o terrorismo. *In*: MOREIRA, Adriano. *Terrorismo*. Coimbra: Almedina, 2004. p. 369-417.

LOPES, Mariângela Tomé. *O agente infiltrado como meio de investigação*. Dissertação (Mestrado)– FADUSP, São Paulo, 2006.

MENDRONI, Marcelo Batlouni. *Crime organizado*: aspectos gerais e mecanismos legais. 2. ed. São Paulo: Atlas, 2007.

MIRABETE, Julio Fabrini. *Manual de direito penal*. São Paulo: Atlas, 1985. v. 1.

MIRABETE, Julio Fabrini. *Manual de direito penal*. São Paulo: Atlas, 1984. v. 2.

MIRABETE, Julio Fabrini. *Manual de direito penal*. São Paulo: Atlas, 1984. v. 3.

MIRANDA, Jorge. Os direitos fundamentais perante o terrorismo. *In*: *Terrorismo e direito*: os impactos do terrorismo na comunidade internacional e no Brasil: perspectivas político-jurídicas. Rio de Janeiro: Forense, 2003. p. 53-68.

MONTEIRO, Antonio Lopes. *Crimes hediondos*: textos, comentários e aspectos polêmicos. 6. ed. São Paulo: Saraiva, 1999.

MORAES, Maurício Zanóide de. *Crime organizado aspectos processuais*. São Paulo: Revista dos Tribunais, 2009.

MOREIRA, Adriano. Insegurança sem fronteiras: o martírio dos inocentes. *In*: MORAES, Maurício Zanóide de. *Terrorismo*. Coimbra: Almedina, 2004. p. 129-157.

MOREIRA, Adriano. Prefácio à 2ª edição. *In*: MOREIRA, Adriano. *Terrorismo*. Coimbra: Almedina, 2004. p. 7-12.

OLIVEIRA, Márcio Luís de. O direito à resistência armada e o terrorismo: distinções. *In*: BRANT, Leonardo Nemer Caldeira. *Terrorismo e direito*: os impactos do terrorismo na comunidade internacional e no Brasil: perspectivas político-jurídicas. Rio de Janeiro: Forense, 2003. p. 447-460.

SAMAPAIO, José Adércio Leite. Constituição e Terror: uma visão parcial do fenômeno terrorista. *In*: BRANT, Leonardo Nemer Caldeira. *Terrorismo e direito*: os impactos do terrorismo na comunidade internacional e no Brasil: perspectivas político-jurídicas. Rio de Janeiro: Forense, 2003. p. 151-170.

SAN PEDRO, José Garcia. Analise jurídica del terrorismo. *In*: MOREIRA, Adriano. *Terrorismo*. Coimbra: Almedina, 2004. p. 335-338.

SARAJE, Charlie. Lista de suspeitos do FBI ignora normas jurídicas. *O Estado de São Paulo*, São Paulo, A12, 03 out. 2011.

SCARANCE FERNANDES. Antonio. O polêmico inciso XII do artigo 5º da Constituição Federal. *Justitia*, v. 197, p. 15-22, 2007.

SENNA, Adrienne Gianette Nelson de; ALBUQUERQUE, Roberto Chacon de. As recomendações especiais da Força-Tarefa de Ação Financeira (FATF) para o Combate ao financiamento do terrorismo. *In*: BRANT, Leonardo Nemer Caldeira. *Terrorismo e direito*: os impactos do terrorismo na comunidade internacional e no Brasil: perspectivas político-jurídicas. Rio de Janeiro: Forense, 2003. p. 257-277.

TORRES, Adelino. Terrorismo: o apocalipse da razão?: (islamismo político, sociedade, economia). *In*: MOREIRA, Adriano. *Terrorismo*. Coimbra: Almedina, 2004. p. 21.128.

VALENTE, Monteiro Guedes. Terrorismo: fundamento de restrição de direitos?. *In*: MOREIRA, Adriano. *Terrorismo*. Coimbra: Almedina, 2004. p. 419-457.

VERVAELLE, J. A. E. La legislación antiterrorista en Estados Unidos: *inter arma silent leges*. *Revista de Derecho y Processo Penal*, Aranzadi, v. 14, p. 111-146, 2005.

Informação bibliográfica deste texto, conforme a NBR 6023:2002 da Associação Brasileira de Normas Técnicas (ABNT):

FERNANDES, Antonio Scarance. Terrorismo: eficiência e garantismo. *In*: FERNANDES, Antonio Scarance; ZILLI, Marcos. (Coord.). *Terrorismo e justiça penal*: reflexões sobre a eficiência e o garantismo. Belo Horizonte: Fórum, 2014. p. 401-424. ISBN 978-85-7700-844-5.

SOBRE OS AUTORES

Alejandro Aponte Cardona
Doutor em Direito Penal e Teoria do Direito pela Universidade de Saarland, Saarbrücken, Alemanha. Professor de Direito Penal Geral e Teoria do Direito na Universidade Javeriana de Bogotá, Colômbia. Professor convidado no Instituto Max-Planck para Direito Penal Internacional de Friburgo e para diversas universidades da América Latina e Europa. Membro do grupo de estudos latino-americano sobre Direito Penal Internacional apoiado pela Fundação Konrad-Adenauer. Diretor da área de justiça do Observatório Internacional da Lei de Justiça e Paz, apoiado pelo CITpax de Madrid.

Alessandro Gamberini
Advogado em Roma e Bolonha, Itália. Professor de Direito Penal na Faculdade de Estudos Jurídicos da Universidade de Bolonha.

Álvaro Okura de Almeida
Mestrando em Ciência Política na UNICAMP. Graduado em Ciências Sociais na UEL (Universidade Estadual de Londrina). Pesquisador no INCT – INEU (Instituto Nacional de Ciência e Tecnologia para Estudos sobre os Estados Unidos), Grupo: As transformações do direito internacional dos direitos humanos e os esquemas de combate ao terrorismo e à criminalidade internacional, coordenado por Andrei Koerner e Glenda Mezarobba. Pesquisador-colaborador do GETEPOL (Grupo de Estudos em Teoria Política), coordenado pela Profa. Dra. Raquel Kritsch.

Anamara Osório Silva
Pós-Graduada em Crime Organizado, Corrupção e Terrorismo pela Universidade de Salamanca, Espanha. Mestranda em Direito Internacional pela Faculdade de Direito da Universidade de São Paulo. Procuradora da República em São Paulo/SP com atuação em crimes financeiros e lavagem de ativos. Membro do Grupo de Trabalho do Ministério Público Federal em Lavagem de Dinheiro e Crimes Financeiros e representante do Ministério Público Federal na Estratégia Nacional de Combate à Corrupção e Lavagem de Dinheiro (ENCCLA). Atual Procuradora-Chefe do Ministério Público Federal no Estado de São Paulo.

Antonio Baptista Gonçalves
Advogado. Membro da Associação Brasileira dos Constitucionalistas. Doutor e Mestre em Filosofia do Direito pela PUC-SP. Especialista em *International Criminal Law: Terrorism's New Wars and ICL's Responses* – Istituto Superiore Internazionale di Scienze Criminali. Especialista em Direito Penal Econômico Europeu pela Universidade de Coimbra. Pós-Graduado em Direitos Fundamentais pela Universidade de Coimbra. Pós-Graduado em Direito Penal – Teoria dos delitos pela Universidade de Salamanca. Pós-Graduado em Direito Penal Econômico da Fundação Getulio Vargas (FGV). Bacharel em Direito pela Universidade Presbiteriana Mackenzie.

Antonio Scarance Fernandes

Professor titular de Direito Processual Penal da Universidade de São Paulo (USP), onde rege cursos de graduação e pós-graduação voltados ao estudo e à pesquisa do processo penal à luz do binômino "eficiência e garantismo". Foi Procurador de Justiça do Estado de São Paulo, Advogado criminalista durante 10 anos e, atualmente, é Consultor jurídico e parecerista em matéria criminal. Membro Fundador e Presidente do ASF – Instituto de Estudos Avançados de Processo Penal, e Fundador e Coordenador do Curso Preparatório para Carreiras Jurídicas – ASF Cursos e Eventos. Membro do Instituto Brasileiro de Direito Processual Brasileiro e do Instituto Ibero-Americano de Direito Processual. Integrou diversas comissões de reforma legislativa, como os anteprojetos de reforma do Código de Processo Penal que resultaram, em 2008, em alterações nos procedimentos comuns, no procedimento do júri, na citação, na prova, na sentença, na prisão. Colaborou, notadamente, com a elaboração do projeto de lei que deu origem à Lei nº 9.099/95.

Ariana Bazzano de Oliveira

Doutoranda em Relações Internacionais pelo Programa de Pós-Graduação San Tiago Dantas (UNICAMP, UNESP e PUC-SP). Mestre em Ciência Política pela UNICAMP e Graduada em Ciências Sociais na UEL (Universidade Estadual de Londrina). Pesquisadora no INCT – INEU (Instituto Nacional de Ciência e Tecnologia para Estudos sobre os Estados Unidos), Grupo: As transformações do direito internacional dos direitos humanos e os esquemas de combate ao terrorismo e à criminalidade internacional, coordenado por Andrei Koerner e Glenda Mezarobba. Pesquisadora-colaboradora do GETEPOL (Grupo de Estudos em Teoria Política), coordenado pela Profa. Dra. Raquel Kritsch.

Davi de Paiva Costa Tangerino

Doutor em Direito Penal pela Universidade de São Paulo, com estágio doutoral junto à Universidade Humboldt em Berlim (Alemanha). Professor da Faculdade de Direito da Universidade Federal do Rio de Janeiro. Bolsista *post doc* pelo *Max Planck Institut* de Direito Penal internacional e comparado (Freiburg, Alemanha). Integra a delegação brasileira junto ao *International Forum on Crime and Criminal Law in the Global Era*, cujo foco central é o terrorismo. É autor das obras *Culpabilidade* (Elsevier, 2010) e *Crime e cidade: violência urbana* e *Escola de Chicago* (Lumen Juris, 2007), e organizador de *Direito penal tributário* (Quartier Latin, 2007) e *Criminologia no Brasil* (Elsevier, 2010). Membro do Conselho Editorial dos periódicos *Revista Brasileira de Ciências Criminais*, *Ultima Ratio* e *Systemas* (Brasil) e *Criminalidad* (Colômbia). Membro do Instituto Brasileiro de Ciências Criminais (atualmente, Coordenador de Pós-Graduação), dos Advogados do Brasil, e Pan-Americano de Política Criminal.

Emanuela Fronza

Pesquisadora em Direito Penal na Faculdade de Direito da Universidade de Trento, onde leciona Direito Penal Internacional. Bolsista da Fundação Alexander von Humboldt. Membro do Grupo Latino-americano de Estudos sobre Direito Penal Internacional, promovido pela Fundação Konrad-Adenauer.

SOBRE OS AUTORES | 427

Fabio Ramazzini Bechara
Doutor em Direito Processual Penal pela USP. Mestre em Direito Processual Penal pela PUC-SP. Formação complementar pela Escola Diplomática de Madrid/Espanha. Professor do Programa Nacional de Combate à Corrupção e Lavagem de Dinheiro – Ministério da Justiça do Brasil. Promotor de Justiça em São Paulo.

Juan Damían Moreno
Professor Catedrático da Universidade Autônoma de Madri, Espanha. Entre as suas publicações, destacam-se os seguintes títulos: *Los Jueces de Paz* (1987), *La reconvención en el proceso civil* (1993), *Impugnación de acuerdos de las sociedades anónimas* (2000) y su *Introducción al sistema judicial español* (2010). Participou em obras coletivas de enorme relevancia: *La reforma civil, penal y administrativa de 1992* (1992), *La nueva Ley de Enjuiciamiento Civil* (2000), *Carga de la prueba y responsabilidad civil* (2007) y *Derecho procesal concursal* (2008). Membro do Instituto Iberoamericano de Derecho Procesal e Diretor da *Revista Internacional de Estudios de Derecho Procesal y Arbitraje*.

Kai Ambos
Professor catedrático de Direito Penal, Direito Processual Penal, Direito Comparado e Direito Penal Internacional na Universidade Georg-August de Göttingen, Alemanha. Coordenador do Grupo Latino-Americano de Estudos de Direito Penal Internacional, promovido pela Fundação Konrad Adenauer. Juiz estadual (Landgericht) em Göotingen, Alemanha.

Manuel Cancio Meliá
Professor titular de Direito Penal na Universidade Autônoma de Madri (2000-2008). Catedrático de Direito Penal na mesma Universidade desde maio de 2008. Doutor em Direito pela Universidade Autônoma de Madrid. Prêmio extraordinário de doutorado 1996/1997 pela Faculdade de Direito da UAM. *Becario* pré e pós-doutoral do Serviço Alemão de Intercâmbio Acadêmico (DAAD) (1992/1993 e 1998, Universidade de Bonn). *Becario* da Fundação Alexander von Humboldt (2000/2002, Universidades de Bonn e Munique). Doutor *honoris causa* pela Universidade Peruana Los Andes (Huancayo-Junín, 2008).

Marcos Zilli
Professor Doutor de Direito Processual Penal na Faculdade de Direito da Universidade de São Paulo (USP). Especialista em Direito Penal Econômico e Europeu pela Faculdade de Direito da Universidade de Coimbra, Portugal. Membro do Grupo Latino-Americano de Estudos de Direito Penal Internacional, promovido pela Fundação Konrad Adenauer. Membro do Instituto Brasileiro de Ciências Criminais, IBCCrim. Membro do *Forum for International Criminal and Humanitarian Law*, Oslo, Noruega. Coordenador Editorial da Coleção Fórum de Direitos Humanos. Juiz de Direito em São Paulo/SP.

Mariângela Gama de Magalhães Gomes
Professora de Direito Penal do Departamento de Direito Penal, Medicina Forense e Criminologia da Faculdade de Direito da Universidade de São Paulo (USP), Brasil. Concluiu o Corso Singolo em Direito Penal na Universidade de Florença,

Itália. Membro do Instituto Brasileiro de Ciências Criminais, IBCCrim. Membro do Instituto Manoel Pedro Pimentel do Departamento de Direito Penal, Medicina Forense e Criminologia da Faculdade de Direito da USP (IMPP). Membro da Associação dos Advogados Criminalistas do Estado de São Paulo. Membro da Associação Brasileira de Professores de Ciências Criminais (ABPCP). Membro da Comissão de Direito Criminal da Ordem dos Advogados do Brasil, Seção São Paulo.

Silvio César Arouck Gemaque
Juiz Federal em São Paulo. Mestre e Doutor em Direito Processual Penal pela USP. Possui pós-graduaçao em direitos fundamentais pela Universidade de Coimbra. Mestre em Direitos Difusos pela Universidade Metropolitana de Santos. Ex-Promotor de Justiça. Membro do Conselho Estadual de Proteção a Testemunhas. Sócio-fundador do Instituto de Estudos Avançados de Processo Penal – ASF. Professor universitário. Possui diversos artigos e livros publicados, entre outros: "A necessária influência do processo penal internacional no processo penal brasileiro", *CEJ – Centro de Estudos Judiciários* (Brasília, 2011); *O interrogatório do acusado* (Federal Ed., 2006); *Dignidade da pessoa humana e prisão cautelar* (RCS, 2006). Em coautoria: *O Código de Processo Penal Eletrônico*(coord. Antonio Scarance Fernandes, Lex, 2012); *Crime organizado: aspectos processuais* (coord. Antonio Scarance Fernandes, Maurício Zanoide e José Raul Gavião de Almeida, Revista dos Tribunais, 2010).

Tiago Cintra Essado
Mestre em Direito Público pela Universidade de Franca. Doutorando em Direito Processual Penal pela Faculdade de Direito da Universidade de São Paulo. Membro do ASF (Instituto de Estudos Avançados de Processo Penal). Atuou como pesquisador no Instituto Max-Planck para Direito Penal estrangeiro e internacional, em Freiburg, Alemanha, em março de 2010. Professor da Escola Superior do Ministério Público do Estado de São Paulo. Autor da obra *O princípio da proporcionalidade no Direito Penal*, Editora Sergio Antonio Fabris Editor. Promotor de Justiça em São Paulo.

Vitor Bastos Maia
Advogado criminalista em São Paulo. Mestrando em Direito Internacional pela Faculdade de Direito da Universidade de São Paulo.

Esta obra foi composta em fonte Palatino Linotype, corpo 10
e impressa em papel Offset 75g (miolo) e Supremo 250g (capa)
pela Laser Plus Gráfica. Belo Horizonte/MG.